世界名人名传典藏系列

[美]简·爱德华·史密斯——著

李文婕——译

罗斯福传

长江出版传媒 长江文艺出版社

作者简介

　　简·爱德华·史密斯，美国传记作家，1932 年 10 月 13 日生于华盛顿。任马歇尔大学政治学教授，多伦多大学荣誉教授，阿斯兰大学历史及政治学教授。史密斯的作品以描写复杂的政治环境和历史细节见长。他还著有《布什的战争》《马歇尔传》等 4 部作品。

内容简介

　　罗斯福，美国历史上一位残疾人总统，四次当选，任职长达 13 年。他在驾驭政府与时代方面有着无与伦比的胆略和才能，由于他在内政方面的建树和在与法西斯斗争中的不朽功绩，而被世人公认为同华盛顿、林肯相比肩的美国历史上的总统。本书是对罗斯福人生的出色解读，作者从罗斯福总统图书馆、哥伦比亚大学口述历史馆以及其他渠道搜集资料，采访许多相关历史人物，在大量详实的历史资料的基础上，对罗斯福的政治生涯和个人生活进行了详尽的描述。真实地再现罗斯福如何从一个带点贵族气的政坛新手成长为一位臻于完美的政治家的历程。罗斯福任美国总统期间，美国人民经历了经济大萧条，罗斯福建立了福利国家模式，给亿万人们带来希望；把孤立主义美国变成世界大联盟的领导者；在他的提倡和支持下，建立联合国，为反法西斯战争的胜利做出了贡献。

　　本书是罗斯福诸多传记中的杰出之作，阐释了罗斯福总统非凡的人生。

图书在版编目（CIP）数据

　　罗斯福传 /（美）简·爱德华·史密斯著；李文婕
译. --武汉：长江文艺出版社，2024.3
　　（世界名人名传典藏系列）
　　ISBN 978-7-5702-1817-2

　　Ⅰ. ①罗… Ⅱ. ①简… ②李… Ⅲ. ①罗斯福（
Roosevelt Franklin Delano 1882-1945）—传记 Ⅳ.
①K837.127=51

中国国家版本馆 CIP 数据核字 (2023) 第 057245 号

FDR by JEAN EDWARD SMITH
Copyright:©2007 By Jean Edward Smith
This edition arranged with DIANA FINCH LITERARY AGENCY
through BIG APPLE TUTTLE-MORI AGENCY, LABUAN, MALAYSIA.
Simplified Chinese edition copyright:
2024 Changjiang Literature and Art Publishing House
All rights reserved.

湖北省版权局著作权合同登记 图字：17-2023-162

罗斯福传

LUOSIFU ZHUAN

责任编辑：付玉佩　　　　　　　　　　责任校对：毛季慧
整体设计：壹诺设计　　　　　　　　　责任印制：邱　莉　胡丽平

出版：长江出版传媒 ｜ 长江文艺出版社
地址：武汉市雄楚大街 268 号　　　邮编：430070
发行：长江文艺出版社
http://www.cjlap.com
印刷：中印南方印刷有限公司

开本：710 毫米×970 毫米　　1/16　印张：23.75
版次：2024 年 3 月第 1 版　　　2024 年 3 月第 1 次印刷
字数：439 千字

定价：58.00 元

6岁的富兰克林与坎波贝洛岛当地小伙伴的合影。摄于他父亲的游艇"半月"号上。

富兰克林和萨拉，摄于1893年。

15岁时摄于位于马萨诸塞州的德拉诺庄园。

詹姆斯、富兰克林及萨拉摄于1899年。詹姆斯于两年后去世。

参加一天竞选活动后罗斯福和同事们稍事休息。摄于蒙大拿州。从左至右分别为：路易斯·霍韦、托马斯·林奇、罗斯福及马文·麦金太尔。

这张全家福摄于1920年7月27日，也就是罗斯福与露西的婚外情被发现之后不久。萨拉将手放在埃莉诺膝头，似乎想安慰她。前排的孩子们从左到右分别是：埃利奥特、小富兰克林·罗斯福、约翰、安娜以及詹姆斯。罗斯福坐在后排。

炉边谈话。每当罗斯福需要鼓舞民心时，他都会选择借助无线电波。讲话通常安排在周日晚上，他会在电台向民众直接发表讲话。他用浅显易懂的语言向民众解释所有的问题，不论是银行业危机还是法西斯的威胁。罗斯福变革了总统的领导艺术。

罗斯福忠心耿耿的秘书米西·莱汉德和罗斯福在椭圆办公室里。摄于1938年9月6日。菲利克斯·法兰克福特称莱汉德是美国的第5号人物。

1943年11月30日，三巨头首次在德黑兰会晤。背后最近处站立的是哈里·霍普金斯、苏联外长莫洛托夫以及安东尼·伊登。

会议正式合影。照片上除了"三
巨头"，还有黑斯廷斯·伊斯梅
将军、海军上将威廉·莱希以
及阿列克谢·安东诺夫将军。

富兰克林·D·罗斯福，摄于
1945 年 4 月 11 日。这是罗斯
福生前最后一张照片。

● 前　言 ●

　　曾经有三位总统给美国带来过深远的影响。他们分别是创建美国的乔治·华盛顿、巩固国家统一的亚伯拉罕·林肯以及拯救美国于经济危机的深渊并领导国家赢得伟大战争的富兰克林·德拉诺·罗斯福。罗斯福，四度赢得总统选举，被誉为20世纪美国最杰出的政治家。他于1933年首次就任总统时，三分之一的美国人都处于失业的境地，农业凋敝，工业萎缩，商业萧条，银行业处于崩溃的边缘，社会危机一触即发。胡佛政府动用坦克和催泪弹来驱散聚集在华盛顿，衣衫褴褛的一战老兵（退役金游行的参与者），但是这样做只能显示出他在危机处理方面的无能。

　　罗斯福却抓住了机会。他的就职演说《唯一值得我们恐惧的就是恐惧本身》可与林肯的第二任就职演说媲美，极大地激励了美国人民。为了重建信心，他宣布实行银行休业。他还提出了一系列立法案来稳定局势。在富兰克林·罗斯福强有力的领导下，政府开始积极干预国家的经济生活。更重要的是，他恢复了美国人的信心。罗斯福还给政治竞选的技巧带来了革命性的变化，他重新焕发了民主党的活力，还吸纳被排挤的群体，从而构建了一个新的民族主体。他的"炉边谈话"使总统走进了每个美国家庭的客厅。更令人感叹的是，他是在腰部以下完全瘫痪的情况下做到这一切的。在生命的最后23年里，富兰克林·罗斯福都不能自行站立。

　　有关罗斯福时代的文献非常丰富。那个时代，几乎每一位重要人物都曾写过回忆录，专家们的研究著作更是汗牛充栋。此外，美国的许多大作家也都写过关于新政、第二次世界大战，以及有关这位二十世纪三四十年代间主宰美国人民生活的总统的著作。罗斯福传记的数量紧随华盛顿、林肯之后，关于这位总统生平的记述更是巨细无遗。然而，虽然学习历史的学生很容易看到这些作品，但普通大众却鲜有问津。近年来，人们总是通过有关于杜鲁门、麦克阿瑟、艾森豪威尔以及肯尼迪家族成员等略逊一筹的人物传记来了解历史。对埃莉诺·罗斯福生平的详细研究更是成为冷门。结果，罗斯福居然变成了一个神秘人物，在历史的迷雾中若隐若现。

　　对于传记作家来说，罗斯福这样一个出生于哈得孙河畔显赫家族的男孩儿如何能赢得普通民众的拥戴始终是一个谜。人们常常认为是脊髓灰质炎改变了罗斯福的性格。在与病魔抗争的过程中，他对痛苦和磨难有了深刻的认识，从中汲取了力量。这种看法是毋庸置疑的，却缺乏深度。为了与脊髓灰质炎抗争，罗斯福前往佐治亚州沃姆斯普林斯休养。在沃姆斯普林斯度过的岁月里，他亲身体验到了美国农村的贫困和艰辛。他看到周围的人们努力工作却衣食无着、居无定所。这使他开始反叛自己的贵族价值观，后来他在"新政"中取得成功的一些经济理念就是在此时开始形成的。"大萧条"时期，时任纽约州长的罗斯福是美国唯一组织实施大规模救济的州长。他说："现代社会有义务通过其政府来防止饥饿，并且让人们安居乐业。"

罗斯福的天才超越了他所处的时代。他对于事业的忘我投入和坚定的使命感远胜于任何一种狭隘的忠诚。作为出身于传统家族的保守主义者，他在改变普通民众与政府的关系方面却做得比任何美国人都多。此外，他还重塑了现代总统的概念。在这个意义上，罗斯福是一个天生的总统。除了政治，他在其他方面并没有什么天赋，但他的政治才能却无人能及。

罗斯福比任何人都了解民主党。据说，在美国地图上从东海岸到西海岸随便画一条线，他都可以说出这条线穿过的每一个县的名字。他对大多数县的民主党领袖都了如指掌，甚至还可以说出每个县的一两个官员的名字。罗斯福始终关注政党献金制度。他的人事任命不仅是为了政治回报，也是为了团结不同的政治派别。例如，他的第一位战争部长就任命了犹他州的孤立主义者乔治·德恩。在国务卿的人事任命上，他选择了来自田纳西州的保守主义参议员科德尔·赫尔。在面对挑剔的保守派议员时，赫尔就自然成了维护政府的坚强后盾。罗斯福还曾选择来自得克萨斯的饮酒海量的前白宫发言人约翰·兰斯·加纳担任副总统——加纳是一位坚定的南方支持者。此外，罗斯福还让得克萨斯银行家杰西·琼斯主持复兴银行，负责发放联邦救济金。后来，当证券交易委员会成立后，他又任命约瑟夫·肯尼迪领衔。《华盛顿邮报》开玩笑说这是"以黑治黑"。

罗斯福所领导的政府是一个富有传奇色彩的大杂烩，综合了清晰授权、分工负责、马基雅弗利式的权谋以及老奸巨猾的诡计等多种因素。詹姆斯·麦格雷戈·贝尔纳斯说他有狮子和狐狸的双重性格。跟随罗斯福多年的劳工部长弗朗西斯·珀金斯则评价他是"我所见过的最复杂难懂的人"。在重要的事情上，他总是独断乾纲，让人难以捉摸，很享受自己亮出底牌时对手大惊失色的表情。罗斯福曾对他的财政部长小亨利·摩根索说："我是个魔术师。我从来不让自己的右手知道左手在做什么。"但是，有时候他也会弄巧成拙。例如，由于判断错误形势，他于1937年提出的最高法院改组计划，结果却自食苦果。1938年，他又错误地决定干涉民主党参议员的选举，结果也是搬起石头砸了自己的脚。在政策问题上，他也会犯错误，有一些错误甚至是灾难性的。例如，他在1937年大幅削减联邦政府支出的决定就导致了1938—1939年间的"罗斯福萧条"。

　　罗斯福希望内阁成员们各自独当一面，但也会毫不犹豫地干涉他感兴趣的事务。他常常通过副国务卿萨姆纳·韦尔斯来处理外交事务，而忽视国务卿赫尔的存在。而对于海军事务，罗斯福则是通过其担任海军部副部长时的老下属，后来的海军作战部长威廉·莱希海军上将来领导。1934 年，罗斯福决定撤换美国陆军参谋长的道格拉斯·麦克阿瑟。他先是让麦克阿瑟赴夏威夷视察，当这位将军还在途中时，罗斯福就任命了新的继任者。

　　罗斯福在总统的位置上自得其乐。他充沛的精力和坚定的乐观精神感染着他身边的每一个人。在经历了黯淡无光的沃伦·哈定、阴郁的柯立芝以及乏味的赫伯特·胡佛三任总统后，罗斯福就像吹进白宫的一股新鲜空气。他的自信正是他的国家所迫切需要的。也许除了罗纳德·里根以外（他在选举中曾四次投票给罗斯福），没有哪一位总统能像他那样泰然自若地面对一切，坚信任何事情最终都会被妥善解决。他曾说："想个办法试试看，如果失败了就另想办法。不管怎样都得试试。"社会保障、失业救济、股市管控、银行存款的联邦担保、关于劳动时间及报酬的立法、劳工集体谈判的权利、农业补贴以及农村电气化这些今天我们视为理所当然的东西在罗斯福之前的时代都是不存在的。

　　除了华盛顿和格兰特之外，作为三军总司令，罗斯福比之前的任何一位美国总统都名符其实。在伍德罗·威尔逊手下任职的八年里，他一直是海军部的副部长。他清楚各军种的运作方式，在必要的时候能毫不犹豫地拿出总统的权威。1939 年，战争的阴云密布时，罗斯福把陆军的最高指挥权交给了乔治·马歇尔，任命他为陆军参谋长。1940 年，局势变得更为紧张，他又在共和党人中挑兵选将，任命让敌人畏惧的亨利·史汀生为战争部长，并任命当时在《芝加哥每日新闻报》中供职、曾在 1936 年与阿尔夫·兰登联袂参加总统竞选的弗兰克·诺克斯为海军部部长。战争爆发后，罗斯福又委任性格坚韧的欧内斯特·金海军上将为海军作战部长，召回威廉·莱希海军上将担任总统办公厅主任。在军事采购方面，他很自然地选择了曾与哈里·霍普金斯以及公共事业振兴署密切合作过的陆军工程师布里恩·萨默维尔与卢修斯·克莱来共同主持。

　　在罗斯福的推动下，整个国家慢慢进入战争状态。正是在他的推动下，国会才通过了向英国提供战时援助的《租借法案》及其修正案（这个修正案在众议院中仅以一票的优势通过）。此外，为了让美国获得西半球的军事基地，在可能违宪的情况下，他坚持卖给英国 50 艘适航的驱逐舰。但是，实话实说，他并没有纵容日本偷袭珍珠港。

　　对于 1941 年日益恶化的太平洋局势，罗斯福并没有给予足够的重视。他太纵容鹰派的要求，还错失了一次与日本首相会谈的机会。在 1941 年 12 月，政府已经意识到日本有可能会袭击美国，但却没料到被军方誉为坚不可摧的珍珠港会成为第一个目标。

罗斯福在一些事情上应该受到批评。比如他忽视了种族隔离现象，没有及时接纳纳粹受害者进入美国，在战争期间忽视了对公民自由权的保护。但是，没有任何证据表明他暗中纵容了 1941 年 12 月 7 日发生的珍珠港事件。

罗斯福的战时领导艺术与林肯有几分相似。比如，他于 1933 年重塑了美国国民的信心。

在罗斯福的主导下，美国成为民主国家的兵工厂。英国因此免于失陷；苏联也得到了必需的物资保障。罗斯福的战时外交政策为击败轴心国集团铺平了道路，也为依法重建世界秩序奠定了基础。他与温斯顿·丘吉尔以及约瑟夫·斯大林的关系也很好地诠释了他管理国家的能力。而另一方面，他对待查尔斯·戴高乐的方式却十分任性，时至今日都一直影响着法美关系。另外，公允地说，罗斯福并没有充分意识到共产主义会给战后欧洲带来什么样的影响，他也没有预见到即将在中国发生的巨大变化。但无论如何，当第二次世界大战爆发时，美国的军事力量不过是世界三流；而二战结束时，美国已经进入了历史上最强盛的时期。

罗斯福的个人生活往往被他的成就所掩盖。在每晚的"私人时间"里，总统常常亲自为客人们调制马蒂尼酒，与内阁里的密友玩扑克牌。他每周都要在自己的游艇"波托马克"号上小憩，有时还要在那里款待他的朋友以及他们的家人。罗斯福总是充分享受生活，保持着一贯的乐观。

在罗斯福的一生中，有四位女人对他有过重要的影响。她们分别是：他的母亲萨拉，他爱过的人露西·墨瑟，爱过他的人米西·莱汉德以及他的妻子埃莉诺。1918 年，当埃莉诺发现罗斯福与露西的婚外情后，他们的关系变得貌合神离，用他们的儿子詹姆斯的话说就是进入了"休战状态"。因为种种原因，他们仍然在一起生活，埃莉诺仍然因为身为第一夫人而受到公众的关注。然而，埃莉诺对于罗斯福的生活却影响甚微。她与罗斯福有着不同的生活圈子，分别有自己的朋友圈，只有在正式场合他们才会在一起。我是罗斯福夫人的忠实崇拜者。她作为美国的第一夫人受到人们的崇拜。但是，人们往往忽略了一个事实——在上世纪 30 至 40 年代，她在政治上对罗斯福有害无益。埃莉诺在自由主义者和少数族群选民中间颇受赞誉，但罗斯福已经不需要更多地巩固这部分选民的支持。罗斯福需要获得的是南方白人选民、中西部选民以及北美中部草原选民的支持，而埃莉诺却很不受这些选民欢迎。埃莉诺·罗斯福是一位了不起的美国女人，因为她独立的人格，更因为直到罗斯福去世她也从不招摇。

罗斯福生命中最重要的人是他的母亲萨拉。在从无知孩童到成熟男人的成长过程中，母亲一直无微不至地照顾罗斯福，让他沐浴在安全而温馨的氛围中。萨拉塑造了他，一直支持着他，并且灌输给他不可动摇的自信心。这种自信后来成为罗斯福领导艺术的显著特点。萨拉有七个孩子降生在五月花盛开的季节。与谨慎的罗斯福家族不同的是，德拉诺家族里有许多充满传奇经历的船长、周游世界的商人和冒险家。萨拉的父亲沃伦·德拉诺19世纪40年代在中国做茶叶出口生意时挣下第一桶金，其后又在60年代的鸦片贸易中赚了个盆满钵满。萨拉曾在中国住过两年，转而又到法国和德国接受教育。她年轻的时候追求者甚众，纽约最出名的钻石王老五们都曾拜倒在她的石榴裙下，其中就包括不羁的斯坦福·怀特。就像她的一位朋友评价的那样："她有一种天赋，说话总是很合时宜，并且能说好几种语言。"萨拉很为自己家族的传统骄傲，并且教育罗斯福继承了这种优良传统。她常说："我儿子罗斯福是德拉诺家族的男人，他根本不像罗斯福家的人。"萨拉掌管着家中的财政大权，对自己的儿子总是很慷慨。她曾经为罗斯福和埃莉诺在纽约置办了一处颇为精致的房产，里面所有的装修和家具都是她亲自挑选。后来，为了儿子的政治梦想，她又出资翻修和扩建了位于海德公园的老宅。然而，当1918年罗斯福想要离开埃莉诺和露西在一起时，她果断地进行了干预，使这对夫妇得以继续在一起。萨拉的财富使罗斯福免于为生计而奔波，还使他有充分的财力追求政治事业，不用为金钱而烦恼。埃莉诺曾说："任何事情都无法改变他们母子之间的深厚感情。"

和萨拉一样，露西也没能得到她应得的。乔纳森·丹尼斯是一位密切关注白宫事务的作家。他曾这样描述过露西："她使身边的每个男人为她倾倒。"露西拥有埃莉诺所缺少的一切：她美丽、亲切、深情款款，她给了罗斯福渴望的关注。她"黑天鹅绒一般的嗓音"加上她完美的品行使她成为一个最让人愉悦的倾听者。《华盛顿镜报》曾将露西的母亲描写为"华盛顿社交界毫无争议最美丽的女子"。而她的父亲，切维柴斯乡村俱乐部的创办人，是《独立宣言》的签署者之一查尔斯·卡罗尔的后裔。在经济困难时期，这个家族败落了。当1914年罗斯福认识露西时，她是埃莉诺的私人秘书。他们之间是日久生情。1917年夏天，当埃莉诺在坎波贝洛岛时，他们的关系已经让华盛顿议论纷纷。埃莉诺的表姐艾丽丝·罗斯福·朗沃斯很支持这桩罗曼史，她有时会邀请两人共进晚餐。据说，她曾说过："因为他娶的是埃莉诺这样一个女人，所以他有权享受点好时光。"

他们于1918年缘尽。但罗斯福一直与露西保持着密切的关系。她坐在特勤处提供的白宫豪华轿车中秘密参加了罗斯福所有的就职典礼。在20世纪40年代，她多次与罗斯福密会，当罗斯福在沃姆斯普林斯去世时，也是她陪伴在罗斯福身边。米西·莱汉德于1920年罗斯福竞选副总统时加入他的团队，她当时是一位安静、能干、富有吸引力的23岁年轻姑娘，此后她就一直追随在他身边，直到她于1941

年 6 月死于老年中风。她不仅仅是罗斯福的私人秘书（只有她能叫他 F. D.），也是他终身的伙伴和随从——她是埃莉诺和露西的替代品。当罗斯福于 20 世纪 20 年代在佛罗里达海岸沿岸疗养时，正是米西陪伴在他身边。是她一直负责罗斯福办公室的工作；是她在罗斯福款待客人时以女主人身份应酬宾客；又是她而不是埃莉诺陪伴罗斯福前往沃姆斯普林斯休假。对这样的安排，无论是埃莉诺还是萨拉都无异议，而罗斯福的朋友们对此也是习以为常。米西深爱着罗斯福。对罗斯福来说，即使不是爱米西，也至少是最喜欢她陪伴左右。当她去世时，她并不知道总统已在遗嘱中把她列为一半遗产的受益人，以慰她多年来忠心耿耿的付出。

在罗斯福去世六十周年之际，我们应该重新认识一下这位总统。"大萧条""新政""第二次世界大战"等回忆都已渐渐远去。也很少有人还记得美国曾面临多大的威胁。美国人曾做出的牺牲已被忘却。这使我们更加有理由怀念这位不能走路、甚至不能站立但却永远保持着信心，从容而又冷静地带领美国走向繁荣和安定的总统。

简·爱德华·史密斯
于西弗吉尼亚州亨廷顿市

● 目　录 ●

第 一 章　　　家世　　　　　　　　　　　　　　001

第 二 章　　　我的儿子富兰克林　　　　　　　008

第 三 章　　　家族留名　　　　　　　　　　　017

第 四 章　　　奥尔巴尼　　　　　　　　　　　024

第 五 章　　　觉醒　　　　　　　　　　　　　034

第 六 章　　　起锚　　　　　　　　　　　　　045

第 七 章　　　战争　　　　　　　　　　　　　054

第 八 章　　　露西　　　　　　　　　　　　　067

第 九 章　　　1920 年选举　　　　　　　　　081

第 十 章　　　脊髓灰质炎　　　　　　　　　　093

第十一章　　　州长　　　　　　　　　　　　　108

第十二章　　　回到奥尔巴尼　　　　　　　　　118

第十三章　　　总统候选人提名　　　　　　　　128

第 十 四 章　　无所畏惧　　　　　　　146

第 十 五 章　　百日新政　　　　　　　164

第 十 六 章　　新政高潮　　　　　　　181

第 十 七 章　　妄自尊大　　　　　　　198

第 十 八 章　　低潮　　　　　　　　　216

第 十 九 章　　战争边缘　　　　　　　225

第 二 十 章　　背后一刀　　　　　　　235

第二十一章　　又一个四年　　　　　　248

第二十二章　　民主国家的兵工厂　　　264

第二十三章　　耻辱日　　　　　　　　281

第二十四章　　总司令　　　　　　　　302

第二十五章　　D 日　　　　　　　　　320

第二十六章　　最后一班岗　　　　　　340

● 第一章 ●

家　世

　　罗斯福家族是一个古老的家族，但是在纽约并不算显赫。他们的财富来自曼哈顿岛的房地产投资、西印度群岛的食糖贸易以及精打细算的理财。这个家族里的男人们婚姻都很成功。事实上，罗斯福家族里的许多人都是依靠婚姻而发迹的。之前的六代人里，也没有出现什么大人物。但是，在第七代之后，这个平凡的家族里突然出现了美国历史上的两位重要人物。富兰克林和西奥多共同的祖先是克拉斯·范·罗斯福。他是一个荷兰人，于 1650 年代来到了新阿姆斯特丹。克拉斯的独子尼古拉斯是一个非常成功的磨坊主。他又养育了两个儿子：约翰尼斯开始在长岛生活，西奥多就是约翰尼斯的后代；雅各布斯开始在哈得逊河畔生活，富兰克林就是雅各布斯的后代。约翰尼斯的后人大多从事商贸。雅各布斯的后人则更亲近于土地，开始在曼哈顿的北部务农，而后又在哈得逊地区当起了农场主。詹姆斯的儿子艾萨克（富兰克林的曾曾祖父）是一个制糖的小商人，他曾经一度积极投身于美洲的独立革命，参与起草了纽约的第一部宪法。艾萨克曾经是亚历山大·汉弥尔顿所领导的联邦党的一员，信仰坚定但沉默寡言，参加了缔造美国宪法的制宪大会。他曾经与汉密尔顿共同建立了纽约银行，并在 1786 至 1791 年期间担任该银行的董事长。罗斯福家族的人不喜欢绚丽的生活，行事非常谨慎，若非必要绝不卷入公共事务。作为纽约参与制宪的元老级精英成员，这个家族一直享有较高的社会地位，他们行事低调，有责任感。

　　艾萨克的儿子詹姆斯（1760—1847）成年后去了普林斯顿，子承父业进入了糖品加工业，同时也涉足银行业和畜养马匹。1819 年詹姆斯在波基普西北部购买了哈得逊河边的一大块土地。他在那里建造了一大片房子，将其命名为"希望之山"，重新开始了乡绅生活。他的另一个儿子叫作艾萨克（1790—1863）也去了普林斯顿，在哥伦比亚大学接受了医学教育，但他并不愿意成为医生。他有晕血的毛病，也忍受不了病人的呻吟声。于是，艾萨克选择回到"希望之山"与父母同住，他专注于培育稀有植物和养殖马匹。他的一位亲戚说他"性格敏感，生活精细"。实际上，艾萨克医生性格比较孤寂，比较害怕外部世界，是一个抑郁症患者。

　　艾萨克医生 37 岁时宣布他要娶他们的邻居约翰·阿斯平沃尔活泼可爱的女儿，18 岁的玛丽·丽贝卡·阿斯平沃尔为妻。此举让家人惊诧不已。三代人以来，哈得逊河畔的罗斯福家族都在走下坡路，都是靠他们祖先取得的财富节俭度日。但是阿斯平沃尔家族却完全不同，这是一个来自新英格兰的航海家族，积极进取，颇有成就。阿斯平沃尔家族与他们的合伙人郝兰德家族一起控制了纽约的航运业。他们的快速帆船，遍布于世界各地的港口，其中包括打破了纪录的"彩虹"号。后来他们还很好地顺应了蒸汽轮船的出现所带来的行业变革。1848 年，加利福尼亚发现金矿，对于他们家族的公司而言这是一个千载难逢的良机，因为他们掌握着全部从东海岸到西海岸的客运和货运业务。

丽贝卡·阿斯平沃尔将扬基人的勇气带到了死气沉沉的罗斯福家族中。后来，富兰克林·罗斯福在一篇文章中写道："自此以后，这个家族多了些勇敢的血液，能够跟得上时代的脚步。"艾萨克医生没有自己的房子，1827 年他在父母的房子"希望之山"中迎娶了他的新娘。第二年，他们的孩子呱呱坠地，按照罗斯福家族的传统，取名詹姆斯。罗斯福家族的长子的名字总是在詹姆斯和艾萨克之间轮着选，富兰克林·罗斯福总统的父亲詹姆斯·罗斯福是他们家谱系中的第三个詹姆斯。他明显地继承了阿斯平沃尔家族的特点。1847 年，在从协和大学毕业，尚没有进入哈佛法学院学习之前，他希望他的父母同意他到欧洲游历。艾萨克医生表示了反对。他对詹姆斯说，在欧洲旅游有很多危险：到处都是疾病，而且很多国家的政治也不稳定。但是丽贝卡支持儿子的想法，最终艾萨克让步了。从 1847 年 11 月到 1849 年 5 月，富兰克林的父亲在西欧游历了一番。从欧洲回来之后，詹姆斯进入了哈佛法学院学习，1851 年毕业后进入了纽约律师界。毕业两年之后，他与华尔街著名的公司邦雅曼·道格拉斯·西利曼签约。那一年，他的祖父詹姆斯逝世了。将一大笔遗产留给了与他同名的孙子，其中包括"希望之山"和纽约的一栋大楼。在变得富有之后，詹姆斯便放弃了法律事务方面的工作，开始管理他的投资以及哈得逊河畔的贵族生活。

1853 年 4 月 23 日，25 岁的詹姆斯迎娶了丽贝卡·布赖恩·豪兰，他母亲表姐的女儿，另一家大船运公司的继承人。他们在"希望之山"建立了家庭，在当年晚些时候坐船来到了英国。在很长时间里，他们一直保持着这样的生活方式。差不多两年之后，他们有了一个儿子，詹姆斯·罗斯福，人称"罗西"，是罗斯福总统同父异母的哥哥。詹姆斯·罗斯福是个小心谨慎的投资家，他非常纯熟地经营着他获得的遗产。但是，阿斯平沃尔家族的冒险精神并没有泯灭，他在西弗吉尼亚州的所谓黑色工业——煤和铁路——上押上了大笔的赌注，几年之后，他得到了非常丰厚的回报。詹姆斯成为联合煤炭公司的董事，该公司是美国当时最大的烟煤公司。他还是特拉华·哈得逊铁路公司的董事，一度还担任过南方铁路债券公司的主席。然而，1873 年的经济危机使得詹姆斯的财产大受损失，他很快就又成为一个小投资商。

詹姆斯夫妇于 1866 年 5 月 17 日离开了德累斯顿，辗转于巴黎、伦敦和利物浦，经历了 5 个月的舟车劳顿之后，他们终于回到了家。詹姆斯没有重建"希望之山"，而是把那块地卖给了纽约州，作为纽约精神病研究所的用地。后来，詹姆斯在海德公园旁边又买了一块地，这块 110 英亩的产业原本属于铁路公司的总经理约西亚·惠勒。地块中间有一片树林，顺着小坡延伸到了河岸旁。海德公园的房子不如以前的大，只有 17 个房间，而且也都年久失修。但是河边的风景却很好，附近还有一个非常漂亮的玫瑰园。由于以前的主人疏于打理，海德公园里的很多地都荒废了。经过詹姆斯一年的精心整理之后，这栋房子终于焕然一新，他给它重新命名为"春之林"①。詹姆斯花了很多心思来收拾这个庄园，但他的主要兴趣还是在养马上。到了 70 年代，他的庄园已经成为东部顶尖的马场。1873 年，詹姆斯的马还跑出了每英里 2 分 17 秒 15 的好成绩。后来，那匹马被中太平洋铁路公司的主席兼斯坦福大学的创立者利兰·斯坦福以 15000 美元的价格买走。在 1873 年的经济危机之后，詹姆斯退出了赛马行业，但他在"春之林"中还是养了一些马，而且每天都会骑上一会儿。

斯普林伍德的生活充满了英国式的乡间情趣。让詹姆斯引以为傲的是他填补了亏空，并且在社区事务中发挥了一定的作用——他担任了游艇俱乐部的会长，圣公会的教区代表，还担任了海德公园学校的校董和州精神病院的院董。1871 年他被推举为镇管理委员，代表民主党担任为期两年的公职。3 年以后，民主党的地方官员希望他竞选州参议员。丽贝卡在 1847 年 10 月 18 日的日记中写道："詹姆斯去参加一个政治会议，我非常担心他被提名……但谢天谢地，他没有被提名。"詹姆斯也在一个回忆录中写道："我一直不想接受公职，连续拒绝了众议院、参议院和州议会的提名。"

罗斯福一家的生活主要分为三个部分：斯普林伍德、纽约市华盛顿广场 14 号的一栋优雅的公寓以及世界各地的旅游。在市里的时候，詹姆斯常常出席大都会俱乐部和大学俱乐部的活动。他每次出来的时候总是乘坐一辆私人火车，就停在离斯普林伍德不到 100 码的地方。斯普利伍德平静的生活很少受到外界的打扰，就像一位传记作家所写的那样："詹姆斯很乐于参与商业活动，就如同他喜欢骑马一样，但是商业并没有主宰他的生活。"

幸福的生活是在不知不觉中失去的。1875 年，丽贝卡的健康状况每况愈下。她心脏病的病征很明显。医生要求她不要再爬楼梯了，因此，詹姆斯在斯普林伍德和

---

① 此处因上下文需要意译为"春之林"，音译此地名为"斯普林伍德"，后文照音译译出。

纽约市的公寓内都装了电梯。但是，她心脏病还是越来越严重了。1876 年 8 月，詹姆斯带着丽贝卡共乘游艇去游览长岛，他希望海上的新鲜空气能够缓解她的病情。但就在出发后不久，丽贝卡感到胸痛难忍。詹姆斯立即返程回到纽约港，把她送回了华盛顿广场的公寓里。8 月 21 日，丽贝卡在那里逝世，后被埋葬在了海德公园。在母亲丽贝卡病逝两年之后，罗西以优异的成绩从哥伦比亚大学毕业。在父亲和祖父的安排下，他与当年刚刚进入社交圈的海伦·舍莫霍恩·阿斯托尔订婚。海伦的母亲是威廉·阿斯托尔，是纽约著名的仲裁人。在阿斯托尔家看来，罗西来自无可挑剔的第一代纽约移民家族，是享有威望的大家庭，尽管罗斯福家族鲜有杰出的建树，但是罗斯福家族是建立纽约的家族之一，其荷兰血统在纽约社会精英中也时常被人看重。于是，在双方家族的安排下，罗西和海伦于 1877 年结婚。海伦的嫁妆有一笔价值 40 万美元的信托基金（相当于现在的 700 万）和一栋位于第五大道的房子。罗西放弃了法律事业，像他的父亲和祖父一样，开始以经营联姻带来的财产度日。他和海伦在邻近斯普林伍德的地方购置了一栋较小的产业，时而在纽约参与社交生活，时而到欧洲旅游，这对夫妇享受着他们的财富所能支持的安逸生活。

丽贝卡逝世时，詹姆斯只有 48 岁。在度过一段悲伤的时期之后，他开始一厢情愿地追求他最喜欢的一位远房堂妹安娜·巴米耶·罗斯福。巴米耶是西奥多·罗斯福的姐姐，当时才 22 岁，是长岛的罗斯福家族中最聪明伶俐的女孩儿。艾丽斯·罗斯福·朗沃思坚持认为，如果巴米耶是个男孩，那么她，而不是西奥多·罗斯福就将是美国总统。巴米耶很喜欢詹姆斯，也喜欢和他在一起，但从没想过和他结婚。当 1880 年早些时候詹姆斯向她求婚的时候，她被吓坏了。为了不直接拒绝詹姆斯，她把这事告诉了她的母亲米蒂。米蒂是詹姆斯的老朋友，她以一种婉转的方式拒绝了詹姆斯。在求婚遭拒两个月之后，巴米耶邀请詹姆斯参加在西 57 大街的罗斯福公馆里举行的一个小型聚会。参加聚会的除了巴米耶和她的姐姐科琳娜，还有罗斯福家族的老朋友，来自波士顿的理查德·克劳宁希尔德。当巴米耶把她的密友萨拉·德拉诺介绍给詹姆斯的时候，詹姆斯立马就被迷住了。萨拉当时 26 岁，是华伦·德拉诺的女儿。萨拉身材修长，性格温柔，举止优雅，是美国人最喜欢的那一类美女。她脸型的轮廓很立体，让人能感觉到她是一位有内涵有性格的女人。总之，萨拉是一位非常出众的女子。正如米蒂所预见的那样，詹姆斯"一直在和她聊天"。在宾客散去之后米蒂对巴米耶说："他的眼睛一刻都没有离开过她"。德拉诺家族要比罗斯福家族更加显赫，更加富有。和阿斯平沃尔家族还有豪兰家族一样，这是一个富有冒险精神的航海家族，其事迹可以追溯到"五月花"时代。在当时，包租那条船的新教徒中，有七个是德拉诺家族的祖先；在签署"五月花"协议的人中，也有 3 个是德拉诺家族的祖先。萨拉的父系祖先菲利普·德拉·诺耶于

1621 年抵达普利茅斯，是踏上美国土地的第一个雨格诺教徒。萨拉的父亲华伦二世出生于 1809 年，起初在波士顿和纽约的商行里当学徒，24 岁以后又开始在开往中国的大商船上工作。在广东，他成为一家茶叶进口公司的基层领导，这家公司后来成为美国从事中美贸易的最大的公司。31 岁时，他成为这家公司的高级合伙人，领导这家公司在澳门、广东和香港的业务。两年之后，他回到美国。在此之前，他已经在中国待了 9 年，积累了大量的财富。回国之后他遇到了 18 岁的凯瑟琳·罗宾·莱曼，他立即对莱曼展开了追求并最终抱得美人归。1843 年 12 月 3 日，新婚燕尔的他们再次出发前往中国，之后又在那儿待了三年。华伦继续经营他的进口业务，其利润连年增加。1846 年，他辞职回到美国。

由于家财万贯，华伦和凯瑟琳住进了拉斐特别墅区的柱廊别墅，这是一排九栋相连的希腊文艺复兴时期的建筑。美国的国父之一约翰·雅各布·阿斯托尔就住在这里，此君被公认为是美国最富有的人。华伦的弟弟富兰克林也住在这里，富兰克林刚和阿斯托尔的孙女劳拉结婚。萨拉把富兰克林·德诺拉叫作"弗兰克叔叔"，富兰克林·罗斯福就是以他的名字命名。这位富兰克林也从事船运业务，最近刚刚收手，开始打理他妻子带来的巨额财富。

每年夏天，华伦和凯瑟琳都会到哈得逊河下游 6 英里处西岸的度假胜地丹斯克阿莫度假。在寻觅了很长时间之后，他们在下游买了 60 英亩的产业。这栋砖墙水泥的房子看上去非常朴实，但周围的风景很美，从各个房间看出去都能将哈得逊河和哈得逊高地的美景尽纳眼中。华伦将这栋房子命名为阿尔贡纳克，他想把这里作为他和儿女们度假的乐土。那时，他已经有了 5 个孩子。华伦和凯瑟琳一共生了 11 个孩子，萨拉出生在 1854 年 9 月 21 日，是第七个孩子。

在阿尔贡纳克，德诺拉家族开始繁衍壮大，华伦的生意也是欣欣向荣。到了 1857 年夏，在毫无预兆的情况下，密西西比河东岸第二大的银行俄亥俄保险信托公司突然破产关门。整个国家的金融产业因此而遭受重创。数年以来，美国人疯狂地投资铁路、煤矿以及房地产，导致相关股票迅速上涨。但一夜之间，股票市场的资产就蒸发了 50%。银行终止了硬币支付，数以千计的企业倒闭，农矿产品价格一落千丈。联邦政府甚至动用了军队来保护政府建筑。在旧金山，不可一世的银行大亨威廉·特库姆塞·舍曼也从此一蹶不振。在密西西比，尤利西斯·格兰特所经营的农场宣告破产。数日之间，几万人变得一无所有。在这场大灾难中，华伦·德诺拉也受到了冲击。由于他总是野心勃勃地在多领域内投资，股票价格的崩盘使他立即陷入了危险的困境。华伦开始节省开销，他卖掉了位于科罗拉多大街的房产，甚至还考虑过卖掉阿尔贡纳克。但是这一切都徒劳无功，1860 年，在华伦 50 岁的时候，他终于走到了破产的边缘。他的弟弟内德写道："华伦做了很多努力，但大都收效甚微。"他的计划之一就是回到中国再干 5 年，赚上一大笔后回家。他后来真的这么干了。他离开了位于阿尔贡纳克的家，远涉重洋来到了香港，在那里经营进出口贸易。这一次，他所经营的不再是茶叶，而是鸦片——这是一种臭名昭著的货物，但利润要比茶叶大得多。他在给弟弟的信中写道："我从不假装鸦片贸易是一种道德和仁慈的贸易。但作为一个商人，我认为这是一个公平合法的贸易。最差也就相当于进口到美国的烈酒和白兰地。"到 1862 年的时候，华伦已经赚了一大笔了，他把自己的家人接过去与他同住。沃伦把阿尔贡纳克租借给了阿沃特·洛家族，又从洛家族包租了一条"惊奇"号用来运送他的家人，这是一条往返在中美贸易航线上的最快、最漂亮的快速帆船。对于刚刚 7 岁的萨拉来说，这是一个异常漫长的旅行：在整整 4 个月的航程中，待在 183 英尺长的船上，只有家人和船员。73 年以后，她还会在斯普林伍德给她的孙子们唱她在此次航行中从水手那里学来的歌。

对于富兰克林·罗斯福来说，他母亲前往中国的经历是另一段值得他津津乐道的家族传奇。这就是罗斯福的性格之一：他认为一个吸引人的故事比一个真实的故事更加重要。罗斯福总统总是在桌子上放着一个"惊奇"号的模型，在书房里还放着"惊奇"号的油画。1870 年，普法战争一触即发，孩子们不得不乘坐离开德国的最后一班客船"威斯特伐利亚"号回国。这时萨拉已经离家差不多 8 年了，在国外也已经生活了 6 年。

在华伦的管理下，阿尔贡纳克的生活井井有条，家人的生活不外是读书、写作、游戏，间或伴有纽约的社交活动、射箭、划船和骑马。从 18 岁开始，萨拉就开始频繁地出入于纽约社交界各种重要的舞会和晚宴，在当时的社交圈是众人瞩目的明星。

如果说萨拉曾经陷入过情网，对象就是年轻的斯坦福·怀特。怀特的姑母住得离萨拉家很近，因此怀特是阿尔贡纳克的常客，其幽默的谈吐常常让萨拉开怀大笑。1876 年，怀特开始正式追求萨拉，萨拉也接受了他。怀特比萨拉大一岁，但是 23 岁的他看起来却不怎么有出息。怀特显得有些傲慢、聒噪和无礼，他曾经为著名的波士顿建筑家亨利·理察德森工作过 5 年，但只是担任职位很低的制图员。华伦·德诺拉很不喜欢怀特，不想把女儿嫁给他。但萨拉却一直坚持，于是华伦让她到国外去好好想想。萨拉同意到香港去看望她的姐姐多拉，并在那儿待了 9 个月。当她 1877 年回国的时候，她已经想通了。之后怀特曾经来找过她，但是她有没有见他就不得而知了。他们的爱情就此结束了，但是德诺拉家族的一个成员后来回忆说："在萨拉的一生之中，她只爱过斯坦福·怀特一个男人。"

萨拉认识詹姆斯是在和怀特的关系结束 3 年之后。对于詹姆斯而言，他是一见钟情，随即就展开了认真的追求。但萨拉的动机却不是很清楚。詹姆斯 52 岁，而萨拉才 26 岁，和詹姆斯的儿子罗西同龄。她的个子也比詹姆斯要高。萨拉的父亲坚决反对萨拉嫁给斯坦福·怀特，但是詹姆斯却满足了德诺拉家的要求：富有、成熟、家世无可挑剔。而且，他还很善良，作为一个中年男人也很有风度。和怀特的虚浮不同，詹姆斯更像一个绅士。这就够了，年龄和高度都不是问题。毕竟，萨拉已经 26 岁了，在当时，这个年纪的女人不容易再有什么好机会了。后来，萨拉在写给儿子的信中承认："如果没有詹姆斯，我就会一辈子当'老德诺拉小姐'。"

在打定主意之后，萨拉很快就投入了她的感情。1880 年 10 月 7 日，詹姆斯和萨拉在阿尔贡纳克举行了婚礼。婚礼过后，夫妇二人就乘坐德诺拉家的马车来到了海德公园。

在接下来的一个月里，罗斯福夫妇一直在收拾他们位于海德公园的家，之后才前往欧洲度蜜月。后来，每当詹姆斯到纽约做生意的时候，萨拉就回到阿尔贡纳克，德诺拉家族偶尔也会拜访斯普林伍德。在他们结婚以后，詹姆斯和萨拉逢年过节经常回到阿尔贡纳克。在这方面，他们和德诺拉家族的联系非常紧密。1880 年 11 月 7 日，罗斯福夫妇坐上大西洋航线上最新式的轮船"日耳曼"号开始了他们的欧洲之旅。他们在国外待了 10 个月，会见了许多朋友和亲戚，在前往法国、意大利、德国、瑞士、低地国家以及英伦诸岛的过程中，他们享受了乘坐一等舱旅行的舒适。1881 年 8 月 21 日，一个星期天的早晨，罗斯福夫妇参加了约克圣彼得大教堂的礼拜。其间，萨拉说她差点晕倒，着实把詹姆斯吓坏了。其实当时她已经怀孕 4 个月了，此时他们必须回到斯普林伍德了。9 月 1 日，他们又坐上了"日耳曼"号，10 天以后，他们回到了美国。

第二章

我的儿子富兰克林

　　富兰克林·德拉诺·罗斯福生于 1882 年 1 月 30 日的深夜。萨拉的生产过程持续了 26 小时，并且差点由于过分紧张的乡村医生过量使用麻醉剂而死去。在萨拉保存的日记中，当晚詹姆斯写道："8 点 45 分，我的萨拉生下了一个漂亮的大个儿男孩儿。他净重 10 磅。"由于詹姆斯和萨拉都想主导孩子的取名权，直到婴儿两个月大的时候都还没有名字。按照罗斯福家族的传统，这个孩子应该叫艾萨克。28 年前，他以自己的名字给罗西取名从而打破了传统。现在他想重拾传统，给孩子使用他爷爷的名字。詹姆斯想以此来纪念孩子的爷爷。萨拉却不愿顺从丈夫的意思，她不愿用公公的名字给儿子命名。她讨厌艾萨克这个名字。在孩子出生前她就决定，如果是个男孩儿就随她父亲的名字叫：沃伦·德拉诺·罗斯福。争论来来回回一直持续到 2 月。最后詹姆斯让了步。他对罗斯福家族传统的信念拧不过萨拉的决心。

　　萨拉的父亲很开心。他写道："这个小宝贝儿是个漂亮的小东西——健康、强壮、又乖巧——头形长得像德拉诺家的人，十分好看。"但还有一个问题。萨拉一个哥哥的儿子刚刚夭折，他叫沃伦·德拉诺四世。出于对哥哥的同情，萨拉认为这个时候把自己的儿子也命名为沃伦不太合适。她写道："我们很失望，爸爸也是！但这事儿没什么可说的。"作为第二选择，萨拉希望以自己最喜爱的叔叔的名字为孩子取名。她的这位叔叔叫富兰克林·德拉诺，与妻子劳拉·阿斯特居住在北边几英里外巴里敦的一个叫斯蒂恩的大庄园里。萨拉的父亲曾担心，有人会认为给孩子取这个名字会有别的目的，因为萨拉的这位名叫富兰克林的叔叔刚好没有子嗣。但萨拉没有理会这种担心。

　　1882 年 3 月 20 日，富兰克林·德拉诺·罗斯福在位于海德公园的圣·詹姆斯教堂里举行的小型家庭庆典上接受了洗礼。萨拉从儿时起的密友内莉·布洛杰特担任了孩子的教母。而教父由萨拉的姐夫威尔·福布斯（多拉的丈夫）和萨拉的朋友巴米耶的小弟埃利奥特共同担任。埃利奥特后来有了一个女儿，就是埃莉诺。若不是埃利奥特早逝，罗斯福就还得管这位教父叫"岳父"。

　　当时，像罗斯福那样家境殷实的人家都会雇请有经验的保姆或家里的老用人来照顾刚出生的孩子。但萨拉却没有。产后身体刚刚有所恢复，她就坚持自己照料孩子。她认为："每个母亲都应该学会怎么照顾自己的孩子，这与是否雇得起保姆无关。"因此，虽然请得起保姆，萨拉仍然自己照顾富兰克林到 10 岁左右。

介绍詹姆斯和萨拉相识的米蒂·罗斯福曾于 1882 年 6 月在海德公园小住一周。她在给儿子埃利奥特的信中写道："我抱着你的小教子，我真是喜爱他！他才五个月大，是个漂亮、可爱、聪明的小宝贝儿……"萨拉深深地爱着她的孩子，她们娘儿俩简直就是一幅牟利罗的圣母与圣子像。

萨拉决心要把富兰克林培养成德拉诺家族的孩子——也就是说要用她父亲教育她的方式来教育富兰克林。当罗斯福家第一次回到德拉诺位于马萨诸塞州费尔黑文的祖宅时，小富兰克林被放在他的外公七十三年前睡过的摇篮里。沃伦·德拉诺共有 17 个孙子孙女，但只有富兰克林能得此娇宠。

因为生育富兰克林时曾经难产，医生建议萨拉不要再冒险要孩子。罗斯福夫妇与十九世纪的许多家庭一样，通过节欲来控制生育，由此常常引发婚姻紧张。萨拉这个当时仍然精力旺盛的年轻妈妈在照料、安排儿子的生活起居上找到了安慰和寄托。富兰克林每一刻都受到无微不至的照顾。他每天七点起床，八点吃早餐，然后上课到十一点。午餐被安排在中午十二点，然后是直到下午四点结束的课程。六点的晚餐后，他可以玩耍两个小时，然后在晚上八点上床睡觉。这是萨拉的父亲给德拉诺家族的孩子安排的作息表，萨拉很自然地借用了过来。这虽是个有益身心的作息制度，但毕竟是一种需要严格遵守的制度。稍微难管教一点的孩子可能都会反抗这种约束性的制度，但富兰克林却从未有过。

开始时萨拉自己在家教罗斯福。六岁时，他被送进邻近的一家幼儿园。不久后家里就开始请一些家庭教师给罗斯福上课。这一时期，罗斯福学习了拉丁语、德语、书法、算术以及历史。萨拉自己为罗斯福制订学习计划，任何与她意见不合的家庭教师都会被解雇。这些家庭教师中最有才华的是一位叫珍妮·罗萨·桑多的年轻瑞士女教师。她除了教富兰克林一些现代语言外，还试着向他灌输一种社会责任感。桑多小姐笃信经济改革和社会福利。她努力培养富兰克林·罗斯福对社会弱势群体的关注。多年后，罗斯福从白宫寄给她的信里写道："我经常觉得很大程度上是你奠定了我的教育基础。"在家受教育的方式使罗斯福没有机会像公立学校里的孩子那样玩耍打闹，但却使他避免接受不恰当的、平庸的教育。他必须不断地充实自己的头脑。当公立学校里与他同龄的孩子刚开始学习英语时，他却已经同时掌握了英语、德语和法语。六岁时，他已经可以用德语给他母亲写信了。

萨拉决心不让自己的儿子被过多的关爱宠坏，而同时又希望向儿子表达自己的爱。她在回忆录中写道："我们从来都不用一大堆的'不许'来束缚他。当他能严格遵守那些对他有好处的规矩时，我们从来不会为了对他严格就苛刻地要求他。事实上，让我们从心底里感到十分骄傲的是，富兰克林从来都不需要严厉的管教。"

富兰克林出生时詹姆斯已经五十多岁了，他十分愿意把管教富兰克林的任务交给他的妻子。小富兰克林就像他的一个伴儿，是他骑马、打猎、出海时的亲密伙伴。当回忆起自己的童年时，萨拉说："富兰克林从来都不知道对于父亲应怀有一种敬畏、害怕与尊敬交织在一起的情感。他对于他的父亲怀有的是崇拜。这种崇拜来自平等的友谊以及他父亲从始至终对他的理解。他父亲总是能理解对于孩子来说非常严重的烦恼。"

与很多独生子一样，富兰克林大多数时候由成年人陪伴，大家都认为他的行为会像成年人。萨拉认为："孩子有着很多和成人一样的思维。"只是没有词汇去表达出来。为了弥补这一不足，她每天都大声给富兰克林读书。《鲁滨逊漂流记》《海角一乐园》以及《小勋爵弗契特勒里》都是她喜欢读的书。被《小勋爵弗契特勒里》迷住的后果就是，一直到富兰克林五岁，萨拉都给他穿裙子、烫头发。然后又开始给他穿苏格兰短裙和全套苏格兰盛装。直到长到八岁，富兰克林才穿上了萨拉给他从伦敦买回的海军制式的裤子。一次在阿尔戈纳克度周末时，他在给父亲的信中骄傲地写道："妈妈早上不在，我要自己洗澡了！"那时他已经快九岁了，却很明显从未自己洗过澡。

住在郊区，被父母严密看护的另一个后果是，罗斯福缺少玩伴。有时候，家里也会请一些小朋友来玩，但都不能过夜。家教良好的惠特尼姐妹曾经几次被邀请到罗斯福家做客。多年后，两姐妹都已近暮年，而她们的父母也在两周里相继去世，使她们面临双重遗产税。此时的两姐妹与富兰克林这个儿时的玩伴已久不联络，但大姐伊莎贝尔放下面子给罗斯福总统写了封信，要求与他会面。总统很愿意故友重逢，与她见了面并耐心地听她诉苦。听完后，罗斯福表示他很为她们难过，但由于涉及纽约州的法律，尽管他是总统也无法改变。伊莎贝尔生气地站起来，摇着手中的拐杖说："你小时候就一直是个讨厌的孩子，现在你是个讨厌的老头！"

儿子的出世并没有改变罗斯福一家每年一度的欧洲旅行计划。1885年复活节的早晨，他们全家，包括三岁的富兰克林，乘坐白星邮轮公司的"日耳曼"号从英国回国。途中，一阵猛烈的风暴突然来袭，使整艘轮船陷入一片黑暗。一阵接一阵的巨浪拍打着船头，整艘轮船开始进水。此时，躲在位于主甲板上的舱室里的罗斯福一家有了不祥的感觉。

萨拉说："我们好像在下沉！"

詹姆斯说："我也觉得！"

当舱室里的水没到脚踝时，他们准备弃船。后来萨拉回忆道："我一生中从未感到害怕，那时我也没害怕。"她从挂钩上取下自己的毛皮外套，把富兰克林裹起来。她对詹姆斯说："可怜的孩子！如果会被淹死，也要让他暖暖和和地去。""日耳曼"号却奇迹般地没有沉没。水没有淹到锅炉，风暴也渐渐平息了，轮船坚持着驶回利物浦进行检修。

旅行是罗斯福儿时生活中的重要部分。1887 年，他五岁，跟着父母去华盛顿过冬。当时詹姆斯在一个财团有投资。该财团准备开凿一条穿越尼加拉瓜的海平面高度的运河来连接太平洋和大西洋，并以此与法国人费迪南德·德·雷赛布致力开凿的巴拿马运河竞争。罗斯福父母此行的目的就是要争取在与尼加拉瓜的谈判上获得国会和克利夫兰政府的支持。罗斯福家租下位于哥伦比亚特区的属于一位比利时部长的时尚宅第，非常高姿态地进入了华盛顿的社交圈。萨拉曾写道："华盛顿的每个人都那么地有吸引力，就连富兰克林都认识每个人。"

罗斯福一家曾有几次到白宫与克利夫兰会面。克利夫兰在纽约竞选州长时，詹姆斯曾很慷慨地支持他。在 1884 年克利夫兰竞选总统时，詹姆斯更是慷慨解囊，不遗余力。总统曾劝说詹姆斯接受驻荷兰大使的美差，但詹姆斯辞谢了。但他与克利夫兰的关系确保了儿子罗西能担任美国驻维也纳公使馆一秘。罗西也是一个忠诚的民主党人，他也曾为克利夫兰的竞选立下汗马功劳。罗西妻子的财产负担了大部分他在使馆工作时的开销。詹姆斯很反对罗西在纽约懒散轻浮的生活方式，他说服克利夫兰相信驻外的工作对罗西会有好处。

离开华盛顿之前，詹姆斯和五岁的富兰克林去向总统辞行。詹姆斯发现克利夫兰愈加疲惫了。在会面结束时，魁梧的克利夫兰用他的大手轻抚着小富兰克林的头说："小伙子，我要为你许一个奇怪的愿。我希望你永远不要成为美国总统。"

多年以后，有人曾问萨拉有没有想过有一天她的儿子会成为美国总统。她回答说："从没想过。我对他的最高期望就是希望他将来能像他父亲一样，正直、诚实、公正、善良。"

除了每年一次的欧洲旅行外，罗斯福一家每年夏天几乎都要到坎波贝洛岛去度假。坎波贝洛岛是一个狭长的、多岩石的小岛，位于缅因州海岸外的加拿大水域内。詹姆斯和萨拉都很中意那儿清爽的海风和趣味投合的社交生活。于是，在 1883 年，也就是富兰克林一岁半时，他们在那儿买下四英亩的土地，盖起了一栋避暑度假屋。萨拉写道："有时詹姆斯会和一些绅士们出海，而我则在家做家事或者和三五个好友一起大声朗读法语或德语书籍。"富兰克林在坎波贝洛岛学会了驾驶帆船，在芬迪湾湍急的洋流和礁石海浪间航行。也是在坎波贝洛岛，他立下了进入安纳波利斯海军军官学校成为海军军官的理想。当 1913 年他被任命为海军部副部长时，他曾说："我一直很喜欢海军。我只错过了一个星期，差一点就去了安纳波利斯。因为父母反对，我才没能去海军军官学校。"其实只有詹姆斯反对富兰克林去上海军军官学校。在萨拉看来儿子喜爱大海是很自然的。她说："德拉诺家族总是和大海联系在一起，而我一直相信遗传的力量。"罗斯福家族却是属于陆地的家族，詹姆斯希望富兰克林学习如何经营家族生意。

像乡绅家族代代流传的传统那样，富兰克林·罗斯福很早就学会了骑马。两岁时，在罗斯福家族的小牧场里，他就能骑坐在小马驹身上；四岁时，他每天早晨都会和父亲一起骑马巡视整个庄园；六岁时，在保证愿意自己照料小马的前提下，他有了自己的第一匹威尔士马驹——德比。他还一直负责照顾自己的马。他还先后养过四条狗，都得到了他很好的照顾。父亲让他照顾宠物是为了培养他的责任心。但据富兰克林回忆，这是一项艰巨的任务。

还是孩子时，罗斯福就开始收集邮票，并对鸟类产生了的浓厚兴趣。十岁时，母亲把自己庞大的邮票收藏送给了他。那些邮票是萨拉从五岁时跟着父亲住在中国时就开始收藏的。富兰克林一直小心翼翼地保存这些邮票，最后收藏的邮票夹满了150本集邮册，总数超过一百万张。白宫专职医生阿德米拉尔·罗斯·麦金太尔估计，罗斯福在担任总统期间，在邮票收藏上花了超过两千个小时的时间。另外，直到今天罗斯福收藏的鸟类标本还摆放在海德公园门厅的玻璃盒里让游人参观。这些鸟都是罗斯福亲手打下的。他的外公德拉诺为了鼓励他在鸟类研究上的造诣，为他办了纽约自然历史博物馆的终身会员卡。富兰克林后来还时常提起儿时的他拿到会员卡时兴奋的心情。

罗斯福一家都是虔诚的圣公会教徒。他们希望小富兰克林去圣·詹姆斯教堂做礼拜，而他也总是非常顺从地去了。这样看来，他的信仰是出于本能的。不仅如此，一直到去世富兰克林都一直忠实于他小时候去的教堂。他一开始是低级教区委员，后来是教区委员，最后是高级执事。在他当选总统后，还常常在斯普林伍德召开教区会议。

虔诚的宗教信仰是罗斯福毫不动摇的乐观精神的来源之一。在内心深处他对于普世价值有一种泰然的信仰。他深信不论目前发生了多么糟糕的事情，只要他保持耐心，相信上帝，一切就都会好起来。埃莉诺曾问他是否相信在教堂里学到的所有事情，他回答说他从未想过这个问题。他说："我觉得这样的事不用多想。"

1896年夏天，他的父母又一次来到巴特瑙海姆。富兰克林和他的导师开始了环德国之旅。他们每人每天的生活费是4马克，也就是说，他们大部分时间得吃面包和奶酪，住乡村小旅馆或者住在农户家。有好几次富兰克林他们都因为轻微违反了交通规则而被警察局扣留。而每一次他都成功地用自己流利的德语说服警察而使他们免于被罚款。罗斯福即将在秋天升入格罗顿中学，为了给他庆祝，父母带他去了拜罗伊特参加瓦格纳音乐节。萨拉在写给姐姐多拉的信中说："富兰克林比我想象中更喜欢这次旅行。他很专注，被表演深深吸引。他不觉得累也不觉得闷，舍不得离开半步。"

美国对罗斯福的信任根源于罗斯福的自信。而这一自信又来源于他安全无虞的成长环境。正如他的女儿安娜所说："奶奶对人要求严格，但她给了爸爸战胜困难的勇气。很少有孩子能得到母亲如此一贯的照顾和鼓励。"

富兰克林·罗斯福的思想也在成长。他大量地阅读书籍，记忆力超群。这些特点在日后越发凸显出来。他法语和德语都很流利，并且已经拥有超常的理解能力。但罗斯福不是一个喜好沉思的人，也不是一个充满奇思异想的人。他习惯在实践中学习。而他随父母所做的大量旅行也使他比别的孩子眼界更开阔。他比同龄的孩子显得矮小一些，但他的生长发育期还没有开始。总之，他很期待去格罗顿中学上学，虽然他比普通的十二岁入学的孩子小了两岁。

在斯普林伍德的家里度过了无忧无虑的童年后，去格罗顿上学对罗斯福来说是个挑战。十四年来，他一直是家里的中心，而现在他即将成为一个近乎修道院的学校中的 120 位少年中的一个。每个新生都会面临一些问题，但对于罗斯福来说情况就要复杂得多。他插班到三年级。但之前却几乎没接受过系统的学校教育。但他却从未把这些困难表现出来。在给家里的第一封信里他写道："我一切都好。"

格罗顿中学的校长和创始人是恩迪科特·皮博迪神父。他是一位充满人格魅力的人：单纯、身材魁梧、精力充沛，像一个运动员。但同时他又是个清心寡欲的人。

格罗顿的办学宗旨是从道德、体魄和智力方面全面培养学生成为有男子气概的基督信徒。他推崇宗教、德行、运动以及学识。

格罗顿中学的生活是斯巴达式的。每个男孩儿都住在六乘十英尺的小卧室里，里面只有一张床，一张书桌，一小块地毯和一把椅子。每个房间的配置都一样。房间里没有衣柜，取而代之的是钉在墙上的衣钩；每个人的房间都没有门，而由一个门帘代替。因为皮博迪讨厌所谓隐私。学生们每天清晨 6 点 45 分起床，然后在公共浴室洗冷水澡。早餐过后是晨祷，然后上上午的三堂课，一切都进行得分秒不差。午餐是一天当中的正餐，午餐过后是下午的两堂文化课，然后是体育课。运动过后，学生们要再洗个冷水澡，然后吃晚餐。晚餐时要求所有学生着校服。晚餐过后是晚祷，接着是自修。最后，校长和校长夫人会一一和孩子们握手道晚安。

虽然从小锦衣玉食，富兰克林·罗斯福却能很好地适应格罗顿严格的管束。在格罗顿上学的四年间，他每隔一周都会给家里写一封信，但却从来没有在信里抱怨过什么。除了没法适应洗冷水澡外，他用另一种心态来取代了被严格管束的生活。在他看来，秋季里有很多令人兴奋的足球赛。而圣诞节随后就会到来，并会在校长的父亲所读的狄更斯的圣诞颂歌中达到高潮。冬天，溜冰和滑雪橇取代团体运动；而到了春天就将开始打棒球、网球、高尔夫，还有游泳。即将放假对于大多数男孩儿们来说是件非常兴奋的事，就像水手即将起航。但富兰克林却是个例外，他不是个顽皮的孩子。他总是待在家里，夏天他一般在坎波贝洛岛过暑假，在那儿，他可以尽情地驾驶父亲送他的那艘二十一英尺长的叫"新月"的小帆船畅游大海。

格罗顿的课程安排很正统，课程讲授也很细心严谨。皮博迪自己教授所有的宗教课程，并确定学校的整体教育风格。他把整个学校看作一个大家庭，而校长就是这个家庭的家长。皮博迪亲自领导着校运动队，把自己对强身派基督教的信念付诸实施。他最喜爱的运动是橄榄球。在给耶鲁大学橄榄球教练沃尔特·坎普的一封信中他说："我认为橄榄球对于孩子们的道德促进作用更甚于强身健体的作用。"就像一位毕业生所说的，学生们对他既爱又怕，从他那儿他们学到了勇敢和果断。罗斯福曾说，除了父母，皮博迪夫妇是他一生中对他最重要的人。

在学校的最后一年，罗斯福作为棒球队的器材管理员获得了校名字母徽章。他还获得了拉丁文优异奖、全勤奖，以及最佳寝室奖。同时，他还是校唱诗班和校辩论队成员。

在格罗顿度过的四年让罗斯福完成了从温暖舒适的家向社会的过渡。当即将毕业时，他对学校依依不舍。他给父母写信说："这是让人多么高兴又多么伤感的一天啊！每个人都希望一切回到从前。"

1900年秋，罗斯福和其他18位格罗顿同学一同考入哈佛大学。那时，哈佛等级森严，家境优渥的学生们大都毕业于东海岸的私立学校。他们大都不住在校园里，而是住在奥本山大街的被称为黄金海岸的豪华学生宿舍里。出生于中产阶级的家境平平的学生们就凑合着住在条件较为简陋的学校宿舍里。罗斯福和他格罗顿的同学莱思罗普·布朗在一个叫威斯特摩里的庭院里租住了一套有三个房间的套间。这个套间是黄金海岸大厦里最新的一套。萨拉帮他们把房间布置得华丽讲究，与皮博格校长的要求大相径庭。即使根据哈佛的标准，罗斯福所穿的400美元一套的西装也是奢侈品。他和布朗在那个住满大学预科生和格罗顿同学的公寓住了四年。

住在学校宿舍里的学生和住在黄金海岸的学生很少有交往。除了因为学习兴趣相投结下的友谊或在体育场上产生的友谊以外，来自不同背景的学生们很少有机会交往。教授们批评学校里的等级观念，恩迪科特·皮博迪强烈反对"奥本山大街和学校宿舍之间的鸿沟"。然而，直到二十世纪20年代中期，哈佛的校舍改革才使学生们真正地融合到一起。

罗斯福入校时，哈佛的校长是1869年上任的查尔斯·埃利奥特。那时的哈佛是大学改革的先驱。学术而不是教学成为学校的工作重心。学校独创性地从智育角度定义教育，而不再强调性格养成和道德教育。学校根据学术研究成果雇佣教员，而学生在学完第一年的几门必修课以后就可以自由地选修他们感兴趣的任何课程。

埃利奥特认为学生本人应该为自己选择课程，所有基础课程都一样重要。他还认为学生应该通过试听选课而不是通过课程简介选课。

对于学生来说，甄选体系和自由选课制度给予他们很大的自由。由于罗斯福和其他格罗顿的同学在中学高年级已经学过哈佛新生必修课的同等课程，学校允许他们跳过整个必修课阶段。这不仅意味着他们可以早一年，也就是只需三年毕业，还意味着他们可以自由选择课程。罗斯福非常努力地学习了经济学、行政管理、历史等难度大的课程。他曾风趣地说："我在大学期间花了四年学习经济学，却发现所学的都是错的。"罗斯福对待学业很认真，和别的富家子弟不同，他没有选修橄榄球。虽然在大学期间他没有得到过荣誉，但学习却一直不错。选课制度使他得以逃避他最头痛的哲学和理论方面的课程。罗斯福一生都以思维抽象而著称，但哈佛却跟这种能力的获得毫无关系。

在大学第一学年的深秋，罗斯福接到了令他不安的消息：他父亲的心脏病连续严重发作两次。为方便他看病，萨拉把詹姆斯带回了纽约的寓所，但他的健康状况仍然持续恶化。12月8日，在家人的陪伴下，詹姆斯离开了人世。萨拉在日记里悲痛地写道："一切都结束了。2点20分，他在睡梦中离开了。我们叫来了埃利医生，可为时已晚。当我写下这一切时，我不知道没有了他我该怎么活下去。"詹姆斯身后留下了价值六十万美元的遗产，在今天就是差不多1400万美元。他给了富兰克林和罗西各一份信托基金，而把斯普林伍德留给了萨拉。两年前，当萨拉的父亲去世时，她和其他兄弟姐妹还各自继承了130万美元的遗产，相当于今天的2800万美元。这些都成为罗斯福家庭的财富来源。

1901年春天，罗斯福一直陪伴着萨拉。那年夏天，为避免故地重游而触景生情，他们没有去坎波贝洛岛而去了欧洲旅行。他们在那儿度过了差不多十周时间，直到九月底学校开学之前才回到美国。在欧洲，他们先后去了萨拉度过童年的地方挪威、德国的德累斯顿、瑞士苏黎世以及法国巴黎。在此期间他们游览了欧洲美景，还拜访了故友至交。在旅行的最后一站巴黎，他们听到了美国总统威廉·麦金利在墨西哥水牛城参观泛美博览会时被刺杀的消息。12天后，当他们在归途中路过楠塔基特岛灯塔时，通过扩音器他们得知麦金利总统已经去世，库辛·西奥多继任美国总统。

回到哈佛后，罗斯福投入一轮狂热的社会活动中。在经过严酷激烈的竞争后，他被选为本科生所主办的校报《深红色》的编辑部成员。在此后的三年中，《深红色》成为他的主要兴趣，他常常每天要花四到六个小时为即将出版的报纸审稿。在担任编辑的同时，他也收获了名誉，承担起了责任。富兰克林为名誉也为担负的责任感到骄傲。他代表该报纸参加了耶鲁大学两百年校庆。至今人们仍津津乐道于西奥多·罗斯福总统、普林斯顿大学校长伍德罗·威尔逊和富兰克林·罗斯福同时出席了该校庆。

大学三年级时，罗斯福被选为《深红色》的责任编辑，从此他工作更努力了。担任总编辑的职务后，他又多了一些行政管理方面的工作。他老练地管理着所有职员，总是能连哄带骗地让哈佛脾气火爆的印刷工们重新开工为记者们在最后一分钟新交的稿件改版赶印。他的联合编辑拉塞尔·鲍伊评价说："他总是柔中带刚。"

大学三年级结束时，罗斯福被选为总编辑。他在 6 月就拿到了学位，但却选择在学校多留一年以完成总编辑的交接工作。他的教授们都建议他进入研究生院继续学业。罗斯福在日记里写道："我在研究生院和法学院中举棋不定，但我觉得法学院里有太多学校以外的事情。"那年秋天，他成为历史专业的研究生，但却不准备拿学位。在给母亲的信里他写道："报纸的工作占用了我所有的时间。"正如亚瑟·施莱辛格所说，做校报总编辑的工作是罗斯福哈佛生活的最大亮点和收获。

罗斯福回到哈佛，萨拉随后也来到了哈佛。在海德公园的家度过了郁郁寡欢的一个冬天之后，她在波士顿买了一套公寓，慢慢地融入了这个城市的生活。萨拉希望能住得离罗斯福不近不远，那样就既能在罗斯福需要的时候在他身边，又能不过多地介入他的生活。罗斯福似乎喜欢母亲的做法。他经常在母亲那儿吃晚饭，有时候还在那儿住。第二年冬天，萨拉又去波士顿住了三个月。她为罗斯福的成功铺路，并在他失望的时候帮助他振作精神。她曾说："他父亲和我对他期望很高，因为他有很多过人之处。"

罗斯福在哈佛时社交活动非常活跃。他有一匹马，还有一辆敞篷跑车，几乎每个周末都在波士顿参加派对或晚宴。他没有获得大名鼎鼎的坡斯廉俱乐部①的会员资格。多年后，他再次提起此事时，用他特有的夸张语气说他从未如此失望。但他当时的室友莱思罗普·布朗说："罗斯福并不是那个时代典型的俱乐部男人。他并不只是坐在俱乐部的窗前无所事事地评论路过的行人。实际上没能获得坡斯廉俱乐部的会员资格，使他免于受到那些满足于现状的人的影响。那些人总是认为世界是属于他们的。"

1903 年，罗斯福在哈佛拿到了学位。但根据常春藤大学的传统，他永远是 04 班的一员。毕业时，他被选为班委会的永久主席，是负责毕业生工作的关键职务。大学期间，罗斯福没有获得任何奖励也没有进入美国大学优等生荣誉学会，但他却充实了头脑。大学生活进一步增强了他的自信，巩固了他父母一直以来着力培养的乐观主义精神。正如一本传记里所说的："在格罗顿，罗斯福学会了怎么与他的同龄人相处；在哈佛，他学会了怎么领导他们。"

---

① Porcellian Club 音译为坡斯廉俱乐部，是哈佛大学的一个秘密学生组织，通常只吸纳精英分子加入。

● 第三章 ●
家族留名

从哈佛毕业后不到一年，罗斯福就与他已故教父埃利奥特的女儿安娜·埃莉诺结了婚。当时，罗斯福才 23 岁，而埃莉诺也刚满 20 岁，对两性关系一无所知。后来她对儿子詹姆斯透露说，婚礼结束时她与罗斯福的吻是他们恋爱两年来的第一个吻。

成年后的罗斯福一直都很喜欢与女性相处。他后来曾与人讨论过这个。他认为自己在斯普林伍德的 14 年里与异性的相处很少，而在格罗顿，他又完全依赖于母亲为他安排社交生活。他曾对母亲说："我希望您能为我安排一些体面的伙伴儿和我一起参加纽约的舞会。那样我就能早些找到心爱的人而不至于受欺骗。"刚到哈佛的时候，他独立生活，但却不敢自己交朋友。甚至在请朋友到哈佛观看比赛的事情上，他都要征求萨拉的意见。

但逐渐地，他就适应了独立生活。大学二年级结束时，他已经是一个富有魅力的、从容自如的男子了。他热衷于与波士顿上流社会的年轻女孩儿们以及她们的家庭交往。当时是 20 世纪初，还是旧式的道德标准盛行的年代。和约翰·肯尼迪所处的 20 世纪 30 年代不同，罗斯福那一代人年轻时没有办法广泛、自由地接触到各种女孩子。他们都必须在长辈的陪同下与特定社会圈子里的异性们交往。根据当时的道德标准，抚摸异性是下流的，亲吻已是最大胆的行为，而婚前性行为则是严格禁止的。只有从事对于罗斯福那种家庭出身的人来说，前一种情况是不可想象的。所以，罗斯福在哈佛时曾三次向他喜欢的女孩儿求婚。

罗斯福的初恋情人是在哈佛遇到的弗朗西斯·达娜。她是理查德·亨利·达娜和亨利·沃兹沃斯·朗费罗的孙女。据说是萨拉阻止了这对有情人。原因是达娜信奉天主教，而这是信奉新教的德拉诺家族和罗斯福家族都不能接受的。在那之后，罗斯福还曾喜欢上多萝西·昆西，一位同样来自显赫家族的女孩儿。另外，他还爱过一位出生于东海岸一个古老家族的美丽出众的女子——爱丽丝·索希尔。1902年，爱丽丝和罗斯福曾经谈婚论嫁。那时罗斯福 20 岁，而爱丽丝才 17 岁。作为家里的独子，罗斯福告诉爱丽丝他想要有一个大家庭，至少要生六个孩子。这显然吓倒了爱丽丝。后来跟朋友谈起她为什么拒绝这桩婚事时，她说："我不想成为一头母牛。"但他们的关系并没有就此中断。后来他们还时不时见面。直到 1902 年，爱丽丝的父母为了防止孩子一失足成千古恨而把她送去了欧洲。多年以后，罗斯福为他们的分手做出了不同的注解：

> 我在哈佛的时候，曾非常认真地考虑过和一位波士顿的姑娘结婚，然后在巴克贝定居……而在那时，在上帝仁慈的指引下，我进行了一次旅行，见到了一些真正的美国人，比如西部和南部的美国人。我得到了拯救！

其实许多关于罗斯福的故事都带有些虚构色彩。事实上是爱丽丝而不是罗斯福在涉及婚姻的问题时退却了，是她而不是罗斯福于 1902 年在一次旅行后做出了分手的决定。

爱丽丝·索希尔离开美国赴欧洲后不久，罗斯福就认识了埃莉诺。每年秋天，纽约的社交季都会以麦迪逊广场公园的一场盛大的马会拉开帷幕。罗斯福家族是这个活动一贯的拥趸者。他们有时候会展示自己的马，有时候做评判，但每一年都会参与。1902 年 12 月 17 日的马会，他们也照例参加了。展示会上为罗斯福家族保留的包厢里坐满了罗斯福家的人。他们中有罗斯福、罗西的女儿海伦及她的未婚夫还有她的表妹埃莉诺等人。马匹展示会后，罗西带大家去了纽约最时尚的餐厅——谢里餐厅用餐。罗斯福在他的日记中有记载："与詹姆斯·罗斯福，海伦·罗斯福，玛丽·纽博尔德以及埃莉诺·罗斯福一起在谢里餐厅用餐。"这是罗斯福第一次在日记里提及埃莉诺。两周后，他与埃莉诺以及侄女海伦共进午餐。又过了两周，在陪萨拉进行圣诞大采购时，他借机溜走与埃莉诺喝茶。

新年庆典时，两人又在华盛顿相聚了。罗斯福与表姑姑巴米耶住在一起，而埃莉诺与西奥多·罗斯福的女儿艾丽丝住在白宫。新年第一天的时候，他们站在最里层，看着表叔西奥多与成千上万列队进入白宫东厅的民众们一一握手。他们和艾丽丝以及第一夫人喝茶，与总统在国宴厅用餐，然后一起去剧院看演出。罗斯福在日记里记道："我与埃莉诺坐得很近。我度过了非常有意思的一天。"

一个月后，埃莉诺被邀请参加罗西在谢里为罗斯福举办的 21 岁庆生会。罗斯福觉得非常开心。6 月底，埃莉诺和另外 5 个年轻人一起被邀请到斯普林伍德度周末，她由女仆陪着在斯普林伍德待了四天。三周后，她又由女仆陪着参加了另一个罗斯福家的聚会。7 月 7 日，在与一帮朋友在草地上闲逛了一下午之后，罗斯福邀请他们到自己家的游艇"新月"号上用晚餐。他的表亲科琳娜说："罗斯福在船上的时候状态极佳。他驾驶游艇的样子非常帅。他是一个非常棒，非常自信的水手。"那晚，在其他人都入睡后，罗斯福在日记里写道："这真是一个开心的夜晚，她是一个天使！"就这样，罗斯福又一次坠入爱河。

埃莉诺对这一切是否心知肚明我们不得而知。罗斯福也许曾给她写信表白，而她也可能有所回复，但没有有关的信件留存下来。

埃莉诺成长于一个比罗斯福更传统、保守的家庭。她的母亲安娜·丽贝卡·霍尔在埃莉诺年仅8岁时便因白喉病去世。在一年多以后，她的父亲埃利奥特又死于酒精中毒。从母亲过世直到结婚，埃莉诺都由外婆抚养。一开始她住在霍尔家位于蒂沃利的庄园里，后来又去了英国的寄宿学校。除了假期里有时候会跟罗斯福家的表哥们一起之外，她身边几乎没有男性朋友。埃莉诺有非常充裕的物质生活，而感情生活却还不如修道院的修女丰富。

1903年的夏天，罗斯福和埃莉诺时常见面。每次埃莉诺都有女伴陪伴着。那年秋天，罗斯福邀请埃莉诺去哈佛观看与耶鲁的橄榄球比赛，那是赛季的最后一个比赛。比赛之后，埃莉诺就去了格罗顿看望她的弟弟。第二天一早，罗斯福也随后去了格罗顿，并在那儿与埃莉诺共度周日。当他们在纳舒厄河畔散步时，罗斯福向埃莉诺求婚，埃莉诺应允了。罗斯福说："那是一次永生难忘的散步。"埃莉诺说："一切都是那么自然，水到渠成。"

埃莉诺的父母有着一段如童话般的爱情故事：埃利奥特是英俊的王子，而安娜是一位让人一见倾心的美丽女孩儿。但这个童话却有个悲剧的结局。与他的兄弟姐妹们不一样的是，埃利奥特有一个致命的生理缺陷。直到今天人们也无法用病理学来解释他的病。人们无法确定埃利奥特是得了癫痫还是精神病，抑或是太过于自我放纵。事实是他无法适应正常的学校教育，16岁就从圣保罗学校退了学。其后的一年他都在西部打猎钓鱼，直到1878年他父亲去世之前才回到纽约。老罗斯福留给他的四个孩子每人大约12万5千美元的财产。这笔财产每年能带给他们大约8000美元的收益，这相当于当时一个普通家庭年收入的二十多倍。1884年，母亲米蒂去世后，他们每人又得到65000美元，使他们的年收入达到14000美元，相当于今天的25万美元。而由于当时没有所得税，他们的实际收入更高于这个数字。

埃利奥特在其父去世后又在纽约住了两年。他每天沉迷于马球和酒精之中，过着出身名门的公子哥儿的锦衣玉食的生活。西奥多·罗斯福在一次结伴狩猎之后写给母亲的信里对埃利奥特的生活方式有所提及：

> 我们刚到目的地，他（埃利奥特）就拿出浓啤酒来喝，说是冲冲嗓子里的灰尘。然后，他又嚷嚷着口渴，喝了牛奶潘趣酒；接着他又喊热，喝了一些冰镇薄荷酒；过了一会儿，他又要喝白兰地麦芽汁来"暖胃"。后来，作为餐前酒，他还喝了雪利酒和苦酒。接着，他吃了"简单"的一餐，包括：汤、鱼、浓汁炖松鸡、甜面包、羊肉、鹿肉、玉米、通心粉、各种蔬菜及一些布丁和

派。其间，他又喝了啤酒、干红葡萄酒。晚上他还喝了香迪盖夫酒饮料。

1880 年秋天，埃利奥特开始了一次奢侈的全球旅行，以在印度的长达数月的大狩猎为高潮。他于 1882 年 3 月回到纽约，开始玩票性质地尝试经营地产。几个月后，他遇到当年纽约社交界公认的最迷人的女孩儿安娜·丽贝卡·霍尔，并与之坠入爱河。他们在阵亡将士纪念日举行的一个乡间别墅聚会上宣布订婚，该聚会是萨拉的妹妹劳拉·德拉诺为他们举办的。埃利奥特和安娜于 1883 年 12 月 1 日正式结婚。《纽约先驱报》把他们的婚礼描述为"当年最盛大的社交活动"。埃利奥特儿时的朋友珀西·金做了他的伴郎，詹姆斯和萨拉也出席了婚礼。

与罗斯福不同，埃莉诺从小性格就比较严肃。母亲安娜过世后，埃莉诺和弟弟跟着奶奶生活。他们跟着奶奶有时住在位于西三十七街的豪宅中，有时住在位于蒂沃利的庄园中。埃莉诺的奶奶家雇有一名厨师、一名管家、一名女佣及一名洗衣工。他们在乡下的庄园里还雇有一名家庭教师和更多的仆人。埃莉诺的父亲过世时，她的奶奶才四十六岁。据埃莉诺回忆，奶奶很严格，她说："从小奶奶就常常拒绝我们的要求。"

埃莉诺在家教的指导下学习法语、德语和音乐。她还学习钢琴、参加芭蕾和舞蹈训练班，也常常被家人带去剧院欣赏音乐。她的叔叔们则教她骑马、跳高、打网球，甚至射击。埃莉诺与奶奶共同度过的六年时光抚平了缺失家庭温暖对她的伤害。她成为家人关注的中心。在奶奶那儿，她找到了归属感，第一次感受到了安全和关爱。

然而，在蒂沃利的奶奶家中她却没有什么玩伴。西奥多·罗斯福的女儿艾丽丝·罗斯福是她为数不多的伙伴儿之一。和埃莉诺相似的是，艾丽丝的母亲也过世了。她在生艾丽丝时离开了人世，此后艾丽丝一直由巴米耶抚养。艾丽丝说："我很了解儿时的埃莉诺。我们的母亲都过世了。面对这种缺少安全感的境地，她变得听话而富于想象，而我变得活泼并且爱表现。"艾丽丝也认为埃莉诺的童年里有着种种不快的经历。她说："她（埃莉诺）总认为自己是不讨人喜欢的小孩儿，但事实却相反。至少我很羡慕她的一双美腿。她总觉得自己是一只丑小鸭，在我看来，她其实很吸引人。她身材高挑结实，有着一头长至腰际的浅金色长发和一双可爱的蓝眼睛。

埃莉诺十五岁时，被送进了英国的公立学校。安娜生前坚持要把埃莉诺送到国外接受教育。她比较满意的学校是艾伦伍德。巴米耶在法国时曾跟随这所学校的女校长学习，也非常赞成这一选择。这所学校位于伦敦市郊的温布尔登公园，相当于女校中的格罗顿中学。这是一所为英格兰社会精英的子女提供优质先进教育的学校。它强调培养学生的社会责任感和独立的人格。学校的创始人玛丽·梭维斯特是法国哲学家、小说家埃米尔·梭维斯特的女儿。作为一名坚定的女权主义者，她一直致力于让女性接受教育以学会独立思考、挑战传统、树立信心。这些都是对维多利亚式的传统家长制观念的颠覆。然而，艾伦伍德成功了，而且取得了巨大的成功。这都要归功于博学的梭维斯特小姐的努力。比阿特丽斯·韦布曾说她严谨的治学影响了一代青年女性。对于三十五名女学生来说，玛丽·梭维斯特就是艾伦伍德学校。

埃莉诺在艾伦伍德受益良多。学校里的所有课程都用法语授课，使埃莉诺能够流利地使用两种语言。埃莉诺的一位同学回忆说："我还记得她到校第一天的情形。她看起来比我们都要成熟。第一天吃饭时，当我们还对着盘里的食物难以下咽时，她却已经坐在梭维斯特小姐的对面一边吃一边用法语与她交谈起来。"埃莉诺很快成为学校里最受欢迎的女孩儿。她懂法语、德语和意大利语，文笔出众，还组建了学校第一支板球队。玛丽·梭维斯特给她的评语是："她是我见过的最温婉的女孩儿。她对每个人都很和蔼，有着很强的求知欲，总是乐于承担交给她的工作。"埃莉诺与玛丽建立了良好的关系，在假期里她还陪伴玛丽到欧洲旅行。从埃莉诺这一时期的照片可以看到，那时的她是个高挑的年轻女子，浅棕色的头发向后梳成高卷式，身着巴黎最时尚的时装。用一位钦佩她的同学的话说，她是一位"成熟、自信、善于处世的女性"。

艾伦伍德在当时是最自由开放的女子学校。然而，在培养学生处理两性关系的能力方面却很欠缺。玛丽·梭维斯特教会了埃莉诺如何做一个时尚的都市女郎、如何穿衣打扮、如何得当地展示自己，但她三年的在校生活却仍然和以前一样单纯、保守。直到年满 18 岁，她还从未和异性约会过，也很少和男孩子单独交谈。事实上，她很少与男性相处。那时的她品行高洁，自尊心很强但却太过幼稚。

然而，正是埃莉诺的不谙世事吸引了罗斯福。其实一个像她那样的姑娘会吸引罗斯福也在情理之中。她不但年轻、漂亮、穿着得体，还对周围发生的事有一种本能的敏感。另外，她也是罗斯福家族的成员，而且深得叔叔西奥多·罗斯福的喜爱。她的这位总统叔叔还是她的教父。通过与埃莉诺的婚姻，罗斯福就能与他十分崇拜的这位叔叔加深情感。当然，埃莉诺还是位富有的继承人，她名下的信托基金每年会为她带来约 8000 美元（相当于今天的 16 万美元）的收入，比罗斯福的收入还要高。

罗斯福的孩子们都认为当初是埃莉诺"更希望赢得爸爸的爱"。他们认为："想到面前的这个男人可能会想要和她结婚，她有些不知所措。然后，她便开始对他倾吐一切。他无疑是最好的听众。"为了使他不忘记自己，埃莉诺每晚都会给他写信，字里行间充满爱意。她经常会署名为"小内尔"，这是她父亲对她的昵称，还亲昵地把罗斯福叫作"亲爱的""最亲爱的"或者"最亲爱的富兰克林"。恋爱期间，埃莉诺给罗斯福的信中大多只是讲述一天的经历，却永远充满着浓情蜜意。

1904 年 9 月，罗斯福进入哥伦比亚法学院学习。他和萨拉住在位于麦迪逊大街 200 号的一所气派的独栋别墅里，就在摩根大厦对面。

当年的 10 月 11 日是埃莉诺 20 岁生日，罗斯福在蒂凡尼首饰店为她精心挑选了一只镶有硕大钻石的订婚戒指。这只钻戒与埃莉诺很相配。她写道："这枚钻戒对我来说是独一无二的。我忍不住要戴上它。"11 个月后，他们订婚的消息就不再是秘密了。他们被邀请参加了由新泽西州的科琳娜姑姑举办的家庭聚会。聚会上，他们故意疏远对方，对他们的关系遮遮掩掩，但还是被大家猜出他们已经订婚。

12 月 1 日，他们终于宣布了订婚的消息，随后祝贺他们的信件便像雪片一样飞来。莱曼·德拉诺说："我从未见过家里人如此热情高涨。"外婆霍尔也为埃莉诺"即将嫁给一个好男人"而欣慰。埃莉诺的伴娘艾丽丝·罗斯福觉得"这一消息好得都不像是真的。"巴米耶也说她之所以喜爱富兰克林还因为他很像他的父亲。她说富兰克林·罗斯福的父亲是家族中最正直的绅士。

西奥多叔叔也从白宫给埃莉诺写来了信，信中说："只有在婚姻中才能找到最好的幸福。我相信你和富兰克林一定能相濡以沫，共同面对将来的生活。"

婚礼定于 1905 年 3 月 17 日举行。富兰克林邀请恩迪科特·皮博迪担任婚礼主持人。埃莉诺请西奥多叔叔代替她父亲带她走上红地毯。西奥多很高兴。他提出在白宫为富兰克林他们举行婚礼，还坚持由他操办一切。这就是西奥多的做事风格，然而却打乱了埃莉诺和富兰克林原本的计划。最后，大家达成一致，同意婚礼在纽约举行，由埃莉诺的外婆霍尔主办，而日期定在总统方便出席的时候。于是 3 月 17 日，也就是圣巴特里克节那天成为首选。

婚礼前富兰克林和埃莉诺参加了西奥多叔叔的总统就职典礼。1904 年 11 月，西奥多·罗斯福打败了民主党的竞争对手——纽约地区法院大法官奥尔顿·B·帕克，再次当选为总统。富兰克林也为西奥多投了票。1938 年，当富兰克林在一次民主党聚会上发言时曾提到这次选举，他说："我父亲和祖父都是民主党人，而我也生来就是民主党人。但在 1904 年我第一次参加总统选举投票时，我却为共和党候选人西奥多·罗斯福投了票。这是因为在我看来，他是一个比当时的民主党候选人更民主的人。如果要我今天再投一次票的话，我还是会重复当年的选择。"

1904 年 3 月 4 日，富兰克林和埃莉诺一起在议会大厦聆听了西奥多·罗斯福的就职演说。稍后又赴白宫与他共进午餐并与他一起观看了欢庆游行。晚上，他们还出席了就职典礼舞会。

　　婚礼在埃莉诺的大姨妈伊丽莎白·利文斯通·勒德洛和她女儿位于东 76 街的相邻的两个大宅内举行。两家的正式宴会厅合成一个大厅，可以容纳约两百名客人。而在第五大道上，圣巴特里克节游行庆典正在举行。3 点 30 分，总统的马车准时来到。当天总统神情愉悦，戴着礼帽，西服翻领上还戴着白花酢浆草。当乐队开始奏响婚礼进行曲时，埃莉诺的六位伴娘走下了旋转楼梯。她们都身着白色丝质长裙，袖口绣着一圈银色小玫瑰；头上戴着半遮式的面纱，插着标志着罗斯福家族的三片尾端饰银的鸵鸟毛。而六名引座员也戴着装饰着钻石的、有罗斯福家族标志的羽毛图纹的领带别针。富兰克林的哈佛室友莱斯罗普·布朗代替罗西担任富兰克林的伴郎。他和富兰克林都身穿礼服。新娘圣洁的婚纱礼服上附着一层缀满小玫瑰花的布鲁塞尔蕾丝。这件婚纱也是埃莉诺的母亲出嫁时穿过的。埃莉诺的头纱由镶嵌着钻石的新月形发卡固定，这也是她的母亲留给她的。就像是命运的安排一样，3 月 17 日也正是母亲安娜的生日。

　　当皮博迪牧师问谁将送埃莉诺走进结婚礼堂时，西奥多·罗斯福郑重地说：“我。”富兰克林与埃莉诺牵着手，交换了戒指和誓言。最后，主持人宣布他们成为夫妇。总统吻了新娘，然后对富兰克林说：“富兰克林，没有什么比家族留名更重要。”说完他走出了礼堂，宾客们也纷纷来到礼堂外。富兰克林和埃莉诺也跟随叔叔走出了礼堂。当天，西奥多·罗斯福完全抢走了一对新人的光彩。直到人们在西奥多的再三邀请下回到礼堂品尝婚礼蛋糕时，才将注意力回到婚礼上。正像他的女儿艾丽丝评价的那样：“爸爸总是要当主角，要成为所有婚礼上的新娘，所有葬礼上的死者。”

● 第四章 ●

奥尔巴尼

婚礼过后，富兰克林和埃莉诺度了一周的蜜月。这造成了他第一学期的 73 次旷课记录，也解释了他为何在第一学期的 7 门考试中有 2 门没有通过。哥伦比亚法学院的一位教授曾评价说富兰克林在法学上没有天赋，而他自己也没有努力弥补这一不足。暑假里稍作补习，开学后他参加了补考并通过了考试。第一学年他最后的成绩是 3 个 B，3 个 C 和一个 D，这样的成绩在班级里算是中等。

富兰克林·罗斯福对法学院的态度与尤利西斯·格兰特对西点军校的态度相似：学习过程中有一些难关，但不必因此太紧张。在哥伦比亚法学院，罗斯福有极为丰富的社会活动。他甚至还写打油诗嘲讽他的老师。

一年级的暑假里，像二十五年前的萨拉和詹姆斯那样，富兰克林和埃莉诺去欧洲度了他们的第二个蜜月。他们先后游览了英格兰、苏格兰、巴黎、威尼斯等地，拜访了当地的亲朋好友。

蜜月尚未结束时，这对新婚夫妇就已经开始请萨拉为他们找一处房子。他们希望能租下朋友德雷珀位于东 36 大街的一处房子。那儿离萨拉位于麦迪逊大街的房子只有三个街口。富兰克林在给萨拉的信中写道："那儿的环境和条件正适合。我们十分希望您能马上替我们租下来，并在我们回来之前布置好。"当萨拉回信说已替他们租下房子，租期两年后。埃莉诺回信说："得知您已为我们安排好一切，我们太高兴了！能在我们回来之前就开始打扫布置真是再好不过了……那样我们回家后就不用再去找房子，可以很快安顿下来。"

当然，租用德雷珀的房子只是暂时的。1905 年圣诞节，萨拉送给富兰克林和埃莉诺的圣诞礼物是计划为他们造一处房子。第二年，萨拉花重金买下了位于东 65 大街的一块地，并聘请了一位有名的建筑师查尔斯·普拉特为她设计两所毗连的房子，一所给富兰克林小两口，一所给她自己。两所房子的客厅和饭厅可以互通，每层楼也都有一扇门联通彼此。

富兰克林很喜欢设计，他十分热情地投入到对房子的设计中，经常与建筑师、工匠和装潢工人一起讨论房子的修建、装饰问题。大家也曾向埃莉诺征求意见，但她却不想过多地参与其中。她决定把建房的事儿留给丈夫和婆婆办。而在搬进新房后不久的一天傍晚，富兰克林却发现他的妻子在哭泣。她哽咽着说这不是她的家，她没有提过任何建议，房子也完全不是她想要的那样儿。富兰克林很困惑：他之前和埃莉诺讨论过建房的方案，既然她不满意为什么没有早些提出来？

埃莉诺后来回忆起这件事时说："他认为我一定是哪根筋搭错了，很温柔地对我说，过一段时间我就会习惯了，然后就留下我一个人冷静冷静。"为了避免更多的摩擦，富兰克林选择了简单地忽视问题的存在，这也是他在后来的从政生涯中的一贯风格。正如埃莉诺所说："每当不愉快的事情发生时，他都会选择忽略它，拒绝提及它。我想他之所以这样是因为他觉得如果把一件烦心事忽略一段时间，它就会自然而然得到解决。"

1909年夏天，萨拉又给埃莉诺和富兰克林置办了第二套房子。那是一套有三层楼共34个房间的位于坎波贝洛岛海岸边的大宅。这所昂贵的房子由波士顿的哈特曼·库恩家族于1898年建造，和罗斯福家族的老宅毗邻。这次萨拉把房子的全部产权"当作结婚礼物"过户给了富兰克林。埃莉诺对此喜出望外，因为这是第一所她真正拥有的房子。库恩太太把房子里原有的大部分家具、日用织品、水晶装饰品以及银器都留给了埃莉诺他们。埃莉诺花了好几周时间整理它们。尽管房子没有通电也没有通电话，埃莉诺仍然很喜欢这所房子。

在经济方面，虽然富兰克林和埃莉诺从信托基金得到的收入很充裕，但却不太足够支持他们的生活方式。他们并不属于纽约收入最高，财富增长最快的家庭之列。但他们却在不同的季节分别在三处住房居住，雇有至少5名仆役，拥有一艘大游艇和一些小船，还拥有马车和汽车。另外，他们穿着讲究入时，还是一些富人俱乐部的成员。这种生活方式所带来的金钱上的短缺都由母亲萨拉为他们弥补。

在哥伦比亚法学院读三年级时，富兰克林参加了非常严酷的长达八个小时的纽约律师执业考试并且顺利通过。很快，他就被律师行接受为实习生。此后他就再没有回到学校上课，也就没有拿到学位。22年之后，已成为纽约州长的富兰克林应邀参加哥伦比亚法学院的校友会晚宴并做了讲演。当时的学院校长尼古拉斯·默里·巴特勒坐在他的身边，很殷勤地与富兰克林聊天。其间，有人无意间听到巴特勒用富兰克林没能拿到法学院学位的事和他开玩笑。巴特勒说："如果你不回到哥伦比亚法学院完成学业的话，你就不能称自己为知识分子。"富兰克林摆上他招牌式的笑容说："那正说明了法律是多么的无足轻重。"

年轻的罗斯福夫妇在坎波贝洛岛和海德公园的寓所度过了1907年的夏天。他们的第一个孩子安娜此时还是一个蹒跚学步的一岁婴儿。埃莉诺再次怀孕了，他们的第二个孩子将在12月出生。他是个男孩儿，以祖父詹姆斯的名字命名。在婚后十年里，富兰克林和埃莉诺有6个孩子相继出生，其中有一个在婴孩时就夭折了。后来埃莉诺在回忆录里写道："婚后十年的时间里，我不是刚生完孩子，就是将要生孩子，所以我的生活受到很大限制。"

与精心照料罗斯福，事必躬亲的萨拉不同，埃莉诺把照顾孩子的事情都交给了保姆，对照顾孩子毫无心得。有一次，她听说新鲜空气对婴儿有好处，便叫人做了一个小笼子，把安娜放在里面，然后挂在纽约家里房子的后窗上。这扇窗在北面，阴冷又多风，孩子被冻得直哭。但埃莉诺却毫无察觉。最后，忍无可忍的邻居找上门来声称要把罗斯福家告到防止虐待儿童委员会。埃莉诺却对此大为不解，她认为自己应该是很跟得上潮流的妈妈。很多年以后，埃莉诺承认当初她完全没有做好当全职太太和母亲的准备。

而对于初为人父的富兰克林来说，他和他的父亲一样，把养育孩子的责任交给了妻子。当孩子们长大一些以后，富兰克林开始陪孩子们玩耍打闹。他带他们在海德公园骑马，在坎波贝洛岛航海。和严厉的母亲相比，孩子们更喜欢和蔼的父亲。他更像喜欢和孩子们玩闹的某个叔叔，而埃莉诺则扮演了训导者的角色。

1907年9月，富兰克林进入华尔街著名的卡特、莱迪亚德和米尔本律师行工作，成为该律师行五位不领薪水的实习生之一。卡特、莱迪亚德和米尔本律师行是当时国内最著名的律师事务所之一，实践经验丰富，收入的主要来源是公司法方面的业务。在这方面该公司在美国几乎无人可敌。

富兰克林对法律没什么兴趣，但他学东西很快，并且性格平和迷人。他曾在信中对萨拉说他是个非常合格的勤杂工。像其他实习生一样，他为公司合伙人安排工作日程，接听电话，做工作记录，做所有的杂事儿。过了一段时间以后，他开始独立处理一些小的地方案件。到了第二年，他开始专门负责处理地方案件。又过了一年，他被调到律师行的海事案件部门，那是美国最杰出的海事案件工作团队。但即使是海事法律事务对罗斯福也没什么吸引力。在律师行他总是那么风趣，那么精力充沛，但他从不掩饰自己想要离开的愿望。

政治上的机遇终于在1910年到来。据罗斯福回忆，他就像是被绑架似的被人从波基普西的大街带到达奇斯县政界人物的野餐会上。他还回忆说："在那次丰盛而愉快的聚会上，我喝了上好的啤酒，品尝了蛤蜊和酸菜，还做了平生第一次政治演讲。直到今天我还为那次青涩的表现感到惭愧。"

约翰·麦克法官是最早试探性地接触罗斯福的人。这位达奇斯县的地方检察官是当地民主党执行委员会的三位委员之一。他也是罗斯福父亲的老朋友。其实在他随和朴实的外表下是敏锐的政治触觉。他在选举中几乎是战无不胜。麦克的做事原则基于一句谚语——"人人有份"。以这个口号选举在移民社区永远所向披靡。麦克曾得意地说自己能听见土壤下政治的小苗生长的声音。于是在1910年初夏他借口有些文件需要萨拉签名来到卡特、莱迪亚德和米尔本律师行拜访罗斯福。他一改惯例，亲自把它们送给罗斯福而没有选择邮寄。

罗斯福热情地接待了麦克。办完事情以后他们的话题转到了政治上。麦克告诉罗斯福达奇斯县的民主党遇到了难题。他说现任民主党议员、巴里敦的刘易斯·施托伊弗桑特·钱勒要退休了。他想问罗斯福，如果刘易斯真的退休，罗斯福是否愿意参选议员。罗斯福简直不敢相信自己的好运气。因为第二选区的选票一直由民主党控制，参选就意味着当选。他立即告诉麦克法官，他非常乐意参选。麦克看似不经意地建议罗斯福在周末时花些时间到波基普西与当地的民主党员结识接触，然后便结束了谈话。他没有"出价"，只是来探探行情。

两周后，波基普西第一国家银行总裁、州民主党委员会里代表达奇斯县的委员爱德华·珀金斯邀请富兰克林参加在里斯农场举行的良种格恩西奶牛展销会。珀金斯说他们可以看看能不能挑几头好牛。在回去的路上，珀金斯向罗斯福证实了刘易斯·钱勒不再参选的消息。他再次询问罗斯福是否愿意参选。罗斯福回答说："我要先和我母亲谈谈。"

在驾车返回波基普西后，珀金斯将车停在他银行前的停车场里，对罗斯福说："富兰克，富兰克，那扇窗后正翘首企盼的人们在等待你的答案。他们不希望听到你说你还得问问你妈妈。"

于是富兰克林回答说："我参加。"

这件事有一点令人十分不解：既然纽约州议员的位置对于民主党如囊中之物，为什么波基普西地区民主党的领导人会这么急于将这个好机会送给一个初出茅庐的年轻人呢？其实这一切并不奇怪。首要的原因是，对于该地区民主党党魁来说纽约州州议会议员的职位只是小角色，而如县治安官、估税员、镇法务助理、法官、检察官等与财政、法律、税收有关的要害职位才是重点。在奥尔巴尼，州议会议员只是一个收入很低的兼职的工作。另一个原因是，尽管波基普西地区的选票控制在民主党手里，但周边郊区的选票却由共和党掌握。因而民主党需要推举一位能博得郊区保守选民的好感的候选人。1910年时，全纽约州都使用政党栏选票①。由于以"一致投票"②为选举原则，明智的党派领导人都会在候选人名单上加上能争取农

---

① 美国在大选中使用两种选票：按职位归类选票（office - block ballot）、政党栏选票（party-column ballot）。第一种也叫马萨诸塞选票（Massachusets ballot），它将角逐每个选举性职位的所有候选人集中列于该职位的名目之下。政客们不喜欢这种选票，因为它更突出职位而非政党，便利于进行分裂投票（split-ticket voting），而不利于一致投票（straight-ticket voting）。第二种也叫印第安纳选票（Indiana ballot），它根据政党标志和象征来汇总候选人。

② 所谓"一致投票（Straight-ticket voting）"是指在同时举行的不同选举中，选民将选票投给同一个政党的候选人。

民及小城镇居民选票的候选人。罗斯福家族的名号就是吸引选票的法宝：一个民主党的罗斯福家族成员也许就能赢得达奇斯县郊区选民的好感。最后，选举是一项需要雄厚财力的政治活动，即使在 1910 年也是如此。而罗斯福家族家大业大，会愿意为民主党慷慨解囊。事实上，罗斯福家最后为了这个州议员席位花费了 2500 美元，相当于今天的 5 万美元。

萨拉对富兰克林的决定毫无异议。她自己的父亲也曾两次两手空空地到中国冒险，而总是带着大笔的财富回到美国。政治活动的高风险、成者王败者寇的游戏规则以及高风险可能带来的高收益都刺激着她作为德拉诺家族一员的本能。西奥多·罗斯福也是从低职位做起，一步步走上总统宝座的。萨拉向来认为自己的儿子不会比他的堂叔差。她也知道她所拥有的财富能带给富兰克林怎样的优势。如果富兰克林能在法律界开创出一番事业，她会很满意；如果他能像他父亲詹姆斯一样当上镇里的法官，她会更骄傲；而如果儿子想要从政，她也会毫不犹豫，不遗余力地帮助他。一旦萨拉接受了这个决定她就会义无反顾地支持他。她马上就开始把她所居住的地区及其周边称为"富兰克林的选区"。

数年后总统选举结果公布的前夜，在斯普林伍德的家里等待最后结果的萨拉回忆起罗斯福的第一次选举。她说："那次选举让我永生难忘。我是富兰克林少数的支持者之一。我们的很多朋友都说像富兰克林那样年轻有为的小伙子居然和肮脏的政治家们混在一起，真是让人遗憾的事情。很多人都觉得对富兰克林来说最好是输掉竞选，并从中吸取教训。而我只知道，我会永远为他骄傲。如果他赢得选举我也会很高兴。"

富兰克林也与埃莉诺谈过这件事，她也为他感到高兴。但他并未征询她是否同意自己参选。后来埃莉诺曾说："我很感兴趣地听他谈论他所有的计划，但却从没想过这一切和我有任何关系。我只觉得我应该顺从他的一切决定，如果他当选就要做好准备和他一起搬去奥尔巴尼。"

对富兰克林来说唯一的问题就是西奥多对此事的态度。当时西奥多刚刚结束为期 12 个月的东非游猎回国，正准备来到纽约州展开政治之旅。如果他来达奇斯参加竞选活动并在讲话中暗示反对侄子参选的话，富兰克林的政治生涯就会立刻被扼杀于摇篮中。富兰克林对于与这位前总统叔叔直接接触有些畏畏缩缩，在埃莉诺的鼓励下决定将这个问题交给去坎波贝洛岛度假的巴米耶去处理。如富兰克林所愿，巴米耶马上给哥哥去了信。西奥多回信说："不论我是不是要到那里去讲话，富兰克林都应该从政。"他还对巴米耶说富兰克林是个好孩子，尽管他更希望富兰克林加入共和党。富兰克林立即正确地把西奥多的话理解为同意他参选。当西奥多夏末来到达奇斯县当着近 4 万名支持者发表讲话时，他丝毫没有提及富兰克林和他的共和党竞争对手。

然而，富兰克林政治上的第一次尝试还没有开始就结束了。9 月中旬，离共和党召开推举候选人大会还有三周的时候，刘易斯·钱勒却宣布要重新参选。州议员的生活也许是太沉闷，但却比当平民百姓要有意思得多。富兰克林感觉很受伤害，他去找麦克和珀金斯评理，并威胁要以独立参选人身份参选。麦克知道富兰克林是认真的。于是他建议道："你为什么不参加参议员选举呢？"富兰克林简直不敢相信好运又一次突然降临。尽管成功的概率没那么大，州参议员的职位看起来却远比州议员更有吸引力。据麦克估计只有五分之一的机会能赢。州参议员的职位由达奇斯、帕特南及哥伦比亚三个县组成的选区选出。这三个县是哈得逊河东岸三个相邻的县，是一片 30 英里宽，90 英里长的区域。至 1856 年以来从未有一位民主党候选人赢得过该选区的选举。现任的共和党参议员约翰·施洛瑟在 1908 年以高于民主党候选人一倍的选票当选，让人觉得不可战胜。罗斯福却并未因此而退却。初生牛犊般的拼劲儿结合初出茅庐的无畏再加上在格罗顿中学和哈佛大学培养起来的自信使他跃跃欲试。从第一天参选开始，富兰克林就一直让人感觉自信满满。

罗斯福在位于费希基尔码头的河滨广场组织集会，开始了他的竞选活动。那里是他的竞争对手施洛瑟的故乡，大家都对他的决定感到意外。由于民主党的基层组织能够保证波基普西和其他选区的选票，于是罗斯福把争夺选民的重点放在了乡村。离竞选日只剩下一个月时间了，为了争取时间去所有三个县的农村拉票，罗斯福租用了一辆麦克斯维尔大红色敞篷车。罗斯福还专门雇了哈里·霍基为他驾驶这辆有两个气缸，没有挡风玻璃的大车。哈里这位巡回钢琴调音师非常熟悉该地区各种乡村小道的路况。租车和雇佣司机每天要花去罗斯福 20 美元，这是一般参选者难以承担的。

开着车到各地开展竞选活动是很冒险的办法。在当时的纽约州郊区汽车还是奢侈品，开着车到处跑可能会不合时宜地提醒选民们罗斯福的有钱人出生。更为让人担心的还有，发生车祸的可能性时时存在。农民们并不喜欢汽车，因为汽车开动的声音常常会惊吓到他们的马。事实上，当时纽约州的法律规定马车有先行权。罗斯福也说："当我们远远地看到半英里以外来了马，我们就得靠边停车，连引擎也要关掉。"但罗斯福的尝试却获得了极大成功。虽然只能以 20 英里每小时的速度艰难行进，罗斯福仍然走遍了该地区的每一个选区。他也是唯一一个能这样做的候选人。他乘坐的挂着小旗帜的汽车很快引起了人们的注意。农民们充分地感受到了富兰克林的尊重。富兰克林还利用停车让行的时间和赶马的人以及当地居民聊天。

为了学习竞选活动中的各种技巧和手段，富兰克林邀请了波基普西新闻出版社的编辑，也是民主党的国会议员提名人理查德·康奈尔作为他的竞选伙伴。康奈尔很擅长威廉·詹宁斯·布赖恩风格的华丽的政治演说，每次演说的开头都用"我的朋友们"称呼听众。罗斯福也很快开始效仿这一方式。康奈尔还建议罗斯福换掉他从上格罗顿中学起就开始佩戴的夹鼻眼镜。他认为夹鼻眼镜使罗斯福看起来过于傲慢。

罗斯福、康奈尔和霍基在达奇斯、帕特南及哥伦比亚三个县满是尘土的乡间小路上奔波了四周。有时候一天要重复十次内容一样的演说。他们在百货店的门廊里演讲、在货车高高的干草堆上演讲、在挤奶厂里、在村庄里的十字路口、甚至站在那辆老旧的敞篷车的后座上演讲。只要是能聚集起村民的地方，他们都发表演说。霍基后来回忆说："我和富兰克林共事的时候是工作最努力的时候。"

富兰克林非常享受竞选的过程。他总是怀着极大的热情跳到人群中，与人们握手、交朋友。哪怕在简陋的路边集会对富兰克林来说都是极好的发表政见的机会。有一次，他甚至跳下车冲到一群正在布鲁斯特附近维修铁轨的意大利护路工中间与他们大侃了一通。工人们过了好一阵才明白他是在用一种介于法语和拉丁语之间的蹩脚意大利语和他们讲话。然而，大多数时候，罗斯福的热情仍帮助他博得了选民的好感。

随着竞选的进行，麦克法官意识到富兰克林·罗斯福是一个天生的政治家。虽然他的演说技巧还略显生涩，但他却有一种异于常人的说服力。虽然直到1917年纽约州才赋予妇女选举权，但从那时起就不断有妇女前来参加富兰克林的集会，尤其是晚上的集会，并越来越多地成为罗斯福的支持者。麦克也说："她们来看本地区有史以来最英俊的候选人发表演说。富兰克林英俊潇洒，就像杂志的封面人物。"

富兰克林的竞选经纪人就是他自己。他定制了2500枚竞选用徽章，设计了500份供店面张贴的竞选海报，还亲自为在本地区24家新闻报刊上所作的竞选广告付账。他的竞选纲领富有个人特色且不涉及任何具体的问题以避免引发对立。在10月于哈得逊举行的一个集会上，他说："我代表的是你们，是所有三个县的居民们，而不是其他任何个人。我不为任何私人、任何利益团体、任何老板效力。我愿意在这个职位上时刻为大家服务。"在避免涉及任何具体问题的同时，他将自己塑造成为一个高效的管理者，抨击纽约议会的腐败和州政府的无能。

一开始，共和党并未对罗斯福这个新人给予太多关注。但当竞选接近尾声时，他们开始担心、开始乱了阵脚。在选举前一周，来自达奇斯县的国会议员汉密尔顿·菲什攻击富兰克林其实是住在曼哈顿的政治投机者，而并不住在海德公园。他还说罗斯福的汽车巡回选举活动只不过是代表农民利益的廉价的耍猴戏。原来没把罗斯福放在眼里的《波基普西鹰报》现在也开始用罗斯福与大商人之间的关系来攻击他。施洛瑟也加入了攻击罗斯福的阵营，用罗斯福显赫的家庭出身和讲究入时的装扮来攻击他。罗斯福则用施洛瑟对共和党大佬的拍马奉承进行反击。后来当罗斯福回忆起这次选举时说："我的竞争对手是个令人生厌的人，他在选举中谩骂对手……当然我也还以了颜色。我比他骂得更恶毒。真是很有趣的一次竞选。"

在选举日前一晚，罗斯福在海德公园组织了最后一次竞选集会。萨拉和埃莉诺都站在他身边。他对听众们说："你们都清楚我父亲代表谁的利益，你们也都知道他对这片土地有着多么深厚的感情。不用再多说什么，你们应该知道我多么渴望沿着他的足迹走下去。"

11 月 8 日是选举日，这一天天气阴沉，还下着雨。这对民主党有利，因为阴冷的坏天气会让纽约北部的共和党支持者们不愿出门投票。罗斯福投完票后就回到斯普林伍德等待结果。晚上，当有关选举结果的消息一个个传开后，人们就开始意识到，国家权力由一个政党移交给另一个政党的关键时刻就要到来了。这一次民主党大获全胜。共和党的州长候选人亨利·史汀生遭到惨败，而罗斯福在第 26 参议院选区获得了超过三分之二的选票，以 15708 张选票赢了施洛瑟的 14568 张选票。这是民主党在该选区从未取得过的完胜。

其实，富兰克林·罗斯福能取胜并不完全是依仗民主党的全面压倒性胜利。他花在选举上的资金是施洛瑟的五倍。他的选举活动也比施洛瑟组织的好得多。他还获得了民主党的全部选票。他在郊区的选情和在波基普西市区的选情一样好，即使是在施洛瑟的家乡费希尔，他也赢得了比施洛瑟更多的选票。

在富兰克林 28 岁的时候，他找到了人生的奋斗目标。他与亲朋好友们分享着上等雪茄，细细品味着自己刚刚取得的成功。这是一次个人的成功。为了它，他不惜奔波于选区的各个偏远的角落，奔波于那些党内经验丰富的人都觉得他不可能成功获得选票的地方。他的努力终于获得了一些政界重要人物的注意。

纽约州议员一年的年薪为 1500 美元，一年的会议期不超过 10 周。所以大多数议员要么选择住六美元一晚的旅店或专为议员们开办的寄宿公寓，要么在家与会址之间来回跑。罗斯福在海德公园的家离奥尔巴尼有 65 英里，就在特拉华哈得逊铁路线旁边，他本可以以火车为通勤工具，却选择了做一个全职参议员。有些人可能会觉得这是他有钱公子哥儿的习气。但实际上富兰克林是为了实现他在选举中的承诺。他曾对哈得逊的选民说如果获胜他将"一年四季"都待在奥尔巴尼履行他的职责。

11 月中旬。富兰克林前往奥尔巴尼找一处合适的房子。他们看中了一处荷兰文艺复兴时期风格的三层褐砂石构造的小楼。这种别墅在当时的纽约北部富人区很受欢迎。它占地约 1 英亩，邻近州议会会堂。在别墅的一层有一个宽敞的大厅可供举办招待会，大厅的后面是一个大书房。而二楼和三楼还有很多的房间，足以供孩子们、保姆们以及佣人们居住。房子的租金是每月 400 美元，一年也就是 4800 美元。这比罗斯福担任州参议员所得年薪的三倍还多。不久之后，罗斯福家又搬到奥尔巴尼的达官显贵们集中居住的区域，换了一处更大的房子。那处房子是由马丁·范布伦在担任纽约州州长期间修建的。他是美国历史上第一位最终成为美国总统的纽约州州长，这处大宅体现了他对于奢华生活的喜好。

州议会召集大会于 1 月 4 日召开，民主党控制了参议院和众议院。其中众议院由 37 岁的阿尔弗雷德·史密斯领导。他来自纽约下东城贫民区，是爱尔兰移民和意德裔混血的后代。他虽不算是塔曼尼协会的领导人，但也在其中拥有一定地位。他没有受过很多教育，但却拥有过人的政治头脑和天赋，这使他得以在一群受过良好教育的议员中脱颖而出。参议院里的领导者是 33 岁的罗伯特·瓦格纳。他是一位来自德国威斯巴登的印刷工人的后代。他 9 岁来到美国时还一句英语也不会说。史密斯和瓦格纳代表了 1911 年在塔曼尼协会占优势的城市改革派。当然，当时的罗斯福还没有意识到这一点。

这次大会的第一要务是要选出代表纽约州的联邦参议员。

塔曼尼协会所推举的候选人是威廉·希恩。他是伊利县前任民主党领导人，人称"蓝眼睛比利"。他还曾担任纽约州副州长、众议院议长。当时他在纽约市与艾尔顿·帕克法官合伙从事法律事务。从政期间及前后，威廉·希恩积累了大量财富。他是十多个公用事业公司的董事，是大财阀与政治权力机构联姻的代表人物。希恩把赚来的钱大量地捐给民主党，而塔曼尼协会也会饮水思源。

但实际上民主党决策层内部也有纷争。民主党的老臣们，也就是所谓的克利夫兰派对希恩十分反感。这些居住在纽约州北部富人区的盎格鲁-撒克逊白人新教徒以憎恶官商为理由反对希恩参选。而他们其实更加固执、保守。他们中意的人选是爱德华·谢波德。谢波德是 J. P. 摩根的密友，一直号称自己致力于高效的政府管理，但其实并不是一个真正的改革者。虽然两派都没有明说，但事实上民主党内矛盾纷争的根源在于希恩是爱尔兰天主教徒，而谢波德则是新英格兰圣公会教徒。

富兰克林支持克利夫兰派。他不希望看到城里的塔曼尼协会控制民主党。初登政坛的富兰克林面对政治斗争跃跃欲试。政治斗争其实与政策或者主义无关，其意义在于提高知名度和获得权力。对富兰克林来说最重要的是获得政党的领导权，而眼下的联邦参议员之争就是他的第一个机遇。至于希恩是否更激进对他来说毫无意义。

根据民主党的党章，决策委员会议的决定具有最终决定效力。谁得到决策委员会的多数票数——58 票的支持，谁就将参选。也就是说，通常 58 位民主党员将决定州议会两院中的全部 114 名民主党议员投谁的票。这样一来，塔曼尼协会就占了上风，因为他们能左右决策委员会中超过 58 名成员的投票。所以塔曼尼协会的领导人，精明的查尔斯·墨菲对于希恩参选联邦参议员十分有把握。然而，智者千虑必有一失。阿尔·史密斯告诉前来讨教的罗斯福，只有出席决策委员会议的民主党人的投票才有效力。如果哪个委员缺席，他就将被视为弃权。

共和党和民主党都计划在 1 月 16 日晚 9 点召开各自的决策委员会议。最终共和党一致推选出迪普参选。但当民主党召集会议的时候却发现有 23 名委员缺席。参加会议的委员中有 62 票推举希恩，22 票推举谢泼德，7 票推举卡迪·赫里克。决策委员会决定推举希恩参选联邦参议员。但总共只有 91 位委员参加了会议，离在联席会议中赢得选举所必需的 101 票还差了 10 票。

其实，在民主党召开决策委员会议时，缺席委员中的 21 位正聚在附近的坦恩艾克酒店里。他们中既有支持谢泼德的，也有支持其他人的。但他们都不支持希恩参选。有一篇新闻稿很好地解释了他们不愿个人意见被决策委员会所窒息的想法。在这篇稿件中写道："人们应该知道代表们是如何进行选举的……多数票得主应由议会中的代表们产生而不是由议会之外的团体决定。"这正是对塔曼尼协会，也是对查尔斯·墨菲个人的抨击。

第二天上午，两院联席会议召开。无记名投票的计票结果是：希恩获得民主党议员投票中的 91 票，迪普获得了所有共和党议员的 86 票，其他民主党议员的选票分散投给了自己有好感的人。没有哪位候选人的票数达到胜出所需的 101 票。接下来的十周里，各方战线更加巩固，态度更加强硬，使得议会的选举工作不得不停止。资深媒体人路易斯·豪在《纽约先驱报》发表评论说："奥尔巴尼历史上出现了从未有过的事情，21 位议员竟然威胁到了整个竞选机器的运作。"

富兰克林不是这次叛乱的煽动者，也不是最初的组织者。但他很快就投入到其中并成为它的发言人和领导者。他总是愿意接受媒体采访，没有政治上的旧包袱，讲话时思路清晰、充满自信。他于 1 月 22 日接受《纽约时报》采访时说："我热爱斗争！在这次斗争中我获得了很大的乐趣。"

● 第五章 ●
觉 醒

富兰克林在奥尔巴尼并不太受欢迎。他的许多同事都觉得他难以相处。阿尔·史密斯说他是一个"该死的笨蛋"。他说富兰克林只顾华而不实的东西而不关心立法方面的实务。罗伯特·瓦格纳认为富兰克林是一个擅长表演的花花公子，只关心怎么在公众面前出风头。他说："罗斯福参议员已经达到目的。他要的只是出现在报纸头条。我们继续干我们的事情吧，不用理会他。"曾与西奥多·罗斯福在议会中共事的老汤姆·格雷迪也认为富兰克林不如西奥多讨人喜欢。即使是以好脾气著称的蒂姆·沙利文也觉得富兰克林是个"极其讨厌的自大狂"。

弗朗西斯·珀金斯那时刚从哥伦比亚研究生院毕业，从家乡霍利奥克来到奥尔巴尼。她经常代表劳工到奥尔巴尼议会接待厅去办事。她通过纽约社交界的活动认识了罗斯福一家，和他们属于相似的社会圈子。她曾写道："那时，没有一个见过罗斯福的人认为他有一天能成为美国总统。"她曾如此描述当时的罗斯福：

> 我对在州参议院工作时的他仍留有鲜明的印象：他个子高挑、身材挺拔，非常活跃机敏，总是忙碌地穿梭于参议院的各个部门，频繁地出入各个委员会的办公室。他很少主动和其他参议员攀谈，其他人也多少有些躲着他。当时的他并不像后来那么具有魅力，总是带着一种刻意的严肃的神情，很少笑，还经常习惯性地高高地昂着头（他自己并未觉察到自己这个不好的习惯）。所有这些，再加上他的身高以及夹鼻眼镜，使他给人一种傲慢的印象。
>
> 我想他之所以那样并不是依仗自己出身名门并且受过很好的教育，而是因为他并不太喜欢周围的人，再加上年轻气盛、不懂得谦逊。当时的他多了一些自以为是而少了一些谦虚，对于普通人的希冀、恐惧以及渴望缺乏认识和理解。

虽然与西恩的一场政治争斗使罗斯福开始具有一些知名度，但同时也暴露了他对社会的漠不关心。1911 年 3 月 25 日，当议会还处于僵持阶段时，三角女式衬衫厂发生了火灾。由于大楼里没有防火梯，通向唯一一个楼梯井的门也为了防盗而紧锁着，最终熊熊的大火吞噬了 100 个工人的生命，还有 46 名工人也在逃生时坠楼身亡。这些遇难者中，除了 15 名男性外其他全部为年龄在 16 至 35 岁之间的女性。事后，工厂得到了 64925 美元的保险赔偿，而遇难者中只有 23 个工人的家人起诉工厂，获得了每人仅 75 美元的赔偿。

这场纽约历史上最惨烈的工厂大火暴露出了不合法的工作环境的罪恶。市消防队长表示这场灾难其实早在意料之中。奥尔巴尼地区的政界领导人们纷纷开始呼吁改革。议会很快成立了由罗伯特·瓦格纳担任主席、阿尔·史密斯担任副主席、弗朗西斯·珀金斯担任主调查官的工厂调查委员会。在接下来的三年里，该调查委员会促使 32 项有关提案获得通过。这些法案后来成为全国工业改革的范例。但富兰克林并没有投入到这一活动中。他从未针对这场大火发表任何看法，也未曾致力于那些改革提案的草拟和通过。

多亏了塔曼尼协会里像"大块头"蒂姆·沙利文以及麦克马纳斯这样的中坚分子的支持，一年后议会会期的最后一天，珀金斯小姐才得以使这一提案在州参议院获得通过。事情是这样的：根据立法，法案要在参议院得以通过必须得到 26 票的多数票赞成，而当时还差两票。正在这个关键时刻，蒂姆·沙利文和他的表亲克里斯蒂匆忙赶到了议院，并投下了他们的赞成票。他们是被珀金斯小姐从开往纽约的夜班船上请回来的。"大块头"蒂姆高声说："没关系，我的孩子。那些头头们以为他们能枪毙你的提案，但他们忘了还有我蒂姆·沙利文。"此时大家都开始议论纷纷，议员们都被沙利文的情绪所感染，一些已经心如硬石的老政客们也禁不住热泪盈眶。而在会议厅的后排，弗朗西斯·珀金斯也早已泪洒衣衫。

当提案获得通过时，富兰克林并不在现场。不知是记忆紊乱还是有意隐瞒真相，富兰克林关于这件事的表述却是另一个版本。这是他又一次抹去往事中令人不快的事实的实例。1928 年，罗斯福在竞选州长时曾在曼哈顿的一次劳工集会上说："我们在 1911 年就开始采取措施，为妇女儿童争取每周 54 小时的最高工作时限。那时，这个提案是非常激进的。"几年后，罗斯福再次为这一事件添油加醋。他告诉记者们，因为支持"周工作时间 54 小时"法案，那时他和罗伯特·瓦格纳都被人称作是共产党。罗斯福说："这是陈年旧事了，但我还记得。因为我有大象一样的好记性。"

对这一政治事件最离谱的演绎要数罗斯福的主要助手和总管家路易斯·霍韦的版本。根据他 1933 年写给《星期六晚报》的一篇文章，罗斯福不仅仅支持该提案，而且还在争取使提案获得通过的过程中起到了核心作用。他写道："派人去叫已坐上船的沙利文回到议会时，年轻的罗斯福参议员在议会里发表长篇演说游说议员们以拖延时间。当回来的人说沙利文拒绝回来时，罗斯福说：'告诉他我说的他必须回来。'"

在妇女选举权问题上，罗斯福最初的表现也好不到哪去。尽管他的选区包括瓦萨大学这样的女权主义的温床，一开始他却一直倾向于他的农民支持者们的反对妇女参政的立场。在校园里的激进分子的强大压力下，他不得不以公众意见作掩护。他给一位波基普西的律师写信说："我将试着了解达奇斯县居民们的意见，然后顺应民意作出决定。"直到 5 月底，他仍然持模棱两可的态度。他说："我并不反对妇女拥有选举权，但我觉得县里的很多人不一定同意。"

第二年，当关于妇女拥有选举权的宪法修正提案被提交至议会时，罗斯福开始表示支持。一向好对事实进行加工的罗斯福后来一直津津乐道于当年迷人的伊内兹·米尔霍兰德是怎样坐在他位于参议院的办公桌上，用瓦萨大学蛊惑人心的手段和动人的说辞将他说服的。米尔霍兰德一向被称为捍卫妇女选举权的女领袖。正如罗斯福所提及的，她说服了他。米尔霍兰德对他说："支持妇女选举权是一位体面的男士应该持有的唯一有骑士风范的立场。"

埃莉诺不太情愿地对妇女选举权表示支持。她一生都不能接受扮演米尔霍兰德这样的角色。尽管如此，富兰克林的转变还是让她感到吃惊。她说："我从未认真地考虑过（妇女选举权）这个问题。因为我认为男人们天生就比女人强，他们比女人更了解政治。我认识到，如果我丈夫支持妇女选举权，我可能也应该表示支持。但我早年实在不是一个女权主义者。"

罗斯福对于禁酒令的态度也是暧昧不清的。他自己从不反对开怀畅饮，但根据反售酒联盟的记录，却仍然在参议院投了禁酒的赞成票。1913 年 1 月，他曾为反售酒联盟提交了一个地方选择提案，并因此成为国家级杂志上的一篇社论的主要赞扬对象。从这个例子可看出，富兰克林似乎有些过于聪明。在纽约市，禁酒令是被诅咒的，罗斯福的政敌们一直试图把他和禁酒令绑在一起。他们说不论罗斯福怎么辩驳，他在 1932 年的投票纪录都说明他一直支持禁酒令。

在西奥多·罗斯福的指点下，富兰克林在开发自然资源问题上选择了保守态度。这使他变成了改革者的形象。他担任了通常认为毫无重要性的森林、渔业及狩猎委员会的主席。正是这一职务让他开始转变为改革者的形象。在成功推进纽约渔业及狩猎法的系统化、现代化方面他充当了先锋角色。但当他试图促成一部保护州森林资源的法律时，却在与伐木业的激烈交锋中败下阵来。他的这部名为"保护土地、森林和公共绿地法"的提案建议对伐木附加严格的限制，其中包括在私人产业内也禁止采伐规定尺寸以下的树木。

州伐木业者大群地涌入奥尔巴尼进行示威。他们控诉道，试图影响、控制私人财产有违宪法精神。他们认为任何试图干预私人土地所有者如何使用其财产的行为都将影响自由企业制。罗斯福的提案最终没能获得通过，而他提出的另一个相关提案也未获通过。

但罗斯福作为政府管理措施的调整者的形象使他博得了伍德罗·威尔逊的好感。威尔逊是民主党改革派的一个迅速崛起的领导者。威尔逊曾在普林斯顿大学任职，但事实证明他更擅长于政治。在他担任州长后的四个月里，他成功说服两院通过了一系列改革提案。威尔逊以其雷厉风行的作风作出了领导者的表率，也使他在民主党的改革派也就是多数派里颇受欢迎。他还因而获得了 1912 年总统大选候选人提名。

除了罗斯福，还有很多民主党人都曾去特伦顿与威尔逊面谈过。但罗斯福与威尔逊的会面实际上是双方共同的需要：威尔逊很重视纽约州议会的投票，而富兰克林希望从一开始就能加入威尔逊的竞选团队。他们于 1911 年秋天在威尔逊的办公室会面。当州长问罗斯福纽约州会有多少票支持自己时，罗斯福回答前景不容乐观。他说，纽约州在民主党代表大会有 90 个席位，其中可能会有三分之一的人支持威尔逊。但就像奥尔巴尼的那次民主党决策会议一样，选举必须受集体投票法的限制。这样一来，查尔斯·墨菲和他所支持的候选人就将控制多数选票，从而毫无疑问地最终得到纽约州民主党代表的全部 90 张选票。而威尔逊就将落败。

当天晚上，罗斯福与威尔逊在回普林斯顿的火车上又谈起这件事情。他们面对面地坐着，这次短暂的旅行给即将成为美国第 28 任总统的威尔逊和将于 12 年后成为第 32 任总统的罗斯福创造了一个在心里对彼此做出评价的机会。在罗斯福看来，时年 55 岁的威尔逊突然间变得广受欢迎，并因此受益，但却仍然保持着冷静、不苟言笑的学者风度。他是一个出生于南方大家族的严肃的长老会教徒，有着学院派作风，坚信上帝指引着他前进的每一步。他坚定的是非观唤起了罗斯福对自己的父亲以及皮博迪校长的回忆。威尔逊不太容易接近，他处理事情总是对事不对人，但他对于政治的现实却有很深刻到位的理解。数年后，已担任总统的罗斯福曾比较过自己和威尔逊以及叔叔西奥多的政治生涯。他认为，西奥多缺少威尔逊的深度，也没能像威尔逊那样激发出人们深刻的道德及社会信念。而威尔逊不如西奥多的地方在于他缺少西奥多那样激发起民众对某一具体事件的热情的能力。

面对罗斯福，威尔逊则看到了一位高大、年轻、热情洋溢的哈佛人。在威尔逊看来，罗斯福有些自负、有些急于求成，与他在普林斯顿见过的很多年轻人颇为相似。他性格随和、能言善辩，但言辞恳切，能准确地描述纽约的情况。即使他是代表大会的代表，目前也对自己没有太大的好处。但他是罗斯福家族的成员，还是民主党人，更重要的是和自己一样是改革派。如果威尔逊获得了候选人提名——这在 1911 年是很有可能的——对面的这个年轻人对于在纽约建立一个组织帮助自己赢得纽约州的选举将大有帮助。如果西奥多·罗斯福成为共和党候选人，一个站在自己这边的民主党罗斯福家族成员将有更重大的意义。

然而，在随后的几个月里，好运气开始抛弃威尔逊。他与新泽西州议员们的蜜月期戛然而止，以前支持他的人也改旗易帜。威尔逊华尔街的朋友们原认为他是与平民主义的威廉·詹宁斯·布赖恩对立的保守派，现在却对他日益加快的改革步伐越来越不满，转而开始积极地反对他。于是，威尔逊的竞选基金面临枯竭，而以密苏里州议会议长钱普·克拉克为首的其他竞选人也加入了竞争民主党总统候选人的角逐。

1912 年 4 月 12 日，纽约州民主党代表大会开会进行民主党总统候选人预选时，反对威尔逊的政治浪潮高涨。会期前一晚，罗斯福为威尔逊的支持者在贝尔蒙特酒店举行了晚宴。他邀请了大约 100 名来自纽约州北部的议员，却只有不到 20 名对邀请作了回复，其中只有三名答应参加。墨菲彻头彻尾地控制了整个会议。会议产生了一个包括 90 名独立选举代表的名单，塔曼尼协会的人占了多数。罗斯福甚至被有意地排除在外，连备选代表名单里也没有他的名字。

罗斯福是否对这一切感到挫败我们不得而知，因为他从未表现出来。与姐夫霍尔·罗斯福一同在加勒比海地区度假一个月后，罗斯福回到纽约接受了纽约州威尔逊同盟主席的职位。威尔逊同盟是民主党内持不同政见的党员组成的一个小派系。这个派别的人员并不壮大，但使罗斯福有合适的身份组织 150 人的威尔逊支持者参加在巴尔的摩举行的民主党全国代表大会。他们将作为以墨菲为首的纽约州正式代表团的制衡力量。罗斯福和他的团队在会址对面的芒西大厦安营扎寨，建立起总部，然后就对与会代表们开始疲劳轰炸式的宣传，游说他们选威尔逊做民主党总统候选人。

1912 年的巴尔的摩会议让罗斯福在全国政坛上初试啼声，他为此兴奋异常。他每天都有好几个小时待在酒店大堂和餐厅里与人握手、交谈，对别人赞美威尔逊的美德。记者们和与会代表们蜂拥而至，都想见见这位民主党的罗斯福家族成员。这其中就包括后来成为他的好朋友和帮手的《罗利新闻与观察报》编辑约瑟夫斯·丹尼尔斯和田纳西州国会议员科德尔·赫尔。

民主党代表大会遵循票数三分之二原则。这一传统不仅赋予了南部地区代表在候选人提名上的否决权，也使整个候选人选举至少要持续数天才能有最终结果。投票于 6 月 28 日开始。第一次投票后，钱普·克拉克获得 440 票，居第一位；紧随其后的是威尔逊，他获得了 324 票；俄亥俄州州长保守派的贾德森·哈蒙获得 148 票；来自亚拉巴马州的国会议员奥斯卡·安德伍德获得 117 票。纽约代表团还处于观望状态，将他的 90 票投给了哈蒙。墨菲个人其实更希望克拉克当选，但他还在等待时机以制造混乱、左右纽约州代表团的投票，并最终使他属意的人成为总统候选人。

1912 年的夏天是巴尔的摩有史以来最炎热的夏天，与会的代表们都被一轮又一轮的投票折磨得汗流浃背。第十次投票开始时，墨菲认为时机已到，决定让纽约州转而支持克拉克。这使他获得了多数票数，但离胜出所需的 726 票还有一定差距。不论怎样，克拉克似乎开始得势。这时，内布拉斯加州代表团的威廉·詹宁斯·布赖恩站起来作了发言。这位"伟大的议长"曾三次将其领导的政党带入失败的泥沼，但却仍然在很多南部和西部代表中颇受欢迎。他在代表会上的发言向来很有分量和影响力。布赖恩说："既然纽约州代表团的 90 个傀儡的票都投给了克拉克，我打算不再支持他而转而支持威尔逊。"布赖恩的倒戈阻止了克拉克的胜利快车继续前进。在接下来的大约 12 轮投票中，威尔逊以 990 票获得总统候选人提名。罗斯福虽只做了些摇旗呐喊的工作，但也开始准备在即将开始的总统竞选中继续为威尔逊效力。他给埃莉诺的电报上说："今天下午威尔逊获得提名。我还没有具体的计划。伟大的胜利！"

在威尔逊获得提名的第二天，罗斯福前往他位于新泽西州的避暑寓所拜访了他。罗斯福现在暂时是不受墨菲欢迎的人，但他得到了威尔逊的许可负责将纽约州支持威尔逊的民主党人组织起来在 11 月举行的大选中继续为他战斗。两周后，在纽约举行的一次大肆铺张的记者招待会上，罗斯福宣布启动纽约州民主运动。这是一次从基层发起的面向全国的民主党党内改革运动。在拉尔夫·普利策的《纽约世界报》《太阳报》及其他一些纽约北部报纸媒体的舆论支持下，该活动很快声威大壮。罗斯福在 7 月 29 日发表讲话说："我们不是小众，我们就是大多数。"他还说："如果州民主党领导人不能摆脱塔曼尼协会的束缚，那么忠诚于党的党员们就将要求由基层党员来帮助打破这种束缚。如果这是背叛，那些造成今天的局面的人该为它负上大半的责任。"

在民主党内正在经历革命的同时，共和党内也纷争迭起。西奥多·罗斯福和时任总统的塔夫脱从 1911 年以来就一直互相诟病，终于在 1912 年走向决裂。导致他们分歧的最初原因是政治问题。西奥多致力于推行一系列的改革，而塔夫脱则满足于现状。

共和党于 6 月中旬在芝加哥举行了全国代表大会。塔夫脱势力控制了大会机构而西奥多拥有基层党员的支持。罗斯福在日记中写道："叔叔（西奥多）领导的'游击队'竟然战胜了训练有素的共和党的'正规军'，真是太了不起了！"他所说的是部分的事实，但并非完全如此。事实上有近两百名支持西奥多的代表的资格受到质疑，而塔夫脱势力几乎在大会的所有议项上都占据优势。这使他毫无疑问地再次获得总统候选人提名。西奥多提出抗诉说有人操纵了选举，并戏剧性地要求他的支持者集体离开会场以示抗议。7周后，西奥多接受了新成立的美国进步党的提名成为该党的总统候选人。他对外宣称自己就像头雄驼鹿一样勇猛。

此时的伍德罗·威尔逊认为他注定会在总统竞选中落败。他的竞选团队缺乏足够的说服力。而另一方面西奥多也加入了选战，还宣称要拉走颇为可观的进步主义选票。他几乎没有胜算。此时纽约民主党内部的分歧正在危险地加大。如果当时威尔逊只有塔夫脱一个竞争对手的话，富兰克林·罗斯福的纽约民主运动和其他一些意见分歧者的组织的存在还无关紧要。威尔逊可以继续反对权威，任由事态发展。但此时每一张选票对他都弥足珍贵，他不敢冒着丢失选票的危险疏远塔曼尼协会及民主党组织。对他来说，墨菲终究是坚定的民主党人。候选人可以来了又去，但党派将继续存在下去。即使在代表大会上墨菲反对过威尔逊，在总统竞选中他仍然会毫不犹豫地支持威尔逊。

威尔逊和墨菲之间没有达成过什么明确的协议，但富兰克林·罗斯福很快就感觉到自己处境不妙。这种情势在10月上旬州民主党开会推举州长候选人时达到顶点。当时墨菲在明知可能会造成党内分裂的情况下，仍然支持自大的约翰·迪克斯连任，提名他为候选人。威尔逊反对迪克斯，要求进行民主选举。他对《纽约时代周刊》说："代表们应该不受任何个人的控制。"

此时是距总统选举还有不到一个月的非常时期，无论是威尔逊还是墨菲都不敢与对方彻底决裂。所以，当威尔逊继续攻击纽约民主党组织时，他的首席顾问和挚友爱德华·豪斯出面与墨菲谈判寻求妥协，推选一个双方都能接受的候选人。他们周密地计划了接下来的每一步动作。在前三轮投票中，塔曼尼协会继续支持迪克斯。而在第四轮投票时，墨菲突然转而支持国会议员威廉·叙尔泽。他表面上是一位改革派政治家，而实际上却早已是塔曼尼协会的内线。叙泽尔是能使两派团结起来的公分母。正如两年前围绕希恩的那次斗争一样，墨菲输了迪克斯一役，却赢得了整个战争的胜利。

叙泽尔的提名被公开公布。威尔逊宣布自己获得这次斗争的胜利。党内的裂痕得以修补，纽约民主运动解散，罗斯福也公开宣称，他为自己是民主党的忠诚一员感到骄傲。他对《时代》的记者说："我信仰团结。"

富兰克林·罗斯福的政治实习还在继续。他开始喜欢上这个除了权威大佬和高效管理以外还充满了形形色色的其他事物的政治舞台。他目睹了豪斯与墨菲谈判的过程，认识到自己是多么无关紧要的小角色。他还意识到他要争取再次获得民主党的州参议员候选人提名。在那之后他面对的竞争对手将不仅仅是一个共和党的候选人而且还有叔叔西奥多的布尔·默斯党①的候选人。罗斯福感到事态不容乐观，开始与塔曼尼协会寻求和解。正如一位学者所指出的那样："从此罗斯福成了一名规矩忠诚的民主党人和非正式的塔曼尼协会成员。"当时甚至有传言说，一旦民主党在州长选举中可能处于劣势，墨菲就将转而支持罗斯福——正如1898年共和党提名西奥多以避免失败一样。

在罗斯福放弃了先前的立场之后，他被纽约州民主党一致提名为波基普西地区州参议员候选人。过去的分歧都被放到了一边，富兰克林又一次聘请哈里·霍基驾驶着他的红色麦克斯韦敞篷车带自己去各地作巡回演说。但在竞选活动尚未开始之前，富兰克林就被严重的伤寒病给击倒了。埃莉诺也感染了轻度的伤寒，她认为他们的病可能是由于从坎波贝洛岛坐船回来的路上喝了溪水引起的。富兰克林的政治生涯似乎就要就此夭折了。两年前他就曾走遍各个村庄、各个角落开展他的竞选活动。这次如果不能完成这个艰巨的竞选活动，他很难赢得这场在三个候选人中展开的竞争。但如今他高烧不退，卧病在床。更糟糕的是他还病倒在选区外的纽约市，各种指责将纷至沓来。绝望之中，富兰克林让埃莉诺去找来了路易斯·霍韦。

路易斯·霍韦比富兰克林年长11岁，是《纽约先驱报》驻奥尔巴尼的记者。他是一名对政治着迷的经验丰富的媒体人。霍韦给大多数人的第一印象都不大好。然而，他却拥有充沛的精力、敏锐的政治触觉，还热衷于出谋施计。他对人性的愤世嫉俗的认识让他很少看错人。然而他却时时处于破产的境地。他在《纽约先驱报》的工作是季节性的，只能给他带来不稳定的收入。于是他开始为人捉刀执笔以赚取润笔费，但在奥尔巴尼这样的活儿并不多。在威尔逊获得总统候选人提名后，他曾写信给罗斯福诉苦："我正身处困境，如果你能在竞选活动中为我找一份工作的话，看在上帝的面上请一定帮帮我。"

当霍韦收到埃莉诺的信后高兴得跳了起来。他对罗斯福在与希恩的斗争中的表现很是佩服，曾为他和其他反叛者出谋划策，还曾就此事代表《纽约先驱报》对罗斯福做过详细的采访——那也是罗斯福第一次出现在全国性的新闻媒体上。霍韦后来曾说："在第一次与他会面过后我就认定如果不出意外，他将成为未来的美国总统。"此时的霍韦需要塑造一个英雄，而罗斯福这个拥有霍韦所欠缺的一切优点和天赋的人正符合他的需要。从罗斯福方面来说，他也需要政治实战方面的指点，而霍韦正好拥有他需要的经验。霍韦与民主党有一些基本的往来，他对意识形态的东西不感兴趣。但他却是个有着敏锐政治嗅觉的谋士：他知道什么样的政治手段是明

---

① 布尔·默斯党是为支持1912年西奥多·罗斯福的总统竞选而成立的政党，又叫美国进步党。

智的，什么样的会带来麻烦。因而，当霍韦加入罗斯福的团队后，罗斯福就变得不可战胜了。他们彼此需要，各取所需。

富兰克林把他的竞选活动交给了霍韦。在接下来的 6 周里，霍韦成了罗斯福的代理人。他搬到波基普西，将霍基的麦克斯韦车装饰一新，贴上罗斯福的竞选标语，然后就开始遍访乡村的各个角落，为罗斯福拉票。此时的他和两年前的罗斯福一样精力充沛，但他更重视针对不同的选民群体制定策略。比如，为了赢得农民的选票，霍韦推出一项保护农民不受纽约市的商贩们盘剥的计划。这些城里的二道贩子们将农产品收购价和出售价之间的差额利润装进了自己的腰包，让农民们很是不满。霍韦说，如果罗斯福再次当选，他就将成为参议院农业委员会的主席。那时，他将敦促参议院通过一项关于农产品市场的法令，切实保护农民的利益。霍韦以罗斯福的名义发出了数百封私人书信，向农民们宣传他的这一计划。每封信里都附上了回邮邮票及信封，欢迎农民们回信。他还向果农们也发出了大量类似的信件，告诉他们罗斯福当选后将规范量筒的尺寸。以往由于没有规范统一的量筒，果农们的苹果常常被放进超大的量筒评估，导致苹果等级评定偏低，遭受损失。以捕捞鲱鱼为生的渔民们也得到承诺，他们在哈得逊流域获准捕鱼的执照费将被降低。霍韦以罗斯福的名义向各个选民群体发出了近 11000 封信。

霍韦考虑到了所有的选民。他还在报纸上做整版的竞选广告宣传罗斯福支持妇女选举权，关心劳工问题的主张，同时抨击共和党的保守。这一做法在纽约州北部地区是史无前例的。霍韦经常自作主张。他也询问罗斯福的意见，但常常是先斩后奏。

罗斯福把财政大权也交给了霍韦，但很快就发现经费常常超支。竞选的开销本来就大，再加上霍韦对财务不在行，经常造成混乱和浪费。罗斯福竞选的大部分费用都由他私人承担，这其中也包括每周付给霍韦的 50 美元工资。这场竞选总共花费了 3000 美元，相当于一个州参议员两年的工资。

霍韦穿梭于选区的每一个角落，以罗斯福的名义作出可能让他赢得选举的任何承诺。他乐在其中。由于霍韦高效的运作方式，几乎没有人注意到罗斯福的缺席，即使是他的竞争对手也没有以此来攻击他。大多数选民都没有感觉到罗斯福的健康问题——这就像是罗斯福后来的州长和总统竞选的预演。在那些选举中霍韦也让选民们从未意识到候选人其实无法走路。

在竞选活动的最后一周，富兰克林的竞争对手，共和党人雅各布·索瑟德攻击他反天主教。这是 1911 年罗斯福反对希恩的遗患。霍韦于是列出一串信仰天主教的罗斯福的朋友的名字来反驳这一言论。他告诉罗斯福不用担心。他说："大家都很满意，都在称颂您。"霍韦并没有言过其实，罗斯福在几乎没有踏上选区的土地的情况下漂亮地赢得了选举，领先的优势甚至超过了两年前的那次。

罗斯福的胜利只是民主党全面胜利的一部分。同时，威尔逊也以领先西奥多·罗斯福两百万票、领先塔夫脱三百万票的优势赢得了总统大选。在选举团中，威尔逊获得了 48 个州代表团中的 40 个代表团的总共 435 张选票，而罗斯福获得了 6 个州代表团的 88 票。塔夫脱只获得了犹他州和佛蒙特州代表团的 8 票。最后民主党在联邦众议院里的席位增加了 61 个，从而掌握了 291 席的绝对多数席位。民主党还重新获得了自 1895 年以来一直失去的对联邦参议院的主导权。在纽约，塔曼尼协会支持的叙泽尔轻松赢得了州长职位，民主党也重新取得了对州两院的控制。罗斯福在第 26 参议员选区的得票远远高于威尔逊和叙泽尔。罗斯福达奇斯县的朋友在给他的信中说："一个卧病在床的年轻人居然战胜了一头雄驼鹿（威尔逊）和一头大象（共和党的叙泽尔）。这就像是天命所归。"

1913 年 1 月，罗斯福回到奥尔巴尼。他仍然有些苍白、虚弱。埃莉诺担心他能否继续工作。他却认为自己没问题。正如霍韦预言的那样，罗斯福担任了州参议院农业委员会主席，同时还是林渔猎委员会的重要成员。他给埃莉诺写信中："这样很好。我尤其高兴的是，农业委员会的其他成员很信任我，让我执掌大局来与纽约市的那帮人抗争。"

罗斯福之前已经得到威尔逊的承诺，一旦威尔逊就任总统后他将被吸纳进入政府管理层。所以，他并没有再入住之前一直租住的豪宅，而是和埃莉诺在坦恩·艾克酒店包租了一个套房暂住。他们每周二至周四前往奥尔巴尼上班，孩子们则都留住在纽约东 65 街的房子里。

罗斯福可能将去华盛顿的第一个信号出现在 1919 年 1 月 13 日。那天他收到了威尔逊的私人助手约瑟夫·塔马尔蒂的电报，约瑟夫通知他与总统当选人一同去特伦顿参加一个会议。他们讨论了职位任命的事情，塔马尔蒂催促罗斯福赶快决定愿意担任的职务。通过一些侧面的证据我们可以知道罗斯福当时表达了对于海军部第二把交椅的兴趣。罗斯福并没有得到正式的承诺，但据埃莉诺的回忆，尽管不知道是否能担任海军部副部长一职，在总统就职典礼前的几周里，富兰克林对于他将赴华盛顿任职这一点还是相当有信心的。

威尔逊在组织新的政府班子时，首先考虑的是奖励功臣、兑现承诺以及惩罚政敌。他很少考虑吸纳各方面专家，也不大考虑各个部长职位对能力和资历的不同要求。在这种组阁思路的引导下，他任用了很多毫无相关经验的人担任各个要害部门的领导人，甚至出现了让从未出过国的人担任管理外交事务的国务卿、让从未打过仗的法官和报纸编辑管理军队、让毫无理财经验的律师担任财政部部长的任命。其中他所任命的来自田纳西州的司法部部长詹姆斯·麦克雷诺兹后来更是被提升至最高法院任职，并在日后成为富兰克林·罗斯福的宿敌。

罗斯福确保了自己在这次大赏功臣的组阁中不被忘记。他和埃莉诺于 3 月 1 日，也就是就职典礼前三天，入住华盛顿的威拉德酒店。该酒店位于 14 大街和宾夕法尼亚大街交汇处，离白宫仅两个街区。威拉德酒店数十年来一直是到访白宫的政界人士喜欢入住的酒店。

在入住威拉德酒店的第一天，罗斯福就遇见了将成为财政部部长的威廉·吉布斯·麦克杜。二人曾在总统选举活动中并肩作战。麦克杜正忙于为财政部招兵买马，他问罗斯福是否愿意去担任副部长或者纽约州海关征收员。这两个都是财政部的重要职位，尤其是海关征收员一职：如果罗斯福想以纽约州为根据地进一步发展的话，它将会给罗斯福带来大量赞助资金。罗斯福对他的好意表示了感谢，但并未马上接受。麦克杜所给的职位太好，让人无法断然拒绝，但罗斯福仍然寄希望于海军的职位。两天后，也就是就职典礼当天的早晨，罗斯福在酒店的大堂遇到了约瑟夫斯·丹尼尔斯。

据丹尼尔斯回忆，当时罗斯福显得热情高涨。他祝贺丹尼尔斯获得任命。丹尼尔斯也祝贺罗斯福即将获得海军的职位，他说："你愿意到华盛顿来担任海军部副部长吗？"富兰克林微笑着说："那是再好不过了。"他对丹尼尔斯说："我一生都酷爱舰船，还曾经是海军军校的一员。海军部副部长正是我最想担任的职务。"他还告诉丹尼尔斯，麦克杜曾邀请他加入财政部，但他更愿意和丹尼尔斯在海军继续并肩作战。

丹尼尔斯的话已经清楚地暗示罗斯福将获得海军的职位。丹尼尔斯在日记中写道："西奥多·罗斯福的这位杰出的侄子将从这个职位走向总统宝座。历史将重演。"《罗利新闻与观察报》报道了罗斯福获得任命的消息，并预言："他正沿着特迪的脚印前进。"尽管叔叔西奥多瞧不上威尔逊，觉得他还不如塔夫脱，但仍然给侄子写了一小段话："你马上就要担任我曾担任过的职务了，这是个很有意思的巧合。我相信你会喜欢你的工作，并且会做出重要的成绩。"

● 第六章 ●
起 锚

威尔逊政府以高度清廉的形象开始了执政。首先是威尔逊夫人取消了就职舞会，因为她觉得舞会与就职典礼这一严肃庄重的主题不相符合。然后，因为觉得太奢侈，总统还取消了自己在切维柴斯乡村俱乐部的会员资格，尽管他曾是一个狂热的高尔夫爱好者。随后，新任国务卿威廉·詹宁斯·布赖恩发起了葡萄汁外交时代，他下令所有的宴会都禁止供应酒精饮料。威尔逊总统也发起了名为"新自由"的运动，承诺要通过增大各州的权力、鼓励自由竞争以及进行税率改革来"释放人民的巨大能量"。但对于出生于弗吉尼亚州的威尔逊来说，"新自由"只限于白人享有。作为扎卡里·泰勒之后第一位来自南方的美国总统，威尔逊一上任就开始在政府里采取种族隔离政策。来自南部的黑人共和党官员纷纷被解职，由白人取而代之。六个月后，政府里曾经一起共事的公务员们就发现他们被分成了三六九等。曾支持过威尔逊的黑人政治家杜·博伊斯哀叹道："美国历史上第一次出现了在政府工作人员中公开实施包含着个人攻击和羞辱的种族隔离政策。"

成为在野党 16 年后，民主党重新夺回了领导权。这次掌权的不再是老派的、出身于上流社会的、有钱的克利夫兰派民主党人，而是一个由代表农民利益的人民党员、城市工人、中产阶级进步主义者和南方各阶层代表组成的联合体。与当年黑人支持共和党是因为亚伯拉罕·林肯、黑奴解放以及南北战争一样，他们也出于相似的原因支持民主党。民主党经常利用南方标签做宣传，在共和党陷入分裂的时候，"南方"就成为主旋律。

威尔逊选择了《罗利新闻与观察报》的人民党编辑约瑟夫斯·丹尼尔斯来领导海军。他在南方声誉甚高。出于区域平衡的考虑，丹尼尔斯选择了罗斯福担任他的副手。总统于 1913 年 3 月 12 日将任命提交参议院考虑。5 天后，富兰克林得到了一致赞成，被任命为海军部副部长。之前还焦急不安的等待最终结果的富兰克林马上就宣誓就职了。他就职的那天是 3 月 17 日，正好是他的结婚八周年纪念日。他马上给在纽约照顾孩子们的埃莉诺写了信：

亲爱的：

直到刚刚在办公桌前坐下我才想起来今天是我们的甜蜜纪念日。事实上，在经历确认任命和宣誓就职的些许兴奋之后，我才开始意识到今天这个日子的真正重要性。唯一的遗憾是你不能和我在一起，但无论如何，我非常想念你。

写这封信时，罗斯福正坐在叔叔西奥多16年前在海军部工作时曾用过的一张巨大的桃木书桌前。这张制作精细的书桌最初的主人是内战期间的海军部副部长古斯塔夫斯·福克斯。西奥多·罗斯福担任这个职务时已经38岁，而富兰克林此时才刚刚31岁。他是海军部历史上最年轻的副部长，比丹尼尔斯部长年轻20岁，只有多数海军将官的年龄的一半，比海军上将乔治·杜威年轻45岁。

1913年丹尼尔斯和富兰克林掌管海军部时，海军部正主持进行海军武器现代化的转型，但却掣肘于自1842年以来就从未改变过的管理体制。海军舰队共有259艘舰艇，其中包括39艘战舰及重型巡洋舰。整个舰队有军官、士兵及海军陆战队员共63000人，每年的经费有1亿4千4百万美元，占整个联邦政府支出的约20%。英国海军部将它排在世界海军舰队的第三位（仅次于英国和德国舰队），但这个排位却掩盖了大多数美国舰艇都设计落后的事实。舰队又分为三个部分（太平洋、大西洋以及亚洲舰队），每个舰队都有各自独立的指挥系统。舰队里论资排辈，人员的升迁速度很慢，而且还缺少像英国的第一海务大臣那样的掌控全局的指挥官。

海军的后勤装备还是海军部在帆船时代配置的，虽然存在很多问题，却有些积重难返。整个海军部分为8个各自独立的部门：航海部、军械部、装备部、蒸汽机工程部、基建和维修部、码头船坞部、贮备和会计部、医疗和手术部。每个部门都由一位强势的人领导，他们只对国会负责，而不听命于海军部长甚至总统。各个部门的头脑人物大多是在位多年的海军上将，他们各自为政，几乎没有部门整体利益的概念。因此，权利交叉、工作重复的事情时有发生。各部门之间争夺拨款，矛盾重重，都坚决反对任何可能削弱自己权力的机构改革。

因为各个部门各自为政的状况，海军部被认为是政府里最难管理的部门。罗斯福非常反对这种独立自治式的局面，这使各部门的工作目标经常互相冲突。1919年他对立法会预算委员会表达了他的看法。但直到珍珠港事件之后他才得以把海军部整个纳入他的掌控之下。

作为海军部副部长，罗斯福的职责其实并没有法令规定的范围。一般说来，海军部部长负责与总统共同制定政策、与国会商讨提案、管理舰队。而副部长通常负责管理海军在商业方面的事务、办公室的行政事务、管理地方文职人员以及负责军购合同谈判。但据罗斯福说："我几乎参与海军部的一切事务。"当西奥多·罗斯福担任这个职务时，他曾在部长不在部里时当过一天家，并向海军准将杜威发出了一个具有历史意义的命令。他命令杜威将舰队开入菲律宾群岛与西班牙舰队对峙。而每当丹尼尔斯不在的时候，一切事务都由富兰克林负责。他对将他与西奥多进行比较的记者们说："现在担任这个职务的又是一个罗斯福家族的人。你们还记得上次那个罗斯福家族的成员的表现吗？"

丹尼尔斯和罗斯福是一对有些古怪的组合。但他们在威尔逊长达 8 年的总统任期里却合作得很好。他们是互补的那一类搭档，罗斯福从丹尼尔斯身上学到了很多华盛顿政坛特有的亲切热情的为人处世之道。事实上，丹尼尔斯是富兰克林的第一位直接上司。是丹尼尔斯决定任命他为副部长；是丹尼尔斯将他带到华盛顿；也是丹尼尔斯像父亲对待调皮的儿子一样原谅他的每一次出格之举。丹尼尔斯最初的动机完全是出于政治上的需要：除了地区的平衡，罗斯福这个姓在每一艘军舰的军官起居室里都是一个受欢迎的、受尊敬的名字。除此以外，丹尼尔斯还意识到，一个精力充沛的、有着丰富航海经验的副手会让自己的工作轻松许多。虽然当时他对富兰克林·罗斯福还没有太深的了解，但他从第一次与富兰克林会面就留下了很好的印象，他在富兰克林身上看到了民主党的未来。罗斯福也与他逐渐建立起了深厚的感情，他一直称丹尼尔斯为长官，一直记得他对自己的知遇之恩。1933 年当选总统后，罗斯福的第一个任命就是让丹尼尔斯担任驻墨西哥大使。一直到 1941 年丹尼尔斯都担任着墨西哥大使的职务。

罗斯福在海军部副部长的职位上崭露头角。他挺拔、健壮、有口才、为人热情，很讨人喜欢。丹尼尔斯说罗斯福是"他见过的最英俊迷人的小伙子"。与之形成对比的是，丹尼尔斯是一个个头不高、身材发福、行动缓慢、不慌不忙的老人。他的衣服总是有些皱巴巴的，但却是剪裁考究的南方风格。他的衬衣总是白色、领带总是黑色；他的高帮皮鞋也总是擦得锃亮。

丹尼尔斯平常谦和的外表掩盖了他坚定的意志、广博的知识和过人的智慧。他是个工作起来就不知疲倦的人；一个精明的、看人眼光独到的人；一个一直反对权威的人。他总是怀疑那些将军们对他所说的话的正确性，而十有八九，他的判断是正确的。丹尼尔斯有时候会像一头驴一样固执、一往无前。他上任后第二个月就和海军最好的飞行员约翰·托尔斯一起参加飞行练习。他们驾驶的是一架驾驶舱为敞开式的 75 匹马力的飞机，时速为 60 英里。这是第一次有政府的高官乘坐飞机。当威尔逊总统问他为何要冒险时，丹尼尔斯回答说他要签署命令派海军军官驾驶飞机，而他"如果不自己亲自试试，就不能派任何人去执行这个任务"。

丹尼尔斯还和威廉·詹宁斯·布赖恩是多年的好友。他们是威尔逊内阁中最激进的人物。他们共同为了普通民众的利益奋斗了 17 年，反对富豪和特权。他们追求传统的、清教色彩的价值观。丹尼尔斯将这些理念带入了海军部，并因此激怒了一些海军的高层人物。他还计划裁军，比起建造军舰和扩大军官队伍，他更关注普通士兵的福利问题。

丹尼尔斯还废除了海军旧式的让人喘不过气的制服以及工程技术军官的白制服，建立了一个基于能力功绩的升迁制度。但他最大的心愿是破除军官和普通士兵之间人为的壁垒。他让海军军官大学对普通士兵开放申请，在大学中聘请文职教员。他还试图使每一艘战舰都成为海上的移动大学，让士兵们接受教育以更好地面对退役后的生活。丹尼尔斯下令停止为军官供应酒精饮料，这不仅仅是由于他本人信奉清教节欲禁酒的教规，更因为这是一种不民主的特权。他认为既然不允许普通士兵在舰上饮酒，那么军官也不应该被允许。他还废止了给上岸休假的士兵分发避孕套的旧俗。他认为这无异于鼓励士兵堕落。

当丹尼尔斯的这一系列禁欲禁酒的指示下达时，罗斯福正在西海岸视察。他全力支持丹尼尔斯的指令。他说："有关于禁酒的命令……总的来说是绝对正确的。这么做需要勇气，虽然部长会因此受到一小部分人的埋怨，但从长远来看这么做是值得的。"他没有就禁欲一事发表过任何评论。

最初罗斯福以为丹尼尔斯是一个无药可救的乡巴佬，注定会被华盛顿的政客们打败。但当他看到部长如何一步步掌握了海军部的权力，如何与国会里的各种委员会的主席们交际周旋，如何与威尔逊在白宫亲密合作之后，他改变了自己的观点。而1913年春天发生的两件事让罗斯福更坚定地认识到丹尼尔斯的过人之处。第一件事是有关部长对军队的权威性。加利福尼亚州在那一年刚刚通过了法案禁止日本人在加州拥有土地。5月9日，日本政府向华盛顿提出了严重的抗议，而威尔逊采取了置之不理的态度。这一姿态让日本人大为光火，两国关系迅速恶化。军队的高级将领和海军将领们都认为战争将不可避免。5月14日，由杜威将军主持，陆军参谋长伦纳德·伍德任副主席的陆军和海军联席会议一致通过决议，命令海军迅速调集远东舰队位于长江军港的三艘大巡洋战舰至菲律宾群岛，并派增援力量至夏威夷群岛和巴拿马群岛。战争部部长林德利·加里森于5月15日也批准了该协议。第二天，纽约的新闻报纸就纷纷开始报道关于陆军和海军正在备战的消息。

丹尼尔斯被激怒了。他并没有签署命令同意这一决议。实际上，他是反对这一决议的，他认为军队将领们向媒体泄露这一消息就是要逼迫他同意这一决议。他告诉自己的作战部副官、海军少将布拉德利·菲斯克，没有他或者总统的命令谁也不许调动战舰。丹尼尔斯说他并不认为战争不可避免，海军的这一动作会破坏两国通过谈判解决争端的努力。他还说，他认为联席会议委员会已经越权，但他仍然会将这件事交给总统裁夺。

威尔逊在这件事上支持丹尼尔斯，争论本该到此结束，然而，军队将领们已经习惯了以往与塔夫脱和西奥多·罗斯福相处时专横的方式，纷纷为他们的决定辩护。这一次威尔逊采取了强硬的态度。他对菲斯克说，军人的职责是服从命令，而不是挑战命令。总统继而命令陆军和海军联席会议委员会在没有他的授权的情况下不得再举行会议。战争的危机最终解除了，联席会议在之后的两年半时间里一直没有重启。直到第一次世界大战的战火燃到美国，丹尼尔斯才批准它重新开始运作。

第二件让罗斯福对丹尼尔斯刮目相看的事是维护海军部在军购合同上的权威性。丹尼尔斯十分憎恶垄断，而美国的钢铁公司在海军军购合同竞标上的串通一气让他尤为痛恨。罗斯福后来一直乐于回忆这一段往事。丹尼尔斯与来自伯利恒钢铁公司、卡内基钢铁公司以及米德韦尔钢铁公司的代表们谈判时，罗斯福也在场。当时，每个公司递交的为建造亚利桑那号战舰供应所需装甲钢板的标书的报价都一样。丹尼尔斯将标书都扔掉，要求这些公司第二天再递交一个包含新报价的标书。罗斯福回忆起当时那些公司沮丧的样子和丹尼尔斯愉快的表情时说："他的话真解气！"但第二天中午那些重新交来的标书上仍然都是一样的价格。丹尼尔斯再次将那些标书扔了出去，并让罗斯福乘最近的一班火车去纽约，与刚到美国的英国钢铁集团总裁约翰·哈特菲尔德爵士会谈。哈特菲尔德提交了一个低得多的报价。丹尼尔斯后来向国会汇报说海军因此节省了 1110084 美元。

在初到华盛顿工作的 6 个月里，罗斯福过着单身汉的生活。他一开始住在威拉德酒店，后来又搬到了离小办公室只有一个街口的波瓦坦酒店。他加入了各种各样的高级俱乐部，并为此支付大量会员费。埃莉诺先是和孩子们住在纽约，然后又到坎波贝洛岛避暑。富兰克林于 7 月 4 日独立日的那个周末去看望了他们。他命令海军最大的战舰之一，22000 吨的"北达科他"号从缅因州的东港起航，驶往海峡对面的坎波贝洛岛参加独立日庆典。罗斯福在岛上招待了舰上的军官。与军官们一起享受过宴会和庆典后，罗斯福登上了舰艇。事前他对舰长说他不会穿正装上舰，但希望能得到与其身份相称的 17 响礼炮的礼遇，以满足坎波贝洛岛的亲朋好友的期待。

之后，罗斯福登上弗卢塞尔号驱逐舰，命令它驶向弗伦奇曼湾附近的海军基地，他开始对那里进行视察。弗卢塞尔号驱逐舰由小威廉·哈尔西上尉指挥。罗斯福要求哈尔西同意让他驾驶舰艇通过危险的卢贝克海峡。哈尔西答应了罗斯福的要求，但却有些担忧。因为驾驶一条重达 700 吨的全速前进的驱逐舰比驾驶一条普通的小船要复杂得多，稍有不慎就有可能会导致严重的事故。当罗斯福驾驶着舰艇拐过第一个弯时，哈尔西看到他回头目测了一下船尾摆动的角度。这时哈尔西就放心了，他已经知道罗斯福能驾驶这艘军舰。

回到华盛顿之后，罗斯福很不喜欢那里潮湿闷热的天气。此时国会和最高法院都已经休会了，各个行政机构还是要照常工作。7 月底他写信给埃莉诺时说："我和部长每天就像黑奴一样没日没夜地工作。"信里还提到丹尼尔斯计划去度假两周，将把海军部的事务交给罗斯福全权处理。罗斯福说："他让我代他行使一切权力，还说在决策方面他会帮我。"

埃莉诺回信说："我觉得他能让你决定处理一切事情很了不起。这表明了他对你的信任。"

罗斯福也非常高兴。他在给哈佛旧友的信中说："我觉得我的职业和兴趣结合到了一起。"此外，罗斯福在社交上也很成功。后来每当他回忆起华盛顿社交界时总爱说华盛顿社交界有三种代表性的地方：酒吧、沙龙和萨乐美。酒吧间是开怀畅饮美酒的地方；沙龙是艺术家和知识分子谈天说地的地方；萨乐美是罗斯福自己给它的称呼，他用"萨乐美"来指那些乐曲低回、帷幔轻垂、美女如云的大宅。罗斯福在这三种地方都颇受欢迎。

事实上，华盛顿社交界的人士都很愿意结交这位来自罗斯福家族的威尔逊内阁要员。他英俊潇洒、性情随和、开朗大方。这些性格使人们都喜欢邀请他同进晚餐。后来成为国务卿的班布里奇·科尔比也曾评价说："他是我在华盛顿见过的最英俊迷人的男士。"

1913 年秋天，埃莉诺和孩子们搬去华盛顿和富兰克林团聚。他们搬进了一处四层楼的砖结构连排别墅。这处位于 N 大街 1733 号的房子属于埃莉诺的姑姑巴米耶。巴米耶在丈夫——谢菲尔德·考尔斯海军少将在华盛顿任职期间买下了这处房子。西奥多·罗斯福担任总统期间，每次埃莉诺和富兰克林来华盛顿探望都住在巴米耶家。西奥多本人也曾于 1901 年继任总统后，麦金利总统遗孀还未搬出白宫之前在这里小住过一段时间。由于后来西奥多仍常常到巴米耶家做客，这栋小楼曾被称作"小白宫"。埃莉诺和丈夫都很喜欢这处房子。

埃莉诺带着三个孩子、四个仆人、一个保姆、一辆汽车和一个司机住进了这个新家。四年后，因为另外两个孩子的降生，他们搬进了一所更大的房子。这所房子有 60 英尺宽，也是巴米耶的房产。富兰克林和埃莉诺一直负责两处房子的所有开销，但却不必支付租金。巴米耶和丈夫当时住在康涅狄格州，很愿意将自己在华盛顿的房产交给亲戚居住、打理。同时，罗斯福将他位于纽约的房子租给了后来成为摩根财团董事长的托马斯·拉蒙。

1913 年，联邦政府根据宪法第 16 次修正案开始征收收入所得税。当时的起征税率是 1%，针对年收入超过 50 万美元的公民的最高税率是 6%。对股息等红利不征税。根据富兰克林·罗斯福的缴税情况，我们可以推算，他在华盛顿时每年的收入大约是 2 万美元多一点。除了担任海军部副部长的工资收入和来自纽约房产的租金收入，其他都来自投资红利。他所上缴的个人收入所得税不到 200 美元。

担任海军部副部长职务期间，罗斯福与路易斯·霍韦建立起了进一步的长久的友谊。罗斯福宣誓就职两天之后就邀请霍韦加入海军部。他在给霍韦的信中写道："亲爱的路德维希。告诉你一个内幕消息：欢迎你于 4 月 1 日穿上新军装来海军部报到，一份年薪 2000 美元的工作正等着你。"霍韦马上回电报告诉罗斯福自己接受这个职务。事实上，这一切令霍韦喜出望外，他从没找到过一份如此高收入的工作。他立马带上家人奔赴华盛顿，在 P 大街 1800 区租下一套公寓，离罗斯福家仅两个街口。每天早晨 8 点 15 分，霍韦都会准时到罗斯福家叫他，然后和他一起步行上班。罗斯福的儿子埃利奥特曾回忆说："每天早晨都看着父亲大步走向办公室的方向，霍韦快步跟在他身边。他俩就像是要去与巨人战斗的唐吉诃德和桑丘。"

霍韦的作用并不只限于一个秘书。后来他曾开玩笑说初到华盛顿时，他对这个城市一无所知以至于开始几天他只能做做用吸墨纸将罗斯福的签名吸干这一类简单的事情。但几周之后他就完全胜任了他的工作。他和罗斯福成为绝佳的两人组合，一起推进罗斯福的事业。正如一位传记作家所言，罗斯福和他就像是一对网球双打组合，他们一开始就将目标锁定为白宫。对于霍韦来说，这个目标很容易确定，因为他喜欢权力。埃莉诺后来也慢慢开始喜欢霍韦，她说："路易斯是一个权力欲极强的人，如果他自己不能亲手掌握权力，他就会寻求通过他能影响的人来获得它。"对于罗斯福来说，他在霍韦身上也看到了另一个自己。霍韦甚至没有自己的日程。资深记者约翰·冈瑟的评价最为贴切："如果罗斯福支持邪恶的话，路易斯·霍韦也会毫不犹豫地支持。"

表面上，霍韦的工作主要负责劳工关系、特别调查及演讲稿撰写。但实际上他还负责政治赞助、罗斯福的人际联络、安排罗斯福的各种约会、为关系户谋职以及时机成熟时建立起反对塔曼尼协会的组织。他为罗斯福拟出各种可以倡导的计划，并在出现错误时代他承受责难。他能老练地处理办公室里各种错综复杂的关系和矛盾。丹尼尔斯对他的评价是："他熟悉海军部里、政府里以及政坛上各种暗礁险滩。他在各种事情上都能给罗斯福以很好的建议。他唯一的野心就是帮罗斯福的事业掌舵，那样就可以做个乘风破浪的弄潮儿。他全身心地投入到罗斯福的事业中，为了把罗斯福送上白宫的宝座，他可以把一切人，包括我和威尔逊踢到一边。"

罗斯福从来都不喜欢文书工作。他擅长抽象思维和总结，能快速果断地做决定，但不能长时间集中注意力。文字工作是霍韦的强项。他阅读速度快，笔头也快，文章思路清晰、有说服力。他具有新闻记者的特长，善于从一大堆繁杂的资料中找出重点，并且善于将枯燥的数据和事实写得生动有趣。这些都令罗斯福非常欣赏。另外，霍韦尖刻的幽默感、对所谓虔诚的不以为意的态度以及他的愤世嫉俗也都十分吸引罗斯福。罗斯福在给霍韦的私人信件里常常会与他开开玩笑。除了工作，罗斯福自己也从霍韦身上获益匪浅。霍韦对生活的深刻认识正是罗斯福所缺乏的。他把自己的人生经历和对生活的认识与罗斯福分享，使罗斯福变得更老练成熟。弗朗西丝·珀金斯曾说罗斯福在哈佛没有接受政治方面的教育，而路易斯·霍韦无疑给他补上了这一课。

霍韦比罗斯福年长，他常常直呼罗斯福的名字，并且会很直率地指出罗斯福的错误。很少有人敢像霍韦那样对罗斯福说话。有人甚至听见霍韦在电话里训斥罗斯福，他对着电话那头的罗斯福大嚷："你这个笨蛋！你不能那样做！就是不能！如果你那样做了，你就是个傻瓜，是个头号大白痴！"霍韦自己也曾笑言他在华盛顿的主要职责就是"帮助罗斯福走稳每一步"。罗斯福也经常会毫不犹豫地接受霍韦的建议。

作为海军部副部长，罗斯福对威尔逊政府的政策决策并没有很大的影响力。但他在海军部却是关键人物。更重要的是，在华盛顿任职的8年间，他了解了国家政治的核心和真实状况。在丹尼尔斯和霍韦的指导下，罗斯福开始正确认识民主党内部存在的差异；开始认识到照顾地方政治家利益的必要性；开始了解小恩小惠和公众姿态的重要性。霍韦还教罗斯福如何与劳工组织相处。作为副部长，罗斯福要负责海军里大量地方雇员的工作，这些雇员分布于各个海军基地，数量有好几万之多。霍韦一直要求罗斯福亲自处理劳工事务。他总是把工会领袖和工人代表们请进罗斯福的办公室与"老板"面谈。罗斯福也总是能耐心听取工人们的意见。他对工会发言人说："我想让你们知道，你们随时都可以来我的办公室。我们可以一起讨论问题。你们可以告诉我你们的实际情况，让我了解发生了什么事。"

让海军部里那帮生硬古板的官员们很是不安和尴尬的是，海军部副部长的办公室变成了工人们的申诉办公室。罗斯福总是很重视劳工问题，在他职权范围内尽一切可能为工人们排忧解难。丹尼尔斯后来回忆说："工人们都喜欢他（罗斯福）。"

罗斯福与工会领袖的接触和相处也是对他的政治教育的补充。很多当时和他一起工作的工会领袖后来都成了他的终生好友和支持者。1920年他卸任海军部副部长职务时，最令他骄傲的一点就是在他的任期里从没发生过罢工等劳工问题。埃莉诺后来曾说正是路易斯·霍韦的帮助才使她的丈夫很好地处理了劳工问题并使他从一个讨人喜欢、初出茅庐的青年才俊变成了一个老练而精明强干的政治家。

在任职期间与国会的相处也对罗斯福大有裨益。罗斯福认识到对于国会的议员们来说，对个人恰到好处的恩惠和帮助比令人信服的论争和对党派的忠诚更受欢迎。宪法赋予国会议员们干涉各政府部门事务的权力，对海军部也一样。在处理诸如士兵要求提前退役，要求给予退役津贴，要求免受处分这类的事情时，如果有国会议员说情，罗斯福总是会尽力对那些合理的要求给予照顾，当然有的时候那些要求并不怎么合理。

这样的例子有很多，比如有一次，来自马萨诸塞州的国会议员乔治·廷克汉姆找到罗斯福，要求让一位叫约瑟夫·保罗·祖卡乌斯卡斯的士兵提前退役，原因是一位拳击经理人看上了他，认为他很有前途。罗斯福很快批准了他退役。后来祖卡乌斯卡斯成为职业拳王。在罗斯福就任总统数年之后，他曾对弗朗西丝·珀金斯提及这样的事，他说他认为国会议员们最希望的就是你对他们的个人问题的充分理解，而并不在于太多的恩惠。给他们一点恩惠和帮忙，让他们称心如意，再在公开场合表示和他们的友谊，这样就能让一个政治领袖和他的手下们关系牢固，友谊长存。

其他的一些海军部事务也培养塑造了罗斯福。在他任职期间，海军多次被要求出兵维持加勒比海域秩序和保护美国在该地区的利益。1914年的一个下午，威廉·詹宁斯·布赖恩怒气冲天地冲进罗斯福的办公室，冲着他大喊道：“我要一艘战舰。海地的白人正遭受屠杀，我要求你必须在24小时之内派一艘战舰过去保护他们。”

罗斯福告诉布赖恩他不可能做到。他说：“我们的战列舰都在纳拉甘西特海湾，即使全速前进也要至少四天才能到达海地。但我们有一艘炮舰在关塔那摩附近，如果你需要的话我可以命令他在8小时之内赶到海地。”

布赖恩回答说：“那正是我所希望的。”正准备离开的布赖恩回过头又对罗斯福说：“罗斯福，我说战舰时，并不是用的准确术语。我是指任何可以浮在海上的装配枪械的东西。”

当时海地的国家财政正陷于崩溃，法国和德国都威胁说要保护自己国家投资者的利益。海地政府一开始拒绝了美国的援助，但紧接着就发生了暴动和革命。1915年威尔逊命令丹尼尔斯派海军干预。海军被派往从关塔那摩到太子港一带的地区维持秩序，此后美国就成为海地的保护国。丹尼尔斯强烈反对对该国的长期占领，罗斯福也逐渐接受了丹尼尔斯的观点。在罗斯福1933年的就职演说里，他将这种观点演绎为对拉丁美洲的“好邻居”政策。最终，美国于1933年12月在蒙得维的亚加入了西半球联盟，与其他国家共同宣誓：“任何国家都没有权力干涉另一个国家的内政外交。”第二年，美国正式宣布放弃普拉特修正案所规定的干涉古巴事务的条款，罗斯福还在美国占领海地19年后，撤回了最后一支美国海军军队。

● 第七章 ●

战　争

　　在担任海军部副部长一年之后，富兰克林·罗斯福变得有些躁动不安。虽然他喜欢他办公室里显示权力的陈设，更喜欢接近国家权力中心的那种感觉，但是他还是处于海军部长丹尼尔斯的光环之下，所负责的也只是日常管理的琐事，而不是他喜欢的大战略和高级政治。他觉得海军部的日常工作非常沉闷。他拥有建议权，但最终决策权还是在丹尼尔斯那里。参议员伊莱休这样总结道：罗斯福总是习惯于坐在前排。通过路易斯·霍韦，罗斯福一直在关注着纽约的政治。当时，民主党正处于一种非正常的混乱之中，富兰克林·罗斯福正试图利用这种混乱的局面。由于暂时不可能在华盛顿有进一步的发展，这是很明显的，他可能又开始考虑重新回到纽约发展了。但是罗斯福有些自大了，和其他华盛顿的官员一样，他们往往容易认为由于自己在华盛顿担任要职，就可以在自己的州里很有分量。罗斯福认为他现在要获州长职位易如探囊取物。

　　塔曼尼协会选择的纽约州长"平庸的比尔"已经与塔曼尼协会闹翻了，并于1913 年 10 月被罢免了州长职务。取代他的是马丁·格林，一个来自奥尔巴尼民主党的大个子。但是塔曼尼协会在弹劾过程中的具体操作却有值得商榷之处，致使格林很容易受到别派的攻击。格林也是天主教徒，他是第一个天主教州长，在 1914年，一个天主教徒是否能赢得州选举还很难说。而且，纽约刚刚开始执行一项新法律，这项法律正是罗斯福担任议员时着力推动的。在罗斯福看来，这项法律的实施必将削弱塔曼尼协会左右政党提名的能力，有着强大基层实力的候选人也可能当选。最后，罗斯福认为他得到了威尔逊总统的支持，他从华盛顿回到纽约符合威尔逊总统改革墨菲领导下的政党机器的期望。威尔逊总统的支持对罗斯福而言至关重要。但是，从 1913 年底到 1914 年初，总统并没有公开支持罗斯福。他虽然很希望改革纽约州的政党政治，但他更需要塔曼尼协会在国会中的支持来帮助他通过"新自由法案"。霍韦在纽约的媒体上发布了一系列试探性消息，竭尽所能地暗示罗斯福得到了威尔逊的支持，但这些都是一厢情愿的做法。1914 年 3 月，罗斯福试图逼威尔逊公开表态。拉尔夫·普利策的《纽约新闻世界》希望罗斯福给他们写一篇文章，介绍他在纽约州面临的政治环境。富兰克林·罗斯福就此询问威尔逊的意见。他希望总统能拿出五分钟和他谈谈，但威尔逊拒绝了他。他给罗斯福留了个小便条，建议他什么都不要说。威尔逊说，纽约州的势态还在发展当中，"走向还不明显"。这对于罗斯福在初选中挑战塔曼尼协会的候选人的信心而言，是个不小的打击。后来，罗斯福又试图寻求西奥多·罗斯福的支持，但是结果也不令人满意。西奥多·罗斯福说，他很欣赏位于海德公园的这位亲戚，但是他最近正忙于与自由主义共和党人修复关系，难以大张旗鼓地支持富兰克林·罗斯福。但是，对罗斯福问鼎州长职位的雄心的最后打击来自布鲁克林区的众议员约翰·菲茨杰拉德。他是众议院拨款委员会的主席，权力很大，也是塔曼尼协会在众议院的发言人。菲茨杰拉德说，除非威尔逊总统在政府内部收回对塔曼尼协会的批评，他和其他 20 位纽约民主党议员都不会支持新自由法案计划。这使得罗斯福的梦想彻底破灭了。威尔逊发表了讲话，声明自己非常尊重菲茨杰拉德，从来没有认同批评塔曼尼协会的言论——而批评塔曼尼协会则是罗斯福最近的选举主题。罗斯福意识到他难以胜选，但仍希望体面收场。他在给埃莉诺的信里写道："终于不用选州长了。"在接受《时代》杂志访问时，他表示自己从来都没有参加过选举："我说自己没有参加选举，没有接受提名，这并不是外交辞令，而是实话实说。"罗斯福之所以能够这么高高兴兴地放弃选举的原因很简单：他能够在联邦政府获得一份更好的工作。1913年 5 月，美国宪法第 17 条修正案规定了参议员直选的内容。由于参议员伊莱休·鲁特的任期将满，而且他由于反对修正案的通过而公开宣称不再寻求连任，从而给了罗斯福一个从天而降的机会。鲁特是参议院里德高望重的老参议员，曾经在麦金利时期担任战争部长，在西奥多·罗斯福时期担任国务卿，并在 1912 年获得诺贝尔和平奖。如果鲁特参加选举的话，他肯定会赢。但现在大家都有机会了，而且对罗斯福更加有利的是，民主党还没有提出这个职位的候选人。罗斯福喜不自禁，他告诉埃莉诺，他想同时获得民主党和进步党的提名。

然而，1914 年罗斯福试图参选的热情被远在巴尔干半岛萨拉热窝的一个事件给打断了。6 月 28 日上午，奥地利哈布斯堡王朝的王储裴迪南大公和他的妻子索菲亚女爵在萨拉热窝街头被一名 19 岁的波斯尼亚恐怖分子暗杀在敞篷车里，希望能以此来追求波斯尼亚的独立，摆脱哈布斯堡王朝的统治。

哈布斯堡王朝迁怒于塞尔维亚政府，要求他们做出合理的赔偿。德国则支持奥匈帝国，表示将支持奥地利。霎时间，外交斡旋升级，军队开始动员，政府决策出现了误判，势态发展不再受人们的控制。一百多年前由卡斯特雷和梅特涅所精心设计并在 1870 年由俾斯麦和迪斯累利所完善的"欧洲协定"机制瞬时间土崩瓦解。在俾斯麦去世前一年，他就已经预见到"巴尔干半岛发生的蠢事"可能会引起一场欧洲的全面战争。巴尔干火药桶只需要一个火星就可以点燃。

7 月 23 日，在裴迪南大公遇刺差不多 3 个星期之后，奥匈帝国认为自己可以得到德国的支持，已经做好了战争准备。因此，它向塞尔维亚政府递交了一份最后通牒，其用词非常考究，但是其条件却是无法满足的。7月25日，塞尔维亚政府的回复遭到了拒绝，两国都开始了战争动员。7月30日，俄国支持塞尔维亚。次日，法国支持俄国。随即，德国召集了所有的预备部队。最终，外交斡旋失败了，8月1日，德国对俄宣战。由于固执于双线作战的设想，德国于8月3日又对法宣战，并越过比利时边境来到位于法德边境的法军侧翼。由于此举破坏了比利时的中立地位，使得英国站到了法国一方对德宣战。至此，整个欧洲都卷入了战争。

中欧强权德国相信自己很快就能获得胜利。德国皇帝在8月初对出发开往前线的卫队队员们说："你们在叶落之前就能回家。"但是英国人的观点却非常不同，外交大臣爱德华·格雷说："整个欧洲的灯火都将熄灭，我们的有生之年将难以看到它们重新燃起。"曾担任英国首相的赫伯特·亨利·阿斯奎斯回忆说，指挥军队的基钦纳勋爵曾说过："这场战争可能非常漫长。我们都看不到它的结束。"

当德国宣战时，罗斯福正在宾夕法尼亚州的海军学院演讲。收到来自华盛顿的要求他立即返回的电报后，他在火车上给埃莉诺写了一封信："最新消息，德国对俄宣战了。混乱不可避免，我们必须要考虑许多问题。这些日子将决定历史的走向。这将是世界历史上伟大的战争。先生完全没有弄清楚状况，我将在星期一上午去见总统，讨论我们目前的局势。"无论罗斯福所说的局势是指的欧洲局势抑或是他自己的政治抱负，一时都无法讨论，因为威尔逊星期一没有时间见他，他一个星期都很忙。由于罹患癌症，他的妻子埃伦已经奄奄一息了。在战争阴霾迫近的时候，罗斯福愈发觉得当一个副手不是个好工作。在八月初写给埃莉诺的信中，他显得生气勃勃，和他感觉到的周围死气沉沉的环境形成了鲜明的对比。也许是因为没有经验，也许是因为太冲动，他并没有理解丹尼尔斯那种更为沉稳的做法。

罗斯福告诉埃莉诺，他觉得没办法避免冲突："最好的解决方式就是一方迅速取得决定性胜利，但这是不太可能发生的，或者是双方都觉得没有希望取胜而选择妥协，我觉得这也不太可能。"

埃莉诺表示理解："你所说的我都不觉得奇怪。要理解当前的局势必须理解那些国家。当丹尼尔斯畏畏缩缩的时候，你的生活会充满活力，我觉得你能做好。这些都将由你来完成，而不是丹尼尔斯。"最后的结果是，丹尼尔斯支持了政府的决策，而没有支持他性急的副部长。1914年8月4日，威尔逊总统签署了10点中立声明，这些声明将在大战的前3个月陆续发布。这些声明让美国在大战中保持了完全的中立，而且规定"除了自由表达意见"之外的所有偏向一边的行为都会被视为违法。两天后，威尔逊总统告诉丹尼尔斯："不要让海军部的官员公开讨论大西洋彼岸的政治局势和军事局势。"海军得到的指示是"静观其变"，保护美国港口的中立地位，防止有人利用美国港口向交战国运送武器。罗斯福被指定加入了两个迅速成立的内阁级委员会，一个负责将中立宣言落实为实际政策，另一个负责为因为欧洲战争而处于困境的美国人提供救济。他组织了两艘军舰——北卡罗来纳号和田纳西号——运送金块前往欧洲大陆，为陷于战区的美国商人提供补贴，同时他还组织了海岸巡逻队，防止交战国的军舰过于靠近美国海岸。8月27日，罗斯福在给埃莉诺的信中自豪地写道："人们所报告的美国近海的外国军舰其实都是我的战舰。"

罗斯福非常醉心于欧洲的战争和海军的责任。他告诉埃莉诺："我在做有意义的事情。"但是，与此同时罗斯福也在关心纽约政坛的风吹草动。接替鲁特担任参议员的机会太有吸引力了，他不愿意轻易放弃。自诩为民主党改革派领袖的财政部部长威廉·吉布斯·麦卡杜也力劝罗斯福竞争这个席位，8月31日，在从曼哈顿回来之后，罗斯福宣布自己将角逐这个席位。

丹尼尔斯希望罗斯福能够放弃这个想法，他说："我告诉他，我有一种直觉，他不会赢得初选，即使他赢得了党内初选，在11月的选举中共和党也将获胜。"但是罗斯福没有被说服，他对一个朋友说："我被人们寄予厚望。我拒绝过，但是最后还是推脱不掉。所以现在我将全力以赴。"罗斯福认为，民主党理所当然地会推举他为候选人。在整个8月，他都待在坎波贝洛岛，也没有参加霍韦在纽约组织的库珀联合会选举造势活动。到那天为止党内没有其他人宣布参加角逐。最开始的时候，有媒体报道纽约出版商威廉·伦道夫·赫斯特可能会参选。罗斯福给霍韦写信说："希望报道是真的，因为这样会使我与他有个公平竞争的机会。"但最后赫斯特还是放弃了。

8月底，纽约州长格林表示支持罗斯福，并希望塔曼尼协会能够同意提名罗斯福参选。霍韦告诉罗斯福："他们没有反对你的理由。没有人会给自己惹麻烦，特别是他们知道总统和你的关系。"但是，罗斯福再一次低估了查尔斯·墨菲的政治技巧。在注册截止前的最后一天，塔曼尼协会推出了他们的候选人：前美国驻德国大使及前州最高法院法官詹姆斯·杰勒德。这是一个独立而富有的人，非常诚实，而且对于纽约的各个政治组织而言具有特别的吸引力，因为他能够帮助因大战被困在德国的美国人。对罗斯福而言更加不利的是，杰勒德得到了总统的肯定。他表示说，由于他曾经担任过驻德大使，所以他不会在选举造势活动中抛头露面。这使罗斯福更加难办，一方面他的对手不现身使他缺少了攻击的对象，另一方面他再也不能以得到政府首肯的候选人形象出现了。墨菲的这一招极大地打击了罗斯福，也证明了为什么他能够领导塔曼尼协会百战不殆。

对于塔曼尼协会的这个动作，罗斯福有点猝不及防。他没有想到会出现这么一个对手，没有做好准备。他在纽约州做了几次巡回造势，但是收效甚微。除了反对党内的"大佬政治"，他找不到选举政策的着力点，他没有抓住选民们关心的政策议题。纽约州的一家报纸这么评论他："与伊莱休·鲁特比起来，他很难成为一个好的参议员。"

当初选投票于9月28日开始时，罗斯福完全陷入了被动。杰勒德获得的票数为210765票，而罗斯福的得票仅为76888票，而在纽约市杰勒德与罗斯福的得票比是4:1。两人在纽约州北部的得票比是唯一能够让罗斯福聊以自慰的地方，他在该州的61个县里赢得了22个县。他的妈妈给他写信时写道："我想你现在肯定很失望，但我希望你不要沮丧。你做得很好，而且你在海军部的工作还是不错的。"

罗斯福告诉萨拉他并没有沮丧，而且他还非常高兴地告诉媒体，他很高兴能进行这样一场宣战。在接下来的几周里，他对选举失败做出了自己的解释。他宣称他赢得了纽约州大多数县的支持，只是由于"纽约市的坚固同盟"才遭受败绩，完全不顾杰勒德在纽约州大部分地区以2:1领先于他的事实。丹尼尔斯一直对罗斯福的选举活动洞若观火，他知道罗斯福受到的伤害比他所承认的大得多。"我一直都很注意，没对他说'我早对你说过'。"

正如丹尼尔斯所预测的那样，民主党在11月的选举中大败而归。在大选中，共和党夺取了众议院中的69席，还获得了7个州长职务。在纽约，杰勒德以7万票的差距输给共和党的詹姆斯·沃兹沃思。格林谋求连任州长的努力也宣告失败，输给了共和党的查尔斯·惠特曼。此外，共和党还赢得了纽约州议会上下两院的主导权。

罗斯福和墨菲都从失败中吸取了教训。墨菲承认，虽然塔曼尼协会可以主导政党的提名，但不能保证能够赢得大选。富兰克林·罗斯福认识到，要赢得一个州的选举远比赢得几个县的州议员提名要复杂得多。而且，他还认识到，如果他希望获得提名，就绕不开纽约市的政治组织，即使获得了提名，在11月的大选中如果没有塔曼尼协会的支持也难以胜选。霍韦向罗斯福建议，是和解的时候了。在那以后，罗斯福再也没有公开批评过塔曼尼协会。

到了1915年，罗斯福已经成了纽约政坛里一个循规蹈矩的人物。他支持塔曼尼协会所推荐的纽约县警长候选人阿尔·史密斯，支持参议员罗伯特·瓦格纳参选纽约市的邮政局局长，而且在塔曼尼协会组织的国庆庆典上公开与墨菲同台且相处甚欢。甚至有传言说塔曼尼协会将支持富兰克林·罗斯福于1916年参选纽约州长。

富兰克林·罗斯福与塔曼尼协会的和解是他政治发展的需要。但他对杰勒德曾经击败过他一直耿耿于怀。1914年10月，威尔逊的政治助手豪斯中校给麦卡杜写信，希望他能劝说罗斯福尽力支持杰勒德，但罗斯福拒绝了。多年以后，即便罗斯福已经成了总统，他心里还是对杰勒德存有芥蒂。负责罗斯福总统政治酬谢的助手詹姆斯·法利曾多次提醒罗斯福说，作为"民主党最忠实的党员"，杰勒德应该被任命为驻意大利大使。但罗斯福总统对此充耳不闻。法利说："他任命了威廉·菲利普斯为驻意大利大使。于是我又提议将杰勒德派往巴黎，但他又任命了威廉·布利特。"最后，颇费了几番努力，法利才让罗斯福总统将杰勒德任命为1937年乔治六世加冕时的总统代表。但这毕竟只是一个短期的一次性荣誉。1943年，埃莉诺试图让罗斯福和杰勒德和解，但罗斯福还是拒绝了。

回到华盛顿之后，罗斯福又关注起了海军的战争准备工作。从协约国一方来说，战争进行得比较坎坷。德国在西线的攻势虽然已陷入了拉锯状态，但是战线离巴黎也只有40英里。法国政府已经仓皇迁往波尔多，几乎所有的比利时领土尽归德国，而英国人的堑壕则一直从比利时的奥斯坦德延伸到了瑞士边境。在东线，兴登堡将军打退了俄国在东普鲁士的进攻，正朝波兰中部的维斯瓦河开进。在塞尔维亚，奥匈帝国的军队在进退交替之中第二次夺取了贝尔格莱德。唯一的一抹亮色出现在海上，德国舰队被强大的英国海军封锁在北海的港口里，不敢与英国海军直接接触。由于深深地懊恼于纽约州初选的失败，罗斯福更加急于重新致力于让海军做好战争准备。10月底，当丹尼尔斯离开海军部前往加勒比各港口视察的时候，富兰克林·罗斯福利用部长不在的这个机会发布了一个备忘录，详细说明了海军在人员和装备方面的严重不足。由于缺少水手，13艘战舰被搁置，海军急需1万8千名兵员。但是国会没有批准海军的征兵计划。《纽约时报》全文报道了这份备忘录，使得白宫颇为不满。罗斯福在给埃莉诺的信中写道："国家需要更多的陆军和海军，而不是一堆空谈和平的软蛋。我支持发布这个备忘录，即使这样做会给我带来麻烦。"第二天，罗斯福发表了一份声明："我没有建议要增加1万8名兵员，我也不会对此事作出评论。"

1914年12月8日，威尔逊总统在国情咨文中再次重申了政府的政策。总统反对让美国站在战争的某一边。"我们与世界和平相处。我们希望按照以前的方式生活，也希望人人都能以自己的方式生活。我们是世界上所有国家的朋友，因为我们没有威胁到任何人，没有垂涎任何人的利益，没有妄求过打倒谁。这就是我们这个国家的伟大之处。"

在国情咨文中，威尔逊拒绝了增加陆军常备军规模的建议，同时也没有同意增加预备役部队，并表示需要继续研究已决定的海军工程中到底需要什么样的舰艇。他说："我们不应该因为有些人的激动和紧张而改变我们的态度。"

第二天，丹尼尔斯向议会海军事务委员会保证，就军舰的质量而言，美国海军不输给任何国家。他说，海军将继续执行其原定的发展计划，每年建造两艘战列舰，不需要征募更多的兵员。12月16日，海军事务委员会让罗斯福前往国会作证。

他已经吸取了教训，他在听证会开始时就表示："作为副部长，我不负责海军的政策事务。"尽管在长达 5 个小时的听证会中不断有人逼问他，他始终如一地拒绝讨论政策问题，在所有问题上都和丹尼尔斯以及总统保持一致。在他作证的过程中，罗斯福一直在强调事实。他准备了海军所有发展计划的详细数据，反复引用海军部的研究报告，他告诉那些议员，一旦开战就必须迅速扩大海军的规模。罗斯福小心翼翼地避免说出批评的话，有时候还表示出了一些幽默。他说："出于经济上的考虑，我们不能在任何时候都把所有的舰船征召服役。世界上除了一个国家以外，其他所有国家的海军都做不到这一点。"一些议员问："是哪个国家。"罗斯福说："是海地。它只有两艘炮艇，所以所有的时候都在服役。"

罗斯福在听证会上表现得非常好。《纽约先驱报》毫不吝啬地赞扬了他在听证会上的机智表现和他的坦率："从他的表现可以看出来，在担任海军部副部长的不长时间里，他已经仔细研究了国防问题。"

罗斯福非常急于了解海军的战争规律。在 12 月中旬，也就是在刚刚结束了国会的听证会之后，罗斯福设法来到了伦敦，考察英国海军部的运转情况。当时温斯顿·丘吉尔正好是英国的海军大臣，相当于美国的海军部长，他对于美国海军没有参战非常不满。他表示说，由于公务繁忙，他没有时间接待美国的参观团。12 月 19 日，英国海军部常务大臣告诉美国大使说："我问海军大臣有没有可能为富兰克林·罗斯福先生以及美国海军的其他官员提供接待。但是大臣希望我表达他的遗憾之情，海军部现在的工作压力使得我们无法为你们的参观提供协助。"

这是罗斯福与丘吉尔之间发生的一个小插曲。23 年以后，当罗斯福和丘吉尔共同签署北大西洋公约的时候，丘吉尔根本记不起来他们曾经打过这样一次交道。

1915 年，大战中的海战升级了。2 月 4 日，德国宣布英伦三岛周围的水域为交战水域：所有协约国的船只将被击沉，中立国的商船将自行承担风险。作为回应，英国在 3 月 1 日宣布封锁所有的德国港口。威尔逊总统亲自起草了对德国宣言的答复，警告柏林，如果美国的人员和财产受到损失，将由德国负责。而对英国的回应则缓和得多，由威尔逊总统、国务卿布赖恩以及国务院的顾问罗伯特·兰辛共同起草完成，要求英国在对待美国船只的时候遵守"公认的国际法条约"。

1915 年 5 月 7 日，威尔逊所精心维持的美国中立受到了沉重打击。北大西洋上最大最快的商船路西塔尼亚号在爱尔兰水域受到鱼雷攻击并于 18 分钟后沉没。在船上 2000 名乘客中，有 1198 名丧生，其中包括 128 名美国人。霎时间，美国国内民情激愤。报纸纷纷鞭挞德国对无助平民的"恣意妄为的屠杀"。

威尔逊试图安抚民众。他向柏林发了一封抗议信，重申了美国人在公海自由航行的权利，要求德国进行赔偿。除了像西奥多·罗斯福这样的鹰派，大多数人对威尔逊总统的这种处理办法都很满意。《新共和报》这样评论道："堪称有理有节，颇有技巧地传达了美国人民的意见。"而柏林的回复则引用了德国公众的观点，对美国人民的损失深表遗憾，同时指责西塔尼亚号同时运送乘客和军火，并请求在查清楚事实真相之后再做定夺。与此同时，德国政府给潜艇部队秘密下令，除非得到进一步的确认，不得攻击"非敌方的"大型客船。美国媒体对于德国的这一回复非常不满。威尔逊认为柏林的回应是在拖时间。于是，他再次向德国表达不满，要求德国放弃"残酷"的潜艇战，并且批评西塔尼亚号事件是德国犯下的反人类罪行。但是，国务卿布赖恩却认为德国的回复已经足够诚挚了，他同意德国所提出的先弄清真相的要求，希望这样可以让激奋的群众冷静下来。他认为，威尔逊总统的信可能会使美国面临战争，他没有在总统的信上签名，反而以辞职来表达他的不同意见。

布赖恩的辞职让华盛顿乱了起来。很多人用恶毒的语言攻击布赖恩，而布赖恩的辞职又等于让威尔逊总统失去了重要的臂膀，也让其他国家觉得美国已经陷入了分裂。丹尼尔斯和其他内阁联名支持总统，罗斯福也加入了进来。他给威尔逊总统写道："我想告诉您，这段时间我一直在关心着您，我觉得您的政策是完全正确的，我想再一次向您表达我的支持和忠诚。但我最想说的是，您所做的符合这个国家的利益，完全是为了美国人民。"威尔逊的回信充满了感激："您的信让我非常感动，这封信让我觉得我为这个国家所承担的责任是值得的，因为最亲密的朋友对我的评价是我最看重的，也是我最需要的。"

在布赖恩辞职后的几个月里，罗斯福不断加强着海军的战备状况——但都是在丹尼尔斯和威尔逊所设立的政策框架以内。查尔斯·墨菲教会了罗斯福如何求同存异以及如何保持民主党的团结："他们也许都是混蛋，但他们是我们的混蛋。"丹尼尔斯要罗斯福学会如何与人合作——这是西奥多·罗斯福一直都没有学会的。有时候，罗斯福也会做些略微有点越线的事，但是他总是小心避免直接挑战政府的政策。1915 年 7 月底，丹尼尔斯把正在海军学院视察的罗斯福叫回华盛顿参与海军的扩军计划。威尔逊开始越来越担心德国，也开始担心目前的政策是否会影响到他的连任。美国的民意，特别是东海岸和南部地区的民意，日趋变得好战和强硬，总统认为不能够再维持现在的政策。7 月 21 日，他指示丹尼尔斯和战争部长林德利·加里森准备一份"适当的国防计划"以备在 12 月提交给国会。罗斯福非常高兴。在八月中旬丹尼尔斯休假期间，罗斯福代理海军部长，担负起国防计划的汇总工作。为了取得制海权，海军将领委员会敦促政府立即拨款 6 亿美元建造 176 艘战舰，这是美国历史上和平时期最大的一项建设计划。威尔逊批准了这项计划，并于 1915 年 12 月 7 日将该计划提交给了国会。曾经一度宣扬和平的丹尼尔斯在国会顶住了和平主义者的反对，让法案得以顺利通过，国会批准海军在 3 年内完成全部的扩军计划。

在随后的 14 个月里，政府内部的争论焦点由是否应该动员变成了动员的速度需要多快。罗斯福起草了一个计划，希望建立国家安全委员统筹战争物资的生产。他把该计划直接交给了威尔逊。但是威尔逊不希望步子迈得这么大。罗斯福继续积极推动该项计划。1916 年 8 月，该委员会正式成立，罗斯福的计划作为附件放在了军队拨款法案后面。该委员会被授权能够直接与供货商签订合同，同时可以制定计划来"迅速集中国家的资源"。罗斯福在该委员会的成立过程中起了关键作用，后来在 1940 年法国沦陷之后，他还根据经历的经验重新组建了国家安全委员会咨询委员会，以此作为美国在二战中成立的第一个重要国防机构。另一个罗斯福很重视的项目就是海军预备役部队的建立。罗斯福对西奥多·罗斯福和伦纳德·伍德将军在纽约普拉茨堡建立的训练营印象非常深刻，他看到年轻的普通市民在很短时间内就能基本适应陆军的作战需要。因此，他希望海军也能有相应的训练机构。最开始，这项计划面临很大压力。丹尼尔斯担心海军预备役将主要吸引那些常青藤大学的年轻人和那些拥有良好家世的游艇爱好者，会成为某种富人俱乐部。但是罗斯福向他保证不会这样："您可以相信我，我们会按照绝对民主的方式建立海军预备役部队。"丹尼尔斯最后让步了，他同意在 1916 年夏天建造一艘训练舰，但还是不同意建立海军预备役部队。9 月 2 日，罗斯福再次在丹尼尔斯不在的时候担任代理海军部长，他下令建立了一支拥有 5 万名兵员和一些辅助性巡逻艇的海军预备役部队。

1916 年是总统选举年，在准备选举的过程中，民主党的富兰克林·罗斯福是威尔逊政府的一个宝贝：可以利用富兰克林·罗斯福在战备问题上的态度来对付来自叔叔西奥多·罗斯福以及共和党干涉主义者的批评。威尔逊看上去获胜的概率非常渺茫。他在 1912 年能够险胜当选，主要得益于共和党塔夫脱领导的普通党员与西奥多·罗斯福所支持的进步主义者之间的分裂。但是到了 1916 年的时候，情况大不相同了。共和党人又团结在了一起，"不再是腐败不堪的群体，而是颇具战斗力的群体"。而且，威尔逊又刚刚和华盛顿的社交名媛埃迪斯·高尔特结婚。埃迪斯是一个年轻的寡妇，她比威尔逊小很多。威尔逊在发妻刚刚逝世后不久就另结新好，这段婚姻对威尔逊的选举也没有什么好处。

战备问题是一个很复杂的问题，让民主党政府左右为难。一方面西奥多·罗斯福批评政府太软弱，另一方面在孤立主义情绪很强烈的中西部地区却又有很多人批评威尔逊太好战。当共和党全国代表大会在芝加哥召开时，会场上充满了乐观的气氛。最高法院法官查尔斯·埃文斯·休斯很快就成了各派共同推举的总统候选人，甚至都没有进行第二轮的投票。休斯曾两度当选纽约州长，在改革方面颇有建树，但自从1910年到最高法院任职后就没有再涉入党派政治之中。在最高法院里，由于才识过人，见识不凡，他很快就成为最高法院里的自由主义少数派领袖，但他的出身和保守的生活作风又让他被认为是一名共和党主流人物。作为美国历史上唯一一名由主要政党提名参选总统的最高法院法官，休斯似乎赢面很大。

1916年6月14日，休斯被提名4天之后，美国全国都在庆祝国旗日，各地都进行了备战的阅兵游行。威尔逊亲自参加了华盛顿的游行，身披国旗走在队伍的最前面。在他身后，是各个政府部门的方队，而罗斯福就走在海军部方队的前面。第二天，各大媒体都将总统带领游行队伍的照片放在了头版头条，而在那些照片上，罗斯福就站在威尔逊的旁边。在选举中，罗斯福负责新英格兰地区和大西洋沿岸中部各州的动员工作。他尽力为政府的战备政策辩护，同时保护丹尼尔斯免受共和党的攻击。他指出，一味批评政府的动员政策不仅于事无补，而且还是一种不爱国的行为。"如果消防员没有迅速赶去救火，而是一味沉湎于争论谁应该对破损的消防水带负责或者争论一个星期前救火时缺水是谁造成的，民众还会知道火灾带来的危险正在迫近吗？"罗斯福常常用这个关于救火的比喻来说明在危急时各党派应该合作，而不是相互指摘。

休斯的选战打得没什么起色，但他的优势还是很大。纽约的专栏作家预计最后的选举结果会是5∶3。在选举当晚，罗斯福参加了亨利·摩根索在纽约州巴尔的摩酒店为党内重要人物举办的酒会。摩根索是民主党财经委员会的主席，出席酒会的所有政治家都希望能看到专栏作家的预测错误。东部的消息传来，威尔逊遭遇了溃败。在康涅狄格、特拉华、马萨诸塞、新泽西、纽约、罗德岛和佛蒙特这些威尔逊在1912年获胜的州里，民主党都大幅落后于共和党。在北部各州里，只有新罕布什尔州还没有结果。午夜时分，罗斯福离开巴尔的摩登上了开往华盛顿的最后一趟火车，他心里已经认为威尔逊会失败。在火车上，报童所叫卖的报纸上已经在头条新闻上宣布休斯即将获胜。在报纸出版的时候，共和党已经获得了247张选举人票，而威尔逊才获得135张。如果要获胜，总共需要获得266张选举人票，现在休斯只差19张了。从西海岸传来的消息很慢。但是当罗斯福于次日晨抵达他位于华盛顿的办公室时，休斯的领先优势被缩小了。除了坚定支持民主党的南部各州以外，威尔逊又接连拿下了密西西比河以北的各州。民主党的选举口号："他让我们远离了战争"在美国的中部地区深得人心。到了第二天中午的时候，双方的得票结果已经非常接近了。到星期五上午，加利福尼亚的计票才结束。威尔逊以3420票的优势赢得了该州的选举人票。正是由于这3千多票民主党才得以赢得选举。威尔逊最终获得了277张选举人票，休斯获得了254张。而大选的选民选票结果为：威尔逊获得了 9129606 张，休斯获得了 8538321 张。

由于大选获胜的缘故，罗斯福和埃莉诺没有搬出华盛顿，反而在那里又待了 4 年。在一次选后对民主党忠实党员的演讲中，罗斯福开玩笑说："有传言说我的那位著名的叔叔正在考虑该修改他的历史著作《征服西部》。"

在法国，敌对双方的僵局仍然没有改观。协约国的防线被拉长了，但还是没有被突破。沙皇俄国正处于崩溃的边缘，革命一触即发。而英国海军对德国的封锁在德国国内也造成了很大的危机。为了打败英国，德国最高指挥当局决心实施无限制潜水艇战——这是他们还没有使用过的武器，他们认为使用这一手段会使英国这个岛国在 6 个月内投降。虽然这一举动有可能会把美国卷入战争，但是德国军方坚信在美国的力量发挥影响之前就可以赢得战争。1917 年 1 月 9 日，德皇威廉又恢复了他早期的偏执，宣布从 2 月 1 日起开始实施无限制潜水艇战。德国的驻外使节得到通知，让他们拖延至 1 月 31 日通知驻在国，这样各国就没有时间提出外交抗议。与此同时，德国外交部长阿瑟·齐默尔曼向德国驻墨西哥大使发布了一个秘密照会："我们必须尽力使美国保持中立。如果不能实现，我们将按照以下条件同墨西哥结盟：一起宣战，一起缔约，巨额经济援助，理解墨西哥重新夺回得克萨斯、新墨西哥以及亚利桑那州的正当性。"

2 月 3 日，在德国潜艇击沉了货船"休萨托尼克"号之后，威尔逊前往国会作证，他宣布已经中断了和德国的外交关系。罗斯福回忆说："所有人都不知道发生了什么事，除了德国大使冯·伯恩斯托夫伯爵以外。伯恩斯托夫伯爵已经拿了护照准备离开美国了。这样看来，美国和德国好像已经开战了。在我们沿着汉普敦大道向北走的时候，没有交通信号灯，街上随处可见全副武装的士兵，电台里是一片无线电静默。"

当罗斯福抵达华盛顿时，他发现事态没有那么紧张。威尔逊只是希望通过中断外交关系让德国放弃实施潜艇战，整个政府都还处于观望之中。然而，总统的期望很快就破灭了。到 2 月底，德国的潜水艇击沉的协约国船只总吨位达到 781500，这是从来没有过的事情。面对这一情况，英国海军部截获齐默尔曼于一月发给墨西哥大使的密电，解密并转交给了美国驻伦敦大使馆。很快，这封密电被送回了华盛顿。接着，在 1917 年 3 月 1 日，出离愤怒的威尔逊把这封密电公布给了媒体。很快，反德的情绪席卷了整个美国，美国已经一步步走到了战争的边缘。

在战争日益迫近而丹尼尔斯不在华盛顿的时候，作为代理海军部长的富兰克林·罗斯福向威尔逊总统请求，希望将大西洋舰队从关塔那摩基地向北调动，以便更好地适应战备需要。但是威尔逊拒绝了。根据罗斯福的回忆，威尔逊总统当时说："我不仅想让历史证明，我们已尽一切外交努力来避免战争，而战争是德国人主动挑起的，我还想让历史证明我们在进入历史的法庭时是完全无辜的。"

丹尼尔斯和威尔逊持相同的观点。他后来写道："如果政府里需要有人来面对各方的责难，那么在 1917 年的最初四个月里，我就是那个人。"他不出意外地成为共和党干涉主义者、海军联盟、华尔街、钢铁企业以及媒体大肆鞭挞的替罪羊。这些人都在叫嚣着要立即开战。在另一方面，罗斯福自然也得到了一片赞誉之声。华盛顿的《星晚报》写道："海军部长丹尼尔斯在四年里饱受批判，但是他的副部长却没有受到批评，原因很简单，因为他没有什么值得批评的。"然而，当罗斯福的一个老朋友建议他取代丹尼尔斯的位子时，他断然拒绝了："在这段时间里，我过得非常愉快，做了很多有意义的事情，我全心地投入到了工作中。就我个人来说，我不会使用那些总是在觊觎上司职位的副手，我最讨厌的就是这种不忠实的行为。"罗斯福表示，他"在丹尼尔斯的领导下工作得非常开心，我希望公众了解他对海军的贡献，如果有朋友不明智地认为我想取代他成为海军部的部长，那么我会感到非常伤心"。

尽管罗斯福和丹尼尔斯在动员速度上存有争执，但是德国人的潜艇战很快就使这个问题不复存在。3 月 18 日，孟菲斯号、伊尼诺伊号等客船相继被德国潜艇击沉。两天之后，威尔逊就在内阁提出了是否开战的问题。丹尼尔斯是内阁中态度最保守的一个，但最后在众人的劝说之下他投票支持了开战，使得内阁一致建议对德国开战。"我一直期望和祈祷这一刻不要来临，但是德国政府的态度让我们别无选择。"

威尔逊将正在休会的国会重新召集起来，4 月 2 日晚，他向国会要求开战。整个国会大厅当晚水泄不通，因为除了 435 名众议员之外，还有参议院议员、最高法院法官（这是大反常态的）以及内阁成员。这么多人的到场足够让宣战的提案得到足够多的通过票数。当时，罗斯福就陪同丹尼尔斯坐在议会里，而埃莉诺则和外交官们坐在一起。当晚，总统在一个营的卫队簇拥之下从宾夕法尼亚大街直奔国会山。在他进入议会大厅的时候，通道的两旁挤满了欢呼的人群，人们对他报以热烈的掌声。实际上，几乎所有人都站起来欢呼了，领头的就是长期支持协约国的首席大法官、时年 72 岁的路易斯安那州人爱德华·怀特。威尔逊的演讲非常平实清晰，没有任何的夸夸其谈和言过其实。他说，我们所针对的不是德国人民，而是他们的政府，因为他们的政府"罔顾人权"。美国的目标不是征服，而是和平与正义——我们要进行一场"没有仇恨、没有私利的战争"，而不是一场报复战争。"全世界将因此而实现和平与民主"。

他那平实厚道的声音在议会大厅里久久回荡。威尔逊希望国会议员们认识到："战争已经被强加在了我们头上。"他要求国会授权他征召 50 万人入伍，同时让海军做好打大战的准备。他在结束演讲时引用了马丁·路德的名言："这不是我们的选择，我们别无选择。我们只是不能选择投降。"他说，美国将为为真理牺牲而感到自豪。"上帝将帮助美国，这毫无疑问。"

话音未落，整个议会大厅就响起了疯狂的掌声。只有少数人，如威斯康星州参议员罗伯特·福莱特，内布拉斯加州参议员乔治·诺里斯，密西西比州参议员詹姆斯·瓦达曼以及蒙大拿州参议员珍妮特·兰金坐在那里没有出声。但威尔逊仍然得到了绝大多数人的支持。在威尔逊总统步出大厅时，长期对威尔逊政府持强烈批评态度的参议员亨利·卡伯特·洛奇迎上去对他说："总统先生，您以最克制的方式表达了美国人民的感情。"罗斯福对媒体说，威尔逊的讲话"将激起每一个真正的美国公民的热情，不管他支持什么党派"。埃莉诺说她"凝神静气地听完了讲话，回到家里还在为将要发生的政治事件激动不已"。丹尼尔斯则说出了最有文采的话："护送威尔逊夫妇返回白宫的人群所发出的欢呼就如同骑士们忠诚而整齐的马蹄声响，如果我能活到1000岁，我的心里也将永远回响着这种声音。"

第八章

露 西

当国会于 1917 年 4 月 6 日宣战时，美国在军事实力方面还只是世界二流的水平。当时美国陆军只有 108399 人的规模，其中的三分之一在美国位于巴拿马、夏威夷以及菲律宾的基地执勤。各州的军事力量新近被合并收编为国民卫队，也只有 200000 人的兵力，没有预备役兵力。当时的海军也只有 60000 人的兵力和 197 艘服役的舰艇。

然而在美国投入战争的 6 个月内，海军的实力扩充了近 4 倍。到战争结束时，有近 50 万人加入了海军，舰船的数量也增加到 2000 艘。同时，陆军的兵力也增加到 240 万人。美国远征军司令约翰·潘兴于 1917 年 6 月 13 日率军在法国登陆，最终有超过 200 万人在远征军中服役。这些兵员都由海军的驱逐舰和运兵船护送，穿过大西洋登陆法国。一战期间除了与德国潜艇的零星交火外，美国海军几乎没有与敌军正面交锋。正是由于只负有护送兵员的任务，签订停战协议时，美国海军才可以自豪地宣称自己在执行任务时没有损失一艘军舰。

罗斯福在一战期间负责海军采购和战备的工作。他全神贯注地投入到了战争动员的工作中。他签订了大量的物资和装备合同，紧急募集了大量兵员，命令扩建训练营地，加快运送基建物资。在战时的华盛顿联邦政府里，"去找小富兰克林解决"成了一句流行语。

罗斯福采购的效率非常高。美国宣战两周之后，他接到了面见威尔逊的紧急召唤。到达总统办公室后，他发现陆军总参谋长休·斯科特将军也在那儿。威尔逊脸上带着一丝不易察觉的微笑，他对罗斯福说："对不起，你已经垄断了市场上的所有物资，所以你必须分一些给陆军。"

在忙于本职工作的同时，罗斯福并不满足于仅仅坐在办公桌后参与战争。虽然他已有妻儿老小，他还是决定要到前线参加战斗。那是他的叔叔西奥多·罗斯福曾走过的路，来华盛顿给威尔逊帮忙的老拉夫·赖德也鼓励他上前线。西奥多对罗斯福说："你应该马上辞职穿上军装。"

然而丹尼尔斯和威尔逊却不想听到对罗斯福的这些鼓励。战争让身为海军部副部长的罗斯福展现出可贵的才华和素质：精力充沛、灵活、果断、能随机应变。他们不想放走这样不可多得的人才。丹尼尔斯对罗斯福说"你现在所做的工作比上前线对战争的贡献更大"。威尔逊也说罗斯福的位置在哪儿应该由国家的需要决定。他对丹尼尔斯说："告诉那个小伙子，要他坚守现在的岗位。"伦纳德·伍德将军从西奥多·罗斯福那儿听说了富兰克林的意愿以后也觉得他应该留在华盛顿。他在信中说："富兰克林·罗斯福不应该考虑离开海军部，他现在离开将是人民的损失。"

与很多美国人在 1917 年 4 月的预期相反，战争进行得并不顺利。在俄国，俄军发动了政变，沙皇被逼退位，但随后建立的临时政府毫无实权。4 月 17 日，也就是美国宣战 10 天之后，弗拉基米尔·列宁和布尔什维克党的领导核心在圣彼得堡的车站下车，在德军统帅部护送下偷偷来到瑞士。在法国，对战争的恐惧席卷了整个国家。法国军队能退守国土，但却不愿主动发起进攻。在大西洋地区，来去无踪的潜艇让盟军遭受了重大损失。德国海军以惊人的速度摧毁商船，生产船只的速度远远无法跟上损毁的速度。美国驻欧洲食品赈济委员会主任赫伯特·胡佛报告，英国的仓库中仅存有供全国食用三周的粮食，一旦供应中断，这个岛国就可能因饥饿而不得不投降。

要阻止商船进一步受潜艇的袭击，最有效的办法就是派军舰护航。但英国海军部却拒绝接受这一任务，因为护航的任务默默无闻，难立战功，而皇家海军所谓的骑士精神追求在战斗中击沉潜艇。但因为当时的舰艇未配备雷达、声呐和长距离打击武器，加之海域太过辽阔，这几乎是不可能做到的。但不断增加的损失使商船队无法继续航行，在首相劳合·乔治的施压之下，海军大臣改变了态度，并于 5 月 10 日派遣 6 艘巡洋舰护送 40 艘商船从直布罗陀到英国。所有商船都平安到达了英国。于是，第二批由军舰护航的商船队又于 5 月 29 日从美国东北岸煤港出发，最终顺利到达了英国利物浦。这时英国海军部终于意识到以前的错误，马上决定英国所有出港和将到港的商船都将编队由军舰护航。

给商船队提供驱逐舰护航使皇家海军的军力被分散，显得捉襟见肘。大英舰队的核心力量——驱逐舰，都已被调去执行护航任务，但护航的军舰数量仍然短缺。丹尼尔斯派驻伦敦的代表，海军少将威廉·西姆斯汇报说如果美国不投入军力帮助英法军队的话，他们就会陷入困境。罗斯福也与西姆斯有同样的担心。于是作为象征性的援助，美国海军迅速派遣了 6 艘驱逐舰抵达昆斯敦的凯尔特港。但华盛顿仍然要求由英国和法国派出的高层使团赴美向威尔逊面陈目前所面临的困境以获得美国政府的正式援助。英国使团由前首相阿瑟·鲍尔弗率领，而法国使团由包括战斗英雄马歇尔·约瑟夫·若弗尔在内的军政高层组成。

可能是由于罗斯福是威尔逊政府官员中唯一能说一口流利法语的人，他被授命负责与法国代表团在汉普顿近岸锚地进行会谈，并陪同他们到华盛顿。于是，他得以在代表团成员见到其他美国政府官员之前与他们面谈了近 25 小时。他还与英国代表团频繁进行接触，并不断提醒两个代表团到华盛顿之后要尽全力向美国政府请求他们所需要的一切帮助。他还在未征求丹尼尔斯和威尔逊的意见之前就向英国代表团许诺提供30艘驱逐舰。这一次，罗斯福的热情对事情大有帮助。尽管少数海军高层官员有不同意见，1917年7月，他仍然将35艘驱逐舰调往昆斯敦待命。到战争结束之前，共有370艘美国军舰被派往欧洲供调遣使用。

和在英国海军部任职的温斯顿·丘吉尔一样，罗斯福也经常能想出挫败敌军的出奇制胜的战略。他在一战期间最突出的成就就是决定在北海布置反潜艇水雷障碍。这是一道位于水下的由高性能炸药做成的长达240英里的屏障，从奥克尼群岛一直延伸到挪威海岸。这个方案最初并不是罗斯福构想的，但却是他非常积极地促成了这个方案的实施。海军工程专家，弗雷德里克·哈里斯上将后来说，如果没有罗斯福就没有北海水雷障碍带。

英国军方也曾讨论过布置一个跨北海的反潜艇水雷带，但后来却否决了这一方案。原因是距离太长水太深，而水雷又是一种可靠性不高的武器，更重要的是这个方案花费太大。但罗斯福却坚持实施这一方案，到1917年10月，美国海军就研制出了新型的不需要物理接触就能触发的水雷。这种水雷有长长的带电触须，一旦接触到金属物体就会引爆水雷。这就意味着建构水雷带所需的水雷量比原来估计的少了很多，而且水雷也能更方便地被联结在一起。10月3日，罗斯福首先批准生产10万枚这种新式水雷。随后丹尼尔斯和威尔逊也相继同意了该方案。丹尼尔斯还派海军上将亨利·梅奥赴英国征求英国的同意。在梅奥的一再劝说下，英国最终同意了该方案。

1918年2月，一队特殊的商船队在军舰的护送下抵达了苏格兰。商船上装载了1万1千吨黄色炸药和5万英尺电缆。这些原料将被用来制造约10万枚水雷。布雷工程于6月开工，到10月时，已布好了总价值为8千万美元的近7万枚水雷。这条水雷屏障还没有充分发挥作用时战争就结束了，但据报道，有4到8艘德国潜艇被它炸毁。有的统计甚至报道有近23艘德国潜艇被炸毁。西姆斯称这条屏障为"一战中的奇迹之一"，赞扬它摧毁了德国海军的士气。但这种说法似乎有夸大之嫌。

1917年，罗斯福和塔曼尼协会仍然处于蜜月期。担任海军部副部长的罗斯福具备了回馈民主党忠诚分子的能力。特别是对于那些在自己的州有海军军港的民主党国会议员而言，罗斯福这个海军部副部长让他们获益良多。对于位高权重的众议院拨款委员会主席约翰·J·菲茨杰拉德来说这一点更加毋庸置疑。菲茨杰拉德也是塔曼尼协会在众议院的发言人。当时罗斯福正在努力学习国会里的政治技巧，而恰好菲茨杰拉德是这方面的专家，能给予他很多指导。在1914年发生一小段不愉快的争斗之后，罗斯福和菲茨杰拉德已经结成了盟友。菲茨杰拉德在众议院支持罗斯福的海军拨款预算，罗斯福则以大量私人恩惠作为回报。1915 年，为了向菲茨杰拉德示好，富兰克林安排他的两个儿子参观在加利福尼亚的布鲁克林海军造船厂举行的战列舰安放龙骨仪式。随后罗斯福就被邀请参加菲茨杰拉德再次参选的竞选活动。国会会期中，菲茨杰拉德每周都要造访罗斯福的办公室，请他在与布鲁克林造船厂有关的事情上帮忙。他后来回忆说："通常罗斯福都会答应帮忙，但有时他也会说'老头子（丹尼尔斯）反对，我也没办法。'这样的话。"但几乎每次罗斯福都会让他高高兴兴地离开。菲茨杰拉德说他是个"非常非常肯合作的人"。

塔曼尼协会也注意到罗斯福已改变立场。1917 年 6 月中旬，沙利文的继任者，国会议员丹尼尔·赖尔登拜访了罗斯福，他转交给罗斯福一份发自查尔斯·墨菲的请柬。墨菲邀请罗斯福在塔曼尼协会将于 7 月 4 日举行的庆祝大会上做主要讲话。这是该组织的重要庆典仪式之一。

罗斯福马上接受了邀请。1917 年 7 月 4 日，罗斯福来到了塔曼尼协会的总部——第 14 大街，参加该协会成立 128 年庆典。罗斯福加入庆典上热情洋溢的人们，和他们一起合唱会歌"永恒的塔曼尼"。这种和昔日的敌人谈笑风生以获得高层好感的聚会正是罗斯福游刃有余的场合。《纽约论坛报》报道说，查尔斯·墨菲邀请罗斯福其实是想看看他怎么样，结果他让墨菲很满意。这次聚会后，政界马上就出现了有关罗斯福将在 1918 年纽约州州长选举中得到纽约州最高选票的预测。

回到华盛顿的罗斯福听到这样的传言后说这是个"疯狂的"预测，但对舆论一直保持着关注。到了这一年的秋天和冬天，塔曼尼协会有意支持罗斯福的倾向越来越明显。塔曼尼协会上位极快的新领袖约翰·里尔甚至公开表示支持罗斯福，其他如威廉·凯利等的塔曼尼协会领导层人员也开始向罗斯福示好。当塔曼尼协会的中坚分子托马斯·麦克马纳斯也表示了对罗斯福的支持以后，显而易见，塔曼尼协会内部已统一思想。麦克马纳斯评价罗斯福说："罗斯福是个很好的人，我支持他。"

罗斯福对这些仍然不置可否。他说他很感谢这么多人的支持，而且为有来自不同阵营的朋友们的支持感到意外，但同时却拒绝就此宣布参选。当被问及他的打算时，他总是强调他在华盛顿的工作对于国家的意义，并说在国家还处于战争中的时候就离职是不对的。但他仍然为自己留有一丝余地，又说："现在就对自己将来要做的事下断言是不明智的，特别是处于现在这种国际形势和政治形势瞬息万变的状况下，就更不明智。"

6 月，威尔逊总统也开始鼓励罗斯福参加州长选举。但罗斯福听取了霍韦的建议，仍然在丹尼尔斯的支持下拒绝参选州长。罗斯福拒绝参选其实有多方面的考虑。首先，他认为不论作为海军部副部长还是作为穿上军装的军人，只要战争还未结束，他的首要工作就是为战争服务。因此现在离职在他看来无异于当逃兵。其次，他还觉得共和党在 1918 年的选举中胜算较大，作为民主党人，他没有十足的把握能赢得选举。而可以肯定的是战争会在选举期间结束，政治局势也会随之发生变化。民主党最终选择了阿尔·史密斯参加 1918 年的纽约州长选举。史密斯不负众望以绝对优势战胜了前任州长惠特曼当选新任州长。罗斯福后来曾说是他策划并促成了史密斯的候选人提名。

和富兰克林一样，战争使埃莉诺得以走出以前狭小的社会圈子，进入更丰富多彩的社会。在华盛顿生活的头四年里，作为总统私人顾问团成员夫人的埃莉诺过着和在纽约时同样单调的生活。她的社交圈子依然很有局限，生活的全部内容就是礼节性的电话、交换名片、招待客人和赴约会，其次就是操持越来越大的家。美国参战后，埃莉诺开始发现在自己狭小的生活空间以外她还有事情可以做。于是，她和丈夫一样全身心地投入了从未体验过的新角色。她成为红十字会里一个不知疲倦的组织者。她带领着其他妇女和志愿者们给每一辆运兵车上的士兵们送去热咖啡、三明治和亲手织的羊毛袜。

在走出家门开始从事大量社会活动的过程中，埃莉诺的一些社会偏见也开始得到纠正。埃莉诺原本对与罗斯福共事的爱尔兰裔政治家们和罗马天主教神职人员毫无好感，也厌恶犹太教徒。1918 年 1 月，当她受邀参加英国大使馆为表彰军事工业局局长，犹太教徒伯纳德·巴鲁克而举行的庆祝会时，她并不愿意参加。

埃莉诺传记作者布兰奇·维森·库克曾谈到埃莉诺对犹太人的看法，他说："埃莉诺对犹太人的偏见和刻薄的评论一直持续了很多年，直到后来她和巴鲁克成为朋友，而犹太人在社会上逐渐兴盛活跃，她的偏见才逐渐消失。"

富兰克林就没有这方面的困扰。虽然他同父异母的兄弟罗西是著名的反犹分子，但他的母亲和父亲都没有这种倾向。父亲詹姆斯还有一些犹太朋友，他曾不止一次对萨拉说虽然他不是犹太人，但如果是他也会为此感到骄傲。富兰克林有时也会说一些涉及少数族裔的笑话，但他从来不讲侮辱和贬低性的笑话，并且特别注意避免针对个人。他很早就意识到，作为政治家他需要来自各个宗教背景的人们的支持。他的朋友中就有如小亨利·莫尔让托那样的优秀的犹太人。他是罗斯福住在达奇斯县时的邻居，也是罗斯福志趣相投的密友之一。罗斯福就任纽约州长后，马上任命莫尔让托为纽约州农业咨询委员会主席，1933 年又召他到华盛顿领导新成立的农业信贷局。第二年，莫尔让托又成为威廉·伍丁的继任者，当上了财政部部长并一直干到罗斯福卸任。

罗斯福在事业上一直很倚重犹太人，因为他们忠诚、专业、业务娴熟。在他担任总统期间，犹太人仅占总人口的 3%，而他的政府高层官员中有 15% 都是犹太人。在回答针对自己血统的尖锐质询时，罗斯福曾有技巧地阐明了立场。他说："很久以前，我的祖先也许是犹太教徒，也有可能是天主教徒或者新教徒。但我最关心的是他们是不是好公民，是不是上帝的信徒。我想他们两者都是。"罗斯福对针对犹太人的大屠杀的态度也许不够鲜明，不能让犹太族裔完全满意，但这丝毫无损于他对实现社会公平正义以及其他新政主张的承诺。1933 年罗斯福就任总统之前，联邦政府一直都由盎格鲁-撒克逊白种新教徒的后代把持着。是罗斯福摒弃血统之见，向有才干的人敞开了政府机构的大门。

一战期间，富兰克林和埃莉诺的关系开始疏远。富兰克林将大量的时间花在了海军部的工作上，而埃莉诺也对志愿者的工作越来越投入。他们相处的时间越来越少，甚至都没有一起度暑假。富兰克林留在华盛顿上班，而埃莉诺和孩子们去了坎波贝洛岛。1916 年 3 月 13 日，他们的第六个孩子约翰·阿斯平沃尔·罗斯福出世之后，这对夫妇就开始采用禁欲的方式来避孕。这在当时是很普遍的方法。那个时代的圣公会教派和罗马天主教派都禁止人为节育，在很多州人为节育也都是法律明令禁止的。

罗斯福是家里的独子，所以他想和叔叔西奥多一样有 6 个活泼可爱的孩子。我们不知道他在婚前是否也跟埃莉诺提到过这个心愿，但不论怎样，埃莉诺已经给他生育了 6 个孩子（其中一个还是婴儿时就夭折了），罗斯福夫妇不想再要孩子了。罗斯福家的孩子似乎也都知道父母的决定和做法。父母不再同房成了大家心知肚明却闭口不谈的秘密。

罗斯福与露西·默瑟的关系是在 1916 年的夏天，也就是约翰·阿斯平沃尔出生不久后变得亲密起来的。露西是埃莉诺的社交秘书。那年夏天埃莉诺和孩子们在坎波贝洛岛度假，而罗斯福仍然独自一人留在华盛顿。露西是出现在他的生活中的非常迷人的单身女人。他们之间的爱情浪漫、温柔而持久，却一直处于地下状态，直到罗斯福去世后很久都不为世人所知。埃莉诺从未在她详尽的自传中提及此事，罗斯福也一直讳莫如深。露西是那种从不向人谈及私生活的人，更是没有吐露只言片语。其实对于两人的关系，罗斯福家的人都明白，白宫上上下下的职员们也有感觉，新闻媒体其实也略有所知。但当时公众人物的隐私还受到很好的保护。记者们尊重隐私，社会上也没有那么多好事者，而三个当事人也都表现得克制、高贵和谨慎。

露西是在 1914 年冬天进入罗斯福家庭的。当时埃莉诺正疲于应付海军部副部长夫人的繁杂的社会义务和活动，需要人手帮忙。她雇露西每周工作三个上午，帮助她处理来往书信和华盛顿社交界复杂的人际关系。当时露西才 23 岁，是出生于败落的华盛顿名流家庭的窘迫女孩儿。父母不顾一切地挥霍掉了家里的巨额财产。露西在华盛顿长大，家离罗斯福家所在的 N 大街很近。她在奥地利的一个女子修道院接受教育，虽然家道中落却仍然入选了纽约和华盛顿的社交名人录。她和罗斯福家的人参加同样的聚会，具有哥伦比亚特区古老家族的女性所特有的恭顺的性情。埃莉诺认为她能胜任社交秘书的工作，给她打电话表示想要雇用她。就这样，露西成为罗斯福家庭的一员。

罗斯福家的孩子们都很喜欢露西。安娜和其他的孩子都忘不了她脸上温暖的、让人愉快的微笑。露西温柔外向，和他们显得过于严格的妈妈埃莉诺大不相同，孩子们总盼着她来。

从外表来看，露西和埃莉诺身高相仿，也是个身材苗条、棕发碧眼的美人。但比起埃莉诺，她的举止更加优雅而放松自如。露西的朋友们也都认为露西做事井井有条，笑容温柔迷人。她圆润的嗓音和埃莉诺常常变得有些尖利的嗓音更是形成了鲜明的对比。

富兰克林时年 34 岁。他比露西年长 9 岁，但处在男人的黄金时期。他看起来依然很年轻，有一次威斯康星州的议员甚至误以为他是新来的文员，对在众议院里抽烟的罗斯福大加斥责。总之，那时的罗斯福是一位对异性颇有吸引力的男人。

1915 年，罗斯福和副国务卿威廉·菲利普斯出席了巴拿马的太平洋博览会。一位旧金山社交界的夫人宣称他们两人是"她见过的最有魅力的年轻男子"。当艾丽丝·罗斯福·朗沃思知道罗斯福对露西的感情后说，她很惊讶的是罗斯福现在才出轨。

两人的感情一开始很单纯。富兰克林那个夏天又独自一人留在华盛顿，一如既往地参加各种社交聚会。露西经常出现在这些聚会上，罗斯福也像对待其他女士一样，习惯性地与她调情。露西却是个和埃莉诺一样性格要强的女人，她也会反过来逗罗斯福。如此一来二去，两人很快熟识了。没过多久，罗斯福就邀请露西乘坐海军的快艇"仙女"号参加巡航，后来又多次邀请她乘车去弗吉尼亚的乡间兜风。海军巡航会有很多客人参加，但乡间驾车兜风就是很私密的活动了。

罗斯福很喜欢有露西相伴，露西也很喜欢和罗斯福在一起。与埃莉诺不同，露西对自己的感情从不自责，也从不干涉罗斯福的事务或提醒纠正他的行为。她很清楚怎么取悦罗斯福，她知道要支持、鼓励他，而不是质疑他。

罗斯福的朋友们也感觉到了变化。罗斯福的一些朋友开始为他们的关系作掩护，在各种场合装作露西的护花使者；另一些朋友，如艾丽丝·朗沃思等人，为他们提供安全的幽会地点。艾丽丝曾说："罗斯福娶了埃莉诺这样的妻子，所以应该享受些好时光。"虽然艾丽丝曾是埃莉诺的伴娘，但她那些年却对埃莉诺没什么好评价。她支持罗斯福和露西的婚外情也并不一定出于好意，也许只是因为她与尼古拉斯·朗沃思的婚姻陷入了困境，想要埃莉诺也成为牺牲者而已。

另一个为这段感情提供庇护所的是伊迪丝·尤斯蒂斯。她敬佩儿时的朋友罗斯福，也倾慕丈夫的表亲露西。他们位于华盛顿的大宅在罗斯福每天上班的必经之路上，也成了罗斯福和露西相会的地方。

其实埃莉诺在那个夏天已经觉察到罗斯福的变化。他的来信时断时续，内容也总是些敷衍的例行问候。罗斯福只在坎波贝洛岛住了 10 天就迫不及待地回到了华盛顿，要知道他从小就对坎波贝洛岛建立起了深厚感情，这已经是不正常的信号。由于当时在东海岸城市中正流行脊髓灰质炎，埃莉诺和孩子们不得不在岛上住了 4 个月，而不是通常的 2 个月。而离开坎波贝洛岛后，她也没有立即回到华盛顿，而是直到 11 月的大选完毕后才回去。多年后，她在自传里写道："多年以来一直全身心地投入到家庭生活中的我突然敏锐地感到一场危机正在逼近。"由于这段评论的上下文都是关于 1916 年来自德意志帝国的威胁，人们普遍认为她是针对当时的国际形势。而埃莉诺的儿子和其他熟悉她的人却认为它影射的是埃莉诺的个人生活。

到了 1917 年，罗斯福和露西的关系更加密切。6 月 24 日，也就是美国参战后第 10 周，露西加入海军做了一名文书军士，并被分派到副部长办公室做秘书工作。连小孩子也看得出这是罗斯福的安排。罗斯福并没有将他与露西的关系大肆宣扬，但他也从不掩饰对露西的感情。他在海军部待的时间越来越长，常常过了午夜才回家。

这一年夏天，埃莉诺一再推迟离开华盛顿去坎波贝洛岛度假的行期。她和罗斯福之间发生了几次争吵。他们相互争执、赌气，但谁也没有把话挑明。罗斯福说他希望她早点带孩子们离开酷热的华盛顿；埃莉诺却说她不愿把罗斯福一个人留下。终于，在 7 月 15 日，她收拾好行装和孩子们去了坎波贝洛岛。部分是因为愧疚，部分是为了瞒住埃莉诺，埃莉诺还在途中时罗斯福就给她去了信。

就在富兰克林刚给埃莉诺写了这封信之后，《纽约时代》刊登了与埃莉诺的一次正式采访的内容。这篇报道让他们之间的关系更加恶化。报道的标题是"大家庭如何节省开支"。《时代》在报道中暗讽罗斯福家，以讽刺的语气说他们的生活是战时节俭的典范。报道引用埃莉诺的话说："雇用十个仆人帮我节约开支不仅是可行的还是有效的。"

罗斯福措辞尖刻地给埃莉诺写了封信：

> 我只能说你的这次媒体活动反响非常！作为百万富翁家庭的新经济政策的创始人、发现者和发明者的丈夫，我感到无比骄傲！请准备一张有家庭成员、十个仆人以及节余的残羹剩饭的合照，我要将它发表到《时代周日刊》。
>
> 老实说，这一下你出名了。整个华盛顿都在谈论罗斯福家庭方案，我甚至

还接到了来自匹兹堡、新奥尔良、旧金山以及其他周边城市的贺电和求教的函电。

埃莉诺受到了莫大的侮辱。她回信说："那个女人居然假冒我的名义写出这样的言论，真是太可恶了！我觉得心情很沮丧，因为报道里面所说的大部分都不是事实。我不会再让他们抓住把柄了，我真是无地自容。"这是埃莉诺第一次与媒体打交道，她不能理解人们怎么会这样利用她的坦率。她没有再被人抓住"把柄"，从此以后她对媒体都闭口不谈她的家庭生活。

8月初，罗斯福因为严重的咽喉感染病倒，并入院四天。埃莉诺马上赶回了他身边，在华盛顿照顾了他两周。他们再次发生争吵，埃莉诺坚持要罗斯福月底到坎波贝洛岛休养。她在8月15日给罗斯福的信中写道："我不放心，昨天不应该走的。你一定记得每周两次去复诊，好好吃饭、好好休息。请记得我等着你26日来。我可是认真的。"

埃莉诺走前到底跟罗斯福嘱咐了什么，我们不得而知。但通过当时的情形，也能猜出几分。有一些传记作者认为埃莉诺曾威胁罗斯福，如果他不去的话，她就带着孩子马上回华盛顿。而他们的儿子埃利奥特曾整理过父亲的文书，他很肯定地说："没什么特别的，她就是威胁会离开父亲。"

不论怎样，罗斯福最终还是去了坎波贝洛岛去平息这场危机。那年秋天他们搬入了一处位于R大街的更宽敞的房子里。没有人知道埃莉诺是否察觉了罗斯福在家的时间越来越少的原因，但似乎周围的人都知道罗斯福移情别恋的事情。其实她也许也有所察觉，就像所有人都能感觉到自己爱人的心里已有了别人。

唯一一个知道罗斯福有了婚外恋的政府要员就是信奉"家庭至上"原则的海军部部长约瑟夫斯·丹尼尔斯。1917年10月5日，海军部部长发出特别命令，立即解除文书军士露西·墨瑟的军职。命令中没有做任何解释，也没有给出任何理由。事实上，露西的工作表现一向很出色。用丹尼尔斯儿子的话说，丹尼尔斯是一个即使已经洞悉一些秘密也不动声色的人。他从没在日记中提及认识露西·墨瑟，也从没在别人面前提起过这个人。但他不可能对自己的副手和他秘书之间的感情毫不知情，也不可能没从自己的妻子口中听说过这桩风流韵事。他的妻子可是华盛顿社交圈的活跃人物。

丹尼尔斯是个传统的人，他笃信婚姻的神圣性以及离婚的罪恶性。当他自己的妹夫宣布想要离婚并再娶的时候，丹尼尔斯马上让他丢掉了工作，并把他赶出了北卡罗来纳州。丹尼尔斯把富兰克林当儿子一样看待，对埃莉诺十分敬重。他也知道离婚对于罗斯福来说无异于是自毁政治前途。为了阻止富兰克林继续犯错，丹尼尔斯决定让墨瑟小姐离开。

接下来的 6 个月里，富兰克林还是每天待在海军部办公室或者想办法与露西相会，很少和埃莉诺见面。埃莉诺只好投入到红十字会的工作中。她写信给朋友说："我喜欢这个工作，我沉迷于其中。"对于埃莉诺来说，红十字会的工作可以分散她的注意力，让她不必面对自己的婚姻问题。当她觉得越来越寂寞无助的时候，她本能地开始向萨拉求助。虽然婆媳俩的关系向来不算融洽，但当他们的婚姻出现问题时，萨拉却成了埃莉诺的坚强后盾。萨拉非常坚持家族的传统。萨拉对于美德和贵族规范的大力推崇以及她在婚姻问题上的保守态度让埃莉诺在面对她还未完全了解的婚姻危机时大感安慰。

1918 年的冬季里，埃莉诺几乎每天都给萨拉写信。她没有对萨拉提及和富兰克林之间的问题，但经常说自己需要倾诉。萨拉的回信里也同样充满了赞许和亲情。这两个女人之间的感情从未如此的亲密。1918 年 3 月 17 日，也就是埃莉诺和罗斯福结婚 13 周年纪念日的当天，萨拉给他们发去电报表示祝贺。埃莉诺为此又给萨拉回了一封感人至深的信。

1918 年夏天，罗斯福终于到了法国前线。当时联邦参议院的海军事务委员会计划去欧洲访问，丹尼尔斯让罗斯福先期到达安排好相关事宜。罗斯福选择乘坐美国军舰"戴尔"号穿越大西洋。"戴尔"号是一艘刚刚开始服役的驱逐舰，还没有进行过护卫运兵船穿越战区的航行。罗斯福在整个航行中一直很兴奋，不论是经历大暴风雨还是引擎故障抑或是发现德军 U 型潜艇警报都丝毫没有影响他的心情。

到达英国之后，罗斯福会见了劳合·乔治，觐见了英国国王，还与海军部进行了会谈。除此之外，他还见到了许多英国的名流贵族。稍后在法国，他又与法国总统普安卡雷夫妇共进晚餐，与马歇尔·若弗尔再次面谈，还与总理乔治·克列蒙梭进行了此行最重要的会面。罗斯福对这位已经 77 岁高龄却仍然精力充沛、充满活力的政治家钦佩不已，这无疑是一次让双方都倍感愉悦的会面。

这次出访让罗斯福对法国面对战争时的镇静沉着印象深刻。虽然已陷入战争长达 4 年，德国人也已经逼近巴黎，法国人却仍然如常地继续着他们的生活，继续清扫维护大街，设计花圃，好像他们并没有经历战争所带来的创伤和损失。

罗斯福从巴黎去了前线。他撤换了一位试图阻止他走进战壕的美国海军武官，开始在各个战场的巡视。他在敌军的炮火声中到了蒂埃里城堡、贝勒树林以及凡尔登，还去了离德军防线仅有 1 英里之遥的最前线。罗斯福高涨的热情和无穷的精力让身边的人无不感佩。

虽然罗斯福并未见到真正的战场厮杀，但稍后他就对战争的后果有了充分的体验。他看到了积水的弹坑、千疮百孔的屋顶、炸碎的树木和散发着恶臭的马尸。这些景象给他留下了终生难以磨灭的影响。

法国之行结束后，罗斯福去了意大利并在那儿做了短暂停留，希望能解决地中海地区杂乱的指挥系统问题。在罗马，他和意大利的海军同行们进行了会谈，敦促意大利迅速派出舰队与奥地利海军作战。会谈期间，罗斯福对于意大利海军将其主力停泊在塔兰托港长达一年而且不进行任何军事训练的做法提出疑问。

意大利军队参谋长回答说："啊，是这样的。但您要知道，部长先生，奥地利海军也没有训练。"

罗斯福之后写道："这也许就是海军难以颠覆的传统，但这种传统不应该再继续下去。"

罗斯福之后从意大利转道法国去了英国。他于 9 月 8 日在布雷斯特登上了美国运兵舰利维坦号起航回国。他在船上写给埃莉诺的信中说："我觉得我的位置不应该在华盛顿。我越考虑越觉得，作为一个 36 岁的年轻人，我不应该在华盛顿的政府部门工作，而应该在军队服役。我知道你能理解我的想法。"

不论罗斯福怎样希望成为现役军人，乘坐利维坦号横渡大西洋的经历是他一定不愿再回忆的。1918 年，一场西班牙大流感席卷了欧洲和美国，近 2 千万人被它夺去了生命。利维坦号上的军人们也没能幸免，军舰上的所有官兵都病倒了，富兰克林也是其中一个。很多官兵在航行途中就病逝了，被葬于大海。富兰克林躺在他的铺位上陷于半昏迷状态，他的病情由于并发的双侧肺炎而更加严重。从利维坦起航回纽约开始，海军部就密切关注着利维坦号上的情况。丹尼尔斯在电报中将富兰克林的情况告诉了萨拉，建议她和埃莉诺在 9 月 19 日军舰靠岸时去接富兰克林。

埃莉诺曾回忆道："军舰一靠岸我们就上去了，我记得看到了几个仍然病倒在床上的人。富兰克林的情况似乎并没有医生说的那么严重。"事实上，那时富兰克林的病情仍然很严重。他很虚弱，需要由救护车运下船，再由 4 个强壮的勤务兵将他抬到萨拉房子的楼上。可能是受到她稍后所经历的痛苦的影响，埃莉诺的记忆中才没有留下对罗斯福病情的太多同情和关心。

在为罗斯福整理行李的时候，埃莉诺发现了一包露西写给他的情书。埃莉诺后来回忆说："我的世界轰然倒塌。我第一次不得不真实面对自己、面对我的生活以及周围的人和事。"

露西和罗斯福的家庭成员对后来发生的事有不同的记忆，两个版本有矛盾之处。罗斯福家族的人认为埃莉诺曾提出要退出这段三角关系让罗斯福和他所爱的女人结合。然而露西是天主教信徒，根据教规她不能与一个离婚男子结婚。而露西的亲属们却认为，露西本已准备好要与罗斯福结婚，但是埃莉诺不愿退出。

大家普遍认为的事实是：埃莉诺确实曾经提出要"给罗斯福自由"。她的姑姑那时就刚刚离婚，事实证明，离婚比留在一段糟糕的婚姻里要好。富兰克林似乎也曾打算要停妻另娶。但无论是他还是埃莉诺都没预见到萨拉对此的态度和路易斯·霍韦的看法。这两位都非常坚定地对离婚进行了干预，坚持要维系富兰克林和埃莉诺的婚姻。对于萨拉来说，离婚是不可能考虑的。她说，如果富兰克林真要为了另一个女人离开他的妻子和 5 个孩子的话，她拦不住。但如果他这么做了，她一分钱也不会再给他，他也不用再指望继承他深爱的海德公园的大宅。对于埃莉诺来说，离开富兰克林没有任何问题，但孩子们怎么办呢？谁来照顾孩子对于埃莉诺是个重要的问题。

在霍韦看来，这不仅仅是富兰克林的婚姻问题，它关系到富兰克林的事业。丹尼尔斯无疑会因此解雇他，选民们也不会原谅他。富兰克林从此就不可能再获得任何选举的胜利了。霍韦认为，如果富兰克林有当总统的志向，他就必须在事业和露西·墨瑟之间作一个选择。

霍韦充当了调解人。虽然是萨拉把富兰克林和埃莉诺从分手的边缘拉了回来，但却是霍韦与富兰克林和埃莉诺分别交谈，让他们的想法得以沟通并促成了问题的最终解决。他对埃莉诺说，如果没有她的帮助，富兰克林就没办法获得事业的成功，又对富兰克林说，如果他想要继续从政就离不开埃莉诺。最后，富兰克林承诺他将不再和露西见面——这是埃莉诺为复合开出的条件。霍韦的努力让两人重新走到了一起，成为世界上最成功的事业搭档。

富兰克林向露西透露了这件事，但却没敢告诉她全部真相。他告诉露西是埃莉诺不同意离婚。露西回答说没关系，因为作为天主教徒的她也不可能和离婚的男人结婚。其实两人都善意地欺骗了对方，他们只是不想让彼此受伤害。其实，露西的妈妈也是虔诚的天主教徒，她自己就曾离婚并再婚。露西也应该不会拒绝嫁给一个愿意为她放弃一切的男人。

经过这次痛苦的感情危机后，埃莉诺像是变了一个人。她回忆说："我更加了解人性……我变得更宽容……更重要的是我决定要尝试追求更高的人生目标。"罗斯福夫人开始从家庭中走出去成为公众人物。他们的婚姻保住了，但他们之间的爱和信任却一去不复返了。埃莉诺原谅了富兰克林，继续和他一起生活，但他们的关系已悄然改变。埃莉诺变得独立、自信和坦率，开始主宰自己的生活。对她来说，露西·墨瑟事件是她和罗斯福关系的分水岭。正如她自己所说："我有着和大象一样好的记忆力。对于很多事情我可以原谅却无法忘记。"

富兰克林也变了。他开始注意照顾妻子的情绪，做一个礼貌周全的好丈夫。他不允许任何人在他面前批评埃莉诺，也放弃了周日上午的高尔夫活动，开始花更多的时间陪孩子们。他做了力所能及的事情来尽力修补婚姻的裂痕。和埃莉诺一样，富兰克林变得更加成熟、严肃。

历史学家们和传记作家们都将罗斯福政治上的成熟归功于脊髓灰质炎带给他的磨难。但他的很多朋友都认为他在感情上所受的挫折对他也有着复杂的作用。埃莉诺的表亲科琳娜·鲁滨逊·艾尔索普认为，在经历露西的事情之前，罗斯福缺乏深度和激情，而与露西的婚外恋好像"将他心底里的某种东西释放了出来"。另一个罗斯福的朋友说，他在失去露西之后变得更加坚韧、更加睿智、更加深刻。

当时没有任何关于此事的丑闻出现。直到20世纪60年代，罗斯福的名字才被公开地与露西联系在一起。长期以来，众多罗斯福传记的作者都略过或仅用寥寥几笔带过罗斯福与露西的这段感情。直到约瑟夫斯·丹尼尔斯的儿子乔纳森·丹尼尔斯，这个罗斯福昔日的总统新闻助手第一次完整地讲述这段罗曼史。他先后在《告别纯真》和《华盛顿夸德里尔牌戏》两部书中完整地叙述了罗斯福的这段情史。埃莉诺在与约瑟夫·拉什的系列访谈中证实了这一往事。拉什在1972年的传记作品《埃莉诺与罗斯福》一书中提及此事，后来又在十年后出版的《爱，埃莉诺》中做了更详细的叙述。

从离婚风波发生到1941年，罗斯福都没有再与露西见面，但他们一直保持着联系。1920年，露西与东海岸最富有的男人温思罗普·拉瑟弗德结婚。温思罗普也是名人之后，年轻时是纽约的钻石王老五之一。他曾经与孔苏埃洛·范德比尔特相爱，但孔苏埃洛的母亲却逼着女儿嫁给第九世马尔伯勒公爵。最终这段感情无果而终。后来，温思罗普与副总统的女儿艾丽丝·莫顿结婚。不幸的是，艾丽丝于1917年去世，留下6个孩子和成为鳏夫的55岁的温思罗普。伊迪丝·尤斯蒂斯介绍露西与他认识，两人很快结了婚。那一年，温思罗普57岁，露西29岁。

露西婚后的生活平静而幸福。她帮助抚养温思罗普的6个孩子，并很快有了自己的女儿。与此同时，露西和罗斯福还保持着朋友之间的通信联系，在节日的时候会互寄卡片问候。也许还有一些其他通信，但可能都被销毁了或小心地收藏了。不论怎样，有一点是毫无疑问的，那就是他们之间仍然有感情。罗斯福秘密安排露西去参加了他的每一次总统就职典礼。从1940年开始，他每周给她打一到两次电话，为了防止有人偷听，有时候他还不得不使用几乎已经忘记的法语讲话。露西显然也曾给他打过电话，当时白宫总机有一条不成文的规矩就是把拉瑟弗德夫人的电话直接转给总统。

1941年春，露西和罗斯福又开始见面了。特勤处给露西的代号是"乔纳森夫人"，她的名字频繁地出现在白宫的会客登记簿上。罗斯福喜欢在下午驾车带露西去岩溪公园。当埃莉诺不在的时候，罗斯福的女儿安娜还会邀请她到白宫与总统共进晚餐。他的儿子小富兰克林还记得有一次休假从海军回白宫时所看到的：当时他未经通报就闯进了父亲的办公室，却看到有一位陌生的女人正在为父亲按摩因脊髓灰质炎而萎缩的双腿。父亲只是简单地介绍那位女士为"他的老朋友拉瑟弗德夫人"。

罗斯福的女儿安娜说她为父亲感到高兴，因为当父亲和露西在一起时，他们两个人都很开心、愉快。她说："（他们的会面）让敬爱的父亲同时也是处于危机中的世界领导人能得到几个小时的放松……露西是个很不错的人。我很感谢她。"

温思罗普·拉瑟弗德于 1944 年去世。从那之后，罗斯福有时会让总统专列在华盛顿到海德公园的途中停下，然后下车到露西的庄园看望她。有一次露西还陪伴罗斯福去位于凯托克廷山的总统疗养地，香格里拉（今天的戴维营）度周末。她还陪伴总统去了很多地方休养。1945 年 4 月 12 日罗斯福去世的那天，她也陪伴在他身边，是罗斯福生前所见的最后一个人。

在罗斯福过世后的几个月里，埃莉诺慢慢接受了露西已重新回到罗斯福生活中的事实，也接受了自己的女儿安娜曾全力促成这一切的事实。在清检罗斯福的遗物时，埃莉诺发现了一幅露西的朋友伊丽莎白为罗斯福所作的水彩画像。她让人将画像送给了露西。安娜还回忆父亲去世后露西曾给她写信，信上说："你那晚的来电对我意义非凡。对你们来说，这一定是个沉重的打击。而我知道，你是你父亲最喜爱的孩子，因此他的去世对你来说可能更加难以承受……我重读了他以前写给我的一些信，在其中一封里他写道'安娜是个非常可爱的孩子，我真希望你能认识她'。现在我们已经互相认识了，我很高兴，我相信他也很高兴。"安娜将露西的这封信一直保存在床头柜里。

● 第九章 ●
1920 年选举

1919 年 1 月 2 日，富兰克林和埃莉诺在纽约登上了乔治·华盛顿号军舰前往巴黎。由于停火协议已于 1918 年 11 月签订，富兰克林被派往法国负责美国海军在欧洲的军事设施的拆卸装运工作。这些工作包括拆卸从亚叙尔群岛到设得兰群岛的 54 处岸上装置和 25 个港务局、处置大量的贮备和负责一系列有关的权利主张、合同以及首脑们达成的政府间协议。

对于富兰克林和埃莉诺来说这是个和解的机会。这次欧洲之行是他们结婚以来的第二次，无疑是弥合两人所受的婚姻创伤的好机会。自从发现富兰克林和露西的婚外情以后埃莉诺一直郁郁寡欢而且开始患上了头痛的毛病，有一段时间她甚至有轻生的倾向。

在离开纽约后的第 4 天，富兰克林和埃莉诺从广播中得知了西奥多·罗斯福去世的消息。两人都十分震惊。西奥多才刚刚过完 61 岁生日，虽然不久前曾因病住院，但似乎已经恢复得很好，并开始准备参加 1920 年的总统选举了。共和党已于 11 月重新控制了国会中的两院。威尔逊的人气低落，民主党又显得后继无人，而此时共和党已重新团结了起来。以前对西奥多进行过尖锐批评的参议员博伊斯·彭罗斯也认为西奥多会在第一轮候选人提名投票中就以高票获得提名。在瑟卡摩山庄的家中，西奥多在睡梦中因突发肺栓塞而去世。富兰克林说："西奥多还不老，但我总觉得他自己可能也愿意以这样的方式离去而免受长期病痛之苦。"

1919 年的巴黎是一个存在巨大反差的城市。一方面到处都是战争留下的残垣断壁，缴获的德军大炮的部件还堆放在爱丽舍宫前和协和广场上，到处都是穿着黑衣为战争中逝去的爱人服丧的妇女。林荫大道两侧高大的栗树都被砍倒，做了去年过冬的木柴。巴黎虽未受重创，但煤、牛奶和面包等生活必需品却严重缺乏。而另一方面，整个城市里却开始充满节日般的欢快气息。有钱人仍然可以买到高档入时的衣物和珠宝。能进到原材料的时候，餐馆里也仍然供应一流的菜品。各个夜总会里都充满了狂欢的气氛。

罗斯福夫妇被安排下榻在丽兹酒店的一个套房内。当时丽兹酒店的大堂里满是各国来参加和谈的政要们。威尔逊也已于一月初下榻于此。他和英国首相劳合·乔治、意大利总理维托里奥·奥兰多以及法国总理乔治·克列孟梭于 1 月 12 日在巴黎进行了第一次会谈。会谈在法国外交部会议厅举行，由克列孟梭主持。

作为唯一一个出席会议的国家元首，威尔逊被安排坐在一张略高几英寸的座椅上。而实际上，在与会的四个人中威尔逊当时的政治地位是最不稳固的。劳合·乔治和他领导的政党刚刚获得了众议院议会选举的胜利，克列孟梭也刚获得下议院选举的大捷，而奥兰多所领导的政党在国内也是稳居领导地位，只有威尔逊刚刚遭受挫败。由于他不明智地宣称国会的中期选举是对他的总统领导权的不信任，选民们纷纷在选举中改投共和党人的票，使他们重新控制了国会。

威尔逊还将参议员排除在了这次和谈之外，这使形势对他更加不利。他带去巴黎的美国代表团中除了国务卿兰辛和豪斯上校外其他全都是学者，却没有一个参议员。而参议员们关系着和平协议最终是否能在参议院获得通过。威尔逊本可以把亨利·卡伯特·洛奇的名字加入代表团名单。众所周知，参议员亨利·卡伯特·洛奇即将成为参议院外交事务委员会主席，他也是一位爱国的议员。更重要的是他和威尔逊素来交恶，如果威尔逊让他加入代表团会极大地显示出他作为国家元首的胸襟和公平，使他的威信立即得到提高。可威尔逊却没有利用这个机会。更为糟糕的是，威尔逊还公开表示了对共和党领导人的鄙视，而他们都曾积极支持美国参战，也都同意联合组成代表团。如果有他们的加入，代表团就可以听取两个政党的意见，会更有利于团结合作。然而，威尔逊最终还是决定独自一人率团去巴黎，像以往一样，他总觉得自己肩负着神圣的任务，而这个任务只有自己能完成。

特别委员会秘密举行了一系列会议，不但禁止旁听，会议讨论的内容也严格保密。会谈并没有采纳威尔逊"十四条建议"中的"透明盟约、透明式讨论"的建议。这种秘而不宣的状态在会议结束后还依然保持着，这是因为四巨头之间的关系实在是不算好。维托里奥·奥兰多很清楚他是被维护的对象，所以不会多说；劳合·乔治是典型的机会主义者，他不会轻易表明立场；克列孟梭早已下定决心要在会谈和合约中维护法国的安全和利益；威尔逊总是以一个老长老会教徒的语气发言，总是显得武断固执。

罗斯福没有参与和谈。他和埃莉诺在欧洲待了5周。在这期间，罗斯福一直忙于撤走海军在海外的装备。罗斯福能说一口流利的法语，所以由他负责谈判而他的助手负责敲定细节问题。罗斯福在巴黎干的最成功的一件事就是将美国海军位于波尔多附近的拉斐特无线电台卖给了法国。这个无线电台是当时世界上功率最大的发射台。法国人一直拖着不谈购买电台的事，希望最后美国能放弃这个无线电台，从而将它白送给法国。据罗斯福回忆，谈判时法国人报了一个低得离谱的价格，希望拆卸和装运无线电台的高昂价格会让美国放弃无线电台。正当会谈陷入僵局时，美方传令官送来了一封给罗斯福的电报。电报上写道："拆卸无线电台并装运回国。"

署名是丹尼尔斯。法方见美国真有将无线电台拆运回国的打算,马上做出了让步,同意以罗斯福要求的 2 千 2 百万法郎的价格买下所有设备。罗斯福后来对朋友透露说,当时是他以丹尼尔斯的名义给自己发了这封电报,并安排人在会谈中送进来。埃莉诺给萨拉写信说:"这是次大胜仗,但不要和别人提起。"

1919 年 2 月 15 日,罗斯福夫妇离开了巴黎。稍后他们由布雷斯特乘坐"乔治·华盛顿"号回国。威尔逊总统夫妇也和他们同在这条军舰上。他们是在会谈中途请假回国签署由第 65 次国会会议通过的一系列法案的。威尔逊还非常自豪地随身带着刚刚完成的国联盟约草案。威尔逊坚持把成立国联作为和平会议的第一要务。在英国的默许和法国犹豫不决的赞同下,他的提议获得了成功。克列孟梭对国联的评价是:"我喜欢这个设想,但我不认为它可行。"

自从上了船后,威尔逊一直独来独往,大多数时间都待在自己的舱房中。据埃莉诺回忆,威尔逊似乎不太热衷于与人交往以获得周围人的好感和支持。然而出乎罗斯福意料的是,有一天总统竟然邀请他前去商谈国联的有关事宜以及它将产生的影响。邀请来得十分突然,罗斯福回忆当时威尔逊很热情。一两天之后,埃莉诺和富兰克林又受邀参加了威尔逊夫妇举行的一个小型午餐会。午餐会上没有太多重要的谈话,埃莉诺仅仅记得威尔逊说了两件事:第一,他说自战争爆发以来他就没有看过报纸而一直由他的秘书为他作简报;第二,威尔逊满怀感情地说起国联的事情。他说:"美国应该加入国联,不然就会让全世界失望。因为美国是世界人民唯一公认的无私的、可以信任的国家。"

"乔治·华盛顿"号原定的目的地是纽约,但起航后威尔逊告诉舰长说他希望船能停靠波士顿,因为他计划在那里发表关于建立国联的演讲。舰长按照威尔逊的要求调整了航向。由于舰上没有波士顿附近海域的海图,舰长只能凭感觉驾驶,因此对于靠港的安全有些担心。更加糟糕的是,当军舰向南进入马萨诸塞附近海域时,海面升起了北大西洋特有的大雾,海上能见度很低。糟糕的天气加上船员对海域的不熟悉使军舰在波士顿港附近搁浅了。军舰被卡在两块锯齿状的礁石中间,一个引擎也被撞掉。幸而罗斯福对那片海域十分熟悉,在罗斯福的帮助下军舰最终才得以顺利驶入波士顿港。而威尔逊一直在睡梦中,对舰船曾遭遇的危险毫不知情。

回国后的罗斯福夫妇本打算回纽约从商,从而使两人有更多私人相处的时间。然而华盛顿却需要罗斯福回去。海军部长丹尼尔斯定于 3 月中旬赴欧洲参加海军联席会议,要离开华盛顿 2 个月。罗斯福在这期间要负责海军部的工作。当时美国海军的海外设施拆卸已经基本完成,除了适应共和党控制国会后新的工作方式以外,海军部就只有一些日常的工作。然而丹尼尔斯临走前还是把所有事情作了非常详细的交代说明。丹尼尔斯特别担心海军的高级将领和他们的部门乘虚而入,趁他不在华盛顿的期间让国会通过他们支持的提案。他提醒罗斯福，那些人可能会送来一些邮件让罗斯福签名，然后再把邮件寄给新任海军事务委员会主席。丹尼尔斯让罗斯福把这样的文件都留存不发，等他回国后再处置。

罗斯福小心地不让自己卷入争斗。他在写给丹尼尔斯的信中说："你走后局势平静得可怕。除了日常工作比较繁杂外，什么事情都没有发生。"海军部的日常工作量确实很大。海军部是唯一一个只配有一名副部长的内阁部门。一旦正副部长中的一个不在部里，另一个就要承担起全部的工作。丹尼尔斯不在的那段时间罗斯福每天要工作 14 个小时左右。直到丹尼尔斯回国，罗斯福才有了空闲的时间。

当罗斯福忙于海军部的工作时，埃莉诺已开始走出家门有了自己的生活。她代表红十字会视察参观了圣·伊丽莎白医院。这家医院是位于华盛顿的国立精神病院，住着很多由于在战争中遭受精神创伤而精神失常的军人。埃莉诺开始觉得自己无法完成这个任务，但最终还是鼓起勇气去了。

从那以后，她每周都会抽时间去医院探视。她总是会给病人们带去鲜花、香烟，还和那些烦躁不安的病人谈话。当发现医院没有足够的看护人员时，她便游说分管相关事务的内政部长——她的朋友富兰克林·莱恩去医院参观。莱恩谢绝了她的邀请，理由是他实在不愿意参观精神病院，但他保证会增加圣·伊丽莎白医院的经费。埃莉诺还在红十字会争取到经费为这家医院添置了一些游乐设施。她还为病人们能得到职业疗法在美国殖民妇女会募集资金，并成立了一家零售店专门出售病人们的手工制品。

在红十字会最活跃的时期，埃莉诺还接触到一些女权组织。这些组织致力于改善妇女的工作环境。1919 年 10 月底，来自 19 个国家的代表聚集华盛顿，召开了第一届国际职业妇女大会。因为很多与会代表都不会说英语，罗斯福夫人和其他一些会说几种语言的华盛顿名媛就自愿承担了大会的翻译工作。

会议期间，埃莉诺邀请了一部分与会代表到家里共进午餐。其中美国代表团的很多人曾是早期美国工人运动的积极分子。埃莉诺曾说："我确实很喜欢她们，但当时我并不知道自己以后将会常常和她们见面。"

在进行了 4 个月的后续谈判后，威尔逊总统于 7 月 8 日带着新鲜出炉的《凡尔赛和约》回到了华盛顿，两天后他将《凡尔赛和约》递交给了参议院。他说这份合约是在上帝的指引下产生的而不是根据参与谈判的各国的构想缔造的。

然而，参议员们对合约的意见分歧很大。一些来自南方和西部的人民党议员坚决主张否决《凡尔赛和约》。大多数的民主党议员支持总统，希望合约得以通过。占据大多数席位的共和党议员是中间派，他们的首脑是洛奇议员。他主张以在合约中增加保护美国主权的保留条款为前提批准《凡尔赛和约》。与修正合约不同的是加入保留条款并不需要改变合约的正文，而只需要写明如何解释合约中的条款。洛奇提出的是一种沿用已久的缔结条约时的外交手段，如果威尔逊同意以这种方式对和约做出调整，参议院的大多数议员就会支持它。国务卿兰辛和参议院里的民主党首脑都力劝威尔逊答应增加保留条款，但威尔逊还是拒绝了。

因为坚信上帝和人民会站在他那一边，所以威尔逊选择直接向选民宣传和约的重要性。1919 年 9 月 2 日，他登上开往西部的专列，打算亲自去游说选民。那时他的健康状况已经开始恶化。4 月份在巴黎时他已经有过一次轻微的中风，所以当时他疲惫而憔悴。他的脸部肌肉不住地抽搐，手也一直颤抖。他计划在接下来的 22 天里乘车走过 8200 英里的路程，穿越 14 个州，在途中发表 40 次演讲。9 月 25 日，在科罗拉多州发表演讲后的晚上，威尔逊彻底累垮了。接下来的行程被取消，他回到了白宫。在接下来的一周里，他连续遭受了几次中风，致使左侧身体瘫痪。在长达 2 个月的时间里，他一直在生与死之间徘徊，甚至连在文件上签名都十分困难。经过一段时间的治疗和恢复后，他的神志慢慢恢复了清醒，也可以口述信件。可他始终都没有完全康复。

11 月 6 日，支持成立国联的民主党领袖，参议员吉尔贝特·希契科克被允许来到总统病榻前。他告诉威尔逊，如果不同意增加保留条款的话就很难获得大多数议员的支持，更不可能得到使和约获得通过的三分之二的赞成票。威尔逊却不愿面对这个事实，他对吉尔贝特说："让洛奇妥协。"两周后，参议院就《凡尔赛和约》进行了投票，威尔逊的反对者获得了成功。第二次会期中再次进行投票时和约仍然没有得到三分之二的赞成票。1920 年 3 月 19 日，参议院以和约无法获得一致同意为理由将《凡尔赛和约》正式退还给了总统。

和大多数民主党人一样，罗斯福支持国际联盟。但他却没有将其看作最重要的事情。1919 年 3 月，他在纽约州律师协会说："去年夏天时我认为国际联盟只不过是一个美丽的梦想，一个乌托邦式的构想。但今年 6 月的欧洲之行让我感觉到，欧洲人不仅想要击败德国佬，而且还希望能在击败德国佬后建立起一种新的秩序。"3 个月后，在伍斯特理工学院的毕业典礼上，罗斯福对师生们说："如果美国试图退回原来被动的孤立主义政策，那么就不仅会伤害美国，而且也会贻误全人类。"和威尔逊不同的是，罗斯福并不反对洛奇提出的保留条款并且认为总统应该与之达成妥协以使缔结国联的和约得以通过。他认为结果比细枝末节的内容更重要。

英国人、法国人和美国内阁里的大多数官员都持同样的观点。1919 年 9 月，英国政府派遣外交大臣爱德华·格雷爵士前往华盛顿，企图说服威尔逊接受洛奇的更改意见。威尔逊根本就没有接见他。当罗斯福一家圣诞节期间设宴款待格雷爵士和他的手下时，他们引起了白宫的反感。不过这对罗斯福已经没有什么影响了，因为到了 1920 年 1 月时，威尔逊政府已经众叛亲离、各奔前途了。豪斯上校已经没有担任威尔逊的政治顾问，国务卿兰辛已经被解职。由于感觉自己无法与威尔逊总统沟通，内政部长富兰克林·莱恩和财政部部长卡特·格拉斯也已经辞职。丹尼尔斯本来也准备辞职的，但由于某种个人的忠诚意识，才留下来继续为跛足的总统服务。

正是在威尔逊政府分崩离析的这种大环境下，富兰克林·罗斯福开始考虑自己的政治前途。但是他行事非常小心。1919 年底，他在给一名激动的支持者回信时写道："我有时认为，我们常常想着早起的鸟儿有食吃，却忘了早起的虫子也容易被吃。"

当时有人已经提到了提名富兰克林·罗斯福参选美国参议员，也有人提议在阿尔·史密斯不再连任之后让罗斯福参选州长。但是，后一种选择的可能性非常小，而在参议院击败他的老朋友——共和党的明星詹姆斯·沃兹沃斯——也非常困难。圣诞节后不久，罗斯福对一个朋友说："我不会竞选参议员或州长，明年共和党肯定会占上风，我不会早早地就站出来白白地牺牲。"

罗斯福之所以会竞选副总统纯属偶然，就如同他在 1910 年参选纽约州参议院的参议员一样。1920 年 1 月 10 日，他的老朋友路易斯·韦利拜访了他。韦利是肯塔基州的检察官，也是战争工业委员会的委员之一，自从他们在哈佛的《深红色》编辑部共事时起，韦利就对罗斯福心悦诚服。韦利说，民主党可能很难赢得大选，但是在讨论了一系列民主党领袖的选举前景之后，他指出有一种选择可能会使民主党赢得选举：那就是让赫伯特·胡佛选总统，罗斯福选副总统。胡佛来自加利福尼亚，富兰克林·罗斯福来自纽约州，如果民主党要获胜，这两个州是必须拿下的。胡佛在战争期间担任食品部长，因此在民众之中享有较高的声誉。而且，他还曾不遗余力地支持《凡尔赛条约》。此外，美国妇女在 1920 年将首次获得投票权，而胡佛在女性选民中特别受欢迎。同胡佛一样，罗斯福在大战期间担任海军部副部长的表现也堪称典范，而且在选票方面罗斯福家族的显赫姓氏也会给民主党加分。

罗斯福很快就表示了同意。他赞同道："胡佛是一个奇迹，我希望我们可以让他成为美国总统，没有更合适的人选了。"富兰克林一直以来都以西奥多·罗斯福为榜样，他很清楚担任副总统正是西奥多迈向白宫的进阶石。他对韦利说："我觉得可以这么做，希望能有好的结果。"

第二天，韦利在他位于纽约的家中与民主党的领袖爱德华·豪斯讨论了这个竞选方案。豪斯当时已经与威尔逊失和，但他对民主党仍然有很大的影响力。他对韦利说："这是个很好的主意，胡佛—罗斯福组合也许是民主党在 11 月赢得选举的唯一机会。"

胡佛是民主党人吗？韦利前往食品部拜访了胡佛，发现他是一个没有什么党派倾向的人。豪斯也发现了这一点。就同二战后的德怀特·艾森豪威尔一样，共和、民主两党都在向胡佛大献殷勤，但他没有表示任何倾向。3月6日，富兰克林和埃莉诺与可能的竞选伙伴一起共进了晚餐，但还是没有搞清楚他的真正想法。胡佛没有表示自己是否愿意参选。在1920年3月底，胡佛打破了长久以来的沉默，宣称自己是一个进步主义的共和党人：他从1898年起就在加利福尼亚登记成为一名共和党党员，而且还在1912年的选举中投了西奥多·罗斯福的票。于是，胡佛和罗斯福联袂参选的可能性落空了。

但是对于富兰克林·罗斯福来说，他还是在想着参选副总统。哈里·杜鲁门1949年任总统期间的副总统阿尔本·巴克利常爱讲一个笑话："有一个女人有两个儿子，一个当了水手出海了，另一个当了美国的副总统。结果这两个人都默默无闻。"富兰克林·罗斯福后来的副总统加纳也对媒体说："副总统的工作不值一提。"但是对罗斯福而言，这却是个值得争取的工作，是通向总统宝座的重要一站。韦利说得很对，如果被提名参选副总统，那么全国的民主党人都将熟悉罗斯福。

罗斯福把希望成为副总统的雄心深埋在胸，等待着时机的来临。通常都由总统提名人选择竞选伙伴，一旦选定也不会有人竞争。但是无论是和胡佛搭档还是和别人搭档，富兰克林·罗斯福的背景都足以让他成为总统候选人的选择：他年轻，有吸引力，战争期间在华盛顿的工作出众，信奉自由主义但不支持民粹，在禁酒问题上态度比较自由但却不极端，属于保守人士可以接受的那一类。最重要的是，罗斯福来自纽约州。这个当时美国人口最多的州拥有45张选举人票，差不多已经是当选所需票数的五分之一。

6月28日，当民主党全国代表大会在旧金山举行的时候，富兰克林·罗斯福已经做好了被提名的准备。纽约州代表团的支持至关重要，对此富兰克林·罗斯福已经做好了充分的准备。他同代表团成员一起乘坐"纽约快车"号火车横跨美国前往旧金山，他非常慷慨地邀请他们参观"纽约"号战列舰，还再次提出推举查尔斯·墨菲最器重的阿尔·史密斯竞选总统。富兰克林·罗斯福的支持者还包括：他在达奇斯县的政治伙伴约翰·麦克和汤姆·林奇；他在哈佛大学的室友、前众议院议员莱斯罗普·布朗；他的法律合伙人格伦维尔·埃米特；还有他在海军部的私人秘书——这些人都不遗余力地在代表团下榻的酒店的走廊和大厅里帮罗斯福游说。

富兰克林抓住了一切机会。当民主党代表大会开幕时，强光打在一幅巨大的威尔逊画像上，这时会场上发生的事正好表达了人们的情绪：当各州的代表团都纷纷离开座席，高举着各州的旗帜在大厅里绕行时只有一个州的代表团没有动，这就是纽约州。他们在众目睽睽之下纹丝不动，毫不掩饰地显示了他们对总统的不满。当活动到达高潮的时候，富兰克林·罗斯福举起了纽约州的州旗——在墨菲点头允许之后——加入了绕行的队伍，引来了众多党代表的喝彩声。

当天最雄辩的发言人，塔曼尼协会的伯克·科兰克提名了阿尔·史密斯。富兰克林·罗斯福的支持发言非常简练，效果非常好。生平第一次站在党代表大会的发言席上，罗斯福显得非常泰然自若。他充满感情地称赞了史密斯："作为朋友，我亲近他；作为男人，我信任他；作为民主党人，我支持他；我们都知道他在出任公职期间的表现是无可挑剔的。"

格伦维尔·埃米特认为富兰克林·罗斯福的演讲"已经尽善尽美了"。弗朗西丝·珀金斯回忆说，富兰克林·罗斯福"是当晚的一颗明星。我还记得他当晚展示了他的运动能力。为了快点走到台上，罗斯福跳过了前面的那几排椅子。阿尔·史密斯一直把那一晚看作他和罗斯福友谊的开始，常常说就是从那一晚起罗斯福真正开始在政治上发挥重要作用。事实也是如此。"

在七轮投票之后，史密斯的选情都胶着不前。在第八轮投票中，墨菲带领纽约州大部分代表把选票投给了连续三任担任俄亥俄州州长的詹姆斯·考克斯。考克斯颇具竞争力，但派系色彩不那么浓，他态度温和，偏向自由，与威尔逊也没什么瓜葛，对国联也不甚热心。而富兰克林·罗斯福和其他来自纽约州各县的19名代表则把票投给了威廉·吉布斯·麦卡杜。麦卡杜是威尔逊的女婿，曾经担任过财政部部长。在接下来的四天里，民主党全国代表大会一直在麦卡杜、考克斯和美国司法部部长米切尔·帕尔默之间摇摆不定。在第39轮投票中，考克斯取得了领先，并在7月6日午夜刚过的时候在第四十轮投票中锁定了胜局。于是，全国代表大会决定休会到第二天中午，届时将选出民主党的副总统参选人。

星期二一大早，考克斯的竞选主任埃德蒙·莫尔打电话给正在代顿市家中的考克斯州长，询问他希望选择谁作为竞选伙伴。考克斯回答说："我正在想这件事，我想选罗斯福。他的姓很好，他所在州的地理位置也很好，他和塔曼尼协会的人也不是一伙的。但是，我们需要一个团结的团队，你最好去问问墨菲，如果他反对的话，就不要提名罗斯福了。"

莫尔按照考克斯说的去做了。墨菲回答说："我不喜欢罗斯福，他在全国范围内也没有什么名气。但是这是民主党候选人第一次认真地征询我的意见，即使考克斯希望我支持魔鬼，我都会支持。告诉他，我们会在第一轮选举时就提名罗斯福。"

当民主党全国代表大会中午开会时，首先由大家提出几个候选人名字。开始的时候，所提出的都是党内的权贵子弟。后来继续提议候选人期间，佛罗里达州支持了俄亥俄州的提名。当时，俄亥俄州代表团团长蒂莫西·安斯伯里法官走到了发言台上，他说："我想提名的这个人非常年轻，他比宪法规定的35岁只大三岁……虽然他年纪轻，但是他从政的经历已经很长了。他来自那个能让人们想起美国政治的那个家族——罗斯福家族。这个人就是——富兰克林·罗斯福。"印第安纳州和堪萨斯州也支持了这个提名。权贵子弟们被放弃了，党内的惯例被打破了，在一片欢呼声中，罗斯福被提名为副总统候选人。

当时约瑟夫斯·丹尼尔斯已经成了党内绝对的资深大佬，他深受民粹主义者、威尔逊主义者以及城市大资本家的爱戴，他在会上总结说：

> 我想对我自己说，也想对 50 万名美国海军官兵和 500 万名陆军官兵们说，这是一件幸事。民主党全国代表大会所选出的副总统候选人是一个头脑清晰、能力卓越并且对美国忠心耿耿的人，他就是纽约州居民、海军部副部长富兰克林·罗斯福。

大会对考克斯和罗斯福的投票结果很满意，于是在下午 1 点 42 分决定无限期休会。罗斯福的朋友们都十分高兴，纷纷给罗斯福发来了贺电。其中《新共和》周刊的沃尔特·利普曼在电报中说："你获得提名的消息真是数天来听到的最好的消息。"富兰克林·莱恩也给罗斯福提了他的建议："保证充足的睡眠，别沉湎于表面的工作，保持清醒的头脑，不要锋芒毕露。"

1920 年 8 月 6 日，罗斯福辞去了海军部副部长的职务奔赴西部。在接下来的 3 个月里，他将分别进行贯穿美国南北部和东西部的两次竞选旅程。途中他将作上千次演讲和无数的即兴演说。这将是总统候选人第一次进行如此广泛的、大规模的竞选活动。罗斯福身披西奥多·罗斯福曾穿过的斗篷，用西奥多式的语气甚至口音发表演说。他说："我不知道如果西奥多·罗斯福还健在的话他会说些什么，但我禁不住会想他一定会用自己发明的'骑墙者'这个词汇来称呼哈定先生。"

罗伯特·麦考密克上校马上站出来反对罗斯福的言论，他曾是支持西奥多的布尔·墨斯党人，也是富兰克林在格罗顿中学的同学。8 月 13 日出版的《芝加哥论坛报》评价罗斯福为"与西奥多·罗斯福有 0.5% 的相似。他与西奥多好比一个是蛤蟆一个是熊猫……是完全不同的人。"

富兰克林的先遣助选人是史蒂文·厄尔利。他是个说话率直的来自南部的记者。他一生都为富兰克林工作，是他的终生支持者。富兰克林的媒体助手是马文·麦金太尔，富兰克林在海军部时他也担当同样的工作。他也是富兰克林的长期助手之一。路易斯·霍韦，是当然的不可或缺的人物。除他们之外，富兰克林的竞选团队成员还有一直追随他的私人秘书雷娜·卡玛利尔以及汤姆·林奇。当时罗斯福还不是个完美的候选人，但他不知疲倦、充满自信，连霍韦也觉得他变得更加雄辩。

但不足的是，富兰克林在演讲中常常跑题，而且常常吹嘘自己的功绩。厄尔利就曾抱怨说："他从来都不愿意事先准备好发言稿。"

富兰克林这种过于随意的竞选方式给他带来了一堆麻烦。8月18日，在蒙大拿州的一次演讲中，他由于兴奋过头竟然吹牛说自己起草了海地宪法，这就像是阿尔戈尔吹嘘自己发明了因特网一样让人觉得可笑。一周后，在旧金山，他又说自己在过去七年中一直致力于管理海地和多米尼加。美联社立即拿这些大话大做文章，共和党也抓住机会大肆嘲笑了一番。哈定说当他成为总统后一定不会做"授权海军部副部长为西非的弱小国家起草宪法，然后再让美国海军陆战队用武力强迫他们接受"这样的事情。泛美联盟的主席约翰·巴瑞特也说富兰克林犯了个大错误。罗斯福否认自己曾说过那些过头的话，但证据确凿无法抵赖。

在选举中，考克斯和富兰克林更多的是将自己向威尔逊和国联靠拢，但选民却早已对这两者厌烦了。而哈定在竞选中承诺要"让美国回归常态"。这一口号激起了很多选民的共鸣。11月的选举结果对考克斯他们是重大的打击：哈定赢得了61%的选民票，在选举团中以404对127票遥遥领先于考克斯。民主党在根据地南部州以外的地方没有赢得一个州的选举，这是自南北战争以来民主党最差的成绩。共和党在众议院中获得了破纪录的301个席位，在参议院中也增加了10个席位。民主党在纽约州的成绩最差，考克斯和罗斯福在那儿仅获得了27%的选票。除纽约市以外，民主党没有获得一个县的胜利，也没能获得一个州政府的职位。

这次失败并未给罗斯福带来太大的影响。他很快就致电哈定的竞选伙伴卡尔文·库利奇，向他表示祝贺，然后就去了路易斯安那州的湿地打猎。他在那儿悠闲地度过了两周的假期。多年后回头再看这次竞选时，罗斯福对最高法院大法官罗伯特·杰克逊说如果他没有在1920年参加副总统选举的话，他就不会在1932年被提名为总统候选人。杰克逊说："他让一些民主党人觉得亏欠于他，还在竞选中结交了一些私人朋友。这些朋友在后来他的总统选举中成了他的支持者。罗斯福一向有很强的安全感，他并不在乎失败。"

在1920年的竞选中，埃莉诺开始了作为公众人物的生活。她于9月参加了竞选培训，并在接下来为期四周的全国巡回演讲中一直陪伴罗斯福。她是陪同人员中唯一的一名女性。和共和党不同，民主党一开始并没有重视争取女性选民的选票。埃莉诺的任务只是做一个称职的主妇，带着迷人的微笑光彩照人地出现在各种竞选活动中。还是霍韦发现了埃莉诺的政治潜力，并引导她一步步地参与到竞选活动中。霍韦总是请她审核演讲稿或者帮助策划记者招待会。

像当初教富兰克林一样，霍韦教给埃莉诺有关国内政治的知识，还让她认识到媒体的重要性。埃莉诺回忆说："我那时对于新闻工作者还不熟悉，甚至有一点惧怕他们。多亏有路易斯·霍韦告诉我新闻业的行业准则和职业道德，我才开始对新闻业者有了信任和兴趣，重新建立起对这个行业的好感。"

更重要的是，埃莉诺和霍韦之间建立起了深厚的、长久的友谊。在此之前，埃莉诺曾为他和罗斯福亲密的关系感到嫉妒。现在她能理解霍韦的角色了，也感觉自己被当作和罗斯福平等的搭档对待。霍韦激发了她的政治天赋，还教会她如何运用这种天赋。他了解她的脾气，努力拉近她和罗斯福之间的距离。而埃莉诺也发现霍韦其实才华横溢，他除了熟知国内政治的方方面面以外，还是个有艺术天分的人。他擅长风景画、肖像画，还在圣托马斯教堂唱诗班担任合唱队员；他写诗，热爱戏剧，还曾为华盛顿的戏剧演员联盟自导自演。霍韦很喜欢海边，但最让人喜欢的一点就是他做人很有分寸，做事很合时宜。正如布兰切·维森所说："路易斯·霍韦是埃莉诺信任和热爱的密友之一。她和霍韦之间有着自然的、深厚的感情。"

圣诞节来临的时候，富兰克林送给每位竞选团队成员一副金袖扣。袖口上分别镌刻着富兰克林名字的缩写和他们各自名字的缩写。这标志着著名的"袖扣俱乐部"的成立。此后的每一年，俱乐部都会在罗斯福生日那天进行聚会，大家聚在一起喝酒、吃东西，回忆他们一起奋斗的第一次竞选。俱乐部的男士们也回赠了埃莉诺一枚做工精细的金制胸针作为这次竞选活动的纪念。埃莉诺一直很珍惜这枚胸针。

罗斯福对于民主党的政治前景没有抱任何幻想。他对考克斯说，除非发生经济衰退，不然民主党不可能打败共和党重新执政。他还对厄尔利说："每一次战争过后，国家都会经历一段物质至上的时期，人们会倾向保守。因为那时人们已厌倦了理想主义。"他开玩笑说："感谢上帝，幸亏我们都还年轻！"

为了计划下野之后的生活，罗斯福打算重新开始他的理财计划。在担任了十年的公职以后，他的财富已经急剧减少。他要负担五个孩子昂贵的学费，还要支付家庭生活和社交活动的巨大开销，所以急需一份可观的收入。要赚取高薪最合适的地方就是华尔街。所以民主党的赞助人范·里尔·布莱克邀请富兰克林担任他所拥有的马里兰州富达储蓄担保公司的副总裁，无疑是他很好的机会。该公司是美国第四大担保公司，如果罗斯福加入，他将负责公司在纽约和新英格兰地区的业务，同时利用他在政界、工会和产业界的人脉为公司招揽新客户。

罗斯福还将是公司在华尔街的挂名负责人。布莱克承诺将为这个职务支付罗斯福2万5千美元的年薪，这是罗斯福担任海军部副部长的年薪的5倍。这是一个双赢的安排：罗斯福可以借此职位解决经济上的困难，布莱克也可以从罗斯福的名气中获利。更重要的是，就像三十年前艾森豪威尔退而担任哥伦比亚大学校长职务一样，这个职位实际上也是罗斯福借以保存实力东山再起的位置。这一点是布莱克和富兰克林双方都心照不宣的。双方约定罗斯福每天只用到公司上半天班，好让他有时间继续活跃于政党事务和法律事务。

1921 年 1 月 7 日，布莱克在华尔街最著名的德尔莫尼克酒吧举行隆重的正式酒会，宣布了对富兰克林的任命。很多商界名流都出席了酒会。一个月以后，罗斯福就掌管了公司的日常工作。他热情地和很多老朋友取得了联系，还找来了在华盛顿时的老部下。他邀请在海军部授权下成立的工会考虑让富达储蓄担保公司为他们的行政人员担保。在哈定于 3 月就任总统之后，罗斯福让路易斯·霍韦也加入了公司。和罗斯福一样，霍韦也同时在商界和政界工作。罗斯福还雇请了选举时纽约总部的成员，23 岁的玛格丽特（米西）·莱汉德为他的私人秘书。罗斯福的孩子们都叫她"莱汉德小姐"。她日后也将成为罗斯福事业的核心成员。

在罗斯福投入到新的纽约社会生活中的同时，埃莉诺也开始了商学院的学习。她在那里学习打字和速写。她请了一位家庭主妇来教她烹饪，还成了"女性选民同盟"的活跃分子。她负责记录联盟在华盛顿和奥尔巴尼的组织的立法事务议程。这个工作使她接触到许多女权运动的领袖。埃莉诺对于同盟的工作非常尽心尽责，逐渐也开始独立地领导妇女团体并组织她们开会讨论一些立法问题。她很喜欢这样的工作，但正如她在给富兰克林的信中所说的那样，她更喜欢和富兰克林一起从事政治上的工作。

在霍韦的帮助下，罗斯福开始组织参加 1922 年竞选的团队。这一次他特别重视党派的团结。虽然已被认为是纽约州参选联邦参议员的主要人选，他仍然认识到墨菲领导下的全面团结的政党的重要性。他认为不能再有党内的分裂。虽然共和党候选人威廉·考尔德实力不强，但要击败他也需要民主党的团结一致。

罗斯福开始在州内做巡回演讲。除此之外他还开展了一系列慈善活动。除了担任哈佛大学监督委员会委员之外，他还担任了全国公民联盟常务委员会的委员，近东救助委员会的委员，安德鲁·威尔逊基金会的委员，以及海员教会学院的委员。此外，他还领导了一个基金会，为盲人筹集了 200 万美元，还担任了大纽约地区童子军委员会的主席。1921 年 7 月 28 日，富兰克林·罗斯福作为童子军的主席乘船前往"熊山"出席了童子军的年度庆祝大会。

这是富兰克林·罗斯福最喜欢的场合。到处都是游行的队伍、激动人心的演讲以及各式各样的庆祝活动。在报纸上，出现了欢快的童子军和童子军教官簇拥着罗斯福的大幅照片。在乘船回到市里之前，他一直坐在篝火前，扮演了庆祝活动中的总指挥官角色。他没有意识到，在那一天他已经被童子军里的某个人传染了一种神秘的病毒。

● 第十章 ●
脊髓灰质炎

在华盛顿生活了 8 年之后，罗斯福很希望在坎波贝洛岛度过 1921 年的夏天。埃莉诺在孩子们 6 月的暑假开始后就带他们先去了岛上。罗斯福由于生意上的事耽误了一段时间，8 月 5 日才出发。他乘坐范·利尔·布莱克的海上游轮"海鲩"号前往坎波贝洛岛。米西·莱汉德给埃莉诺写信说："我觉得他走的时候看起来很疲惫。"她和埃莉诺都希望这次海上的旅程能让他得到休息。

罗斯福于周日晚上到达了坎波贝洛岛。他发现家里宾客满座。除了 5 个孩子和家里的仆人、家庭教师以及管家之外，还有霍韦一家和几个华盛顿来的朋友。

一到岛上，富兰克林就开始了疯狂的玩乐。他在芬迪湾进行远洋海钓，每天下午驾船出海，还游泳、打网球、玩棒球。他和孩子们一起嬉耍玩乐。8 月 10 日，在全家人一起出海的途中，他们看到一个小岛上起了山火。富兰克林把船靠得尽量离岸近一些，然后让埃莉诺和孩子们上了岸。他们拿着扎成捆的松树枝扑打了好几个小时才把火渐渐扑灭。他们的眼睛都被烟熏得泪流不止，全身脏兮兮的，身上还被火星灼伤了好几处。

下午 4 点他们才回到家。罗斯福觉得整个人都懒懒的，他决定到岛上的格莱恩塞文湖游泳以恢复精神。他和孩子们步行两英里到达了湖边，在微温的湖水里嬉戏，最后又跳进芬迪湾冰凉的海水里游泳。然而富兰克林却还是觉得疲劳。他和孩子们一路小跑着回了家。到家时，富兰克林已经筋疲力尽，以至于看邮件时湿的游泳裤都没换。

大约一小时后，罗斯福突然感到全身发冷。他跟埃莉诺说自己可能是感冒了，为了不传染给孩子他直接去睡觉了。埃莉诺稍后给他端了些吃的东西，他也没有胃口。那晚，他一整夜都难以入睡，虽然盖了两床毛毯也还是冷得发抖。

第二天早上罗斯福的病情更加严重了。当他想要起床时发现自己的左腿弯曲着使不上劲儿。他挣扎着站起来洗漱，以为过一会儿就会没事了。罗斯福回忆说："当时我一直对自己说，我的左腿只是肌肉疲劳的问题，慢慢地活动一下就会没事儿。但还是不行，过了一会儿另一条腿也不能动了。"罗斯福只好艰难地回到床上。埃莉诺给他量体温时发现，他已发烧到华氏 102 度。

他们的度假屋里没有电话，埃莉诺只好派人去请他们的家庭医生贝内特。贝内特医生是一个上了年纪的乡村医生，在接生和接骨方面经验丰富，但却不擅长综合诊断。他在给罗斯福做了检查后说罗斯福可能只是患了重感冒。他第二天早上再来看看罗斯福的情况。

罗斯福知道自己可能不是患了重感冒这么简单。第二天早上，也就是 8 月 12日，他已经站不起来了，到了晚上他连挪动双腿的力气都没有了。他感觉两腿麻木，两手的大拇指也开始无法自如地活动，连笔都拿不起来。

周六时埃莉诺和贝纳特医生决定再找一个医生来会诊。路易斯·霍韦找遍了周围的度假地点，发现著名的外科医生威廉·基恩就在巴港度假。基恩曾为克利夫兰总统做过秘密手术，成功地从他的上颚取出了癌变组织。他是一个谨慎负责的医生，霍韦很信任他。但他当时已有 84 岁高龄，专长又是外科而不是矫形科。基恩医生在仔细地检查了罗斯福后认为他的身体麻痹是由下部脊髓里的一个血栓引起的。他让罗斯福接受大量的按摩理疗，并预言几个月后罗斯福就会康复。

然而，基恩医生也和贝内特医生一样没有找到症结所在。他建议的大量的按摩理疗使罗斯福的病情更加恶化。他的情况一天比一天糟糕。很快他的手和胳膊就像双腿一样麻木了，而高烧还在持续，他身体的各个机能都在衰退。有一段时间他的视力似乎都在下降。埃莉诺每天就在罗斯福房间里的一张躺椅上睡觉。在霍韦的帮助下她每天给罗斯福翻身、擦澡、刷牙。她看顾他的各种导管，为他灌肠，还为他按摩双腿。她寸步不离地陪着罗斯福，照顾他的一切需要。

霍韦是第一个怀疑富兰克林被误诊的人。他是个怀疑论者，总是疑虑重重。他总是怀疑所谓的专家意见，特别是对医生不太信任。他将罗斯福的情况非常详细地写信告诉了萨拉的哥哥弗雷德里克。他是家族的族长。霍韦在信中详细地描述了富兰克林的症状，请他向矫形科的专家请教看法。在纽约多方打听之后，弗雷德里克去了波士顿向洛维特医生求助。罗伯特·威廉森·洛维特医生是哈佛大学矫形外科的专家，也是美国小儿麻痹症研究的权威。当时洛维特正在纽波特度假，但他在哈佛小儿麻痹症研究会的同事认定罗斯福的症状与小儿麻痹症相符合。

在弗雷德里克的催促之下，埃莉诺决定要求基恩医生请洛维特医生一同给罗斯福会诊以确定他是否患上了脊髓灰质炎（俗称小儿麻痹症）。洛维特医生于 8 月 25日抵达坎波贝洛岛罗斯福的寓所。这时罗斯福身体的腰以下部分已经完全麻痹，体温也在华氏 100 度。他的背部肌肉和胳膊的肌肉都没有力量，腿部的肌肉更加无力。罗斯福已不能自己坐起。洛维特明确地下了诊断：很显然，罗斯福患上了脊髓灰质炎。

埃莉诺对这个诊断感到震惊。她首先想到孩子们有没有被传染。洛维特告诉她孩子们应该没事儿，如果他们被传染的话应该已经发病了。他要求马上停止富兰克林的按摩。他认为那样会使本来就虚弱的肌肉更加疲劳，并可能会对肌肉产生进一步的损伤。洛维特也认为罗斯福有可能完全康复，但目前能做的只有等待。他认为罗斯福不属于严重的病例，但他的一些重要肌肉有可能慢慢恢复也有可能继续恶化直到完全麻痹。

知道自己的病情后罗斯福反而放松了很多。然而随着时间一天天过去，罗斯福开始失去冷静和耐心的心态。他的情况没有任何好转。他开始觉得停止按摩是错误的。8月底，贝纳特医生给洛维特发去了电报寻求帮助。电报上写道：“（他的）肌肉萎缩更加严重而且越来越无力，这让病人感到很焦虑，他认为不应该停止按摩。您能不能提供什么方法让他振作呢？”洛维特医生马上做了回复，他说：“其实没有什么更好的治疗方法了，这恐怕是最难让家属和病人理解和接受的。”他认为药物起不到什么作用，而按摩也只能让病人感觉好一些。他建议重新开始给病人泡热水澡。这样可能会对病情好转有帮助，而水的浮力会让罗斯福感觉更容易挪动双腿，也能让他振奋精神。

9月中旬，大家决定将罗斯福带回纽约治疗。他将住进纽约基督教医院，由洛维特医生在哈佛的学生乔治·德雷珀担任主治医生。埃莉诺的叔叔弗雷德里克为罗斯福安排了到东港的私人火车，霍韦负责避开好奇的记者把罗斯福秘密送上车。因而报纸上只登载了罗斯福生病并在休养中的新闻，而丝毫没有提到脊髓灰质炎。

关于罗斯福所得病症的最早消息登载于9月6日的《纽约时代周刊》：富兰克林·德拉诺·罗斯福罹患脊髓灰质炎乘私人火车从芬迪湾的坎波贝洛岛抵达本地医院。标题下的报道里引用德雷珀医生的话说虽然富兰克林目前双腿膝盖以下麻痹，不能行动，但“他绝对不会残疾，大家不用担心他留下任何的后遗症”。

富兰克林又重新燃起了希望。当天下午他就给他的朋友，《纽约时代周刊》的发行人阿道夫·奥克斯写了一张便条：

> 医生们都告诉我说病情并不严重，不会给我留下任何后遗症，但我一直有所怀疑。我以为他们只是一起安慰我。在《纽约时代》上看到了正式报道后我觉得轻松了许多，因为我知道它应该是真的。

虽然大家都充满了希望，但罗斯福的病情并没有好转。他的热度始终没有完全退去，双腿的肌肉也在继续萎缩。九月末，德雷珀医生提醒洛维特医生说：“他（罗斯福）腰椎下部两侧的肌肉块已经明显分解，下肢的情况更糟糕，各个脚趾的伸趾长肌都几乎不能活动。”德雷珀却认为心理因素更加重要。他说：“他（罗斯福）勇气非凡，志向远大，而且现在情绪非常敏感，我们要格外小心地、有技巧地一步步让他认识到他的处境，不让他意志崩溃。"

富兰克林还是在慢慢好转。10月初时，他已经能每天早晨与莱汉德小姐交谈一小时，口头处理一些工作了。埃莉诺和霍韦一直在帮他处理他的事务，每天一小时的工作也让他精神好了许多。但罗斯福最渴求的还是和外界交流，和人沟通。当时，医生已经允许一些好朋友来探视他。很多人后来很长时间都还记得当时罗斯福故意忽略一切安慰之辞，在朋友们告辞的时候总是显得比他们刚来时更加高兴。从来没有人听到过他抱怨或者哀叹自己运气不济。

罗斯福把保持乐观的心境和鼓励他周围的人看作他的责任。尽管病情并不乐观，他仍然坚持看好的一面。他10月中旬给约瑟夫斯·丹尼尔斯的信中说："知道医生们都充满信心你一定会很开心吧？你推测我的妻子故意不想让我恢复得太快是完全正确的。实际上我已经开始怀疑她和医生们串通一气想让我一直休息。"

富兰克林胳膊和背部的肌肉首先得到了好转。洛维特医生于10月15日从波士顿到纽约检查了罗斯福的情况。那时罗斯福已经能坐起来了。

1921年10月28日，罗斯福出院回到了位于东65大街的寓所。他已经可以自己拉着绳索站起来了，在看护的帮助下他坐上了轮椅。德雷珀医生认为罗斯福恢复得不错。尽管医生并不鼓励他太急于进行其他练习，但他仍然非常急切地想要学习使用拐杖。

当年12月，罗斯福在凯瑟琳·莱克夫人的帮助下开始了计划周详的恢复训练。凯瑟琳·莱克夫人是一位训练有素的理疗师。罗斯福膝盖以下部分的肌腱已经僵硬挛缩，需要通过理疗把它们重新舒展开。这是个非常痛苦的训练过程。莱克夫人让他躺在一张木板上进行训练。一般病人都会因为无法承受如此痛苦的治疗而选择一周最多三次的训练，而罗斯福却坚持让莱克夫人每天都来帮他治疗。

治疗的进展很缓慢。12月中旬莱克夫人向德雷珀医生汇报罗斯福的情况时说：我觉得他的双腿变得越来越有力了。他对目前的状态很满意。因为常常要思考事情，他很少拄着拐棍起来。一切都进行得很顺利，他更愿意接受理疗，使他的双腿变得强壮起来而并不急于站起来。他是个很棒的病人，非常乐观，训练刻苦，愿意尝试一切方法。比起刚开始在木板上进行训练的时候，他已经取得了一些进步。

罗斯福一直极力让孩子们安心。他总是给孩子们看他的腿，告诉他们每一块受到影响的肌肉的解剖学名字。詹姆斯后来回忆说："当时我们很喜欢讨论爸爸的臀大肌。"当圣诞节到来的时候，富兰克林还像往常一样主持家庭聚会、切火鸡、给孩子们读狄更斯的《圣诞颂歌》。他不能再亲自砍圣诞树了，但他仍然一丝不苟地监督挑选、砍伐的全过程。

和以往一样，罗斯福家的房子住得满满的。富兰克林住进了二楼后部一间安静的大房间。路易斯·霍韦认为自己要为罗斯福负责还不能离开，所以住进了二楼前部的房间。孩子们都住在四楼和旁边萨拉的房子里。家里的仆人们住在5楼和6楼。埃莉诺在埃利奥特的房间里搭了一张帆布单人床睡觉，在罗斯福的房间里穿衣梳妆。

一天中的大多数时间霍韦都在市中心的富达储蓄担保公司为富兰克林处理业务。但他会与罗斯福一家一起吃早餐。早餐的大部分时间他都在读报纸。埃莉诺说他是她见过的最喜欢读报的人。

从一开始霍韦和埃莉诺就达成共识，尽量不把富兰克林当成身体不便的人对待。霍韦一直认为富兰克林的政治前景仍然光明，而他的病也不会有什么影响。他给报纸撰写大量乐观的报道，给罗斯福的朋友们也发去措辞乐观的信件。

有一天埃莉诺问霍韦："你真的认为富兰克林还有政治前途吗？"

霍韦回答说："我认为富兰克林有一天会成为总统。"

埃莉诺全力支持霍韦的工作。她不间断地安排朋友们来看望罗斯福，很快又开始以罗斯福的名义安排各种访谈。她还和霍韦一起鼓励督促富兰克林坚持训练，有时甚至显得过于严格。霍韦是个说话很有技巧的人，很善于劝导富兰克林。他常常用别人的闲话轶事来巧妙地劝导富兰克林，鼓励他继续前进。

萨拉与霍韦和埃莉诺想法不同。她认为儿子应该像丈夫詹姆斯当年一样，在生病后退隐于海德公园的老宅过乡村绅士的生活，而不应该再回到原来的作为公众人物的生活中。她觉得德拉诺家族留下来的家产足以支持罗斯福的生活，他不需要再去工作。他应该在乡下自由地追求自己的爱好，过田园诗般闲适的生活。

就这样，双方的观点产生了分歧。她和霍韦在努力帮助富兰克林专心于恢复训练，而萨拉却固执地批评他们所做的努力并一直劝说富兰克林效仿他父亲当初的选择。

德雷珀医生站在埃莉诺和霍韦一边，他认为富兰克林的当务之急就是尽快恢复健康。这是最重要的事情，罗斯福也是这么做的。出于好意，他主动提出辞去富达储蓄担保公司的副总裁，但是范·利尔·布莱克没有接受他的辞职。霍韦仍然在尽力为罗斯福工作，而布莱克更在意的是通过保留罗斯福在公司的职务而维持住罗斯福所拥有的社会关系，并不在意罗斯福是否能来公司上班。罗斯福还保留了他在许多慈善团体中的领导位置，其中就包括圣·约翰大主教教会和童子军。同时，在霍韦和米西·莱汉德的协助下，他得以时常和民主党领袖保持联系，共同商议民主党的发展大计。

3月，富兰克林·罗斯福装了一副14磅重的钢制矫形器，从他的脚踝到大腿都被支撑了起来。在卧床7个月之后，罗斯福已经失去了平衡能力，他需要大家的帮助才能站起来。由于他臀部以下已经全部瘫痪，连挪动大腿都难以做到，他学习了如何拄拐行动，如何利用他的头部和上半身保持平衡。尽管一再摔倒，但是能站起来罗斯福已经很高兴了，而且他还终于学会了自己拄拐走路。4月30日，威尔逊写信给罗斯福说："听说你正一天天好起来，而且精神状态不错，我非常高兴，我非常羡慕你。"在写这封信的时候，威尔逊也正坐在轮椅里，在华盛顿的家里休息。

德雷珀医生提交的恢复报告受到了严格保密。他在报告中说，富兰克林·罗斯福"走得挺好，他的臀部肌肉似乎正在恢复力量。他的臀大肌似乎有所好转，但是尚不能过早乐观，而且我认为他的膝部以下恢复无望"。德雷珀医生说罗斯福走得很好，指的是可以依靠矫形器和拐杖向前走，并不是说他可以正常行走。

那年夏天，富兰克林·罗斯福搬到了海德公园，那里的气候更加凉爽，他也更加可以接触大自然。萨拉在那里安装了残疾人通道，而且把所有的门槛都去掉了，这样他的儿子就可以更加自如地活动了。为了把大家具搬到顶楼去，家里早就安装了老式的滑轮式电梯，这样罗斯福就可以更加自如地在各个楼层之间活动。罗斯福不同意把电梯换成电动的，他认为停电时会困在里面，而老式滑轮式电梯则是什么时候都可以自己控制的。德雷珀医生在报告中写道："罗斯福先生似乎很热衷于把自己摇上去，这样做对他很有好处。环境的改变有利于他的恢复，我希望他在海德公园能继续康复。"

富兰克林·罗斯福的生活习惯并没有太大的改变。他仍然睡得很晚，躺在床上用托盘吃早餐，吃完了就拉头上的铃铛。每个星期莱克太太都要来三次，监督他的恢复性训练。在锻炼完之后，他就会下楼走到回廊那里，在那里看书或者整理他收集的邮票。他有时还会到文森特·阿斯特的温水游泳池游泳，或者去草坪上玩双杠。但是，他的恢复仍然很缓慢。洛维特医生在8月14日给他的信中说："我认为你应该尽量多走动，谁都不是天生就会拄拐杖走路，需要勤加练习，就和其他的运动一样。你需要花很多时间才能让自己满意。"于是，富兰克林·罗斯福常常一下午一下午地在通往阿尔巴尼邮政大道的砟石路上练习走路，尽管他带着矫形器的步伐有些蹒跚，姿态也不甚优雅，但是他确实做到了能拄着拐杖一步一步地前进，而且每天都能多走一点点。终于，他能走到一英里外的棕色石柱那里了。在夏天快结束的时候，他向洛维特医生报告说："我一直都在练习走路，终于能够习惯拄着拐杖走路了，我现在能站一个小时都不觉得累。"

正当富兰克林·罗斯福逐渐恢复之际，纽约的民主党又陷入了混乱。占据州长位置的共和党人已经开始了为11月的选举做准备。在民主党内，《纽约美国人》和《晚报月刊》的发行人威廉·伦道夫·赫斯特正在寻求支持，希望成为民主党的州长候选人，他的前景十分看好，唯一的障碍就是阿尔·史密斯的复出。1920年选举失败之后，史密斯在全美卡车公司联合会主席的位子上自得其所，这个位置虽然只是一个象征性的职务，但所得甚丰，一年的进项有 5 万美元。加上他在其他公司担任职务所得的收入，他已经不再想担任公职了。但是，史密斯非常讨厌赫斯特。他同意民主党领袖的看法，认为这个民主党的异类根本不可能在选举中战胜共和党人，而且还会连累整个选情。为了挽救民主党，史密斯私下表示愿意出来参选。但是，为了推动事情的顺利进行，史密斯希望纽约州最具声望的民主党人——富兰克林·罗斯福——发表一个公开信，请求他回来参选。

富兰克林·罗斯福很愿意扮演这个象征性的角色为民主党出力。8 月 3 日，他很快就给"亲爱的阿尔"写了一封公开信，信中说"民主党必须选出最好的候选人，我希望代表纽约州成千上万名市民请求您，希望您能够参加选举。您是这个州的选民拥护的候选人。我们知道，多年的公职生涯已经让您亏欠了家人许多，现在是您补偿家人的时候。我现在也处于同样的状态。但是，我还是希望您能够出来继续为大家服务。"这封公开信很快成为纽约州许多报纸的头条新闻。后来史密斯给"亲爱的富兰克林"所写的公开信也成为报纸头条。史密斯同意接受民主党的呼唤。结果，赫斯特见势不妙就知难而退了。

霍韦从纽约州雪城打电话来说："阿尔·史密斯在一片支持声中获得了提名，亨利·摩根索和您的夫人带领着达奇斯代表团举着旗帜绕场三周。"

史密斯和霍韦一样也很高兴。他在给罗斯福的信中写道："在第一轮就进行得很顺利，我和我们的女性政治家们在一起很高兴，其中就包括您的夫人。我欣喜地发现，她在会议中非常积极，我非常遗憾您没能到场，请多保重，来日方长。"

埃莉诺当时正积极投身民主党的政治活动中。在路易斯·霍韦的一再劝说之下，她放弃了"女性选民同盟"不参加政党活动的自我限制，开始积极参与到主流的政治活动中。就如同霍韦所说的，"为了维系富兰克林·罗斯福对民主党的兴趣，同时也为了维持民主党对罗斯福的关注，埃莉诺必须积极地投身到民主党的政治活动中去。"1922 年 6 月 1 日，纽约州民主党委员会的南茜·库克要求她举办一个筹款午餐会。尽管她很不喜欢发表演讲，但她还是欣然接受了。不久之后，埃莉诺·罗斯福所得到的荣誉和头衔就超过了她的预期：民主党妇女财经委员会请求她担任该委员会的主席，后来她还担任了《民主党妇女新闻》杂志的主编。

南茜·库克和埃莉诺很快就成了好朋友，在南茜的介绍下，埃莉诺·罗斯福认识了纽约州第一个竞选议员的女性玛丽昂·迪克曼。她俩都是坚定的妇女权利维护者，也都是积极的和平主义者，在第一次世界大战期间，她们都曾经作为红十字会的志愿者到伦敦的医院服务。在大战结束之后，库克还积极帮助迪克曼竞选议员。库克身材很娇小，但是充满了活力，有着一头修剪得体的头发和一双水汪汪的棕色眼睛。与她相反，迪克曼身材很高挑，性格很平和，也很稳重，说话的声音很温柔，也很有韵律感。当埃莉诺·罗斯福和她们认识的时候，迪克曼已经是新泽西州立大学的系主任；库克则是纽约民主党妇女委员会的副主任，正积极地投身于民主党的组织工作。

埃莉诺虽然有时会感慨自己没有上过大学，但她在和这两个职业妇女相处的时候非常愉快。在后来的十几年里，她们三个人总是形影不离。

在富兰克林·罗斯福的劝说下，埃莉诺不仅积极投身于纽约州的政治活动，还积极投身于达奇斯县的政治活动。根据罗斯福的经验，纽约州的政治家如果想要取得成功，必须要有自己的根据地。他还认为，纽约州的民主党之所以表现不佳，是因为组织乏力，掉以轻心。因此，富兰克林·罗斯福开始在他位于海德公园的起居室里运筹纽约州的政治，埃莉诺和霍韦成了他最得力的助手。埃莉诺动员了许多朋友，还组织和发动了该县的妇女。她开始经常对各种不同的市民团体演讲。从一开始，霍韦还需要陪着她，坐在大厅的后排，指导她的现场表现。8月，富兰克林·罗斯福回到了纽约市。他在给落选的总统候选人、民主党的名义领袖詹姆斯·考克斯写信时说："我在海德公园度过了一个很不错的夏天，温暖的气候、新鲜的空气以及游泳的锻炼让我的感觉好极了。"在给伦纳德·伍德将军的信中，他甚至吹嘘说他的大腿肌肉"已经完全恢复了"。

10月9日，在离开15个月后，富兰克林·罗斯福又回到了他位于富达储蓄担保公司的办公室里。罗斯福决定自己走过去。他要自己跨过人行道，走进大门，穿过大厅，一直走到了远处的电梯里。当他不用司机的搀扶，独自艰难地走过人行道时，街上的路人都驻足观看。有人为他打开了大门，有人站在旁边给他让路。当他走过大理石大厅光滑的地面时，他有些吃力，汗水从头上淌了下来。突然，他的左腿一个趔趄，眼看就要滑倒了。司机伸手去搀扶他，可惜已经太晚了，罗斯福已经躺在了大理石的地面上，拐杖摔到了一旁。旁边的人都冲了上去，但是又退了回来，因为他们不知道该怎么办。

在挣扎了一番之后，罗斯福终于坐了起来。他自嘲地笑了笑，对周围捏了一把汗的人们说："没什么好担心的，很快就好了，来扶我一把。"两个小伙子走上前去，和司机一起把富兰克林·罗斯福扶了起来。有人把他的拐杖拿了过来，又给他戴好了帽子。他说："我们走吧。"周围的人群自动给他闪出一条路，大家都屏住呼吸，目送着罗斯福离开大理石大厅。罗斯福一路对众人点头微笑，艰难地挪动着每一步，露出了他已被拐杖磨白了的衣袖。

在对他的朋友利文斯顿·戴维斯描绘那一天的情形时，他仅仅提到"在公司受到了盛大的欢迎，在那里吃了午餐，前后待了4-5个小时"。

后来，罗斯福终于同意坐轮椅过来上班。他开始一周来 2 天，后来一周来 3 天，最后是一周 4 天。但是，罗斯福再也没有回到他的法律事务所去，他在给范·利尔·布莱克的信中写道："那些合伙人都很好，很有活力，但他们的业务都是关于房产、遗嘱这些事情，我很讨厌这些事情。"后来，富兰克林·罗斯福决定成立一个新的法律事务所并以他自己的名字命名。他对布莱克说："这样就可以显示出公司和我的关系。"

那天在大厅中把罗斯福扶起来的年轻人中，有一个人的名字叫巴兹尔·奥康纳。他是一个红头发的年轻人，就在富达公司隔壁的公司供职。巴兹尔早年从达特默斯大学毕业（被同学们公认为"最前途无量"），后来又到哈佛大学深造，正是罗斯福寻找的那种精力过人的合伙人。他足以胜任和各种石油天然气行业内的国际客户打交道，而且他每天所关心的所有问题就是努力工作。

他俩一拍即合。富兰克林·罗斯福很看重奥康纳的积极进取和专心投入；奥康纳很欣赏罗斯福面对挫折的态度，在压力下保持的那种优雅，而且也看到了罗斯福的名望所能带来的信誉和商机。他们决定合伙。公司的名字为"罗斯福—奥康纳"公司。公司以罗斯福的名义承揽业务，对外声称"提供各种法律咨询"，而具体工作则由奥康纳来完成。作为酬劳，罗斯福每年从公司拿 1 万美元的工资。

同罗斯福与路易斯·霍韦的关系一样，奥康纳与罗斯福性格与背景上的差异性使他们能够走到一起。奥康纳的父亲是马萨诸塞州陶顿市的一个穷得叮当响的铁匠。在达特默斯的时候，奥康纳曾经在酒吧拉小提琴谋生。他和富兰克林·罗斯福成了终身的朋友，他们的合伙关系一直持续到罗斯福的逝世。后来，罗斯福当总统之后，常常利用奥康纳来传话——他是一个罗斯福总统可以信赖的渠道。1920 年的时候，他俩的公司的办公室就设在富达公司的隔壁，这让罗斯福很容易就可以把两边的电话转接到他的办公室里。

富兰克林·罗斯福密切关注着民主党的政治发展。1922 年 12 月，当有人提出寻找一个有魅力的候选人领导民主党的时候，他公开表示反对。他给《纽约先驱报》的拜伦·牛顿写信时说："个人色彩太浓的候选人没有什么帮助，在过去五六十年里，我们党在提名总统候选人时每次都像在碰运气。我们要做的是，要让全国民众都知道共和党的统治就意味着大富豪的统治，是服务大富豪的利益的。这才是问题的关键。"

罗斯福以 1500 美元租了一艘 60 英尺长的船屋——"维欧娜二号"，计划花几个月的时间在佛罗里达群岛漫游。最初的一段时间埃莉诺在船上陪伴他，但实在觉得枯燥乏味，没过多久，她就回了纽约。

但富兰克林却很享受这样的生活。不时还有一些老朋友上船来看他，其中包括他在卡特律师事务所时的好朋友莱迪亚德，哈佛上学时的同学德·拉姆和劳伦斯。

路易斯·霍韦给罗斯福带去了一些需要他读的文件，也在船上待了几天。和埃莉诺一样，霍韦钓鱼的运气也不好，但他喜欢船上无限量供应的朗姆酒。

这次旅程对罗斯福非常有好处。他给母亲萨拉写信说："我觉得温暖的气候和适量的锻炼对我的身体很有好处。我的皮肤被晒得黝黑，体格也健壮了许多。朋友们都很好，都很细致地照顾我。大家穿着都很随便，我觉得开心又放松。"当航程于3月底结束时，罗斯福觉得自己的腿已经好了很多，也许很快就可以开始挂着拐杖走路了。他写信给参议员卡特·格拉斯时说："除了戴着矫形器有些不舒服外，我觉得自己的身体状况非常棒！"

在罗斯福回家后，他的理疗师凯瑟琳·莱克马上给他做了一次身体检查。他的身体恢复得很好，看起来至少年轻了十岁。然而这种状态并没能持续多久。纽约过于忙碌的生活很快就让佛罗里达之旅的积极影响无影无踪。莱克夫人写信给洛维特医生说："他白天总是忙于繁重的工作，晚上又要忙于交际。如果他的妻子能说服他不要那样做的话，情况就会好很多。他自己已经开始意识到城市生活对他的负面影响……但他的家人老是给他各种各样的意见，一会儿让他这样，一会儿又建议他那样，弄得他无所适从又很辛苦。"

1923年5月，罗斯福去波士顿接受了洛维特医生的全面检查。医生告诉埃莉诺，罗斯福目前适应得不错，但身体状况并没有太大起色。他的胳膊和脖子都正常，内脏器官、膀胱和性器官也都正常。但他的腰部以下仍然瘫痪。他无法收缩臀部肌肉，腿部肌腱及脚趾也几乎无法活动。6个月以后，德雷珀医生证实了洛维特的诊断。德雷珀医生在日志里写道："对于他最终的恢复情况我很失望。我觉得他已经无法痊愈。我只希望我的判断是错的。"罗斯福拒绝将这个医学结论当作最终的判定。他还是继续治疗，希望奇迹能出现。他加大了训练量和游泳的次数，但这一切只是让他体力更好，行动更敏捷，却并没有让他重新站起来。

罗斯福认为，佛罗里达群岛温暖的海域航海会彻底治愈他的身体。他常说："是水让我陷于瘫痪，所以水也应该会让我康复。"1923年的佛罗里达之旅结束没多久，他就说服约翰·劳伦斯和他一起以3750美元的价格合买了一艘二手船屋。他们将其命名为"拉鲁科"，是"劳伦斯""罗斯福"和"公司"三个词的缩写。他们计划每年冬天都驾驶它去佛罗里达海岸航海。

1924年2月11日，罗斯福病后第一次出国。"拉鲁科"有71英尺长，劳伦斯常说它看起来就像一座漂浮着的房子。这艘船的船身已变得斑驳，下雨的时候舱壁还会漏水，动力系统也只不过是两个35马力的难以驾驭的老式引擎，就像是两个古董。尽管如此，罗斯福还是称赞"拉鲁科"号"是一艘很棒的小船"。

　　罗斯福的舱室连着一间浴室，位于船的左舷。从那里穿过一小段通道后，有两个供客人居住的小舱室，每个舱室里有两张床。在它们的上面是一个大的舱室，有舵手室的两倍大。这个大舱室上是一个带遮阳篷的宽阔甲板，船上雇用3个工作人员，分别负责驾驶、烹饪打扫以及机械维护。

　　米西·莱汉德和富兰克林·罗斯福的贴身用人勒罗伊·琼斯陪他开始了这次航行。琼斯在罗斯福的生活中扮演了默默无闻却十分重要的角色。他每天早上叫罗斯福起床，为他洗澡、穿衣，照顾他生活起居中的一切琐事。他是一个性格温和的护工，如果没有他，罗斯福的生活会变得混乱不堪。米西是罗斯福的私人秘书，就像是家庭一员。她一直全心全意地为罗斯福服务，罗斯福和家人也对她十分信任。

　　1924年冬，玛格丽特（米西）·莱汉德刚满25岁。莱汉德是一位举止得体的、谦和的淑女，非常能干，做事总是有条有理。她是纽约州波茨坦市人，在马萨诸塞州长大，是一位波兰裔园丁的第三个孩子。1921年，在埃莉诺的建议下，她辞去了民主党全国委员会的工作成了罗斯福的全职秘书，负责副总统竞选活动结束后罗斯福的所有信件来往。担任罗斯福私人秘书的三年里，她成为罗斯福十分倚重的人，负责罗斯福的办公室事务，帮他筛选访客，留意他的一切喜好。她以一贯的礼貌和得体的处事方式让所有被拒绝的人也都感觉很舒心。她住在纽约的一个亲戚家。由于离罗斯福的寓所很近，她总是可以随叫随到，后来几乎和路易斯·霍韦待在罗斯福家的时间一样长。

　　周末时，米西常常陪罗斯福去海德公园散步。多年来，她已经习惯了以罗斯福的生活为中心，习惯了揣度罗斯福的好恶、他喜欢的饮料和消遣方式、甚至他的用词方式。她总是称呼他"F. D."——只有她可以这么称呼。和霍韦一样，她常常直言不讳地指出罗斯福的错处。最高法院大法官费利克斯·法兰克福特曾评价她说："她是极少数不对上司唯唯诺诺的人。她从不对总统说他想听的话，而总是说她的真实看法。"

　　最令人感叹的是埃莉诺总是完全支持米西，也真心关心她。正如埃莉诺的朋友和传记作者约瑟夫·拉什所说："埃莉诺很感激这个年轻女子。她知道活动不便使富兰克林的生活变得琐碎而艰难，正是米西让他从成天闷在家里的焦虑中解脱出来，并通过大量的信件往来继续和政界保持联系。这减轻了埃莉诺由于不能为富兰克林做些什么而产生的负疚感。"

　　1925年以及1926年春天，又是米西和勒罗伊·琼斯陪富兰克林乘坐"拉鲁科"号进行了两次远行。在那之后，罗斯福就停止了这种旅行。他开始觉得厌倦，海里的鲨鱼使他和客人们都无法下水游泳，有细沙的沙滩也太少，而且之间相隔太远。所以从1926年的那次航行之后，"拉鲁科"号就一直被闲置在皮尔金顿游艇港口里，等待被罗斯福和劳伦斯卖掉。那年9月的一场飓风将"拉鲁科"号吹到了上游地区，使它搁浅在一片松林边。罗斯福后来又试图将它当作狩猎小屋卖掉，可还是没成功。就这样，它最后变成了一堆散掉的木头。

1924年4月底，罗斯福结束航行回到了纽约。那时新一届总统竞选活动正如火如荼地进行。阿尔·史密斯在以压倒性多数票当选为纽约州州长后正寻求成为民主党总统候选人。他在党内主要的竞争对手是伍德罗·威尔逊的女婿、前任财政部部长威廉·吉布斯·麦卡杜。麦克杜是个严肃的新教徒，是个老古董。他因为支持禁酒令而获得了布赖恩和党内来自农村地区党员的好感，还获得了3K党①的青睐。在史密斯方面，他得不到以上力量的支持。他的支持者是党内的城市地区党员以及进步主义者。除此之外，罗斯福也很早就宣布支持史密斯。

1924年的民主党全国代表大会定在纽约召开，这对史密斯有利。而查尔斯·墨菲当时也掌控着整个活动，这使塔曼尼协会相对于其他大城市的民主党组织又处于优势。然而，墨菲却于1924年4月25日突发严重心脏病去世，这使得史密斯阵营一下子陷于群龙无首的状态。罗斯福在写给新闻媒体的评论中说："纽约失去了它最强有力的、最具智慧的领导者。"

两天后，最受阿尔·史密斯信任的两个竞选顾问拜访了罗斯福。他们对罗斯福说史密斯的竞选阵营需要一位领导者。他必须在国内享有盛誉，是虔诚的新教徒，性格严谨并且为党内严肃的乡村新教徒党员所爱戴。他们说富兰克林正是符合所有条件的理想人选，希望能邀请他担任竞选班子的主席。

罗斯福马上拒绝了他们的邀请。他认为身体的不方便使他无法来回穿梭于各个会议中，而这却是一个竞选团体的主席应该做到的。两位顾问向罗斯福保证他不用那样做。他们说一切琐事都由他们来替罗斯福完成。他们只是希望借用罗斯福的声名，得到他的支持。

在这样的前提下，罗斯福答应了他们的要求。新闻媒体对此的反应很友好，《纽约先驱论坛报》这样写道："史密斯的团队由于墨菲的去世而损失的政治实力现在被基本弥补了。"

回到政界的聚光灯下后，罗斯福成为史密斯的竞选辛勤的工作者。他清洗掉了自己自从反对比利·希恩以来一直跟随他的反天主教的污点。一位历史学家曾指出："如果看看罗斯福这时的政治通讯录，就会发现它简直就像是都柏林的电话黄页。"罗斯福努力缓解史密斯和麦克杜的支持者之间的怨气和紧张关系，但成效甚微。由于史密斯的宗教信仰和反对禁酒令的立场，他在麦克杜的支持者心中形如魔

---

① 该组织在1919至1920年发生的红色恐慌之后成了国内政治中一支不可忽视的力量。

鬼。而麦克杜也因为利用 3K 党的力量而备受诟病。正如富兰克林所预见的，这种相互之间的人身攻击模糊了民主党与共和党之间的基本政见区别，事实上确保了共和党的候选人柯立芝于 11 月当选为新一任总统。

查尔斯·墨菲的去世给了富兰克林·罗斯福一个机会，使他得以史密斯竞选委员会主席的身份重新回到政界。但是，富兰克林·罗斯福之所以一下子被推到了政治舞台的中心，得益于另一位坚定的塔曼尼协会成员的去世。四年前在旧金山，史密斯的提名人是雄辩的爱尔兰人后裔伯克·科克兰。这次，史密斯本来希望再次由伯克·科克兰来提名他，但是科克兰在前一年去世了，史密斯必须找人来替代他。在民主党全国代表大会召开前夜，史密斯给大法官乔·普罗斯考尔打电话，征求他的意见。

"应该让谁来提名我？"

普罗斯考尔想了一会儿，说："富兰克林·罗斯福。"

"是他？为什么？"史密斯问。

"因为你是来自贫民区的爱尔兰人后裔，而他出生于新教贵族家庭，而且他以前还曾经与你为敌。"

史密斯点了点头，他俩一起到竞选总部去拜访了富兰克林·罗斯福。史密斯对罗斯福说："我和乔已经商量过了，打算让你做提名发言。"

"噢，阿尔，我非常乐意效劳。但是我现在很忙，我要忙着和代表们搞关系，我们没时间写发言稿，乔可以帮我写吗？"其实，普罗斯考尔已经准备好了一个草稿，演讲的最后一句是威廉·华兹华斯对"无畏的勇士"的赞词。虽然罗斯福觉得对于普通代表而言这句话太文绉绉了，但因时间所限，他还是同意这么说。他对普罗斯考尔说："可能效果不会很好。"

1924 年 6 月 24 日，民主党全国代表大会在斯坦福德怀特大厦举行，这次代表大会是民主党历史上历时最长的大会。出席代表大会的代表一共 1098 人，按照民主党三分之二的规定，如需获得提名，需要获得 732 票。此次会议一共历时 17 天，经历了 103 投轮，最终决定提名来自西弗吉尼亚的约翰·戴维斯。戴维斯作为一名律师在华尔街取得了很大的成绩，之所以选择他，完全是因为需要在史密斯和麦卡杜之间作一个妥协。1924 年的民主党代表大会还是历史上首次在全国范围内由收音机现场直播的代表大会。

6 月 24 日，富兰克林·罗斯福作为纽约代表团的主席坐在轮椅里出席了全国代表大会开幕式。此外，他还出席了此后的每一次会议。他每天的到场都经过了精心的准备。他的车停在会场所在的大厦侧门，然后让他 16 岁的儿子詹姆斯把他推进去。当他们到达离纽约州代表团最近的一个门时，詹姆斯会给他的父亲装上矫形器扶他站起来，然后罗斯福再自己走进会场。罗斯福会用左手抓住他儿子的上臂，然后把身体的大部分重量压在他右臂下的拐杖上，这样慢慢地一步一步向前。为了尽可能顺利地通过走道，罗斯福每次早早就到达会场，然后等人都走了再离开。罗斯福和詹姆斯一起走的时候，他开玩笑说："这样就不会把人们吓死了。"后来，詹姆斯回忆说："对父亲来说，走到座位上的过程真是一种折磨，为了大会全体起立的仪式，我们在椅子上练了好多次，他站起来的时候我扶着他，他坐下的时候我给他把拐杖拿开。当他坐下后，我的任务就是站在一旁，做点杂事，传传话，而当父亲想站起来的时候我就得扶着他。"

会场里的走廊上挤满了塔曼尼协会的支持者，当罗斯福每天沿着走道往下走的时候，人群都会爆发出阵阵掌声。通过无线电广播，人们听到了会场里的掌声，还听见主持人说："我不知道为什么，但是我想可能是富兰克林·罗斯福来了。他常常因为他与病魔顽强的斗争而受到人们的赞誉……是的，就是他进来了。他正沿着走道拄着拐杖慢慢向前走。"

按照计划，罗斯福将在第 12 天的中午发表演讲，那天是星期四，6 月 26 日。那天，萨拉、埃莉诺以及他们的四个孩子都站在走廊里等着听他的演讲，南茜·库克和玛丽昂·迪克曼也和他们站在一起。迪克曼回忆道，富兰克林·罗斯福为此次演讲做了精心准备，"别人都不知道他是怎么为此做准备的。他们丈量了从 65 大街的图书馆到演讲台的距离，然后他练习了如何走过这段距离。哦，他实在是太努力了。"

在中午刚过的时候，富兰克林·罗斯福和詹姆斯离开了他们的座位，慢慢沿着走道向上走。詹姆斯回忆说："很有意思，父亲看上去很轻松，很自信，很无所谓，但是我可以感受到他心里的紧张。"

最后，他们终于走到了讲台。当主持人在介绍罗斯福的时候，他在主席台上对站在旁边的宾夕法尼亚州的约瑟夫·古费说："乔，去摇一摇讲台。"很明显，古费没有明白他是什么意思。罗斯福又重复了一遍：他想确定演讲台是否牢固，因为在他演讲的时候他要靠在上面。古费去试了试，然后告诉他说讲台很牢固。然后，罗斯福就得自己走过去了：为了这一刻，他练习了很久。詹姆斯把另一根拐杖交给了他，然后他开始自己拄着双拐向前慢慢走。在这一刻，玛丽昂·迪克曼屏住了呼吸，在心里默默地为罗斯福祈祷。她回忆说："就像经过了一个小时。"弗朗西丝·珀金斯当时坐在主席台旁边，她回忆说大厅里的人们好像都屏住了呼吸。

当罗斯福艰难地走向演讲台时，在场的 8000 名代表、候补代表以及观众都凝神注视着他。他那戴着矫形器的双腿每一次沉重的落下都仿佛在向人们诠释着什么叫作勇气。当他终于到达演讲台之后，他没有能够向大家挥手致意，因为他要紧紧地抓住讲台以免摔倒。他只能向众人绽放他迷人的笑容，昂着头，支着肩，整个会场传来雷鸣般的掌声。所有的代表都起立向他致意，持续了三分钟之久，人们看到了他的表现，心里充满了敬畏。

罗斯福的演讲一共有 34 分钟。他深沉的声音在会场上空盘旋，虽是娓娓道来，却非常激动人心，激动的人们时不时以鼓掌和欢呼打断他的演讲。当他的演讲到达结束语部分时，他几乎是以抑扬顿挫的嗓音唱出了那几句话："他是打击谬误的强大力量，让他的敌人在他的面前瑟瑟发抖。从他的口中，我们不仅听到了他的真诚，还有他的正义。他是政治战场上的'勇士'——艾尔弗雷德·史密斯。"

玛丽昂·迪克曼回忆说："人们都疯狂了，这真是个伟大的演讲。"当时，《纽约时报》把富兰克林·罗斯福称作此次大会上最耀眼的人。《先驱论坛报》称赞他为"会场和主席台上最重要的人"。密苏里州代表团团长汤姆·彭德格斯特回忆说："如果罗斯福身体条件允许的话，大家会一致欢呼提名他来担任总统候选人。"

在罗斯福发表完演讲之后，会场上的人们发起了一次游行，时间超过了一个小时，代表们排着队绕场走着，人们都在走廊里欢呼，整个会场都在齐声合唱史密斯的竞选主题歌"纽约的人行道"。

富兰克林·罗斯福一直站在那里，靠在讲台上一动没动。人们没有想起来他该如何离开这个问题。弗朗西丝·珀金斯说："我看到周围的那些大胖子政治家，我知道他们肯定想不到。"于是她邀集了周围的几个女性，她们快步走到台上，站在了罗斯福前面，遮住了大家的视线，让罗斯福得以慢慢离开。在人们还在欢呼的时候，罗斯福终于同意詹姆斯把轮椅推到主席台的后面，这样他就可以坐在轮椅上被推出去了。

当晚，罗斯福在 65 号大街的驻地为纽约州代表团举行了一次招待会。玛丽昂·迪克曼到得很早，想看看埃莉诺有什么要帮忙的。当她到的时候，管家告诉她罗斯福先生在楼上，想要见她。"他半躺在床上，很明显，他非常累。但是他的精神很好，他伸出了他的胳膊。"他说："玛丽昂，我终于把这件事做好了。"

● 第十一章 ●
州　长

1925 年至 1928 年间，富兰克林和埃莉诺一直聚少离多。原因有很多，一部分是因为孩子们都不在家，都在外面上高中或大学，也因为埃莉诺当时和玛丽昂·迪克曼一起在托德亨特学校教书，而罗斯福却在南方的"拉鲁科"号游艇上或沃姆斯普林斯的温泉疗养院里疗养，希望能治好他的双腿。但他们二人都与民主党政界保持着密切的关系。埃莉诺一边教书一边参与编辑民主党女性党员的党报《民主党新闻女性版》；罗斯福则保持着与全国各地的民主党政治家的大量通信往来。埃莉诺在很多时候充当了罗斯福代言人的角色，但他们之间却常有摩擦。弗朗西丝·珀金斯曾说："埃莉诺和罗斯福争执的原因常常是由于罗斯福不听她的意见……他只是希望她做自己的传声筒，而不是像大多数丈夫一样会征求妻子的意见。"

在埃莉诺的女性朋友中，罗斯福最喜欢南希·库克和玛丽昂·迪克曼，他甚至将她们称为"我们的哥们儿"。在她们面前罗斯福总是以亲切的老大哥自居，而她们也一直为推进罗斯福的事业而努力工作并很珍惜这种通过埃莉诺建立起来的友谊。罗斯福还建议为她们三个密友在海德公园的小溪边建一所房子。他不仅提供了土地，还亲自监督了房子的建造。

房屋竣工后，罗斯福将它命名为"蜜月小屋"。这个名字很贴切，一开始埃莉诺、玛丽昂和南希常常一起睡在一个阁楼式的大寝室里。这个寝室里的大多数家具都是南希和助手们一起亲手做的，都刻上了三人名字的首字母"E. M. N."。而埃莉诺则为所有的毛巾和亚麻制品也都绣上了三人名字的首字母"E. M. N."。三个女人还收到了各种各样恭贺新屋落成的银质的、水晶的、陶瓷的礼物。其中那些瓷器上也烧制上了缠绕在一起的三人名字的首字母。富兰克林经常为给房子添置物品，主要是植物和野餐用物品。他还送给迪克曼一本特意为她定制的儿童读物《迪克曼游记》，在扉页上，罗斯福写下了这样的祝语："献给我的小行者。她总是朝着美、爱和光明勇敢前进。——赠与人：爱她的富兰克林叔叔"另外他还写下了这样的字句："溪畔小筑三女神图书馆初版收藏。"

这所房子一时间成了三位女士生活的中心。南希和玛丽昂都保留了各自位于格林威治村的公寓供上班时居住，但一到周末就会回到小溪边的家。对于埃莉诺来说，现在的生活与她在其他女权主义者的熏陶下逐渐树立起的理想的反叛式的女权主义生活十分相符。游泳池随时对富兰克林和他的朋友们开放，泳池边还有一个特别的烧烤用的小坑可供罗斯福他们烤汉堡。但总的来说，溪边的这处房屋还是女性的天地。在这里，女人们推崇自信的态度，埃莉诺的责任感也轻松而自然地得到了满足。

萨拉很体贴地赞成这个计划。当萨拉看到媳妇全身心地投入了新的生活中时，她毫不犹豫地选择了支持她。她和埃莉诺一同出席各种政治午餐会和晚宴，成了埃莉诺的忠实保护人。不论这些活动是否对富兰克林的事业有益，萨拉都义无反顾地支持埃莉诺参加。

埃莉诺在小溪边的屋子里度过愉悦时光的同时，罗斯福正在佐治亚州的沃姆斯普林斯疗养。1924年民主党全国代表大会期间他就听说这个位于丘陵地带的度假地的温泉有很好的理疗功效。当时正在佐治亚州哥伦布市过冬的华尔街银行家乔治·福斯特·皮博迪告诉富兰克林热矿泉具有神奇的疗效。那时皮博迪刚刚买下了一个位于温泉地带的宾馆，将其改建为麦瑞维尔德酒店。他一直热情邀请富兰克林去那儿休养，试试温泉的疗效。

罗斯福一开始并不太感兴趣。但1924年夏天，皮博迪给富兰克林看了一大堆的鉴定书，终于激起了罗斯福的好奇心。当年10月，罗斯福、埃莉诺以及米西一起去了温泉酒店亲身感受温泉的神奇作用。埃莉诺在那儿待了一天，由于不喜欢当地浓厚的种族隔离气氛以及贫穷的状况而早早回到了纽约给阿尔·史密斯的州长选举帮忙。富兰克林和米西则在那儿多待了3周。

罗斯福觉得沃姆斯普林斯富镁的温泉水浮力更大。在麦瑞维尔德酒店的游泳池里游泳让他觉得他的双腿又可以支撑他的身体了。靠着强壮的手臂和肩膀划水，他可以自如地在泳池里穿梭。他觉得自己在沃姆斯普林斯所待的3周里的进步比之前3年的还大。自1921年8月以来，他的脚趾第一次有了感觉。他一次能在水里待2个小时都不觉得累，这让他感到很欣喜。

罗斯福一回到纽约就开始计划买下沃姆斯普林斯并把它改造成为小儿麻痹症患者的疗养地。他对萨拉说："我认为它可以为小儿麻痹症和类似病症的患者提供治疗。"埃莉诺却担心罗斯福是在浪费他的资源，她觉得他并没有足够的耐心来获得最终的成功。也有其他的一些朋友认为罗斯福无法承担如此大的一项计划。皮博迪为这片产业开价20万美元，这几乎是他一年前买下这处地方时所付价钱的一倍。但路易斯·霍韦却很支持罗斯福的设想，马上开始筹集资金。另外米西也没有表示反对。最重要的是，萨拉也支持罗斯福。

对于罗斯福来说，沃姆斯普林斯项目为他提供了一个全面管理大项目的机会，这对于他重拾自信非常有帮助。沃姆斯普林斯将会是他一个人的天地。和溪边小屋对于埃莉诺的意义一样，在这里他可以随时随地做他想做的事，不像在海德公园和东65大街的寓所里那样受拘束。更重要的是，在这里他可能有机会和与脊髓灰质炎抗争。罗斯福并没有接触过任何物理治疗方面的学习，但他却是最早将它付与实践的人。他那富有感染力的热情至今为止鼓励了很多已失去信心的脊髓灰质炎患者。当他在泳池里训练时或者懒洋洋地享受阳光时，抑或是和路过的每个人愉快地聊天时，他都用自己的亲身经历给那些同样遭受不幸命运的人们注入了永不服输的勇气。他称自己为"老罗斯福医生"，对那些来到沃姆斯普林斯疗养的人们都很感兴趣。

1926年4月，罗斯福完成了与皮博迪的谈判，以20166783美元买下了麦瑞维尔德酒店及其附属的温泉池、度假屋，还有1200英亩未开发的土地。这笔钱差不多是他全部财产的三分之二。之后不久，他又买下了毗邻的1750英亩土地。在萨拉的帮助以及霍韦不知疲惫地奔走下，罗斯福成立了沃姆斯普林斯基金会。基金会由一群事业有成的支持者们组成，其中包括华尔街的银行家皮博迪以及鲁塞尔·莱芬韦尔这样的富商。艾兹尔·福特个人就投入了2万5千美元用于为泳池修建玻璃幕墙及玻璃顶棚。

沃姆斯普林斯项目对于罗斯福来说是一个挑战，所以他全力地投入到了每一个细节中。他说服了勒鲁瓦·于巴尔医生来到沃姆斯普林斯负责病人的治疗工作。他是一位享有盛誉的矫形外科医生，曾在纽约州卫生部指导康复医疗工作。于巴尔医生还带来了一位训练有素的护士以及理疗师海伦娜·马奥尼小姐。这位理疗师稍后为疗养院雇用了十几位皮博迪医学院的毕业生帮助来疗养的病人们进行理疗。罗斯福曾给一位波基普西的患者写信告知价格，他写道："我们的价格标准是每周42美元，包括了治疗桌租用费、住宿费、医疗和理疗费、泳池入场券等费用。事实上，除了您的路费和香烟费用外全都包括在内。"尽管价格不低，疗养院也不会将支付不起费用的病人拒之门外。贫困的病人会得到罗斯福设立的病人资助基金的帮助。一旦基金资金不足时，他就会吩咐疗养院将账单寄给他，他会为之自掏腰包。

从1926年秋至1928年秋，罗斯福有超过一半的时间都在沃姆斯普林斯的疗养院度过。他为自己也修建了一个度假屋。度假屋只有一层，还设计了通向室内的车道，这样他就可以直接驾车开进房子里。他还自己设计制作了一套方向盘操作工具，这样他就可以自己驾车在佐治亚的乡间行驶了。一位当地的机械师将一台老式的福特T型汽车按照罗斯福的要求做了改造。1926年年底时，罗斯福终于可以驾着车以每小时20公里的速度奔跑在沃姆斯普林斯的乡间公路上了。罗斯福是一个自信的司机，能很轻松地驾驭汽车。在依赖别人的帮助5年之久以后，没有什么能比驾驶这辆汽车更能带给他乐趣了。渐渐地，他变得和当地的邮递员一样为麦瑞维尔德县的居民所熟知。

就这样，罗斯福成了麦瑞维尔德县的头号居民。他沉醉于佐治亚州乡村民众的质朴生活。在后来的两次总统竞选中，他在该县分别赢得了相当于对手所得票数50倍（1932年）和16倍（1944年）的高得票数，而他在纽约和达奇斯县的总统竞选投票中却从未赢得过胜利。罗斯福总是说佐治亚州人民开放而友好。他记得很多麦瑞维尔德县人的名字，把他们看作自己的朋友。他经常独自驾驶着他的福特车到田地里与农民们谈论农作物和牲畜，然后开着车来到县城的药店，鸣响喇叭叫店员给他拿瓶可乐，接着又摸到当地某个私酒贩子的老巢里向他买上一些玉米酒。

跟人聊天的同时，富兰克林也在倾听。那些关于农产品价格过低、银行破产以及乡下穷苦农民的故事都被他收藏在心里带到了白宫。从麦瑞维尔德县的穷苦居民那里，罗斯福知道了没有电没有自来水的生活是什么样子，知道了没有鞋穿，衣不蔽体的孩子过着怎样的生活，也知道了对于很多居住在贫瘠的偏远地区的家庭来说，供养孩子念完初等学校都是何等遥不可及的事情。麦瑞维尔德县出产玉米和粗绒棉，但常年干旱缺水、农产品价格低贱以及墨西哥棉铃虫害使得该县一直处于贫困状态。当地的农场规模都很小，基本靠畜力完成农业劳动。农民们没有拖拉机，而同时他们的贷款债务却又在持续上升。罗斯福也曾在当地经营农场，试着发展畜牧和林木，却也以失败告终。

另一方面罗斯福的沃姆斯普林斯疗养院却经营得不错。富兰克林很有信心地对萨拉说："您不用担心亏损。我们把每一步都规划得很好，疗养院的各个项目都至少能保本，有的应该还有利润。"美国矫形科协会赞同巴尔医生的疗法，因此，到1927年底全国有71%的脊髓灰质炎病人都曾到疗养院接受过治疗。到了1928年这一比率甚至上升到80%，达到了疗养院容纳能力的极限，同时疗养院的职员也达到了110名。直到罗斯福就任总统，沃姆斯普林斯疗养院都不再有财务方面的担忧。原来为疗养院筹款而发起的"10美分活动"此时也开始转向资助国内的脊髓灰质炎研究。

在罗斯福为沃姆斯普林斯疗养院辛劳工作的同时，埃莉诺也正忙于位于派克大街的托德亨特女校的教学工作。她承担了历史、英语和时事三个科目的教学。1927年，埃莉诺和玛丽昂·迪克曼以及南希·库克一起从学校的创建者威妮·弗雷德手中买下了托德亨特女校。这是纽约市一所著名的精英私立女校。之后，迪克曼担任了学校的校长，埃莉诺担任副校长。和艾伦伍德女校一样，托德亨特女校也重视鼓励女性追求自我价值的实现，埃莉诺将其作为办校的宗旨。她是一位极有天赋的教师，常常鼓励她的学生们挑战权威，还有意无意地引导学生们为民主党的社会理想而坚持奋斗。

　　渐渐地，埃莉诺成了许多学生的行为榜样。她总是对学生强调要对自己的生活负责。她说："将来，女性们不会再因为她们的性别而受到任何限制。"对于埃莉诺本人来说，在托德亨特女校的教师事业就代表着自我价值的实现。1932 年，她曾对《纽约时代周刊》说："那是我最喜欢的工作。"

　　因为罗斯福忙于恢复性训练而埃莉诺正专注于自己的事业，大部分养育孩子的责任就落到了萨拉身上。在圣詹姆斯教堂为孙子詹姆斯举行坚信礼时，就是萨拉代替他的父母站在了家长席上。也是她和表亲苏茜·帕里什陪着孙女安娜参加了她正式进入社交界的舞会。萨拉还两次带安娜和詹姆斯去欧洲旅行。在格罗顿中学，生活不如意的埃利奥特也要求和祖母同住，并就读海德公园的高中。安娜和其他两个年龄较小的男孩儿小富兰克林和约翰都在纽约市上学，经常到萨拉位于海德公园的住所度周末。

　　罗斯福的训练效果非常好。到 1926 年的时候，富兰克林·罗斯福已经可以右手拄着一根小手杖、左臂架着拐走一段距离。但是，由于拐杖和手杖不一样长，让罗斯福非常难受。他也尝试过拄着两根手杖走路，但是由于总是偏向一边，也非常不舒服，而且还非常容易摔倒。这两种走路的方式都不正常，也都不能向世人说明罗斯福正在恢复。在和马奥尼小姐一起尝试了很多次之后，罗斯福逐渐找到了一种好办法。他一只手拄着拐杖，另一只手紧紧地抓住旁边人的胳膊，这样配合着向前走。1924 年，当他走在民主党全国大会会场的走道上的时候，他是一手拄着拐杖，另一只手紧紧地抓住詹姆斯。现在，用手杖替代拐杖之后，他看上去更加正常。后来，当富兰克林·罗斯福出现在公共场合的时候也总是用这种方式。

　　当罗斯福在沃姆斯普林斯恢复疗养的时候，政治从来都没有远离过他。1926 年，他北上为民主党纽约州代表大会做主题发言，并且委婉地拒绝了好心的人们希望让他竞选联邦参议员的提案。

　　路易斯·霍韦建议："请您看上去憔悴一些，那样人们才会相信在未来两年内您的身体不允许您参加任何选举。"1926 年，阿尔·史密斯以压倒性优势重新当选州长，并且在党内总统候选人提名的竞争中占据了较大优势。在 1924 年的惨败之后，城镇与农村的民主党人弥合了他们的分歧，为了表示出和解共赢的姿态，麦卡杜决定不再参选，而史密斯阵营则接受了选择得克萨斯州休斯敦作为民主党全国代表大会的会址——这是 1860 年以来民主党首次在南部举行全国代表大会。这一次，史密斯再次请求罗斯福发表提名演讲。对于罗斯福来说，这是再一次成为众人焦点的机会，也让他有机会向党代表们展示他从 1924 年以来的理疗所取得的成绩。埃莉诺给罗斯福写信说："我告诉大家你去休斯敦的时候不会带拐杖，所以你一定要坚持。"

　　为了参加民主党全国代表大会，富兰克林·罗斯福早早地就离开沃姆斯普林斯。他乘火车穿过了美国中西部地区，沿途为史密斯造势，同时也与他的儿子埃利奥特一起练习如何用手杖和手臂协同走上讲台。罗斯福提醒埃利奥特，无论他觉得多么紧张，都要表现得轻松愉快。不能让别人看出他们很费劲。

　　和 1924 年一样，富兰克林·罗斯福是史密斯的竞选主任。除了一些来自南部的民主党新生代世家子弟以外，没有人对史密斯构成什么实质性的威胁，因此，罗斯福的提名演讲主要针对的是即将通过广播收听大会实况转播的 1500 万听众。后来，罗斯福在给沃尔特·李普曼的信中写道："我主要是为了广播听众和媒体来写的演讲稿，史密斯肯定能获得足够的选票，因此我针对的对象是全国的共和党人士和中间选民。"富兰克林·罗斯福意识到了新媒体的出现使得竞选方式发生了很大变化，需要演讲者抛弃传统竞选中辩论式的辞藻。在将来的岁月里，罗斯福非常纯熟地运用了这一技巧，能够向收音机前的听众更好地展示他的人格魅力。在这方面，罗斯福比所有 20 世纪的美国政治家做得都要好。

　　在民主党全国代表大会开幕的那一天，罗斯福的状态很好。当他和埃利奥特走上主席台的时候，他已经不像 1924 年那样挂着显眼的拐杖了。当时，全场 15000名代表和观众都向他欢呼致意。富兰克林·罗斯福的健康表现和他高昂的精神状态深深地打动了人们，让人们并不觉得他是个残疾人。在演讲台上，他看上去非常放松和自然，不断向观众们点头致意。在人们鼓掌欢呼的时候，他还时不时挥动着他的右手。

　　这篇演讲是罗斯福最精彩的演讲之一。他一再强调了史密斯的优秀品质。在后来看来，他用来形容史密斯的那些诸如宽容、忍让之类的美德似乎都在形容他自己。罗斯福在演讲中说，要成为一个伟大的总统，"必须要有能让无知小孩和无声的动物都能喜欢上的优秀品质，必须要有能够帮助人们走出悲伤和困难的优秀品质，必须要有让敌人也崇敬的优秀品质——要有一颗仁慈的心，关心所有的人。"

　　在说这些话的时候，罗斯福已经不是 1920 年竞选副总统时的那个政治上不成熟的海军部副部长了。他的结束语让人们再次想起了勇士的形象，让全场代表们再一次站了起来展示民主党的团结一致。在第一轮投票中，史密斯就以 849 票获得了提名。参议院少数派领袖阿肯色州参议员约瑟夫·鲁滨逊接受了副总统参选人的提名，与会的全部代表都觉得在 11 月的选举中肯定能够击败赫伯特·胡佛和查尔斯·柯蒂斯的组合。

　　但是，民主党大会时的气势很快就消退了。当时，除了农业之外，美国的经济正处于繁荣之中。共和党在参众两院的优势似乎无可动摇，而赫伯特·胡佛尽管看上去有点不爱说话，但是与不再参选的卡尔文·柯立芝相比也显得更有魅力。对民主党而言更糟糕的是，除了东海岸地区的城市居民、天主教徒以及自由主义者之外，其他人好像并不钟情于史密斯，特别是农村居民、美国原教旨主义者。此外，他与大企业之间的联系也让民主党失去了一部分工人阶级传统票仓的支持。在选举演讲台上，史密斯的表现也非常糟糕，比他那小市民的形象更加狭隘。

富兰克林·罗斯福谢绝了史密斯的邀请，没有出任民主党全国委员会的主席，也一再谢绝了提名他参选州长的好意。他和霍韦都认识到，1928 年对民主党来说不是一个好时机，罗斯福更想花时间来恢复他的腿部健康。那样，他就有可能在 1932 年当选州长，甚至还有可能在 1936 年问鼎总统宝座。（罗斯福和霍韦认为胡佛有可能在 1932 年连任成功。）当 9 月底民主党纽约州代表大会在罗切斯特召开时，罗斯福躲在沃姆斯普林斯，决心远离外界的一切纷扰。

这时，民主党的领导人们开始意识到史密斯的竞选遇到了麻烦。除非他能赢得纽约州的竞选，获得 45 张选举人选票，否则他将无望获得总统宝座。而如果史密斯输掉了纽约州，那他就可能一溃千里，一败涂地。共和党刚刚提名州检察长艾伯特·奥廷格为州长候选人。奥廷格不仅因大力打击哄抬物价和操纵股价而获得了极高的声誉，还因为他出生于纽约的犹太裔工人家庭而大受工人阶层选民欢迎。这位强大的竞争者无疑将会抢走纽约市五个行政区的大量民主党选票。纽约州各县的民主党主席在罗切斯特商谈后一致认为唯一有希望在州长选举中打败奥廷格的就是富兰克林·罗斯福。他们认为罗斯福能额外获得北部地区选民的 20 万张选票。

罗斯福却仍然不为所动。就在州长候选人提名开始的前夕，罗斯福公开致电史密斯重申了他不参选的决定。电文是这样的："我才 46 岁，为了我的家庭和我自己，我应该继续进行恢复训练，取得更大的进步。"

史密斯很愿意相信罗斯福这个推辞的理由，然而塔曼尼协会和北部地区的民主党领导人却只愿意接受罗斯福作为提名候选人。他们的理由是罗斯福在党内没有反对者，也只有罗斯福能挽救颓势。在纽约州民主党委员会书记詹姆斯·法利的坚持下，史密斯再次给在沃姆斯普林斯的罗斯福打去了电话。服务生在泳池边找到了罗斯福，但他却不愿听电话，说："告诉州长我去野餐了，一整天都不会回来。"

由于第二天就要进行州长候选人投票，当天晚上史密斯找到了埃莉诺，请她给罗斯福打电话。史密斯说："他不接我的电话。"埃莉诺告诉史密斯，既然她丈夫主意已定她就不会试图影响他。但她还是同意给罗斯福打电话。埃莉诺接通了罗斯福，将话筒递给了史密斯，然后就匆匆忙忙地去赶到纽约的最后一班火车了。她第二天一早在托德亨特学校还有课。所以直到第二天读报她才知道她走后发生了什么事。

埃莉诺走后，史密斯首先让约翰·雅各布·拉斯科布和罗斯福通话。拉斯科布是民主党全国委员会主席，也是民主党的主要捐助人之一。拉斯科布力劝罗斯福为了政党的利益出来参选。罗斯福的答复是他在沃姆斯普林斯有大量的投资，实在走不开。

拉斯科布忍不住嚷道："见鬼的沃姆斯普林斯！我们会照管好一切的，你不用担心。"拉斯科布甚至说他个人会为罗斯福弥补一切损失。然后他就将话筒交还给了史密斯。

史密斯接着进行了更努力的劝说，他说："接受提名吧，富兰克林。你只要发表几个广播演讲就可以当选。然后你就可以回到沃姆斯普林斯。在你发表完就职演说并向议会递交文件后，你又可以再次返回沃姆斯普林斯，在那儿住上好几个月。"罗斯福说："你不用骗我。"

见两人的劝说都没有效果，赫伯特·莱曼拿过了话筒。他是莱曼兄弟投资银行的高级合伙人，也是一位经验丰富的劳工问题谈判高手，是民主党内德高望重的人物。他对罗斯福说如果罗斯福接受州长候选人提名，他也将接受副州长候选人提名并且负责提供所有竞选所需。

史密斯又继续游说罗斯福，他说："富兰克，我曾说过我不会把这件事和私人关系联系起来，但我现在却必须这样。你能不能当帮我一个忙，让我提名你参选？"罗斯福却再次拒绝了他的请求。他列出了许多不能参选的理由，包括他的健康问题、沃姆斯普林斯的经营问题、他的双腿恢复训练问题以及所有他能想到的理由。

史密斯听完他的话后说："好吧富兰克，我再问你最后一个问题。如果代表们明天一致提名你为候选人，你还会拒绝吗？"这一次，罗斯福犹豫了。

史密斯察觉到罗斯福的动摇，说："谢谢，富兰克。我没有其他问题了。"然后史密斯就将话筒递给了莱曼，接着罗斯福很快就和他们达成了一致。

当晚，麦瑞维尔德疗养院的经理埃格伯特·柯蒂斯开车将罗斯福送回了他的度假屋。柯蒂斯问罗斯福他是否会参选。罗斯福回答说："柯蒂斯，身处政界就必须学会玩手段。"

第二天下午，纽约市市长吉米·沃克将罗斯福的名字列入了候选的提名人名单中。此后的投票就只不过是走形式了。罗斯福以全票被提名为州长候选人。得知这一消息后，埃莉诺致电罗斯福表达了遗憾的心情。电文中说："知道你同意参选我感到很忧心，但我知道你出于对民主党的责任不得不如此。"路易斯·霍韦也有一些模糊的不好的预感。他也给罗斯福发去了电报说："这一次我没法儿给你任何建议。"

听说了罗斯福获得提名的消息后，纽约共和党非常意外，马上决定抓住他的健康问题这一弱点。《纽约邮报》的报道中说："强迫罗斯福接受提名真是毫无同情心的、麻木不仁的行为。"而《先驱论坛报》也说："提名对罗斯福先生不公平，对纽约州市民也不公平。"当然民主党也早就对这样的攻击做好了准备。面对各种不利言论，史密斯反驳说："州长不必像杂技演员那样身手矫健。州长的工作是脑力劳动。富兰克林·罗斯福的智慧并未因为他的疾病受到任何妨害。"富兰克林自己也开玩笑说："大多数候选人都在争先恐后地奔向州长宝座，而我却要在全纽约州的朋友们的帮助下才可以向目标行进。"

虽然对罗斯福的这次参选疑虑重重，路易斯·霍韦仍然马上投入到了竞选活动中。他在巴尔的摩成立了竞选总部，还为罗斯福和莱曼组织起了一个全国范围的独立竞选委员会。和霍韦并肩作战的还有爱德华·弗林，他是布朗克斯区的民主党领袖。为了罗斯福的州长竞选他放下了总统竞选的事务。弗林是查尔斯·墨菲的得意门生，出生于一个富有的爱尔兰裔家庭，毕业于福得汉姆法学院。他一直厌恶所谓"政治博爱"所特有的一味求同存异、人云亦云的政治态度。他在社交方面是一个优雅而有教养的绅士，总是要求自己保持诚实和负责任的态度。弗林与罗斯福和霍韦可谓一见如故，非常契合。他曾说："我其实不适合从政。我在政治生涯中获得了不少乐趣，但我却一直保持着本色，从来不曾因任何事而改变。"

罗斯福带着弗朗西丝·珀金斯投入了竞选活动。年轻的纽约州议员山姆·罗森曼被指派给罗斯福，负责所有国内时事的汇报。和霍韦及米西·莱汉德一样，罗森曼后来也成了罗斯福终身的工作助手，他通晓所有有关立法的规章条例和章程。罗森曼一开始曾有些怀疑罗斯福的显赫出生，但很快就被罗斯福抓住问题关键的超常能力所折服。他说："从没遇到过像罗斯福那样能在极短的时间内看清问题的本质并抓住重点的人。"在罗斯福担任州参议员时弗朗西丝·珀金斯就已经为他的能力感到惊叹，而这一次她对罗斯福的表现更加钦佩。她对罗斯福的韧劲和毅力印象深刻，也惊喜地发现他具有不错的幽默感。有一次富兰克林曾自嘲说："如果你没法儿走路了，你想要牛奶时别人会端给你橙汁。你慢慢就会学会接受一切，说句'没关系'然后将它喝下去。"

罗斯福在纽约州进行了为期4周的巡回演讲，有时候一天要讲14次之多。罗森曼非常钦佩罗斯福的勇气与毅力，强调说对罗斯福来说仅仅是练习站起、坐下的动作就比普通人一天的运动量还大。当年10月26日在特洛伊市的演讲中，罗斯福提到他付出的努力，让欢呼的听众精神大振。在演讲中，他回忆起当初民主党的报纸编辑们所写的有关他健康状况的伤感报道，他们曾感叹："那个可怜的病人真是太命运不济了。"当他在很多纽约州北部城市演讲时，听众人数甚至是当地民主党员人数的两倍。一开始，看好奥廷格的赌注登记经纪人曾为他制定2比1的赔率。很多人都认为奥廷格会当选。而到了10月底，形势却发生了逆转。在投票开始前一周，霍韦对富兰克林说："我预感你这次真会当选。"罗斯福在波基普西结束了他的竞选活动，2 万名群众在小镇的主要街道上举行了支持他的游行活动。

11 月 6 日早晨，罗斯福在海德公园参加了大选的投票，随后去了巴尔的摩的竞选总部等待选举结果。到 9 点时形势已经十分清楚，民主党处于下风。到暮色降临的时候，民主党的颓势已不可挽回。就连在 1920 年罗斯福和考克斯的那次败北的选举中也依然忠实于民主党的南方票仓这次也发生了分裂。弗吉尼亚州、北卡罗来纳州、佛罗里达州、田纳西州以及得克萨斯州都投向了共和党阵营。在纽约州，史密斯落后胡佛近 10 万票。州长选举中罗斯福赢得了不少的选票，但仍比奥廷格落后 2 万票。午夜刚过，晨报就出炉了，纷纷开始欢庆共和党的胜利。罗斯福草草阅读了这些报道，很冷静地接受了失败的现实，说自己要回家睡觉。新闻记者和竞选工作人员都渐渐散去，民主党准备用来庆祝胜利的大舞厅也慢慢陷入黑暗。

只有一个房间还亮着灯，一些罗斯福的支持者们仍然关注着形势发展。霍韦、法利、弗林、一些计票员和电话接线员留下来继续等候着最新的计票结果。弗朗西丝·珀金斯安静地坐在角落里的一张沙发上，她打算等到计完最后一张选票，希望她的坚持能使形势逆转。她身边坐着一位同样坚定的女士——萨拉。萨拉对珀金斯说："我会和你一起等，不到最后都不可能知道鹿死谁手。"

两位女士安静地坐着，看着技术人员将计票结果制成图表。凌晨 1 点时，弗林在北方地区的计票结果中惊喜地看到了形势扭转的迹象。他马上给罗斯福打了电话，告诉他尚存一线希望。罗斯福此时的得票数远远高于总统候选人史密斯，也许能赢得选举。富兰克林并不相信他的预测，说弗林像"疯了似的把他叫醒"。

凌晨 2 点，房间里的气氛开始变得愉悦。作为一位政治家，弗林有很好的预测能力。但他却对计票的滞后有些担心。民主党的政治家们都坚信，北方地区的共和党党魁们在对胜利还不确信时不会公布他们所获得的选票。于是弗林向媒体发表了一个声明，宣称将派一千名律师去北部地区阻止共和党在竞选中作弊。这个威胁很快起到了预期效果，计票结果公布滞后的北部县市加快了结果的公布。萨拉和珀金斯都专心聆听着每个数据——"40 票，100 票，75 票，汇总。"

凌晨 4 点，罗斯福所得票数开始领先，民主党人将赢得州长选举。最终的结果是，罗斯福得到 2130238 票，而奥廷格得到 2104630 票，罗斯福仅领先 25608 票。萨拉和珀金斯与在场的男士们一起举杯庆祝胜利。据珀金斯回忆，她和萨拉后来还同乘一辆出租车回到东 65 大街。萨拉这位 74 岁的高贵夫人居然迫不及待地跑上了台阶，想要快些告诉她的儿子胜利的消息。

● 第十二章 ●
回到奥尔巴尼

当 1929 年 1 月 1 日罗斯福宣誓就任纽约州州长的时候，他已经踏上了通往白宫之路。正如《纽约时报》所说的那样："现在就选择民主党的新领袖或者提名 1932 年的总统候选人还为时过早，但无论是从个人品质、政治资本还是社会影响力而言，当选州长罗斯福都具备成为民主党领袖的能力。"对于纽约州的选举结果，《亚特兰大宪政报》深有感慨地说："我们很难平静地表述佐治亚州人民对纽约州当选州长罗斯福的那种狂热。"纽约州一共有 45 张选举人票（是加利福尼亚州的三倍），在总统选举中举足轻重。在美国内战以来的 16 次总统选举中，有 9 个纽约人获得了民主党的提名。再加上来自共和党的西奥多·罗斯福和查尔斯·埃文斯·休斯，内战后，有很大一部分总统候选人都来自纽约州。罗斯福和霍韦深知其中的利害，但是过早宣布参选是非常不合适的。当记者问到富兰克林·罗斯福关于 1932 年总统选举的事情时，罗斯福强调说："我想我的主要任务还是怎样用两条腿正常地走路。"对于一个瘫痪的人来说，这些话题通常是很忌讳的。但罗斯福总是拿这个问题调侃，说一些关于走路、跑步和跳跃的笑话。他经常说的一句话就是"像拐杖一样搞笑"。

罗斯福的首要任务是保住他的州长位置。阿尔·史密斯没有想到他会输掉总统选举，在当了 8 年州长之后，他突然发现自己没有发展空间了。他非常不愿意把自己对纽约州政府的控制权交给像富兰克林·罗斯福这样一个没有什么经验的人，他认为自己可以在幕后掌控纽约州政府的运作。史密斯甚至在奥尔巴尼的德威特·克林顿酒店租下了一个套间，以便离纽约州政府更近。这件事更加证实了罗斯福的担忧。

从表面上看，罗斯福和史密斯的关系非常密切。12 月 31 日，当富兰克林·罗斯福和埃莉诺乘车前往州长大厦准备就职典礼的时候，史密斯对罗斯福说："愿上帝保佑你，上帝与你同在。"罗斯福也对史密斯表现得很友好，他对埃莉诺说："他们准备好了壁炉，就等我们了。我真希望阿尔能在这里再待两年。我们肯定会非常想念他的。"

但是，在表面的平静之下他们的关系却非常紧张。在 12 月中旬，史密斯曾经到东 65 大街拜访过富兰克林·罗斯福，和他讨论了政府的过渡事宜。为了保持政府的连续性并确保罗斯福不会在奥尔巴尼摆脱他的影响，史密斯建议罗斯福在新的政府中保留两个史密斯的重要伙伴：由工作十分拼命的罗伯特·摩西留任州务卿，由令人生畏的贝尔·莫斯科维茨担任他的行政秘书、演讲撰稿人及战略谋士。摩西对待工作兢兢业业，在勤政方面堪称楷模，在政治决策上也颇有见地。他对史密斯忠心耿耿、唯命是从。而莫斯科维茨比摩西更忠于史密斯。她从 1918 年起就协助史密斯处理公共事务，帮助史密斯在奥尔巴尼苦心经营起了自己的小团体。多年以后，富兰克林·罗斯福回忆道："我想史密斯在提出这些建议的时候是出于好心，但是他肯定也是想继续控制州政府。"

罗伯特·摩西和富兰克林·罗斯福之间的关系本来就不好。在为塔康尼克公园大道项目提供资金的问题上，两人一直龃龉不断（罗斯福曾经在 1925—1928 年期间担任过该项目的名誉主席）。后来，不断发生的冲突终于使两人反目。根据普利策奖获得者、摩西的传记作家罗伯特·卡罗说，摩西曾经希望史密斯在 1928 年能够把他扶上州长的位置，因此当富兰克林·罗斯福获得提名的时候他非常痛苦。他把怨恨发泄在了所有人身上，他曾经对弗朗西丝·珀金斯和其他人说富兰克林·罗斯福的"存在是一个很大的错误"，还说他"很不聪明"。他对埃莉诺·罗斯福的评价也同样很恶毒。很明显，罗斯福听到过摩西的这些言谈，所以他不想再用摩西。他对史密斯说："不，他对我没有帮助。"为了不使史密斯过于难看，罗斯福同意保留摩西州务会主席的职务，主管公园及长岛公园委员会的工作。在这个位置上，他的能力能够发挥作用，也用不着和罗斯福打交道。

对于贝尔·莫斯科维茨的去留，罗斯福非常慎重。在奥尔巴尼，莫斯科维茨夫人是与史密斯关系最好的人，没有人比她更能影响史密斯政府的政策。史密斯告诉罗斯福，贝尔正在给罗斯福写就职演讲的讲稿和第一次到州议会发表施政演讲的讲稿。罗斯福非常心平气和地对史密斯说，他会自己来写演讲稿，而且等他写完后他非常愿意把自己的演讲稿拿给莫斯科维茨看。他承认了她的能力，表示她对纽约州时政的看法非常透彻，无与伦比。富兰克林·罗斯福给史密斯的印象是，莫斯科维茨夫人将会继续在州政府里发挥作用。但实际上罗斯福后来并没有把讲稿拿给她看，也没有拜访她。他后来解释说："我想我是没有找到机会，其实我当时是想去拜访她的。"最后，罗斯福保留了 18 个史密斯政府部门领导人里 16 位的职务，但却没有保留莫斯科维茨夫人的职务。他从未与她进行过正面接触，但很快他的决定就十分明显了。就像他对山姆·罗森曼所说的那样，他不打算"拜访那些阿尔用过的人"。

罗斯福对史密斯并无谢意，虽然他承认史密斯是一位工作效率非常高的州长，也有一些值得他效仿的地方。在史密斯 8 年的州长任期中，他将州政府里臃肿庞大的 187 个半独立的机构进行了大幅削减，整合成了 18 个部门，其中只有 2 个部门直接对州长负责。他还促成了一项宪法修正案的通过，赋予了州长批准财政预算的权力，从而为其后的社会改革打下了重要基础。在减税的同时，他通过发行州政府债券为一系列公共事业建设项目募集了资金。罗斯福是为了给民主党争取全国大选的选票才同意参选州长。结果他在纽约州的得票数远远高于史密斯，还顶住了共和党的胜利大潮，赢了纽约州州长选举。如此一来，罗斯福自然会觉得他全靠自己赢得了胜利，没受他人的任何恩惠。然而，史密斯却并不这样看，两人的关系于是急剧降温，变得非常疏远、冷淡。

罗斯福迅速开始在奥尔巴尼建立起自己的骨干队伍。他将还在欧洲度假的纽约市布朗克斯区精明的民主党领导人埃德·弗林招至麾下，让他接替罗伯特·摩西担任州务卿的职务。从此弗林就成为纽约州政治捐款的分配者以及罗斯福与塔曼尼协会等民主党城市组织联系的纽带。山姆·罗森曼被任命为州长顾问，搬进了州长官邸。米西·莱汉德以及格雷丝·塔利也在州长官邸，其中格雷丝担任了罗斯福的第二秘书，24 小时随时候命。罗斯福还把原来由贝尔·莫斯科维茨担任的社会福利顾问职务交给了弗朗西丝·珀金斯。除此以外，他还任命珀金斯担任工业委员会委员，甚至让她成为州内阁的第一个女性成员。罗斯福后来曾说让女性有平等的机会参与立法工作是他多年来的愿望。他认为有了她们的加入，就不太可能再出现诸如贫民区环境拥挤脏乱、忽视穷人的需要以及拒绝为医院和疗养院拨款这一类的工作死角了。

罗斯福在达奇斯县时的邻居，也是《美国农业》杂志编辑的亨利·摩根索成了州农业咨询委员会主席，后来又成了环境保护委员会委员。而罗斯福在法律事务所时的搭档巴兹尔·奥康纳则一边继续经营在纽约市的法律事务所，一边加入罗斯福团队成了他的政治密友。吉姆·法利和路易斯·霍韦留在了纽约市。在罗斯福的支持下法利成为纽约州民主党新的领导人，开始为 1930 年的选举做准备。霍韦继续担任罗斯福政治团队首脑的角色，是唯一一个任何时间都能见到罗斯福的人。当时霍韦的主要任务就是为罗斯福参加 1932 年总统候选人提名竞争绘制蓝图，留在纽约市会比在奥尔巴尼更易于开展工作。因此，霍韦仍住在罗斯福位于纽约市东 65 大街的寓所里，并为罗斯福处理他在纽约市的一切事务。他每周至少去奥尔巴尼一次，州长官邸也为他保留着一个房间。

对于罗斯福来说，在奥尔巴尼担任州长期间形成的生活规律将会成为他此后一生的生活模式。州长官邸里仍然保留着克利夫兰担任州长时的装饰和陈设，具有豪华乡间别墅的随意风格。珀金斯小姐曾回忆说："它看起来更像是一个家，而不是州政府的房产。"官邸里的 9 个客房总是住满了人，各种书籍和文件堆满了房间，秘书们则拿着需要州长签署的重要文件穿梭于官邸。到了吃饭时间官邸里总是十分热闹，大家都谈笑风生。罗斯福的家人、秘书们、新闻记者、朋友、州警察以及一些重要的客人们常常挤坐在一起，大家通常都不知道究竟多少人会一起用晚餐。有工作人员曾回忆道："一般罗斯福都会尽量避免在餐桌上谈论严肃的工作话题，但埃莉诺比较缺乏幽默感，责任感又太重，常常会在用餐时提起这些话题。"

罗斯福的孩子们此时也都已经长大成人。安娜已经 22 岁并已结婚，随她担任股票经纪人的丈夫居住在曼哈顿，但仍将她的德国牧羊犬寄养在罗斯福家。罗斯福的四个儿子们，有的与他和埃莉诺住在一起，有的在外面住。正在哈佛读大四的大儿子詹姆斯已经和贝齐·库欣订婚。库欣是波士顿一位外科医生的女儿。后来在白宫，每当埃莉诺不在时，她和安娜就会担当女主人的职责。罗斯福的二儿子埃利奥特此时 18 岁，三儿子小富兰克林 14 岁，而小儿子约翰 12 岁，在皮博迪的格罗顿中学住读。

罗斯福的工作习惯却没有因此而发生改变。每天早晨 8 点他会起床在床上吃早餐。早餐时他会看看报纸，与米西、罗森曼有时还有霍韦一起商量一些事情，处理他的私人信件，最后确定一天的工作日程。上午 10 点，他会离开官邸去议会大厦并在那儿工作到下午 5 点。其间他会在办公室简单吃一点午餐。5 点下班后，他回到官邸。通常他会先游游泳，然后和朋友们或访客喝下午茶。在他担任总统之后，由于禁酒令被废除，下午茶就变成了"欢乐时光"，罗斯福经常会亲自给客人们调制马尼酒。晚餐一般安排在晚上 7 点半，与午餐不同的是，罗斯福很少单独吃晚餐。晚餐后，罗斯福常常摇着轮椅到他的书房继续工作直到睡觉。在睡觉前，他会再次和米西他们商讨一些事情，并读完晚报。

只有在放映电影的晚上罗斯福才会改变日常作息规律。罗斯福酷爱动作电影，但身为州长的他又不太方便去电影院观看，于是官邸里每周都会至少安排放映一次最新的电影，地点就在官邸三楼的门厅。比尔和卡罗琳夫妇是罗斯福的好友，他们就曾在州长官邸观看过电影。那次他们看的是《绅士大盗》。卡罗琳在日记中写道："所有 17 个仆人，包括黑人和白人都坐在后面和我们一起观看影片。"

人们对官邸进行了改造以便于罗斯福自由活动。原来的温室被一个游泳池代替，供罗斯福锻炼。楼里还加装了升降机，一些台阶也改成了斜坡。罗斯福留下了在竞选活动中负责安保的原纽约市警察格斯·根内里希继续负责他官邸的安全保卫工作。根内里希没有受过多少正规教育，对于自己的职业非常骄傲。由于他和蔼可亲的性格，他成了罗斯福的朋友和贴身保镖。罗斯福的另一名保镖是纽约州警厄尔·米勒。米勒是一位非常英俊的警官。根内里希和米勒都身材魁梧，在罗斯福走路时能稳稳地扶着他。他们能非常熟练又得体地帮助罗斯福上下车，并巧妙地扶着他上下大段的台阶，同时使远处的群众看起来像是罗斯福自己在上下台阶。

罗斯福为人很随和，他对待工作人员和服务人员的态度就像对待朋友。他还喜欢和记者们玩扑克，坚持直呼别人的名字。后来做总统后他也总是对王室直呼其名，例如他总是称呼英国女王夫妇为"乔治"和"伊丽莎白"，称呼荷兰王储为"朱丽安娜"。但他们却总是称呼他为"总统先生"。然而他得体的言行和他身上那种无法言说的高贵让他不会显得太过轻率。除了亲戚和大学故友或者关系密切的国家要人外，只有路易斯·霍韦敢直呼其名，叫他"富兰克林"。

埃莉诺对罗斯福的当选怀有很复杂的情绪。当记者们问到她对丈夫的当选有何感想时，她说她并不兴奋。她说："我不太关心最后的结果。对我来说没有什么不同。如果民主党没有得到其他的选票，又有什么用呢？"从埃莉诺的回答不难看出她对于阿尔·史密斯的失败很失望。九个月来，她为了史密斯的竞选活动没日没夜地工作，她讨厌这个失败的结果。这不仅是个人的失败，也意味着她所支持的社会活动在全国以失败告终。

另外，她也并没有参与罗斯福的竞选工作。相反，她甚至不知道自己是否希望罗斯福参选。她曾说："就像我接受了生命中目前为止发生的所有事情一样，我也接受了他获得提名以及当选的事实。我这么做只是尽我所能去适应他的发展。"

让她并不太兴奋的更重要的原因是，埃莉诺不愿就此放弃她为自己开创的独立的社会生活。她对成为众人拥戴的第一夫人并不感兴趣，不愿生活在她丈夫的荫庇之下。此时的她已经渐渐地适应了自己其他的角色，比如教师、作家以及独立的政治积极分子。她正忙着于复制溪边小屋里的家具和托德亨特学校的教学。

最终埃莉诺和富兰克林达成了共识：埃莉诺将成为州长夫人，操持官邸的一切事务，同时也可以继续追求她自己的事业和爱好。1928 年 12 月 2 日的《纽约时代周刊》于是说："罗斯福夫人又承担了一个新的任务。"

埃莉诺将她的课安排在周一、周二和周三上午。她每周日晚离开官邸，周三下午再回到官邸。她对《时代周刊》的记者说："我喜欢在火车上阅读。我在火车上读完了大多数需要阅读的资料，只有在那儿才不会被打扰。"埃莉诺还说，溪边小屋的木工活是她的业余爱好，她还会继续在一些社会组织中工作。当被问及管理官邸的家务会不会太劳累时，埃莉诺回答说："我每天只花不超过 15 分钟的时间来处理那些事情。"

对于富兰克林和埃莉诺来说这就是他们成功的搭档关系的开始。富兰克林并没有要求他的妻子放弃她重视的事情去做一位第一夫人，而埃莉诺也负起了责任，总是尽力协助丈夫的政治事业。他们重视的东西不同，兴趣也不相同，经常都会存在分歧。生活中他们也常常不在一起。但他们对对方都保有一份尊重，这份尊重帮助他们解决了大多数分歧。

从第一天就任州长开始罗斯福就显得井井有条、经验老到，像是已经做过许多年州长的样子。他说自从他1913年卸任州参议员离开以来，奥尔巴尼变化很少，这次回来就像是重归故里。他本能地意识到该如何掌控州政府。像所有真正的艺术家一样，他让他的意图和措施一目了然。山姆·罗森曼对于罗斯福的胸有成竹感到很困惑。弗朗西斯·珀金斯说："在做决定前，他会对一个问题想得很仔细，而一旦做了决定，他就不会再想那个问题了。他从来不会再思前想后地担心自己的决定是否正确。"弗朗西斯对罗斯福通晓美国历史知识也很叹服，形容他是一本"活历史书"。对于罗斯福来说任何事情都不是孤立的，政治上发生的每一件事，每一次危机，做的每一个决定都是美国历史的一部分，也是政府管理试验的一部分。

罗斯福从阿尔·史密斯手中接过的是一个运转良好的政府机构。罗斯福没有忙于守成，而是着意创新。首先是在公众权利、农业以及环境保护方面，后来在大萧条来临后，又在社会救济与稳定方面大下功夫。

罗斯福对于电力的关注始于担任州参议员时期，此后他一直密切关注与之有关的事情。他经常提议利用坎波贝洛岛附近帕萨马科迪海湾的巨浪发电，还最早开始提议在大江大河的支流上修建具有发电、防洪双重功效的水坝。在罗斯福看来，要使电力更便宜就需要更大的发电能力以及修订更有效的针对公共事业公司的法律。1929年3月，他请求议会授权在圣拉伦斯河上修建一系列水电站，然后将所发的电以成本价卖给私人公司。罗斯福还对现有的公共事业公司制定了更加严格的规定，建议以公共发电站的发电成本为标准来衡量行业发电和送电的成本。"标准"后来成为新政中使用频率很高的词。

除电力问题外，罗斯福还长期关注农业问题。这与他在海德公园及沃姆斯普林斯时与当地乡绅的密切接触有关。阿尔·史密斯一直将纽约州的农民视为天生的共和党人，多有打压，而罗斯福却将农场救济当作立法计划的重点。他说："如果农民没有足够的购买力来买新鞋、新衣服和新车的话，制造业就会遭殃。"罗斯福的这一观点不仅使北部地区的民主党焕发了新生，还帮助他平衡了全国范围内城市和农村党员的利益。

罗斯福的农业政策并不激进。但因为20年代末农民的处境太困难，任何对农民有所帮助的政策都会引起全国的注意。罗斯福建议通过提高汽油税来减轻农民的税费压力，将政府收入中增加的部分用于修筑连接城乡的公路和农村学校建设。针对奶农，他提议成立"纽约收奶站"，通过建立这个合作供销社来稳定纽约州的奶制品价格。他还建议对小农户减免税费，加快郊区电网建设，增加对农业科学研究的补贴以及在边远地区实行退耕还林以遏制农产品过剩并解决防洪问题。

1929 年春，罗斯福进行了第一次"炉边谈话"。以这种方式，他得以绕开共和党的议员通过电波直接向纽约民众讲话。罗斯福非常善于对复杂的问题进行简单扼要的解释，并让民众对他充满信心。他那些优雅的词句以及他随和的性格使听众们觉得他们可以直接参与到政府最高层的事务中。通常罗斯福都会在周日晚发表"炉边谈话"，因为那时的听众最多。他十分努力地使他的讲话清楚易懂又随和可亲。有时候罗森曼会为他准备讲话稿的初稿，但大多数时候都由罗斯福亲自操刀。每次"炉边谈话"之后都会有雪片般的书信飞向议会，所以罗斯福通常都会从众议院得到他想要的支持。

1929 年夏，美国史无前例的经济繁荣开始出现了泡沫。美国的农业已经多年不景气（农业人均收入是非农人均收入的四分之一）。到那时，美国的耐用品行业和房地产业也开始不景气，市场表现急剧下挫。商业库存一直是经济景气的风向标。那时，市场的商品库存量在不到 12 个月的时间里几乎增加了四倍。与此同时，在 1927—1928 年间平均以 7.4% 的速度上涨的消费支出率也开始显著放缓，降到了只有 1.4%。这些经济状况都反映到了生产和价格指数上。6 月，工业产量达到历史最高，但 7 月旋即急剧下滑。劳动就业率和批发产品价格也有所下降。8 月，美联储加息了 1 个百分点，贴现利率达到了 6% 的历史最高，进一步加大了通货紧缩的压力。

但是，华尔街似乎无视经济的下挫。1928 年，纽约证券交易所的股票价格上涨了一倍，并且仍然处于螺旋式上升的趋势，而保证金购买（赊购）率有时竟达到 95%。在价格上涨的同时，仍有许多投资者希望大量购入。9 月 3 日，市场创下了历史新高，科技类股带动了股市的上涨。通用电气的股价从 129 美元一路飙升至 396 美元；其竞争对手西屋电气的股价也从 92 美元上涨到了 313 美元；美国无线电公司的股价从 93 美元上涨到了令人心惊肉跳的 505 美元。有些轻率鲁莽的评论家宣称：旧的经济规则已经不起作用了，现在涨起来的股票不一定会再跌下去。

九月底，市场出现了震荡。在接下来的三个星期里，股市出现了大幅波动。在现在看来，很明显当时已经有一些比较有见地的投资者开始撤出了。10 月 24 日，星期四，股市开始崩盘，恐慌性的卖盘使得股价在两个小时内大幅下挫了 4%，有创纪录的价值 1290 万美元的股票易手。市场在星期五和星期六逐渐恢复了稳定，但是在 10 月 28 日星期一的时候，市场上再次掀起了抛售的浪潮，市场下挫了 5 个百分点，损失的市值达 1000 万美元。接下来的 1929 年 10 月 29 日，就出现了后来历史学家所说的"黑色星期二"。纽约股市开盘即大幅下跌，在开始的半个小时里就有价值 300 万美元的股票被售出。股票经纪人纷纷斩仓，以求尽可能地减少损失。在股市上出现了可怕的一幕：市场上满是代售的股票，而无论价格有多低都没有任何买家。当这个灾难结束的时候，股市已经损失了五分之一的市值，卖出的股票价值高达 1640 万美元——这个纪录直到 39 年后才被打破。在接下来的 3 年中，股市的衰退时断时续。到 1932 年年中的时候，美国股市的总值已经只有 1929 年 9 月历史最高值的 17%。

经济衰退迅猛而来的势头让所有人都猝不及防。开始，许多人还认为股市的重挫只不过是正常的调整。约翰·洛克菲勒甚至还说这是一个逢低买入的好机会。伯利恒钢铁公司的查尔斯·施瓦布也说："现在的美国经济具有前所未有的、强劲的繁荣上升势头。"总统胡佛仍然强调说："国家经济的基础也就是商品生产和分配仍然处于健康繁荣的状态。"

不幸的是，美国的经济发言人们都犯了巨大的错误。也许不是股市暴跌带来了全面的"经济大萧条"，但它无疑是一个先兆。1929 年至 1932 年，农产品价格下跌了 53%，农业纯收入更是下跌了 70% 之多，农业已经陷入衰退。1929 年，一头牛可以卖 83 美元，而到了 1932 年就只能卖 28 美元了。每磅棉花的价格低至 6 美分，内布拉斯加州的玉米只卖 31 分，而堪萨斯州的小麦每蒲式耳也只卖 38 美分。到了 1933 年初，45% 的农业贷款都无法按期还款或者面临丧失赎回权的危险。

同时，汽车制造业的产量下跌了 65%，钢铁产量下跌了 59%。美国的国内生产总值从 1040 亿美元急剧减少至 740 亿美元。货币发行量减少了 25%，五分之二的房屋抵押贷款都无法按期还款。失业率飙升至 30% 以上，共有 1180 万人失去工作。

一开始罗斯福对股市下跌的看法也和大多数人一样，认为一切只是由市场短期调整而引起。他称之为"城里的一场小雪"，认为这只是对人为炒高股价的投机者的一点惩罚。类似于"黑色星期二"这样的逆转并没有在接下来的一周里的纽约议会选举中重现。民主党仍然收获甚微，虽然在众议院获得 3 席，但共和党仍然控制着两院。罗斯福宣称民主党胜利了，其实这个结果充其量只是说明选民没有将股市暴跌归咎于州长。

到了当年的 12 月，美国进入经济衰退期的事实已经越来越清楚。但对于罗斯福来说，他仍然有可能赢得 1932 年大选。12 月 10 日，罗斯福在芝加哥隆重登场，一天内发表了 3 个演说。此举向观众们传递了一个明显的信息：那就是他有意参加总统竞选。这三次演讲分别面对州民主党委员会、美国农业联合会以及芝加哥商业俱乐部。演讲中罗斯福超越了纽约政坛纠葛，将自己塑造成为一位西部土地均分论者。他说："如果农民们今天挨饿，我们明天就会挨饿。"他还预言 1930 年民主党将会夺回众议院的领导权。他的话很快就成为全国各大报纸的头版头条新闻。

罗斯福是首先感觉到这场经济危机的严重性的州长之一。当胡佛于 1930 年 1 月宣布就业人数回升时，弗朗西丝·珀金斯就谴责胡佛混淆视听。她指出，根据劳动部的统计数据，就业形势应该是转坏了而不是变好了。罗斯福赞同地说："我同意你的观点。你说得很对。"到了 1930 年 3 月，尽管华盛顿仍然没有意识到这场经济危机的严重性，罗斯福却已经成立了一个委员会负责稳定纽约州的就业形势，纽约是美国历史上第一个成立此类组织的州。罗斯福说："形势严峻，我们必须开始冷静地面对这个令人不快的事实了。"不久，罗斯福提议建立失业保险，他是美国历史上第一个设立失业保险的州长。在此之前这个设想已经在美国的学术界讨论研究了好些年，但却一直没有付诸实施。罗斯福首先邀请新英格兰地区的州长们举行了一次特别会议，就设立失业保险进行了讨论。然后在盐湖城举行的全国州长协会年会上，罗斯福直截了当地提出了一个风险分担计划，建议让雇主、雇工和政府共同承担失业带来的风险。

此后的两年中，罗斯福一直在寻找反对胡佛的立场。1931 年 5 月 1 日，当胡佛对美国商会说经济危机最严重的时候已经过去，经济马上就会得到好转时，罗斯福对民主党人说，很明显胡佛已经完全不顾供需法则了。罗斯福在纽约全国民主党俱乐部的杰斐逊日晚宴上发表讲话时严厉批评了东部金融界，说他们在国家面临困难的时候麻木不仁。他说："如果托马斯·杰斐逊还在世的话，他会第一个质疑这种经济权力的过分集中。"

罗斯福讲话之后，来自蒙大拿州的伯顿·惠勒参议员发表了主题演讲。6 年前惠勒曾靠进步主义者的支持参选过副总统，后来又回到了民主党。他是高平原地区草根阶层出生的平民主义者的有力代言人。惠勒并没有事先为讲话拟稿，也没有提前透露讲话的内容。但他的演讲被美国国家广播公司的现场直播传播到了美国各地，聚集在一起的民主党人们很快就听到他在演讲里呼吁推举新的民主党领导人。他说："我环视四周希望找到一位能领导民主党的首领，我问自己究竟哪一位能堪此任。答案很快就有了：如果说纽约州的民主党会再次选举富兰克林·罗斯福为州长的话，整个西部无疑会提名他为总统候选人，整个国家也必定会选他做总统。"

惠勒对罗斯福的推崇立即引起了外界的一些反应。惠勒是第一个提议罗斯福为总统候选人的重量级人物，他的演讲出人意料。当他发表演讲时，罗斯福已经离开晚宴，后来罗斯福给表亲尼古拉斯的信中曾提到自己对 1932 年大选并不太感兴趣。他说："为什么这些记者们和政治家们就不能让我这个可怜的家伙安安静静地做好目前分内的事情呢？"富兰克林确实很想继续担任州长的职务，他也准备在 11 月参选寻求连任。但当几周后佐治亚州州长 L. G. 哈德曼也宣布支持罗斯福参选总统时，罗斯福却没有再拒绝这样的言论。他在写给朋友霍林斯·伦道夫的信中说："哈德曼州长能支持我真是太好了。"

在查尔斯·墨菲死后，塔曼尼协会又恢复了往日的行事风格，纽约市的腐败之风非常猖獗。但是，罗斯福必须仰仗塔曼尼协会的人在议会中的选票，以推行他的政纲，因此他不愿意让有关部门来查处塔曼尼协会的腐败问题。于是，他在选举中回避了这个问题。当塔特尔总是揪着塔曼尼协会的腐败问题不放的时候，罗斯福总是谈论失业保险和养老金问题。

当选举进入选举前最后一周时，华盛顿方面派了3名内阁成员来为塔特尔加油助威。胡佛政府已经充分认识到，要阻止罗斯福在1932年当总统，最后的办法就是阻止他在1930年当州长。国务卿亨利·史汀生，战争部长帕特里克·赫尔利，以及财政部副部长（后来成为财政部部长）奥格登·米尔斯都来到纽约州，在各个场合为塔特尔拉选票，攻击罗斯福未能打击塔曼尼协会的腐败。

埃莉诺负责纽约州民主党妇女委员会的发展战略，她竭尽所能地帮助富兰克林·罗斯福赢得连任。后来，曾经参加过选举的工作人员诙谐地把这次1930年的地方选举称为"华夫饼铛"选举，因为埃莉诺·罗斯福的宣传策略非常好，她把复杂的政治形象化，把纽约州的厨房开销和安大略省的厨房开销进行比较来说明人民的生活成本太高。

吉姆·法利称赞埃莉诺说，在妇女组织活跃的县里，她的号召力至少让罗斯福的得票增加了10%—20%。这一次，埃莉诺和罗斯福一样享受选举的胜利。

事实上，埃莉诺非常享受她在奥尔巴尼所扮演的角色。她经常以罗斯福代表的身份出席各种场合，代表他发表各种演讲，视察各个下属机构。而随着时间的推移和经验的增长，她每次活动后的报告也越来越完整。罗斯福尽力让他手下的官员们相信，他和"夫人"是一体的。埃莉诺曾对进步主义历史学家兼记者艾达·塔贝尔说："我不经常到大地方去，但我经常到很难保护演讲者的小地方去。我其实也不愿到那些地方去，但人们都想看一看州长的老婆长什么样。"

第十三章

总统候选人提名

罗斯福获连任州长后的第二天，詹姆斯·法利就在路易斯·霍韦的鼓动下开始策划让罗斯福参加总统竞选。法利在匆忙召集的记者招待会上说："我认为罗斯福先生一定会获得民主党的下届总统候选人提名。即使不靠任何人的帮忙他也能获得提名。"在召开记者招待会前，霍韦和法利都没有征得罗斯福的同意。他们都认为时机已到，罗斯福应该借着州长竞选获胜的势头向总统宝座发起冲击。万一罗斯福不同意他们的做法，他们也可以向媒体否认之前发表的言论。

后来法利回忆说："我不太确定他（罗斯福）会对此做何反应。"但事实很快证明法利的担心是多余的。当他向正在奥尔巴尼的罗斯福通话报告事情的始末之后，罗斯福笑了，他说："吉姆，你怎么说都行。"罗斯福马上将一些记者招到他的办公室，对他们发表了自己的看法："除了州长的职责和工作，我没有打算也没有时间考虑任何其他事情。现在，对竞选任何职位的候选人资格我都是这个态度。"这就是典型的罗斯福风格。表面看来，他并不支持法利的做法，而实际上，他已经默许了他们的做法。罗斯福对获得提名很有信心。他曾对纽约市布朗克斯区的民主党领导人爱德华·弗林说："埃迪，我觉得民主党会提名我担任 1932 年总统大选的候选人。"

罗斯福将组织策划竞选活动的具体事宜交给了法利和霍韦。对于罗斯福来说霍韦就像是另一个自己。在与罗斯福共事 20 多年后，他们之间已形成默契。霍韦不必向罗斯福请示就知道该怎么处理事情才能使他满意。他是民主党的幕后高人，地位少有人能及，他对罗斯福始终如一的忠诚也颇具传奇色彩。正如法利评价的那样，霍韦只要醒着，就没有一刻不想着如何让罗斯福获得总统候选人提名。而另一方面，法利是霍韦的完美补充，他外向的性格与霍韦内向的性格能很好地互补。法利是一个身材高大，性格开朗的爱尔兰后裔，他的皮肤十分光滑，再加上谢顶使他看起来像一只剥了皮的熟鸡蛋。法利擅长交际联谊工作，待人热情，在政治家中很有人缘。他总是能记住哪怕仅有一面之缘的人的名字。和霍韦相同的是，他并不看重意识形态的东西而更看重对民主党的忠诚。而他和霍韦不同的是，他和谁工作都能相处愉快，尤其善于在由平民出身的党员组成的政党组织里工作。他和霍韦不仅在工作上配合得天衣无缝，私交也很好。法利比霍韦小 17 岁，不可能觊觎霍韦的地位，而霍韦也十分欣赏法利的办事能力和工作态度。

当霍韦与法利忙于为罗斯福获得总统候选人提名而启动的投书运动时，罗斯福正着力应对已经到来的经济危机。到 1931 年初，整个国家，包括纽约州都已深陷经济危机的泥潭。失业人口数量从 1930 年 3 月的 400 万激增到 1931 年 3 月的 800 万。乡下走投无路的农民开始在城市的街角卖滞销的苹果，领救济粮的长队常常排出几个街口，社区的施粥处也开始向民众施舍清粥。胡佛村①里、废弃汽车里、甚至被人丢弃的包装用板条箱里都住满了因破产而流离失所的人们，他们散布于城市的铁路调车场和垃圾场。每一周，每一天都有更多的工人加入失业人群。1931 年 2 月，胡佛终于做出反应，要求美国人固守"地方责任"及"互助"原则。他认为一旦美国摒弃这些原则，那么美国所独创的自治制度就将遭到根本性的破坏。

由于联邦政府始终不愿采取实质性的措施，罗斯福提请召开纽约议会特别会议。罗斯福摒弃了传统的经济管制形式，也就是被经济史学家称为"守夜人国家"的那种模式。罗斯福要求议会立即拨款 2000 万美元来创造更多的工作机会，或者在无法创造工作机会的地方为"食不果腹、衣不蔽体的人们提供基本生活所需"。

罗斯福在 1928 年 8 月 28 日对议会的讲话标志着"新政"的起源。但当时还没有用到这个词：直到第二年，罗斯福才开始使用这个词。但是，认为政府有责任——社会责任——使用政府的资源来防止社会的极度贫苦和提高社会的整体福利这个观点却是在这篇讲话中第一次被提出来。这篇演讲是罗斯福和山姆·罗森曼在海德公园里写出来的，显示出了罗斯福思想的成熟过程。除了这个价值 2000 万美元的一揽子救济方案外，罗斯福还想建立一个新的州政府机构——临时紧急救济部，他计划通过这个部门来分配救济基金。此外，他还要求议会把个人所得税提高了 50%，以此来偿付救济所需要的资金。纽约是第一个建立救济部门的州，临时紧急救济部很快就被包括新泽西州、罗德岛、伊利诺伊州在内的其他各州争相效仿，同时也成为 1933 年富兰克林·罗斯福所建立的联邦紧急救济部的原型。

为了领导紧急救济部，罗斯福选择了梅西百货公司的总裁杰西·施特劳斯。杰西一辈子都支持民主党，是纽约州最德高望重的企业家之一。（后来施特劳斯成为罗斯福的驻法大使）。罗斯福给了施特劳斯很大的权力，让他放手组织临时紧急救济部。施特劳斯选择了来自艾奥瓦州的社会工作者，时年 42 岁的哈里·霍普金斯担任他的执行董事。当时，哈里还是一个无名之辈，但罗斯福对他的任命却是神来之笔。作为一个颇具才能的管理者，哈里能够在很短的时间内发放救助，同时可以

---

① Hooverville 译作胡佛村，是指 20 世纪 30 年代大萧条时期为破产者和赤贫者在城市边缘建造的简陋的帐篷。

把管理成本控制到最低。在哈里的领导下，救济工作进行得很快，这也让他很快引起了罗斯福的注意。1932 年春，当时施特劳斯辞职的时候，罗斯福提名霍普金斯接替了他的职位。在接下来的 6 年里，临时紧急救济部总共帮助了大约 500 万人——占到了纽约州全体居民的 40%，耗费了 11 亿 5 千 5 百万美元。到危机快要结束的时候，有 70% 接受过救助的人又重新返回了劳动力市场。

在争取总统提名的道路上，罗斯福所遇到的第一场遭遇战是在毫无预兆的情况下与极端保守主义者之间展开的。他的对手是阿尔·史密斯所提名的民主党全国委员会主席。在史密斯的授意下，民主党全国委员会主席约翰·雅各布·拉斯科布和副主席、前财政部副部长朱厄特·肖斯意图先发制人，提前颁布了 1932 年民主党总统选举的政策纲领。他们让民主党全国委员会提请废除禁酒令，支持极端保护主义的 "1930 年斯穆特—哈利关税法案"。除了为史密斯的重新提名创造条件之外（史密斯已经表态支持该法案），拉斯科布和肖斯还试图使罗斯福陷入尴尬，并造成他和农村党员之间的隔阂。无论是拉斯科布还是肖斯都认为，作为纽约州州长，富兰克林·罗斯福不会有魄力同史密斯决裂。而且，只要罗斯福支持史密斯，哪怕是默认或不发表意见，都一定可以让南部和西部的民主党人和他心生间隙，而这些民主党人正是罗斯福的支持者。这其中的代表人物包括：科德尔·赫尔、伯顿·惠勒以及哈里·比尔德，这些人都是坚定的自由主义者。

事实证明，拉斯科布太过于自信了。他的这一伎俩不仅未能离间罗斯福与南部、西部的支持者，反而让罗斯福有机会团结他的阵营。当华盛顿传来消息说拉斯科布有意先发制人颁布民主党的政策纲领时，罗斯福挑头表示了反对。赫尔担心拉斯科布有意让民主党接受赫伯特·胡佛的经济政策，而比尔德则不满意史密斯到处伸手。从传统上来说，党的政策纲领草案是由全国代表大会制定的。因此，赫尔和比尔德都希望罗斯福能够出面干预。比尔德在给罗斯福的信中写道："我请求您出面干预，我认为这些事情都是民主党全国委员会策划的。全国委员会没有权力制定党的政策纲领。"比尔德认为，这种做法只会造成民主党的分裂，从而让胡佛在总统选举中渔翁得利。他还在信中说："我知道您和我一样关心民主党，我认为您比其他民主党领袖都更加了解南部的情况。所以您必须立即采取行动。"

这样，绝好的机会再一次降临到了罗斯福头上。他在给比尔德的回信中写道："您说得很对。民主党全国委员会没有权力这样做。他们没有权力以任何形式对任何全国性的问题或政策发表决议或提出建议。"

在同史密斯决裂前，罗斯福给史密斯写了封信，希望他对拉斯科布有所约束。"我不知道全国委员会下个星期四的会议安排是什么内容，但是我从全国各地得到了很多消息，我能肯定，如果他们通过了什么有关民主党全国政策的提案，那肯定是与全国委员会的授权不符的。"史密斯没有回信，但是两天以后他举行了一个记者招待会，他在招待会上公然宣称，他不认为全国委员会发表意见有什么不妥。

斗争已经拉开了序幕。在瞅准机会之后，罗斯福首先发起了进攻。他指示法利，让他在 3 月 2 日在奥尔贝尼组织一次民主党纽约州委员会特别会议。那天早上，路易斯·霍韦、埃德·弗林以及法利一起在罗斯福的卧室里进行了一次早餐会，共同起草了一份决议，表示支持罗斯福的立场，声称全国委员会无权在全国代表大会休会期间代表全党制定政策。当天下午，弗林在纽约州委员会提出了这份决议，并且获得一致通过。在全国委员会召开三天以前，罗斯福、法利以及霍韦一直在忙着给不出席全国委员会的委员打电话。3 月 4 日，当法利乘火车抵达华盛顿的时候，他已经获得了足够的委员授权，足以以 2：1 的压倒性优势击败拉斯科布的提案。拉斯科布见大势已去，在投票前匆忙收回了自己的提案，以退让来避免受到南部支持者的猛烈抨击。在会议期间，法利坐在赫尔旁边，他一直靠在那儿什么话也没有说。罗斯福在后来给布法罗市的诺曼·麦克写信时说："我认为从大局来说这次会议没有造成伤害。我们必须做的是避免恶语相向，也不要生闷气。"

对罗斯福来说，拉斯科布的失败是上帝赐给他的礼物。赫尔在回忆录中写道："从那以后，南部的民主党领袖都开始认真地对待罗斯福，都希望团结在他的周围共同对抗史密斯和拉斯科布的联盟。"同南部和西部的民主党一样，罗斯福也持反对增加关税的态度。但是，在禁酒问题上他的态度比较含混：既不激进也不保守，希望把这个问题留给各州自己解决。这种态度已经可以让大多数南部民主党人满意了。

法利在华盛顿对付民主党全国委员会的时候，霍韦正努力为罗斯福的竞选筹措资金。虽然罗斯福尚未正式宣布参选，但助选的各类捐款已经源源不断地涌来。罗斯福的老朋友们是首先捐款表示支持的人。1931 年 3 月，亨利·摩根索、威廉·伍丁以及纽约律师弗兰克·沃克首先各自捐赠了 5 千美元（相当于今天的 6 万美元）。这引起了包括赫伯特·莱曼、约瑟夫·肯尼迪在内的社会名人的效仿，纷纷也慷慨解囊。萨拉也为罗斯福凑了一笔钱。此外，包括电影制作人哈里·华纳在内的好莱坞和百老汇娱乐大亨也用捐款表示了他们的支持。曾是罗斯福劲敌的詹姆斯·杰勒德成了最慷慨的捐助者，每到竞选活动需要资金的时候他都会毫不犹豫地开出支票。

3 月底，杰西·斯特劳斯在曾参加过 1928 年民主党代表大会的民主党代表和候补委员中进行了一次有关于总统候选人支持度的民意调查。据称这场调查是斯特劳斯在罗斯福不知情的情况下进行的。1931 年时该调查还处于萌芽状态，但其结果却很快就出现在全国各大媒体的头版上。调查结果表明罗斯福是当仁不让的领跑者。

罗斯福的支持度在参与调查的 44 个州中的 39 个都处于领先地位，而史密斯只赢得了 3 个州。另外，在参与调查的 844 名代表中，他也获得了 478 个代表的支持，而史密斯只赢得了 125 人的支持。

此后，斯特劳斯又于当年春天在民主党的商人、银行家以及公司法人中先后做了四次意向调查。所有的结果都表明罗斯福获得了大多数的支持。这个结果有些出人意料，因为罗斯福一向被认为亲近民主党进步派和农村党员，而史密斯和杨才是支持保守派和商人的。此外，当年夏天由斯克里普斯—霍华德报业集团分布于全国各地的 25 家报纸联合发起的民意调查也说明罗斯福的支持率不仅在民主党内遥遥领先，甚至将使他在普选中击败胡佛。

斯特劳斯的调查结果让罗斯福大受鼓舞，他觉得争取党代表们的时机已到。他任命埃德·弗林为他的代表在国内各地巡游，争取当地民主党领导人的支持。弗林对罗斯福的安排提出了异议，他说："我认为自己不适合干这个工作。因为我不太善于交际沟通。如果派我去，我恐怕做不了什么工作。"在弗林的建议下，罗斯福选择了法利来承担这个任务。法利口才非凡，是一个天生的推销员和政治鼓手，他无疑是最佳人选。

1931 年 6 月底，法利开始了环游密西西比州以西的 18 个州的旋风之旅。此次政治之旅正逢慈善团体厄尔克思会在西雅图召开年会。由于法利是该组织的热心成员，就为此次旅行找到了很好的掩饰借口。这次旅行的日程由罗斯福亲自制定，霍韦还给法利介绍了当地代表大会委员以及民主党州主席的相关情况。

在 19 天里，法利会见了超过 1100 位各地民主党领导人。他从这些领导人那里得到了一个同样的信息，那就是民主党盼望着推举出一位有获胜潜力的候选人。法利看到虽然有少数人支持杨和里奇，还有少量狂热的天主教徒支持史密斯，但罗斯福仍然获得了大多数人的青睐。南达科他州的全国委员会委员威廉·豪斯对法利说："法利，我已经厌倦了支持失败者。我觉得罗斯福这次能一举成功，我会支持他的。"

法利将这个好消息告诉了罗斯福，他说："州长先生，我觉得非常满意！各地的民主党领导人都愿意站在您这边，我还发现很多州长和州政府职位候选人都觉得如果您被提名为总统候选人将有很大的胜算。而他们还觉得其他任何人获得提名都没有大选获胜的希望。所以这些未来的州长候选人都会是您最有力的支持者。"

法利在西部活动的同时，罗斯福也在南部为竞选造势。当年夏天他在沃姆斯普林斯接待了来自密西西比州、亚拉巴马州以及田纳西州的民主党代表团，还频频约见佐治亚州州长理查德·拉塞尔。佐治亚州参议员威廉·哈里斯也说："南部永远支持罗斯福。"到 1931 年秋天，罗斯福已经确定他将得到密西西比州参议员帕特·

哈里森、南卡罗来纳州参议员詹姆斯·贝尔纳斯以及田纳西州参议员科德尔·赫尔的支持。一直将罗斯福视为自己人的佐治亚州更是他的坚定支持者。亚拉巴马州的民主党组织也表达出力挺罗斯福的态度。罗斯福在写给朋友的信中说，不仅南方各州都坚定地支持他，其他各州的民主党组织也都向他示好。

如果说罗斯福的竞选活动还有什么软肋的话，那就是他的健康问题。罗斯福的政敌们已经开始四处散布有关于他的健康状况的谣言。1931 年 4 月，《时代周刊》也加入了质疑的阵营，不断地重复"罗斯福也许在脑力上能胜任总统工作但身体状况却不容乐观"的观点。罗斯福被激怒了。事实上他在 6 个月前已经接受过医疗保险公司的严格而全面的身体检查。结果表明他的身体很好。但有关的谣言仍然在四处传播。罗斯福向他的老朋友抱怨说："我觉得有人在刻意营造一种我的健康状况不适合担任总统的印象。因此我会对所有为我仗义执言，打破谣言的朋友们表示感谢。"

事态的发展再一次出现了有利于罗斯福的变化。正巧，著名的共和党记者厄尔·卢克向罗斯福挑战说，所谓的医疗检查"无非是要向你的支持者证明你的健康状况足以让你担任总统职务"。

针对质疑，罗斯福迅速做出了反应。他请求纽约医学院的林赛·威廉姆斯组成了一个专家委员会，其中包括脑外科专家，对他进行了一个全面的检查。此外，他还邀请卢克前往奥尔巴尼，可以随时随地观察自己的情况。

1931 年 4 月 29 日，专家委员会在罗斯福位于东 65 大街的别墅里对罗斯福进行了全面的检查。他们给卢克打电话说："我们今天给州长做了一次全面的身体检查，我们认为他的健康状况和精力使他可以胜任任何部门的工作。调查结果显示，他的器官和功能基本上都工作正常。没有贫血。胸腔的情况也非常好，脊柱也非常正常，所有的脊椎都很健康，排列也很正常。他也没有觉得有任何不适……罗斯福州长可以走上一段距离，可以毫不费劲地站立很长时间。"

卢克自己的观察和专家的检查结果也差不多。他给罗斯福打过三次电话，拜访了他很长时间。卢克写道："我观察了他工作和休息的状况。我发现他的行动比较敏捷，眼睛也比较有神，站得也很直。我发现他能够承受长期工作的压力。就我看来，我认为他的承受能力比大多数比他小 10 岁的人还强。只是他的膝盖有点不好。"

在一次突然的拜访中，卢克问埃莉诺，她认为富兰克林·罗斯福是否能够承受担任总统的压力。

埃莉诺·罗斯福回答说："小儿麻痹症都没能要了他的命，当总统也不可能要了他的命。"

随后，卢克在《自由》杂志上刊登了他对罗斯福健康状况的观察结论。《自由》杂志当时售价 5 美分一份，是全国订阅量最大的大众杂志，西奥多·德莱塞、欧内斯特·海明威以及威廉·福克纳常常在上面发表文章。卢克写道："从专家的检查结论和我的观察来看，我可以毫不犹豫地说，任何关于富兰克林·罗斯福身体虚弱的传言都是子虚乌有的事情。"对于罗斯福阵营来说，卢克的文章是非常宝贵的。霍韦让人把这篇文章重印了 20 万份，给法利所收集的每个家庭地址都发了一份。

整个 1931 年的秋天，法利和霍韦都在继续为罗斯福在代表中拉票。期间罗斯福回到沃姆斯普林斯休息了一阵。后来，拉斯科布和肖斯又一次在党的政策纲领问题上有所动作。在 11 月底的时候，民主党全国委员会主席拉斯科布宣布，他正在 1928 年参与过选举的 9 万名捐助者中进行民意调查，了解他们对于禁酒问题的态度，并为 1932 年 1 月 9 日民主党全国委员会的下一次会议做准备。3 月 5 日的较量又重新上演了一次。法利再一次利用他掌握的代表迫使拉斯科布再次让步。借助于南部和西部的盟友，罗斯福牢牢控制了民主党全国委员会，并设法让 1932 年民主党全国代表大会的会址定在了芝加哥。这一次，亲罗斯福派再一次展现出了强大的影响力。罗斯福坚定的支持者罗伯特·杰克逊被选为全国委员会的秘书长——这是法利从拉斯科布手中夺过党的控制权的第一步，也是非常明显的一步。

1932 年 1 月 23 日，星期六，罗斯福宣布参选总统——这个时间的选择经过了精心的策划，足以保证全国大部分地区的星期天晨报都会报道这个消息。当天，民主党阿拉斯加党部对参加全国代表大会的六位代表下达了指示，为了团结一致，他们必须都投票给富兰克林·罗斯福。阿拉斯加是 1932 年第一个选择大会代表的州。为了让罗斯福高调当选，法利可是花了不少工夫。在接下来的一周，华盛顿州的民主党也给代表下令，指示他们投票给罗斯福，这样罗斯福就获得了所有 16 张选票。

罗斯福早期取得的胜利使得他的对手也很快行动了起来。2 月 6 日，阿尔·史密斯宣布参选。史密斯说，他不会为了争取提名而开始选举攻势，"如果民主党全国代表大会在经过仔细权衡之后决定让我参选，我才会去开始选举活动"。但是，拉斯科布和肖斯开始了他们的反罗斯福行动，他们鼓励各州不给代表们下指示，或者让他们支持民主党党内大佬所青睐的候选人。他们认为，在大会开始之前没有办法击败罗斯福，但是可以想办法让罗斯福没法获得提名所需的三分之二的选票。当法利在 1 月 23 日宣布罗斯福参选的时候，他曾表示罗斯福已经稳获 678 票，这些票虽然很多，但是离提名所需的 770 票还差 92 票。如果反罗斯福的力量能够想办法让罗斯福不在第一轮投票中胜出，他们就有办法让投票陷入僵局，让罗斯福阵营接受妥协折中的安排。这种看似合理的计谋使得党内某些被党内大佬所青睐的人蠢蠢欲动。如果大会陷入僵局，他们当中的某个人就可能被提名。

对于罗斯福而言，现在是一个气势问题：他是否可以很快就取得足够多的选票，在别人插上一脚之前敲定胜局？在1932年，有17个州的党代表通过初选产生，而其他各州则通过不同形式的会议决定。在华盛顿州之后，另外一个出炉党代表的州是俄克拉何马州。在该州的会议上，22名党代表得到指示：投票支持该州州长比尔·默里。默里虽然完全没有可能赢得提名，但是他有可能分散罗斯福在西部的选票。

法利在回忆录中写道："当我们回忆起1932年的选举时，虽然3月29日可能还不是整个竞选的转折点，但对于罗斯福的候选人提名竞争来说无疑是一个值得庆贺的日子。艾奥瓦州投给我们26票，缅因州也投给我们12票。从地理位置上来说，这两个州相隔很远，它们的人民也持有互不相同的政治观点。当这两个州在同一天都不约而同地选择支持罗斯福时，就说明罗斯福已经获得了全国人民的好感。"

3月底，密苏里州和马里兰州的民主党代表们也在代表大会进行了投票。和预料的一样，密苏里州派赴芝加哥的36人代表团支持他们所青睐的前参议员詹姆斯·里德。在1928年的大选中密苏里州同样站在里德一边，但这次情况却有一些变化。这一次里德是他的后台老板汤姆·彭德格斯特的掩护性候选人①。一名为罗斯福打探情报的人给霍韦写信说："彭德格斯特向我保证，他早已交代里德，一旦罗斯福需要密苏里州的支持时，密苏里州就要转而支持罗斯福。"那时，彭德格斯特已经承诺他将指示密苏里州代表团全部支持罗斯福。

马里兰州也如预料一样选择支持本州的候选人州长艾伯特·里奇。然而与里德和默里不同的是，里奇很看重这次选举。他希望自己的参选会让全国代表大会的投票陷入胶着状态。里奇从1920年起就担任马里兰州州长，他支持商业但同时却反对政府干预经济，用他的话说就是："尽可能让一切经济活动顺其自然、顺应规律。"党内保守派人士都很器重里奇。正如《纽约时报》所评价的那样："里奇州长是反罗斯福力量所倚重的人物，他们希望他能拖住罗斯福向总统候选人前进的脚步。"

马里兰州是第一个反对罗斯福阵营的州。但罗斯福失去的马里兰州的支持马上就得到了弥补。因为阿肯色州参议员约瑟夫·鲁滨逊宣布退出竞选。鲁滨逊对支持者说自己不想看到代表大会的投票再一次陷入僵局。如此一来，阿肯色州代表团就

---

① 竞选中，如有甲、乙两个候选人参加竞选时，甲可能放出第三者来参选，以便减少呼声较高的人的票数，然后第三者会退出竞选，转而支持甲。这名第三候选人就被称作掩护性候选人。

没有事先选定的支持人选了，选票因此被分散。而由于罗斯福获得了该州多数代表团成员的支持，根据集体投票原则罗斯福最终获得了该代表团的全部 18 张选票。

随着竞选活动按照计划逐渐展开——实际上比计划的情况要好得多——罗斯福开始考虑下一步方案。霍韦和法利都是难得的政治经理人，但却对制定政治纲领不感兴趣。随着竞选的深入，这将成为很大的弱点。这时，山姆·罗森曼建议罗斯福考虑在大学里寻找这方面的人才。他说："你和大学教授们一向关系良好。如果我们能组织一些大学教授为我们的竞选出力的话，他们应该能负责为您准备好政治备忘录。如果您能和他们一起探讨，也许在讨论中就会产生一些有关政纲制定的具体想法。"

这个建议激起了罗斯福的好奇心，他问罗森曼是不是已经有了中意的人选。罗森曼举荐了哥伦比亚大学的雷蒙德·莫利。罗森曼介绍说："他赞同您的社会哲学和政治理想，而且写作风格清晰而有说服力。"罗斯福接受了这一举荐，但对罗森曼说："目前我们对这一决定要完全保密。你觉得我们能相信那些大学教授不会向外界透露我们的竞选计划吗？如果这个消息太早见报的话，对我们可能没有好处。"

当晚在罗森曼推着罗斯福去他的卧室休息时，罗斯福已经拿定了主意。在他从轮椅里挪到床上后，他对罗森曼说："好吧，我们应该试试你的这个建议。"

雷蒙德·莫利是哥伦比亚大学的一名政治学教授，他的研究方向是刑事司法。罗斯福曾任命他为纽约州司法管理委员会委员，后来莫利有时会给罗斯福撰写司法改革方面的政策发言。当时他与罗森曼是同事，所以罗森曼会推荐他也是很自然的事情。在学术界，莫利更像是一个组织者和经营者而不是学者。用阿瑟·施莱辛格的话说就是他后来成为专家们的"表演指挥"——一个将他们的观点兜售给政客的中间人。当罗森曼找到他时，他不仅欣然答应罗斯福的邀请，还推荐了一些也愿意加入罗斯福团队的同事。另外两个被吸收的学界人士是雷克斯福德·特格韦尔以及阿道夫·A·伯利。特格韦尔的专业方向是农业，他以其创新的思维、清晰的思路而闻名，素来喜欢"震撼"他的听众，而且常常效果不错。伯利曾被誉为神童，21岁就从哈佛大学法学院毕业。1932 年时，他刚刚 37 岁，是哥伦比亚大学法学院一颗冉冉升起的新星。他那时已担任法学院合作金融专业的常驻专家。稍后，罗森曼和罗斯福的法律事务搭档巴兹尔·欧康纳也加入了这个专家团队。罗斯福将这个团队称作他的私人顾问团。《纽约时报》记者詹姆斯·基兰发表文章评价该团队为罗斯福的智囊团。罗斯福并没有让这个智囊团或者专家组的成员为他提供新点子、新建议，而是让他们为他充实、理清并提炼他已有的观点和纲领，那就是使用政府的权力来补救、纠正使国家遭受重创的经济问题。

罗斯福智囊团的第一个工作成果就是他于 1932 年 4 月 7 日发表的关于"被遗

忘的人"的演讲。罗斯福打算在由美国烟草公司赞助的国家广播公司的一个广播节目中发表这个长约十分钟的演讲。他告诉莫利自己想要一篇针对目前的经济问题的演讲稿。这篇演讲稿最终由罗斯福、莫利以及罗森曼在罗斯福家共同构思完成。这次演讲是对经济保守主义者的一次重大打击。罗斯福批评胡佛政府对经济萧条采取的措施治标不治本。他说:"这些措施只是为了求得短期的从上层开始的缓解作用,而不是为了实现从底层开始的根本性的经济恢复。在当前这样的困难时期中,更要求他们(胡佛政府)把注意力重新转到那些被遗忘的处于经济金字塔底的人民身上,努力找出解决问题的办法。"

在这个演讲发表后的第二周,罗斯福就带着同样的观点参加了在明尼苏达州圣保罗市举行的杰弗逊日纪念晚宴。罗斯福说当前经济问题已经是一个全国性的问题,他觉得国家需要"有想象力的、有明确目的的计划"。罗斯福于1932年5月22日在佐治亚州的奥格尔索普大学进行了全国代表大会召开前的最后一次演讲。演讲中,他责问道:"为什么一方面原材料大量闲置、工厂大量停产,另一方面整个国家的人民却陷于饥馑、失业的境地?我们必须要采取措施。如果一个措施失败了,那就坦率地承认错误然后再接着尝试其他办法。但重要的是要有所作为。"

候选人提名投票开始在即,各派都嗅到了战争的浓厚火药味。这一年的全国代表大会将在芝加哥体育馆举行。新近落成的体育馆气势雄伟,使得近旁的麦迪逊花园广场都相形见绌。它是第一个室内运动比赛场馆,从每个座位上都能清晰地看到场上的比赛情况。这个体育馆总共可以容纳3万1千名观众,场馆里配有空调设备,这对于那些原本希望借酷暑高温来最终打破代表大会僵局的候选人们不是个好兆头。

法利和霍韦在代表大会召开前一周就先期到达了芝加哥。他们负责为罗斯福建立竞选总部、做代表们的工作以及密切关注代表大会三个重要委员会——规则委员会、资格审查委员会、纲领委员会——的动向。因为罗斯福的阵营强大,他的势力几乎控制了这三个主要委员会。但一切仍不是万无一失,法利就感觉他对1932年的全国政界的情况已经有一些生疏,一个失误就可能导致全盘皆输。

弗林也说:"我们对全国政治没有经验。当我和法利动身去芝加哥时,我们都向对方坦白自己对游戏规则还不大熟悉。"

很快,他们就暴露出了缺少经验的弱点。7月23日,法利召开了一次政策研讨会,大约60名罗斯福阵营的党派领导人参加了这次会议。对于这次会议的情况,法利后来回忆说:"我们还没搞清楚形势就发觉会议已经陷入了各种草率的、不明智的提议中。"在参议员休伊·朗等人的鼓动及丹尼尔斯的参与下,这次秘密会议竟一致同意谋求废除提名选举中的"三分之二"规则,而不顾其是民主党代表大会最神圣的规章之一。这个原则是 1832 年安德鲁·杰克逊在创立民主党时就立下的规则。法利说："这件事就像是给了我迎面一拳，差点把我打蒙了。"

来自美国南部产棉地区的支持罗斯福的各个代表团都对这个提议大为不满。北卡罗来纳州参议员乔赛亚·贝利提醒罗斯福说他有失去整个南方的支持的危险。而领导密西西比州代表团的帕特·哈里森则批评这一提议"鲁莽而愚蠢"。南部民主党的老党员约翰·夏普·威廉也说："南方各州一个世纪以来一直捍卫三分之二原则，它们不可能放弃它。"

发现自己正面临阵营分裂的危险境地后，罗斯福很快妥协。法利以罗斯福的名义向代表大会发表声明说："我认为三分之二原则是不民主的，必须被废除。然而这个问题是在各州向代表大会派出代表团之后才被提出的。我不能让自己或朋友被人指责为没有公平竞争的精神，因而我要求我在芝加哥的朋友们停止废除这一原则的行动，以保证这一大多数原则得以实施。"

代表大会的第一天并无实质性的内容，只是处理一些枝节问题。大会的现任主席，来自肯塔基州的参议员阿尔本·巴克利进行了一场长达 2 小时的主题讲话，这恐怕是民主党代表大会历史上最长的主题发言。第一次的实力较量在大会的第二天，当大会讨论资格审查委员会的报告并准备选出一位终身主席的时候。路易斯安那州、明尼苏达州以及波多黎各代表团的选举资格却遭到了反罗斯福势力的挑战。如果在这场交锋中失败，不仅意味着罗斯福将失去 50 张选票，还会使整个代表大会的形势变得不利于他。

在对三个代表团的选举资格审查中，资格审查委员会都通过投票来决定它们的选举资格。这样代表大会里的派系"场斗"便开始了。路易斯安那州首先发难。一向善于插科打诨的朗这次非常直接地发表了一通精妙的讲话。于是当书记员开始宣布参加选举的州代表团名单时，芝加哥体育馆陷入了沉默。亚拉巴马州、亚利桑那州以及阿肯色州为朗投了 40 张赞成票，而加利福尼亚州代表团有 44 票反对。双方的票数一直交替上升，直到密歇根州、明尼苏达和密西西比州的投票使得朗的得票开始领先。罗斯福的阵营得到了巩固。最后的结果是 6383/4 比 5141/4，大多数代表支持朗的路易斯安那代表团获得选举资格。法利后来说："这是代表大会上最关键的时刻。"随后，明尼苏达和波多黎各各代表团都以更大的优势通过了选举资格审查。

到选举终身主席时，罗斯福阵营牢牢把握着控制权。这个职位的候选人之一是罗斯福的宿敌，拉斯科布的副手朱尼特·肖斯。参议员惠勒在代表大会召开数月前就曾提醒罗斯福，如果肖斯当选为终身主席，罗斯福就"永远别指望成为总统候选人了"。因此，罗斯福阵营选择了支持托马斯·沃尔什参选终身主席。沃尔什曾主

持过 1924 年的马拉松式的全国代表大会，当时他表现出绝对的公正。他还因为在
"茶壶丘"丑闻①调查中的表率作用和积极表现成为民主党党员中的偶像。选举进
展缓慢而艰难，但罗斯福的阵营始终控制着局势。计完密歇根州的投票后，沃尔什
的得票开始领先，并最终以 626:528 击败了肖斯。

　　大会第三天的议程是关于政纲的讨论。讨论的中心是自南北战争以来一直存在
的禁酒令问题。民主党内对于这个问题的看法向来分歧很多。保守派和自由派围绕
这个问题所展开的斗争使 1921 年的全国代表大会不得不就此问题投票表决多达 103
次。也正是围绕这个问题的斗争使阿尔·史密斯在 1928 年的竞选中落败。现在这
个矛盾又摆在了罗斯福的面前。当时也正在芝加哥召开全国代表大会的共和党人们
在这个问题上采取了暧昧的态度，将它交由各州自己解决。伯克利在他所作的主题
讲话中讥讽道："大家对它（禁酒令）的态度不能统一，各种意见混乱复杂，就像
一堆碎木片。"

　　此时整个国家的气氛已经发生了改变，这可能是由于大萧条的影响。《文学文
摘》杂志所做的一份民意调查显示，除了堪萨斯州和北卡罗来纳州之外，大多数州
的代表们都支持废除禁酒令。在民主党的初选中，保守派候选人面对自由派候选人
时都纷纷落马。一个很典型的例子说明了当时的形势：约翰·洛克菲勒一辈子都主
张禁酒，并且还资助了一个全国性的游说禁酒组织——"反沙龙联盟"，但现在连
他也在呼吁废除禁酒令了。洛克菲勒说："我坚信，宪法第十八条修正案的好处将
远远超过该修正案带来的负面影响。"

　　对于反罗斯福的势力来说，废除禁酒令似乎正是令罗斯福两难的好难题。罗斯
福的支持者大部分是传统的来自南部和西部的保守主义者。在全国都要求废除禁酒
令的大环境下，他是会选择支持废除禁酒令而得罪他的保守主义支持者，还是选择
继续支持保守主义者呢？在民主党的全国代表大会上，政策纲领委员会提交的政纲
条款中有一条涉及这个问题。他们要求坚决支持废除禁酒令，而不主张将问题交给
各州自己解决。

　　罗斯福显然不想被牵扯进去。法利对支持罗斯福的代表们说："你们自己决定
吧。"罗斯福也表示无论大会通过了什么样的政策纲领，他都会按照党的既定政策
进行选举。在接下来的自由投票中，民主党人投票通过了第 934—213 号决议，同
意支持废除禁酒令。《纽约时报》记者阿瑟·克罗克报道说："今天早上，自由主

---

① "茶壶丘"是位于美国怀俄明州中东部卡斯帕以北的一个旧的美国海军石油储备基地。
1921 年由内政部长阿尔伯特·B·福尔秘密租给哈里·F·辛克莱的石油公司，从而成为哈丁总
统任期内的一个重大政府丑闻。

义占据了绝对上风。"

对阿尔·史密斯和里奇州长来说，关于废除禁酒令的投票重新点燃了他们竞选的希望。他们都一反常态，亲自出现在了演讲台上，敦促大会出台一个代表大多数的政策决议。史密斯高调夸张的表现——发自内心的真实表现——让那些最波澜不惊的老成之人也大跌眼镜。当大家离开会场的时候，每个人心里都在想，"勇士"史密斯是否能够把这种情绪转化为实际的得票呢。大家都在期待将于下午开始的推举总统候选人的会议。

会议开始后，罗斯福一直守在奥尔巴尼的电话机旁。霍韦和弗林用包厢里的直拨电话和罗斯福随时保持联系，而法利则在大会现场继续团结各派力量。法利时不时会带一些代表去包厢和罗斯福通话。弗林回忆说："整天都有代表来和他通话。"有时候，他们还会把电话的扬声器打开，然后罗斯福就会直接跟一个代表团的代表们讲话（如"来自内布拉斯加的朋友们……"之类）。至此，谁是选举的背后大老板已经一目了然了，所有的重要决定都由奥尔巴尼做出。弗林也说："在大多数情况下，我们发现罗斯福的判断是正确的。如果不和他商量，我们不会采取任何行动。"

提名大会于 6 月 30 日，也就是周四下午 3 点钟正式开始。有超过 3000 人的党代表和候补代表在会议大厅济济一堂，等待着演讲的开始。由于法利的人掌握了组织委员会，支持罗斯福的代表团被安排在了很好的位置上。支持罗斯福的组委会领导阿瑟·马伦说："我们让加利福尼亚州代表团坐在了纽约州代表团的后面，而他们离得克萨斯州代表团非常远。"而走廊旁听席的安排归芝加哥市市长安东·瑟马克管，他在那里安排的都是不支持罗斯福的人。最后，在获得大会入场券的 25000 名观众中，罗斯福的支持者只有 100 人。

在工作人员宣布开始提名后，亚拉巴马州表示支持纽约州，接着罗斯福早年的政治引路人，波基普西市法官约翰·麦克走上了演讲台，提名了罗斯福。当他的演讲结束后，有 34 个州代表团以及六个准州代表团（当时美国一共有七个准州）涌上了走道，大家都站起来为罗斯福欢呼。一个大大的支持罗斯福的条幅从大厅的横梁上垂下展开，会场的管风琴奏起了罗斯福的竞选主题曲"起锚"。当时埃德·弗林正在霍韦的包厢里，听到了这个主题曲，他说："这个歌太沉闷了，好像在办葬礼。我们可不可以让他们奏一些欢快的曲子，比如'幸福时光今日重现'这类的?"霍韦同意了弗林的观点并把这个意见告诉了会场的组织者。

从那个时候起，人们就把"幸福时光"与罗斯福和"新政"联系在了一起。这首歌由米尔顿·艾格和杰克·叶伦为 1929 年的好莱坞音乐剧"追逐彩虹"所写，非常传神地体现出了罗斯福所散发出来的那种乐观主义精神。当代表们又跳又唱的时候，罗斯福的长子詹姆斯·罗斯福加入了纽约州代表团的队伍，和他们一起参加了游行。《纽约时报》记者雷蒙德·丹尼尔说："他就像为本队射门得分欢呼的大二学生一样兴奋。"

参议员汤姆·康纳利提名了加纳，会场奏起了"得克萨斯之眼"和"加利福尼亚，我来了"的曲子，来自得州和加州的代表们也开始绕场游行。然后，就是对阿尔·史密斯的提名，会场上奏响了"纽约州的人行道"这首竞选主题歌，会场里的所有人也都对这位党内的前领袖表示了敬意。《堪萨斯城报》的编辑威廉·阿伦·怀特写道："提名史密斯后的游行是这次大会中最隆重的。"

在提名史密斯之后，大会休会三个小时用晚餐。在休息结束返回大会会场的途中，法利特意去拜访了加纳的竞选总部，同加纳阵营在芝加哥的发言人萨姆·雷伯恩交谈了几句。这不是他们第一次交谈。法利以前也暗示过让加纳做副总统候选人，现在他正式提出来了。他对雷伯恩说："现在时机对我们很有利，我知道怎么才能赢。"

雷伯恩问法利他们需要做什么。

法利说："让得克萨斯代表团在第一轮投票中表示支持加纳，然后在结果出来之前公开表示转而支持罗斯福。"

雷伯恩表示反对，他说："从得克萨斯来的许多人从来都没有在全国代表大会上投过票，他们应该先投几轮给加纳。你们能坚持几轮？"

"三轮，四轮或者五轮。"法利说。

雷伯恩说："那么，即使我们对副总统的位置感兴趣，我们也要先投几轮给加纳，况且我并没有说过我们感兴趣。"

当大会复会后，又有些人提了6个被党内大佬所青睐的人。提名在凌晨3点钟结束，最后一个被提名的是比尔·默里，俄克拉何马州的代表们绕场游行14分钟后，提名程序结束。接下来是支持发言，反罗斯福派把这个过程拉得很长。对于法利而言，他所掌握多数票使他能够掌握大会的支配权，但他不确定是应该先休会还是直接投票。于是法利给奥尔巴尼打了一个电话。罗斯福告诉他："直接投吧。"

法利回忆说："他的声音非常坚定，让人听起来感觉就像是吃了一颗定心丸。"凌晨4点28分，大会组织人员宣布开始投票。在这个时候，双方都希望能够摊牌。史密斯认为罗斯福的支持者很不坚定，在第一轮投票之后他的支持者就会溃逃。而法利则认为，由于各州代表已经认识到罗斯福的优势很明显，他们会随大流支持罗斯福，因此罗斯福可能在第一轮就锁定胜局。

在奥尔巴尼的起居室里，罗斯福正聆听着会场里投票的情形，埃莉诺和萨拉也在。年轻的埃里奥特坐在收音机旁睡着了，米西和格雷丝·塔利也在一旁睡着了，罗森曼夫人坐在地板上打起了盹儿。罗斯福却没有一丝睡意，他想一边等待投票结果一边看看他和罗森曼正在起草的答谢提名讲话稿，但却一个字也看不进去。其间，罗森曼离开了起居室去完成讲话稿的结尾部分。他回忆起自己将结尾部分交给罗斯福审阅时的情景时说："他只说还可以。"

第一轮投票很快就完成了。罗斯福的阵营很坚定，他的反对者们却仍然力量分散。计票结果表明罗斯福获得了 660 票，比得票最多的竞争对手的票数还多两倍，但仍需 104 票才能获得提名。史密斯得到 201 票，得票数第二。加纳获得 90 票，另外 6 个被提名人瓜分了其余的选票。这个结果与法利所预计的几乎一样。他没预料到的是，在计票结果公布之前没有一个代表团改变立场。他说："我坐在那儿，希望哪个州会改变立场，宣布支持得票数最多的候选人，但却没有一个州这样做。我失望极了！"

第二轮投票于清晨 5 点 17 分开始直到 8 点 05 分才结束。因为许多代表团都要求单独进行投票致使投票时间拉长，从而创下了这个最漫长投票的纪录。这一次罗斯福得到 677 票，史密斯的得票降至 194 票，但形势仍处于僵局。此时法利在代表席中的助手阿瑟·马伦提议休会。但罗斯福的反对者们觉得罗斯福此时已是强弩之末，所以向大会施压要求马上进行第三轮投票。这种打口水仗的办法无法决定是否要休会。沃尔什提醒马伦说如果他要求投票表决是否休会的话，可能会输给反对休会的人并导致形势变得对罗斯福不利。马伦只得撤回了休会要求，大会开始了第三轮投票。

芝加哥时间下午 3 点，加纳从华盛顿给雷伯恩打来电话，郑重地说："山姆，我觉得是时候结束战斗了。罗斯福才是候选人的最终人选。三次投票他的票数都最高。我们可不能做使民主党丧失打败共和党良机的罪人。下一轮投票必须选出总统候选人。"

雷伯恩和麦卡杜在召开各自代表团的内部会议讨论改变立场时都遇到了很大的阻力。得克萨斯州代表团的一些顽固分子想继续这场选举斗争。最后，雷伯恩不得不强迫代表们进行表决，以 54：51 通过了支持罗斯福的提议。这令一些重要的得克萨斯代表们十分不满。麦卡杜遇到的阻力更大。虽然他最终也使代表团同意支持罗斯福，但却没有通过投票表决的方式。麦卡杜向雷伯恩建议说，当下一轮投票开始时，加利福尼亚州将跟着得克萨斯州行动，让得州首先转变立场。但雷伯恩说，这么做会让他的代表团抵触情绪更大，因此希望麦卡杜也向他的代表们宣布支持罗斯福的决定。

由于不知道这些动向，反罗斯福派对取得胜利越来越有信心。尽管休伊·朗努力维持，但密西西比州似乎还是不可避免地陷入了分裂状态，甚至有传言说北卡罗来纳州和艾奥瓦州也将改旗易帜。甚至有越来越多的传言说贝克将成为双方妥协后推出的候选人。罗斯福最亲近的一些朋友也还没有听说加纳倒戈的事，雷克斯福德·特格韦尔和哈里·霍普金斯同乘一辆车来到了会场，他们的脸色阴沉，仿佛是要去参加葬礼。

1932 年 7 月 1 日，星期五，晚上八点刚过，会务人员就宣布进行第四轮投票。唱票员首先宣布："亚拉巴马州，24 票支持罗斯福。"接下来是亚利桑那州，阿肯色州。然后是加利福尼亚州。麦卡杜对大会主席汤姆·沃尔什说，他希望说明一下加利福尼亚州的投票立场。当麦卡杜走向发言台的时候，整个芝加哥体育馆里一片寂静。他说："加利福尼亚代表团想在这里提名一位有足够竞争力成为美国总统的人。我们来这里并不是想阻碍大会的顺利进行。"支持罗斯福的代表们都快乐疯了。会场上奏起了"加利福尼亚，我来了"的旋律，接着又奏响了"幸福时光今日重现"。得克萨斯州代表团也加入了游行的队伍。当会场终于恢复平静的时候，麦卡杜接着说："得克萨斯州和加利福尼亚州都是伟大的州，我们之所以做出这样的选择，是因为我们认为这样最符合美国的利益，最符合民主党的利益。加利福尼亚的所有 44 张选票都支持富兰克林·罗斯福。"

罗斯福在奥尔巴尼从收音机里听到了这个消息，他如释重负地靠在了椅子上，笑着说："麦卡杜这个老家伙真是太好了！"由于麦卡杜宣布得克萨斯州也将支持罗斯福，僵局终于被打破。于是乎，大家都开始随大流了。当轮到伊利诺伊州发言的时候，热尔马市长宣布伊利诺伊州和印第安纳州将共同支持一位候选人，所有 88 张选票都将支持——"美国的下一位总统，富兰克林·罗斯福"。接下来，里奇州长宣布马里兰州将转而支持罗斯福。再后来，密苏里州、俄亥俄州以及俄克拉何马州都先后上台发言。当轮到最后几个州的时候，弗吉尼亚州州长伯德也上台宣布该州将拥护罗斯福。

晚上 10 点 32 分，沃尔什宣布了最后的投票结果：罗斯福获得了 945 票，而拒绝退出的史密斯仅获得了 190 票。"富兰克林·罗斯福获得了超过三分之二的代表选票，我宣布本届大会推举他为总统候选人。"

沃尔什接着宣布了一个让大家非常意外的消息。罗斯福发来电报说，他希望于即日飞往芝加哥接受提名。当欢呼声逐渐平息，人群渐渐散去的时候，会场奏响了"基督战士向前进"的曲子——自从威廉·詹宁斯·布赖恩的全盛时期之后，民主党全国代表大会上就再也没有奏响过这首歌。

巴尔的摩市《夕阳晚报》的记者门肯评论说："罗斯福先生开始选举的时候，面临着众多的不利因素。首先，是他自己的缺陷。他是一个非常有魅力的人，但是同其他非常有魅力的人一样，他会让人觉得有些浅薄和琐碎。而在另一方面，他还面临着更大的压力，那就是党内的不团结。"门肯说，芝加哥的赌庄甚至开出了五赔一的赌注，赌里奇州长获得提名就将战胜胡佛，而罗斯福获得提名就将输给胡佛。

罗斯福飞往芝加哥接受提名的举动让全国惊诧不已。从传统上来说，共和党和民主党获得提名的参选人一般会留在家里，大会结束一个月左右就会有由一些社会名流组成的代表团上门通知他代表该党参选总统。由于打破传统直接飞往芝加哥，罗斯福向人们展示了一种时不我待的精神，这种精神正是当时处于沮丧情绪之中的美国所需要的。此外，他还向世人展示了他的勇气和毅力。在 1932 年，乘坐飞机还是一件非常危险的事。在那之前不久，美国著名的橄榄球教练克努特·罗克纳刚刚在空难中罹难。当时的飞行导航系统还不发达，动力系统也比较原始，飞行员遇到恶劣天气时也没有什么办法。从统计学上来说，在 1932 年乘坐飞机失事的概率要比 40 年后大 200 多倍。

当时，美国的航空公司每天只有一班航班从奥尔巴尼起飞，终点是克利夫兰。为了满足罗斯福的要求，航空公司从达拉斯到洛杉矶的航线上调来了一架福特 5-AT 三引擎飞机。就像一位航空公司的发言人所说的那样："现在人们都害怕坐飞机。州长坐飞机可能会帮助我们建立一些信心。这就是我们为什么愿意费事为他调来一架飞机。"

和罗斯福同去的一共有 13 人，包括埃莉诺，儿子埃利奥特和约翰，米西·莱汉德，格雷丝·塔利，厄尔·米勒，格斯·根内里希，萨姆·罗森曼，再加上飞行员和机组人员。一位飞行员回忆说："我们周围有很多风暴，迎着风低空飞行是很困难的，这架福特飞机在空中就像是一个气球。"由于恶劣天气的影响，飞行员原准备在罗切斯特迫降，但这时天气出现了些许好转，于是他们又继续飞行，并于途中在布法罗市和克利夫兰市加油。下午 4 点 30 分，这架小飞机降落在了芝加哥市的机场，从奥尔巴尼起飞后，这架飞机一共飞行了 8 个小时。在这期间，约翰·加纳在欢呼声中被提名为副总统候选人。法利把支持罗斯福的代表们结得很好，没有一个人在私下发牢骚。

下午 6 点刚过，大会主席沃尔什就把罗斯福介绍上了主席台，霎时间会场上响起了雷鸣般的掌声和欢呼声。富兰克林·罗斯福身穿一套蓝色西装，上衣翻领上斜插着一枝玫瑰，他的眼睛里闪烁着活力，头微微地昂着。这时，会场上又响起了"幸福时光今日重现"。当罗斯福开始演讲时，会场上的 3000 人都站了起来。罗斯福说道："很抱歉，我来晚了。但是我无法控制风向，只能依靠着我在海军时学到的知识判断风向。作为一个政党提名的总统候选人，在获得正式通知前就在全国代表大会中出现是不同以往的做法，但我们要知道，现在本来就是一个不同以往的时代。"人群中爆发出了一阵欢呼，对他的说法表示赞同。

在全国听众的关注下——许多人都是第一次听到罗斯福的声音——他发表了一篇充满自信、文采激昂的演讲。他的这种演讲早已为纽约的广播听众所熟悉。他说道："我打破了总统候选人必须假装什么都不知道，待在家里等待几周之后接到通知的陈规旧俗。破除陈规就是摆在我面前的任务，我已经开始这么做了。让我们的党从现在开始起打破那些陈规陋习，把它们都留给共和党的领导们吧，他们更乐于维持陋习，就让他们在保守中失败吧。"

罗斯福特意提到了党内希望坚持旧传统的经济保守主义者。他说："我提醒那些不敢正视未来，沉湎于过去的人，提醒那些没有认识到自己在新的时代中所肩负的责任的人，他们虽然还是名义上的民主党人，但是他们实际上已经跟不上民主党的步伐了。"（声嘶力竭地欢呼）"我们民主党必须是具有自由思想的党，必须是行动周密有序的党，必须是具有国际视野的党，必须是为了美国绝大多数人民的利益服务的党。"

他还讲到了美国政治中的进步主义。"现在，有一些名义上的共和党人不愿意昧着良心任凭他们的领袖胡作非为。在这里，我要邀请那些名义上的共和党人加入我们的行列。"罗斯福承诺说，进步主义的政府行为将有助于解决大萧条的根本问题，能够有利于救济那些身处困境之中的人们。他列举了一长串应该实施的项目：规范社会保障机制、提供公共项目的工作、减免税收、立法保障工作时间和工资收入、住房贷款担保、农业补贴以及取消禁酒令。

无论是在芝加哥体育馆的现场还是在家里通过收音机收听的民众，罗斯福的讲话都紧紧地抓住了听众们的心，引起了人们的共鸣。他在演讲的结束语中说道："在农村，在大都市，在小城市，在小村庄，数以百万的人正期待着有朝一日能恢复他们原来的生活水平和精神世界。这些人的希望不能落空，也不应该落空。"接着，他说出了那句著名的结束语："我向你们保证，也向我自己保证，我将为美国人民实施'新政'。"

· 第十四章 ·
无所畏惧

　　埃德·弗林曾写道："进行政治竞选活动最重要的一点就是尽量不要犯错误。"1932 年的民主党总统竞选活动就几乎完美无瑕。弗林认为罗斯福"就像有种第六感，总是能让他做出合乎时宜的决定。"这种几乎与生俱来的天赋加上法利的精心组织、路易斯·霍韦对国内政治中旁门左道的深刻了解以及莫利领导的智囊团所撰写的精彩演说稿都使罗斯福在面对不称职的胡佛政府时势如破竹。就算没有经济危机的出现，罗斯福很可能也会赢得总统选举的胜利。正如纽约布鲁克林区的民主党领导人约翰·麦库克所说："就算罗斯福整个夏天和秋天都在欧洲度假，他也一样能赢得选举。"

　　当我们回顾当年时会发现，麦库克所言丝毫没有夸大的成分。罗斯福用一次戏剧性的芝加哥之行以及鼓舞人心的提名演讲抢占了先机，然后便勇往直前。当晚，罗斯福还没走下演讲台，内布拉斯加州的资深参议员乔治·诺瑞斯就上前向他表示了支持。诺瑞斯是美国共和党进步主义派的一位长老级人物，他表态之后，他的共和党同志——加利福尼亚州的海勒姆·约翰逊、威斯康星州的罗伯特·拉·福莱特以及新墨西哥州的布朗森·卡廷——也都马上向罗斯福示好。共和党这驾马车从此开始分崩离析。

　　在得到进步党成员明确表态的支持后，罗斯福开始着力修补民主党内的分裂。在提名演讲之后，罗斯福在国会饭店与 96 位民主党全国委员会委员共进晚餐，拉斯科布最后一次主持了晚宴。为了修补与拉斯科布等人的关系，罗斯福不吝赞美之词，对他们大加称颂。席间，罗斯福甚至有些过头地称拉斯科布和朱厄特·肖斯为"我的老朋友"。此外，他还向这些以前的对手们表示了谢意，并邀请他们在即将开始的竞选活动中助自己一臂之力。

　　然而，阿尔·史密斯却成了罗斯福的一个难题。提名选举结束后，他怒气冲冲地离开了芝加哥，罗斯福的幕僚们都担心他回到纽约后会对罗斯福大加指责。幸而，一些他和罗斯福共同的朋友在中途截住了他，并将他安抚了下来。心绪平静之后，史密斯的注意力回到候选人名单上。经过他和罗斯福的共同努力，塔曼尼协会所反对的赫伯特·莱曼最终得以被提名为州长候选人。经过这次合作，两人在奥尔巴尼举行的纽约州党代表大会上公开表示重归于好。在大会上再次见面时，史密斯紧握住罗斯福的手亲热地招呼道："你好啊！老伙计。"罗斯福回答说："你好，阿尔。见到你很高兴，由衷地高兴。"法利回忆说当时他们两人就像老同学见面一样亲热，都紧握着对方的手。摄影记者们都兴奋地直按快门。

罗斯福以和三个儿子一起驾船出海开始了他的竞选活动。他们驾驶着一艘 37 英尺长的旧游艇从杰弗逊港出发，途经长岛，最后到达新罕布什尔州的朴次茅斯。可能也只有罗斯福才会以这种方式启动自己的总统竞选。罗斯福在获得提名后的第一次记者招待会上说："我儿子吉米以 150 美元租下了这条游艇。价格很便宜，所以我们能负担得起。我们自己驾船、自己做饭、自己洗衣，自己做一切事情。我负责驾船的工作。"

1932 年 7 月 11 日，也就是获得提名 9 天之后，罗斯福开始了穿越长岛海峡进入新英格兰海域的航行。他对新英格兰海域非常熟悉。因为游艇没有引擎，一艘冕船将它从码头拖到海港，当时海面上正刮着硬朗的海风。罗斯福对后面载着新闻记者的船开玩笑似的喊道："别挡着我的风。"罗斯福将和儿子们一起驾船穿越波涛汹涌的大海的消息让公众好奇心大发，记者们纷纷涌来目睹这个极富戏剧色彩的场景。罗斯福强壮水手的形象频频出现于各类报纸上和新闻短片中。他看起来肌肉发达、强壮有力、充满自信，言谈嬉笑间都充满了对生活的热情。这让他与白宫里那位拘谨、严肃的胡佛总统形成了鲜明的对比。

罗斯福此举可谓一举两得，不仅将人们对他健康状况的疑虑一扫而空，而且还修补了和新英格兰地区的史密斯支持者之间的关系。途中每停靠一处港湾，罗斯福都会在船上招待前来拜访的当地州代表团成员。在斯万普斯科特，罗斯福用自己的魅力征服了马萨诸塞州州长约瑟夫·埃利。埃利曾是史密斯的忠实支持者，在普选中他带领马萨诸塞州将选票投给了史密斯。在这次旅途接近尾声时，罗斯福驾驶着小船来到了新罕布什尔州的汉普顿海滩。在汉普顿海滩的集市场地上，他对着近 5 万名民众发表了总统竞选活动中的第一次演讲。

罗斯福征服的最后一个对他心怀不满的政治团体是弗兰克·黑格所领导的新泽西州民主党组织。和其他守旧的民主党人一样，黑格认为自己首先是个民主党员。他认为每一次选举都会有人获胜也会有人落败，各种政治纲领也都此消彼长，但民主党却一直存在。黑格在芝加哥民主党候选人提名大会上曾很坚决地反对提名罗斯福，但既然罗斯福已经当选，他也不介意和其握手言和。他对法利说，如果罗斯福在竞选活动一开始就到新泽西来，他将为他举行美国历史上最大规模的政治集会。罗斯福接过了黑格伸来的橄榄枝，黑格也果然没有食言。8 月初，罗斯福去了新泽西的锡格特。大约 11 万 5 千名民众聚集到那儿聆听了罗斯福的演讲。法利回忆说："这次集会确实是美国历史上最大的政治集会之一。"

在整个竞选活动中，法利一直都很信任各州的民主党组织，不论他们以前是否支持罗斯福，他都一视同仁。这使罗斯福先前的支持者们私下里有些不满，但法利仍然坚持这一原则。他认为成功的竞选需要一个团结的政党的支持，而要使政党保持团结就必须赏罚分明而公平。当赫尔对罗斯福抱怨说，在得克萨斯州以前支持过罗斯福的人受到排挤时，法利并未表现出同情。他说："参议员，坦率地讲，我觉得如果不依靠得克萨斯州的常规民主党组织来进行选举的话，我们就会犯下大错误。我们会陷入麻烦。"

事实上，当时法利正在整合民主党的各级组织，从而使各级党组织的权力得到美国历史上空前的集中。显然，利用已有的党组织比重新建立各级组织要更高效。根据霍韦的建议，各州的民主党主席都被分批请到了竞选总部。他们被分成小组与法利等人分别进行几天的会谈。通过会谈他们清楚地认识到，他们将对各自州的竞选完全负责。霍韦回忆说："这个大胆的尝试马上起到了效果。各州的民主党主席离开时都觉得自己的作用重要、责任重大，都决心为了民主党的胜利全力投入到竞选工作中。"

同时，法利也开始加快实现与全国近1千万名选区负责人的直接联络。他总共以罗斯福竞选总部的名义发出了近3百万封信，其中的大部分都由法利亲笔署名。他说："那些在类似印第安纳州科科莫这样的偏远地区挨家挨户动员选民为民主党投票的工作人员如果能收到来自华盛顿或纽约的盖有竞选邮戳的感谢信一定会受到极大的鼓舞，我们要保证他们收到这样的鼓励信。"

在埃德·弗林的协助下，法利和霍韦像军队将领一样调兵遣将，组织着竞选活动。他们负责所有的政治活动、党组织工作以及掌握投票率。智囊团负责制定政纲的工作，他们就像是竞选大战中的参谋，为候选人准备演讲稿以及撰写备忘录。8月至11月间，罗斯福共做了27次重要的演讲，每一次演讲都有一个不同的主题。另外，他还在其他各种竞选活动中发表了32次简短讲话。而胡佛在此期间只发表过10次演讲，而且都集中在竞选活动的最后一周。

在民主党的竞选活动中，政治活动策划和政纲制定被清楚地分为不同的工作。这是典型的罗斯福式的选举方式。在制定竞选策略这一类政治活动的工作上，罗斯福总是和霍韦、法利以及弗林密切配合；而有关制定政治纲领的工作，他就会征求莫利的智囊团的意见。竞选总部设立在纽约的巴尔的摩饭店，智囊团成员都住在罗斯福家。弗林回忆说："我们和莫利的智囊团之间一直关系良好。因为我们总是将竞选活动的组织工作和制定候选人的政策纲领的工作严格区分开。"智囊团成员山姆·罗森曼对此也持相同意见，他说："我们从不涉足他们的竞选组织策划工作，他们也总是注意不干涉我们的工作。"

在竞选的初始阶段，资金曾是一个急需解决的问题，但随着罗斯福势头的上升，他的竞选开始得到源源不断的资金援助。1928 年在困境中开始进行选举活动的民主党，此时已募集到 240 万美元，而共和党只募集到 260 万美元。双方竞选开销的比率和所募集资金的比率基本相同，花费的都比募集的要多。在所有支出中，广播费用是最大的一笔。在 1932 年，买下有线广播公司和全国广播公司联合广播网黄金时段一小时的广播时间需要花费 3 万 5 千美元。共和党在广播宣传上共花费了551972 美元，而民主党花了 343415 美元。由于当年美国正处于全国经济衰退，这次选举已算是 20 世纪中美国最节省的大选了。根据两党最终的统计，民主党和共和党为每一张选票大概花费了 13 美分。两党在 2004 年的大选中共花费了547966644 美元，而当年有 1 亿 1 千 5 百万人参加投票。也就是说，每张选票耗资4.76 美元。

不久，选情出现了有利于罗斯福的发展迹象。在 1932 年春夏交替之际，一战中的失业退伍老兵集聚在了华盛顿请愿，要求政府提早发放 1945 年应该到期的战争补贴。他们在华盛顿东南部的阿那卡斯提亚河河畔建立了一个临时的简陋住宅区，还占据了宾夕法尼亚大道上几栋闲置的政府大楼。在最高潮时期，争取补贴的退伍军人人数超过了两万名。当参议院驳回了他们的诉求之后，他们当中的大多数人都回到了家里，但是其他无家可归和没有工作的人还是继续留在了首都。

华盛顿的官员被这件事情弄得焦头烂额。警察总局局长佩勒姆·格拉斯福德竭尽所能地为这些退伍老兵提供帐篷和床具，还为他们提供药品、食品和卫生服务。他的措施暂时稳定了局面，维持了秩序。虽然请愿者的行为是非法的，但格拉斯福德（在一战期间，他本人曾是在法国的美国远征军中最年轻的准将）并没有把这个问题复杂化，他只是把这些人当作遇到困难的老兵。他顶住了压力，没有像有些人希望的那样对请愿者使用武力。

但是，胡佛并没有格拉斯福德这样镇定。胡佛政府里的大多数人立刻联想起了冲进冬宫的布尔什维克。总统拒绝与请愿大军的领袖见面，下令紧闭白宫大门，同时加强了控制示威人群的警卫力量。战争部长帕特里克·赫尔利坚称，国家面临着威胁，他对老兵们始终保持秩序井然颇有些失望，企盼发生一些混乱给政府实施戒严法找到理由。

7 月 28 日，在白宫的敦促之下，哥伦比亚特区警备司令下令格拉斯福德清场，将退伍老兵从他们所占据的宾夕法尼亚大道上的废弃政府大楼中赶走。于是，现场出现了抵抗，接着警察开始开枪，有两个退伍老兵因此死于非命。终于，赫尔利等到了他所期待的借口。警备司令向白宫求援，要求增派联邦军队维持秩序。胡佛把这个请求转到了赫尔利那里，赫尔利立即命令陆军参谋长道格拉斯·麦克阿瑟将军采取适当行动。当时是下午 2 点 55 分。1 小时之内，第三骑兵团的部分部队就在 47 岁的乔治·巴顿少校带领下跨过纪念日大桥进入了华盛顿。和他们一起抵达华盛顿的还有驻扎在华盛顿堡的第 16 步兵团的部分官兵，他们也全副武装，开着坦克和扛着机关枪进入了华盛顿。麦克阿瑟在战争部上班时通常着便装，但这一天他却一身戎装（包括绶带、奖章和略表）亲自上阵指挥。他的军事秘书兼副官德怀特·艾森豪威尔少校也一直随护左右。

5 点，军队包围了华盛顿市区被退伍老兵所在的政府大楼。骑兵挥舞着马刀在街上清场，步兵则端着刺刀从每个房间把人赶出来。空气中弥漫着催泪瓦斯的味道。在骑兵和坦克的驱逐下，老兵们被迫后撤，退回了他们设在阿那卡斯提亚河畔的营地。当夜幕降临的时候，军队暂停了行动，以便妇女和儿童从现场撤出。10 点 14 分，麦克阿瑟下令部队继续推进。在催泪瓦斯的掩护下，骑兵冲进了营地，接着步兵一拥而入，逐一点燃退伍老兵的帐篷，以此把他们彻底驱离。在烟熏火燎之中，为了寻求安全的避身之所，这些退伍老兵和他们的家人们一把鼻涕一把泪地涌上通往马里兰州的好运大道。麦克阿瑟在事后举行的记者招待会上说："如果胡佛总统不下令这样做，他就会面临一个非常严峻的局面。"在麦克阿瑟看来，"暴民是非常容易被鼓动起来进行革命的。"

第二天，全美各大报纸均以头条新闻报道了此次驱离事件。有些媒体把这件事与 1895 年克利夫兰镇压普尔曼市的罢工相提并论，称赞胡佛总统行动有魄力；而更多的媒体则指责政府过度使用武力。一贯亲共和党的《华盛顿日报》也评论说："这真是令人遗憾的一幕，世界上最强大的政府竟使用坦克驱赶那些手无寸铁的人，其中还有妇女和孩子。如果我们需要动用军队来对付手无寸铁的人们，那么这就不是我们理想中的美国了。"《纽约时报》用了整整三版的篇幅来报道整个事件，其中还有一整版照片。阿那卡斯提亚河畔老兵营地的火光是一个象征，它标志着胡佛政府对失业民众的疾苦无动于衷。

雷克斯福德·特格韦尔回忆说，他当时正在奥尔巴尼写演讲稿，当他在早餐时进入罗斯福的卧室时，发现那里铺满了晨报。罗斯福指着《纽约时报》上的照片说："这简直是噩梦！"照片上，示威者的脸上还挂着被催泪瓦斯熏出的泪水，而士兵则拖拽着示威者穿过营地的废墟走向警车，妇女和孩子显得极度恐慌和疲惫，他们正无助地等待救助。

罗斯福对特格韦尔说，他很后悔当年支持胡佛担任总统。他说："这个人脑子里一团糨糊，可能什么都没有。如果胡佛不对他的所作所为感到后悔的话，我会为他感到遗憾。"罗斯福接着说："这些人现在肯定在华盛顿城外的路旁露宿。这些人都是拖家带口的，他这样对待他们，没有激起人们更大的憎恨和更极端的行为已经是奇迹了。"

罗斯福还说："在民众领袖要求接见的时候，胡佛应该答应他们的要求。当两百多人在白宫外游行时，胡佛应该为他们提供咖啡和三明治，同时让他们派代表到白宫。但是，他没有这样做，反而让赫尔利和麦克阿瑟来处理这些事。麦克阿瑟的行为已经断绝了胡佛获得连任的机会。"

当天午餐时罗斯福接到了来自休伊·朗的电话。在电话里朗严厉指责罗斯福讨好党内右派。罗斯福尽力安抚了他，并保证让他参与竞选工作。他对朗说："别生气，一切都会安排好的。"一挂断电话，罗斯福就转过头对特格韦尔说："知道吗？他是这个国家的二号危险人物。休伊很擅长广播演说，总是对着听众们声嘶力竭地喊叫，而听众们也很吃他这一套，因为他使听众们觉得好像是在听布道。大家都觉得他知道应许之地在哪里，并终将带领他们到达。"

特格韦尔忍不住问道："您说休伊是二号危险人物？"

罗斯福微笑着回答："你没听错，他就是。头号危险人物是道格拉斯·麦克阿瑟。你见过他昂首阔步走在宾夕法尼亚大道的样子。在他的军队用催泪瓦斯驱散所有老兵并烧毁他们的营地后，你也在报纸上看到过他的照片。你见过这么自负的人吗？他就是一个潜在的墨索里尼，美国的墨索里尼。"

罗斯福继续以他一贯的乐观精神推进着选举，他的热情也感染了其他人。法利在回忆录中写道："我们拥有的最大优势就是包括罗斯福州长在内的所有人从一开始就坚信他的竞选结果已在意料之中。大家都觉得他会赢。"在法利看来罗斯福总是有办法让身边的人放轻松，并让他们相信自己的工作非常重要。他还说："罗斯福是我所见过的性格最活跃的人。他总是给人以神采奕奕的感觉，好像从来不会疲倦或厌烦。他总能用简单明了而又令人印象深刻的方式讨论复杂的政治问题。他给人以天命所归的感觉。如果不从政，他应该能成为一个伟大的演员。"

与之相反，胡佛总是悲观阴郁，而且总是一脸倒霉样。由于他过于自负和傲慢，反而在他身上找不到任何胜利者的骄傲感。国务卿亨利·史汀生解释胡佛的所作所为时说："他总是看到事情不利的一面。"史汀生说，当他和总统同处一室的时候"就像是坐进了装满墨汁的浴缸里"。罗斯摩尔山国家纪念公园总统巨像的雕刻者格曾·博格勒姆说："如果你把一枝带露的玫瑰放到胡佛手里，它也会马上凋谢。"

当胡佛要求史汀生在选举演讲中攻击罗斯福时，史汀生拒绝了。史汀生非常佩服胡佛，认为世人都低估了胡佛的智慧。但是，他心中有个更加坚定的原则，他认为外交事务应该超越党派之争。"我的尊严和国务卿这个职务的尊严都不允许我利用国务卿这个重要的职务来对罗斯福进行个人攻击。"史汀生写道，"两年以前，我被迫在选举中攻击了罗斯福，到现在我都还在后悔。"

史汀生上校（他喜欢别人这么称呼他）没有上格罗顿高中和哈佛大学，而是去上了多佛高中和耶鲁大学。如果他去了格罗顿中学，校长恩迪科特·皮博迪先生肯定也会因为他的良好品行给他高分。在他的母校，他成为青年一代的偶像，这些人中包括：麦乔治·邦迪、卢修斯·克莱以及乔治·赫伯特·沃克尔·布什。由于史汀生没有帮助选举，胡佛一直耿耿于怀。但罗斯福没有忘记他。1940 年，当战争的阴云笼罩在美国上空，迫切需要两党团结一致共赴难关的时候，罗斯福找到了史汀生，邀请他再次出任战争部长。

在选举之中，罗斯福展示出了高超的公关技巧，他发言的时候总能因人而异，随机应变。胡佛给他取了一个奇怪的外号，叫作"苏格兰毛毯上的变色龙"。选举期间，罗斯福的行程逾 1 万 3 千英里，其听众也越聚越多。他最精彩的演讲是 10 月 25 日在巴尔的摩的演讲。在那次演讲中，罗斯福列出了共和党的四大罪状：破坏、延缓、欺骗和绝望。

胡佛在当时非常不受欢迎。他不敢轻易出现在公共场合，所到之地都必须要有重兵保护。在孤立和隔绝中，他成为一个世人眼中语无伦次的家伙。他对华盛顿的记者雷蒙德·克拉珀说："实际上没有人在忍饥挨饿，那些流浪汉吃得比以前好多了。"除了他以外，很少有候选人会把高失业率归咎于"很多人不再工作是因为卖苹果更有利可图"。也没有人会说出他于 10 月 31 日在麦迪逊广场花园说的那番话。他当时说，如果斯穆特—霍利法案所规定的高额关税被削减下来的话，"大街小巷都会长满荒草，农场里也会杂草丛生。教堂和学校的建筑会变得破败。"

恐惧的气氛在美国国内蔓延。就像胡佛所说的那样，罗斯福将会带来革命。选举前三天，胡佛在圣·保罗教堂发表演讲，已经焦头烂额的胡佛指责民主党的政治哲学"与毒害欧洲的那种政治哲学是一样的……就是那种把俄罗斯搅得天翻地覆的那种乌烟瘴气的学说"。他指责民主党是"暴民党"，并接着说："幸好我们在华盛顿还有一个善于应对暴民的政府"。在他说这些话的时候，心怀不忿的听众在下面窃窃私语。看到这番情景，胡佛脸色苍白、全身发抖。这时，有个资深共和党官员对白宫的安全主管说："他们怎么不把他赶下去，他现在这样对他自己和共和党都没有好处。"

在选举日当天，富兰克林·罗斯福和埃莉诺前往位于海德公园的投票站投票，然后他们前往市中心。在那里，埃莉诺为聚集在东 65 大街的亲朋好友们准备了一顿简单的晚餐。当天傍晚的时候，山姆·罗森曼发现有两个不明身份的黑衣男子偷偷溜进了房间，站到了罗斯福的附近。罗森曼上前盘问，这两个人告诉他说他们来自特勤处，奉命前来保护罗斯福。结果是意料之中的。当天，投票人数达到了 4 千万，这是美国历史上最多的。共和党在此次选举中一败涂地。罗斯福获得 22，825，016 张选票，而胡佛仅仅获得了 15，758，397 张选票。罗斯福一共在 42 个州获得了胜利，得到了 472 张选举人票。这个结果无疑是对胡佛表现的否定，同时也意味着罗斯福的胜利。胡佛总统在此次竞选中得到的选票比 1928 年少了 600 万张，仅仅赢得了 6 个州，而且基本上都集中于东北部。在众议院的改选中，民主党史无前例地赢得了 90 个议席，让他们在众议院获得了三比一的优势（310—117）。此外，民主党还赢得了参议院的控制权（60—36）。

在巴尔的摩酒店的竞选总部，庆祝活动很早就开始了。午夜过后，胡佛在他位于帕洛阿尔托的家中承认了败选。在接到胡佛的败选声明之后，罗斯福赶到了巴尔的摩的大舞厅，他在那里对喜出望外的选举工作人员发表了简短的获胜感言。在讲话中他特别感谢了路易斯·霍韦和詹姆斯·法利，称他们为"此次胜利的最大功臣"。

霍韦没有听到罗斯福的感谢。由于不愿意在选举当晚出现在公共场合，他在麦迪逊大道的僻静办公室里整理着这次选举的结果。

埃莉诺和法利在夜里 11 点钟找到了他。按照法利的说法，他正"像一个守财奴看着他的金子"那样守着那些选举数据。他们想说服他出席巴尔的摩的庆祝大会，但是霍韦拒绝了。他从抽屉里拿出了一瓶陈年的马德拉白葡萄酒，这是 1911 年在选举中击败"蓝眼睛"比利·希恩后买的，一直等到现在罗斯福选上总统后他才把它打开。在这之后，罗斯福一直都是美国总统。

罗斯福于 1932 年 11 月 8 日当选美国总统。宣誓仪式在 1933 年 3 月 4 日。在这四个月的间隙期里，美国经济不仅处于大萧条之中，而且正好还赶上美国历史上最严寒的冬天。在这之前的三年艰难时间里，美国的国民收入已经减少了将近一半。近 5000 家银行倒闭已经使得 900 万存款化为乌有。到 1932 年底的时候，全国已经有 1 千 5 百万人失业，占到了全国总人口的三分之一。美国钢铁公司薪水簿上的全职工人从 1929 年的 22 万 5 千人下降到了 1933 年的 0 人。当苏联公司设在纽约的办事处发布广告招收 6 千名熟练工人到俄罗斯去的时候，有 1 万多人报名申请。特格韦尔说："这个冬天没有人能在纽约待下去，大家都没有安全感。在现代社会里，还没有出现过这样大面积的失业和饥寒交迫的情况。"

农村的情况也同样很糟糕。全国的农业毛收入已经从 1929 年的 120 亿美元降到了 1932 年的 50 亿美元。与此同时，农业产品的过量生产——农民卖不出去的粮食和牲口——都烂在了地里或者被销毁处理。在 11 月，小麦的价格降到了每蒲式耳 23 美分，这是自 300 年前伊丽莎白一世的殖民时代起的最低价格。在艾奥瓦州，一蒲式耳粮食的价格还比不上一包口香糖。因为采摘所需的成本远远超过了可能获得的收益，南部的农民们都只能眼睁睁地看着田野上近千顷的棉花腐烂而没法儿采摘。

全国各地的孩子们都处于饥饿之中。在西弗吉尼亚州和肯塔基州的产煤区，有百分之九十的居民都严重营养不良。在美国的各大城市，只有四分之一的失业工人能领到救济。在费城，即使是那些可以领到救济的幸运儿，四口之家每周所得的救济金也不过4.23美元。许多州政府和地方政府，包括芝加哥市政府在内，都已经无力支付教师的工资。在亚拉巴马州，百分之八十的农村儿童都面临辍学；在佐治亚州有超过1000所学校陷入停课状态，受到影响的学生总共有17万余人。房屋所有者因无力还贷而被收回房屋的比率达到了差不多每天1000例。有许多农民也因为付不起税款或还不起购地贷款而被收回了土地。1932年4月甚至曾经出现过1天之内整个密西西比州四分之一的土地都面临被拍卖抵账的现象。

当时，社会的平静之下酝酿着暴力。在艾奥瓦州，农民们聚集在一起，用原木和电话亭堵住了公路，打碎了过往车辆的车灯，还用草叉扎破了轮胎。当康西尔布拉夫有关当局逮捕了55名示威者之后，有上千名愤怒的农民威胁说如果不释放被捕者他们就要劫狱。威斯康星牛奶场的农民们把牛奶都倒在了路边，还与当地的警察发生了激烈的冲突。在内布拉斯加州，农民运动的领袖警告当局说，如果议会不采取惠农措施，"就会有20万人冲进林肯市，把新建的州议会大厦砸烂"。爱达荷州和明尼苏达州两州州长宣布，在州议会通过法律采取债务补贴办法之前可以延期偿还住房按揭。在北达科他州，威廉·兰格州长甚至动员了国民警卫队来对付那些因还不起按揭而被没收土地的人们。

由于胡佛顽固地坚守着自由市场的教条主义，政府并没有对这些情况进行干预。更为严重的是，在事关整个经济恢复的长期计划方面，胡佛也在试图让罗斯福萧规曹随。胡佛给罗斯福写信说："我坚信，你早点表明立场可能会有助于恢复人们的信心。"胡佛所盘算的是：希望罗斯福能够公开表示将坚守金本位、坚持平衡预算以及通过提高税收增加政府收入（而不是通过发行公债）。他希望罗斯福公开表示的还有：不保护房屋按揭，不给各州、市提供借款进行公共建设，也不接受在田纳西州的河谷建设水电站的建议。他同时还希望罗斯福放弃之前的立场，不再坚持反对征收联邦销售税。

罗斯福没有上当。他过了10天才给胡佛回信，而且根本没有理会胡佛的要求。他说："和你一样，我也很关心目前的银行状况，但是我认为现在的问题已经积重难返，仅仅依靠几句声明是难以解决的。"

罗斯福只在一个方面接受了共和党的政策，那就是外交政策。在选举中，罗斯福根本就没有讨论国际问题——他对雷蒙德·莫利说："胡佛总统的外交政策大体而言是正确的。"——在当选后他也不想在这个方面做文章。在富兰克林·罗斯福的邀请下，国务卿史汀生于 1933 年 1 月 9 日到海德公园拜访了罗斯福。这是一个寒冷的星期一，天空中阴雨绵绵，后来还下起了小雪。史汀生和罗斯福在一起促膝谈心了很久，从上午 11 点一直谈到下午 5 点半。后来，史汀生回忆说他"非常感动，非常敬佩总统所展示出来的亲切……我们无所不谈，气氛非常放松"。罗斯福赞同胡佛政府的一系列外交政策，包括：对冲突双方实施武器禁运，适当参与国际经济会议，集中关注拉丁美洲。最重要的是，他对共和党政府最有争议的外交政策表示了赞同，那就是所谓的"史汀生主义"——美国拒绝承认军事侵略的成果，特别是日本对中国东北地区的占领。

　　罗斯福对史汀生主义的支持在他的政治顾问中掀起了轩然大波。莫利和特格韦尔告诉罗斯福，他的态度可能会引起美国和日本的战争。但是，罗斯福不为所动。他承认自己的言论可能引起战争，但他认为如果日本有扩张的帝国野心，那么美日之间的战争就将不可避免。如果真是那样，罗斯福认为："早打比晚打要好。"他想再跟史汀生多通通电话，希望能够更彻底地了解相关政策。莫利曾回忆："在结束谈话时，罗斯福甚至还谈到了德拉诺家族的先辈们曾经在中国做过生意。'我一直很同情中国人。我怎么可能不支持史汀生的对日政策呢？'"

　　在 12 月到 3 月之间，罗斯福花了四个月的时间为就任总统做准备。他的智囊们一直在为他研究政策，而罗斯福则忙着新政府的人事安排。首先，霍韦理所当然要到华盛顿去，担任总统办公厅主任（在当时，这个职务被称为总统事务部部长），而法利则要担任邮电部长——从传统上来说这个职务就是由负责政治酬佣的人担任，在他的手下掌管着 10 万多个职位。米西·莱汉德和格雷丝·塔利将担任白宫秘书，而路易丝·哈克梅斯特将担任白宫通讯站的站长。在选举期间，哈克梅斯特负责罗斯福竞选总部的电话转接工作，她很清楚谁能够直接和罗斯福说话，谁不能和罗斯福说话。此外，她还将安排马文·麦金太尔担任白宫礼宾秘书，史蒂夫·厄尔利担任新闻秘书（早在罗斯福 1920 年竞选副总统时他就是竞选团队的一员）。

　　内阁的组成更加复杂。对于国务卿和财政部部长这样的高级职务，罗斯福首先邀请了两位德高望重的威尔逊主义者——科德尔·赫尔和卡特·格拉斯。赫尔在很多方面都是新政"消除贫困"主张的代表人物。赫尔出生于阿巴拉契亚山脉南段山区的一个贫穷家庭，在美西战争期间，他曾是田纳西州志愿军的上尉。他于 1906 年成为国会众议员，1930 年进入参议院。多年以来，他都在南部支持自由主义的运动。在巴尔的摩党代表大会之前，他支持威尔逊；在芝加哥党代表大会之前，他支持罗斯福。除了终生致力于推动贸易自由之外，他对外交事务所知甚少，而且他也没有什么领导经验。但是罗斯福很欣赏赫尔的理想主义和个人品质。另外，他所代表的政治背景也是罗斯福难以忽视的。"科德尔·赫尔是内阁中唯一具备我所不具备的政治资源的成员。"对于财政部部长的职务，来自弗吉尼亚州的卡特·格拉斯当之无愧。他当众议院议员时制定了《联邦储备法》的草案；曾经担任过威尔逊政府的财政部部长；当时又正担任参议院拨款委员会的民主党首席代表。在大家的记忆里，时年74岁的格拉斯一直都担任民主党财经事务发言人。他确实是财政部部长的不二人选。其实在罗斯福约谈赫尔时他就已经同时邀请了格拉斯担任财政部部长。对于当时的局势，罗斯福和格拉斯都忧心忡忡。格拉斯坚持强硬货币、财政紧缩、强势美元的经济政策。他对于赤字开销十分不满。但是罗斯福要实际得多："我们不能因为大家认为某个政策可能会导致通货膨胀就把它抛弃。"当格拉斯因健康原因谢绝出任财政部部长之后，罗斯福阵营里的人都大大地松了一口气。于是，罗斯福找到了共和党人威廉·伍丁，请他担任财政部部长。伍丁是纽约市德高望重的企业家，他一直在为罗斯福的选举提供资助。伍丁也很犹豫，但是巴兹尔·奥康纳和他在中央公园骑马时说服他接受了这个职务。和格拉斯一样，伍丁也对通货膨胀感到很不安，但是他没有一味盯着通货膨胀。而且他个人对罗斯福也是忠心不二。他和赫尔一样，也是一个很容易共事的人。

当格拉斯决定不接受财长职务的时候，罗斯福正在和他在参议院的老同事克劳德·斯旺森联系，希望他能担任海军部长。斯旺森一贯衣冠楚楚，罗斯福担任海军部副部长的时候，他是海军事务委员会的委员。他与罗斯福一样，都非常热爱海军。他被任命为海军部长不仅保证了海军部的工作能够保持连贯性，而且还为罗斯福的老朋友哈里·伯德州长腾出了一个弗吉尼亚州参议员的位子。此外，罗斯福还任命犹他州州长乔治·德恩为战争部长。由于选举中德恩在西部为罗斯福出了不少力，罗斯福必须要对德恩有所回报。起初，罗斯福是想让德恩担任内政部长，但受到了保守派人士的反对，于是他才任命德恩为战争部长。在犹他州，像德恩这样的非摩门教徒很少能够赢得选举担任公职，他在某一方面肯定有过人之处。虽然他对于军队一无所知，但在那个军费开支很少、奉行孤立主义的年代里，这似乎也不是什么大问题。

当德恩无望担当内政部长后，罗斯福先后找到了加利福尼亚州参议员海勒姆·约翰逊和共和党参议员布朗森·卡廷。但是，这两人都拒绝了罗斯福的请求。最后，罗斯福找到了来自芝加哥的哈罗德·伊克斯。罗斯福并不认识伊克斯，但约翰逊和卡廷两人都向他推荐了伊克斯。伊克斯原本只想担任印第安事务专员，没想到却当上了部长级官员。路易斯·霍韦打趣说："这是100年来印第安人地位的最大提升。"

对于司法部部长的职务，罗斯福还是又从参议院中提名了一个人——蒙大拿州参议员托马斯·沃尔什。在1924年和1932年的民主党全国代表大会上，沃尔什都是大会主席。在担任公职期间，沃尔什一直致力于调查公司的不法行为，任命他为司法部部长清楚地向世人传递了一个信号：特殊利益集团不可能再逍遥法外了。但是，沃尔什已经是古稀之年的老人了。他的社交日程安排得非常满，在宣誓就职的前三天突发严重心脏病猝然离世。最终，他的位置被任命给了康涅狄格州的参议员霍默·卡明斯（罗斯福本想安排他出任菲律宾总督）。在商务部，罗斯福已经有了属意的人选，那就是梅西公司的杰西·斯特劳斯。多年以前，杰西的叔叔也曾担任过西奥多·罗斯福总统的商务部部长。但是，党内的各大巨头，诸如丹尼尔斯、麦卡杜、豪斯上校等人都希望给南加利福尼亚州的丹尼尔·罗珀安排一个内阁职位，而商务部无疑是最合适的选择。为了安慰斯特劳斯，罗斯福最终任命斯特劳斯为驻法大使。亨利·摩根索原本希望担任农业部长，但农业组织反对他出任该职，于是他被安排到了农业委员会，后来该部门成为"新政"中负责农场信用管理的部门。罗斯福转而选择来自爱荷华出版商兼农业技术专家亨利·华莱士担任农业部长。同伊克斯一样，华莱士也是一个名义上的共和党人，罗斯福之前也并不认识他。内阁中的最后一个职务是劳工部长，在这个问题上罗斯福没有任何犹豫，因为他很早就想任命一位女性担任此职，他很快就想到了弗朗西丝·珀金斯。劳工部在当时有点流于形式，但是珀金斯小姐在纽约州政府任职的时候就展示出了她的能力。她同法利和弗林一样，都是罗斯福的心腹手下。

　　如同罗斯福所描述的那样，这个内阁是一个"中间偏左"的内阁。三个成员（赫尔、斯旺森和罗珀）是德高望重的威尔逊主义者。还有三人来自共和党：既有共和党中的进步主义者（伊克斯和华莱士），也有共和党中的保守派（伍丁）。另有两人来自参议院（如果算上沃尔什就有三个），还一个是州长（德恩）。内阁中包括了2个天主教徒（法利和沃尔什），还首次有女性成为内阁部长。而且，内阁成员也照顾到了各地区的代表性，而且所有人都是在芝加哥会议之前就支持罗斯福的。罗斯福非常精于政治中的各种细节。同时他也是他同时代人当中最精于算计、最讲求实际的政治家。他根本就没有和曾与他竞争候选人资格的阿尔·史密斯和牛顿·贝克商量人事安排，更不用说给他们或他们的支持者什么职位了。

　　此外，曾经在全国委员会中和他作对的马里兰州州长阿尔伯特·里奇、约翰·拉斯科布以及朱厄特·肖斯也都靠边站了。罗斯福对于共和党中的进步主义者和独立人士都能容纳，对党内的竞争者却总是不留情面。不过罗斯福和他们的矛盾是政治上的矛盾，而非个人恩怨。贝克、拉斯科布、里奇和史密斯都代表着党内亲企业的势力；民主党内的这部分保守力量至少源自格罗弗·克利夫兰时期。罗斯福代表左派，联合了西部的民粹主义者，南部的白人、少数族裔以及大城市里的产业工人。他不想与自己的竞争对手分享胜利的果实，也不愿意让民主党偏离他所代表的进步主义路线。在 1874 年，由于尤利西斯·格兰特否决了"通货膨胀法案"，导致共和党失去了农村反奴隶制度人士的支持，并使得共和党成为代表美国大企业利益的政党。1932 年，罗斯福打破了保守主义者对共和党的控制，使该党成为自由主义改革的支持力量。

埃莉诺还有些不知所往，她在想自己应该扮演什么角色。埃莉诺在回忆录中写道："我曾经试探性地和我的丈夫提过这个问题，我说仅仅在正式活动的时候作为女主人出现对我来说是远远不够的。我希望他能够让我做些实际工作，比如负责他的信件往来什么的。但是，他疑惑地看了看我，表示不可能。他解释说，因为米西长期以来一直在做这个工作，这样一来她会认为我是在企图干涉她的工作。我也知道他说的有道理，认同了他的解释。"然而，在就职典礼临近的时候，罗斯福的拒绝让她更加情绪不振。

2 月 4 日，罗斯福乘坐好友文森特·阿斯特的"罗马哈"号游艇开始了为期 11 天的环加勒比海旅行。这将是罗斯福就任总统前最后一次休假。这次旅行能让罗斯福重温一下在格罗顿中学和哈佛的那些美好悠闲时光。阿斯特是《新闻周刊》的创始人，他是罗斯福哥哥罗西的侄子，也是罗斯福在海德公园寓所的邻居。和罗斯福一同开始这次旅行的还有西奥多·罗斯福的儿子克米特·罗斯福、威廉·莱茵兰德·斯图尔德、乔治·贝克以及弗雷德里克·克诺肯。其中，威廉·莱茵兰德·斯图尔德出生名流世家，是共和党慷慨的捐助人，乔治·贝克也是一位富有的共和党人，而弗雷德里克·克诺肯是一位出生上流社会家庭的民主党人。他们和罗斯福一样都是哈佛的毕业生，是同一家俱乐部的会员，属于相同的社交圈子，性格爱好很相投。当"罗马哈"从杰克逊维尔起航时，埃德·弗林戏称他们是"速熟布丁俱乐部①出航"。相比弗林，《纽约太阳报》的评论就不那么友好了，该报用一首打油诗讽刺参加此次旅行的成员早已将"被遗忘的人们抛到脑后"。

启程两天后，罗斯福在给萨拉的信中说："我得到了很好的休息，在船上能享受到充足的阳光和新鲜空气。文森特是个很体贴细心的主人，我和其他人也都兴趣相投。"罗斯福认为这次旅行会使自己恢复精力充沛的良好状态。

2 月 15 日傍晚，"罗马哈"号停靠在迈阿密，罗斯福下船后就匆忙赶到了海滨公园。按照计划他要在那儿为每年一度的美国退伍军人协会野营做演讲。有大约两万名退伍军人聚集到这个阳光明媚的公园聆听新当选总统的讲话。罗斯福站在他的

---

① （The Hasty Pudding Club）速熟布丁俱乐部是 1790 年在哈佛大学成立的一个学生组织，以俱乐部成立当天会员们吃的一道美国传统甜品"速熟布丁"命名。

敞篷车的后座上做了简短的演讲。讲话结束后，他坐回到后座上，与一直站在一旁的芝加哥市长安东·瑟马克亲切交谈。安东特意赶到迈阿密来请罗斯福原谅自己曾犯下的政治错误。突然，在离罗斯福座驾不到 40 英尺的地方连续响起 5 次枪声。罗斯福近旁的一位财政部特勤处特工手部中弹，鲜血直流，瑟马克市长也蜷缩着倒在了地上，站在罗斯福身后的一名妇女腹部连中两弹，还有其他两位听众也受了伤。罗斯福镇定地坐在车里，紧咬着下颚，做好了应对一切的准备。仅仅因为几英寸之差，他没有受伤。就在这个紧急关头，听众里一位机敏的莉莲太太发现了枪手，她用手提包猛击刺客的手，打掉了他的手枪，挫败了这个暗杀计划。

后来查明刺客名叫朱赛佩·赞加拉，32 岁，是一名失业的意大利裔泥瓦匠。他是单独作案。赞加拉以 8 美元在北迈阿密大道的一家典当行买下了暗杀用的左轮连发手枪。被捕后，他对警察说："我一直仇恨有钱人和权贵。我并不恨罗斯福本人，我只是恨所有的总统，不管他们是哪个国家的总统。"在瑟马克于 3 月 6 日去世后，赞加拉以谋杀罪被起诉，最终被执行了死刑。

暗杀事件发生后，罗斯福一直留在杰克逊纪念医院等待伤者的消息。瑟马克被推出急救室后，罗斯福和他讲了几分钟话，然后又探望了其他的伤者。上午 11 点 15 分，他离开医院回到了"罗马哈"号。他并没有流露出任何气馁的情绪。

与死亡擦肩而过的罗斯福所表现出来的平常心以及对危险的蔑视让整个国家信心高涨。罗斯福的勇敢无畏已经是不争的事实，他的勇气使他的人民士气大振。这件事为即将到来的就职典礼锦上添花；对于正经历前所未有的高失业率、饥饿、物质匮乏的国家以及濒临崩溃的银行金融系统来说也是一剂强心针。

当罗斯福乘火车北上时，关于银行破产的传闻正广泛传播。自年初以来，已经有 389 家银行关门歇业。当位于底特律的密歇根州两家最大的银行——联合管理信托银行和第一国家银行宣布无法正常营业后引起了真正的恐慌。该州州长威廉·科姆斯托克宣布银行歇业 8 天，并冻结了 90 万个户头和多达 15 亿美元的存款。金融恐慌迅速从密歇根州蔓延开来，引发股市大跌以及黄金大量流入欧洲市场。2 月 24 日，在巴尔的摩的银行遭挤兑后，马里兰州州长里奇宣布银行业歇业 3 天。到了当月月底，美国所有地区的银行都陷入了危机。人们拿着布袋和纸袋在银行外排起了长队，纷纷抢着把存款取出来。大家都觉得把钱放在家里更安全。时任摩根大通银行主席的托马斯·拉蒙特给罗斯福写信说银行业当时的状况"非常糟糕"。整个国家的金融信用体制正在崩溃瓦解。

这时的罗斯福正在海德公园准备他的就职演说。莫利也于 2 月 27 日来到了海德公园，并带来了根据火车上所记笔记而草拟的演讲初稿。罗斯福在淡黄色的标准拍纸簿上写下初稿的修改稿，一边大声地朗读演说稿，一边对它进行进一步增减和修改。2 月 28 日凌晨 1 点 30 分，罗斯福完成了修改稿，只留下一些待查的问题第二天完成。罗斯福到达华盛顿之后又添加了演说辞的最后一段，在这段结束语中，罗斯福恳请上帝给予美国人民指引。

3 月 1 日，总统当选人罗斯福离开海德公园前往纽约市，并在那儿住了一晚。就在当天，肯塔基州州长和田纳西州州长都宣布该州的银行业停业。当天晚些时候，加利福尼亚州、路易斯安那州、亚拉巴马州以及俄克拉何马州也宣布银行业停业。到了 3 月 4 日，包括纽约州和伊里诺斯州在内的 38 个州都关闭了州内的银行，芝加哥期货交易所和纽约证券交易所也宣布休市。

和应对迈阿密暗杀事件一样，罗斯福以同样的镇定来面对这次金融业危机。他不焦不躁，显得平静而又信心十足。人们从他的举手投足中看不到一丝慌乱。萨拉曾对法利说罗斯福就是个不知道发愁的人，她说："他的特质就是能承担责任，而且不会被责任压垮。"罗斯福表示，在自己获得宪法赋予的权力之前拒绝对此次事件发表任何公开评论或采取任何行动。在罗斯福看来，总统胡佛有权采取任何他认为合适的措施，而自己会等到正式成为总统后再行使权力。同时，罗斯福也拒绝发表任何联合声明或全面支持胡佛所采取的一切措施。事实上罗斯福这样的态度不会引起任何异议。因为胡佛仍然坚持"政府有限权力"的观点，他先后于 3 月 2 日和 3 日两次拒绝了财政部部长和美联储主席的建议。他拒绝行使《与敌贸易法》（一战期间制定）赋予总统的在国家处于紧急状态时的权力，拒绝发布公告关闭国内银行、禁止黄金出口并限制美元兑换外币。

3 月 4 日，华盛顿迎来了又一个死气沉沉的黎明。阴沉的天空让人感觉漫长的冬季仍迟迟不肯离去。无家可归的人们衣衫褴褛、蓬头垢面，在凄冷萧条的大街上四处寻觅着施舍早餐的地方。光秃秃的树下，被降下一半的国旗在风中无精打采地飘动。这是为了纪念参议员史密斯的辞世。这座城市似乎被蔓延全国的忧郁情绪所笼罩。上午 10 点，罗斯福开始了意义非常的一天。他首先来到圣约翰圣公会教堂。圣约翰教堂和白宫仅隔着一个拉斐特广场，在那儿，他和他的家人、同事、内阁成员及其家人，总共近百人一起参加了例行的祈祷仪式。应罗斯福的要求，格罗顿中学的老校长皮博迪主持了祈祷仪式。在朗读了公祷书中的选段后，老皮博迪做了一段特别的祈祷，他恳请上帝"赐福给您的仆人，美国总统罗斯福"。罗斯福自己选择了赞美诗和圣歌，并和唱诗班一起虔诚地唱起了"先贤之信"和"千古保障"。仪式结束后，罗斯福仍在圣像前跪了一会儿，他用双手捧着脸，独自一人祈祷着。

快到 11 点时，身穿笔挺的条纹裤和燕尾服，头戴丝绒礼帽的罗斯福抵达白宫北门前的门廊。罗斯福再一次打破常规，当总统一行已经在白宫东厅聚齐时他仍坐在车里。很快，胡佛来到了罗斯福的车里，按照事先的安排坐在罗斯福的右边。

而埃利诺则和胡佛夫人同坐在第二辆车里。这个由 7 辆车组成的车队由一队骑兵护送，向着两英里外宾夕法尼亚大道上的国会大厦行进。路途中，罗斯福曾试着与胡佛交谈，但胡佛除了询问罗斯福是否可以为他的行政助理安排职位之外别无他话，两人一直保持着沉默。幸而这段路程并不长，避免了沉默所带来的尴尬。就职典礼结束之后，虽然两人时常近在咫尺，却再也没有见过面。胡佛这位被选中的替罪羊从此退出了政坛，只在四年一次的共和党全国大会上出现过几次，这让民主党的一些人很是窃喜。

按照惯例，副总统首先宣誓就职。前任副总统兼参议院议长查尔斯·柯蒂斯站在参议院的讲台前，同当选副总统约翰·南斯·加纳一起宣誓。随后，他宣布第 72 届参议院无限期休会。下午两点，加纳宣布组成第 73 届参议院并宣布参议院复会，以便审核罗斯福的内阁提名。在仪式结束的时候，大家迅速转往国会山的东侧广场。当千余名嘉宾就座完毕之后，军号响起，座席上的众人兴高采烈地讨论着眼前的盛况。紧接着，红地毯上穿戴整齐的海军乐队奏响了"总统进行曲"。在音乐声中，富兰克林·罗斯福挽着他的长子詹姆斯，开始一步一步艰难地走向 146 英尺以外的演讲台。目睹此情此景，负责现场报道的资深主持人埃德·希尔颇有感叹地说："如果这个人有勇气凭着毅力从瘫痪在床的境地中站起来，有决心和耐心重新学会走路，那么他就一定有带领这个国家走向复苏的潜质。"

美国联邦大法官查尔斯·埃文斯·休斯身着黑色长袍，站在主席台的中心迎接他。在休斯身旁的桌子上，放着克拉斯·范·罗森福 1650 年带到新大陆的荷兰家庭《圣经》。罗斯福两次就任纽约州州长时，都曾将手放在这本《圣经》上宣誓。《圣经》被翻到"哥林多前书"第 13 章 13 节，上面写着："如今常存的有信，有望，有爱，这三样，其中最大的是爱。"罗斯福提议自己全文重复誓言，而不是像以往那样只是回答"我愿意"，休斯同意了这个建议。于是在休斯吟诵宪法条文的同时，罗斯福也跟着重复道："我，富兰克林·德拉诺·罗斯福郑重宣誓：我必忠诚地执行合众国总统的职务，并尽我最大的能力，维持、保护和捍卫合众国宪法。"最后大法官照例说了一句："所以，请我主帮助我。"罗斯福也重复了这一句，结束了宣誓。

宣誓结束后，罗斯福与休斯握了握手，然后转过身面对所有观礼的观众。议会大厦外 40 英亩的广场上已经聚集了大约 15 万名民众。这时，广场后部的第五野战炮兵团鸣响了 21 响礼炮。在礼炮鸣响的同时，太阳也破云而出，一扫天空的阴霾。新任美国总统恰好在此时出现在他的人民面前。罗斯福对大家说："今天，对我们的国家来说，是一个神圣的日子。"在后面的演讲中，罗斯福一直强调要遵从上帝的指引。演讲中人们一直保持着肃静，大家都在体味这个历史性的时刻。从始而终，罗斯福都表现得坚定而从容，他的话语让人们信心倍增。他说："这个伟大的国家会一如既往地永存，它会复兴和繁荣起来。因此，首先让我表明我的坚定信念：我们唯一应该害怕的就是害怕本身——一种莫名其妙的、丧失理智的、毫无根据的恐惧，它会把转退为进所需的种种努力化为泡影。"

罗斯福的演讲进行了 15 分钟。这是一个简短的总统就职演说，但却给人留下了深刻的印象，就其现场的效果而言，甚至超过了林肯当年著名的第二次就职演说。在演讲中，罗斯福还提到最紧迫的问题就是就业，而在这个问题上政府应该发挥主导作用。他说："整个国家需要我们行动起来，马上行动起来。"在简短地介绍了他的计划后，罗斯福说他会向国会提出"一个灾难深重的国家在一个灾难深重的世界中所必须采取的措施"。如果这个措施不被国会所采纳，"我将决不回避显然义不容辞的责任。我将向国会要求对付危机的最后手段——在紧急状况下发动战争的总统特权，这是在国家确实遭受外敌入侵时应该授予我的权力。"就在国家急需强有力的领导的时候，罗斯福毫不犹豫地挺身而出。演讲的最后，他恳求上帝的保佑："愿上帝保佑我们大家和每一个人，愿上帝在未来的日子里指引我。"

弗朗西丝·珀金斯回忆说当时的场景就像是一个让大家重拾信心的复兴布道会。罗斯福非常了解民众的精神需求。人民所需要的是希望而不是绝望，而他给予人们的正是希望。罗斯福并不是一个总是把上帝挂在嘴边的人，他也并不认为自己所做的一切都是奉上帝的旨意。他的信仰坚定而简单。他也总是愿意与人分享他的信仰。

他的这篇演讲在国内掀起了一股热潮，人们都对他交口称赞。胡佛时期的悲惨岁月都成了昨日往事，没有人怀疑新的时代即将拉开帷幕。美国钢铁公司总裁迈伦·泰勒说："我想和人们一起与大萧条战斗到底。"纽约中央银行主席弗雷德里克·威廉森非常欣赏罗斯福这篇简短有力的演讲，他称赞道："我认为罗斯福在这篇演讲中直截了当的态度会立即在全国引起反响。"美国银行业协会主席弗朗西斯·西森说："我认为这篇演讲非常激动人心，能够唤起美国人民合作与自信的精神。"媒体和国会都一边倒地对罗斯福表示了支持。

雷蒙德·莫利吹嘘说："他已经接过了美国这艘大船，调整了它的方向。"埃莉诺说得很简单直接："他的演讲给人的印象非常深刻，也让人有些担心。"

在白宫用过便餐之后，罗斯福站到了检阅台上。这是纳什维尔市安德鲁·杰克逊家族门柱的仿制品。对于党派观念严重的民主党人来说，希柯利家族的战斗精神（而不是托马斯·杰斐逊的那种精神）是整个民主党的活力和血性，大家都不遗余力地希望把罗斯福打上杰克逊的烙印。罗斯福非常喜欢阅兵，1933 年的总统宣誓游行队伍有 6 英里长，由 40 个游行方阵以及各州的代表组成，是美国历史上最壮观的游行。罗斯福希望约翰·潘兴将军担当阅兵总指挥,但是老迈年高的潘兴已经在亚利桑那州卧病在床,只好由道格拉斯·麦克阿瑟将军代替。在三个小时的游行检阅中,罗斯福和麦克阿瑟始终肩并肩地站在一起。塔曼尼协会的成员在阿尔·史密斯的带领下身着盛装代表纽约州参加了游行。他挥舞着他那顶著名的棕色礼帽向罗斯福和观礼台上的人们致意,罗斯福也向他挥动礼帽以示回礼。一群非裔美国人在游行上发出了最尖锐的政治宣言。他们推着轰轰作响的割草机走在宾夕法尼亚大道上,这是对胡佛关于"如果罗斯福获胜,街上将会长满杂草"的预言的讽刺。暮色降临的时候,总统离开观礼台回到了白宫。在那儿正在举行一个有 3000 位客人参加的招待晚宴。罗斯福避开人群,悄悄地上楼来到了林肯书房。得到通知的新任内阁成员都已在那儿等待着他。接下来,罗斯福主持了内阁成员的集体宣誓仪式,由最高法院大法官本杰明·卡多佐安排各内阁成员按次序宣读誓词,第一个宣誓的是国务卿赫尔。罗斯福对大家说:"从没有任何内阁成员以你们这样的方式宣誓就职。我非常高兴,所有人的任命都顺利地获得了通过。"

从书房出来后,罗斯福赶到楼下与应邀前来参加就职典礼的 13 名小朋友见面。这些来自沃姆斯普林斯的孩子都有肢体障碍。当晚,罗斯福和埃莉诺还在国宴厅与罗斯福家族的 72 位成员共进了晚餐。表亲艾丽丝称之为"家族盛事",她说:"我带着愉悦的心情参加了晚宴,并且度过了一个精心安排的美妙夜晚。"埃莉诺邀请了很多亲戚来参加在华盛顿音乐厅举行的就职庆典舞会。共有 8000 人参加了这个舞会,每对舞伴要支付 150 美元。这些钱都被捐给了慈善事业。

罗斯福却并没有参加这个舞会。晚宴结束后他就回到了楼上的林肯书房。他和路易斯·霍韦在那儿谈论着一天中所发生的一切。为了这一天,他们已经等待了 22 年,这两位老战友一起回忆着往昔的岁月。晚上 10 点 30 分,总统房间的灯熄灭了。

● 第十五章 ●

百日新政

罗斯福一到华盛顿就发布了两个公告：第一个就是在议会大厦召集国会进行特别会议；第二个是根据战时《与敌贸易法》中休眠条款的有关规定宣布银行业暂时歇业。就职典礼当天上午，罗斯福请前来参加仪式的司法部部长霍默·卡明斯判定这个《与敌贸易法》是否仍有效力。同时，他还要求财政部部长伍丁起草一份紧急法案，以保证银行能够有序地重新开业。布置完这些工作后，罗斯福就投入到了就职庆典活动中。而当天卡明斯一整天都在司法部办公室阅读有关《与敌贸易法》的历史档案和资料；伍丁和莫利也在财政部忙于起草新法案。那时财政部连工作交接都还没有做，整个财政部仍由胡佛政府班子的人掌管。到了周六傍晚内阁开会时，卡明斯告诉罗斯福说《与敌贸易法》仍然有效，伍丁也回复罗斯福说新法案的草案下周四就能出台。

罗斯福对两个人的答复都基本满意。虽然他还不知道伍丁草拟的法案具体是什么样儿，但他会很放心地将它交给自己的秘书审阅。就像萨拉对法利说过的那样，罗斯福从来都不操心细节。罗斯福召集内阁成员开会是要商讨当前的形势。据弗朗西丝·珀金斯回忆，当时罗斯福条理分明地概述了国家的形势，清晰地说明了银行业所面临的危机和相关的法律问题。由于有了卡明斯的肯定答复，罗斯福说他当晚会发布一个公告，宣布银行业歇业 4 天、禁止黄金和白银买卖以及禁止以美元兑换外币。他还向内阁成员解释说宣布银行歇业是为了防止发生更多的挤兑，同时为伍丁制定新法案争取时间。罗斯福说他会在 3 月 9 日再次召集内阁成员开会，以便使伍丁制定的法案尽快得到通过。

当晚，罗斯福在白宫与国会的领导人们进行了会谈。他还邀请了格拉斯参议员以及亚拉巴马州代表亨利·斯蒂高尔也参加了这次会谈。晚些时候，罗斯福又会见了众议院少数派领导人伯特兰·斯内尔和共和党籍参议员海勒姆·约翰逊。经过 8 年海军部副部长职务的历练之后，罗斯福已经从约瑟夫·丹尼尔斯那里学会了如何与国会里的议员们相处。他知道如何安抚议员们的情绪，如何迎合他们的虚荣心，如何满足他们的需要。

得到国会领导人的支持后，罗斯福于周日晚 11 点在白宫发布了公告，召集全体会议员于 3 月 9 日，也就是周四中午举行会议。3 小时后，罗斯福又发布了另一个公告，宣布所有银行开始歇业。由于美联储的一些董事质疑总统关停银行的权力，这一决定没能立即得到响应。凌晨 2 点，伍丁在即将卸任的前财政部部长奥格登·米勒斯以及美联储主席尤金·迈耶的支持下驳回了那些董事的质疑，命令所有银行停业。

周一早晨，罗斯福在白宫东厅同 48 个州的州长进行了会谈。他们大都是来参加罗斯福的就职典礼的。总统特意借这个机会与他们讨论一些共同关心的问题。银行业的危机理所当然地成为讨论的重点。罗斯福对州长们说："我实在太忙了，没有时间准备一篇正式的讲话。"他进行了即席发言，向州长们解释了他为什么要暂时关停银行。他还向他们保证将着手解决失业问题，并说联邦政府必须要采取措施避免更多的农场和房产因无法按时缴纳按揭而被银行收回。讲话结束后，与会人员纷纷起立，对他报以热烈的掌声。

罗斯福此时人气正旺。作为一个成熟完美的政治家，收服国会领导人、获得州长们的好感都是出自本能的举措。罗斯福不需要专题调研小组，不需要民意调查，不需要助理，也不需要顾问团。他就像橄榄球赛中掌控比赛的四分卫，周围的人只要给予他信任就已经足够。

周一下午，民主党籍参议员们前所未有地表态说不论参议员投票结果如何，他们都将支持罗斯福的决策。由于民主党籍参议员占了参议院中的大多数席位——60 席，罗斯福的紧急提案很快就得到了通过。但民主党籍参议员中还是有包括休伊·朗在内的三名参议员投票反对罗斯福的提案。大会的投票结果似乎无法阻止休伊发表自己的意见。

这时伍丁部长那边的工作也遇到了难题。起草一份临时动议的法案并不像想象中那么简单。周日时，各地的银行家都聚集到华盛顿来为这份新法案出谋划策，但他们的建议往往互相矛盾。财政部的官员们也不知道应该怎么以最佳的方式让银行重新开业，以及大量的现金已经被提走之后应该再次发放多少现金。经过连续 48 小时的讨论之后，伍丁部长宣布休会。他需要去睡一会儿。

周一晚上，伍丁休息了一下。他小睡了一会儿，然后又拨弄了两下吉他。他独自一人把所有的建议仔细考虑了一遍。之后，他决定否决像 1907 年金融危机时那样发行临时货币的建议，采纳美联储关于增发货币的提议。周四早晨他对莫利说："发行真正的货币才不会让民众感到恐慌。"

靠着直觉和自己的判断力，伍丁摒弃了其他建议，决定使用最简单的一种解决方法——增发货币。新增货币的价值不再和黄金、白银价值挂钩，而是由美联储下属的各个银行的资产作为支撑。周二上午 10 点，伍丁将起草好的法案放在了罗斯福的办公桌上。20 分钟后，伍丁的草案就获得了罗斯福的批准。货币问题的解决方案定下来之后，银行业的其他问题也就迎刃而解。稍后，伍丁和他的团队匆忙赶在周四前将所有条款写成了法律文书的形式。周三上午，也就是银行业危机最严重的时候，罗斯福在白宫召开了他就任总统后的第一个记者招待会。柯立芝担任总统期间曾定期主持白宫记者招待会，但通常他不允许媒体引用他的言论。胡佛在任内每周也都举行记者招待会，但通常都很简短、正式。他总是站在白宫东厅的讲台后回答记者的问题。柯立芝和胡佛都要求媒体提前上交他们想问的问题，他们从中选出愿意回答的部分在记者招待会上进行答复。与柯立芝和胡佛不同的是，罗斯福总是在总统办公室接见媒体记者。他每周三和周五都会邀请记者们来白宫，当场回答他们提出的问题。在办公室，记者们可以问任何他们感兴趣的问题。于是，3月8日上午10点，大约125名驻白宫记者涌入罗斯福的办公室，希望和罗斯福交换意见和想法。一番寒暄过后，罗斯福向记者们宣布了几条基本原则。他告诉记者们，他不回答假设性的问题、由于各种原因不愿讨论的问题、讨论的时机尚未成熟的问题以及自己并不知情的问题。他还说，所有未经白宫新闻官厄利审阅的新闻稿都不得在稿件中直接引用他的话。纯新闻报道必须标注由白宫发布。他的一些讲话可以被用来作为背景资料，但不能标明消息由他发布。他还严禁记者泄漏谈话中的一些非正式的、私下的言论。在这次与媒体的会面中，他发布的其中一个纯新闻就是他将于次日将新的银行法案提交给国会，并做简短的介绍。这次发布会共持续了近四十分钟，罗斯福不时与记者们调侃玩笑，坦率地回答他们的问题，但却几乎没有给他们任何可以在新闻中直接引用的资料。

这次发布会是一次高明的演出。结束时，美联社记者弗朗西斯·史蒂芬森照例郑重地对罗斯福说："总统先生，谢谢您。"向来难以对付的华盛顿记者们都纷纷对罗斯福报以热烈的掌声。参加发布会的每个记者都觉得他们参与到了新闻管理之中，都觉得自己深受总统信赖和赏识。

这次发布会过后，罗斯福会见了哈佛大学的菲利克斯·法兰克福特。罗斯福希望说服他担任司法部的二号人物，副司法部部长。副司法部部长的职责包括在联邦最高法院代表联邦政府出庭。法兰克福特拒绝了罗斯福的邀请。

周三晚，罗斯福召集国会中两党的领导人开会商议银行法案的问题。罗斯福将于第二天国会开会时提交这份法案。在此之前，罗斯福已经单独会见了休伊·朗和来自加利福尼亚州的新当选民主党参议员威廉·吉布斯·麦卡杜。他们两人在周四的国会会议中都将扮演重要角色。朗一向是个难以控制的角色，而麦卡杜则长期担任威尔逊的财政部部长。这两个人都可能挑起麻烦，罗斯福花了半个多小时才把他们哄好。

法案的文本还没有最后定案，但罗斯福已在伍丁和司法部部长卡明斯的协助下和一些专业法律人士一起仔细地审读了草案。按照罗斯福的解释，该法案可以再次确认他依据《敌国贸易法》所实施行动的正当性，使总统拥有管制黄金和外汇的额外特权，能够为美联储恢复国家货币供应的行为提供担保，还将授权财政部部长审查和批准有营业资格的银行重新开业或者对不能重开的银行进行重组。会议从 8 点半持续到中午 1 点，财政部的草案起草者们还在推敲法律陈述。从他的致辞来看，罗斯福已经决定维系国家原有的银行系统，并不打算趁危机之时将银行国有化。

3 月 9 日，星期四中午，众议院按照计划重新复会。此次会期预计会持续到 6 月 15 日，正好是 100 天。这 100 天是美国历史上立法成果最丰硕的 100 天。当议员们宣誓就职，人事任命告一段落之后，总统就开始宣读他关于银行业整顿的主张，他说："我不得不敦促议会，建议立即采取行动。"下午 2 点 55 分，众议院多数派领袖、来自田纳西州的约瑟夫·伯恩斯提交了一份议案（众议院议案第 1491 号），该议案是封闭法案，不得附加任何修正案。关于该议案的辩论只进行了 40 分钟。少数派领袖也呼吁共和党支持该项法案："给总统需要的一切支持。"在当时，该项议案还没有印刷出来，银行业及金融业委员会的主席斯蒂尔高给大家高声宣读了一份刚刚打印出来的稿子。在他读完之前，人们都在高喊："投票！投票！"叫喊声响彻了整个大厅。在此问题上，人们几乎没有辩论。没有听证会，没有委员会讨论，甚至没有任何核算程序。大家都信任政党领袖，政党领袖则支持了罗斯福提出的要求。在快到 4 点的时候，众议院议长、伊利诺伊州议员亨利·雷尼要求大家表态。结果，大家都一致同意，议案在欢呼声中获得通过，甚至没有人要求计票。《纽约时报》报道说，这些议员们都像"打牌时胸有成竹地打出最后一张牌的高手"。

等到参议院审核该法案的时候，法案草案已经印了出来。参议院的辩论就有了些真刀真枪的意味。休伊·朗希望为"处于生死关头的小银行"提供更多的支持，而西部的民粹主义者在罗伯特·拉·福莱特的带领下希望罗斯福把所有的银行都收归国有。所有的修正案都被驳回了，临近 7 点 30 分的时候，参议院以 73 比 7 通过了该法案，反对票主要是来自进步主义者，他们认为该法案不够强硬，没能加强联邦的控制能力。一小时后，该法案送达白宫。罗斯福拿出珍藏已久的南茜·库克送给他的钢笔，很快签上了自己的名字。整个立法过程，从法案在众议院讨论到总统签名，一共花了不到 6 小时。在签署法案使之生效之后，罗斯福延长了银行歇业的时间。原本，他希望有些银行能够在周五重新开业。但是，财政部和美联储的官员需要时间来厘清：哪些是实力雄厚的银行，哪些是需要帮助的银行。

按照罗斯福颁布的法令，银行需要得到财政部颁发的执照才能重新开始营业。评估财产和负债通常是一个很耗时的工作，但这次财政部的效率极高，在一个月之内就有八成的银行通过了评估重新开业。对于行政程序和审核来说，这已算是很快的速度了。唯一迟迟没有获得重新开业许可的是美洲银行。该银行是美国西海岸银行业巨头詹尼尼的产业，在加利福尼亚州拥有 410 家分支机构以及超过一百万储户。伍丁和从胡佛政府留任的货币监理官格洛伊德·埃瓦尔特都认为这个银行的情况并不比加利福尼亚州其他银行的资产状况差。他们还认为一直让美洲银行停业可能会使该银行在全国的各分支机构陷入窘境。然而，以旧金山联邦储备银行的约翰·卡尔金斯为首的另一派却反对伍丁等人的观点。卡尔金斯是一位与加利福尼亚经济界和社会精英阶层渊源极深的老派银行家。卡尔金斯是西海岸银行联合会的创办人之一，他一方面瞧不起詹尼尼这个意大利移民后裔和"暴发户"，另一方面又认为詹尼尼威胁到了他在银行界的地位，因此对詹尼尼的迅速扩张壮大很忌讳。所以，虽然证据混乱不清，卡尔金斯仍然坚持认为美洲银行已经破产。

伍丁和埃瓦尔只好将这件事报告给了总统。罗斯福很有技巧地处理了这件事。他并没有直接下令让美洲银行重新开业，而是将决定权交给了卡尔金斯。罗斯福让伍丁给这位旧金山的银行家打电话，告诉他要么同意让美洲银行开业，要么就为不让其开业承担个人责任。莫利后来回忆说："谈话中伍丁有意说了些重话。"最后，伍丁问卡尔金斯是否能为美洲银行停业所造成的后果承担个人责任，卡尔金斯表示拒绝。伍丁接着说："那么，这家银行就将重新开业。"因为这件事，詹尼尼一直对罗斯福心存感激，后来还成为新政的坚定拥护者。对罗斯福来说，虽然他从不公开出面，但也很乐意培养这种私人关系。他曾对加利福尼亚律师欧康纳说："这帮老顽固们就是想破坏公平竞争。"

刚刚签署完《紧急银行法案》，罗斯福就开始了巩固保守派支持者阵营的工作。和在芝加哥获得总统候选人提名那次一样，罗斯福在走左派路线之前先选择了拉拢右派力量。签署法案之后，他马上召集国会领导人到白宫开会。他告诉国会领导人们，他需要获得授权以全面削减政府开支。罗斯福希望对各政府部门进行整顿。首先就是在采取紧急救济措施之前平衡联邦财政收支。在罗斯福看来，当前最大的两个弊端就是过高的政府薪金和过多的退伍军人福利。他告诉这些立法者们，他想将政府公务员工资削减至少 15%，以使他们的收入与自 1928 年以来逐年降低的平均生活开支相符。另外，他还打算减少自一战以来日渐庞杂的各种为退伍兵而设立的特权和福利。用于这些福利的开支占到了每年联邦财政预算的四分之一。按照罗斯福的建议，国会议员的年薪将从 10000 美元减至 8500 美元，而他本人的工资也将从 90000 美元减至 75000 美元。午夜过后，国会领导人们离开了白宫。他们中，以人民党党员约翰·兰金为代表的议员积极支持罗斯福的提议，但也有如进步党党员罗伯特·拉·福莱特在内的一些议员对罗斯福的提议非常不满。但罗斯福并没有因此放弃他的想法。第二天，也就是 3 月 10 日，罗斯福给国会发去了一份特殊的报告，上面写道："三年以来，联邦政府财力渐衰，正走向破产。"他还说日益严重的财政赤字将使经济停滞进一步加重，同时还会增加失业，导致银行体系崩溃。要使国家经济复兴，就要求政府拥有可靠的经济信用，也就是说政府必须做到收支平衡。罗斯福要求国会给予他广泛的权力以使他认为必要的经济政策得以实施。在报告上他还写道："如果国会赋予我这样的权力，我将保证公正地使用它们。我将用这些权力帮助有需要的人并确保美国的基本福利制度不受损害。"随咨文附上的是由预算局草拟的《维护美国信用法》。

国会对罗斯福的看法表示怀疑，对他的支持也发生了动摇。尽管如卡特·格拉斯等的保守派对罗斯福的提议表示完全支持，但一些民主党自由主义者却觉得他们遭到了背叛。他们认为对当时的美国来说，最不能采取的措施就是紧缩通货。而罗斯福此举无疑就是要紧缩通货。在众议院，多数派领导人贝尔纳斯拒绝向议会提交此法案。当周日早晨众议院议长召开民主党决策会议时，他也没能使该法案获得三分之二的赞成票，也就没能使罗斯福获得议院中所有民主党议员的支持。当天下午，约翰·麦克达菲向议会提交了该法案。麦克达菲是一位经验丰富的议员，也是一位坚定的保守主义者，在议会中声望很高。在经历了2小时的激烈辩论和斗争后，法案以266∶138票在众议院获得了通过。有92位民主党议员以及5位农工党成员投了反对票，但也有69位由极端保守主义者约翰·泰伯领导的共和党议员为这位民主党总统的法案投了赞同票。同时，参议院也在为该法案的投票做准备。由帕特·哈里森任主席的参议院财政委员会以支持的态度宣读了这份法案。从而为周日在参议院举行的投票打下了良好的基础。参议员亚瑟·卡珀说："我同意参议院赋予总统一切他所需的权力。毕竟现在是非常时期。"

周日晚，在就任总统一周后，罗斯福发表了作为美国总统的第一次炉边谈话。按照计划，银行将于周一开始恢复营业，罗斯福不希望出现任何恐慌情绪。于是，他在谈话中用简单明了的语言分析了银行业危机的原因并清楚地说明了政府所采取的措施。他在讲话中说："我不能保证每一家银行都能重新开业，也不能保证没有任何人因此遭受损失。但我们会尽可能地减少不必要的损失。"威尔·罗杰斯评价说总统将银行业的现状解释得非常清楚，即使是银行家们也都理解了政府的措施。

公众积极支持政府的措施。《纽约时报》报道说："当数百万的民众都能在家直接听到总统对他们讲话时，我们对'政治家深入民众'这一说法有了新的理解。"由于罗斯福的讲话，周一银行重新营业时，对政府重树信心的储户们把先前取出的存款又存进了银行。这样，不仅没有出现挤兑的现象，据美联储统计，存款总额还比取款总额多出一倍多。美国终于度过了这场银行业危机。在外汇市场上，美元因此价格大涨。

保守主义者和自由主义者争相称赞罗斯福的才干。《华尔街日报》评价说："新政府班子应对自如。"亨利·史汀生写信给罗斯福说："看到您上任第一周就取得如此成绩我感到非常高兴，在此我要向您表达我诚挚的祝贺。"牛顿·贝克也打来电话说罗斯福是："正当其时。"威廉·伦道夫也说："我相信您在下一次选举中会获得大家一致的支持。"

罗斯福乘胜追击。当晚晚餐时，他再次发表炉边谈话。他对来宾们说："我想是时候喝杯啤酒了。"路易斯·霍韦马上找来了民主党政纲。广播讲话结束后，罗斯福立即给国会写了一份总共只有72字的提案，在提案中罗斯福原文引用了民主党的政纲，要求对《沃尔斯泰德法》，也就是禁酒法令进行修改，并允许售卖啤酒和其他低度酒。这份也许是美国历史上最短的总统提案于周一被送交国会，并使背离罗斯福的民主党人们又重新团结在了他的周围。应罗斯福的要求，众议院赋税委员会在5小时之内就起草好了相关的赋税法案。周二，众议院不顾反沙龙联盟和基督教妇女禁酒联合会的反对，对售卖啤酒法案进行了投票表决。投票结果为316票赞成，97票反对。周三，参议院以62票对13票正式批准了罗斯福的经济决策，周四又以43票对30票通过了修改禁酒法令的提案。3月20日，罗斯福签署了《经济法案》，两天后又签署了《啤酒及酒类税收法》。此时，不论是政府还是民主党内部都达到了空前的团结。

一开始，罗斯福只是想在银行业危机过去之前让国会处于工作状态。但当他发觉目前国会里的气氛对政府十分有利时，他决定延长国会会期，直到完成新政主体部分的立法工作。此时，虽然民众的信心已重新建立，但国家经济仍然毫无生气。公路货运、电力以及钢铁产业业绩持续下滑，失业率却继续上升，农民和失业人员仍然看不到希望。3月15日，罗斯福在记者招待会上对记者们说："我没有任何消息可以公布。"但紧接着他就宣布他将马上开始制定帮助农民和失业者的计划。他说先前的银行法、经济措施以及禁酒法案修正案都不能从根本上改善经济现状。罗斯福认为现在一方面需要采取切实的措施让人们都回到工作岗位上，另一方面还需要提高农产品价格。罗斯福对记者们说，他无法提供更多的相关细节，因为这些措施都还没有具体制定出来。但他很明确地说他一定会将改革继续下去。

国会也做好了响应罗斯福的准备。大约3成的众议院议员（435名议员中的144位）都是新任议员。他们都是因罗斯福的提携而来到华盛顿的。在参议院中也有14位新任民主党议员，使民主党自1916年以来第一次掌控了参议院。虽然两院都表示愿意接受罗斯福的领导，他仍然很小心谨慎。尽管罗斯福手握大约10万个政府职位以外的全职或兼职工作岗位，但他仍然宣布在国会会期内不会做任何人事安排。约翰·麦克达菲在主持对经济法案的唱名表决时，清楚地说明了罗斯福的这一立场。他对议员们说："今天唱名表决的结果将于明早报告给罗斯福总统，我要提醒你们考虑清楚你们的名字要在表决结果报告的哪一栏里出现。"

3月16日，周四，罗斯福将第一个新政措施提交给国会。这是一份农业法案，意图以降低农业过剩产出的方式来提高农民收入。这一措施将通过国内农业种植面积分配来解决农业生产过剩的问题。农业部将对每种粮食作物的种植面积进行分配，政府号召农民放弃超过分配面积的耕种，并为此而付给农民补贴。这些补贴资金将从对磨坊主、罐头生产商、食品包装商以及纺织品商等农产品加工商的课税中得到。这样，农民们就可以从农业补贴中直接得到一部分收入，当生产过剩的情况好转后，农产品的价格也有望回升。这是一个激进的政策，使政府对农业生产这一传统上最具个人主义特点的经济环节有了空前的控制。罗斯福在国会发言时说："坦率地说，这是一条全新的、没有人走过的路。但我可以同样坦率地告诉大家，当前这种前所未有的困境需要我们以新的方式来拯救农业。"这一措施后来成了《农业调整法》。农业部部长华莱士以及雷克斯福德和来自全国的农场主及农民代表们经过了一周的激烈讨论才最终确定了这部法案的草案。法案出台后仅三周，罗斯福又提请国会通过了有关为农场提供联邦贷款以避免其被银行收回的法令。和《紧急银行法》以及《经济法案》一样，《农业调整法》也是不得附加任何修正案的封闭法案。关于此法案的规定辩论时间是4小时。3月22日，在该法案提交不到一周后，众议院就对其进行了投票，并以315票对98票批准了该法案。只有24位民主党议员投了反对票。

然而，这个法案在参议院却遇到了阻力。食品和纺织品制造商们有充裕的时间来策划反对对加工环节征税。华莱士和特格韦尔都催促罗斯福尽快使法案以没有修正案的形式获得通过。但罗斯福觉得自己在农业福利这样根本性的问题上不能冒破坏政治联盟的风险。于是，他授意多数派领导人鲁滨逊接受任何针对该法案的修改。罗斯福说："如果接受一个参议员的修改意见能获得他对法案的支持，那就接受它。"一位华盛顿观察家说："最终的法案包含了所有人的所有意见。"最后，罗斯福还同意所有该法案的执行部门和人员都不算入政府工作人员之列。经过了大约5周的辩论，参议院最终以64票对20票批准了《农业调整法》，并将罗斯福的保护农业贷款抵押计划也加入了法案。5月12日，罗斯福正式签署了这一法案。

罗斯福把这个农业计划看作其新政的核心部分。这不仅是因为农业长期以来都是国民经济中最没有活力的部分，也因为罗斯福自担任州参议员起就一直重视农业繁荣和整个国家的经济繁荣之间的必然联系。他认为，如果农民没有钱购买工业产品，那么城市经济也会受到影响。该法案最终得以在参议院以绝对多数票获得通过也说明了罗斯福掌控参议院的能力。食品加工商变得规范了，新政的政治联盟也得到了巩固。在这个意义上，除了对农业的影响外，《农业调整法》的通过还具有其他的重要意义。

此时，各种法案纷纷出台。罗斯福将农业法案提交国会仅一周后，他又要求马上授权建立"公共资源保护组织"。这个组织将雇佣年轻人进行人工造林以及洪水防控。他还要求从联邦财政基金中拨款约5亿美元来为失业人口提供直接的帮助。另外，罗斯福还敦促政府规划一些公共建设工程来为人们提供工作。在提出这一系列提议和构想后，他很快又提出为证券市场立法，为房屋贷款者提供按揭救济，成立田纳西河谷管理局以及制定重修全国铁路计划。很多提案甚至都是同时提出的。同时，罗斯福还在处理一些自己的人事任命事务。一旦这些提案可以进入法案起草程序，罗斯福就会将它们提交给国会。

公共资源保护组织后来成为罗斯福新政中最受欢迎的一个项目。当美国进入二战时期时，该组织已经为3百万名年轻男子提供了月薪为30美元的工作。这些年轻人大多参加如植树、疏枝、修伐防火道、修桥梁、挖水库这一类需要壮劳力的户外劳动，为保护国家的自然资源做出贡献。

建立公共资源保护组织完全是罗斯福自己的想法。罗斯福一生都关注自然资源保护，一直非常喜欢植树。他每年都要在海德公园的庄园里种植2万到5万棵树。在他担任纽约州州长期间，经济大萧条就开始了。罗斯福首先发起了一个植树造林的政府工程，到1932年，州政府先后聘用了约1万名工人进行植树工作。他在芝加哥所作的接受总统候选人提名演说中就承诺，当选后将会聘用1百万人投入到植树造林以及防治水土流失的工作中。就任总统后第一周，当罗斯福还在为银行业危机绞尽脑汁时，他就挤出时间起草了一份关于雇用50万名工人参加国家的植树工作的法案。

3月9日，星期四，银行法案首先在国会中获得了通过。之后，罗斯福把他的建议向伊克斯和德恩进行了说明，给了他们一张一页纸的提纲，让他们在当天晚上9点之前完成相关法案的起草工作。在签署完银行法案之后，罗斯福浏览了草案，做了一些修改，并邀请珀金斯小姐和华莱士部长提了一些意见。在接下来的一周里，该计划的规模被缩减为最初的25万人，但是罗斯福计划的基本结构被保留了下来。按照修改后的计划，年龄在18到25岁之间的公民将享受政府提供的免费营地、食品供应以及日常衣物。此外，他们还将获得每天1美元的报酬。他们的服役期为6个月，最多可以延期到2年。劳工部负责征募劳工，战争部负责营地的管理，林业部门负责业务指导。

罗斯福对莫利说："我觉得我可以把这个计划顺利执行下去，就像我推行禁酒令修正案一样。"在3月15日的记者招待会上，罗斯福介绍了该计划的来龙去脉，巨细无遗地解释了林业管理的潜在利益与得失。在接下来的一周里，他把该计划提交给了国会。"如果你们能在两周以内让我获得授权。从夏初开始，我预计将会有25万人可以暂时为政府服务。"劳工组织对此表达了反对意见：他们首先反对每天1美元的报酬，认为这种低薪会压低全国的工资水平；其次反对军事化管理。

罗斯福很快采取行动反击了这些批评。他认为，公共资源保护队工人的报酬虽然只有每天1美元，但政府还需要额外提供1美元为他们提供食物和住宿。"在很多地方，每天两美元都算是比较高的工资。"至于军事化的指责，罗斯福称其为一派胡言。"这些营地会和其他大型工程中的营地一样管理——就像胡佛水坝之类的工程。当然，我们不能允许有人在半夜起来在走廊里吹号。我们必须遵守纪律——就是通常的那种纪律。"

虽然遭到了劳工组织的反对，罗斯福还是清楚地表明他不会退缩。当天晚上，他邀请参众两院劳工委员会的所有成员到白宫做客，共同讨论相关措施，并强调了加快进度的必要性。由于受到了款待，议员们都受宠若惊，议员们同意举行联合听证会推动该法案的通过——一般只有在紧急情况下才采取这种方式。在举行了两天的听证会之后，"公共资源保护法案"的前景变得非常乐观。两天以后，参议院以公开表决的方式通过了该法案。3月30号，众议院也以公开表决的方式通过了该法案。3月31日，罗斯福签署了该法案。在后来看来，当时的进度可算神速。在不到一个月的时间里，罗斯福居然能够一边挽救银行系统，一边抵抗住了美国最有势力的三个利益团体的压力：退伍老兵（"经济法案"）、禁酒组织（"禁酒令修正案"）以及劳工组织（"公共资源保护法案"）。

无论罗斯福还是工会领导都不愿意长时间处于敌对状态，他们迅速开始修补关系。为了建立公共资源保护组织的领导机构，罗斯福任命劳联副主席罗伯特·费克纳为该组织负责人。多年以前，费克纳曾经与罗斯福和霍韦在一战期间共同致力于劳工问题。费克纳是一个性格分明的人，他的领导能力非常出色。由于工作能力突出，他后来一直担任公共资源保护组织的领导人。此外，罗斯福也没有忽略劳联主席威廉·格林。1933年8月，当罗斯福第一次视察公共资源保护组织的营地时，他邀请了格林与他同往。对此，格林颇有些喜出望外，后来他在给罗斯福的信中写道："在视察过程中，我不禁认同了您的这种做法。"从那以后，劳工组织再也没有对公共资源保护组织表示强烈的反对。

公共资源保护组织的工作绝不仅限于保护自然资源。实际上，该组织为300万年轻人提供了一种新的生活。他们寄回家的钱则影响了更多人的生活，而建立与管理营地所支付的资金则为营地所在地提供了源源不断的资金来源。最终，美国一共建立了2500个营地，其中大部分都位于密西西比河以西。在此过程中，战争部在组织工作方面做出了巨大贡献，很多人都满腔热情地投入到了此项工作中。很多与该计划相关的军官（比如在佐治亚州和佛罗里达州建立了 19 座营地的乔治·马歇尔上校）都在工作中与罗斯福政府建立了很好的关系。虽然他们没有公开表现出政治倾向（很多美国陆军军官从不参加投票），但是他们已经逐渐开始理解"新政"。

罗斯福的其他两项激励性措施——《紧急救济法案》和《公共工程法案》——也在国会获得了通过。3 月 30 日，参议院通过了罗斯福的提案（55：17），拨款 5 亿美元支援各州的救济工作。3 周以后，众议院也通过了该提案（326：42）。根据该法案，美国将建立一个联邦救济署管理联邦救济金，罗斯福立即任命曾经在纽约负责过救济事务的哈里·霍普金斯担任该署署长。怀着一种时不我待的心情，霍普金斯在履任第一天就已经向科罗拉多州、伊利诺伊州、艾奥瓦州、密歇根州、密西西比州、俄亥俄州以及得克萨斯州拨付了联邦救济基金。在当年年底之前，联邦救济署已经救济了 1 千 7 百万美国民众，支付了 150 亿美元。虽然完成了如此多的工作，联邦救济署的工作人员却只有 121 人，他们所有人每个月的薪水加在一块儿不过 2 万 2 千美元。早在罗斯福和霍普金斯一起在纽约共事的时候，罗斯福就发现霍普金斯非常善于分配资金，而且可以把管理成本降到最低。

《公共工程法案》的通过稍微曲折一些。罗斯福把该项工作交给了珀金斯小姐和劳工部，让他们在草案中列出希望建设的工程清单，这些工程的总造价为 50 亿美元，比 1932—1933 财年美国的联邦预算总额还要多 4 亿美元。4 月 29 日，星期六，罗斯福和内阁主要成员一起审查了该提案，将其削减为 10 亿美元。据起草该法案的劳工部律师查尔斯·怀赞斯基回忆，罗斯福逐一讨论了纽约州的工程项目，"他对所有的项目都了如指掌，表现非常出色。他让大家都了解到大部分工程造价都是有水分的。"到了 5 月法案提交给国会审查之际，工程造价又被提高到了 33 亿美元，这个数字是预算署认定的合适价格。1933 年 6 月 13 日晨，该法案获得了通过，这是罗斯福在百日新政期间推动通过的最后一项法案。

三月底，救济措施体系已基本成型，罗斯福将政府的工作重点转到了华尔街方面。民主党已经注意到民众对于改革证券市场的呼声，在其政纲里承诺将通过立法来要求发行债券和股票时必须公布该有价证券的完整客观的财务资料。3 月 29 日，罗斯福开始着手推动对有价证券的发行和交易立法。他说："这个提案将是对'买方负担风险'这一传统的商业原则的完善。以后的原则应该是'卖方也应承担风险'。"罗斯福对国会说，这个法案将把交易中信息真实性的责任加给卖方。他还说："法案将会促进有价证券交易中的诚实经营，从而挽回公众的信心。"与《农业调整法》和《环境资源保护组织法》一样，建立《有价证券法》的提案也是开创性的。该法案要求所有与新发证券相关的资料都必须上交联邦贸易委员会归档。

一旦发现上交的数据经过了伪造，联邦贸易委员会就有权停止该证券的交易。法案还规定，发行证券的公司的管理层要为证券的发行承担包括刑事责任和民事责任在内的个人责任。这项法案由菲利克斯·法兰克福德最终完稿，并由州际商务委员会主席山姆·雷伯恩提交至国会。

1933 年 5 月 27 日，罗斯福签署了这个法案。他说："将来国家经济繁荣了，就应该把资本投资给企业。但那些希望利用别人的资本的人必须非常诚实，以使投资人做出正确的判断。"

将证券法案提交给国会两周后，罗斯福就开始了创建田纳西河谷管理局的工作。创建这个部门的目的是帮助这片全国最大的江河流域，同时也是经济最落后的地区发展经济。田纳西河及其支流流经美国南部的 7 个州，灌溉着近 640000 平方公里的土地。但这些河流也使南部 7 州洪灾频发，使肥沃的河滩地被渐渐荒弃。由于乱砍滥伐，该地区高地的水土流失十分严重，土地上沟壑交错，几乎寸草不生，也就无法抵御每年春天的降水所带来的洪水。这个地区的年收入还不到全国平均水平的一半，只有百分之二的农场通了电。新生儿死亡率比其他地区高出 4 倍，糙皮病、肺结核是该地区的常见病，医疗卫生条件非常落后。在制造业方面，该地区几乎没有工业，商业也不发达，大多数人都生活在贫困之中。

落后地区的这些情况是罗斯福在沃姆斯普林斯休养时就已熟悉的。但田纳西河谷拥有佐治亚州南部所不具有的丰富的自然资源，特别是拥有位于亚拉巴马州马斯尔肖尔斯的巨型水电站。该水电站由联邦政府于一战期间修建，原本专为军工厂提供电力。战争结束后，该电站就一直处于闲置状态，河水白白地从泄洪道流走。经过内布拉斯加州议员乔治·诺瑞斯两次在国会努力之后，终于使国会通过法案，授权政府经营该水电站，为该地区提供电力。然而，柯立芝和胡佛两任总统都否决了该法案。胡佛认为如果政府经营发电站，就会是"对美国文化中理想政府理念的否定"。

这座位于马斯尔肖尔斯的水电站正是罗斯福提案的中心内容。1933 年 1 月，罗斯福曾和女儿安娜在诺瑞斯、电力专家及国会领导人的陪同下从沃姆斯普林斯到马斯尔肖尔斯视察。参观过后，罗斯福对诺瑞斯说："它比我想象的还要大一倍。"当晚，在蒙哥马利市政厅前，罗斯福对市民们发表了即席演说。罗斯福对大家说他已决定了要做两件事："第一就是要使马斯尔肖尔斯水电站重新投入运营。第二就是要使马斯尔肖尔斯水电站成为更加壮丽的田纳西河流域大开发的一部分。这个区域将包括从弗吉尼亚山区到俄亥俄州的广阔地区。我们将有机会给世人留下工业、农业、林业以及洪水综合治理计划、管理的典范。我们将把这绵延数千公里的地区联合起来，进行综合开发。"

4 月 10 日，罗斯福要求国会授权对该项目进行立法。在这个简短的提案里，罗斯福郑重重申了他要用政府的权力为大众谋福利的誓言。他写道："田纳西河谷管理局关系着百万民众的生计和福祉，关系着人民所关注的所有民生问题。"

诺瑞斯把罗斯福的这份提案称为"白宫有史以来发出的最伟大、最以人为本的文件"。众议院议员，来自密西西比州的约翰·兰金也说："马斯尔肖尔斯水电站生产的电力将超过内战前所有奴隶劳力的总和。"诺瑞斯向参议院提交了这份开发提案，并获得了通过（63：20）。在兰金领导的众议院里，反对的声音比较强硬。马萨诸塞州议员约瑟夫·马丁成为共和党反对派的先锋，他说："田纳西河谷管理局就像是一个苏维埃式的梦想。"新泽西州议员查尔斯也发出警告说："目前制定任何类似的法案都将表明国会的愚蠢。"但民主党却坚定地站在罗斯福一边，并且牢牢掌握着众议院的领导权。最终法案在众议院获得通过（306：91）。1933 年 5 月 18 日，罗斯福签署了《田纳西河谷管理局法案》。通过制定这个法案罗斯福一举巩固了两股迥然相异的力量的支持：一个是传统的南方民主党力量，另一个是共和党中的进步党力量。另外，他也使南方走上了快速现代化的道路。

处理完华尔街和田纳西河谷管理局的事情之后，罗斯福又开始着手解决备受到期房屋按揭及房产税困扰的房屋所有者的问题。1932 年，大约有 273000 份房屋按揭被取消了赎回权，是正常数量的 4 倍。到了 1933 年上半年，这个数字又翻了一番。随着大量的房屋按揭被取消赎回权，不仅民众的生活受到严重影响，也使已经身陷困境的银行资产受到威胁，存贷业务以及保险业也深受其累。房价大跌使得整个房地产业濒临崩溃。在此期间，新房开工数量减缩到 1929 年水平的 10%。即使是有经济实力的房屋所有者和购买者都很难再拿到新的房屋贷款或续签房屋按揭合同。这对于整个国家国民的信心是巨大的打击。房价的暴跌以及面临被取消赎回权的威胁使得美国梦的根基被动摇。4 月 13 日，罗斯福要求国会立法以保护个人房屋所有者不被取消赎回权。罗斯福说，房屋所有权是社会和经济稳定的基础，保护房屋所有者在当前经济普遍萧条的情况下不遭受不公平的损失是政府的责任。该法案参照农场按揭法案制定，很快就在国会获得通过。法案还批准建立了一个房主贷款公司，为财务困难的房主提供还贷资金、维修资金以及支付房产税。该贷款公司会为贷款人提供期限更长、利息更低的贷款。为了保证该贷款公司只让小房产所有者受益，贷款的最高限额设定为 20000 美元。

这一举措不仅是数百万美国人的救命稻草，也使得美国的房产业直到今天依然十分兴旺活跃。新的贷款政策、更长的还款期限以及更低的利息使美国人第一次感到拥有房产不再是遥不可及的事情。从此，房主贷款公司承担了美国城市房产按揭贷款近六分之一的业务。到 1936 年贷款权利到期时，该公司已经发放了超过一百万份贷款，总额更是超过 31 亿美元。如果说田纳西河谷管理局的成立使南部民主党和北部进步党紧密地团结在罗斯福周围的话，那么房主贷款公司的成立就使得美国中产阶级成为罗斯福坚定的支持力量。

就任 6 周之后，罗斯福开始看到努力的成果。银行业危机渐渐平息；政府财政预算也得到了削减；禁酒令得到了修改，有所松动；农业危机也正在逐步得到解决；年轻人以资源保护的名义被组织起来，有了工作；处于困境的房屋所有者和失业者也开始得到帮助。除此以外，一个大型的公共工程计划正在酝酿之中；政府已开始监管华尔街的金融事务；田纳西河谷管理局这个激动人心的改革试验也已经获得了批准。罗斯福正处于巅峰状态。他逐一面对和解决了所有的危机，并且非常享受这一过程。获得通过的法案和那些开创性的措施已经构成了新政的框架，也决定性地改变了这个国家的发展轨迹。然而，这其中的每一步其实都更多地代表了罗斯福灵活应对的能力而不是过人的规划设计能力。

4 月 18 日发生的一件事也许更能说明罗斯福出色的应对能力。那天，罗斯福决定让美元和黄金价格脱钩。当时，社会各界正为是否要让美元贬值以促使商品价格回升而争论不休。传统经济学家和预算局认为只有政府开支得到控制经济才会重现繁荣景象。将美元价格与黄金价格挂钩可以保证美元健康地流通，也是对债权人和债券持有人利益的保护。大多数的华尔街经济学家也都赞同这个观点。然而经济学家伯纳德·巴鲁克却嘲笑这种认为让美元贬值可以使商品价格回升的看法。他说："那些讨论逐渐使货币贬值的人就像是在讨论慢慢地扣动扳机……在充满贬值气氛的环境里，货币不可能恢复正常状态。"

倾向于货币贬值的人包括大多数国会议员（尤其是来自农业州的议员）、以莫利和特格韦尔为代表的智囊团成员以及摩根家族的成员。作为银行财团的摩根家族竟然会支持货币贬值，这让人感到很吃惊。其实，摩根和他的合伙人的思维方式本来就异于常人。他们担心的是农业地区的不稳定因素，认为提高商品价格是保证政治稳定的关键所在。而最快实现商品价格上涨的办法就是使美元价格和黄金价格脱钩，让市场来决定美元的价格。弱势美元会让美国的农产品在国际市场上更有竞争力，而出口量的增加会使农产品价格上涨。摩根和他的合伙人并没有只是冷眼旁观。他们不断通过财政部部长伍丁向政府提出建议，还争取到首席政治分析家沃尔特·利普曼为他们说话。有一次莱芬韦尔在午餐时对沃尔特说："沃尔特，您一定要向民众解释清楚为什么我们不能再把自己和黄金绑在一块儿了。这样罗斯福才能开始有所行动，我相信他也同意我的看法。"

罗斯福是否真的赞同摩根的看法我们不得而知。他在货币问题上一向持不可知论的观点。他只是对于学术界的这种争论很感兴趣，但同时却对实行通货膨胀后局势是否会失控很警惕。他不想重蹈德国魏玛共和政府的覆辙。最后，他得出结论：如果国家经济要复兴，通胀就不可避免。所以，美元必须放弃金本位制。当然利普曼的文章也许对他的判断也起到了促进作用。4月18日，利普曼曾写文章说美国正面临抉择，它必须在稳定国内物价和在国际市场上保持和黄金挂钩的美元价格之间做出选择。在结尾处他写道："任何国家都不能同时做到这两件事。"如果华盛顿坚持金本位制，就无法为新政所包含的救济事业和公共工程提供资金。在利普曼看来，总统会作何选择是显而易见的。

当晚，罗斯福就召集他的财政顾问到白宫开会。通常，在这类会议刚开始时与会者都会低声交谈、玩笑一番。这一次，罗斯福却直接进入正题。他对大家说："祝贺我吧，我决定放弃金本位制。"就这样，罗斯福宣布了决定，并没有征询大家的意见。伍丁和莫利在会前已经知道了罗斯福的决定，但对于与会的其他人来说这个决定却非常突然。接下来的两个小时里，大家开始议论纷纷，这让罗斯福很是得意。后来成为总统顾问的詹姆斯·沃伯格评价这个计划是"轻率的和不负责任的"。预算主管刘易斯·道格拉斯则大呼："这是西方文明的终结。"罗斯福却丝毫不为所动。第二天，他就向媒体宣布了这个决定。由于前一晚患了重感冒，他在自己的卧室里接待了新闻媒体。他对记者们说："我已经说出了重点。"经过与记者们几番周旋之后，罗斯福宣布了这个重要消息——美国将放弃金本位制。他说："当前的重要问题是要提高商品价格。就让美元价格顺其自然地发展吧。如果你们一定要我解释原因，我想沃尔特·利普曼昨天早上的文章已经解释得很清楚了。"国会立马批准了罗斯福的决定，而且宣布所有合同中以黄金作价结算的所谓黄金条款作废。就在罗斯福宣布这一决定后的第二天，股票价格又创下单日涨幅纪录。拉塞尔·莱芬韦尔在写给罗斯福的信中也说："您放弃金本位制的决定将国家从完全崩溃的边缘挽救了回来。这个决定十分必要，是您做出的最重要、最有帮助的决定。"

5月9日，第一批要求领取战争津贴的请愿者来到华盛顿，要求政府保证提前支付他们的津贴。他们还对罗斯福的《经济法案》表示抗议，因为该法案大幅削减了退伍兵的福利。到了5月底，有大约3千名退伍兵聚集到了华盛顿。由于提前知道退伍兵将举行请愿活动，罗斯福在波托马河畔的老旧陆军军营亨特堡里为这些人准备了住所（靠近如今的五角大楼所在地）。当老兵们到达的时候，军营里已经准备好了帐篷、厕所、餐厅、浴室等生活设施，甚至还支起了一顶开会用的大帐篷。每天，陆军为这些人不间断地提供咖啡、服务以及一日三餐；军队医疗部门为他们提供医疗服务；军队里的牙医为他们治疗牙病；海军乐队每天还为他们举行音乐会。路易斯·霍韦亲自出面安排了这一切。他经常与请愿领袖会面，还安排他们与参众两院的资深议员会面，甚至还安排他们到白宫与罗斯福会面。罗斯福的立场非常坚定，他决不会接受退伍老兵的要求，但他仍然决定认真听取他们的呼声。关键的转折点出现在五月底，当时霍韦陪同埃莉诺来到了亨特堡，事先没有声张，也没有要求特勤处的人随行。

一开始，人们不太相信和他们在一起的这位就是第一夫人。罗斯福夫人在营地里和他们一起待了一个多小时。她艰难地跋涉泥泞的地面，视察了食堂的设施和休息场所，这让她回忆起了一战期间为士兵们煮咖啡、做三明治以及探视伤员的情形。在大型的会议帐篷里，她带领老兵们一起唱起了老军歌，还发表了简短的讲话：“我不想再次经历战争。我希望每个人都能得到公平的对待，我一直都尊敬那些为国家做出过贡献的人。”

当罗斯福夫人回到车里的时候，她发现路易斯·霍韦已经睡熟了。她这天的表现棒极了。一个老兵说：“胡佛派来了军队，而罗斯福则派来了他的夫人。”几天后，争取津贴的大军通过投票决定结束集会活动。而罗斯福则取消了公共资源保护组织的年龄限制（大多数老兵都已经40多岁了），老兵当中有2600人加入了公共资源保护组织。其余的差不多400人则获得了免费乘火车返回家乡的交通补贴。

在百日新政中，最重要的一项措施莫过于在国会会期的最后一天通过的《国家工业复兴法》。《国家工业复兴法》涵盖非常广泛，是百日新政中最为雄心勃勃的一项立法措施。但是，与罗斯福放弃金本位的决定一样，这一措施也是罗斯福在特殊情况下被动做出的决策。4月6日，参议院在内部动议之下通过了一项法案（53∶30），采纳了亚拉巴马州参议员雨果·布莱克的意见，禁止各州之间流通超时工作生产出来的产品（超过一周5天或一天6小时）。布莱克和他的支持者把每周的工作时间设定为30小时，他们认为此举将创造出600万个新的工作机会。

这一动作让罗斯福有些措手不及。他认为布莱克法案违背了宪法的精神，是僵化的法案，此举将使雇主们的日子更加难过，不利于经济的复苏。然而，在劳工组织的狂热支持下，该法案的通过似乎势在必行。罗斯福没有正面阻挠，他采取了因势利导的手段。在莫利、弗朗西丝·珀金斯以及战争部长德恩的帮助下，他把布莱克法案扩展成了一项内容涵盖广泛的计划，涉及了国家经济复苏的各个方面。5月17日，罗斯福向国会提交了一份新的法案。法案的第一款是：基于第一次世界大战期间战争工业委员的经验，授权各行业可以不受反托拉斯的限制，制定生产法规管理各行业的价格和产出。其中第七条（a）规定，根据战时劳工委员会的经验，赋予劳工集体协商的权利，同时规定各行业的法规必须设定最低工资和最长工作时间。而第二款中包含了罗斯福提议的开展公共建设的建议，政府预计将投入33亿美元。在众议院，该法案以325∶76的绝对优势获得了通过，但在参议院则遇到了阻力，支持和反对的力量相差无几。以诺里斯和福莱特为代表的进步主义者反对政府给各行业自行制定价格和生产规模的权利；以卡特·格拉斯为代表的保守主义者反对该法案赋予劳动者集体协商的权利。但是，由于争取到了中坚力量，当第73届国会即将结束会期的时候，参议院也以46∶39通过了该法案。其中，有15位民主党人投了反对票。

当天早些时候，国会通过法律，建立了农业信用管理署，进一步加强了农业信用方面的工作。国会还通过了罗斯福提出的《铁路协作法案》、《格拉斯—斯蒂高尔法案》——剥夺了投资公司的银行职能、还投票通过了美国历史上和平时期最大的拨款。在以上四项成就中，《格拉斯—斯蒂高尔法案》的影响最为深远。除了规定出售证券的券商不得控制证券购买人的银行账户外，此项法案还赋予美联储制定利率以及建立联邦储蓄保险公司的权力。联邦储蓄保险公司将会保证各银行在该保险公司的存款额不低于2500美元，这个数额已经超过1933年美国个人存款额的95%。一开始罗斯福并不赞成实行存款保证金制，因为他认为这会鼓励银行家们在投资上更加冒险，而实力弱的银行也会拖累实力雄厚的银行。然而，国会中的大多数人都支持存款保证金制。罗斯福甚至威胁说要动用否决权。但当他发现他的否决并不会改变局势时，他选择了让步。颇具讽刺意味的是，这个并不被罗斯福看好的存款保证金制度却被实践证明是百日新政中最成功的政策之一。有了这个制度，银行破产倒闭的风险几乎降为零，而即使是银行倒闭——这在1933年之后就很少出现，储户也不会遭受太大损失。

百日新政阶段于6月16日清晨结束。这一天，国会打破了立法程序的先例。罗斯福于当天向国会提交了15份提案，而国会也于当天做出了15份具有历史意义的立法决议。罗斯福对立法程序的掌控到此告一段落。他总是能在该妥协的时候做出让步，在必要的时候使用迂回曲折的策略，因而最终都能使他的提案顺利得以通过。内政部长哈罗德·伊克斯评价说："这些法案的意义决不仅限于新政本身，它们开创了一个新的时代。"

● 第十六章 ●

新政高潮

　　罗斯福任内的白宫和他在奥尔巴尼担任州长时一样，就像一个大饭店。白宫里备有 21 间客房，总是住得满满当当。富兰克林和埃莉诺时常邀请不同社会圈子的人来白宫居住。白宫大管家韦斯特总结说："白宫的客人通常分为两类。一类是总统的客人，另一类是罗斯福夫人的客人。"根据韦斯特的回忆，罗斯福夫妇并不住在一起，他说："我们从没见过他们单独共处一室。埃莉诺和他见面时，总是会带着一大堆文件和一堆想法。而他们其中一人的秘书也总是会在场。"

　　罗斯福在白宫的日程和他在奥尔巴尼时稍有不同。他每天早晨 8 点左右起床，然后在床上用早餐。早餐通常是炒蛋配吐司，还有橙汁和咖啡。用早餐时他习惯浏览一下晨报，包括《纽约时报》《先驱论坛报》《华盛顿邮报》《巴尔的摩太阳报》以及一份麦考密克·帕特森新闻集团的报纸——有时是《芝加哥论坛报》，有时是《华盛顿先驱报》。除此之外，他还会翻阅路易斯·霍韦为他准备的剪报，他戏称它为《每日号角报》。用早餐时，罗斯福还会点燃一天中的第一支烟。他用一支长长的象牙烟嘴吸烟，每天要吸两包骆驼牌香烟。在吃早餐、剃须和换衣服的同时，他会开一个随意、放松的晨会。路易斯·霍韦和米西·莱汉德通常都会出席会议，莫利不去纽约授课时也会参加，开始时预算主管刘易斯·道格拉斯也常参加。上午 10 点左右，马文·麦金太尔和史蒂夫·厄尔利也会前来加入他们，并汇报一天的工作安排。罗斯福的卧室朝南，在白宫二楼的椭圆形书房旁边。和他在海德公园以及沃姆斯普林斯的卧室一样，他白宫卧室里的陈设也很朴素，但这种质朴的风格和他显赫的家世十分相称。弗朗西丝·珀金斯常说他的卧室大得让人觉得不舒适，但又没有大到令人惊叹的程度。

　　和在奥尔巴尼时一样，罗斯福有一个大家庭。他们包括职员、仆役，甚至还有关系亲近的内阁成员。路易斯·霍韦和米西以及埃莉诺的记者朋友洛雷娜·希科克都长期住在白宫。罗斯福的女儿安娜也带着她的两个孩子，西丝缇和布吉住在白宫。当时安娜已和第一任丈夫柯蒂斯·多尔离婚，并即将和《芝加哥论坛报》记者约翰·伯蒂格结婚。分配给霍韦的房间是林肯卧室。但在搬进去之前，聪明的霍韦坚持要求将林肯的 9 英尺大床换成一张简朴一些的床。

　　罗斯福每天早上 10 点半下楼去位于白宫西侧的总统办公室办公，并一直在那儿工作到下午 6 点。他的工作约会之间都安排有 15 分钟的休息时间，但由于会谈时间常常超过预定时间，休息时间也经常被挤占。办公时他经常使用电话，而且一般都是他亲自打。一些内阁成员、机构领导人、国会领导人以及其他一些人都可以直接和他通电话。他习惯在办公室吃午餐。他经常邀请一些国会议员、来访的出版商或者记者，有时甚至就是他想说说话的人一起吃午餐。亨利·史汀生或者埃德·弗林来华盛顿的时候也会受邀和罗斯福共进午餐。他每周召开两次媒体见面会，周四时与内阁成员开会。和议会政治制度以及之前的总统不同，罗斯福的内阁并不是一个决策机构。内阁成员哈罗德·伊克斯曾说："我们的内阁会议气氛非常愉快。我们只简单讨论一些日常事务。"下午 2 点到 3 点之间，罗斯福主要拆看信件。回复信件通常由他口述，米西或格雷丝执笔。白宫每天大约收到 5 千封信件，职员们也都练就了一目十行的本领，能够迅速地从大堆的信件中分拣出罗斯福感兴趣的部分。下午 6 点，罗斯福会离开办公室到白宫的游泳池去放松一下。游泳之后他常常会在白宫理疗师的指导下进行一些身体训练，或接受按摩。罗斯福最喜欢的运动就是打板球和驾驶汽车在岩溪公园或周围的乡间公路上兜风。

傍晚 7 点，罗斯福会到内宅和朋友们一起放松娱乐。他常在内宅以美酒招待路易斯、米西、格雷丝以及军界的朋友们。埃利诺对于罗斯福的鸡尾酒会并不赞成，所以从未参加过。事实上，罗斯福也从未邀请过她。罗斯福喜欢为朋友们调制冰凉的经典马天尼酒，有时也会调制古典鸡尾酒。罗斯福的演讲稿撰写人罗伯特·舍伍德说："他总是像化学家那样一丝不苟地加入各种原料。但因为他总是一边调酒一边和人说话，添加的各种成分的量就显得不那么精确。"

下午茶是罗斯福夫人的放松时间。每天下午 5 点，埃莉诺都会与朋友们和客人们在白宫二楼的起居室里喝茶聊天。她还在她的记者招待会上为一些女记者们提供茶点。对于信奉禁酒主义的埃莉诺来说，下午茶聚会与罗斯福椭圆形书房里的马天尼鸡尾酒会具有同样的意义。

罗斯福于晚上 8 点用晚餐，通常都和参加鸡尾酒会的客人们一起。正式的晚宴都在一楼的国宴厅举办。没有正式晚宴的时候罗斯福都在椭圆书房用晚餐。埃莉诺则在一楼的私人餐厅和朋友们一起用晚餐，男士们都着半正式晚礼服出席。相比较起来，以前胡佛家庭每晚的晚餐都十分正式。他们的晚餐都开在国宴厅，出席者一律着正装。即使是一家人自己用晚餐也是如此。胡佛总统和他的夫人都食不厌精，所以在他执政期间白宫菜肴的水平一直很高。然而在罗斯福任职期间白宫的饮食却很糟糕。

埃莉诺掌管着白宫的生活饮食等一切日常起居事宜。这是她和罗斯福的分工。因为她自己也有大量的公众工作，所以她决定要请一位忠诚可信的人做她的帮手。

在埃莉诺看来，社交知识、厨艺和对于食物和酒类的了解都不如对她忠诚重要。她选择的助手是时年 55 岁的亨丽埃塔·内斯比特。内斯比特曾是她们海德公园寓所的女总管，也是妇女选民联盟的活跃分子。埃莉诺很喜欢吃内斯比特夫人烘烤的一些家常点心糕饼。1932 年圣诞节前夕，埃莉诺邀请她来白宫担任总管，她对内斯比特说："我并不想请一个职业管家，我想请一位我了解的人。所以我想请您来担任这个职务，内斯比特夫人。"

布兰奇·维森·库克认为这是埃莉诺在报复罗斯福。内斯比特夫人从来没有管理一个大家庭的职业经验，却拥有了管理白宫 26 位包括厨师、仆役长、女仆、备餐人员以及侍者在内的职员的权利。布兰奇说："任命这位女管家是埃莉诺对于她和罗斯福之间这段复杂、曲折婚姻的消极反抗。"内比斯特夫人崇尚简单的食物和简单的加工。罗斯福的儿子詹姆斯称她为"我见过的最糟糕的厨师"。事实上，内斯比特夫人几乎不亲自下厨。但正如一位了解内情的人所说："她总是对厨师指手画脚，直到每道菜都被做砸才罢休。"内斯比特夫人对埃莉诺始终忠心耿耿，但却从不把总统的愿望、要求放在心上。当罗斯福抱怨一连三天都吃肝和豆子时，内斯比特夫人不以为意，说："他就应该吃这个。"当罗斯福对饭菜提出一些特别的要求时，她也总是置若罔闻。一次，英国女王和王夫来白宫做客，他们点了咖啡而内斯比特夫人却给他们上了冰茶。她说："喝冰茶对他们比较好。"

直到 1941 年，这一情况才有所改善。萨拉去世后，罗斯福从海德公园将她的厨师玛丽·坎贝尔请到白宫，并让她在白宫三楼的家庭厨房担任厨师。1944 年大选期间，罗斯福曾私下对女儿安娜以及格雷丝·塔利半开玩笑地说他参加第四次连任竞选的真正原因是希望获得连任后能炒内斯比特夫人的鱿鱼。这个心愿却被不久后上任的哈里·杜鲁门总统完成了。杜鲁门总统入主白宫后，有一天第一夫人应邀参加参议员夫人俱乐部的午餐聚餐活动。聚餐组织者要求杜鲁门夫人带一块黄油，而内斯比特夫人却拒绝拿给她。内斯比特夫人的理由是白宫每日的食品配给是有定量的。当天下午，杜鲁门总统就让她卷铺盖走人了。

罗斯福身边的工作人员都很崇敬他。这种崇敬并非出于意识形态的认同，而是折服于他的个人魅力。他们并不关心政策路线问题，无论罗斯福做出什么样的决定，他们都会追随他。其中，霍韦、米西以及格雷丝·塔利是从他担任纽约州长时就随行左右的亲信。厄利、麦金太尔以及帕克·沃森是他在华盛顿的故交。这三位都是南方人：厄利来自弗吉尼亚州，是内战时南部邦联军队的朱巴尔·厄利将军的孙子；麦金太尔来自肯塔基州；沃森来自亚拉巴马州。厄利和麦金太尔以前都从事新闻媒体业，对于新闻界和国会议员们的弱点了然于胸，总是能游刃有余地处理和他们的关系。而沃森则是一位功勋累累的前陆军军官，曾跟随伍德罗·威尔逊在凡尔赛参加和谈，是一个乐观开朗的人。伊克斯曾评价他说："我从未见过像他那样的人。他极富幽默感，热爱钓鱼和打扑克。他不用刻意做什么就能让周围的人心情愉悦，因为他本质上就是个快乐的人。"

晚餐过后，罗斯福喜欢读读书，看看电影（一周两到三次），或者整理他收藏的邮票。他爱看历史或传记类的书籍；电影则喜欢轻松的、时间不太长的。所以他常看米老鼠这一类的短篇动画电影。但他最痴迷的还是集邮。他喜欢收集邮票，然后对它们进行整理、排序。入主白宫的时候，罗斯福的邮票收藏就已达 25000 张，放了满满 40 本集邮册。二十几岁时，他开始专门收集香港以及西半球国家发行的邮票。他甚至要求白宫邮政办公室的工作人员为他特别留意不常见的邮票。罗斯福还经常独自在楼上书房里拿着小镊子和胶水纸将他新得的邮票小心地贴到集邮册上，而且一干就是几个小时。午夜 12 点，他会摇着他的轮椅回到卧室休息——通常很快就能入睡。和其他总统不一样，罗斯福总是吩咐特勤处的特工们晚上不要锁上他的门。他还取消了白宫里的内卫，并将特勤处的工作人员派往北门廊的白宫传达室执勤。罗斯福和埃莉诺对自己的人身安全都很有信心。

国会于 6 月 16 日休会后，罗斯福离开白宫，坐船沿新英格兰海岸进行了一次为期两周的旅行。他的儿子詹姆斯包租了一艘 45 英尺长的纵帆船——安堡杰 2 号。总统计划从马萨诸塞州巴泽兹湾附近的鳕鱼岬起航，驾船航行 400 英里，最终到达坎波贝洛岛。这将是他自从 12 年前患病后第一次重游该岛。

船上的船员都是罗斯福在民主党总统提名大会后出航朴次茅斯时的同一班船员。但这次安堡杰 2 号多了两艘驱逐舰、三条海岸救护艇、两条新闻报道船以及海军最新启用的重型巡洋舰——"印第安纳波利斯"号的陪护。罗斯福对新英格兰海岸十分熟悉，驾船甩掉了海军舰队的跟随。他的船上没有无线电，贝雷克曼海湾附近的大雾将他的船包围了整整三天。但罗斯福仍然很享受在船上的时光。他驾驶着帆船穿过了危险的海域，战胜了狂风暴雨。在格洛斯特沿岸暗礁和浅滩密布的危险水域，已经有超过一万名水手在此地罹难。由于大家都十分信任罗斯福的航海技术，随行的海军舰队一直小心翼翼地跟随在安堡杰 2 号后面前进。除了海图和指南针，罗斯福没有其他的辅助工具，他完全依靠记忆和直觉来判断航行的方向。他使用航位推测法①来驾驶小船，这和他在华盛顿采用的施政方法倒有几分相似之处。

1933 年 6 月 29 日下午，在与惊涛骇浪奋斗了近 10 个小时后，罗斯福驾舟穿过了鲁伯克峡谷驶入了帕萨马科迪海湾。詹姆斯在桅顶挂上了总统的旗帜，罗斯福毫

---

① 船位推算法，英文缩写为 DR，是一种推测飞机或船的位置的方法。是指不借助天文观察仪器，而通过航行的方向和距离的精确位置来推算飞机或船所处的位置。

不费力地驶向坎波贝洛岛的船坞。当安堡杰 2 号经过"印第安纳波利斯"号的舰首时,这艘军舰向总统鸣响 21 响礼炮致意。罗斯福上岸时是自 6 月 18 日开始航程以来首次离船。他是第一位在任期内访问加拿大的美国总统,人们纷纷向他表示了热情的欢迎。他们当中的许多人在好几代人之前都已经对罗斯福家族久仰大名了。罗斯福在抵达港口后的讲话中说:"我一直在想象今天早上的这一刻。我知道,49 年前,当我还在襁褓中的时候,我曾经被带来过这里。当我穿过海港外的峡口,看到渔船和甲板上的人们的时候,我发现这一幕是多么的熟悉(和缅因州一样)。我在想,我在这里所看到的就是我们两国人民友谊的最好例证——永远的友谊。"

罗斯福在坎波贝洛岛逗留了四天。在这里,他利用远离华盛顿的优势充分调动资源打击了远在伦敦召开的"世界金融与经济会议",并最终使之流产。6 月 20 日,在英法的要求下,来自 66 个国家的代表在英国首都开会,希望能够稳定国际货币。但是,美国却不怎么支持此次会议,只是勉强与会。在罗斯福驾船向北航行的时候,他一直在认真研究这个问题,并做出了决定。当他抵达坎波贝洛岛时已经得出了结论:稳定美元不符合美国的利益。如果允许美元随市场情况波动将对美国经济发展更有利。

6 月 30 日,罗斯福邀请随行记者到家族别墅里共进便餐。在吃过饭并寒暄过一阵之后,罗斯福靠在躺椅上说道:"我想我们可以再聊聊。"根据《纽约时报》记者查尔斯·赫德的回忆:"罗斯福看了看表,说:'现在离退潮还有一个小时,我们还有点时间。'(我们很惊讶,罗斯福算是世界上最日理万机的人,但他居然还偷闲关注坎波贝洛岛的潮汐变化。)罗斯福先是讲了一些别的话题,后来就开始集中讨论伦敦会议。出于礼貌,我们没有做笔记,而只是认真倾听。罗斯福说,虽然他很赞同各国货币之间的互相协调,但美国不会推动此进程,他不愿对美元做任何限制,不愿为了他国的利益而牺牲美国的利益。"这些记者都是报道白宫新闻多年的老手,他们立马警觉了起来。

"这可以发表吗?总统先生。"一名记者问道。

"不,这是没有正式纪录的……当然,如果你们自己讨论这个问题也可以得出同样的结论,对吧?"

"总统先生,你知道人们不关心我们怎么说,我们不能决定政策。"

"那么,就随你写吧,"罗斯福说,"但是在坎波贝洛岛的国际日期变更线发表文章是一个不错的选择。"

第二天,也就是 1933 年 7 月 1 日,《纽约时报》以头版报道了赫德的消息。在接下来的两个星期里,大西洋两岸的外交电文来往不断,但是伦敦的会议实际上已经失败了。会议之前,雷蒙德·莫利被任命为助理国务卿,负责美国在伦敦经济会议上的谈判。他感觉自己在背后被罗斯福拆了台，于是他立即向白宫递交了辞呈。国务卿赫尔一直对莫利担任助理国务卿心怀不满，他对莫利的辞职没有任何同情，而罗斯福也从来没有对破坏伦敦经济会议表示过任何悔意。1937 年，罗斯福对阿瑟·克罗克说："我更加得意于自己的所作所为。"

在当时，另一项重大的外交议题是关于是否承认苏联。在 1933 年，美国是世界上唯一与苏联没有建立外交关系的大国。苏联积极参与了伦敦经济会议，已经是欧洲各国的重要贸易伙伴。各国也都非常清楚，苏联在可以预计的将来仍将采取苏维埃制度。按照宪法，外交承认权是总统特权。到了 1933 年秋，罗斯福已经认定继续采取不承认政策没有任何实际意义。20 世纪 20 年代狂热的反布尔什维克主义已经退潮，美国商界非常希望能与苏联发展贸易。而且，苏联和日本传统上在远东的竞争将使苏联成为一个抗衡日本扩张主义的可靠缓冲。根据 9 月的一份民调，只有不到 27% 的人反对承认苏联。

反对承认苏联的主要力量是罗马天主教会、美国全国总工会以及美国革命女儿会这样的保守主义爱国团体。在这些力量中，最让罗斯福不能掉以轻心的就是教会。针对这个问题，罗斯福又开始展开魅力攻势。9 月 4 日，他邀请乔治敦大学的埃蒙德·沃尔什神父到白宫访问。沃尔什是"不承认政策"的代表人物，他在华盛顿史密斯协会发表的反苏维埃演讲非常有名。在与总统交谈一个小时之后，沃尔什对记者们说，他觉得应该信任总统，放手让他做他认为正确的事情。

因为国务院的职业外交家——他们当中的许多人过去十五年来都致力于同俄国流亡贵族搞好关系——仍然执拗于沙皇俄国的情结，罗斯福亲自主管了与苏联谈判的事务。他先是借助了亨利·摩根索的帮助，后来又起用了威廉·布利特。摩根索作为农场信用管理委员会的主席，主要同苏联的贸易组织阿姆托格打交道；而布利特主要与苏联在美国的高级商业代表鲍里斯·斯克维尔斯基接触。在通过这些渠道进行过一些秘密谈判之后，罗斯福 11 月初邀请苏联外交部长李维诺夫访问华盛顿并进行直接谈判。此次会谈表面上最重要的内容包括：美国人在俄罗斯的宗教自由问题以及共产国际在世界各地煽动革命的问题。而谈判中最艰难的部分是有关苏联政府归还在 1919 年的国有化运动中所占有的美国财产的问题。最后在双方都做出让步的情况下，罗斯福和李维诺夫达成了"李维诺夫分配方案"。苏联政府将革命前俄国政府在美国的所有财产让渡给美国政府，而美国政府同意将这些财产以苏联政府财产的名义接收。这一方案使美国间接承认了苏联的国有化运动，也使苏联为没收美国人的财产作了补偿。最高法院曾两次质疑将这一方案写入宪法的提案，然而每次该提案都获得了大多数议员的支持，最终成为宪法中的"征用条款"。

11 月 17 日午夜，罗斯福和李维诺夫签订文书恢复了两国的外交关系。稍后，罗斯福在纽约的沃尔多夫·阿斯托里亚酒店为苏联外长举行了送别晚宴。一些热衷于与苏联政府进行贸易的美国商界大亨也出席了晚宴，摩根、蔡斯等人都为两国关系跨入新时代而频频举杯。IBM 公司的托马斯·沃森在晚宴上号召美国人"不要再批评俄国所选择的社会制度"。

与此同时，《国家工业复兴法》的出台却遇到了阻力。这个在国会会期最后一天通过的法案规定政府要成立两个协调机构。一个是负责协调经济复兴计划的国家复兴署，另一个是负责向刺激经济的政府投资工程拨款的公共工程署。正如一位历史学家所评价的那样，国家复兴署和公共工程署就像社会经济的两个肺，每一个都担负着给濒临窒息的工业提供新鲜氧气的任务。然而，罗斯福却在这个问题上犯了一个致命的错误，将两个本该联合工作、互相配合的机构分割开来。他委任前陆军准将休·约翰逊领导国家复兴署。约翰逊是投机商伯纳德·巴鲁克的好友兼保护人，以浓厚的军人情结以及粗犷的语言风格而闻名。这位大块吃肉大碗喝酒的将军听说对他的任命后说："一开始会红红火火，但不久就会被人骂。"这是典型的军人作风。而另一方面，罗斯福却将公共工程署的领导权交给了哈罗德·伊克斯。罗斯福所任命的这两个人风格迥然相异，性格毫无相投之处，所以他们的合作非常困难。对于约翰逊这个老骑兵来说，每项任务都需要勇往直前的冲锋精神来完成，而伊克斯则有时会显得过于谨慎。伊克斯认为公共工程计划的关键并不在于把钱迅速地花出去，而在于把钱花在刀刃儿上。在这种近乎吝啬的观点的指导下，伊克斯对每个工程的细节都要仔细检查审核。整个 1933 年，公共工程署的拨款量只有 1 亿 1 千万美元。

因为公共工程署没能有效刺激经济发展，国家复兴署的工作从一开始就进展不顺。由于缺少大量建设资金的注入，国家复兴署没能扩展经济。约翰逊为建立一系列能监控工业生产过程、决定产品定价以及规范生产环境的行业法规付出了大量的努力。但由于缺乏新资金的支持，他只能将现有的不多的资源进行再分配。当外界得知这种境况后，国家复兴署在社会上的支持度迅速下降，推广行业法规的工作也流产了。1935 年，最高法院认定《国家工业复兴法》有违宪法精神，给了该法案以致命一击。

休斯大法官代表意见一致的法庭发言说，赋予总统的制定法规的权力使行政机构里形成了一个非法的立法机构。同时，连支持新政的本杰明·卡多佐法官也认为《国家工业复兴法》是"毫无节制的授权"。罗斯福马上严厉批评了最高法院守旧的心理。而最高法院企图推翻《国家工业复兴法》的行为也使他后来下定决心重组法院系统。但当最高法院的裁决宣布的时候，罗斯福也得到了解脱。这一裁决使得罗斯福摆脱了一个正变得越来越失败和不受欢迎的计划。他对弗朗西丝·珀金斯说："整件事简直是一团糟！变得让人头痛！国家复兴署的一些举措根本就是错误的……我可不想把一个从不顾忌反托拉斯法的机构强加给国家。所以，我打算给国家复兴署一些时间来总结教训、清算错误。在完成了它的历史使命之后，我们就会把它关掉。"

当 1933—1934 年的冬天来临的时候，罗斯福认识到，由于伊克斯在公共工程署的资金使用方面过于小心谨慎使得公共工程署并没有创造太多的工作机会，没有让穷人的生活有太大改善。此时冬天即将到来，政府必须帮助人民度过寒冬，于是罗斯福转而依靠霍普金斯。他能够为 400 万人提供临时工作吗？霍普金斯的答案是：只要有钱就可以。罗斯福在心里算了算成本——他觉得还需要 4 亿美元——于是决定从伊克斯未充分利用的公共工程资金中拿出一部分钱来。他派霍普金斯、弗朗西丝·珀金斯以及亨利·华莱士把这个消息透露给伊克斯。1933 年 11 月 9 日，他颁布总统令成立了土木工程管理署，由霍普金斯担任署长。

正如罗斯福所期盼的那样，霍普金斯的行动非常迅速。他把联邦应急救济署的部分人员调到了土木工程管理署中，从军方的仓库中获得了工具和设备，并全盘接收了退伍老兵管理署——该机构的分支机构遍布全国各地——使之成为土木工程管理署的一个支付机构。与救济计划不同的是，土木工程管理署为人们提供的是工作。在 10 天之内，霍普金斯为超过 80 万人提供了工作，到 12 月中旬，已经为 260 万人安排了工作，到 1 月初，这一数字又突破了 400 万。土木工程管理署所提供的是非技术工人当时的最低工资，而且是临时性的工作。当 1934 年该部门走下历史舞台的时候，土木工程管理署已经为美国萎靡的经济注入了将近 10 亿美元。在这些资金中，有 80% 被用来偿付工人工资，剩下的大部分用来采购设备和原材料。只有不到 2% 用于行政管理——这又是一次典型的霍普金斯式的做法。

在 1933—1934 年的寒冬里，虽然气温创造历史新低，但是土木工程管理署修建了 1200 万英尺的下水道，新建或改造了 50 万英里的二级道路、4 万所学校、3700 个休闲中心以及将近 1000 个机场。为了让农村的学校复课以及为了给城里的成年人提供成人教育，政府雇用了 4 万名老师。此外，政府还雇用了 3000 名艺术家和作家——给了他们艺术家和作家的工作。霍普金斯说："他们也和其他人一样需要吃饭。"土木工程管理署的成就并不仅限于为经济注入了资金，它还重建了这个国家的自尊。艾奥瓦州的一名自豪的妇女说道："我们不再依靠救济度日了，我丈夫在为政府工作。"

约翰·李中校受战争部派遣，研究土木工程管理署的运作。他惊奇地发现，在两个月的时间里，霍普金斯让每个县和镇都有人从事市政工程工作。李说，在第一次世界大战期间，战争部用了一年半的时间才集合起了这么多的人。而且，和陆军不同，霍普金斯居然每个星期都给人们发薪水。李的个人作风带有典型的军队等级色彩，但他一反常态地对霍普金斯与年轻的工作人员在一起时的随和态度表示非常钦佩。"这些年轻的助手们亲切地把霍普金斯称为'哈里'。他们之间没有礼节上的拘束，但是助手们对他仍满怀敬意，心甘情愿地为他效力。"

第 73 届国会第二会期于 1934 年 1 月 3 日开幕。罗斯福仍然在幕后主持大局，但是反对派已经开始积聚力量了。共和党人正从大选后的震惊和慌乱中逐渐恢复，在民主党内部，极左派和极右派也开始蠢蠢欲动，但罗斯福仍然占据了主动。在他的建议下，国会通过立法建立了证券和交易委员会，管理投资产业；建立了联邦通讯委员会管理电台广播。但是，在通过这些法案的时候，罗斯福的力量优势已经有所减弱。在推动证券与交易委员会法案时，甚至由总统亲自出面法案才得以通过。此外，国会还通过了铁路退休工人法案，为整个铁路工业的工人提供退休金。在其他方面，国会重新把美元与黄金挂钩，规定黄金的价格为每盎司 35 美元。在允许美元浮动一年之后，罗斯福决定让它一次性贬值 59%。6 月 18 日，当第 73 届国会宣布无限期休会时，罗斯福给众议院议长雷尼写信说："这是一次伟大的会期——是我们历史上最伟大的一次。"

两周后，罗斯福又开始了和民众的交流。在 1934 年的第一次炉边谈话中，罗斯福要求美国人自己来评价复兴政策的效果。他问道："你们今年的经济状况是不是比去年有所好转呢？债务是不是减少了？银行账户上的存款是否增加了？"罗斯福还嘲笑了曾悲呼"自由已失"的"持怀疑论的托马斯之流们"，他说："根据你们自己的实际生活作答吧。你们是否因此而失去了宪法赋予你们的自由和权利呢？"这是罗斯福最为有力而雄辩的讲演之一。

1934 年 7 月 1 日，总统登上了"印第安纳波利斯"号军舰的姊妹舰——"休斯敦"号，开始了航程为 14000 英里的夏威夷群岛之旅。此次旅行将取道巴拿马运河，是罗斯福最喜欢的休闲度假方式。第 73 届国会第二会期并不像罗斯福给雷尼的信中所描述的那样轻松顺利。意图夺得民主党领导权的罗斯福的竞争对手们并没有轻易放弃。保守派权威政治评论员弗兰克·肯特在评论中写道："现在已经很难找出一个仍支持罗斯福的原民主党重要领导人了。"《证券交易法》艰难获得通过的事实证明了党内的分裂。以阿尔·史密斯、约翰·戴维斯为首的一些民主党人想要使民主党回到支持商业的路线上。

1934 年 8 月，在杜邦公司、通用汽车公司、太阳石油公司以及蒙哥马利·沃德百货公司的财政支持下，民主党内持不同政见的人成立了美国自由联盟，由朱厄特·肖斯任主席。该联盟公开宣称的目标是倡导对财产权的尊重并敦促政府鼓励发展私人企业。当罗斯福在记者招待会上被问及对此事的态度时，他微笑着说："人们定义美国准则时总是会力争全面。一个只强调部分准则的社会组织可能会成为好组织，但却一定会有一些缺陷。"

1934 年时的罗斯福从不担心党内右派的分裂活动。他在意的是左派的批评。休伊·朗已经将密西西比州分界线的问题闹得沸沸扬扬，并且一直四处游说"每个人都是国王"的财富理念。罗斯福一直努力将休伊纳入自己的阵营，想让他做攻击政敌的投枪手，但现在休伊却将矛头指向了自己。休伊·朗的"财富分享俱乐部"据说与 750 万人建立了通信联系。他这个组织的宗旨很简单，就是要求将大财阀的财产充公，征收高额累进所得税以及将国家收入再分配给每个美国家庭，使他们有钱买房、买车、买收音机。此外，他还认为政府应该保证每个家庭的年收入不低于 2500 美元，这个数字是当时中等收入家庭年收入的一倍。在社会福利方面，他认为每个老人都应该从政府领取养老金，每个青年都应该免费接受大学教育，每个退伍老兵都应该得到退伍津贴。对于罗斯福来说，朗是个制造麻烦的人，但他并没有低估朗的主张的社会力量。

和朗步调一致的还有神父查尔斯·库格林。他是密歇根州洛艾耳欧克市的一名教区牧师。他每周的电台布道节目据说能吸引大约 4 千万名听众。和朗一样，库格林起初也支持罗斯福。但当新政政策初见雏形后，他的批评就越来越多。他在广播布道中反对国际货币，赞美白银为"基督徒的"金属，而且很快就开始批评罗斯福赶走了"廉洁的胡佛"。到 1934 年秋天，库格林开始号召政治上的重新组合和结盟。他对布道节目的听众说："旧的政党都已经死去了，你们必须将他们腐败的尸体扔进历史博物馆里。"因为库格林是加拿大籍，所以他不像朗那样对罗斯福的总统宝座构成威胁。但由他于 1934 年 11 月发起成立的"全国社会正义联盟"也是罗斯福不得不提防的不稳定因素。

所有反对势力中，貌似最温和其实却最危险的威胁来自弗朗西斯·埃弗里特·汤森医生。他是加利福尼亚州长滩市的一名失业医生。汤森建议给每位年过 60 的退休市民每月 200 美元的养老金，条件是他们要保证每月都花完所有的养老金。他还建议拿出商品交易税的 2% 作为养老金的资金来源。根据汤森的理论，发放养老金能使老年上班族退休，从而将工作岗位让给年轻人，也就会降低失业率。而强制花掉养老金的政策又会刺激消费和内需，从而创造更多的工作机会。汤森的建议并不激进，因为它倡导传统价值观、承诺保护利润制，因而对美国乡村广大的新教徒们很有吸引力。汤森解释说这一运动欢迎"信奉《圣经》、信奉上帝的爱国人士"。罗斯福不敢忽视这样有广泛群众基础的社会运动。

1934 年 11 月举行的国会选举是对罗斯福新政的政治测验。根据以往的经验，总统所属政党的支持率在总统任期中段通常会大幅下降，所以副总统加纳预测共和党这次能在众议院多赢得几个议席，但也不过 37 个议席左右。这样的结果对于执政党来说已经是一个很大的胜利。而法利更是认为民主党能保有原来所有的议席，共和党只能得到大约 7 个议席。罗斯福认为他的估计有些过于乐观。事实上，法利的预测比加纳的准确，但他们仍然低估了罗斯福的魅力。和许多经验丰富的支持者的预测相反，民主党在这次选举中反而多赢得了 12 个众议院席位以及 9 个参议院席位。

至此，民主党在众议院中的席位从 310 个增加至 322 个，在参议院中的席位也达到 69 个，比 64 席的三分之二席位数还多出 5 个。共和党在两院中的席位跌落至历史最低点。在各州议会以及州政府中，两党实力对比也和华盛顿的情况大致相同。当 1934 年的各级选举尘埃落定后，共和党人只得到 7 个州长职位，而民主党人却占据了 39 个州的州长职位。

《纽约时报》记者亚瑟·克罗克评价说："新政赢得了美国政坛上有史以来最大的胜利。"威廉·阿伦·怀特也宣称罗斯福"受到了人民的拥戴"。而威廉·伦道夫·赫斯特则简单地说："'被遗忘的人们'没有被罗斯福遗忘。"

其实，到 1934 年底，复兴计划还没能充分显现出经济的拉动力。当年的国民生产总值比 1932 年和 1933 年上升了 17%，但国民收入却仍只有 1929 年的一半多一点；虽然已经有近 200 万人重新找到了工作，但失业率仍保持在 21.7% 的高位。但无论如何，11 月的选举结果已经表明，国民对经济的信心正在恢复。

就这样，第 74 届国会在支持新政的政治浪潮中成立了，它早已准备好接受罗斯福的领导。罗斯福的第一个计划就是建立一个全面的社会保障体制。这一体制将负责提供失业保险金、养老保险金以及遗属抚恤金，还负责为未成年人和残障人士提供经济援助。1934 年 6 月，罗斯福就曾提到要建立社会保障机制，但表示将等到新一届国会成立后再提交详细提案。他将起草提案的任务交给了由劳动部长珀金斯担任主席的特别内阁委员会。罗斯福交代珀金斯说："提案要简洁，要让任何人都能读懂。"他还告诉珀金斯提案的基本原则就是覆盖面要广，他说：

> 我认为每个人从一出生就应该被纳入社会保障体系。当他成年后，他应该了解自己将来会从这个终生的保障计划得到养老金；如果失业了，他能得到失业保险金；如果得病了或者残疾了，他也能得到抚恤金……从摇篮到坟墓——也就是每个人从生到死都应该处于社会保障体制的保护之下。

弗朗西丝·珀金斯说罗斯福把社会保障体系看成他的个人计划。他知道，如果要使这个计划获得通过，他必须在国会会期一开始就迅速出击。汤森的建议已经让国会的议员们十分惊骇，罗斯福必须先发制人，不然就会功败垂成。

内阁委员会于 1935 年 1 月 15 日将社会保障计划的草案交给了罗斯福，两天后他就将这份草案递交给了国会，一点都不敢拖延大意。罗伯特·瓦格纳和戴维·刘易斯分别在参议院和众议院推介了社会保障法案。但由于对该法案的审批必须经过常规的委员会程序，罗斯福坚持将该法案命名为《哈里森—道顿法案》——以参议院金融委员会主席、密西西比州参议员帕特·哈里森和众议院筹款委员会主席、北加利福尼亚州议员罗伯特·道顿的名字命名。弗朗西丝·珀金斯则肩负瓦格纳、刘易斯和罗斯福之间的联络任务。

从一开始这个计划就立足于自给自足，由雇主和雇员共同交付所需资金。这是罗斯福所坚持的主张。他指示珀金斯务必保证政府不需要为此计划提供资金，这个计划必须非常现实可行。罗斯福说："不能给国会制造一个直到 1980 年才能偿还完毕的财政赤字，不能以消耗未来的资源为代价。"按照该计划，每人所获得津贴是与其收入成比例的。实际上，美国的社会保障制度与大多数现代国家都有所不同。其他国家是由政府为养老金计划提供主要资金来源，而美国的社会保障制度是一种独立的制度：它强调的是人的财产权，而不是民权。由于罗斯福坚持社会保障制度的自给自足，其负面影响马上就在美国经济中显示了出来——因为为了建立偿付津贴的储备金需要从劳动者的工资里扣除一些钱。罗斯福知道所得税可能会造成通货紧缩。但是，他更加担心所谓的"立法习惯和偏见"。罗斯福后来说："这些税根本就不是什么经济问题，它们完全是政治问题。我们从人们的工资里面扣除一部分钱，是为了让他们在法律、道德和政治上享有领取养老金和失业津贴的权利。如果他们交了这些税，就没有什么政治家可以对我的社会保障制度说三道四了。"

罗斯福对立法的重视很快就获得了回报。在哈里森和道顿的大力支持下，该法案很快在他们各自的小组委员会获得了通过，而私底下的沟通工作则分别由刘易斯和瓦格纳在众议院和参议院完成。最大的反对声音来自企业界。通用集团总裁阿尔弗雷德·斯隆说："危险是显而易见的，如果有失业保障金，就不会有人工作了；如果有养老金，就没有人会存钱了；这一政策将带来道德上的败坏和经济上的破产。"纽约州众议员约翰·泰伯说："在世界历史上还没有过这样一个企图破坏企业复兴、奴役工人并阻止雇主为工人提供更多工作机会的措施。"在法案最后通过之前的程序性动议中，众议院的共和党人几乎一致反对社会保障法。但是，到了 4 月 19 日最后投票那天，只有不到一半人愿意正式投票表示反对。最终，众议院的投票结果是 371∶33，该法案获得了通过。

这一法案在参议院的通过过程也差不多。在参众两院，人们关注的重点都是养老金，而不是失业补偿金。新泽西州参议员哈里·摩尔表示："政府的提案将剥夺人们对人生的体验，我们同样也可以把一个孩子从幼儿所里领出来，给他配一个保姆，然后把他保护起来，让他感受不到生活带给他的各种体验。"当特拉华州的参议员丹尼尔·黑斯廷斯提议把养老金条款从该法案中删除的时候，19名共和党参议员中有12名表示赞同。但他们也只是故作姿态。当6月19日参议院表决的时候，社会保障法案以76∶6获得了通过。1935年8月14日，罗斯福在盛大的白宫庆典中签署了该法案。签署该法案时的几支纪念钢笔分别被当作礼物送给了哈里森、瓦格纳、道顿、刘易斯和弗朗西丝·珀金斯。珀金斯小姐说："富兰克林·罗斯福一直都把《社会保障法案》当作新政的基石。我认为他在内政方面最满意的成就就是这件事情。"

1935年的《社会保障法案》远远谈不上完善。尽管罗斯福希望能够实现全民享受社会保障，但实际上最初只有60%的劳工能够享受到这一福利。农场里的工人和从事家政服务的工人——这两类人是最需要获得社会保障的——却没能享受到社会保障；教师、护士以及那些在雇员数不足10人的公司里工作的工人也不能享受社会保障。另外，失业津贴、伤残补贴、孤儿补贴等社会福利制度的数额在各州之间也存在较大差距，而罗斯福最开始要求的健康保险和住房补贴也没有实现。但不管怎么说，这一法案的通过毕竟标志着美国历史进入了一个新的阶段，第一次以法律的形式规定了政府对公民所负有的责任。罗斯福后来说："就如同我们的宪法告诉我们的那样，如果我们的联邦政府存在的目的是'推动社会福祉'，那么我们就有责任提供社会福祉所赖以存在的社会保障。"

在罗斯福1935年的计划中，还有一项内容是减少救济，同时为失业工人提供更多的工作机会。在1月4日的国情咨文中，罗斯福提出将让现有的救济机构"逐渐结束使命"，同时采取一个全国性的计划为领取救济金的350万人提供工作机会。罗斯福总统说："联邦政府是唯一具有足够权力和信用进行此项工作的机构。"4月8日，国会对总统的讲话做出了回应，批准了美国历史上数目最庞大的拨款：国会同意拨出480亿美元给罗斯福，让他自行决定如何使用。

在手里有了充足的资金之后，摆在罗斯福面前的问题是如何开展工作。他既可以依靠哈罗德·伊克斯，开展大量的公共工程；也可以依靠懂得如何有效使用资金的霍普金斯。霍普金斯和伊克斯为了争夺这480亿美元展开了激烈的竞争。伊克斯指责霍普金斯的做法是拆东墙补西墙；霍普金斯则说伊克斯食古不化。最终，罗斯福选择了霍普金斯。罗斯福总统对接替休·约翰逊领导国家复兴署的唐纳德·里奇伯格说："伊克斯是一个好的管理者，但是他的动作太慢。霍普金斯总是风风火火，我打算把这个工作交给霍普金斯来做。"当然，罗斯福虽然把大部分拨款给了霍普金斯，但他还是从这些拨款中拿出了四分之一给伊克斯，还划了一部分给农业部长华莱士。1935 年 5 月 6 日，罗斯福总统颁布总统令，建立公共事业复兴署，"该机构对总统负责，将保证整个就业救济工作扎实稳定、积极有效、准确迅速、协调有序；同时还将负责执行就业救济工作，争取在最短的时间内让最大数量的领取救济金的人加入这些工程建设之中或进入私营企业就业。"同时，霍普金斯被任命为该组织的负责人，负责组织人们实施这些工作。

对霍普金斯来说，管理就业救济工作比管理 1933 年冬天的季节性工作要复杂得多。不仅涉及更多的联邦政府合同，文书工作量也激增，而且在现场的监督工作也极其耗费时间。不久，霍普金斯手下规模不大却十分投入的工作小组就有些不堪重负了。幸而他们意外地获得了一些帮助。帮助他们的不是别人，正是美国陆军工程兵。

后来担任德国军事总督的卢修斯·克莱回忆说："当时霍普金斯先生遇到了麻烦，我和工程兵部队的司令爱德华·马卡姆将军一道去拜访了霍普金斯先生，我们对他说：'我们可以在每个地区借给你一个优秀的工程军官。这些军官都配备有一个懂得如何分发和使用公共基金的出色的书记长。他们会带着他们的书记长来帮助你工作。'"

一开始，霍普金斯对克莱的军官是否有能力承担这样的工作有些怀疑，但还是接受了帮助。军队马上给公共事业复兴署派来了他们最优秀的军官。后来在二战中全面负责美国陆军后勤工作的布里恩·萨默韦尔上校接手了最麻烦的纽约地区；弗朗西斯·哈林顿上校则成为霍普金斯的副手；唐纳德·康诺利上校负责洛杉矶的工作。克莱说："我们将基层经验丰富的军官们派往全国各地，以帮助霍普金斯先生减轻工作负担。"

其实工程兵部队也并非完全无私地帮助公共事业复兴署。他们也有自己的打算。正如公共资源保护组织计划使很多陆军军官参与到新政改革中一样，对公共事业复兴署的帮助使陆军在与国务卿伊克斯竞争国家港口和河流的治理权时得到支持。克莱说："我们必须牢记一切都要靠自己争取才能得到。我认为陆军工程兵部队想要找到自己的位置就必须对别人有所帮助。坦率地说，如果不是觉得伊克斯先生要找我们的麻烦，我们可能不会想到给霍普金斯先生提供帮助。"克莱的父亲是三任联邦参议员，因此克莱对政治也很了解。他十分清楚，在政界大家都是互相利用、有来有往。在提供了这些帮助以后，他和伊克斯之间在洪水防治问题上发生矛盾时霍普金斯一定会站在他那一边。

公共事业复兴署成立的第一年里就使 300 万人实现了就业，在成立后的 8 年的时间里陆续给 850 万人安排了工作，并给经济建设注入了大约 110 亿美元资金。公共事业复兴署开展的工程项目中既有没有长远价值的纯粹为了创造工作机会而设立的工程，也有一些颇具长远意义的公共工程。这些公共工程包括学校（5900 所）、医院（2500 所）、公园（8000 处）、运动场（13000 处）以及高速公路（572000 公里）。此外，该管理署还重修了查尔斯顿市的港口大街剧院，修建了胡德山上的木屋客栈，还在肯塔基州成立了马背上的流动图书馆。霍普金斯还给予艺术和娱乐界大量资金支持。他发起的"联邦音乐计划"资助了很多交响乐团、爵士乐队以及本国艺术家；"联邦戏剧计划"使很多没有经济条件的人也有机会欣赏戏剧、歌舞以及木偶剧。在成立后的 4 年里，公共事业复兴署所资助的舞台剧目使 3000 万观众受益，而"联邦艺术计划"最高峰时雇用了 4 万名注册艺术家中的 9000 名从事创作和教学工作。罗斯福评价说："有些作品很有才华，有些则不那么优秀。但所有的作品都充满了热情、人性、活力以及质朴的感情，因为这些作品都是在本国创作的，都来源于艺术家们所熟悉的、有感触的生活。"虽然并不是所有受资助的艺术家都富有才华，但这个计划仍然为一些有天赋的艺术家们提供了急需的帮助，使他们日后有机会蜚声国际。这其中就包括著名的抽象表现主义画家威廉姆·德·库宁和杰克逊·波洛克。公共事业复兴署所施行的最成功的文化资助计划可能要算"联邦作家计划"。该计划组织作家们编写了《美国指南》——一套极具参考价值的介绍美国各州及各大城市的百科全书。公共事业复兴署的资助使得当时的美国文坛涌现出一批优秀的文学作品，成为经济萧条时期的亮点。

然而，在取得众多的成绩的同时，公共事业复兴署也成了政客们攻击的目标。作为联邦紧急救济署和土木工程管理署的领导人，霍普金斯一直保持着超脱于党派之上的态度。但这项初期预算高达 48 亿美元的项目注定要成为党派政治的牺牲品。当国会修改《以工代赈法》，要求参议院批准国会议员年薪不少于 5000 美元时，霍普金斯明白他的超脱立场行不通了。当时，共和党一直抱怨公共事业复兴署其实是民主党为自身牟利的机构；而左派杂志《国家》也一直批评公共事业复兴署受错误方针指导，以强迫工人拿着低工资工作的方式试图挽救"已经跛腿的资本主义制度"；保守的南方议员们认为在该署实施的一些项目中白人的优越性遭到忽视，而且各种族混杂工作，令他们很是不屑。约瑟夫·戴维斯曾评价霍普金斯为圣方济各（亚西西）① 和马报兜售者的混合体，他总是将批评看作荣誉。在一次集会上，霍普金斯对洛杉矶的一些围观群众说："我要向民众道歉。如果我们做错了什么，也是为了那些破产的民众。"

---

① 圣方济各又称亚西西的圣方济各（San Francesco di Assisi）1182 年生于意大利亚西西，卒于 1226 年 10 月 3 日。他成立了方济会又称"小兄弟会"，是动物、商人、天主教教会运动以及自然环境的守护圣人。

1935 年新政的最后两个举措是成立农村电气化管理局以及推动《瓦格纳劳动关系法》在国会获得通过。5 月 11 日，罗斯福颁布总统令，宣布成立农村电气化管理局。事实证明，农村电气化的发展为消除贫困做出了重要的贡献。1935 年，美国只有 11% 的农场通了电，在密西西比州这个比率更是低于 1%。农村电气化管理局成立后组织建立了一些非营利性的农村合作组织。这些组织利用低利息的长期联邦贷款（利率为 3%）组织人员在农村地区铺设电线，让家家都通上电。南部地区的电力主要由田纳西河谷管理局提供；西北部地区的电力主要由博纳威尔水电站、大库利水电站、科罗拉多州的胡佛水坝以及密苏里州的佩克堡水坝提供。到 1941 年底，全国大约 50% 的农场都通了电。虽然后来爆发的二战使农村电气化进程中断了近 4 年，但到了 40 年代末期，美国几乎所有的农村地区都通了电。除了联邦储蓄保险公司以外，没有哪一个新政措施像农村电气化政策这样对农村生活带来如此深刻的影响。

罗斯福是农村电气化政策的主要推动者，而来自纽约州的联邦参议员罗伯特·瓦格纳则为《瓦格纳劳动关系法》的通过倾注了大量心血。该法案力图保障工人权利并赋予工人建立工会并与资方进行集体谈判的权利。在新政初期，罗斯福将自己看成劳方和资方的仲裁者。他一直回避签署法案以赋予工人集体谈判的权利，也劝说瓦格纳不要在 1934 年的国会选举之前提交这样的法案。然而，74 届国会一开幕瓦格纳就迅速提交了提案，要求承认工人组织工会的权利，并要求国会批准建立全国劳工关系局以保障工人的这一权利。出生于德国工人家庭的瓦格纳深受德意志工联传统的影响，他是民主党里少数认同工会运动的议员之一。他一直用自己多年的立法经验为劳工争取权益。在参议院中，他在立法方面的技巧和经验无人可敌，和其他进步党人不同，他很少发表冗长的讲话。由于一向严格遵循参议院的各项规章，瓦格纳很受同事们的尊敬。1935 年，他已被看作参议院里劳工问题的常驻专家。在 3 月和 4 月举行的听证会上，产业界的代言人们纷纷严厉攻击瓦格纳的提案，但经过漫长的听证会后，参议院劳工委员会仍然于 5 月 2 日一致决定向国会提交该提案。两周后，在经过了仅仅两天的辩论之后，参议院以 63 票对 12 票通过了该法案，仅有 4 位保守派民主党议员和 8 位共和党议员投了反对票。该法案的通过是一项伟大的成就，它的诞生应归功于瓦格纳。

即使在劳动关系法获得通过后，罗斯福仍然不愿轻易表明态度。罗斯福认为这个法案可能会制造分裂，所以他更愿意置身事外。他甚至不排除在必要的时候对法案使用否决权。5 月 22 日，商业部长丹尼尔·罗珀对罗斯福说："如果该法案生效，政府的公众支持度一定会大幅下降。"然而一周之后，最高法院判定《国家工业复兴法》违宪，使新增的有关工人集体谈判权的条款也随即失效。公众对最高法院判决的强烈反对使罗斯福意识到，推出瓦格纳法案的时机到了。他马上站到了支持法案的阵营的最前面，使该法案在众议院顺利得以通过。1935 年 7 月 5 日，该法案正式获罗斯福签署生效。11 月，罗斯福按照惯例在沃姆斯普林斯度过感恩节。当月 29 日，他去了亚特兰大。在佐治亚理工学院足球场，他参加了为迎接他归来而举行的热烈的欢迎集会。罗斯福在集会上发表了精彩的演说：

> 人们不能以拆东墙补西墙的方式偿还债务，但却可以通过自己的努力争取光明的未来……3 年前，政府已经意识到社会救济并不是最好的解决办法，但却是必须采取的措施，因此才拨款用于直接救济。但很快政府就开始了为需要帮助的人们提供工作的计划。
>
> 我知道那些生活舒适、衣食无忧的有钱绅士们一定会对政府的这项开支说三道四，并因为政府为以工代赈计划拨款而大声抱怨。他们中的一些人对我说，发放救济金会比以工代赈计划更经济实用。他们说的没错。可是，这些人并不了解真实的美国，不知道……大多数美国人希望靠自己的双手获得报酬。诚实劳动是防止人们坠入堕落深渊的堤防，我要高高地筑起这道堤防，并不断地巩固和维护它。

第十七章
妄自尊大

富兰克林·罗斯福很早就着手准备 1936 年的大选。吉姆·法利说："我们在当年初就开始做准备，直到 10 个月后民意调查在大选前停止时，我们一直保持领先。"罗斯福嘱咐法利，让他建立一个由 12 个美国名人组成的筹备委员会。

罗斯福对法利说："我需要 5 个神职人员。我想我们应该有一个天主教神父，一个浸信会牧师，一个圣公会牧师，一个长老会牧师，还要一个犹太教拉比。"

"那卫理会怎么办？"法利问道。

"那么就不要犹太教的了，"罗斯福回答说，"等等，美国的犹太教徒比圣公会教徒多，这样吧，留下一个犹太教拉比，不要圣公会牧师了。"

罗斯福把选举看作是一次全民公决。"在这次选举中没有其他的话题，这就是一次关于我自己的选举，选民们要么就支持我，要么就反对我。"罗斯福对自己赢得选举很有信心。"我们将轻松获胜，"他对他的内阁说，"但是我们要利用这个机会发动一场运动。"

罗斯福完全有理由保持乐观。不管从什么标准来看，美国自 1932 年以来的经济成就是有目共睹的：国民收入增加了超过 50%，创造了 600 万个新工作机会，失业率下降了超过三分之一。在剩下的 800 万失业人口中，有 70% 每年至少有一段时间可以为公共事业复兴署工作或者为公共资源保护组织工作。国家的工业产量增长了一倍，与 1933 年的低谷相比，股票价格上涨了超过 80%。农民的现金收入——1932 年农民的现金收入曾经跌至 40 亿美元以下——在 1935 年上涨到了将近 70 亿美元。公司的利润在罗斯福上台的时候曾经一度为负数，到此时已经上涨到了将近 60 亿美元。而且，这些数字还不足以充分说明罗斯福取得的成就。罗斯福还挽救了银行系统。一方面，政府为存款人的存款提供担保，另一方面，大多数农业抵押贷款获得了再供资金，房屋贷款公司为超过 300 万户因断供而陷入债务危机的业主提供保证金。他还建立了社会保障制度，实现了农村电气化，他所进行的大规模公共工程建设正在改变美国的面貌。1936 年 6 月，《财富》杂志所作的民意调查显示，有 53% 的受访者认为大萧条已经过去，60% 左右的受访者认为支持罗斯福连任。

在政治方面，罗斯福的反对者已经溃不成军。1935 年 9 月，休伊·朗遇刺身亡（时年 42 岁），"分享财富"运动分崩离析。来自什里夫波特的原教旨主义者杰拉尔德·史密斯神父是一个出色的煽动家，他一度很有市场。但是，由于缺乏领导能力，他也没有兴起什么大浪。在朗去世后，他领导的政治组织与政府实现了和解——批评家将其称作"第二次收购路易斯安那的行径"——只剩下史密斯在那儿徒劳地叫嚣。在权衡利弊之后，库格林神父选择集中精力进行议会选举，而由于"社会保障法案"的通过，汤森的政治力量也逐渐失去了市场。让民主党人感到高兴的是，赫伯特·胡佛又复出了，他在全国各地四处奔走，试图证明他从前政策的正确性。拿破仑曾经说过，在法国大革命之后，波旁王朝没有吸取任何经验，也没有从往日的旧梦中苏醒。用这句话来描述胡佛可能再合适不过了。他关于节省开支、坚持金本位以及平衡预算的论调可能再也没有人愿意听了。很多共和党政客都对胡佛退避三分，因为胡佛的支持意味着输掉 11 月的选举。

1 月 3 日，罗斯福在发表国情咨文时吹响了战斗的号角，正式开始连任竞选。在路易斯·霍韦的敦促下，总统把通常用于寻求国会支持的口号用作了选举的基调。霍韦说："就这么说吧，他们会很爱听的。"

罗斯福出乎寻常地在傍晚对国会发表了国情咨文——他是第一个这么做的美国总统，欢欣鼓舞的民主党人挤满了会场里的所有走道。许许多多的听众通过广播听到罗斯福总统痛斥"无处不在的经济独裁行径"，指责这种行为可能会阻碍美国经济的复苏。罗斯福总统意味深长地说："我们已经遭到了顽固不化的贪婪者的仇恨。这些邪恶的势力正在图谋重新上台掌权。他们的独裁也许只是在小事上，但是他们正预谋在大政方针上也实现独裁……如果让他们肆意妄为，他们将走上从前贵族们的老路——为自己谋取权力，给公众戴上奴役的枷锁。"他所说的这些话，听起来就像是休伊·朗常用的阶级斗争式的语言。几天后，在民主党杰克逊日纪念大会上，罗斯福把自己和安德鲁·杰克逊相提并论：

> 很多有钱的美国人联合起来排挤他。媒体也普遍批评他。傲慢而又没有骨气的知识分子反对他。有人还使出阴险的招数毁谤他。浅薄而又守旧的传统主义者对他大加指摘。似乎所有人都在反对他——但是美国人民一直支持他……今天，这一幕又再一次上演。

1936 年 1 月 25 日，罗斯福所说的"享有特权的独裁者"开始了他们的反击。两千名身着隆重晚礼服的宾客聚集在华盛顿的五月花酒店，出席"自由联盟"的年度招待晚宴。根据《纽约时报》的报道，"这些人或者通过委托人，或者通过代理人，掌握了美国大部分的资产"。宾客中有约翰·戴维斯、马里兰州州长艾伯特·里奇、牛顿·贝克、温思罗普·奥尔德里奇，还有杜邦家族、梅隆家族以及范德比尔特家族的成员。当天晚宴的主题发言人是阿尔·史密斯。他身穿白色礼服，配着白色领结，在讲话中用了一个多小时的时间对"新政"和富兰克林·罗斯福大加鞭挞。史密斯说如果罗斯福获得了党内提名，他就将在 11 月上街游行。"如果他们想假装是诺曼·托马斯、卡尔·马克思或者列宁之类的人，那没有问题。但是我要严正地警告他们：他们只能选择一个首都，要么是华盛顿，要么是莫斯科。我们的政府也只能有一种，要么是一个充满着清洁、纯粹、自由的美国气息的政府，要么是充满苏俄气息的政府。"

听到史密斯演讲，台下的听众群情激动。皮埃尔·杜邦叫道："他讲得太好了！"但是，从政治博弈的角度讲，那天晚上的演讲是一个灾难——按照吉姆·法利的话来说，"是现代政治史上最愚蠢的错误策略"。曾经在 1928 年和阿尔·史密斯联袂参加总统选举的参议院多数党领袖、阿肯色州参议员乔·鲁滨逊站出来表明了态度。他的言语中充满了讥讽。他在全国广播讲话中说："这是杜邦家族所举办的最喧闹的聚会。"罗斯福在全国享有了压倒性的优势。自由联盟的泡沫彻底破灭了，到 6 月时共和党已经迫不及待地和他们脱离了关系。

4 月，路易斯·霍韦去世了，给罗斯福的大选蒙上了阴影。在过去的一年里，霍韦一直抱病在身，从 1935 年 8 月起就从白宫搬到了美国海军医院。4 月 18 日午夜之前不久，霍韦在睡梦中平静地离开了人世。在辞世之前不久，霍韦对一位拜访者坦陈："富兰克林只能靠他自己了。"罗斯福和埃莉诺在霍韦住院期间几乎每天都去探访，霍韦的离去对他是一个沉重的打击。对埃莉诺来说，这意味着一位亦师亦友的至交的离去。长期以来，霍韦一直在埃莉诺和罗斯福之间居中调和。布兰奇·温斯·库克写道，在霍韦去世之后"他们之间的交流和合作变得日益艰难"。对罗斯福来说，这意味着一位最亲密的挚友和顾问的离去——除了米西之外，他是唯一可以直言不讳地和罗斯福说话的人。多年以后，埃莉诺回忆说："没有人能弥补这个损失，这个世界上没有多少人的志向是为了成就他人。只有哈里·霍普金斯的友谊能让富兰克林得到些许安慰。"

罗斯福亲自安排了霍韦的葬礼：在白宫东翼举行了追悼会；下半旗志哀；在马萨诸塞州福尔里弗市的圣公会公墓里举行了葬礼。当霍韦的遗体下葬时，罗斯福总统和他的孩子们一同站在雪地里向他脱帽致敬。《纽约时报》报道："在葬礼期间以及后来回到车里的时候，罗斯福神情木然，仿佛对周围的一切都失去了知觉。"不久后，罗斯福任命霍韦的遗孀为福尔里弗市邮政局局长。正如一名历史学家所写的那样，霍韦对罗斯福的影响是在幕后，他们每天都在一起讨论，但是没有人知道他们说了什么。"他最主要的作用就是上谏进言。他经常给老板提出不同意见，而老板也很重视他的意见。"

　　霍韦的离世标志着罗斯福最后一位老战友的离开。在罗斯福政策左转之后，他以前的智囊们渐渐都离开了他：首先是刘易斯·道格拉斯，接着是詹姆斯·沃伯格，再接着就是莫利。取而代之的是一批新的助手——为罗斯福新的征程保驾护航。其中有《基督教先驱报》的资深编辑斯坦利·海伊，此人是一个性格随和的讲稿撰稿人，总是能够写出让人朗朗上口的佳句。山姆·罗森曼称他为最好的撰稿人。也正是海伊在1936年的总统大选中让罗斯福的演讲稿增色不少。除了海伊之外，托马斯·科科兰和本杰明·科昂这两位优秀的法律事务专家也在菲利克斯·法兰克福特的提携之下加入了罗斯福的团队。科科兰和科昂，一个负责对外事务，一个负责内部事务，配合得非常默契。他们两人不仅为罗斯福处理党内事务出谋划策，还在游说国会议员方面帮罗斯福做了大量工作。罗斯福的法律事务工作团队还逐渐吸收了罗伯特·杰克逊、威廉·道格拉斯以及伊萨多·卢宾等兼具法律和经济才干的人才。

　　1936年7月10日，共和党全国大会在克利夫兰市召开。当时共和党内存在反对新政的所谓立宪主义派和以威廉·博拉和海勒姆·约翰逊为首的进步主义派。党内代表们左右为难，不知道该选择哪一派的候选人，最终他们决定支持中间派——堪萨斯州州长阿尔弗来德·兰登。兰登曾是支持西奥多·罗斯福的布尔·墨斯党人，在1924年的大选中，由于不愿支持柯立芝，他选择从共和党出走转而支持拉·弗莱特。从1932年到1934年，在民主党主政的三年里，他顶住压力，使堪萨斯州的财政保持了良好的状态。在社会问题和公民权利方面，他持更自由的观点，区别于共和党内保守顽固的主流人物。

　　兰登最大的优势在于他不是赫伯特·胡佛，而他的劣势在于他的知名度不高。兰登就像是堪萨斯州的化身：诚实、正派、自制力强、工作勤奋、但却性格沉闷。在听过兰登的广播讲话后，哈罗德·伊克斯说："民主党竞选委员会应该倾尽财力促成他代表共和党参选，并怂恿他不断发表演说。"和共和党的竞选纲领有所不同，兰登并不希望颠覆新政，也几乎从不对罗斯福进行个人攻击。他甚至痛斥自由联盟，试图以此博取工会的支持，却没能如愿。兰登选择了彬彬有礼的芝加哥出版商弗兰克·科诺克斯为他的竞选搭档。科诺克斯也是一位布尔·墨斯党人，曾和西奥多·罗斯福一起指挥圣胡安战役。一战期间，已经43岁的科诺克斯申请入伍，作为一名列兵参加了法国战场的战役，战争结束时，他已经成为野战炮部队的一名上校。和兰登相比，他是一位精力更加旺盛的民族主义者，一直将西奥多·罗斯福视为政治偶像。在1935年的一次政治演讲中，他说："国家并不需要那么多罗斯福家族成员，只需要他们当中最优秀的政治家。"

　　兰登获得总统候选人提名后三天，杰拉尔德·史密斯在芝加哥宣布他和科格林神父以及汤森医生将联合成立一个新的政党——联合党，以打败罗斯福和以法兰克福特、伊克斯、霍普金斯以及华莱士为首的共产主义政治团体。史密斯宣称已经有近两千万支持者准备加入该政党，并打算推选来自北达科他州的两届国会议员威廉·莱姆基为总统。莱姆基是一位农民民粹主义者，曾致力于帮助农民渡过抵押贷款危机。莱姆基曾说："我觉得罗斯福就像那位主持临时政府的昏乱的克伦斯基①。他不知道自己从哪儿来，要到哪儿去。和兰登相比，他就像是过时文明的垂死的缩影。"就这样，莱姆基的农民支持者、科格林的天主教支持者、汤森的老年追随者以及"分享财富"运动的残余分子组成了联合党，成为罗斯福的敌对政治力量。

罗斯福并没有表现出对此事的过多关注。6月23日，民主党在费城召开全国大会。大会的第一项议程就是废止"三分之二原则"。因为从安德鲁·杰克逊时代起"三分之二原则"就让南方各州在总统候选人提名上拥有实际上的否决权。罗斯福对法利说："现在我们党是执政党，而我也毫无疑问将得到提名，所以我们应该改变旧习。"在大会召开以前，罗斯福已经事先放出风声，让大家都知道他要对党章做出修改。法利把这个任务交给了来自密苏里州的参议员贝内特·钱普·克拉克。克拉克的父亲就曾在1912年的大选中深受"三分之二原则"之害。这次克拉克被选为全国代表大会纪律和决议委员会的主席，准备全力复仇。最后，委员会以36:13票通过了废止"三分之二原则"的决议。代表们欢呼着接受了这一改革。为了安抚南方各州，在决议中增加了一个条款。该条款规定，今后的全国代表大会上，在分配各州的代表名额时，每个州的投票结果将被考虑在内。废除"三分之二原则"对民主党意义重大：不仅压制了南方民主党的力量，而且也保证了罗斯福能在1940年大选时再次获得提名。

大会的高潮在6月27日晚来到。当晚，罗斯福在大会上发表了讲话。近10万名观众拥入宾夕法尼亚州大学的富兰克林体育场聆听了他的演讲。除此之外，还有上百万人通过广播收听了罗斯福的演讲。当天下着蒙蒙细雨，一轮明月挂在宁静清爽的夜空，费城交响乐团取代了传统的铜管乐队，在利奥波德·斯托科夫斯基的指挥下演奏着柴可夫斯基的乐曲。当著名的花腔女高音歌唱家莉莉·庞斯唱起《四季》中的《云雀之歌》时，连记者们都起立为之喝彩。华盛顿记者雷蒙德·克拉珀在报道中写道："观众的情绪被激起，那不是某种廉价的政治激情，而是一种更高尚的情感。大家都准备好了要支持罗斯福。"

当晚10点，也就是美国西岸时间晚7点，罗斯福的轿车驶入了体育场。绕场

---

① 克伦斯基，（1881—1970），俄国资产阶级临时政府总理（1917），苏维埃政权的死敌；俄国社会革命党人。

一周后，他的车停在了讲台附近。当罗斯福在儿子詹姆斯的帮助下站起来，并由他搀扶着艰难地走向讲台时，斯托科夫斯基指挥乐队奏起了激昂的《向统帅致敬》，无数聚光灯也同时对着罗斯福闪亮，全场响起了雷鸣般的掌声。罗斯福向观众们微笑致意，并不断和周围的人握手。当他终于来到演讲台前时，他认出了诗人埃德温·马卡姆那标志性的白胡子。埃德温的诗《扶锄者》，在西奥多·罗斯福时期曾为那些"被遗忘的人"呐喊。罗斯福伸出手想和他握手，但却在拥挤中失去了平衡。罗斯福右腿的支撑杆滑落，他随即歪倒，演讲稿也散落在人群中。特勤处特工麦克·赖利迅速俯下身在罗斯福倒地前扶住了他的肩膀。而法利等人也连忙上前围住罗斯福，不让其他人看到这一幕。同时，格斯·根内里希也跪下帮罗斯福重新绑好了支撑。罗斯福重新站起来时脸色发白，全身颤抖。他对护卫说："把我身上弄干净，别踩到那些该死的脏东西！"法利和根内里希快速地帮罗斯福掸掉衣服上的土并整理好领带，而詹姆斯则帮他找回了讲稿。罗斯福说："当时我很狼狈，简直像个疯子。那是我一生中最可怕的五分钟。"当一切收拾好之后，罗斯福对身边的人说"我们走吧"，然后就径直走向演讲台。这时他又一次看到了人群中正在默默流泪的马卡姆，于是，他微笑着握住了马卡姆的手。

当罗斯福最终走上讲台时，全场的欢呼声响彻云天。他恢复了沉着，一边对着观众们微笑，一边将他的讲稿重新排好了顺序。当掌声停止后，总统以两党合作的姿态开始了讲演，他说："我不是仅以政党领袖的身份在这里讲话，也不是仅作为总统候选人讲话，而是作为一个经历了许多危难艰险的时刻并仍肩负着重大责任的人在此讲话。"接下来，他对那些摒弃党派之见，齐心协力帮助国家度过大萧条时期的人们表示了感谢。

他说："在那些日子里，我们惧怕恐慌，也因此与之抗争。而今天，我的朋友们，我们已经战胜了这个最危险的敌人，我们已经战胜了恐慌。"

罗斯福接着在演讲中提醒听众，1776 年 7 月 4 日，美国人民已经清除了暴政。但新的专制思想又在威胁着美国的自由。他说：

> 生存是自由的题中之义——让人们不但拥有活下来的条件，也拥有活下去的目标。
>
> 对于很多人来说，与现实中的经济不平等相比，我们曾经拥有的所谓政治平等变得毫无意义。我们国家里的一小群人已经几乎主宰了大多数人的财产、金钱和劳力，并进而控制了大多数人的生活。
>
> 这些经济保守主义者指责我们想要颠覆美国的社会制度，其实是反对我们夺走他们的权力。他们徒劳地抬出国家和宪法这两面大旗，企图遮掩内心真实

的目的。

讲到这儿，罗斯福抑扬顿挫的讲演激起了听众的情绪。他接着说：

> 政府可能犯错，总统也可能犯错，但不朽的但丁告诉我们，神的审判对因冷血所犯的罪和因热心所犯的罪有着不同的量罪尺度。
> 偶尔会犯错的仁慈爱民的政府比一贯失职的冷漠严酷的政府要好得多。

听到这儿，全场观众再一次对罗斯福报以热烈的喝彩声。当会场再次恢复平静后，总统以低沉的声音背诵出布道书中的选段：

> 在人类历史上，有一个神秘的循环。有些时代的人得到的多，有些时代的人付出的多。而我们这一代的美国人将迎接我们的命运。

欢呼声再次响起。罗斯福抬起头，以微笑答谢听众的支持，然后又低下头看着讲稿开始了结束语："我接受你们交予的使命……"而此时他最后的几句话已被欢呼声和掌声淹没。观众的欢呼整整持续了 10 分钟。罗斯福像拳击运动员那样举起了右臂，然后又抓起加纳的手臂一起举过头顶。罗斯福父母双方家族的成员们也登上了讲台和罗斯福及加纳一起庆祝这一时刻。费城交响乐团奏起了"友谊地久天长"。而罗斯福要求换过另一支合唱歌曲，并带头唱起了来，很快，整个体育场的观众都加入了合唱。罗斯福在歌声中回到专车上，乘着他的敞篷专车绕场两周，接受民众的喝彩。直到他离开会场后，观众们仍沉醉在演讲的气氛中，迟迟不愿离开。

和 1932 年获得候选人提名后一样，罗斯福离开华盛顿开始了为期两周的海上航行。这一次他乘坐的是斯婉娜号，一艘 56 英尺长的纵帆船，其主人是纽约律师哈里森·特威德。他的三个儿子——詹姆斯、约翰以及小富兰克林又一次和他一起踏上了旅程。此外，一同出航的还有特威德先生派来的两名职业水手。7 月 14 日从缅因州的普尔皮特港起航时，罗斯福对记者说："我还没想好要去哪儿，可能会向西航行。"罗斯福并没有直接去坎波贝洛岛，而是先穿过缅因海峡以及芬迪湾到达了新斯科舍的南端。他用 30 小时完成了这段 108 英里的航程，其间天气变坏时，他还亲自在晚上 9 点和早上 3 点值了两次班。在再次穿过芬迪湾去往坎波贝洛岛之前，罗斯福的船一直在新斯科舍南岸附近的一些小海湾里游弋。《纽约时报》报道说："波涛汹涌的航程考验了总统的驾驶技巧，顺着猛烈的东南风，他的船一直在浪尖波谷中出没。总统手把着方向舵，身披着雨衣，驾驶斯婉娜号穿过了遍布着旋流和巨涌的迪格比半岛和荆棘岛之间的海湾。"詹姆斯后来回忆说，当时有一艘护航的驱逐舰希望跟上他们以防不测，"但是，由于父亲驾驶技术出色，我们很快就甩掉它了。"罗斯福在坎波贝洛岛住了一昼夜，然后乘火车返回海德公园，途中在加拿大总督特维兹穆尔的邀请下在魁北克度过了一个周末。

选举于劳动节开始，罗斯福所向披靡。他旋风般地遍访全国各州，60 天里做了超过 200 场演讲。罗斯福的重点是美国中部地区。他很自信能拿下美国的南部腹地和北部大都市的选票，所以决心在中部的农场地带上全力以赴，希望在那里也能击败兰登和莱姆基。他在艾奥瓦州停留了三天，在南、北达科他州待了两天，在内布拉斯加州、怀俄明州、科罗拉多州和堪萨斯州也都花了两天时间。罗斯福在兰登的故乡发表了七场演讲，随后才又转往密苏里州、伊利诺伊州、密歇根州和俄亥俄州。他所到之处，到处都是希望能亲眼见到他的热情的人群。人们挥动着双手，高声欢呼，感谢罗斯福挽救农场或工厂的功绩。即使天公也来成人之美，就在罗斯福开始巡回宣传的时候，酷热的中西部地区突降甘霖。罗斯福从不在演讲中攻击他的竞争对手，而只是宣传新政的成就，将其与胡佛时期碌碌无为的政府相比较，同时不断提醒听众反对"自由联盟"的"经济保皇主义"。

罗斯福是一个天生就善于选举宣传的人，因为他乐在其中。法利回忆说："在1936 年的选举期间，他每天需要坐好几个小时的车，还要不停向路旁的民众挥手致意，与上百人握手，常常在一天里要做十到十五场演讲，但他从不让人觉得他是在殚精竭虑地工作，相反，我们常常觉得他乐此不疲。"

10 月，罗斯福在麦迪逊花园广场举行了投票前最后一次竞选宣传集会，使他声威壮大，在此前的民意调查中仅有一次落后于人。此时，罗斯福几乎可以提前宣布他的胜利了。在集会上，他对民众说："我更愿意将这次竞选看作一次努力拼搏的竞争而不是残酷的争斗。在这场为了美国的福祉而进行的选举中，不应该有仇恨和残酷的争斗。总统是人民的总统，不明白这一点的人不可能成为美国的总统。"

罗斯福的这番话没有让他的支持者们失望。他再次强调了社会保障制度的重要性，告诉人们只有当他们退休后才能拿到养老金。随后他复述了共和党对他的谩骂：

12 年来，国家都处于不闻不问、不作为的政府的折磨之下。国家指望着政府能解救其于危难之中，而政府却无动于衷。

于是，国家经历了 9 年可笑的拜金时期，后又身处痛苦的深渊长达 3 年之久！

人们守着股票行情收录器度过了荒唐的 9 年，而其后漫长的 3 年里只靠领取救济度日！

人民在海市蜃楼般的幻想中度过了疯狂的 9 年，然后就陷入 3 年的绝望生活之中！

根据《纽约时报》的报道，罗斯福说完这番话后，全场观众报以热烈的掌声，那声音就像巨浪拍打海岸般声势壮大。罗斯福接着说："今天，各种势力都企图恢复那种以冷漠为理想标准的政府。他们前所未有地联合起来，就是为了反对一个候选人，而这个人就是我。在此，我欢迎他们的仇恨。"

这番话引起了更多的欢呼和助威声，激动的民众们纷纷站起来，大声为罗斯福喝彩。接着罗斯福压低他的嗓音说："在此，我可以说，那些贪权逐利之流在我的第一个任期中都遇到了挑战。我也可以保证，在我的第二个任期里，这些人将会受到好好的管束。"

11 月 2 日，就在大选的前一天，法利向罗斯福提交了一份关于民主党胜率的详细的分析报告。报告中提到，两党在新罕布什尔州和康涅狄格州的实力可能相差不大，密歇根州和堪萨斯州的情况也一样。但法利认为在这几个州罗斯福应当还是能赢得选举。他说："我仍然觉得您能赢得除了缅因州和佛蒙特州以外所有州的选举。"因为缅因州的投票已经结束，这就意味着罗斯福将毫无悬念地赢得大选的胜利。

罗斯福却不敢过于乐观。在参加为新闻记者们举行的预选活动时，罗斯福预测自己将得到 360 张选票，而兰登将得到 171 张。这个数字只是法利预测的得票数的三分之二。直到周二晚上收到第一批计票结果时，罗斯福对报告的预测结果仍持怀疑态度。当听说在纽黑文市的投票中，民主党得到了 15000 张选票时，罗斯福还认为计票结果弄错了。他对米西说："得票不可能有那么多。"然后让她复核结果。两分钟后，米西告诉罗斯福计票结果没错。罗斯福靠着椅背吐出一个烟圈，然后说："太棒了！"选举结果证明法利的分析完全正确。

当所有的计票结果都汇总后，罗斯福发现他在普选中史无前例地获得了 60.79% 的选票，以 27727636 票击败了兰登的 16679543 票。比 1932 年大选获胜时还多得了近 400 万张选票。而莱姆克只获得了 892492 张选票。在选举团中，罗斯福共赢得了 46 个州的选举人代表的 523 张选票，而兰登只赢得了 8 票。自 1820 年詹姆斯·门罗在"和睦时期"所赢得的那次大选后，历史上第一次出现以如此大的优势当选的总统。南部州没有让罗斯福失望，他在南卡罗来纳州获得了 98.6% 的选票，在密西西比州赢得了 98% 的选票，在佐治亚州也赢得了 87.1% 的选票。法利调侃道："沃姆斯普林斯是哪 14 个人没投您的票啊？您得向他们提出强烈抗议。"罗斯福在国会的支持者也更多了。民主党在众议院又增加了 11 个席位，达到了 331席的绝对多数。在参议院，民主党议员达到 76 名，相对共和党的 16 名也拥有绝对优势。此外，参议院中还有 4 位以乔治·诺瑞斯为代表的无党派参议员也是罗斯福的坚定支持者。诺瑞斯从 1913 年起就担任代表内布拉斯加州的参议员，因为支持新政被排除在 1936 年的共和党代表大会之外，此后就一直作为无党派参议员参加选举。罗斯福对诺瑞斯特别看重，选举前夜，罗斯福在睡觉前所做的最后一件事就是跟诺瑞斯通电话询问参议院的选举情况。

1936 年大选标志着罗斯福的联合政府的诞生。这个特别的联盟包括了大商人、南部白人、农民和工人、犹太人和爱尔兰天主教徒、少数族裔以及非裔美国人。他们将在其后的十年里主宰美国政治。主张强势美元、支持商业的利益集团逐渐退出了民主党阵营。取而代之的是由约翰·刘易斯为代表的工会领导，如美洲银行创始人詹尼诺那样对现存的金融制度不满的商人以及以托马斯·沃森为代表的新兴产业的带头人。刘易斯曾是一名坚定的共和党支持者，在 1932 年大选中还曾支持胡佛，但在这次选举中他却带领美国产业工会联合会坚定地站在了罗斯福一边，并为他筹措了近 770000 美元的竞选资金。工人的选票帮助罗斯福赢得了俄亥俄州、伊利诺伊州以及印第安纳州的选举。民主党还赢得了明尼苏达州的选举，这是自詹姆斯·布坎南总统以来的第一次。非裔美国人也自林肯颁布《解放奴隶宣言》以来第一次抛弃了共和党，转而支持民主党。这并不是因为罗斯福支持民权运动——事实上，他并不支持，而是因为新政把所有美国人都从史无前例的大萧条中解救了出来。

1937 年 1 月 20 日，罗斯福宣誓就职——是自宪法第二十条修正案生效以来第一位就职的美国总统。然而天公却不作美，一月的大雨不合时宜地浇湿了观礼台和游行道路。国会广场上支起了一顶巨大的帐篷以供 4 万观众一起观看就职典礼。但是，宣誓台仍然毫无遮挡地暴露在凄风冷雨之中。雨水覆盖了整个广场，也淋湿了总统的衣服。雨滴还从他已经谢顶的头上淌了下来，打湿了他的演讲稿。在演讲期间，罗斯福曾两次停下来抹掉脸上的雨水。

罗斯福的演讲不同寻常地一开始就气势逼人。他在就职演讲中呼吁为那些仍然不能享受美国梦的人们而战斗：

检验我们是否取得进步的标准不是我们是否为富人增加了更多的财富，而是我们是否能够为那些处于饥寒交迫中的人们提供足够的生活必需品。

我看到几百万个家庭以微薄收入勉强度日，日复一日处于家庭灾难的威胁之下。

我看到几百万人得不到教育和娱乐，得不到改变自己及其子女命运的机会。

我看到几百万人无力购买工农业产品，而他们的贫困又使其他成千上万人无法投入工作和生产。我看到全国有近三分之一的人住不好，穿不好，吃不好。

当就职典礼结束的时候，罗斯福叫来了一辆敞篷汽车。埃莉诺也上了那辆车，他俩一起乘着车缓缓地驶回白宫，沿途向冒雨参加就职仪式的人们挥手致意。罗斯福夫人的礼服和毛皮外套都湿透了，已经没法再穿，而罗斯福看上去就像穿着衣服跳进了游泳池。当 15 分钟的路程结束之后，罗斯福夫妇马上回房换了衣服，之后又出席了庆祝游行。在富兰克林·罗斯福的坚持下，这一次他们仍然冒雨站在室外。

在他的就职演讲中，罗斯福没有提及最高法院。现在有了国会的配合，再加上大部分的政府部门也都由支持者所领导，罗斯福已经准备对最高法院开刀了。在这个问题上，他的思路并不正确，曾经做过律师的他应该对法院系统有更深的认识；作为政治家，在对待最高法院时他本应更加谨慎小心；作为总统，他也应该对三权分立的政治制度有更深的理解。

1933 年以来，最高法院已经裁决新政中的 6 项立法违宪，还否决了总统对独立管制委员会成员的人事任免权。1936 年 6 月，最高法院又驳回了纽约州制定的妇女儿童最低工资法案。以上 8 次判决中，有四次是最高法院全体法官几乎一致的裁决。

其实在 1937 年罗斯福所面临的问题并不是最高法院，而是法律系统本身。当时的法律系统包含一些新政初期匆忙制定的法案。包括《国家工业复兴法》和《弗雷泽·莱姆克农业抵押法令》，甚至《农业调整法》在内的一些新政法令涉及的范围都太宽泛，存在不少瑕疵。另外，当初起草法案时也没有考虑到违宪的隐患。人们普遍认为 20 世纪 30 年代的最高法院死板、保守。然而，在休斯领导下，这一时期的最高法院却是公民自由的主要维护机构：在最高法院的主导下，宪法第一修正案中关于新闻自由的条款在百年后终于得以实现；最高法院还推翻了亚拉巴马州斯科茨伯勒市九名年轻黑人男子的强奸罪罪名，使原本被判死刑的他们也拥有了宪法第 6 修正案中所规定的辩护权。当这些年轻人再次上庭时，全部由白人组成的陪审团再次判定他们有罪，是最高法院站出来又一次推翻了这个判决。加利福尼亚州所颁布的升红旗违法的法令也被最高法院裁定为妨碍言论自由，并因为违宪而被判无效。1937 年 1 月 7 日，法官们又做出了一个重要的裁决。这次全体法官们一致推翻了对一名共产主义活动分子的判罪。这名共产主义者因组织政治集会以及散发政党宣传资料而被判罪。休斯代表最高法院发言说："组织讨论合法议题的和平集会不应构成犯罪。"以上所提及的所有裁决都成为美国公民自由制度发展过程中里程碑式的决策。正是最高法院引领了公民自由制度的完善和发展。

罗斯福不动声色地开始准备进攻。这是个重大的战术错误。虽然指挥战斗的将军们也会对自己的战斗方案保密，但他们攻击的敌人不是国会和最高法院的政治家。在过去的 4 年中，罗斯福与国会一直相处得很好。他在制定每个新政法案时都会和国会紧密合作，他总能认真听取议员们的意见，并以拉拢、游说的方式使他们同意自己的看法。但当他准备改革最高法院时，却没有像以往一样征询国会的意见，这使他在遇到阻力时失去了国会的支持。

罗斯福改革最高法院的行动开始于 1935 年 1 月在总统办公室举行的一个会议。该会议旨在讨论最高法院正在处理的"黄金条款案"。由于预见到高院的法官们很可能会反对政府的主张，罗斯福向政府管理层征求对策。后来成为财政部财政收入司法律总顾问的罗伯特·杰克逊提出，1870 年"合法货币案"陷入僵局时，格兰特总统曾任命了两名增选法官，从而迫使最高法院改变裁决，同意发行自南北战争起一直使用至今的绿色纸币。罗斯福受到启发，指示司法部部长卡明斯负责修宪一事。他还特别交代卡明斯要谨慎处理这件事。在接下来的两年中，卡明斯和副司法部部长斯坦尼·瑞德以及另外两位卡明斯的助手一起查找了所有的法律先例和成功案例。白宫的工作人员对此事都一无所知，而内阁里也仅有卡明斯涉足其中。包括山姆·罗森、菲利克斯·法兰克福特等在内的罗斯福的私人顾问们也都毫不知情，国会就更加蒙在鼓里了。

在此期间，卡明斯常常和罗斯福商谈。罗斯福否定了以提出宪法修正案来达到扩充商业条款目的的想法。这个建议是由民主党提出的，在过去也曾三次以这样的方式成功推翻了最高法院的判决。然而罗斯福认为修正案程序太过烦琐，就算它能在两院获得三分之二的赞成票，要获得最终的通过，也还需要四分之三的州同意。也就是说，只要有 13 个州不赞成，修正案就得不到通过。罗斯福曾说："只需要 1千万美元就可以说服至少 13 个州，从而让任何一个宪法修正案得不到获得通过所需的票数。"

罗斯福还否决了直接增加最高法院法官人数的办法。最高法院的规模不由宪法规定而是由国会确定，美国开国以来也有过好些改变高院法官人数的先例。除了格兰特任命增选法官的那次以外，国会也曾 6 次调整法官的人数，其中大多数调整都是出于政治目的。除此以外，罗斯福也没有采纳参议员亨利·阿什赫斯特的建议。亨利曾建议他耐心等待最高法院的老法官中有人去世，然后就可以安排自己的人填补空缺。罗斯福对他说："麦克雷诺兹大法官至少能干到 105 岁。"第四种方法是像内战后执政的共和党那样限制最高法院的上诉管辖权。当年为了防止《重建法》被推翻,共和党曾采取这一措施。但这一个方法也被卡明斯手下的两位律师助手给否决了。

卡明斯和瑞德终于想到了一个复杂的以提高司法效率的名义改革最高法院的办法。这个办法看起来没有党派之见,激起了罗斯福的兴趣,他对卡明斯说:"这正是最理想的办法。"在司法部小山般的档案里,卡明斯和瑞德找到了 1913 年威尔逊执政时期的一个提案。该提案建议:当最高法院出现任职超过 10 年且年龄超过 70 岁的在职法官时,应允许总统在参议院的同意和推荐下增加新的法官。"这样就能保证,在任何时候最高法院都有精力充沛的法官来很好地履行最高法院的职责。"事实上,这个提案正是詹姆斯·麦克雷诺兹在担任威尔逊政府的司法部部长时提出的。已经年满 75 岁的詹姆斯是最高法院中罗斯福最强硬的政敌。这个由他自己当年提出的提案却给了罗斯福进攻的机会。这一点让罗斯福喜出望外。

在罗斯福的鼓励下,卡明斯和瑞德将这一提案起草为法律草案,即后来的《司法系统重组法案》。这一法案允许增加最多 50 位联邦法官,以作为相应数量的 70 岁以上现任法官的补充。最高法院也在此之列。因为高院里已经有 6 位法官年逾 70,这样就使罗斯福得以增补 6 位新的法官。罗斯福指派山姆·罗森曼和唐纳德·里奇伯格共同为他起草陈述稿,后来汤姆·科科兰也加入了起草工作。但该提案对外仍严格保密。

2 月 2 日,罗斯福在白宫为高等法院法官举行了年度晚宴。在宾客名单里,包括了所有的最高法院法官,独缺了不在晚上出席活动的布兰代斯和抱恙在家的斯通。在晚宴上,罗斯福谈笑风生。吃过晚餐之后,休斯和范德万特在女士们退场之后坐到了罗斯福总统的旁边。在接下来的一个多小时里,他们一边品尝着白兰地和雪茄一边相互打趣。罗斯福总统总是和休斯大法官互称"州长",享受着彼此之间的那种亲密。休斯和罗斯福都是来自纽约州,早年都在华尔街做过律师,而且在大萧条时期都在奥尔巴尼任职。范德万特一向都是最高法院法官中最和蔼可亲的人,也一直是罗斯福的好朋友。在和他们交谈时,罗斯福对他将在高等法院采取的行动只字未提。后来,华盛顿的记者们称此次晚宴好比里士满公爵在滑铁卢战役前夕所举行的舞会。

三天后,罗斯福开始了行动。2 月 5 日星期二,上午 10 点,他召开了内阁紧急会议,并在会议上宣布了自己的提案。11 点,他召开记者招待会。到中午时分,总统的意图已经在国会山上传得沸沸扬扬。很少有政治家能动作如此迅速地发起规模如此庞大的政治攻势。他的这一举动让举国上下都目瞪口呆。当该法案的相关消息披露的时候，最高法院正在开会。休斯将草案复印件发给了在座的所有法官。现场陷入一片死寂，大家都在仔细阅读草案内容。这是暴风雨前的宁静。

罗斯福很有把握能取得胜利。他对吉姆·法利说："我有人民的支持。"最开始的时候情况的确如此，但随着辩论的深入，当人们发现罗斯福试图在根本上改变宪法秩序的时候，他的支持者开始有所减少。

罗斯福有些聪明反被聪明误了。他并没有直接针对这个问题进行阐述，而是坚持说年事已高的法官已经不能再履行职责，需要补充新鲜血液协助他们。但路易斯·布兰代斯这位最高法院之中唯一的耄耋老人，却一直是"新政"最坚定的支持者。罗斯福坚持说最高法院的工作有些力不从心，在提交审查的803桩案子中，最高法院只接受了108例。

这种说法其实是荒谬可笑的，罗斯福原本不该犯这个错误。即使他不清楚，他的司法部部长也应该了解。在1937年的时候，和现在一样，人们没有自动上诉权。最高法院只接受那些被认为很重要的案子。108∶803已经是一个很不错的比例了。在2000—2001年，最高法院收到了9000份请求，却只受理了87例。在2003—2004年，最高法院只受理了73例（共有8883份请求）。休斯所率领的最高法院不仅没有力不从心，而且比以往几十年里任何一届最高法院都要勤勉。在国会山，当议员们听到总统的表态时，很多人都惊呆了，现场一片沉默。在众议院，议长班克黑德对罗斯福事先没有征求他的意见极为不满。多数党领袖萨姆·雷伯恩什么也没有说，他站在了一旁，让司法委员会主席哈顿·萨姆纳斯出头表示了反对。萨姆纳斯拒绝让众议院司法委员会审议该草案，这意味着这项法案将首先在参议院讨论。

在参议院，众人对此项议案的态度各不相同。一贯支持罗斯福的参议院议长、副总统加纳公开对该草案表示了反对。多数党领袖乔·鲁滨逊也不太赞成这个草案，但仍然觉得支持总统是他的职责所在。参议院司法委员会主席亨利·阿什赫斯特也是这种心态，尽管他在数周前还指责扩大最高法院是"独裁的前奏"。在另一方面，宾夕法尼亚州参议员约瑟夫·古费、亚拉巴马州参议员雨果·布莱克、南卡罗来纳州参议员詹姆斯·贝尔纳斯以及内华达州参议员基·皮特曼等罗斯福总统的坚定支持者则表示坚决支持该法案。同往常一样，问题的关键落在了资深参议员的身上。他们在此问题上左右为难，一方面要尊重宪法传统，另一方面又要支持罗斯福。最令人惊讶的反对声来自此前一贯支持罗斯福的进步主义参议员。在参议院接到法案草案后不久，乔治·诺里斯就宣布："我不支持任何企图扩大最高法院的法案，难道国会要让最高法院成为总统的附庸吗？"在1932年竞选时第一个表示支持罗斯福的蒙大拿州参议员伯顿·惠勒严厉地批评了该草案。他说："这份关于最高法院的草案不是自由主义的。自由的事业从来都不是通过做派、投票做假以及在高等法院中安排亲信来实现的。"

很快，大家都推举惠勒领头表示反对。参议院司法委员会资深委员、爱达荷州参议员威廉·博拉动员共和党人也来反对罗斯福。他对参议院中的共和党人说，注意不要让这个问题变成了党派之争。民主党中的保守主义者也是出于这种考虑才让惠勒来挑头。他们认为让惠勒这样一个众所周知的自由主义者挑头反对白宫要比别人更合适。

参议院领袖给了惠勒很多的支持。阿什赫斯特把听证会推迟到了3月，到那个时候，美国律师联合会可能就会团结起来反对该计划。所有的参议员都收到了来自选民的雪花般的来信，反对该计划和支持该计划的比例达到了9:1，媒体也纷纷开始指责总统。《纽约时报》撰文说："在高等法院，我们所需要的不是机智和敏捷。每一个清醒的公民都会认同这一点。"《恩波里亚报》的记者威廉·艾伦声称："罗斯福总统获得的人民的授权是要成为'总统'，而不是'元首'。"著名记者沃尔特·李普曼指责总统"丧心病狂"；马克·沙利文说："我们正在走向法西斯主义。"戴维·劳伦斯则担心："一旦罗斯福在最高法院得手，其他的宪法机制也将逐一瓦解。"

然而罗斯福决心已定。参议员们先是被邀请到白宫与总统单独会面，然后又分批接受总统的款待。罗斯福针对最高法院改革的问题先后召开了三次记者招待会，发表了2次重要讲话，还专门进行了一次面对公众的炉边谈话。他对法利说："冻结不支持高院改革提案的所有州的司法职务以及其他职务的任命。我会和他们（反对州）的领导者保持密切联系。"

听证会于3月1日开始。在接下来的10天里，政府一直极力游说各方人士，但却收效甚微。只是对委员会的批评之声占了上风。惠勒于周一，也就是3月21日被推举为反对改革提案的领导人。周六下午布兰代斯邀请惠勒造访他的府第。布兰代斯和惠勒两家是世交，他们两位的夫人也是好朋友。

谈话中，布兰代斯对惠勒说："首席大法官想见您，他有一封信要给您。您给他打个电话吧。"

惠勒答道："我不能给他打电话。我都不认识他。"事实上，惠勒曾在1930年极力反对过对休斯担任首席大法官的任命。

布兰代斯接着说："没关系，他知道你。"说着，这位老法官将电话听筒放到了惠勒手中，并亲自拨通了休斯的电话。休斯对惠勒说他希望能马上见到惠勒。

下午5点30分，惠勒来到了休斯的府第。后来他回忆说："首席大法官令人一见难忘，他非常热情地接待了我。"惠勒提起布兰代斯曾告诉他休斯有一封信要给自己。

休斯问道："布兰代斯已经和你说了？"

惠勒回答："是的。"

休斯又问道："你什么时候需要呢？"

惠勒说："下周——早吧？"

惠勒想在出庭作证时拿到那封信。

休斯已经整理好了他想说的话，也准备好了所有的佐证。周日下午，首席法官给惠勒打去电话，并请他再次到自己家来。这时，休斯已经写好了一封长达7页的信，并有布兰代斯和范德万特作为见证人。他将信交给惠勒，说："都写好了。"

惠勒带着崇敬的心情阅读了这封信。

惠勒读完后，休斯问道："这封信能回答你的疑问吗？"

惠勒答道："当然可以，它回答了我所有的疑问。"

当惠勒正准备告辞时，休斯挽留他多坐一会儿。他对惠勒说："我对谁将成为最高法院的法官并不关心。"他接着说：

> 我只关心高等法院这一机构本身。新的法案会毁掉最高法院。
>
> 如果我们有一个不论是总统还是高等法院或是民众都十分信任的司法部部长的话，情况就会很不同。然而司法部的法律起草工作做得很差，法庭陈述写的也糟糕，辩护词也常常是一塌糊涂。这样，我们最高法院就不得不承担起一部分本该由司法部完成的工作。

周一上午10点，惠勒出现在华丽的参议院会议厅。厅里早已坐满了人。在讲话的开始部分他照常表达了自己并不愿反对总统决策的心情。然后才逐渐地过渡到关于政府指责高等法院法官工作效率低下的问题上。讲到这里，他停了下来，从上衣口袋里拿出一沓纸。他接着说："我这里有一封美国最高法院首席大法官——查尔斯·伊万斯·休斯先生的亲笔信。这封信写于1937年3月21日，已由布兰代斯法官先生和范德万特法官先生验证。"听到惠勒的话，全场的与会者都惊呆了。历史性的时刻已经来临。自1819年约翰·马歇尔大法官亲自执笔为麦卡洛克诉马里兰州一案撰写对最高法院判决的抗辩词以来，从没有一任首席大法官在公众争论中担当活跃的角色。在惠勒宣读休斯的信时，惊愕的参议员们都聚精会神地听着。休斯在信中以平静客观的语气一项项反驳了罗斯福和卡明斯所提出的所谓最高法院无力承担其日常工作的意见。他说："我们的工作上并不存在拖拉积压的现象。到3月15日休庭时，我们已经听取了直到4周之前刚签发的诉讼文件移送命令之前的所有辩论词。"休斯还在信中对过去6个开庭期里的工作量做了详细的数据分析，以此让那些对最高法院工作懈怠的指责不攻自破。最后，他写道："增加大法官意味着一件案件需要更多人临讯，更多人参与会议、更多人参与讨论、更多人做出判决。因此反而会降低工作效率。"

这封信语气平和，却像一个炸弹在参议院炸响。在接下来的一周里，休斯再次发起攻击。3月29日，在一次颇受关注的案件审判过程中，休斯在挤满了人的审判室里宣布最高法院决定支持华盛顿州的最低工资法。这一法案和6个月前最高法院驳回的纽约州的工资法案几乎一样。这次的投票结果是5：4，罗伯茨法官的赞成票使得法案获得通过。罗伯茨法官的转变立场立马被外界评价为"即时的转弯锁定胜局"。事实上，上一年12月举行的针对该法案的投票的结果为4：4，当时罗伯茨就持支持的立场。由于斯通法官生病缺席，休斯等到他病愈回来才宣布判决。在法庭上，休斯不仅发言支持华盛顿州的这部法律，而且还明确撤销了实体性正当程序。这种法律程序上的规定在过去30年一直阻碍着政府为工资和劳动时间立法。当休斯的陈词结束后，最高法院又一致通过了对3部最新的新政立法的支持决议。

两周后，休斯又代表最高法院公布了对《瓦格纳劳动关系法》的支持决议。这部法律是自《国家工业复兴法》颁布以来新政最重要的举措，也是最受争议的法案。休斯摒弃了自1895年以来一直主导最高法院的关于对商业的直接影响和间接影响之间的区别的看法，按照约翰·马歇尔对"商业条款"的定义全面恢复了宪法中"商业条款"的法律效力，同时驳回了对"谢克特家禽公司诉合众国案"和"卡特诉卡特煤矿公司案"的裁决。

当最高法院最终表示支持《社会保障法》后，即使最狂热的新政拥护者也不得不承认，不论罗斯福的最高法院改革方案有什么样的根据和理由，现在都已经显得很苍白无力。5月18日，参议院司法委员会以10：8通过了反对《司法系统改革法案》的报告。该委员会在报告中表达了不满："这样的做法应该遭到坚决的拒绝。今后此类提案再不得提交给自由的美国人民的代表机构。"同一天，范德万特法官向总统提交了辞职信。至此，罗斯福应该算是获得了胜利，可以休战了。加纳也给了罗斯福这样的建议。但罗斯福却拒绝了，导致加纳这位副总统也决定告老还乡。他最终缺席了那场关键性的参议院辩论会。

就这样，罗斯福拒绝与最高法院达成妥协。尽管当时华盛顿已进入了闷热的酷暑季节，他仍坚持不允许国会休会。为了夺回主动权，他邀请众议院议长班克黑德和山姆·雷伯恩前往白宫做客。罗斯福问他们是否能策划一个由多数众议员签署的审议法案请求书①以使该法案绕过萨姆纳斯的委员会而直接提交给众议院。但两人都拒绝了罗斯福的要求。此时，参议院里更多的人开始转变立场，背离罗斯福。多数派领导人乔伊·鲁滨逊曾试图逆转这种趋势，但却无力回天。罗斯福本来有机会和最高法院打个平手，但现在一切都太晚了。他的对手已经看到了胜利的曙光。偏偏在这时鲁滨逊也因不堪强大的压力而撒手人寰。7月14日，他在其位于联合卫理公会大楼的公寓里因心脏病去世。

罗斯福拒绝参加鲁滨逊在家乡阿肯色州的葬礼——这是一个致命的、悲剧性的错误。正如一位历史学家所指出的：罗斯福对鲁滨逊的死态度冷酷，他认为鲁滨逊对最高法院改组计划的失败负有责任。鲁滨逊在参议员中人缘很好，又是为了全力支持自己并不完全赞同的提案而鞠躬尽瘁。罗斯福不去小石城参加鲁滨逊的葬礼无疑等于公开羞辱他，这让参议员们无法原谅。一时间，罗斯福的支持度急剧下滑。前去参加了葬礼的副总统加纳给罗斯福带回了坏消息，他告诉罗斯福："你失败了，上校。提案没能获得通过。"7月22日，参议院驳回了提案，投票结果为20：70。

历史学家们都说，罗斯福是输掉了战役却赢得了整个战争。但罗斯福最终获得胜利是因为1936年12月罗伯茨加入休斯、布兰代斯、卡多佐以及斯通的团体。在法案遭拒一年之后，罗斯福有机会任命3名最高法院法官。最终，他任命了8名。但比法官更重要的是法律。在支持华盛顿州的最低工资法案时，休斯已经废除了一系列阻碍为劳动条件立法的既定先例。那些法律上的既定先例将不再成为立法阻碍。在颁布《瓦格纳法案》时，他又消除了一些限制贸易条款的异议。这样，矿业、制造业以及农业都不再是国外资本禁入的产业。因此，1937年在最高法院所取得的胜利并不属于罗斯福，而属于休斯，属于三权分立制度，属于独立司法制度、属于美国的法律体制。

---

① 递交审议法案请求书是众议院的一种特殊的议事规则，即不由委员会向议会建议处理法案的方式，无须两党领袖的合作，直接把法案交由院会处理，条件是获得218个众议员签名支持请愿。

● 第十八章 ●

低　潮

罗斯福总统做得太过火了。攻击高等法院是错误的举动，在赢得胜利后没有见好就收也太过于意气用事。罗斯福总统为此付出了沉重的代价。他这样不仅浪费了公众对他的支持，而且法庭上的吵闹也分裂了民主党。在这件事之后，反对罗斯福"法院改组计划"的民主党保守派和共和党人联合在了一起，共同反对白宫的其他议案。"新政"从此便不再等同于民主党的政策。从1937年起，"新政"变成为民主党内一部分人的运动。并不是所有的南方人都是保守人士，也不是所有的保守人士都来自南部。但是无论如何，那些反对新政的人以此为名义结成了一个联盟。

首先受到影响的是罗斯福总统的立法计划。他在宣誓就职时认为"必须推动"，且认为肯定会通过的法案受到了很大的阻力。当法院改组计划在7月受挫之后，有五项行政措施需要实施：有关工资和工时的立法、廉租房、行政部门重组、农业计划修订、建立7个与田纳西州流域管理局机制相同的地区性机构。然而，在8月底休会之前，国会只通过了《瓦格纳住房法案》。即使是这一法案的通过，也更多的是国会对瓦格纳议员的褒奖，而不是对白宫的支持。11月，罗斯福重新召集国会进入特别会议，其目的是让国会能够通过更多的法案。但是，这次会议却变成了一场灾难。虽然民主党在众议院和参议院内都占有压倒性的优势，但是这次特别会期却没有通过一项法案！在以压倒性优势获得选举胜利一年以后，罗斯福就失去了对民主党的控制力。

后来，当民主党参议员选举备受尊敬的乔·鲁滨逊的接替者时，罗斯福犯了一个错误。原本的候选人是参议院财政委员会主席、密西西比州参议员的帕特·哈里森，并让来自肯塔基州的阿尔本·巴克利担任副手。哈里森是密西西比州民主党的老牌成员，而巴克利则是一个来自肯塔基州的民粹分子。在政策问题上，这两个人之间观点没有什么大的区别，两人都支持新政，而且都支持罗斯福与法院的斗争。巴克利在1932年和1936年的民主党全国代表大会中进行过主旨发言；哈里森在1924年的全国代表大会中进行过主旨发言，同时他也在1932年芝加哥全国代表大会的第三轮选举中为确保密西西比州代表团支持罗斯福做出过非常大的贡献。哈里森还是参议院的四大元老。罗斯福承诺过不会干涉选举，民主党主席法利和副主席加纳也作出了类似的保证。

当参议院准备开始投票的时候，罗斯福突然改变了他的主意。相比起哈里森，他更喜欢巴克利，而且认为巴克利更好相处。白宫公布了总统的一封长信，信中说道"我亲爱的阿尔本"，明确表明了总统的个人倾向。罗斯福竭尽所能来影响选举的结果。一天晚上，他与法利商量，让他给芝加哥市长打电话，指示伊利诺伊州的议员威廉·迪特里奇投票给巴克利。当法利拒绝这么做的时候，罗斯福转而让霍普金斯打了这个电话。迪特里奇本来要投票给哈里森的，但是最后也只好转变了立场。白宫也要求堪萨斯城的汤姆·彭德盖斯特给新的议员哈里·杜鲁门施加压力。彭德盖斯特这么做了，但是杜鲁门却说"不，汤姆，我不能，我已经决定将我的这一票投给哈里森，到时候我会投票给他"。第三个犹豫不决的人是哈里森在密西西比州的同事——比尔博。密西西比的民主党实际是两个党派，一派代表贵族利益，一派则代表穷人的利益，哈里森和比尔博分别是两派的代表，这两派的共同之处就是：比对方更加仇恨林肯所在的共和党。比尔博说，如果哈里森提出要求的话，他将会投票给哈里森。哈里森后来对人说："告诉那个婊子养的，我不会和他说话的。"比尔博最终将票投给了巴克利，当投票结果出来的时候，巴克利以一票的优势击败了哈里森，票数为 38：37。

来自白宫的压力收到了成效。但这个胜利毫无意义。罗斯福的干预加深了人们对于总统怀疑，愈发让人觉得他很奸诈。国会的许多人认为，罗斯福干预了国会的事务，这件事成为罗斯福总统越权的例证。加纳表示："总统侵犯了立法部门的权力，没有一个总统应该这么做。"从策略上说，总统的这个举动弊大于利。参议员认为，如果他能保持中立，虽然多半是哈里森能够轻松获胜，但罗斯福能够说服他，让他出于对党的忠诚而支持新政的措施。现在，当哈里森与罗斯福政府离心离德之后，以他作为财政委员会主席的身份，要破坏或者拖延白宫今后的立法事务简直是易如反掌。从巴克利的角度来说，他将从此在华盛顿被人们看作罗斯福总统的私人——总统"亲爱的阿尔本"。

在众议院，情况也好不到哪里去。许多老资格的众议员对"新政"执行者的蛮横以及他们的傲慢自大非常不满。当哈顿·萨姆纳对着满屋子的民主党议员呼吁，主张建立一个新的民主党领导机构（这也暗示着应该将罗斯福开除出党）时，没有一个人举手表示反对。萨姆·雷伯恩没有出面反对，他只是默默地听着他来自得克萨斯州的同事的咆哮；班克黑德议长也没有反对，他只是默默地站在讲台上；连麦沃里克这个议院里的新政支持者也没有出言反对。《新共和报》评述道："众议院里很长时间没有发生这样的事了。"

罗斯福同样也不依不饶。法利说："高等法院中的斗争始终在总统脑子里徘徊，他认为他被出卖了，而且是被那些应该对他忠诚的人击败了。有好几周，甚至有好几个月，我发现他非常不信任自己的党内同志。从表面上看，他还是那么的温文尔雅，但是他内心却非常愤怒。"

罗斯福心里也对国会很有意见。他邀请议员们到白宫做客，但期间却语带挖苦地说，那些背叛他的人应该带着保镖一起来。他对法利说："我应该让他们动起来。他们对将来要发生的事情和要担心的事情还没有概念。"

就像约翰·加纳说的那样，白宫和国会之间的相互责难会造成非常恶劣的影响。1937 年夏天的一场静坐使政局出现了更加严重的分化。在某种程度上说，这次静坐只是实施《瓦格纳劳资关系法案》后的一个非常自然而然的结果。该法案赋予了工人加入工会的权利。劳动者主要关注的是美国的钢铁和汽车产业——美国工业界的"兴登堡防线"——静坐示威被证明是最有效的抗议方式。通过控制一个重要的车间，抗议工人就能够使得整个企业瘫痪。以通用公司设在密歇根州弗林特市的工厂为例。1937 年，通用动力是全世界最大的汽车制造工厂。拥有超过 25 万工人，美国市场上的汽车有超过一半是它生产的。然而，通用公司使用的模具都由一个冲模制出，而该冲模就放置在弗林特市的工厂里。当工人们放下手中的工具而且拒绝前往工厂上班的时候，通用动力公司的生产就变得举步维艰。通用公司在 1936 年 12 月一共制造了 50000 辆汽车，但是在 1937 年 2 月的头一个星期却仅仅制造了 125 辆汽车。

罗斯福和其他人一样吃惊，但是他始终拒绝调动军队来镇压罢工。就像他对弗朗西斯·珀金斯说的那样："诚然这样是非法的，但是你想想他们违反的是哪条法律？'非法侵入罪'是这里唯一能够援引的罪名。当有一个男人侵入你的领地的时候你会怎么做？你会命令他们出去，你可以让治安官命令他们出去。但是，如果仅仅是因为有些人违反了不得侵犯他人财产的规定并让财产所有者感到被侵犯就要射杀许多人吗？我不认为这是一个好的解决方案。这种处理方式不对。为什么通用公司的人不能与工人委员会的人谈判？把问题说出来，没什么了不起的。"

密歇根州州长弗兰克·墨菲在这个问题上也持同样的观点。他对一个朋友说："我不希望我在历史上以'血腥墨菲'的名号留名，如果我向罢工的现场派出了军队，没有人知道将有多少人被杀害。"同时，墨菲还授权有关部门为那些罢工家庭提供救济金。当加纳由于墨菲州长拒绝对罢工工人采取任何强力措施而感到不满的时候，罗斯福站在了墨菲的一边。加纳后来回忆说："这是我们争执最严重的一次。"

当罢工进入第 17 个星期的时候，联邦政府和州政府都没有意愿使用暴力镇压。此时，通用动力公司开始自己寻找解决方案。克莱斯勒公司和福特公司在通用动力公司停产的这一段时间内取得了优势，沃尔特·克莱斯勒还通过承认"美国汽车工人联合会"在竞争中抢得先机。"让通用公司蒙在鼓里好了。"沃尔特告诉劳工部长珀金斯。

在珀金斯的建议下，罗斯福拿起了电话给威廉·怒森（通用动力公司总裁）打了一个电话。珀金斯说，如果怒森想要解决问题的话，来自白宫的电话将会为怒森提供一个台阶。罗斯福从来没有见过怒森，但是他对工作人员给他设计的开场白非常满意。"是比尔吗？"罗斯福开头就问，"我知道你最近不好过。我想告诉你，我对你的处境表示非常同情。珀金斯女士告诉我了你们的情况，我打电话就是希望你能够渡过难关，同时我希望你们公司能够与劳工委员会展开接触。"

在罗斯福的鼓励之下，通用动力公司承认美国汽车工人联合会有权代表 14 个州 60 个工厂里的劳工与通用公司展开谈判。虽然，其他的问题还没有得到解决，但是核心的问题却已经解决——通用动力公司承认了美国汽车工人联合会。

在通用动力公司之后是美国钢铁公司。美国钢铁公司有 220000 名员工，公司一年的钢铁产量比德国这个世界第二大产钢国全国的产量都要多。50 年来，美国钢铁公司一直反对成立工会组织。在 1892 年的一起案件中，宾夕法尼亚有 10 名炼钢工人遭到屠杀。钢铁业内的暴力行径由此可见一斑。此次通用动力公司在弗林特的教训给美国钢铁公司敲响了警钟。美国钢铁公司力图避免重蹈通用动力的覆辙，公司主席泰勒和工人领袖约翰·刘易斯迅速地达成了协议，美国钢铁公司不仅承认了钢铁工人协会，而且还同意大幅提高工资，同时还达成了每周工作 40 小时的最高工作时限（对于加班则会支付一倍半的工资）。

刘易斯与其他工会组织领袖认为"小钢铁公司"（伯利恒公司、共和公司、扬斯顿公司以及遍布全国的小型钢铁企业）将会效仿美国钢铁公司。但是共和公司的老板汤姆·盖德勒却做出惊人之举。在盖德勒的领导下，小钢铁企业决定采取措施反对工会。1937 年的阵亡烈士纪念日爆发了现代历史上最惨烈的暴力事件。那一天，芝加哥南部的警察对游行的人群开枪，打死了 10 名工人，有 30 人受伤，其中还包括 1 名妇女和 3 名儿童。暴力事件随后快速地蔓延。6 月 19 日，有 2 名钢铁工人在俄亥俄州的扬斯顿钢铁公司被害，有 3 人在马西隆被害。1937 年整个夏天共有 18 名钢铁工人遇难，而且几乎没有钢铁企业愿意让步。由于受到盖德勒的鼓舞，很多企业都拒绝与工会谈判。福特公司也一直到 1941 年才与工会展开谈判。

美国公众对工会的策略并不赞同。当有工会开始争取权利的时候，大多数的美国人都表示同情。但是，随着劳工的好斗情绪不断增长，暴力活动也开始蔓延。于是，许多人开始对工会持保留态度。中产阶级商人和专业人士对静坐罢工的行为非常担忧，他们呼吁政府采取行动制止这种行为。众议院的解决方案是，跳过参议院宣布静坐罢工是非法行为。罗斯福被夹在了中间。在 6 月 29 日的记者招待会上，有记者要求罗斯福就小钢铁企业和美国产业工业联合会之间的斗争表达自己的看法，罗斯福引述了《罗密欧与朱丽叶》中的经典台词"双方都不会有好报"。由于罗斯福拒绝明确表示支持，刘易斯对新政也不再热心。他表示："工人和他们的死敌有着不同的信仰，而这时对两方都各打五十大板，无疑是有病。"在另一方面，罗斯福拒绝立场也使得很多产业界人士疏离了他。这些人认为总统的做法实际是支持静坐罢工，实际上就是默许对私有财产的侵犯。无论是表态还是不表态，罗斯福都讨不到好。

工人的斗争加剧了 1937 年经济的大滑坡。但是引发危机的还是罗斯福减少联邦支出的错误决定。在 1937 年的春天，美国的生产第一次恢复到了大萧条前的水平。《纽约时报》的每周经济指数显示，美国的国内生产总值与 1929 年同比增长了10 倍。薪水发放记录显示民众收入有了显著提高，钢铁业的开工率也达到了 80%。1933 年，道琼斯工业指数是 34，而到了现在则增长了几乎 6 倍，达到 190。失业率则减少到 12%，是 1933 年 3 月的三分之一。再算上公共资源保护组织和公共事业振兴署等部门创造的就业机会中扶持的年轻人，失业率仅仅为 4%。

1937 年 6 月，罗斯福认为经济战役已经取得了胜利，因此决定大幅度削减政府开支。公共事业振兴署的项目被大幅减少，农业补助金也被大大消减。政府对商业的投资也减少了许多。与此同时，华盛顿通过新的"社会保障税"从市场的购买力中收回了高达 20 亿美元的资金，美联储也将存款准备金率提高了 50%，并且计划进一步减少流动性。罗斯福从心底里笃信现在是时候恢复财政平衡了。1936 年，美国的联邦赤字达到了 43 亿美元。在 1937 年，罗斯福计划将这一数字降低到 27 亿美元。同时，根据拟定的 1938 年项目支出，1938 年的赤字可望降低为 7.4 亿美元，而到了 1939 年联邦财政将会恢复平衡。

如此大规模地减少公共支出超出了经济的承受能力。10 月 19 日，纽约股票指数经历了 1929 年以来最黑暗的一天。抛售的浪潮笼罩着整个市场，使股指从新高回落。到了 10 月底，道琼斯指数已经落到了 115 点，相对于 8 月的最高点来说回落了 40%。工业生产出现了急速的收缩。到 1937 年年底，钢铁生产只有其产能的19%。《纽约时报》的商业指数也跌到了 85 点，将 1935 年来取得的成果全部回吐。纽约的夜总会和旅馆纷纷倒闭，新型的汽车堆满了样品陈列室，国家的黄金储备也在大量减少。

从劳动节到圣诞节期间，有超过 200 万人失业。1938 年的头三个月又有 200 万人丢掉了工作。如果减少的速度还是这样的话，那么美国将会损失 1933 年以来新增就业岗位的三分之二。

"大萧条中的大萧条"造成了政府的分裂。摩根索、法利以及商务部部长丹·

罗珀敦促罗斯福坚持到底，继续将平衡预算的措施坚持到底，同时对商业采取更加积极的态度和立场。摩根索认为，现在应该"解开绷带，扔掉拐杖，同时让经济自立，看其能不能依靠自己的力量站起来"。反对派包括霍普金斯、伊克斯、珀金斯和华莱士，还有美联储的一些官员。他们都认为应该将政府支出恢复到原来的水平。由于政府减少支出导致了经济低迷，所以政府的增加支出将会缓解现在的经济情况。

就像处理美国产业工会联合会与小钢铁企业之间斗争那样，罗斯福再一次选择了中立立场。11 月 6 日的内阁会议之后伊克斯在日记中写道："很显然，罗斯福的思路被严重扰乱了，他并不知道该如何处理这个问题，他只是剩下担心了。"

就像胡佛在 1930 年的做法一样，罗斯福选择了观望。"如果我们坐着不动声色，那么一切都会按照他们原来的正常情况运转"。当国会在 1938 年 1 月复会的时候，罗斯福在讲话中并没有提及经济的滑坡。摩根索劝他说："我觉得你正在玩火。"

正当罗斯福被一大堆问题缠得脱不开身的时候，参议员罗伯特·瓦格纳又来添乱，提出了反对私刑的立法草案。结果，国会中残存的新政联盟由于这个法案再次出现分裂。按照詹姆斯·贝尔纳斯的说法，这个法案彻底搞乱了美国民主党。来自佐治亚州的理查德·罗素认为这个法案"破坏了美国各州残存的权力和主权"。当南部的参议员开始群起而攻之的时候，罗斯福选择了逃避。

在美国南方，白人对来自中南美洲的黑人处以私刑的现象非常普遍。从 1933 年起，美国南方共有 83 名黑人死于私刑，每年约有 17 人。私刑不仅是在公共场合处以绞刑，而且还出现在了社区的庆典上。疯狂的男女和小孩残酷地折磨这些无助的受害者，与原始的野蛮行为没有什么两样。

为了照顾南部各州的关切，瓦格纳所提交的法案中并没有将私刑认定为犯罪行为。但是，根据该法案，如果某个地区存在私刑现象，那么该地区的司法官员将会有责任出面处理。如果 30 天内还没有对该起私刑案件进行起诉，那么联邦法律机构将会介入，同时还将责罚延误案件的地方官员。按照该法案，对私刑的最高罚款金额为 5000 美元，同时还有可能因行为失当而被判入狱 5 年。除了挑剔的种族主义者——比如说来自密西西比州的参议员西奥多·比尔博——之外，大多数来自南方的议员都赞同将私刑看作是国家的耻辱，也不认同私刑所带来的压迫。对于他们来说，他们反对的是联邦司法部门介入了本应该由各州自己负责的地方事务，这是对美国各州权力的侵犯。"重建时期"州权受到侵犯的阴影还没有抹去，坊间和学术圈对于此现象的讨论也方兴未艾，格里菲斯执导的电影《一个国家的诞生》则更是唤起了人们对这一时期的记忆。在此背景下，这一法案更加引发了人们对州权的关注。而且，在白人至上主义掺杂到这个问题中后，华盛顿大大小小的政客都不想因此而在民主党的党内初选中陷入被动。

瓦格纳首次提出这个议案是在 1934 年 1 月。但是，当时人们都忙于关注有关新政的法案，无暇考虑这个法案。1935 年，由于担心南方各州的阻挠，也一直没有在议会公开讨论这个法案。而 1936 年又是选举年，民主党人最希望做的事情就是在 11 月之前保持党内团结，因此也没有讨论这个法案。到了 1937 年 1 月第 75 届国会开始时，这个法案终于有了露面的机会。除了民主党人在两院占有绝对的优势之外（包括许多来自南方的新成员），最新的盖洛普民意调查也表明有超过 70% 的公众希望这个反对私刑的法案得到通过。其中，南方人的支持度也在 65%—35% 之间。4 月，在密西西比州达克希尔，出现了一起骇人听闻的恶性私刑事件。他们把黑人绑在树上，向他们身上倒汽油，并用喷灯烧死了这些人。这一事件的发生凸显了该法案的必要性和紧迫性。在国会中，内心持强烈反对意见的南方各州领导人数让这个法案在小组委员会审议阶段就胎死腹中。然而，一份请愿书（有 218 名成员的签名）将这一法案推上了台面。4 月 15 日，该法案以 277 对 120 票得以通过，但众议院议长和多数党领导人雷·波纳特都投了反对票。在参议院，司法委员会在 6 月将这个法案提交投票。但是，这时参议院会期已经要结束，无法对该法案进行投票了。只能等到 1 月份参议院复会时再讨论。

对于这个法案，罗斯福采取了旁观的态度。他告诉"美国国家有色人种进步协会"的秘书长沃尔特·怀特："对于这个法案我不做评述……如果我必须要选择一方的话，我希望这个法案得以通过，只有这样才能救美国。但是，由于资历较深，南方议员把持了参众两院中的许多小组委员会主席的位子。如果我现在出面支持反对私刑的法案，他们就会阻止以后的所有法案。我希望国会通过这个法案，但我不能冒险。"

在 1934 年 10 月的记者招待会上，罗斯福拒绝公开表态支持瓦格纳法案。1935 年，当这个法案在参议院受到阻挠时，他也拒绝发表评论。当埃莉诺被邀请出席美国全国有色人种进步协会组织的抗议活动时，罗斯福也给了她忠告。米西在邀请的空白处写道："总统说这个问题是个火药桶。"所以，她最后没有到场。1935 年，当埃莉诺被邀请参加美国全国有色人种进步协会第 26 次年度会议闭幕式的时候，她再度征求罗斯福的意见。米西替总统答复说，她最好不要去。在私下谈话中，罗斯福表示这部反对私刑法有违宪之嫌。但是事实是他不希望表明观点后破坏了他与南方白人的关系，特别是不想破坏与那些控制着国会的南方寡头政治家的关系。

当然，这也不是说罗斯福政府根本就不管美国黑人的利益。例如，罗斯福曾经驳回过伍德罗·威尔逊提出的在政府雇员中实行种族隔离的建议；黑人在政府机构任职的比例得到了快速的增加，任职的层级也得到了显著提升，其中包括提名威廉·海斯台作为维京群岛地方法官，这是第一个担任联邦政府部门要员的美国黑人。

但是，这些措施都只是象征性的举动。而且，努力推动种族问题的是罗斯福总统的夫人，而不是罗斯福总统本人。当埃莉诺接过了从马力·白求恩手中的水时，历史翻开了新的一页。在伯明翰举行的一次实施了隔离措施的会议上，埃莉诺有意将她的座椅摆在了白人和黑人座椅的中间，她给全美国的非洲裔美国人带来了力量。"只有你活在那个时代，你才能体会到她这种做法的影响力。"一位民权运动人士评论道。后来，当埃莉诺辞去其在美国革命女儿委员会中的职务以抗议该组织拒绝著名黑人女低音歌唱家安德森在华盛顿宪法大厅演唱的时候，赞同的喝彩和掌声响彻了美国上下。

当美国革命女儿委员会拒绝安德森在宪法大厅演唱时，安德森的经纪人就开始考虑举行一场露天音乐会。最后，他们决定在林肯纪念堂的阶梯上举行演唱会。没有什么做法比这一选择更能推动种族包容事业了。伊克斯对这个想法表示同意。罗斯福也对此事表示支持。他说："告诉奥斯卡（内政部副部长），如果需要，我甚至可以同意他在华盛顿纪念堂前开演唱会。"演唱会当天，罗斯福正在海德公园。演唱那天，整个广场挤满了前来听演唱会的人群。华盛顿的美国黑人称这次演唱会为："一个非常罕见的盛事，所有人都忘记了他们之间的等级区别，权贵与孩童擦肩摩踵，时髦小姐和女仆为同样的音乐所陶醉。"当安德森放声高歌"美国"的时候，民主的意识被重新唤起。安德森在演唱会结束后说："对我来说，这不仅是一场演唱会，而是全身心的投入。当我歌唱的时候，我是在对整个美国歌唱。"6个星期之后，安德森被罗斯福邀请到白宫与英国国王乔治六世和伊丽莎白共进晚餐。

富兰克林和埃莉诺活跃于不同的社会圈子。埃莉诺在有关种族、男女平等的事务中总是身先士卒，而且有时还会在罗斯福与国会斗争中起到负面作用。伊克斯曾写道："埃莉诺对总统没有什么益处……她在公共事务中变得越来越抢眼，我认为她对总统没有好处，只会带来坏处。"

罗斯福对埃莉诺非常容忍。"我总是说，我老婆就是这样，我没有什么办法。"埃莉诺的诠释可能最准确："他可能更希望有一个百依百顺的妻子，但是我做不到……不过，我认为我充当了苦口良药的角色。我是在为他效劳。"

罗斯福与第75届国会之间的矛盾使得他犯下了第三个错误。法院改组计划的惨败是第一个；过早地减少政府支出是第二个；而他在1938年试图在国会中清除民主党内的异己则是第三个失误。在罗斯福看来，国会中死硬的共和党人的反对是理所当然的。罗斯福不能够容忍的是保守派民主党人的背叛。他所采取的办法是阻止其中某些重要成员在两院改选中得到再次提名。在美国，这是不符合传统做法的举动。自从安德鲁·约翰逊以来，总统就没有直接干涉过国会议员的竞选。而且，自从威尔逊总统以来没有在非大选年举行过公民投票。考虑到这两个因素，罗斯福本应该三思而后行。

在参议院，罗斯福对参议员初选的四次干预都失败了。在众议院，自佐治亚州第二选区的尤金·考克斯和代表北弗吉尼亚州的霍华德·史密斯轻松再度当选。罗斯福唯一获得的胜利是 1938 年在纽约将众议院法规委员会的主席约翰·康纳拉下了马。罗斯福将这次胜利看得非常重要。他表示，只要能把康纳弄下去，新政所遇到的其他挫折都无足轻重。

罗斯福对选举的干预削弱了他在国会中的地位，而且还进一步分化了民主党。不仅有损罗斯福的声誉，而且还给支持新政的候选人在 11 月的选举带来了负面影响。众议员莫里·马弗里克在得克萨斯州的选举中失利，弗兰克·墨菲州长也在密歇根州的选举中失利。乔治·厄尔在宾夕法尼亚州也铩羽而归。在纽约州，罗斯福支持的候选人——州长莱曼——获得了胜利，但是他只是比对手多了 1% 的选票。最后，共和党在众议院中获得了 81 个席位，在参议院中获得 89 个席位，同时获得了 13 个州长的职位。这个结果让罗斯福感到非常吃惊，他告诉法利，他先前的预计是民主党只会在参议院失掉 1 个席位，在众议院也只会失去 16 个席位。虽然，民主党仍然掌握着国会的控制权，但这个民主党已经不再是六年来罗斯福所领导的那个民主党了。正如加纳所说："我们获得了多数，但不是支持新政的多数。"

罗斯福已经成了一个跛脚鸭。法利和加纳还在唯罗斯福是从，赫尔则有些有勇无谋，自由主义者还没有找到罗斯福的继承者。如果这种颓势继续下去，共和党将会获得自 1928 年以来最好的入主白宫的机会。《华盛顿邮报》的记者雷蒙德写道："即使罗斯福希望争取第三任期，他也没有机会了。"

● 第十九章 ●

战争边缘

共和党在 1938 年选举中的胜利不能够代表胡佛主义的回归，也不能代表对新政成绩的否定。国家已经发生了变化，共和党也跟随着进行了调整。纽约州的托马斯·杜威、明尼苏达州的赫罗德，甚至俄亥俄州的罗伯特·塔夫脱这样的共和党新领导人都没有再鼓吹让时间倒转到改革之前。现在是吸收这些变革的时候了：在经历 6 年的巨变后，需要有一个震荡回复的过程。1939 年 1 月 4 日，罗斯福在致国会的年度国情咨文中说道："现在，我们的社会改革将要经历一段时间的内部矛盾，我们的能量需要释放，只有这样才能够鼓舞经济的复苏并以此保护我们的改革成果。"

罗斯福希望让民主党成为一个始终坚持进步主义的力量。但是，反对的势力非常强大。南方的民主党人一直在竭尽所能地阻止整个民主党的左倾。罗斯福的清洗计划失败了。但是有趣的是，能够在总统抵御侵略、准备战争的过程中倚为后盾的也正是南方的民主党。这正是美国政治中常常出现的奇异之处。

1939 年之前，罗斯福很少干涉外交事务。在 1936 年当德国重新占领莱茵河地区时，总统正在忙着改选。当希特勒在 1938 年使奥地利成为其附庸的时候，美国正在经历"罗斯福衰退"。当 9 月的捷克危机出现时，罗斯福又正在忙着在党内清除异己。在西班牙内战期间（这场战争从 1936 年就开始了，整场战争一共有 65 万人丧生），美国也一直袖手旁观。

在二十世纪 30 年代，美国专注于国内经济的恢复。欧洲和亚洲的问题对美国来说都过于遥远。对战争的受害者，美国深表同情，但美国人并不希望像第一次世界大战那样被拖入战争。因此，当墨索里尼在 1935 年侵占埃塞俄比亚的时候，几乎没有受到美国的任何谴责。

在当时，美国国内充满了孤立主义的政治气氛。因此，罗斯福默许了一系列中立法案的通过，既不动用美国军队帮助侵略者，也不对受害国施以援手；同时保持国家对军队预算的严格控制；与英国和法国一道，拒绝给西班牙的共和政府提供援助。罗斯福在二十世纪 30 年代中期的演讲和信件中，一再重复他的主张：美国应该避免卷入战争。

1937 年 7 月 7 日，日本制造"卢沟桥事变"，开始全面侵略中国。这使得罗斯福变得犹豫了起来。像大多数美国人一样，他对中国抱有好感。因此，他拒绝援引中立法案。他的理由很充分——双方并没有正式宣战。这样做其实对中国有利，因为中国更需要武器援助。10月5日，当日本的战争机器全速开动的时候，罗斯福试了试水。他在美国孤立主义的中心芝加哥发表了演讲。他说：

> 无辜的人们和无辜的国家正在贪婪的屠刀下呻吟，这明显不是正义之举。
>
> 当流行病开始蔓延的时候，人们会将病人隔离检疫，以保证其他人不会受到传染。
>
> 战争正在蔓延，世界的和平受到了威胁。我们已决定不参加这场战争，但是我们不能保证我们能够远离战争所带来的痛苦，也不能保证战争不会找上我们。

对于这一讲话，人们的反应非常复杂。《华尔街时报》评论道："不要管闲事，美国需要和平。"《芝加哥论坛报》和赫斯特控制的新闻社对这个讲话也大加鞭挞。但是，《纽约时报》《华盛顿邮报》以及一些小报社都对罗斯福总统的讲话表示了支持。根据《时代周刊》进行的一项民意调查，"更多的人赞同言语上的支持，但是不希望罗斯福在未来几个月采取实际行动"。海外的反应则更加热烈（但东京和柏林却持保留态度），白宫收到的信件中有80%的人对演讲表示支持。但是，国会中情况却完全不一样。当孤立主义者批评总统的时候，民主党的人都坐视不管。由于害怕那些中间选民改变主意，总统的支持者拒绝在这个问题上公开表态。罗斯福告诉萨姆·罗森曼："这太可怕了，当你寻求支持的时候你却找不到人，满眼只是挖苦和嘲讽。"

在罗斯福回到白宫后举行的记者招待会上，罗斯福的立场有所后退。有记者问他："你是否介意人们过分解读你在芝加哥的演讲，特别你提到的隔离战争危险的那部分？"

他非常肯定地说"不"。

曾经多年跟踪报道罗斯福的《先驱论坛报》记者欧内斯特·林德里问道："如果你能介绍一下这个演讲的背景的话，我想会更有价值。"

罗斯福犹豫了一下说："可以，但我说的话都不能引用。"

问："一切都是在预料之中吗？"

罗斯福："没有，这只是一个演讲。"

问："隔离战争危险是否意味着经济上的制裁？"

罗斯福："不是，制裁是一个非常可怕的词语，我们还没有考虑制裁。"

问："你们考虑过举行一次和平国家会议吗？"

罗斯福："没有，还没有进行此类会议的计划。"

随后，总统花了十分钟来对记者们解释。但很显然，他没有什么新政策。伦敦《泰晤士报》的记者报道说："罗斯福表明了一种态度，但没有制定一个计划。"孤立主义还是当时的主流。在罗斯福开始着手进行对国家进行改造的过程中他常常前进两步又后退一步。罗斯福在给恩迪克特·皮博迪的信中写道："我要面对的是一种长期的公众心理，在某种程度上，就是无论付出任何代价都要维护和平。"

1937 年 12 月 12 日，日本战机攻击并击沉了停泊在南京附近的长江江面上的美国军舰"帕奈"号。与"帕奈"号一道被击沉的还有标准石油公司的三艘储油船。对这艘船的攻击持续了一个多小时，日军的陆上炮火也支援了这次行动。此外，日本军人还登上了这艘船。在此次事件中，一共有 3 人遇害，50 人受伤，其中包括"帕奈"号的船长詹姆斯·休斯。

在随后进行的内阁会议上，副总统加纳和伊克斯都支持海军部部长克劳德·斯旺森的意见——对日宣战。伊克斯说道："我们与日本的战争是迟早的事情，如果我们之间必有一战，那现在岂不是最好的时机吗？"这时，罗斯福没有意气用事。海军还没有做好战争准备，这个国家没有做好战争准备。而且，"帕奈"号毕竟只是一个炮艇。亚利桑那州的参议员亨利·阿舒尔告诉罗斯福，如果要宣战的话，那么首先在国会投票中就通不过。明尼苏达州的参议员亨利克建议，把驻扎在中国的美国军队都撤回来。他说："我们准备在那里待到什么时候？在那里等着让那些人杀害美国的士兵并击沉我们的炮艇吗？"

罗斯福指示赫尔，要求日本政府就此事件道歉并对美国进行赔偿且保证类似的事件不再发生。他指示摩根索，准备查封日本在美国的财产。如果日本拒绝做出赔偿，那么它将会遭到英美的联合经济封锁。到了罗斯福要求答复的最后期限，日本外相显然还是对军方的这次行动没有摸着头脑。但是，他还是代表日本政府道了歉，并承诺赔偿所有的损失。十天之后，日本外相照会华盛顿，日本政府已经发布了命令，要求保证美国在中国水域的军舰安全，并已下令解职攻击美国军舰的指挥官。1938 年 4 月 22 日，日本政府交给了美国一张 221 万 4007.36 美元的支票，这一金额正是美国政府要求的数字。

"帕奈"号事件得到了圆满解决。在孤立主义者的努力争取下，美国得以远离了战争。1935 年，当墨索里尼入侵埃塞俄比亚的时候，来自印第安纳波利斯的资深参议员刘易斯·勒德洛在国会提出了一个宪法修正案，要求美国在宣战之前进行全民公决。这个提案递交到了众议院法规委员会——该委员会的主席是来自得克萨斯州的萨姆纳斯，在罗斯福的法院修改组计划中获得了委员会主席这个位子——但一直没有被提上委员会的讨论日程。到了 1937 年，该宪法修正案获得了请愿所需 218 个签名中的 205 个。就在"帕奈"号受到攻击后一天之内，剩余所需的 13 个签名很快就凑齐了。盖洛普民意调查显示，73% 的美国公民都对修正案投了赞成票。勒德洛对全国的广播听众说："你可以投票决定国家是否宣战。"

由于请愿所需的签名已经凑齐，勒德洛的提案成了国会在 1938 年 1 月复会之后讨论的第一件法案。在这时，白宫开始设置重重障碍阻止法案通过。法利给国会中的民主党党员打电话，民主党组织秘书也亲自登门拜访。罗斯福还给议长班克黑德写了一封私人信件。信中他说："这个法案首先不太实际，而且这个法案也不符合政府的利益，这将会对总统执行外交政策带来不良影响，而且它将会让其他国家误认为可以为所欲为地侵害美国利益。"兰德勒和他在 1936 年的竞选伙伴弗兰克·诺克斯反对这项修正案，同时前国务卿亨利·史汀生也在他给纽约时报的信件中攻击了这个修正案。

众议院辩论安排在 1938 年 1 月 10 日。法规委员会给这个议案的辩论安排了 20 分钟时间。很少现场发言的多数党领袖萨姆·雷伯恩居然破天荒地到场发言。在他之后是来自马萨诸塞州的共和党女议员伊迪丝·罗杰斯，她也是退伍军人议员会的资深委员。班克黑德后来说道："这是自从我当众议院议员 20 年以来遇到最重要的问题。"表示支持修正案的有勒德洛、纽约众议员汉密尔顿·菲什以及来自纽约的民主党议员卡罗林·戴——他也是罗斯福和埃莉诺的老朋友。投票的结果是勒德洛失败了。在此问题上，投票和辩论中的党派界限都模糊了。民主党是 188 对 111 票反对这个修正案，而共和党是以 64 对 21 票支持这个法案。坚决支持这个法案的议员多来自美国中西部和平原地区。在众议院中反对罗斯福的 13 个代表农场主利益的进步主义议员都投票支持了勒德洛。南方的民主党人现在是联合起来反对新政，但他们在修正案问题上支持了总统。

就在勒德洛修正案被否决之后不久，国际局势急剧恶化。1938 年 3 月 11 日，希特勒迫使奥地利成为德国的附属国。这样不但打破了第一次世界大战后对德国的主要限制，而且在欧洲释放了泛日耳曼主义的毒素。纳粹的宣传口号一直在为德国吞并奥地利正名，这些理论会将世界推向战争的边缘。在德国军队进入奥地利的时候，法国政府没有表示任何的抗议。1934 年，墨索里尼曾经将 4 个师派往勃伦纳山口防止德国吞并奥地利；这次他也对奥地利并入德国持默许态度。英国的张伯伦政府仍然将希特勒政府看作抵御共产主义的屏障，所以他也选择不去干涉。作为有责任保护奥地利独立的国际组织，"国联"竟然没有就这个问题开过一次会议。而维也纳的天主教会也支持德奥两国合并。由于合并国家周边的各国都承认了这个既成事实，罗斯福认为任何努力都将徒劳无功。在 3 月 11 日召开的记者招待会上，他的态度非常含糊。但私下里，他对张伯伦纵容希特勒的做法非常不满。他说："当警察局长与土匪头子达成协议后，若他能让土匪不再偷盗，那么这个警察局长是一个好人；但是如果土匪没有履行诺言继续偷盗，这个警察局长就应该被送入监狱。"

4月，罗斯福的心情非常不好。英国承认了意大利对埃塞俄比亚的占领。张伯伦认为，如果满足墨索里尼政府的欲望，地中海将会恢复和平，英国通往印度洋的咽喉——苏伊士运河的安全将会得到保障。这种承认不仅是对侵略行为的纵容，而且还对远东的局势造成了不利影响。"按照这种做法，日本有可能提出想要中国！"在已经被赶出政坛的丘吉尔看来，张伯伦的做法无疑是在"养虎为患"。

还没有等到德国完全消化吞并奥地利带来的一系列影响，希特勒就已将注意力转移到了捷克斯洛伐克。捷克苏台德地区居住着300万德国人，在第一次世界大战后，该地区被并入了捷克斯洛伐克。希特勒要求将这一地区并入德国，他们主张根据所谓民族自决原则进行表决。当希特勒威胁使用武力的时候，对捷克斯洛伐克负有保护义务的各国作出了妥协。苏联表示，如果法国不采取行动它也将会不采取行动。法国则表示，如果英国不采取行动它就不采取行动。英国则是默不作声不表态。这一场景就像1914年8月的场景倒放。为了避免因为鲁莽行事而使世界再次陷入战争之中，"三国协约"成员国仅仅对德国的做法提出了口头上的劝告。就像张伯伦所说的那样："我们不能因为陌生的国家而去挖壕沟、戴上防毒面具。"1938年9月29日，张伯伦、希特勒、墨索里尼和达拉第在慕尼黑签署协议，三国放弃对苏台德地区的保护义务，希特勒则公开宣布不会要求更多的领土。张伯伦将这一协议宣传为"这个时代的和平"；墨索里尼夸耀"民主为了生存而吞下了癞蛤蟆"；丘吉尔则在英国议会表示"政府在屈辱和战争之间作出选择，他们选择了屈辱。但是，虽然承受了屈辱，最终还是要面临战争"。

慕尼黑协定让捷克斯洛伐克失去了三分之一的人口、29%的领土，失去了最主要的工业区及欧洲最强大的防线。罗斯福对这个协议喜忧参半。他对能够避免战争感到庆幸，但是对付出的代价非常痛心。他告诉伊克斯："英国和法国将自食其果。"就在捷克危机愈演愈烈的时候，罗斯福曾敦促希特勒和张伯伦和平解决问题。他想支持英国，但是他不能够做出任何实质性的举动。美国只有18万5千人的军队，列世界的第18位，实际上等于没有武装。当时的美国正在经历"罗斯福衰退"，而且正处于孤立主义情绪中：美国人正在努力试图孤立于世界之外。

罗斯福、赫尔试图重塑美国的民意。1938年8月18日，罗斯福在加拿大安大略省金斯顿的女王大学发表演讲。罗斯福保证，如果加拿大受到攻击美国将会提供支持。"我们所在的大陆不再能够免受外敌的入侵。加拿大是英国的姊妹国家。我向你们保证，如果有人威胁到了你们的安全，美国人民将不会袖手旁观。"

在慕尼黑协定签署之后，罗斯福的调门更高了。他说道："没有一个经历了上个月最黑暗的几个小时的人会怀疑我们对永久和平的希望。但是因为畏惧而委曲求来的和平同用暴力维持的和平一样不能长久。我们美国人并不希望将我们的生活方式或者我们的政治体制强加给其他国家。但是我们决定要保卫我们自己的生活方式和政治体制。"

美国的民意在慢慢发生变化，而且要比罗斯福想象得快。1938 年 10 月进行的盖洛普调查显示，92% 的美国人不相信希特勒的保证，17% 的人认为德国对苏台德地区的领土要求是不合法的，60% 的人认为慕尼黑协议将会把世界带入战争而不是和平。

1938 年 11 月 10 日的"水晶之夜"事件使美国全国上下一致反对希特勒。11 月 7 日，一个名叫赫舍尔·格伦兹潘的年仅 17 岁的波兰犹太人难民枪杀了德国驻巴黎大使馆的三等秘书恩斯特·冯·拉特。他此举是为了抗议德国驱逐 1 万名在德国的波兰犹太人（不但没有事先通知而且也没有法律依据）。他原本想刺杀德国驻法国大使，不想误伤了那个三等秘书。为了给冯·拉特报仇，纳粹领袖命令在 10 日晚进行报复。冲锋队焚烧了犹太人的教堂、商店和民房。《纽约时报》驻柏林记者称之为"这是自 30 年前战争结束以来最为严重的毁灭、掠夺、纵火"，有近 200 个犹太教堂被焚毁，7500 个商店被破坏，数不清的房屋被损毁。此外，有 2 万名犹太人被逮捕并送到了集中营。德国政府还宣布，保险公司对这些破坏免除赔偿责任。为了冯·拉特的死，德国犹太人委员还被迫赔偿了 4 亿美元。犹太人开的商店都被关闭了。犹太人不能上小学和大学，不能进音乐厅和剧场，而且还禁止犹太人开车。

罗斯福说："我都不敢相信这种事情发生在一个二十世纪的民主国家。"美国媒体一致地谴责纳粹的做法。胡佛、伊克斯以及各大宗教领袖纷纷发表演说来表达他们的愤怒。罗斯福命令美国驻柏林大使回国，休·威尔逊回国述职。美国虽然没有正式切断与德国的外交关系，但是威尔逊从此之后再没有回德国。

罗斯福认为，遏制希特勒的关键是获得制空权。总统非常看重制空权，他的这一偏见在未来几年造成了非常大的影响。制空权的确非常重要，但是如果没有地面部队的支持，没有海军，没有数以千计的后勤补给部门的支持，只有飞机是没有用的。1938 年 11 月 14 日，罗斯福在椭圆形办公室召开了会议，主题就是全面大力扩充美国空军。总统说："如果美国有 5000 架飞机，并有能力在数月之内造出数千架飞机的话，希特勒就会三思而后行了。"根据罗斯福观点，西半球正面临极大的危险。罗斯福说，为了防御外敌，美国需要有两万架飞机，但是他知道国会不可能全数接受，因此他实际希望能够增加一万架飞机并扩充生产能力。罗斯福说："霍普金斯能够在不依靠财政拨款的情况下建造这些飞机，因为这也可以作为劳动救济。"罗斯福只是在宣传这项计划的紧迫性。他并不想按照他所说的那个数目进行生产。当军方根据罗斯福说的那个数字重新编列了 18 亿美元的预算时，罗斯福将其缩减为 5.25 亿美元。

罗斯福的精力更多地开始放在外交和国防上。经济情况又回到了顶峰，社会问题也不再显得那么重要。在罗斯福的注意力转移之际，国会的力量发生了新的整合。南方的民主党人和华尔街的共和党人站到了罗斯福一边。孤立主义者、进步主义者以及西部民粹主义者开始远离罗斯福。经过两年多的腹背受敌，罗斯福又能够掌握局势了。

12 月底，在入主椭圆形办公室六年之后，罗斯福对内阁进行了重组。霍默·卡明斯成了第一个被调整的人。根据罗斯福的要求，霍默递交了辞呈，他司法部部长的位置被密歇根州前州长弗兰克·墨菲取代。墨菲是新政的支持者，在州长改选中以微小的差距失败。第二个"阵亡"的人是商务部部长、71 岁的丹尼尔·罗珀。罗珀是给霍普金斯让位子。卡明斯的离去和霍普金斯的入阁大大增强了罗斯福在内阁中的支持力量。虽然战争部和海军部都需要改革，但罗斯福却希望这两个部门的改革慢慢来。有人告诉伍德林，总统希望他辞职，但不需要立即离职。海军部长克劳德·斯沃森也是一个古稀老人，他的身体很差而且恶化得非常快。他已经来日无多了，所以罗斯福并没有要求他辞职。

到了 1938 年年底，霍普金斯已经获得了罗斯福的高度信任，甚至已经超过了刘易斯·霍韦的地位。像霍韦一样，霍普金斯也是总统少有的几个亲信之一。埃莉诺甚至还是霍普金斯女儿戴安娜的教母。霍普金斯经常与罗斯福一起到沃姆斯普林斯度假，这时候霍普金斯和米西是罗斯福唯一的伙伴。

罗斯福希望在不用摊牌的情况下就让希特勒知难而退。但是他的空军扩充计划刚刚开始就出现了一些问题。罗斯福的目标之一是扩充飞机制造能力，另一个目标是为英国和法国提供大量的飞机。由于这些国家并不处于战争状态，所以这些国家就不适用于"中立法案"。但是，战争部部长伍德林和陆军参谋长反对向外国出口武器。伍德林是一个孤立主义者，他反对美国在任何情况下参与国际事务。陆军反对的原因是他们希望美军能够得到这些装备。对于这些反对声，罗斯福采取了迂回的办法。他将出口武器的任务交给了摩根索和财政部。就像当年罗斯福在承认苏联的时候绕开了国务院一样，为了给美国潜在的盟友提供飞机，罗斯福在作出这个决策之前没有征求战争部的意见。在这两件事中，罗斯福始终操纵着一切，保密工作做得很好。

但是，1939 年的时候总统露馅了。一架试验型的道格拉斯 A-20 轰炸机在加利福尼亚坠毁，机上还有一名法国购机代理商。1月27日的记者招待会上，罗斯福被问到这个问题。罗斯福掩饰说，这架飞机实际不是美国的军用飞机，这是道格拉斯公司的模型机，法国的购买者将会给我们的航空工业带来刺激，而财政部的参与是他们想推动美国的出口。

尽管这样，美国国内还是出现了激烈的争论。罗斯福将参议院军事委员会委员请到白宫。罗斯福告诉这些委员："现在的情况非常紧迫，如果英国和法国倒下了，那么整个欧洲就会受到威胁，其他国家也将陷入战争之中，随后非洲、南美洲也不能幸免。美国将会被包围。这绝对不是痴人说梦。在六年之前，当希特勒上台的时候，你们不是有人说德国是一个彻头彻尾的失败者，国家负债累累，完全没有组织，甚至不应将它算作一个世界性力量吗？六年前，你们当中有谁想得到德国将会控制欧洲呢？"

罗斯福告诉参议员，是财政部还是战争部得到出售轰炸机的授权并不重要。他说："我只是非常希望法国能够尽快得到这些飞机，我希望法国能够在我国得到最好的重型和中型轰炸机，我希望法国能够得到这些飞机，而且是尽快得到，这就是美国的外交政策。"

当时的盖洛普民意调查显示，65%的受访者支持美国向英国和法国出售武器，同时还有44%的受访者表示他们希望立法禁止向德国出售武器。69%的受访者表示，如果欧洲发生战事，只要不卷入冲突，他们支持尽一切可能向盟国提供武器。当盖洛普调查问到是否认为美国是希特勒的下一个目标的时候，有62%的受访者回答"是"，只有38%的受访者说"否"。

随着时间的流逝，发生战争的可能性越来越大。1939年3月15日，希特勒吞并了捷克斯洛伐克的剩余领土，不但违背了他在慕尼黑作出的保证，而且还违反了民族自决的原则。捷克和斯洛伐克与苏台德地区不同，这些地方没有德国人。当德国军队进入布拉格的时候，希特勒彻底毁灭了人们对他的最后一丝幻想。一周之后的3月23日，立陶宛政府将港口城市梅梅尔交给德国。在随后的一个月里，墨索里尼占领了阿尔巴尼亚，弗朗哥政府控制了马德里，同时日本宣布对位于马来西亚西南数百公里的南沙群岛拥有主权。

为了应对可能出现的危机，罗斯福开始双线作战。他一方面修改"中立法案"以允许在战时向英国和法国出售武器，另一方面着手更换军队领导层。马林·克雷格将军的参谋长任期即将到期，他对政府非常忠诚，但是伍德林和约翰逊之间的矛盾把他搞得精疲力竭，他希望退休。为了接替克雷格，罗斯福找到了在陆军资历中仅仅排名第34位的乔治·马歇尔准将。马歇尔曾任战争部战争计划局局长，刚刚在十月份成为克雷格的副手。马歇尔毕业于弗吉尼亚军事学院，而不是西点军校。

他思维缜密、严于自律、经世致用、奖罚分明，这些正是承担战争重任的人所需要的品质。马歇尔得到了霍普金斯和潘兴将军的支持（在这两人中间，马歇尔认为霍普金斯对他的当选帮助更大）。他在 1939 年 7 月 1 日正式走马上任。

在废止中立法案方面，罗斯福遇到了非常大的阻力。这个修正案是由众议院外交关系委员会主席、纽约州议员索尔·布鲁姆提出，以 200∶188 在众议院获得通过。但后来在孤立主义者的压力下增加了补充条款，允许出售飞机和其他战争物资，但维持对武器和弹药的禁运。在参议院外交关系委员会，小组讨论以 12∶11 的结果将这个法案的讨论时间放到了 1940 年 1 月以后下次国会复会的时候。在罗斯福的清洗计划中幸免的乔治·沃尔特和盖伊·吉列一般来说是会支持修改中立法案的，但是为了反对罗斯福，他们投了反对票。

在这个夏天，华盛顿的另外一件大事就是乔治六世国王和伊丽莎白王后对美国的访问。1938 年 9 月，正值慕尼黑危机的高峰期。罗斯福邀请国王此时访问华盛顿目的是显示英美关系的亲密。罗斯福对国王说："你们可以就住在白宫。我们都知道那些礼宾官的想法，我们和他们打交道很久了。就我个人来说，我倾向于你和伊丽莎白可以做你们想做的事。我会尽量满足你们。"

国王和王后在 1939 年 6 月 7 日抵达美国。在华盛顿举行欢迎仪式之后，罗斯福和国王去海德公园度周末。罗斯福本人亲自安排了接待的细节。他将国王当作另一个国家的国家元首一样：不用鞠躬，不用对王后行屈膝礼，还安排大家一起坐在草坪上吃热狗。萨拉曾经劝罗斯福少喝鸡尾酒。因此，当罗斯福伸手去拿马蒂尼酒的调酒器的时候，他告诉国王："我的母亲会建议我们喝茶。"国王回答说："我母亲也会这么说。"晚餐之后，罗斯福和国王单独出去散步。快到晚上一点半的时候，罗斯福把手放在国王膝盖上，亲切地对他说："年轻人，你该睡觉了。"罗斯福的魅力不单单来自他对世界形势的掌握，他的谦虚和领导魅力也赢得了英王乔治的赞赏。他在退位前问加拿大总理："为什么我的首相们不能像罗斯福那样与我交谈，罗斯福给我的感觉就像是父亲在对我谆谆教导。"

国王对华盛顿的访问使得人们暂时不再关注欧洲紧张的情势。自从将东波罗的海沿岸港口梅梅尔并入东普鲁士之后，希特勒就将他的注意力转向了但泽和波兰走廊。为了确保建立一个独立的波兰，《凡尔赛条约》不仅从德国剥除了西里西亚这部分土地，而且还给了波兰这个内陆国一个港口——但泽，而连接波兰和但泽的这块地区就是波兰走廊。从中世纪起，但泽就是德国的领土，它目前与波兰的联系仅仅是经济上的。更加麻烦的问题是，波兰走廊将东普鲁士和德国其他部分分割了开来。基于这些理由，希特勒要求波兰立即归还但泽，同时还要求享有波兰走廊铁路和公路的治外法权。希特勒的这些荒谬要求遭到了波兰的拒绝，战争从此开始了。

　　1939 年 8 月 23 日，希特勒完成了他最后的外交布局，他与苏联政府签订了互不侵犯条约。这是苏联与德国瓜分波兰和波罗的海沿岸国家的秘密条约。当 9 月 1 日的第一缕阳光照亮大地的时候，德国的 42 个师——其中包括 10 个装甲师——涌入波兰境内。罗斯福在华盛顿时间凌晨 2 点 50 分接到美国驻巴黎大使的电话，说华沙的安东尼·比德尔传来消息，战争已经开始了。总统说："终于来了，愿上帝保佑我们吧。"

● 第二十章 ●
背后一刀

9 月 1 日将近正午时分，正当德国的装甲大军撕开波兰防线时，罗斯福在白宫新闻厅接见了媒体记者。有人问道："我们能做到置身事外吗？""我不仅诚心希望如此，"罗斯福答道，"我还相信我们能够做到，政府将会竭尽所能做到这一点。"稍晚，罗斯福告诉内阁，一战时国内的种种纷争他还历历在目。他说，他觉得有些昨日重现的感觉。"除非预料之外的奇迹出现改变人们的想法，否则混乱的日子就不远了，那将会充满灾难，充满焦虑，正如 1914 年 9 月那些日子一样。历史将会重演。"

在伦敦，张伯伦毫无底气地向议会发表了一通讲演，含糊其词，自怜自艾，没有表示英国将会履行对波兰的义务。当反对党工党的领导人阿瑟·格林伍德站起来演讲的时候，对张伯伦的软弱回答感到震惊的保守党资深议员利奥·埃默里喊道："为英国说几句话吧，阿瑟。"议会爆发出响亮的欢呼声。格林伍德做了一个简短而鼓舞人心的演讲，恰好反映出了国家的情绪："英国，英国所代表的一切，以及整个人类文明都处于危难之中……我想知道我们还要犹豫到什么时候。"听到这些话，议会里雷鸣般的掌声经久不息。正如一位议员所说，"内阁已经危在旦夕了。"议会的挑战使内阁重新拾起了丢掉的勇气。9 月 3 日早上 8 点，英国政府通知柏林，如果三个小时内没有接到德国立即从波兰撤军的保证，英国将对德宣战。11 点 15 分，英国没有收到答复，张伯伦沮丧地通过广播宣布："英国已处于战争状态。"随后，他到议会正式宣布了这一消息。5 个小时以后，法国也对德宣战。

周日晚上，罗斯福在炉边谈话中向全国听众表示："美国将维持中立立场，但是我不能要求每一个美国人在思想上也保持中立。即使中立者也有权去思索事实真相。即使是中立者也不能放弃心智、蒙昧良心。"

罗斯福的第一件事就是要废除中立法案。只要该法案有效，美国就不能向任何交战国提供援助，哪怕他们当场付现金都不行。国会正处于年度休会期中，议员们分散在全国各处。星期三，即 9 月 13 日，在与参议院和众议院领导取得联系后，罗斯福召集议员们于周四举行特别会议。他给国务院顾问沃尔顿·穆尔写信说："我认为我们能够得到众议院和参议院的支持，但是在参议院可能遇到的阻力要大一些。"

孤立主义者很快就开始反对。第二天晚上，外交关系委员会共和党资深议员、在参议院供职时间最长的爱达荷州参议员威廉·E·博拉通过全国电台发表了一通激烈的攻击言论。老博拉说，欧洲的战争是："残暴统治者的荒谬计划所带来的战争。"如果美国卖武器给欧洲国家，"我们就是在选择立场，那将是主动干预的第一步。"博拉的话在那些决心置身事外的美国人中引起了强烈共鸣。

在应对孤立主义方面，罗斯福让共和党的领导打了头阵。阿尔夫·兰登、弗兰克·诺克斯和亨利·史汀生立即冲到了前面，支持立刻废除中立法。学术界也加入了争论之中。哥伦比亚大学校长尼古拉斯·默里·巴特勒、哈佛大学校长詹姆斯·科南特、麻省理工学院院长卡尔·康普顿以及普林斯顿大学和耶鲁大学的校长等人发动了全国教育界废除中立法。堪萨斯城编辑威廉·艾伦·怀特组织众多知名人士，组成了"修订中立法、谋求和平非党派委员会"。

9月15日，国内的争论升级了。美国民族英雄查尔斯·A·林白向全国听众发表电视演讲（听众人数至少同12天前听罗斯福炉边谈话的人一样多）："这不是一个白人反对其他人种侵略的问题。而是长久以来各国内部的斗争，是上一场战争的错误带来的斗争，是胜利者未能遵循或公平或者强权的一贯政策而导致的斗争。"在慕尼黑会议之后，林白获得了赫尔曼·戈林颁发的德国二级勋章。他的这番言论反映出了美国巨大的反战情绪。中西部的进步主义者、保守的社会主义者和共产主义者、基督教和平主义者、暗藏的法西斯主义者以及德美关系协会都纷纷向众议员和参议员发信、明信片和电报，要求维持武器禁运。之前主张废除中立法案的议员们开始动摇了。一个共和党众议员说，他在林白的讲话后收到了1800条讯息，其中只有76条支持废除。

9月20日，也就是国会复会的前一天，罗斯福与国会领导人会面。现在的情况非常明显，彻底废除中立法已经是不可能的了。"问题在于，"参议院共和党领袖俄勒冈州参议员查尔斯·迈克纳利说："如果我们完全废除中立法，人们会认为我们改变了中立立场。"罗斯福达成了一个跨党派妥协：废除武器禁运，但武器销售要采用"现购自运"的原则。不允许赊购；不接受美国基金；不允许银行贷款；美国不负责运输。

为强调废除中立法案的紧迫性，罗斯福亲自向国会发表讲话。罗斯福一向亲自准备年度发言，但是自1923年哈定总统之后，他是首次在国会会期当中在国会演讲的美国总统。罗斯福总统知道，要改变人们的态度很难做到毕其功于一役。因此，他尽可能顾及反对者的感受。"这些危险的日子需要我们跨越党派纷争精诚合作。我们必须坚决团结一致，我们有着共同的目标，那就是让美国远离战争。"为了不得罪中西部的反英人士和爱尔兰裔天主教徒，罗斯福没有强调对英国和法国的援助，但是声称废除禁运将有助于和平进程。而且，"现购自运"原则不仅有利于避免经济纠纷，并且还能够保证美国船只不进入战区。

"当自由讨论不利于国家安全的时候，我希望你们能够用行动向世界表明，我们美国人是一个民族，同心同德、同仇敌忾，在上帝面前斗志昂扬地前进。"

大部分公众都赞同总统的讲话。白宫的传达室里收到了大量支持信件。就连参议员鲍拉都认为这是一个精彩绝伦的讲话，他私下表示支持"现购自运"原则。盖洛普公司在总统讲话之后进行的民调表明，60%的受访者支持废除中立法案，84%的受访者希望同盟国胜利。9月28日，美国参议院外交关系委员会以16：7投票通过法案。这次，参议员乔治和吉列都投票支持总统。

外交关系委员会通过"现购自运"法案的同一天，被重重包围的波兰军队在华沙投降。有组织的抵抗结束了。根据斯大林与希特勒双方达成的协议，苏联于9月17日开始出兵。从那时起，波兰的覆国已是命中注定。德国和苏联共同签订了《边界和友好条约》，共同瓜分了波兰。苏联获得了近一半的波兰领土和三分之一的人口。德国获得了其余的部分。和奥地利和捷克斯洛伐克一样，波兰这个名字从欧洲地图上消失了。

波兰人的抵抗非常英勇。在战争中，他们有7万人牺牲，13万3千人受伤，70万人被俘。纳粹战争机器当然也有一定的损失。来自柏林的数据显示，他们有10572人阵亡，30222人受伤，3400人失踪。第二次世界大战的第一次交锋以盟军的完败告终。

随着波兰的失败，废除武器禁运的声势也越来越大。原来拥护孤立主义的新罕布什尔州参议员斯代尔·斯布里奇斯和俄亥俄州参议员罗伯特·塔夫脱都表示支持"现购自运"提案。10月5日，亨利·L·史汀生发表讲话，"如果英国和法国输了，他们的战争将成为我们的战争。"他的这一发言在国内造成了很大反响。虽然赫尔试图说服史汀生，认为美国与英法无关，但是史汀生坚持自己的观点。出乎意料的是，史汀生的观点得到很多人的认同。他的演讲稿在全国翻印了数万册。芝加哥的伯纳德主教也发表了一篇很有影响力的电台演讲来支持废除武器禁运，阿尔·史密斯也表态支持。他们打算顶住爱尔兰裔天主教徒的反对。来自马里兰州的参议员米勒德·泰丁斯私下对同僚说："当其他国家遭受攻击时，我们要尽可能地提供帮助，这是文明世界的基本要求，我们不能够懦弱地逃避。"

罗斯福总统仍然保持低调。对总统来说，局势的确很紧张。他在给加拿大的特威兹穆尔爵士的信中写道："我现在确实如履薄冰。"为了放松，罗斯福开始玩扑克牌。在星期六晚上，伊克斯、罗伯特·杰克逊，帕·沃森，总统的私人医生麦金太尔海军上将以及史蒂夫·厄尔利都是他牌桌上的常客。有一次，伊克斯对他人说道："我们玩到十二点半。总统累了我们就结束。他有两三个晚上都被来自欧洲的急电搞得没睡好。"罗斯福喜欢玩百搭牌。"我们的筹码上限是一美元，"伊克斯说，"我赢了 53.50 美元。总统输得最多，大概有 35 美元。和他玩牌时，我们并不需要故意让他赢。"

罗斯福常常会乘坐总统游艇"波拖马可"号出游。至少一月一次，有可能的话次数还会更多。他们一般是去下游，有时甚至远到鲁克奥特角。总统喜欢懒懒地躺着，通常睡得很晚。陪他一起去的通常有米西、沃森、私人医生，有时还有哈里·霍普金斯。在白宫，罗斯福平均每天有十五个会见，要向米西和格雷丝·塔利口述二十多封信，一周要见两次媒体。国务院和军队的汇报也会花掉很多时间。此外，电报和报纸还会源源不断地送到他的桌上。他每周还要举行一次内阁会议。他游泳的时间少了，只有一周三次。他的血压也升到了 179/102。麦金太尔医生觉得，对一个 58 岁的人来说，这样的血压不能说是正常的。

林白在 10 月 13 日再次发表讲话，但是此时情况已经不再有利于他。他赤裸裸的种族主义导致了他的彻底失败。"我们和欧洲的联系不是政治形态上的而是种族上的……种族的力量是必需的，而政治不过是锦上添花。如果白人受到威胁，我们将义不容辞地去保护。我们应该和英、法、德并肩作战，而不是帮一方打另一方从而造成双输的局面。"

在参议院投票当晚，罗斯福打破了他长久以来在此问题上的沉默，驱散了公众的恐惧心理。10 月 26 日，在接受《先驱导报论》记者采访时，他强烈谴责了那些"捶胸顿足反对将美国母亲的儿子送到欧洲战场的演说家和评论员"。"这是当代历史最大的谎言，"罗斯福说，"从来没有人说过我们会将美国母亲的儿子们送到欧洲战场。这就是为什么我说那种说法是无耻的谎言。"

罗斯福在争论双方都做了工作。他主张废除武器禁运是为了帮助盟军，但归根结底是为了维护和平。其中的逻辑是：如果帮助英法打败希特勒，美国就不用参战。

第二天，在经过了四周的辩论之后，参议院对废除武器禁运提案的投票以 63：30 获得通过。总统得到了南方民主党人的大力支持。在 23 个共和党参议员中，有 8 人投了赞成票。内布拉斯加州无党派议员乔治·诺里斯、西部的进步主义者和民粹主义者都投了反对票。1939 年 11 月 2 日，众议院投票结束，结果也以 243：181 通过了该法案。其中的得票构成和参议院类似：南方支持罗斯福，进步主义者反对。

当欧洲陷入战争之际，所有人都在关注罗斯福。会有第三个任期吗？总统没有透露风声。他没有暗示自己会参选，但是更没有暗示自己不会参选。加纳和白宫工作人员紧密合作，为"现货自购"议案扫清了障碍。他相信罗斯福会参选。"他的讲话并不像一个即将要结束任期的人。他没有说战争是不可避免的。但是他给人的感觉是如果发生战争他肯定会参选。"

对于美国人来说，总统的第三任期几乎是不可能的。从来没有总统想过争取第三任期。罗斯福有时也拿这件事开玩笑。他对爱德华·弗林说，当第三任期可能性出现时，"西奥多叔叔"曾经说过："美国已经厌烦罗斯福了，他们厌倦了看我笑时露出的牙齿，他们已厌烦了关心艾丽丝早餐吃什么。"

当第三任期的可能性越来越大的时候，罗斯福开始推波助澜。在1939年12月的华盛顿记者年度烧烤晚宴上，他成为主席台的背景——那是一个巨大的斯芬克司像，但是脸部是罗斯福的容貌，戴着夹鼻眼镜，还洋洋自得地拿着烟斗。不过，罗斯福很可能还没拿定主意。在海德公园建造的卵石图书馆即将完工，这是美国第一座总统博物馆，罗斯福准备用来存放他的文件和大事记。他在瓦尔克尔的山顶上的梦幻居所也快完工了。这栋带三间卧室的木屋是按照罗斯福的要求建造的。门是加宽的，并且没有门槛。这样他的轮椅可以很容易进出。他和米西也在着手装修房间。"这太完美了，太完美了。"他经常这样说。

还有一个问题就是他的健康问题。罗斯福虽然只有58岁，但是在奥尔巴尼和华盛顿的12年让他精疲力尽。"不行了，丹，我坚持不了了。"他在圣诞节后对卡车司机联盟主席丹尼尔·托宾说，"我累了。真的。不能再当总统了。我必须要歇一歇。我要回在海德公园的家。养养树，干干农活，写写回忆录。不行了，我不能再干了。"

1940年1月，罗斯福和《科利尔》杂志签约，约定在他离职后为其撰稿。年薪为7万5千美元。《科利尔》杂志提出的年薪其实更高，但是罗斯福认为当撰稿人比当美国总统的薪水更高是不合适的，所以主动提出削减。这份合同的有效期为三年。罗斯福拥有几个编辑助理，每年需要完成26篇文章。他显然已经拿定主意。"我终于知道要做什么了，"他告诉亨利·摩根索，"除非现在欧洲局势进一步恶化，否则我不想参选。"

在2月，德高望重的乔治·诺里斯前往白宫劝说罗斯福参选第三任期。罗斯福做了类似表态："乔治，从早到晚我都被牢牢锁在这把椅子上。人们每天都来这里，大部分人是想从我这里得到一些东西，大部分的东西我也给不了他们，就算可以我也不会给。你虽然也坐在办公室的椅子上。但是如果有什么问题，比如你急了、累了，你还可以站起来走走，或者去其他房间转转。但我不行。日复一日，周复一周，年复一年，我就被锁在这把椅子上。我再也受不了了。"

2月底，威廉·布利特从巴黎回到华盛顿，他说他当时曾在白宫与罗斯福和米西共进晚餐。罗斯福在餐桌上感到身体不适并晕倒。麦金太尔海军上将被召进白宫，在对总统进行检查之后宣布说罗斯福有"非常轻微的心脏问题"。麦金太尔安排罗斯福卧床休息，并没有做进一步的治疗。显然，麦金太尔认为这不是什么大问题。

同时，心急的对手开始行动了。1939 年 12 月 18 日，副总统加纳宣布参选。"我知道副总统已经迫不及待了，"罗斯福在内阁讽刺说。加纳的竞选纲领是反对罗斯福的新政和第三次连任。但是他获胜的概率很小。约翰·L·刘易斯常常揶揄副总统，说他是党内出了名的"邪恶老人"，只知道"压迫工人，玩扑克牌，喝威士忌"。

詹姆斯·法利也在觊觎总统宝座。法利时年 51 岁，精力旺盛，在党内的职业政客中颇有威望。但是他的天主教背景是一个障碍，他对政策问题的陌生也让人吃惊。按照以前的经验，在经济和外交方面的稚嫩并不会妨碍他进入政府高层。但在1940 年的局势下，法利已经不能满足美国的需求。芝加哥红衣主教芒德莱恩实际上是民主党的非正式支持者。他试图说服法利放弃参选，但无功而返。法利说："我不会让罗斯福或其他任何人把我赶走。"

科德尔·赫尔则比较谨慎。但他认为如果罗斯福不参选的话他就是不二人选。罗斯福的表态也使他坚定了这个想法。在 1940 年初的一次内阁晚宴上，赫尔夫人坐在总统旁边。她对总统说赫尔不喜欢演讲。"哦，那你得告诉他，他最好要习惯，"罗斯福回答道，"不久他就有很多演讲要做了。"赫尔认为，作为国务卿，他不适合主动竞选提名。而且，他认为罗斯福的支持是获得提名的充分必要条件，所以他选择等待。"我认为世界的局势正在恶化，"他告诉罗斯福，"我想我在国务院能更好地服务。"

其他可能的候选人都逐步退出了。哈里·霍普金斯是总统最满意的人选。但是他已经一脚踏入死亡之门。因为不明病因的消化疾病，他已经先后在梅奥诊所和华盛顿海军医院住院治疗。印第安纳州前州长保尔·麦克纳特是罗斯福任命的联邦安全局局长。对于华盛顿来说，他还太稚嫩。而且总统对他的欢迎并不等于政治上的支持。亨利·华莱士、证券交易委员会主任威廉·道格拉斯和司法部部长罗伯特·杰克逊都有参选的想法，但是由于缺乏政治支持，他们的想法未能实现。

此时，欧洲战事进入了迷雾之中。波兰沦陷之后，交战双方都进入了观望期。部队精心部署，但并没有实际交火。德国利用最近的战斗经验磨合了他们的机动战术和空地协同。法国则继续坚守一战时期的战术思想，勤勤恳恳地建造防御工事。英国则非常指望盟军对德军后方的经济封锁，基本上没有采取行动。"虽然很多迹象表明大战即将来临，"张伯伦在给他姐姐的信中写道，"我却还是无法说服自己相信。"1940 年 4 月 5 日，这位首相在伦敦召开的全国保守党大会上得意地宣称"希特勒已经没有机会了"——这句话的可笑程度仅次于他在慕尼黑协定之后所声称的"这是一个和平的时代"。

在柏林，狡猾的德国人在西边进行静坐战。法国人将其取名为"怪战"。具有讽刺意味的是，将 1939 年 12 月西线的这种战争局势命名为"虚假战争"的正是一贯反对废除中立法案的参议员博拉。如果在欧洲的僵局这样持续下去，罗斯福很可能会退休。"我觉得我丈夫累坏了，"埃莉诺几年后回忆说，"他经常反对竞选第三任期。但是对于眼前的世界局势，他有一种强烈的责任感。"

罗斯福没有问埃莉诺的意见，埃莉诺也没有发表意见。"我从不质疑富兰克林的政治决定。事实上，正因为我不想他再当总统，因此加倍小心地不让他知道我的想法。"

欧洲的平静被打破了。1940 年 4 月 9 日，准确地说是在下午 4 点 20 分，离黄昏还有一个小时，德国军队越过了德丹边界的石勒苏益格—霍尔斯泰因一线，几乎没有遇到任何抵抗。同时，全副武装的纳粹登陆部队在奥斯陆到纳尔维克一线大规模登陆挪威。英国人和法国人被打个措手不及。大部分丹麦人才刚刚用完早餐，丹麦就失去了独立。挪威也只抵抗了两周。从战略上讲，占领丹麦使德国获得了波罗的海的控制权。挪威的陷落则使希特勒获得了巨大的心理胜利，但是其长期军事意义却值得商榷。挪威的港口并没有发挥德国海军所期望的那种巨大作用。而且，后来占领洛林之后，该地区丰富的铁矿又降低了瑞典的重要性。在战争后期，占领挪威耗费了德国巨大的兵力。这些部队原本可以有更大的用途。

挪威的失败成为张伯伦的失败。5 月 10 日，为避免政府遭到不信任投票，张伯伦决定辞职。接替他的是温斯顿·丘吉尔。"我觉得这是命中注定的。我以前的生活都是在为这一刻做准备。"丘吉尔在日记中写道。罗斯福则没有这么乐观，他对内阁成员们说："我想丘吉尔应该是英国最好的人选了吧，尽管他有一半的时间都是处于醉酒状态。"

同一天，德军暴风骤雨般地穿越了比利时和荷兰的防御前线。在北方，陆军元帅费多尔·冯·博克的第二集团军撕裂了荷兰的防线。先是伞兵控制桥梁，摩托化步兵紧随而上，空军的打击则使荷兰的抵抗完全瘫痪。德军主力进攻部队是部署在阿登地区的冯·龙德施泰特第一集团军。1944 年 12 月，冯·龙德施泰特在"突出部战役"中故伎重施。在 1940 年，阿登森林正是连接南方马其诺防线和比利时前线法军大部队的连接点。到了 1944 年，阿登森林是连接蒙哥马利元帅率领的英加联军和南部布雷德利将军率领的美军的连结点。由于此地地形崎岖，树木繁盛，盟军认为敌人难以通过，因而未以重兵防守。在这里，三个德国装甲军团，一共约两万坦克，花了五天时间冲过法军防线，打开了一个宽50英里的口子，直奔英吉利海峡而去。5月15日早7点30分，法国总理保尔·雷诺电话通知丘吉尔这一坏消息。雷诺用英语说道："我们被打败了，我们输掉了这场战争。"

稍后，丘吉尔将此事电告罗斯福，这还是他出任英国首相后首次联系美国总统："局势迅速恶化。小国不堪一击。我国即将被攻击。若不可避免，我将孤军作战……但希望总统先生明了，如果美国再不采取行动，贵国的声音和力量将毫无作用。"

丘吉尔继续向罗斯福求援："四五十艘驱逐舰、数百架新式飞机、防空火炮、枪支弹药，还有钢和其他原材料。"第二天，罗斯福在两院联席会议发表讲话，要求追加12亿美元的国防拨款。该提案酝酿之时，德国进攻法国的消息最终让它被拿上了台面。罗斯福面容憔悴，撑住讲台的手指发白。他的声音却很坚定："现代侵略战争已经开始展现出它的残暴。我们原有的防御力量如果得不到加强，将不足以与之对抗。这一危险不容忽略。"

美国当时年产6千架飞机。而罗斯福要求将其增加到5万架。他要求加速陆军和海军现代化，同时扩建所需物资的生产工厂。他深知"美国第一"主义者的游说力量，他要求议会不得阻止美国向盟国运送飞机。月底，随着法国战势的进一步恶化，罗斯福再次要求19亿美元拨款。到1941年5月止，一年之中，议会总共批准了373亿美元的国防拨款。这一数字大约是1939年美国联邦预算的4倍。

在接到丘吉尔请求的次日，罗斯福就进行了回复。飞机、防空火炮、枪支弹药和钢材都可以提供，但是不能提供驱逐舰。"正如你知，提供驱逐舰必须要议会的授权。但目前来说，我们还做不到这一点。"

丘吉尔表示理解："不管法国战果如何，我国决定决战到底。我们应该得到美国力所能及的帮助。"

在欧洲战局逐步展开的同时，美国民主党总统提名初选悄无声息地进行着。俄勒冈州在5月17日投票，结果是罗斯福9∶1大胜加纳。在内布拉斯加州和新泽西州，罗斯福是唯一的候选人。在威斯康星州，罗斯福以21∶3领先加纳。在伊利诺伊州，罗斯福获得全部58票。尽管加州是加纳的大本营，他也只获得了一票。甚至连得州也倾向于罗斯福。罗斯福并没有公开进行初选竞选活动，但是他的支持者们还是以他的名义帮他竞选，使他顺利得到提名。

在法国，战争注定是一场悲剧。5月20日，德军装甲军团抵达英吉利海峡边的阿布维尔，把法国一分为二。22日，德国装甲兵团挥师北上，把法国第一军、35万名英国远征军和比利时军队逼向海边。5月28日，比利时宣布投降。在5月29日到6月2日期间，大部分英国远征军和10万名法军从敦刻尔克撤退。英军留下了所有的装备，包括全部火炮，部分轻武器，7000 吨弹药和 12 万辆各种运输车辆。丘吉尔写道："从没有哪个国家在敌人面前如此不堪一击。"

由于敦刻尔克的损失，英国更加需要美国的援助。但是，丘吉尔的请求被美国战争部搁置了。部长伍德林反对提供任何援助，哈普·阿诺德将军则强调加强陆军航空兵，总参谋部则更关心西半球防御。马歇尔将军顶住了这些压力。由于深知总统想竭尽所能地援助英国，马歇尔命令军队供给仓库清点库存确定美军需要的物资，富余部分将援助给英国。在财政部部长摩根索的帮助下，马歇尔将物资直接出售给两家美国公司，柯蒂斯怀特公司和美国钢铁公司，再由他们转卖给英国。司法部部长弗朗西斯·比德尔认定该交易合法。截至 6 月 5 日，约 2 万 2 千挺 0.3 口径机枪，2 万 5 千支勃朗宁自动步枪，900 门 75 毫米口径榴弹炮，5 万 8 千件防空火炮，50 万支一战留下来的埃菲尔德式步枪和 1 亿 3 千万发子弹被送往英国。"我很高兴能准备好这么多富余物资，"罗斯福在给摩根索的信中写道，"每天都要不停督促，直到物资装船完毕。"敦刻尔克大撤退六周之后，除了坦克依然短缺，英军已经重整装备。

在法国，战事已近绝望。法国损失了他们最精锐的 30 个师，比利时和荷兰退出了战争，英国远征军也已经撤退。6 月 5 日，德军向南方进逼。德国装甲军团攻破索姆河防线，法军全线溃败。四天后，德军毫无阻拦地通过塞纳河，巴黎成为不设防城市。法国政府先是迁往图尔斯，然后迁往波尔多。法军总司令马克西米·魏刚将军劝说雷诺："我们必须停战。"

6 月 10 日，星期一，罗斯福前往弗吉尼亚州夏洛茨维尔。他受邀在小富兰克林的法学院毕业典礼上做演讲。刚登上火车，罗斯福就收到意大利向法国宣战的消息。意大利调动了 32 个师，进攻防御薄弱的阿尔卑斯通道和蔚蓝海岸地区。罗斯福心中对未来所有的犹豫和疑问都随着墨索里尼的进攻而烟消云散了。那天晚上，不顾国务院的反对，他执意前往夏洛茨维尔。带着一丝轻蔑，总统告诉毕业生们：

1940 年 6 月 10 日，他握着匕首在背后给了邻居一刀。

罗斯福说，有人认为美国能够在强权所主宰的世界中独善其身，这只不过是"一个明显的错觉"。美国的任务非常明确："我们将向反抗武力侵略的人提供物资帮助。我们还要开始加快物资使用，好让我们自己的装备和训练能够适应将来的任务。我们将全速前进。"

罗斯福"背后一刀"的演讲标志了美国政策的转折点。虽然民调显示只有 30% 的民众认为盟军将取得胜利，罗斯福还是义无反顾地与英法站到了一边。从广播中听到罗斯福的演讲，丘吉尔无法抑制心中的激动。

"昨晚我们都听了您的演讲，非常鼓舞人心。您表示美国将为盟军提供物资援助，在如今这个虽然说不上绝望但也足够黑暗的时刻，这是一个巨大的鼓励。我们要竭尽全力帮助法国战斗。您给予了他们继续战斗的希望和力量……我和我的同僚对您表示感谢，感谢您为我们共同的事业所做的贡献。"

尽管丘吉尔心存侥幸，但是法兰西第三共和国已经无法承受纳粹的侵略。6 月 14 日，德军进入巴黎。16 日，雷诺辞职，一战凡尔登之役的老英雄亨利·菲利普·贝当元帅继任总理。两小时后，贝当请求停战。6 月 22 日，星期六，在贡比涅森林，就在 1918 年德国签署停战协议的那节火车车厢上，希特勒亲自接受了法国的投降。

当罗斯福从夏洛茨维尔返回白宫之后，他重组了内阁。查尔斯·爱迪生不再担任海军部部长，哈里·伍德林从战争部部长的职务上被赶了下来。罗斯福对新泽西州的民主党组织施加影响，提名爱迪生为该州州长候选人（他于 11 月当选）。由于对援助英军的计划不合作，伍德林被打入冷宫。

1940 年 6 月 19 日，离共和党在费城的提名大会不足一周的时候，罗斯福宣布爱迪生在海军部的继任者是弗兰克·诺克斯上校。他是《芝加哥每日新闻》的发行人，在美西战争中曾参加过西奥多·罗斯福组织的第一志愿骑兵团，在 1936 年曾与阿尔夫·兰登联袂参选。与此同时，来自纽约的亨利·L·史汀生入主战争部。此人是东方军事外交政策的制定者，曾任胡佛政府的国务卿和塔夫脱政府的战争部长。

在诺克斯接受任命之前，罗斯福把这一消息透露给了兰登。为了使公众明白国际局势的严峻，诺克斯坚持要一名共和党人入主战争部。也就是说，战争内阁必须由两党联合组成。起初，罗斯福考虑的是他在哥伦比亚法学院期间的老同学威廉·多诺万，但在菲利克斯·法兰克福特法官的建议下，他最终选择了史汀生。此外，诺克斯还要求将任命延期到共和党大会之后。罗斯福拒绝了。他告诉诺克斯，强调对外防御要两党共同参与确实重要。但是更重要的是，如果共和党提名一个孤立主义候选人，诺克斯和史汀生加入罗斯福团队就会被认为是民主党在挖墙脚。出乎罗斯福意料的是，史汀生也有他的要求。当罗斯福在纽约皮埃尔酒店的房间接见他时，史汀生说，因为了解伍德林和副部长刘易斯·约翰逊之间的斗争，他要求拥有自主任命助手的权利。

罗斯福答应了他的要求，史汀生也为华盛顿带来一支出色的团队：任命美国上诉法院法官罗伯特·P·帕特森为战争部副部长，约翰·J·麦克洛伊为部长助理，罗伯特·A·洛维特为负责陆军航空兵的部长助理。诺克斯也把投资银行家詹姆斯·V·福雷斯特尔带到纽约，任命他为海军部副部长。除福雷斯特尔外，这些人都不支持罗斯福的新政，也没有投票支持过罗斯福。帕特森于 1931 年被赫伯特·胡佛任命担任联邦职务；麦克洛伊曾是柯史莫法律事务所的合伙人；福雷斯特尔是华尔街德威投资银行的总裁；洛维特是布朗兄弟哈里曼银行的高级合伙人。然而，他们都是杰出的管理者，为总统和政府提供了高质量的服务。

罗斯福不仅在共和党全国代表大会前夕重挫了孤立主义气焰，还将两位重要的共和党政治家带入了决定外交政策的内阁。6 月 18 日，在两人接受正式任命之前，他们都对国防政策发表了观点。在底特律，诺克斯呼吁实施强制性军训、建立一支一百万人的军队，建立最强大的空军以及坚持不懈地援助英国。在纽黑文的耶鲁大学毕业典礼上，史汀生呼吁彻底废除中立法案，重新制定征兵政策，使用海军为开往英国的船队提供护航。诺克斯和史汀生都呼吁在和平时期重新开始征兵制，为总统的下一步行动铺好了道路。

诺克斯和史汀生的就任使得共和党全国代表大会笼罩了一层奇特的氛围。罗斯福不仅抢了大会的风头，还暴露了共和党在外交政策上的巨大分歧。自从进步主义者和保守派在 1912 年爆发党内冲突之后，共和党还没有如此分裂过。孤立主义者对诺克斯和史汀生的变节迅速做出反应，想要开除他们党籍。然而，在对国防日益关注的竞选氛围下，这样做对共和党没有任何好处。不过，哈罗德·斯塔森在大会上的主题发言非常振奋人心。他认为，两名共和党人的任职说明民主党缺乏人才。他唯一的遗憾是，共和党人没能全部替换掉罗斯福"无能的新政政府"。

此次大会的黑马是温德尔·L·威尔基。这位 48 岁的印第安纳州律师是美国最大的发展股份有限公司——联邦南方公司——的主席和总经理。虽然对政治是外行，威尔基却具有亲和的外貌。戴维·哈伯斯塔姆称他为"共和党的奇珍异宝，最具异性缘的共和党人"。约翰·冈瑟称他为"当今美国甚至是任何时代最可爱、最多情、最热心、最积极的人"。事实上，威尔基以前一直是民主党党员，他的父母也是民主党的忠实党员。他在 1940 年初才刚刚转投共和党。他是一个积极进取、勇于担当的商人。他在知识分子面前也能坚持自己的观点。他为《大西洋月刊》《星期六晚邮报》《财富》《读者文摘》和《新共和》撰稿——认为纳粹和共产党有权发表自己的观点。1940 年 4 月，在《纽约客》杂志编辑克利夫顿·法迪曼主持的"快发信息"节目中，他赢得了全国大量听众的青睐。在一场听众颇多的政策辩论中，他击败了代表新政路线的罗伯特·H·杰克逊。

在内政方面，除了田纳西流域管理局之外，威尔基支持所有的新政政策。他曾经反对"3K 党"的记录，还是民权运动的绝对拥护者。在外交政策上，他支持伍德罗·威尔逊的国际联盟政策，认为美国应该加入国际法庭，主张应该无限制地援助盟国。5月，他对俄亥俄州美国退伍军人协会主席阿克伦说："英法构成了我国对抗希特勒的第一道防线。要是有人阻止希特勒，那肯定是英国和法国。如果我们能尽全力帮助他们而不宣战，我们将处于最有利的位置。"

威尔基之所以投奔共和党人是因为他不喜欢也不信任罗斯福。当然，个人野心也是部分原因。在与田纳西流域管理局的电费之争中，他所在的联邦南方公司失败了。对于约束他们公司发展的"公共事业控制法案"，他也百般阻挠，但他也失败了。他认为罗斯福使民主党远离了自由理念，造成了党中央集权和大政府。威尔基仍然支持新政的社会目标——包括全国医保，他只是认为罗斯福威胁到了个人自由。罗斯福连任第三任期的可能正是这种威胁的集中展示。

威尔基不是一个职业政客，从这方面来说他是政治上的门外汉。然而，他又是摩根银行的董事和纽约所有重要俱乐部的会员，从这方面来说他又是美国政治的圈内人。哈罗德·伊克斯准确地形容他为"来自华尔街的赤足律师"。艾丽斯·罗斯福·朗沃思说威尔基的候选资格当然是来自于草根——不过是"富人俱乐部的草根"。

全美有数千"我们需要威尔基"俱乐部支持威尔基竞选。众多的媒体也支持他，包括有《纽约先驱导报》《明星》《瞭望》《时代》《生活》《财富》和《名利场》等。"投票给塔夫脱是投票给共和党，"1940年5月13日出版的《生活》如此写道，"但投票给威尔基则是投票给带领美国渡过危机的最佳人选。"威尔基是所有报道竞选活动的记者的关注焦点。大会第三天，在他的记者招待会上，向来很挑剔的记者们为他长时间起立鼓掌。这一幕就如同动画片《史密斯先生去华盛顿》中的场景一样。

相对于党内对手，威尔基的竞选组织工作显得很业余。然而，他的竞选广告却是由美国最有实力的两家广告公司的老板亲自打理，初选大会事务委员会主席（他掌握着大会的入场券）也是他最早的支持者，主题发言人斯塔森充当了他的大会现场指挥，众议院少数派领导人、马萨诸塞州的众议员乔·马丁也属意于他。虽然马丁是坚决反对新政的孤立主义者，但是他意识到威尔基是战胜罗斯福的唯一希望。

共和党全国代表大会回避了孤立主义和国际主义之间的冲突。门肯发表演讲，说外交政策"既造成民主的胜利，也会造成民主的失败"。当共和党向全国听众发布了赫伯特·胡佛的电台演讲时，政治评论家们激动了。民主党的选举战略家们认为，胡佛这次久违四年之后的露面是对共和党在11月的大选中获胜的再保险。

6月27日，星期四的早上，《先驱导报》报道说，最新盖洛普民意调查（两天之前的结果）显示威尔基以44%的支持率领先，杜威为29%，塔夫脱则是13%。此时距离预定的投票时间还有半天。这篇报道的影响立竿见影。第一轮投票中，杜威如预期的一样以 360 票领先，塔夫脱有 189 票，范登堡 76 票，但威尔基获得了 105 票——这个数字大大超过了预期。第二轮马上开始。威尔基又获得 66 票，塔夫脱又获得 14 票，范登堡固守原位，杜威的支持率则开始下降。第三轮，威尔基上升到第二位，领先于塔夫脱。第四轮，杜威失利，威尔基和塔夫脱的两人之战则以 306∶254 结束，威尔基领先。

"我们需要威尔基"的口号从熙熙攘攘的观众席中传出，淹没了一切声音。自从 1920 年以来，共和党就没有在第一轮投票中决出过结果（当时哈定在第十轮投票时获得提名），会场总是一片嘈杂。主持人乔·马丁在杜威和塔夫脱的支持者的努力下意图延期投票，但威尔基的步伐无人能挡。在第五轮，阿尔夫·兰登成功说服堪萨斯州代表团投票给威尔基。到了第六轮，胜负揭晓，威尔基以 655∶318 战胜塔夫脱，获得提名。

第二天，威尔基宣布他的竞选搭档是来自俄勒冈州的参议院共和党领袖查尔斯·麦克纳里。麦克纳里来自西部，是一个孤立主义者，赞同大政府政策，在大部分问题上都远比威尔基保守。但是，他在华盛顿很受两党人士的欢迎，连罗斯福都觉得和他共事很轻松。"我认为共和党已经打出了他们的王牌。"次日罗斯福在内阁中说道。

对于罗斯福来说，威尔基获得提名是件好坏参半的事。威尔基是国际主义者，这使得对英国的援助成为受到争论的选举议题。但是在四名候选人当中，他又是最难打败的。不像塔夫脱，范登堡和杜威，威尔基很受中间选民的欢迎，而这也恰恰是也罗斯福最需要的。四人当中，只有他有机会阻止罗斯福的连任。

● 第二十一章 ●
又一个四年

随着威尔基的当选和诺克斯·史汀生的上任，外交政策之战转移到了国会山。1940年6月28日，在海军事务委员会主席、马萨诸塞州议员大卫·沃尔什的要求下，众议院修正了国防预算法案。修改后的法案禁止对外军售，只有在陆军参谋长和海军作战部长出具书面证明该行为对美国国防没有影响的前提下才可以例外。沃尔什是激进的孤立主义者，拥有爱尔兰血统的他天生仇恨英国，坚决反对向英国输出20艘新式鱼雷艇。

修正案给马歇尔将军和海军上将哈罗德造成了巨大的压力。他们都为日益削弱的美国国防而感到担心。参联会的沃尔特·贝戴尔·史密斯少校警告马歇尔和蒙哥马利："如果我们将物资给了英国，而自己需要的时候又发现物资不够，参与决策的人就会想找棵树吊死。"罗斯福取消了鱼雷艇的输出，但继续向军方施压以增加对英的援助。

国会山中蔓延的孤立主义情绪使得罗斯福不再犹豫，决定争取第三次连任。罗斯福现在更把自己看作是三军总司令，他要这个国家为战争做好准备。1940年7月15日，当民主党全国大会的代表们在芝加哥集合时，他们都坚信罗斯福会再次接受总统候选人提名。威尔基获得共和党提名后，罗斯福更加成为民主党总统候选人的不二人选，因为其他的民主党人在11月的大选中可能无法战胜威尔基。

罗斯福没有表明态度。这种策略让他控制了芝加哥大会的局势。他选择芝加哥为会议地点就是因为他相信市长凯利能够控制会场秩序。他派霍普金斯（他的身体已基本复原）在黑石酒店设立了办事处，但那只是个联络办公室而不是竞选总部。他还邀请大法官塞缪尔·罗森曼前往白宫：这次私人会面的目的无疑是为了接受提名演讲做准备。罗斯福想要得到提名但却不愿明说。这使得会场的代表们很郁闷。他们在等待总统的号令，总统却给他们来了个雾里看花。

然而事情却并没有按照罗斯福的设想发展。星期一，也是大会第一天，会议进展缓慢。《芝加哥每日新闻》报道说代表们推举罗斯福的热情并不太高。总统希望在欢呼声中获得提名，然而加纳和法利当然不会配合。当罗斯福在电话中暗示法利其实没有必要进行投票时，法利当即拒绝了。他对总统说："那样实在太愚蠢了。"更糟的是，能够控制大会入场券的是民主党全国主席法利，而不是市长凯利。所以当市长在欢迎词中提到罗斯福时，现场反应很冷淡，而法利却得到长时间的集体起立鼓掌。

罗斯福在周二仍然开局不利。霍普金斯在和政客们的交往中一向很谦和，但他的病却使他变得脾气粗暴，令人讨厌。现在的他可能是最不合适出任竞选经理的人选了。代表们被他凌驾于大会之上的控制欲和令人讨厌的行为给激怒了。身在瓦尔克尔的埃莉诺在广播里听到大会进展情况后对她的好友说，"哈里把他平时的错误全犯了一遍。他似乎不知道怎么让人们开心。"

制定新的政治纲领的议程也遇到瓶颈。以参议员惠勒和威尔逊为首的大批孤立主义者坚持要在政纲中加上一项旨在禁止参与国外战争的条款："我们不会参加国外战争。我们不会把陆军，海军或者空军派往美国以外的地方。"罗斯福最后在条款上加了一个前提"除非我们受到攻击"。惠勒和威尔逊才勉强接受了。

星期二早上在黑石酒店的房间里，参议员詹姆斯和司法部部长罗伯特·杰克逊参加了霍普金斯主持的竞选策略会议。哈罗德·伊克斯说："如果说共和党大会是仅仅为了威尔基而开，那么我们则有过之无不及。"霍普金斯被他的话激怒了。伊克斯便直接把情况通报给了总统。他没有打电话，而是发了份电报。"在电话里转移话题太容易了。总统很擅长于这点。"伊克斯写了很多，但归结为一句话就是："这次大会将会充满残酷的争斗，您的名声和声望也会沾上血污，最后与之同归于尽。"伊克斯要求罗斯福前来芝加哥主持大局。"现在900多名代表是群龙无首，正期盼着您到来。"

弗朗西斯·珀金斯已经是第六次参加民主党大会，她也同意这个提议。她认识罗斯福30多年，比伊克斯更了解罗斯福。她给罗斯福打了个电话。（"因为他在电话里总是很随和。他愿意放下手中的工作和人通过电话谈事情。"）珀金斯告诉罗斯福，他会得到提名，但是"目前的局势已经糟糕透顶。"和伊克斯一样，她也催促罗斯福到芝加哥来。

"不行，我已经仔细考虑过了。"罗斯福回答道，"两方面我都想过了。弗朗西斯，我知道自己是对的。我去了情况只会更糟。人民会要求我做出不应该做的承诺。如果我拒绝承诺，就会树新敌。如果我承诺了，就会犯错误。那样我就不得不纠缠于我不愿过多纠缠的事情。所以还是不去的好。"

珀金斯问道："那我们应该怎么办？"

"让埃莉诺去怎么样？"罗斯福说，"我想她一定可以表现得不错。你知道，埃莉诺总是让人觉得很舒服。"

珀金斯同意了。于是总统说："你给她打电话吧。我也和她说，但是你打电话她就不会觉得是我要让她去的。"

珀金斯在电话中感觉到了埃莉诺的犹豫。后来埃莉诺曾写道："我想这样做没什么意义。"她也很在意法利的看法。埃莉诺和弗朗西斯都很喜欢这个主席，对于他和罗斯福成为竞争对手感到很遗憾。最后，埃莉诺说如果法利邀请她，她就去。"但我可不愿去把局面搞得更难堪。"她告诉珀金斯。

埃莉诺给在芝加哥的法利打了个电话。法利感到很意外，几乎说不出话来。

埃莉诺对他说："如果您觉得不合适，我就不来。"

法利定了定神，然后说道："我觉得没关系啊。"

埃莉诺接着说："请一定说出您的心里话。"

法利说："我这样说并不是出于礼貌，我就是这样想的。坦白讲，情况并不理想。你来也并不会怎样影响到我。从总统的角度来讲，你来就算不是必要也是有利的。"

埃莉诺决定星期三飞往芝加哥。她没有使用政府交通，而是打电话给她的老朋友，美国航空公司的总裁史密斯，乘坐他的私人飞机去芝加哥。

星期四晚上大会乌云散尽重见天日。市长凯利重新控制了会场。虽然法利控制着入场券，可芝加哥的警察管控着会场的入口。当代表们被要求遵守会场秩序时，芝加哥体育场里挤满了来自库克县的民主党支持者，他们都等着市长的信号。参议员阿尔本·巴克利在大会上做了主题演讲，内容是关于他作为永久主席的义务。接下来就应该是提名演讲了。在 1932 年和 1936 年的大会上，巴克利冗长无味的演讲已经快让代表们崩溃了。而这一次他更是变本加厉。他喋喋不休地细数着新政的好处和共和党的失败，根本不顾观众的跺脚和喊叫。说到第十三分钟时，他偶然提到了总统。这下点燃了会场的激情，会场里的人们开始了绕场游行，混乱持续了近一个小时。秩序恢复以后，巴克利又讲了半个小时。在演讲快结束时，他终于宣布了代表们期待已久的内容——来自总统的消息，他说：

> 总统从来没有，就算在今天也没有打算获得提名，参加竞选，或者继续担任总统。他真诚地向在场的代表们说明一点，那就是你们可以自由地投票给任何一名候选人。
>
> 这就是我今晚要向大家传达的总统的意愿。

芝加哥运动场里的观众们突然沉默了。罗斯福究竟是什么意思？这段话的意思还是模棱两可。五秒，十秒，十五秒……突然，会场陷入一片混乱。通过遍布会场的扩音器，一个有力的声音在不停地喊着："我们需要罗斯福，我们需要罗斯福……"不久代表们也加入其中，观众席上的人群也涌入了会场，人们举着各州的州旗挤在过道里，芝加哥警察乐团还在演奏着《往日幸福重现》，城市消防员们用大喇叭不断喊着"富兰克林·D·罗斯福"，连会场里那架大电子琴也加入了这个大狂欢。嘈杂中，人们仍然可以清晰地听到一些声音回荡在整个会场："我们需要罗斯福"，"人人都需要罗斯福"，"世界需要罗斯福"。在会场边上的一间小房里，坐着芝加哥市的大嗓门下水道工人主管——54岁的托马斯·D·盖里。就是他一直对着话筒不停地喊话，最后获得一个"水管工的呼声"的不朽名号。

这样，星期四的投票就只是走走形式了。罗斯福一举获得946票，法利获得72票，加纳61票，马里兰州议员米勒德·泰丁斯9票，未列入候选人名单的科德尔·赫尔5票。

当晚，罗斯福致电赫尔，邀请他成为副总统候选人，这当然也只是个姿态。赫尔再次拒绝了，其实在过去的两周中他已经三次拒绝罗斯福的邀请。随后总统打电话给霍普金斯，告诉他自己希望由农业部部长亨利·A·华莱士做竞选搭档。罗斯福的这一选择让党内领导人们十分震惊，无异于1900年西奥多·罗斯福当选为共和党总统候选人时给政坛带来的震撼。罗斯福的理由是，他需要一个在农业上拼得过威尔基，在政治上坚持新政，在反法西斯立场上没有问题的人。华莱士在农业部业绩显著，他开创性地发展了杂交玉米，使美国农业大有改观。另外，罗斯福觉得华莱士对自己忠诚、性格可爱，不像脾气不好的加纳那样很难相处。但不利因素是，华莱士从来没有参加过选举，甚至连职业政客都觉得他很陌生，对他不了解。另外，他对民主党的忠诚也尚待考验。他的父亲曾是哈定总统的农业部长，直到1936年大选时，华莱士才注册为民主党人。一个民主党领导人甚至说："不要因为共和党提名了一个变节的民主党人，我们就提名一个变节的共和党人。"

除了华莱士以外，还有其他人也想得到副总统提名。霍普金斯向罗斯福推荐了最高法院法官威廉·道格拉斯，而议长班克黑德认为罗斯福会选择他。此外，保尔·麦克纳特和复兴金融公司的耶西·琼斯也都想得到这个提名。华莱士并没有得到很多的支持。他还不得不面对大会上那些心怀忌恨、愤愤不平的代表们。贝尔纳斯推荐琼斯或者阿尔本·巴克利。法利说除了华莱士谁都可以——最好是琼斯，班克黑德或者麦克纳特。埃莉诺也对罗斯福说："我同法利谈过了。我同意他的意见。亨利·华莱士不行。而耶西·琼斯会帮助你得到更多的选票、商业支持和捐款。"

但罗斯福坚持他的想法，于是霍普金斯和贝尔纳斯开始遵从他的意见转而引导大会支持华莱士。琼斯也在总统说服下放弃了副总统候选人的角逐。（1940年8月22日，霍普金斯作为商务部部长退休。罗斯福任命琼斯继任部长。）最后只剩下班克黑德，麦克纳特和华莱士三人竞争。按照计划，周二晚将进行副总统候选人的提名。就在他的名字被提交给大会后，麦克纳特却宣布放弃，他说："罗斯福是我的领导。我支持所选择的副总统候选人。"这样就只剩下班克黑德和华莱士。然而就在投票开始前，输赢还未见分晓时，罗斯福却得到了关键的帮助。在党主席法利的陪伴下，埃莉诺·罗斯福走上了讲台，全体与会人员纷纷起立为之鼓掌。埃莉诺和法利以他们的魅力使会场气氛重新振作起来。在演讲中，埃莉诺首先感谢了法利："我想大家都知道法利为我党的建设所做出的贡献。在此我向他致以诚挚的感谢。"罗斯福夫人使用了正确的策略。之前，观众们在听到华莱士的名字时都发出了嘘声，而此时都在认真地聆听她的讲话。埃莉诺接着说："现在情况紧急，我们不应该再计较由谁当选，而应该顾全大局。"她在讲话中并没有提及华莱士，而只是请求代表们支持她丈夫的选择。"在当前形势下，任何一个候选人或是总统都无法独自挑起这副重担，只有团结的民众、热爱祖国的民众、为祖国而生的民众才能够战胜一切。"

当她结束讲话时，芝加哥运动场内一片静谧。合众社报道说："疲倦闷热的代表们感受到了她的情感和魅力，都安静下来。"《纽约每日新闻》说："她抚平了大会的创伤。而那些聪明的参议员们却没能做到。"当巴克利要求开始投票时，会场内的情绪已经平静下来。如果没有埃莉诺在关键时候的讲话，华莱士能否获胜也未可知。

然而可以肯定的是，如果华莱士没有得到提名，罗斯福绝对不会第三次竞选总统。在白宫楼上的书房里，罗斯福一边玩着单人纸牌一边从广播里收听大会进程。萨姆·罗森曼回忆说："他的表情很严肃。"当双方得票陷入胶着状态时，罗斯福让米西拿来纸和笔，写下了一些东西。然后，他把草稿交给罗森曼，说："萨姆，把这个东西润色一下，准备发表。我可能很快就要用。所以请务必快点。"毫无疑问，如果华莱士输了，罗斯福就会拒绝参选。罗森曼说："那天晚上，他态度决绝，我从未见过他如此坚定。"

在芝加哥运动场会场，南卡罗来纳州的詹姆斯·贝尔纳斯挨个劝说着代表们，他说："看在上帝分上，总统重要还是副总统重要啊？"然而双方票数依然势均力敌。已经有8个州投过票了，其中包括俄亥俄州和宾夕法尼亚州。当怀俄明州开始投票时，班克黑德还以两票领先。在巴克利说服了匹兹堡市长大卫·劳伦斯后，华莱士领先了。其他的代表也开始改投华莱士。最后在全部1100票中，华莱士得到627票。这些选票与其说是对华莱士的支持还不如说是白宫的力量发挥了作用。当议长班克黑德的哥哥，亚拉巴马州议员约翰·班克黑德按照惯例做出让步，以使华莱士获得一致同意当选时，"不要"的声音压过了"好"的声音。当华莱士想上台接受提名演讲时，贝尔纳斯制止了他。

"不要去，亨利。不要去。你去了会破坏我们党的团结。"

华莱士沮丧地走了。大会就此结束。对于罗斯福来说，这个胜利代价惨重：法利因此而辞职，南方人觉得班克黑德所遇不公，各组织领导人都不喜欢华莱士，一般的代表也觉得受到总统的摆布。"大家都马上离开了芝加哥。"伊克斯写道，"这本来应该是一场热情的大会，结束时却像是一个守灵会。"罗斯福推举华莱士的决心就像他在 1937 年的法院之争和 1938 年肃清国会运动中所表现出来的一样，不管是不是三军总司令，罗斯福都有能力达到目的。

此时，欧洲的局势更加紧张了。法国战败之后，英国也加入了战斗。威尔基获得提名意味着援助英国不会成为竞选议题的一部分。然而，两党中还是有人在为美国的中立而奔走。当时美国所面临的两个最主要的问题是丘吉尔于 5 月 15 日向美国要求的 50 艘旧式驱逐舰的问题以及和平时期征兵的问题。此时公众意见仍然悬而未决。1940 年 6 月和 7 月的盖勒普民意调查显示 61% 的美国人认为当务之急是保证美国不参与到战争里面。同时，73% 的人认为应该尽可能援助英国。至于是否应该"在影响我国国防建设"的情况下向英国输出飞机，49% 的被访人表示支持，另有 44% 的人表示反对。

6 月 20 日，内布拉斯加州的民主党议员爱德华·R·伯克向参议院提交了和平时期义务兵役制法案。第二天，纽约共和党人詹姆斯·W·沃兹沃斯在众议院也提出同一份法案。这是美国历史上首次由两党共同提出的法案。伯克是一名反新政的民主党人，还曾极力反对罗斯福的最高法院改制计划，因此罗斯福一直很讨厌他。沃兹沃斯在美国参议院中任职两届（1915—1927），来自北部的利文斯顿县。他是罗斯福的老朋友，但也不是自由主义者。

法案是由一个民间组织起草的，领头的是史汀生的前法律搭档格伦维尔·克拉克。本来法案通过的希望并不大。民主党人詹姆斯·贝尔纳斯曾说，想要法案获得通过是"异想天开"。美国工人党的威廉·格林也认为自愿征兵比义务征兵更符合"美国方式"。一向尖酸刻薄的约翰·L·刘易斯贬低该法案为"垃圾脑子想出的绝佳创意"。宗教领袖们也纷纷反对这个计划。向来支持总统的进步党人乔治·诺里斯这次也认为，强制性征兵会演变为军事独裁。孤立主义者则兴奋不已、蠢蠢欲动。艾奥瓦州议员盖伊·吉勒特说："让孩子们在军队里无所事事地玩一年扑克的想法简直就是胡扯。"北达科他州的杰拉尔德·奈声称："这个国家唯一的紧急情况就是有人一心想着把我们的孩子送到欧洲或者亚洲去。"密苏里州的班尼特·钱普·克拉克说："这是违背美国人天性和习俗的军国主义。"蒙大拿州的伯顿·惠勒说："如果法案通过了，就彻底摧毁了美国最后的民主党人，随了希特勒的意，让亲者痛仇者快。希特勒会在美国民主政治的墓碑上刻上这样的字句：'这里躺着心理战的受害者。'"

从一开始罗斯福就和议案保持着距离。他可不想在选举年里做太激进出格的事。"我们政府不能过快地改变政策,"他在给他的朋友海伦的信中写道,"政策只能和绝大部分民众的意愿保持一致。不然,我们这个民主的政府就有崩溃的危险。"

他在暗地里鼓励格伦维尔和他的同事推动议案,还建议不要强调征兵的强制性。在罗斯福的授意下,史汀生和马歇尔在国会山不停制造有利于《伯克-沃兹沃斯法案》的氛围。史汀生对众议院军事事务委员会说:"义务兵役制是建立部队的唯一公平高效和民主的方法。"马歇尔说"除了义务兵役",没有其他"可能的办法"能够既满足国防的需要又保障士兵的安全。至此,民意开始倾斜。当法国投降时,过半的美国人已经认同了义务兵役制。在不到一个月后的 7 月 20 日,这个比例就达到了 69%,而到了 8 月末认同的比例更是达到了 86%。

克拉克的公关、史汀生和马歇尔的陈述以及英军对德国空军的英勇还击共同推进了这个法案。1940 年 7 月 24 日,参议院军事事务委员会宣布支持《伯克-沃兹沃斯法案》。5 天以后,罗斯福要求国会同意征召国民警备队和预备队为现役部队。8 月 2 日,罗斯福首次公开支持义务兵役制。在任职之后和媒体的第 666 次见面会上,罗斯福宣布他绝对支持义务兵役制并认识到其对国防的必要性。8 月 17 日,威尔基也认可了该法案。和史汀生的说法相似,他说义务兵役制"是唯一能够保证提供我国国防所需的训练有素的士兵的民主方式"。当有记者告诉威尔基要想赢得大选他就必须反对义务兵役制时,威尔基喊道:"我赢不了也不会反对的。"

威尔基对义务兵役制的支持"彻底击垮了反对派的后场"。民主的义务兵役制方式最终获胜。8 月 28 日,参议院以 69∶16 通过《伯克-沃兹沃斯法案》,其中主要还是得力于共和党的支持。而在众议院,身为外交关系委员会成员的纽约州议员汉密尔顿·菲什提出了一条麻烦的修订建议。他要求把征兵推迟到大选以后,并且不得多于 40 万人。菲什的修订建议没有得到什么支持。史汀生、罗斯福和威尔基都强烈反对。最终该建议没有写入两院通过的版本里。9 月 14 日,法案最终如克拉克等人所预期的在参议院以 47∶25 通过,在众议院以 232∶124 通过。两年后,罗斯福批准其成为法律。1940 年 10 月 16 日,超过 1600 万 21 到 35 岁之间的青年成为美国第一批义务兵。

英国对驱逐舰需要的紧迫性日益增加。在六月,丘吉尔提出了 3 次要求。英国只有 68 艘舰艇,不但要保护他的贸易航线不受德军潜水艇的骚扰,还要对英吉利海峡进行巡逻,防止可能的袭击。"所以这是个生死攸关的问题,我们必须要求驱逐舰的增援。不管什么情况,我们都会拼命战斗。但是如果得不到增援,我们可能就会力不从心。"在 6 月 26 日,英国国王乔治六世也请求美国援助潜水艇。"我非常理解您的难处,"他致信罗斯福,"我相信您会尽全力及时为我们提供这些驱逐舰。"

罗斯福第一反应就是要求国会的授权。美国拥有 200 艘一战退役驱逐舰。到
1939 年时，其中 172 艘已经经过改装重新服役，还有约 50 艘处于闲置状态。但是
当时义务兵役制还没有通过，如果又提出这个事情，很可能这两个提案在国会山都
通不过。同时，驱逐舰的事属于参议院海军事务委员会主席戴维·I·沃尔什管辖，
而他是参议院最强硬的军售反对派。通过这个提案可不容易。

没有国会的同意，似乎就没有办法了。租借舰艇给交战国是违反国际法的；
《1940 国防预算法》的"沃尔什修正案"又要求出售舰艇必须得到海军作战部长的
签字，而斯塔克海军上将前不久刚刚表示如果有足够资金，这些舰艇都可以在整修
过后重新使用；况且，《1917 年的间谍法》也规定提供舰艇给交战国是违法行为。

7 月 19 日，刚刚成为伊克斯的公共关系总顾问的本杰明·科恩建议说，总统可
以以三军总司令的身份下令提供驱逐舰给英国。伊克斯把这个建议提交到白宫，但
是没有得到采纳。罗斯福也不同意。"科恩的这个建议听上去还可以，"他对海军部
长弗兰克·诺克斯说，"但坦白说我觉得它不可行。同时，我认为国会目前不会批
准任何一种军售。"罗斯福告诉诺克斯，也许过些时候以西半球防御的名义要求国
会批准出售驱逐舰给加拿大还有可能，不过当前什么都做不成。

正当政府的努力快要搁浅时，罗斯福得到了意外的帮助。1940 年 7 月 11 日，
在著名的世纪俱乐部举行的宴会上，30 位有影响力的各界名流组成了一个松散的组
织，旨在唤起美国的危机意识，提醒人们注意英国战败的危险，呼吁人们采取必要
措施防止这种危险。

该组织当晚讨论了很多问题。但是最重要的建议还是美国向英国提供 50 艘驱
逐舰，并以英国向美国提供西半球的海军基地为交换。这是首次有记录的"基地换
驱逐舰"的建议。孤立主义者一直以来都更希望以在美洲建立海军基地交换英国的
战争债务。在"世纪组织"的指示下，艾尔索普把建议交到英国驻华盛顿大使洛西
恩爵士手中。爵士很感兴趣，但并没有发表意见。7 月 25 日，卢斯则把建议提交给
罗斯福。他得到的回答很类似："亨利，没有国会的全力支持，我不能表态支持这
个建议。"

在得到洛西恩的报告后，丘吉尔于 7 月 31 日重新提出了请求。"自我斗胆给您
发电报以来已经有些时候了，"他告诉罗斯福，"在过去的十天，我军又有十艘驱逐
舰被击沉或击毁。"

> 驱逐舰非常容易受到轰炸，然而它们又必须部署在轰炸区域以防敌人的海
> 上袭击。以目前的伤亡率来看，我军支持不了多久了。如果不能得到援助，整

个战争的命运也许就会被这个原本可以被挽回的因素所决定。

这就是目前的情况。我相信您肯定会不遗余力地立即把美国最老旧的50或60艘驱逐舰送到英国……

尊敬的总统先生，我必须告诉您，在漫长的历史当中，这就是当务之急。

8月1日，丘吉尔发过电报之后，洛西恩与海军部长诺克斯星夜会晤。双方都认同驱逐舰的重要性。诺克斯直接问，英国是否考虑过以西半球基地交换驱逐舰。洛西恩说还没有。诺克斯承诺第二天将在内阁讨论这个问题，洛西恩也提出会向政府报告这件事情。

8月2日，内阁召开紧急会议。史汀生经历过塔夫脱和胡佛政府时期的紧急会议，但他把这一次会议称为"我在内阁任职期间所遇到的最严肃、最重要的辩论"。诺克斯介绍了他和洛西恩的会谈，并建议以驱逐舰换取在西印度群岛的基地。赫尔质疑获得英国的领土是否会违反《美洲国家间协议》。罗斯福说可能会，但如果是租借基地而不是转让就不存在问题了。

还有两个麻烦。大家都认为必须得到国会的批准，但是罗斯福担心这样做的政治风险。如果得不到威尔基的支持，也就得不到共和党国会议员的支持。华莱士、司法部部长罗伯特·杰克逊和伊克斯都不主张找威尔基商量。认为他有可能会拒绝合作而让政府收拾烂摊子。而诺克斯、史汀生和赫尔则不这样认为。在场的人问法利的意见，大家都很看重他的意见。法利说："和他商量。这对国家有利。对国家有利就是好的政治决定。"罗斯福同意这个看法。当晚他就致电他和威尔基共同的朋友、堪萨斯城的编辑威廉·艾伦·怀特。怀特当时正在科罗拉多度假，离威尔基很近。他认为威尔基会同意的，答应试着去说服威尔基。

8月3日，丘吉尔回复了洛西恩。英国政府同意以基地交换驱逐舰，不过是以租借而不是转让的名义。这恰好与罗斯福的想法不谋而合。"要快点决定下来，"丘吉尔告诉洛西恩，"现在我们就需要驱逐舰。你要全力以赴。"

同时，"世纪组织"也在政治上四处游说。8月4日，在该组织的要求下，国家最受人尊重的英雄约翰·J·潘兴陆军上将在华盛顿卡尔顿酒店通过广播向全国发表演讲："英国海军需要驱逐舰来为商船护航和抵抗侵略。接下来的几周是最关键的时刻。现在是我们能以非战争的方式来防止战争的最后时刻了。"

潘兴的演讲造成了全国性的声援活动，在政治上有力地支持了罗斯福。1940年8月5日，《时代》周刊打出英国需要驱逐舰的广告。《纽约时报》和《国际先驱导报》也相继刊登类似广告。8月11日，"世纪组织"又使出另一妙招。《纽约时报》登出了迪安·艾奇逊和其他三位杰出律师的公开信，详尽地阐明总统应该利用总统权力批准租借驱逐舰，而不需要额外立法。"当时，我的老同学查尔斯·梅兹主管《纽约时报》的社论，"艾奇逊在回忆录中写道，"我告诉他这个想法。建议他把这个想法以公开信的形式登在《纽约时报》上，登在周日版社论的显眼位置上。他同意这个想法，发表了这封公开信。"艾奇逊的公开信进一步完善和阐述了本·科恩的建议，引起了很大的反响。史汀生认为，这件事情很难得到国会的批准，但是艾奇逊"精心写作的信件……为事情带来了转机"。

在艾奇逊的信件发表之前，政府高层中没人认为国会会批准这个提议。在此之后，法兰克福特转而支持这个想法。8月15日，史汀生致电罗斯福。"法兰克福特说他很受鼓舞，"史汀生在日记中写道。罗斯福告诉史汀生，他"明早就和司法部部长商谈，将会争取落实这个建议。"

和威尔基的商谈进展得并不顺利。当怀特和"世纪组织"的成员催促共和党总统候选人公开支持该建议的时候，赫伯特·胡佛和其他一些共和党人士却建议他不要公开发言以免承担责任。结果，威尔基保持了沉默。"情况并没有看上去那么糟糕，"怀特发电报给罗斯福，"我同您二位都谈论过这个话题。我知道你们的观点差不多。"8月17日，威尔基正式宣布参选总统，他在基地换军舰的问题上模棱两可，既流露出了赞成之意又没有明确支持。他说："我全力支持总统向侵略者的对手提供我国的物资援助……英国海军的失利会严重威胁到我国的安全。"

在艾奇逊发表公开信之后，杰克逊提出了司法部的正式意见，支持总统以三军总司令的名义以驱逐舰交换海军基地。杰克逊认为，《1917年的间谍法》的法律障碍并不适用于此种情况。司法部亮了绿灯，事情就好办了。美国同意分八批把50艘驱逐舰送到加拿大新斯科舍省的哈利法克斯港，英国人在那里等待移交。作为交换，英国将租借位于纽芬兰岛、百慕大群岛、巴哈马群岛、牙买加、安提瓜岛、圣卢西亚岛、特立尼达岛和英属圭亚那地区的8个基地给美国，租期为99年。为了英国的尊严（丘吉尔还要考虑民意）和避免英国吃亏，双方同意先行将纽芬兰岛和百慕大群岛的基地作为礼物交付给美国，其余六个基地再逐次与驱逐舰交换。马歇尔将军和斯塔克将军都签字同意了这个交易——这些基地的作用可比50艘一战退役驱逐舰大得多。1940年8月30日，斯塔克命令大西洋舰队率领8艘驱逐舰驶往波士顿。交易的时间定在9月6日。

在视察位于西弗吉尼亚州查尔斯顿市的一家军工厂时，罗斯福亲自宣布了这个交易。"这是自购买路易斯安那州以来，在增强我国国防方面最重要的行动，"他告诉随行的记者。丘吉尔则告诉议会，英国和美国自此"将会命运相连。我毫不怀疑事情发展的这一方向。就算我想停也停不下来了。没人能够阻止。就仿佛密西西比河奔流到海不复回"。威尔基说："国家毫无疑问会同意这个交易，"但是对"总统忽视国会的意见”表示遗憾。

公众反应都很积极。来自国会的批评也平息了。这桩交易明显对美国有利，即使是最顽固的孤立主义者也找不到攻击点。曾经有公民起诉罗斯福的行为违宪，但也因为起诉者身份不符合起诉要求而未在地方法院立案。

随着驱逐舰交易的启动，罗斯福的竞选活动也拉开了帷幕。8月末的盖洛普民意调查显示，罗斯福和威尔基不分胜负，总统以51%对49%稍稍领先。9月中旬，罗斯福已经拉开10个百分点的差距。威尔基没有找到有利的竞选议题，也没有找到新政联盟的弱点。虽然他获得了约翰·L·刘易斯的支持，但大多数美国工人还是坚定的民主党支持者。威尔基在底特律的工厂被嘘；在庞蒂亚克被扔鸡蛋；在大瀑布城，他的火车被一块石头砸破了窗户。关于他的德国血统，关于他在老家印第安纳州的演讲“黑鬼，不要让太阳因你而落”中的种族歧视，人们都在议论纷纷。威尔基粗放的竞选方式有利有弊。选民很喜欢他的开放和真诚，但是缺乏竞选经验使他受到了很多措辞尖锐的批评。在匹兹堡对工人们发表演说时，他宣布将从工会中任命一位劳工部部长。这对弗朗西斯·珀金斯来说是一记响亮的耳光，工人们也对此表示热烈欢迎。但是，为了获得更大的掌声，他竟然莫名其妙地加了一句：“当然，此人不会是一个女的。”

“他为什么不见好就收？”罗斯福问弗朗西斯·珀金斯，“他做得不错。为什么他要侮辱全美国的女性？这会让她们抓狂，会让他丢掉选票。”后来的事实也的确如此。

竞选活动充斥着个人的色彩，但最终结果还是由候选人的公共事务政策所决定。在1940年，公众人物的私生活还是严格保密的。媒体尊重隐私，政客也比较宽容，没有哪个党派会拿对手的私事做文章。但民主党仍有两个潜在的问题：亨利·华莱士的玄学背景和副国务卿萨姆纳·韦尔斯的同性恋取向。8月末，共和党全国委员会得到了一些华莱士的私人信件。这些信件写于1933到1934年间，是他写给一个叫尼古拉斯·罗伊里奇的俄罗斯白人邪教头目的。华莱士于1933年研究蒙古国抗旱草时结识罗伊里奇，随后便受到他的蛊惑。这些信件以“亲爱的导师”开头，充满了神秘的思索，足以让人质疑华莱士的情商。在威尔基的要求下，共和党并没有利用华莱士的这个弱点。同样，韦尔斯的性取向也没有成为竞选的话题。1940年9月22日，韦尔斯在亚拉巴马参加完议长班克黑德的葬礼回到华盛顿。在喝得酩酊大醉后，他竟然要求他的门房给他提供性服务。门房拒绝了，事后还把事情报告给了公司。这个绯闻在华盛顿闹得沸沸扬扬，但是并没有成为政坛的话题。

对共和党来说，他们的软肋是威尔基与伊丽塔·范多伦的长期私通。伊丽塔是《先驱导报》的书论编辑，也是哥伦比亚大学最有影响力的知识分子，著名历史学家卡尔·范多伦的妻子。伊丽塔是将门之后，比威尔基年长一岁。她和这位共和党的领袖在长达 30 年的时间里是实际上的生活伴侣。伊丽塔把威尔基介绍给了纽约的文艺圈，圈里的名人们成为了他的文化顾问。她的座上宾有卡尔·桑德伯格、丽贝卡·韦斯特、维吉尼亚·伍尔夫、安德烈·莫瓦鲁、詹姆斯·瑟伯、辛克莱·刘易斯、桃乐茜·汤普森、约翰·巩特尔和威廉·L·夏勒。伊丽塔帮威尔基写演讲稿和文章，使得威尔基"深邃的思想"被人们津津乐道。

伊丽塔身材高挑，眼睛深邃，还有一头可爱的鬈发。《美国学者》杂志的编辑海勒姆·海登认为"她的高尚是天生的。从她的灵魂深处透出一股甜美"。连罗斯福也认为她是"一个非常漂亮的女人"。在竞选活动过程中，伊丽塔通常身处幕后。威尔基的妻子伊迪丝则伴随在他左右。"政治让路人也能同床共枕，"伊迪丝向记者开玩笑称。与罗斯福夫妇的关系一样，维系威尔基婚姻的也是彼此之间残存的亲情和政治上的便利。同样，民主党也没有拿这件事情大做文章，甚至都没有私下议论。但如果共和党抓住华莱士不放的话，威尔基的婚外情就将是民主党手中的王牌。

威尔基阵营的选举工作非常积极高效。正副总统候选人、选举工作人员和 75 名记者花了 7 周时间坐着竞选专列跨越了整个美国。威尔基一共走了 1 万 8 千 785 英里，造访了 31 个州，作了 560 次演讲。而罗斯福就待在白宫，只是偶尔参观一下军工厂或者国防设施，总是保持着三军总司令的姿态，一副高高在上的样子。但这个策略非常奏效。威尔基活动得越多，民调就越是落后。9 月底的盖洛普民意调查显示，罗斯福已经领先 12 个百分点。当选民们被问到认为谁会在 11 月当选时，68% 的受访者认为是罗斯福。

威尔基没有胜算。罗斯福的第三任期也不是问题了。无党派人士、纽约市长费海罗说："我宁愿要一个知根知底的罗斯福，也不要毫不了解的威尔基。"在国内问题上，威尔基支持新政。失业本来可以成为一个话题，但是由于战争在即，工人们又纷纷回到工厂，钢厂重新开工，建筑业全面恢复，这个话题也就失去了意义。在外交政策上，威尔基支持援助英国，支持义务兵役法和加强军备。这场选举是两个立场差不多的候选人的较量，但威尔基却没有获胜所需的与众不同的特色。卡尔·桑德伯格告诉全国广播听众，罗斯福"不是完人"，但是他"比纯金还珍贵。"

随着竞选陷入困境，威尔基改变了选举策略。在共和党的压力下，他必须变得有攻击性。威尔基不得不改变了他在外交政策上的立场。刚开始，他还很小心谨慎。10 月 11 日，他在波士顿发表演讲，听众中包括很多传统的爱尔兰裔和意大利裔民主党支持者。他向听众承诺："我们不会参加其他人的战争。我们的孩子不能参加欧洲的战争。"随着他的支持率缓慢上升，他加强了攻势。他成了和平主义的总统候选人，把罗斯福刻画成了好战者。"如果（罗斯福）不让我们的孩子参战的承诺就像他对平衡预算的承诺一样不算数，那么我们的孩子即将走上战场。"威尔基还暗示美国参战的协议已经暗中达成，企图进一步激发民众的不满情绪。在巴尔的摩，他告诉一名听众："鉴于（罗斯福）过去的表现，如果他当选，那么在1941年4月，美国就会参战。"

到10月中旬，威尔基的攻击给民主党造成了很大的影响。民主党全国主席弗林发出警告，称可能改变中西部票数局势的意大利裔和德裔选民有变节的可能。马萨诸塞州的爱尔兰裔选民也还没拿定主意。参议员沃尔什在进行反对罗斯福的孤立主义活动。在10月第二周进行的盖洛普民意调查显示，如果欧洲没有战争，威尔基将以53%对47%打败罗斯福。

罗斯福分析了形势，觉得反击的时机到了。"我要狠狠反击。"他在10月17日告诉哈罗德·伊克斯。第二天，白宫宣布总统在最后两周将进行5场竞选演讲，意在纠正共和党的错误说法。

富兰克林·D·罗斯福于10月23日晚在费城的一场群众大会中开始了竞选演说。他告诉欢呼着的人群："我认为用事实来回应弄虚作假的行为是我的公共责任。我不会假装讨厌这个责任。我是一名老兵，我喜欢正当的战争。"罗斯福此刻是最好的。他选择了一个完美的时机。"他的表演才能简直是所有巴里莫尔家族①成员的总和"，一名记者这样喊道。

针对共和党人（他从未提及威尔基的名字）关于"政府已与别国秘密达成协定要将国家推向战争"的宣传，罗斯福表态说：

> 我给你们以及这个国家所有的公民最庄严的承诺：
> 我们与任何其他政府都没有任何形式的直接或间接的秘密条约、秘密合同、秘密委托或秘密协商，要使这个国家陷入任何战争或达到其他目的。

五天后，罗斯福乘坐着敞篷汽车，在纽约市的五个行政区进行了一次巡游。大约有两百多万人涌上街头欢迎罗斯福。稍后，罗斯福在麦迪逊花园广场公园作了另一场激情澎湃的演讲。就在数小时之前，墨索里尼侵入了希腊，罗斯福总统对此表

---

① 巴里莫尔家族：美国的演艺世家，有莱昂内尔（1878—1954年），因为出演《自由的灵魂》于1931年获奥斯卡奖；他的姐姐埃塞尔（1879—1959年）多出现于戏剧舞台，同时也因为出演《寂寞芳心》而获1944年的奥斯卡奖；他们的弟弟约翰（1882—1942年），人称"伟大的形象"，在舞台上扮演过哈姆雷特和理查三世，还出演过很多部影片，包括《八时餐会》（1933年）。

达了自己的痛惜之情。他没有指责意大利人背后对希腊下黑手，而仅仅表达了对"将深陷战火的意大利人民和希腊人民"的关切。

这场演讲是对几乎所有共和党领导人的抨击鞭笞，但在演讲中总统却仍未提及威尔基。富兰克林·D·罗斯福言辞雄辩有力，人们欢呼着对他表示赞同——尤其是在他有节奏地喊出"马丁，巴顿，费什"三个名字后。罗斯福说："如果当初决定权留在了马丁、巴顿和费什那里，那么英国和许多其他的国家就不会得到我们的任何帮助了。"在此后的几个段落中罗斯福又几次使用这样的叠句，观众们则报以更热烈的欢呼声。

罗斯福的还击使共和党人目瞪口呆。仅通过两次演讲罗斯福就夺回了主动权。随后，威尔基开始用更多的谩骂进行反攻，罗斯福也一一作出回应。两天之后他在波士顿用一句极具震撼力的语句结束了这场争辩，他说："我以前就已经说过，但我还要重申，不断地重申，你们的孩子不会参加国外战争。"

"他真是个伪君子，"威尔基和他的同党人听到这场演讲时说道。"这篇演讲将会把我打败。"

在通往波士顿的火车上，罗斯福就已经对演讲稿做了最后修改。在以往的讲话中他总是像民主党政纲中所写的那样，在谈到有关战争的事情时加上"除非受到攻击"这样的字眼。当山姆·罗森曼指出这一点后，罗斯福去掉了这样的词句，他说："完全没有必要这样，如果我们受到了攻击就不是国外战争了。"当一切准备就绪后，富兰克林·罗斯福就变成了睚眦必报的政治家。赌注越高，他越残酷。法利和班克黑德在芝加哥时就明白了这一点。当罗斯福在波士顿演讲后，威尔基也了解到了罗斯福的这一面。

11月2日，罗斯福在克利夫兰用一场演讲结束了这场竞选。17年来，听过罗斯福每一场演说的罗森曼认为，1940年的克利夫兰演说是最好的一次。

虽然富兰克林·罗斯福有一支演讲稿撰稿团队，其中包括罗森曼和剧作家罗伯特·舍伍德，但他一直坚持亲自誊写最后的定稿。罗森曼说，罗斯福最大的优点就是他对演讲的全文都掌握得一清二楚。"他非常用功，差不多都能记住演讲稿了。他知道演讲的主题，能够掌握演讲的进程，一直知道下一步是什么。这样，他在一个观点和另一个观点之间的转换总是逻辑分明，人们总是可以非常容易地跟上他的演讲节奏并理解他的意思。他常常可以脱稿演讲，眼望他处，以至于很多人都甚至不知道他在念。"

克利夫兰演讲最精彩的段落是富兰克林·罗斯福对未来的展望：

> 我看到的美国是这样一个地方：在这里，工厂的工人在创造了最大价值后

不会被抛弃；在这里，不会再有累世的贫困；在这里，贫困的农民和耕作者不会变成无家可归的流浪人；在这里，垄断企业不会让年轻人为了一份工作而变成乞讨者。

我看到的美国是这样一个地方：在这里，河流、山谷、湖泊、小溪、平原——土地之上的山川和深埋土壤之下的自然资源，作为人们合法的财产受到保护。

我看到的美国是这样一个地方：在这里，小型企业拥有繁荣和发展的机会。

我看到的美国是这样一个地方：它拥有伟大的文化，在这里，所有的人都拥有受教育的机会。

我看到的美国是这样一个地方：在这里，政府会保护从土地上获得的收入，政府会保证土地上的劳动者获得应得的报酬。

我看到的美国是这样一个地方：在这里，贸易往来和私人企业为美国提供必要的物资。我看到的是一个人人都在劳动、秩序井然的美国。

我看到的美国是这样一个地方：在这里，工人是自由的；男女工人们的尊严和安全掌握在自己手里，并且受到法律的保护。

我看到的美国是这样一个地方：在这里，老年人将安享晚年。在这里，那些终生为家庭和国家做贡献的人在年老的时候将拥有养老金和保险。

我看到的美国是一个致力于自由的美国——既信仰坚定又广博宽容——它是一个珍视和平的民族，一个既无外患又无内忧的民族。

1940 年 11 月 5 日，5000 万美国人参加了民意测验，这是历史上参与人数最多的一次。盖洛普民意调查最终结果显示，罗斯福最终以 52% 支持、48% 反对的结果领先。但更令人担心的是各州的选举。除了牢靠的共和党大本营，威尔基在伊利诺伊州、密歇根州、俄亥俄州、纽约州和宾夕法尼亚州都略微领先——这些工业州的选举人票是民主党输不起的。富兰克林·罗斯福预计到了选情的胶着，白宫的选前预测显示，他将获得 315 张选举人票，超过威尔基的 216 票。

星期二晚上，富兰克林·罗斯福和他的朋友与选举工作人员一起聚集在海德公园等待选举结果的出炉。来自纽约州和新泽西州的初步结果显示，形势不容乐观。正如埃德·弗林所警告的那样，意大利裔选民全力支持威尔基，爱尔兰裔选民对他的支持要少一些。在纽约州的农村地区，民主党的选票情况也一直落后。在纽约市，也只有犹太人团体的选票毫无悬念。罗斯福要求单独静一静。特勤处特工迈克·瑞尔雷守在餐厅门口，富兰克林·罗斯福当晚一直在那里等候选举结果。这次选举的投票率（62.5%）是在三十多年来最高的。到晚上九点的时候，局势逐渐明朗，总统将赢得东部和中西部的主要工业州的选举人票。

餐厅的门猛地打开，庆祝开始了。到午夜时分，胜利已经一目了然。罗斯福赢得了 27,263,448 张选票，而威尔基获得 22,336,260 张选票。在选举人票方面，富兰克林·罗斯福赢得了 449 票，而威尔基仅获得 82 票。除了缅因州、佛蒙特州和大平原上的六个农业州，威尔基仅获得了密歇根州和他老家的印第安纳州的选举人票。罗斯福赢得了除辛辛那提之外的每一个大城市的支持。劳工和黑人仍然支持民主党。波兰裔美国人的坚定支持弥补了民主党在意大利裔地区的损失，德裔美国人大部分拥护共和党。民主党在众议院中增加了六个席位，让他们总共获得了 268 票的绝对多数，反对党仅有 162 票。在参议院，民主党虽然丢掉了三个位子，但仍然以超过二比一的优势处于主导地位。

罗斯福和威尔基之间的敌意迅速淡化。威尔基高姿态地宣布败选，而且还呼吁美国民众抛开党派成见，全力支持总统并尊重总统所取得的成就。富兰克林·罗斯福将威尔基邀请到白宫，并表示出对他的欣赏。"威尔基是一个好人，"罗斯福对弗朗西斯·珀金斯说，"他很有能力。我想重用他。我想让他做一些与党派政治无关但非常重要的事情。这样对国家也有好处，这样能让我们团结一致。"

● 第二十二章 ●
民主国家的兵工厂

　　选举结束之后的星期四，罗斯福在海德公园登上了返回华盛顿的总统专列，开始了一次缓慢的长途旅行。当他到达时，副总统亨利·华莱士和一群欢欣鼓舞的民主党人前往联邦车站迎接，欢迎他的归来。宾夕法尼亚大道两旁，两万名热情洋溢的民众不断向他们的总统欢呼着。在前往白宫的路上，坐在敞篷车里的富兰克林·罗斯福一再向民众们脱帽致意。成千上万怀着美好心愿的人们跟随小汽车进入总统官邸的大门，齐声大喊着："我们需要罗斯福。"直到总统和埃莉诺一起出现在白宫北门廊。

　　丘吉尔也给罗斯福送去了祝贺："作为一名外国人，我觉得在选举正在进行时表达我对美国政治的看法是不正确的。但现在我觉得您应该不会介意我说，我一直希望您能获得成功。"俾斯麦曾说过，现代世界中最重要的地缘政治事实就是美国人都说英语，但丘吉尔大胆地利用了这一点，他对罗斯福说："只要全球任何一个地区都有人使用英语，当下正在发生的事情就会被人类所铭记。当美国人民再次选择将重担交给您时，为了表达我的欣慰之情，我要信心百倍地说——我们在智慧之光的指引下航行，必将平安地到达目的地。"

　　当丘吉尔发出这一贺电时，英国的战事正进入高潮。纳粹德国空军没能取得英吉利海峡的制空权；海狮计划——德国入侵不列颠各岛的计划——也已被搁置，然而针对平民目标的空中袭击却愈加频繁。纳粹连续不断地轰炸伦敦长达57天，一万余人在空袭中遇难，五万余人受伤。11月14日，300架德国轰炸机袭击了考文垂，爆炸引起的大火造成568名平民伤亡，将市中心夷为平地。五天后，又有1353人在针对伯明翰的突然空袭中丧生。在海上，战争胜负也悬而未决，五百多艘英国商船被德国U形船和海面袭击机击沉，但英国却无力补充其损失的近两百万吨船舶。更严重的是，英国已经濒临破产。《中立法案》中的"现付自运"条款已使英国的美元储备消耗殆尽。

　　罗斯福似乎并不着急为英国提供援助。富兰克林·罗斯福最善于通过放烟幕弹来掩盖自己的真实目的。他用选举获胜后的欢快气氛掩盖了正在酝酿的对英国的援助计划。11月末，刚从伦敦返回的洛西恩勋爵拜访了总统，向他说明了英国的境况。在11月26日举行的记者招待会上，有记者向罗斯福提问：

问：总统先生，请问英国大使有没有提出进一步援助的具体要求？

罗斯福：没有提及此事，他没有提出任何要求，包括船舶、火漆之类的物资要求都没有提。

罗斯福的否认隐瞒了正在华盛顿进行的紧张计划。12月3日，星期二，赫尔、史汀生、诺克斯、会议秘书杰斯·琼斯以及马歇尔将军在财政部与摩根索会面，讨论英国的金融形势。当财政部官员在黑板上写下一个个数据后，大家得出了一个无法逃避的结论——仅仅为了支付已经与美国签下的工业订单，英国就将在一个月之内耗尽他们的黄金和美元储备。到那时英国将没有钱支付未来的订单。"该怎么办？"摩根索问道。"我们要继续接受他们的订单吗？"

诺克斯答道："是的，我们别无选择。"

第二天，罗斯福带着这个问题离开了华盛顿，乘坐"依阿华"号（战列舰）和"塔斯卡卢萨"号（重巡洋舰）开始了加勒比海巡游。陪同他出游的只有霍普金斯和一些直属工作人员——帕瓦森，麦金太尔先生和海军上将丹尼尔·卡拉汉。白宫宣称这次巡游的目的是检查西印度群岛的海军基地，但罗斯福却希望海上航行能让他恢复精力、重整旗鼓。除了会见当地贵族，如温莎公爵以外，他白天都在钓鱼、晒太阳以及和老朋友聊天上，晚上则打扑克和看电影。当海明威告诉罗斯福，在位于多米尼加共和国和波多黎各之间的莫纳海峡曾钓起过很多大鱼后，罗斯福按照海明威的方法，用有翼的鱼钩挂上猪肉皮做诱饵在该海域钓了几个小时，但却一无所获。

表面看来，罗斯福非常放松，无忧无虑，似乎对英国面临的灾难无动于衷。霍普金斯说："很长的一段时间里，连我都不知道他在想什么。但后来我开始明白他是在积蓄力量。每次他看起来安心无忧的时候，都是在积蓄力量，这是他常用的方法。"罗斯福没有在船上进行任何实质性的讨论，他不和别人交换意见也不征求建议，不读简报和背景新闻。但很快人们就明白了，他一直在思考英国的问题以及计划对策。

12月9日，当海军的水上飞机降落在停泊于安提瓜岛的"塔斯卡卢萨"号附近时，罗斯福突然有了灵感。邮袋中有一封来自丘吉尔的具有历史意义的信件。这封长达4000字的电报被这位英国首相认为是"我生命中最重要的事情之一"，而历史学家将它描述成"在丘吉尔与罗斯福的所有通信中经过最精心的撰写和修改的信件"。

这也是丘吉尔所写的最精彩的信件：清晰、全面、理由恰当、恭敬但不失尊严。这封信以对军事形势的巧妙重述开头，接着极其详细地追述了战争的每一个细节——从北海到直布罗陀，到苏伊士再到新加坡。丘吉尔在信中说："英国因受到快速的、势不可当的袭击而毁灭的危险目前已经大大减小。取而代之的是长久的、逐渐成熟的危险，虽不那么突然和壮观，但却同样致命。"丘吉尔回顾了战时生产和海洋运力的问题。因为德国轰炸机和潜艇的持续袭击，英国的战时生产和海洋运力都遭受重创，陷于困境。但英国面对的最严重的问题还是财政问题：

> 很快我们就将无力为船运和其他物资支付现金了。我们会尽我们最大的努力，不惜一切代价来为我们的订单付账。但相信你也应该同意，在目前战斗正酣的情况下剥夺英国所有可变卖的财产是不对的，对我们双方也都是不利的。如果那样，当我们用鲜血赢得了战争、拯救了文明、为美国争取到了充分的战备时间后，英国却将变得一无所有。

霍普金斯回忆说，罗斯福多次独自躺在甲板的躺椅上阅读丘吉尔的信。但两天之后他似乎仍然没有做出任何决定。"他陷入沉思，静静地考虑着该采取何种措施。"罗斯福终于在一天晚上突然想到了一个计划：它就是稍后公之于众的租借计划。霍普金斯说："关于如何让该计划得以合法地付诸实践，他似乎还没想好，但他相信自己能够找到合适的方法。"这个计划的实质就是美国将免费借给英国所有其需要的物资，而英国将在有能力时归还所借物资，或者以其他相当的形式偿还。就像一位有创造力的艺术家，罗斯福开始利用巡游的时间来逐步思考制定自己计划的雏形。一切计划周详之后，他便会果断地将其实施。

一个星期之后，罗斯福回到了华盛顿，经过了航行中的充分休息之后，他揭开了自己杰作的面纱。摩根索评价说："那是他从政生涯中最伟大的成就之一。"12月17日下午，他对新闻界发布了这则消息。这项计划从没有经过顾问们的研究，没有经过外交策略讨论，不涉及到任何政治基础。它是完全由罗斯福个人创造出来的，也是由总统最先提出的。新闻界，尤其是白宫记者团，一向和罗斯福合作默契。在发布会上，罗斯福用十分通俗的分析方式开始了讨论：

> 假设我邻居家着了火，而我家花园就在四五百尺之外，那里还有一段水管。如果他能借用这根水管，并将它接到自己的消防栓上，就可能把大火扑灭。现在我该怎么做呢？我不会跟他说："邻居，我的水管花了我十五美元，所以你要给我十五美元。"不！我不需要十五美元，我只需要他在扑灭大火之后归还水管。

"我想努力消除以前人们对美元的印象，"他继续说，"摆脱无聊、愚蠢的旧美元形象。"罗斯福还说把武器和战争物资用在英国比放在储藏室里有更大的价值。战争结束之后，美国也将得到偿还。这样就能"摆脱旧的美元象征而代之以某种绅士感的责任。我想你们应该都理解了"。事先对总统的计划并不知情的丘吉尔此时目瞪口呆。仔细琢磨过这项计划后，他对英国议会说租借计划是"所有历史上最无私的国家行为"。

由于国会要到新年后才复会，罗斯福直接向全国颁布了这项计划。1940 年 12 月 29 日，星期天，他进行了他最著名的炉边谈话之一，题为"民主国家的兵工厂"的演讲。他把它称作是一次关于国家安全的谈话，这种新说法也引发了此后多年里美国社会的持续辩论。快到东部标准时间九点时，整个美国万人空巷，哥伦比亚广播公司以及（美国）全国广播公司同时对这一演说进行了现场直播，有百分之七十五的美国人收听或阅读了总统的讲话。在白宫，克拉克·盖博和他的妻子卡洛琳·隆芭德与埃莉诺、萨拉以及内阁成员一起聆听了罗斯福的演讲。罗斯福在讲话中宣称和希特勒没有谈和的希望，"没有人可以通过爱抚把老虎驯化成小猫，我们无法和残忍讲和，也无法和燃烧弹讲理。"

罗斯福告诉听众们："如果英国陷落了，轴心国的力量将控制欧洲大陆、亚洲、非洲、大洋洲和公海——他们将获得大量的战争物资，并以之与整个西半球对抗。"罗斯福警告说，美国必须提前为危险做好准备。"但我们清楚地知道，我们无法逃避危险，也无法通过缩进被窝或蒙住头而逃避危险所带来的恐惧。"

罗斯福的回答是要不遗余力地支持英国的抵抗：

> 正在抵抗侵略的欧洲人民并没有要求我们为他们投入战斗。他们只要求我们为之提供战争装备、飞机、坦克、枪支，以使他们能为自身的自由和我们的安全而战。我想特别强调的是，我们必须迅速及时地为他们提供充足的武器，那么我们和我们的孩子才能避免遭受战火的摧残和蹂躏。
>
> 我们必须做民主国家的伟大的兵工厂，因为这和战事一样急迫。我们必须拿出同上战场厮杀一样的决心、紧迫感、爱国主义精神和牺牲精神来完成我们的任务。

在炉边谈话中，罗斯福还谈及了德国第五纵队在西半球的所作所为。然后他紧接着说："同时还有一些美国公民，他们中大部分是社会名流，在不知情的情况下给这些情报机构提供了帮助和支持。"

当这篇演讲稿被提交给国务院后，"他们中大部分是社会名流"这句话曾被用红色铅笔删去。这让对职业外交官素无好感的罗斯福颇为震惊。他指示罗森曼说："不用理会，事实上，我本来很想说，'他们很大一部分来自上层，尤其是国务院'。"

就像丘吉尔一直在给英国人民的抵抗鼓劲，罗斯福在 1940 年 12 月和 1941 年 1 月进行的演讲和记者招待会让美国更加清楚什么是最危险的。史无前例地赢得第三个总统任期后，他已经像 1933 年的百日新政时一样控制了民意。发表炉边谈话之后，白宫收到的信件和电报中，支持和反对总统的比例是 100：1。一月初的一次盖洛普民意调查显示，68% 的人支持租借计划，只有 26% 的人反对。在不列颠和整个英联邦，民众都因为罗斯福那激动人心的关于美国立场的声明而欣喜不已。丘吉尔写道："我有责任代表英国政府和整个大英帝国告诉您，总统先生，您于上周日对美国人民和全世界爱好和平的人做了一场值得铭记的声明演讲，我们对此表示十分感激和钦佩。"

1 月 6 日，罗斯福到国会山发表了第七个国情咨文。总统的大部分演讲谈的都是关于战备、国防和租借的必要性。"让我们对民主政府说，'我们美国人非常希望帮助你们捍卫自由。我们将拿出我们的能源、资源和组织力量来帮助你们恢复并维护一个自由的世界，我们将通过越来越多的兵员、舰船、飞机、坦克、枪支来帮你们实现这个目标。这就是我们的目的和诺言。'"

但是，罗斯福的这篇演讲最为人称颂的是其结束语：

在我们力求安定的未来的岁月里，我们期待一个建立在四项人类基本自由之上的世界。

第一是在全世界任何地方发表言论和表达意见的自由。

第二是在全世界任何地方，人人有以自己的方式来崇拜上帝的自由。

第三是不虞匮乏的自由——这种自由，就世界范围来讲，就是一种经济上的融洽关系，它将保证全世界每一个国家的居民都过上健全的、和平时期的生活。

第四是免除恐惧的自由——这种自由，就世界范围来讲，就是世界性的裁减军备，要以一种彻底的方法把它裁减到这样的程度：务必使世界上没有一个国家有能力向全世界任何地区的任何邻国进行武力侵略。

就像"租借计划"一样，四个自由也是罗斯福自己的创意。"没有人能够代替他写出这样的语言。"罗伯特·舍伍德说。他和罗森曼、舍伍德、霍普金斯一起修改演讲稿，当改到第三稿时，罗斯福说他有了一个初步的想法。"他躺在旋转椅上盯着天花板，我们一直在那里等，"罗森曼回忆说，"我们等了很长时间——已经让人感到难受了。"然后他开始讲，"他一字一句地说出那些句子，就像他事先已经排练过好多遍一样。与最终演讲稿对比，你会发现他口述的演讲稿只有个别词句的改动，可见他在脑子里就已经想得很完善。"

在国情咨文发表后不久，温德尔·威尔基对白宫进行了一次礼节性拜访，准备对英进行友好访问。当有人通告威尔基来访的时候，富兰克林·D·罗斯福和罗森曼、舍伍德正在一起研究 1 月 20 日的就职演说。总统挪到了他的轮椅上，前往椭圆形办公室欢迎威尔基。此时，他发现书桌上没有文件。仅仅因为如此，他又返回到内阁室，告诉罗森曼和舍伍德给他准备些文件。

"您想要哪一类型的文件，总统先生？"罗森曼问。

"啊，那无关紧要，"富兰克林·D·罗斯福说，"顺便给我一些就行，我要把它们堆在我的书桌上，那样威尔基进来的时候我会显得比较忙。"

罗斯福和威尔基在一起待了一个多小时。"房间里时不时传来笑声。"詹姆斯·罗斯福说。威尔基问罗斯福，为什么仍将亨利·霍普金斯当作亲密的顾问（威尔基认为他不得人心）。"如果有一天，当你坐在我的位子上的时候，"富兰克林·D·罗斯福回答说，"你会发现这是一项孤独的工作，你会发现你也需要像亨利·霍普金斯乐于为你服务的人。"

当威尔基准备离开时，罗斯福拿出一沓私人信纸，提笔写道：

> 亲爱的丘吉尔：
>> 温德尔·威尔基将把这封信给你。他帮我挡住了很多政治斗争。

然后他凭记忆写下了亨利·沃兹沃思·朗费罗《航船的建造》中的一段，这是他在格罗顿学校上高中时背下来：

> 你，也在航行，啊，国家之舟！
> 扬帆航行，啊，团结，坚强，伟大！
> 充满恐惧的人性，
> 伴随着未来的希望，
> 将在你的生命中消失。

1941 年 1 月 10 日，众议院多数党领袖马萨诸塞州众议员约翰 W·麦科马克和参议院的阿尔本·巴克利提出了"租借法案"（众议院 1776 号决议）。此举立即激起了孤立主义者的反对。《芝加哥论坛报》称租借法案为企图毁灭共和国的"独裁法案"，纽约的托马斯 E·杜威指责它意味着"美国自由政府的结束"。参议员巴顿·K·威尔声称它"将使四分之一的美国青年被征召入伍"。参议员范登堡声称该法案能够让富兰克林·罗斯福"为所欲为地将美国带入战争"。说得最绝的是俄亥俄州参议员罗伯特："借出战争装备经常就像借出口香糖一样，你别想拿回来。"

孤立主义拥有媒体的支持，但是罗斯福受选民的青睐。民意调查表明，四分之三的美国人支持总统和租借计划。2 月 8 日，法案在国会以 260 票支持，165 票反对获得通过，大致符合政党的实力分布。第二天，从英国返回的温德尔·威尔基到参议院对外关系委员会发表演讲。

近 1200 人挤满了富丽堂皇的议会小会议室（比它的容量多出两倍多），他们都赶来听前共和党总统候选人的演讲。他们没有失望。威尔基与共和党议会党团分道扬镳，宣布支持租借条约。当记者提到威尔基在选举中曾经指责过罗斯福将领导人民走入战争时，演讲中最具戏剧性的部分发生了。威尔基说，现在再讨论竞选时的演讲没有什么意义。"我曾尽最大的努力来挑战富兰克林·罗斯福，我是全力以赴。但他被选为了总统。现在他是我的总统。"

议会小会议室里响起了雷鸣般的掌声。然而，参议员杰拉尔德·奈仍坚持反对。他引用威尔基在巴尔的摩市的演讲说，如果罗斯福再次被选为总统，那么到 1941 年 4 月美国将被拖入战争。

"你问我是否那样说过？"威尔基笑道。会议室里笑倒了一片。

当笑声平息下来后，奈继续追问："你是否仍然这样认为？"

"我可能说过吧。但是那是选举语言。我很高兴你仔细看了我的演讲稿，因为总统说他没看过。"现场传来了哄笑和喝彩。

事实上，辩论已经结束了。威尔基的敦厚和真诚说服了很多人。他的支持帮助租借法案获得了通过。

接下来的一天，参议院对外关系委员会主席、佐治亚州参议员乔治在小组委员会中推动了议案的通过，小组委员会投票结果为 15 票赞成、8 票反对。3 月 8 日，参议院以总共 60 票同意，31 票反对的结果通过了这项议案。三天之后，众议院也紧跟着参议院，以 317 票同意、71 票反对的绝对优势通过了该法案。罗斯福的战备联盟已经建立起来了。信念坚定的南方民主党人——如卡特·格拉斯、帕特·哈利逊、"棉花艾德"史密斯以及沃尔特·乔治——和大城市自由主义者以及国际主义共和党人团结在了一起，共同支持总统的计划。在富兰克林·罗斯福看完法案最后一行三十分钟后，他签署了该法案使之生效。第二天，国会拨款 70 亿美元用于采购运往英国的第一批装备，这是美国历史上最大的一次性拨款。"这项决定意味着绥靖政策的结束，"罗斯福说，"意味着我们不用再对独裁者透迤应付；意味着我们不会再向暴政和压迫势力妥协。"

租借计划的条文中废止了中立法案的"现金"条款。但是，"自运"的要求仍然有效。也就是说，美国提供的所有援助必须由英国船只运输。那就带来了一个很严重的问题。如果说高达70亿美元的军事援助最后都被击沉海底，那么这种援助将毫无意义。在租借法案通过之前三个月中，有142艘舰船，大约80万吨物资，被击沉。德国潜艇击沉舰船的速度是造船新建速度的三倍多。用丘吉尔的话来说，不列颠之战已经转变为了大西洋之战。

罗斯福于4月10日作出回应，宣布说美国已经同丹麦流亡政府达成协议，同意美国派部队占领格陵兰并在那里建立基地。接下来的一天，他通知丘吉尔说，他将把大西洋中美国负责的安全区移到西经25度，也就是非洲之角的最西端与巴西之角的最东端之间的中心线。美国海军将在该区域内巡逻，并将所发现的敌情通知英国。

"出于国内政治的考虑……这项行动将由我们单方面执行，"罗斯福告诉丘吉尔，"当我们采取新政策的时候，请你们不要声张。"

在4月25日的记者招待会上，总统被问到巡逻和护航的区别。

美国计划为英国商船护航吗？

"不，"罗斯福说，"巡逻和护航的区别就和马与牛的区别相似。你不能通过给它换个名字就把牛变成马。它仍然是牛。这仍然是巡逻。"

问：你能定义一下它的功能吗？

富兰克林·罗斯福：对美国半球的保护。

问：通过好战的方法？

富兰克林·罗斯福：对美国半球的保护。

问：总统先生，如果巡逻舰艇发现有明显侵略意图的船只向西半球行进，该怎么处理？

富兰克林·罗斯福：我知道就好了。（哄堂大笑）

罗斯福的回答反映出他决心在公众舆论面前保持低调。四月份的盖洛普民意调查显示，大部分民众都支持全力援助英国，罗斯福的支持率高达73%。但是对于海军是否应该担任护航任务仍存在巨大分歧，高达81%的人担心美国卷入战争。罗斯福的谨慎使得政府中的鹰派感到愤怒。"总统不愿意卷入这场战争，"摩根索指出，

"他更愿意跟着公众舆论走，而不是引导公众舆论。"史汀生、诺克斯和伊克斯也同意这一观点。甚至军方也这样认为。"盖洛普民意调查能够在我们的民主生活中起多少作用？"斯塔克海军上将向太平洋舰队指挥官抱怨道。英国国王乔治六世非常理解罗斯福，他怀着真诚的钦佩之心看待罗斯福的处理方式。"我被深深地震撼了，"他在给罗斯福总统的信中写道，"我被您的那种先进行舆论准备再来引领它们的方式所深深震撼了。"罗斯福的立场所包含的意味远远超出了公共关系的范畴。就像萨姆特堡战役之前的林肯和一战之前的威尔逊一样，罗斯福告诉内阁成员他"不想首先开火"。如果美国进入战争，那将是因为受到攻击。

虽然美国在大西洋扩展了巡逻的范围，英国的损失还是在继续上升。在五月初的三个星期中，20艘商船在罗斯福标出的水域被德国潜艇击沉。在别处，战争也愈演愈烈。在巴尔干半岛，德国军队横扫南斯拉夫，并将英国军队驱逐出希腊。在北非，德国国防军接替了驻扎在利比亚的意大利军队，并且还向东推进到了埃及边境。克里特岛即将沦陷，叙利亚和伊拉克也危在旦夕。此外，中立国——西班牙、葡萄牙和土耳其——也随时有可能倒向德国这一边。3月3日，垂头丧气的丘吉尔请求罗斯福出面干预。"总统先生，如果我对您坦诚相待，我相信您不会误解我。我认为美国是决定性的力量，如果美国站在我们这一边。我可以保证，我们能够在地中海支撑到你们参战。"

罗斯福在5月10日作出回应。他没有理会丘吉尔希望美国参与战争的请求，但同时保证美国将继续对英国提供援助。"三十艘船将开往中东地区。我知道你有决心赢得前线的胜利，我们将竭尽所能为你们提供援助。"总统提醒丘吉尔说，"决定这场战争成败的是大西洋。只有在这里赢得胜利，希特勒才能征服世界。"

5月27日，罗斯福通过年度炉边谈话进一步赢得了民众的理解。如国务卿阿道夫·伯利所说，这次演讲"为所有人带来了光明"。总统在白宫东厅的演讲影响了全世界8500万听众。在阐明了纳粹德国的威胁之后，他宣布将会尽一切可能援助英国。"这是可以做到的，是必须做到的，我们也将会做到。"接着，他宣布进入"无条件国家紧急状态"。罗斯福没有要求废止中立政策，也没有要求新的法律授权，也没有建议海军履行护航责任。然而，通过宣布进入无条件紧急状况为公众接受战争做好了铺垫。"我希望你会喜欢这场演讲，"罗斯福在给丘吉尔的电报中说，"这比我两个星期前的期望又进了一步。"

公众非常喜欢这场演讲。在发往白宫的电报中，有95%都表示支持总统。6月初的盖洛普民意调查显示，大多数美国人当时都支持通过武装巡逻来保护运往英国的货物。在南部，有75%的人支持总统。"我希望我们保护好每一美元的货物，"弗吉尼亚州参议员卡特·格拉斯说，"如果有人破坏，我们将格杀勿论。"

五月底六月初，罗斯福遭遇到了他担任总统期间的最严重的种族问题。美国的黑人领袖非常关注合格的黑人工人被国防工业承包商解雇、找不到工作的问题。在受人爱戴的菲利普·伦道夫的领导下，黑人卧车服务生兄弟会计划7月1日组织一场华盛顿地区的抗议游行。罗斯福试图制止他们。在实行隔离制度的华盛顿，这样做很容易激起暴力斗争。退一步说，这样至少会惹恼南部的政治家，进而妨害到他酝酿之中的联盟。他要求埃莉诺和纽约市长拉瓜迪亚与伦道夫等人会面并劝阻他们。当劝阻宣告失败之后，罗斯福亲自邀请黑人领袖到白宫做客。

6月18日，星期三的下午。除了伦道夫和全国有色人种协进会领袖沃尔特·怀特，总统还邀请了史汀生、诺克斯和拉瓜迪亚。伦道夫请求罗斯福颁布总统令来强制要求国防工业企业雇佣黑人工人。罗斯福拒绝了。"如果我为你们颁布了一项总统令，"他告诉伦道夫，"其他的群体就会竞相效仿，要求我也为他们颁布命令。除非你取消游行，否则一切都免谈。"

"对不起，总统先生，游行不能取消。"

"你们计划带多少人？"

"十万人，总统先生。"

罗斯福觉得伦道夫是在虚张声势，他转过去问怀特："怀特，会有多少人去游行示威？"

"有十万人，总统先生。"

罗斯福回想起1919年华盛顿的那次种族骚乱，那时他是海军部副部长。"你不能带这些人到华盛顿。有人会因此被害。"伦道夫仍然坚持，罗斯福继续施加压力。最后，拉瓜迪亚出面打破僵局："先生们，伦道夫先生很明显不会取消游行。我建议我们坐下来想想办法。"罗斯福终于同意了，他要求暂时休息一下，大家共同起草了一项总统令。此后一个星期，有关部门又继续斟酌了总统令的用语。6月25日，总统签署了第8802号总统令，命令在国防工业中禁止种族歧视，禁止联邦政府部门存在"种族、信仰、肤色或者民族出身"方面的歧视。

伦道夫取消了游行。罗斯福的这一举动是民权事业的巨大突破。这是美国重建之后第一次要求保证黑人机会均等。罗斯福不是始作俑者，是伦道夫推动了这一切。但是，罗斯福有足够的理智和智慧。当一切变得必要时，他能够灵活地默许它的出现。《阿姆斯特丹新闻》报道说，如果说林肯的"解放奴隶宣言"是从身体上给了黑人自由，那么罗斯福的总统令则是把他们从经济上的奴役地位中解放了出来。

大约就是在1941年春，米西的健康状况开始恶化。她四十三岁。二十年来她一直陪伴在罗斯福的身边——作为罗斯福的秘书、同事和知己——长时间紧张的、几乎不休息的工作让她付出了健康的代价。"总统熬夜工作，她也一直在那里和总统一起工作，"她的朋友芭芭拉·柯蒂斯回忆说，"总统能做到，但她有点熬不住了。"

6月4日，在和总统、霍普金斯等人一起吃了晚餐之后，米西突然晕倒在地板上人事不省。白宫医生的最初诊断为：过度繁重的工作引起的轻微心力衰竭。但事实上，那是一次轻微的中风。这是两个星期之后导致她身体右半部分瘫痪、失去说话能力的严重中风的前发先兆。米西从白宫转到乔治敦医院，富兰克林和埃莉诺经常去那里看她。多丽丝·古德温说，对罗斯福来说，探望米西让他非常难过。"他一辈子都在试图藐视疾病和苦难。"对埃莉诺来说，探访要好受些。她更加能够接受生命的脆弱，她一直不断地给米西送来鲜花、水果、礼物和信件。

虽然有格雷丝·塔利接替了米西的秘书工作，但她毕竟不是罗斯福的朋友。这个缺憾始终难以弥补。罗斯福暗自为米西感到伤心，但是他很少情绪外露。在米西住院期间，他命令医院对她进行二十四小时看护，他自己支付了所有费用，而且他还给她的每一个医生写了短笺表达谢意。当意识到米西可能永远不能痊愈时，罗斯福思虑到自己逝世之后没有人支付米西的看护费用。于是，在她中风后五个月之后，罗斯福更改了遗嘱，宣布将自己房地产价值的一半（最后估算超过三百万美元）留给埃莉诺，剩下的一半"给我的朋友玛格丽特·莱汉德，用于支付她在世期间的医护费用"。在米西死后，这笔收入将归埃莉诺所有，最后再平均分给他的五个孩子。"我欠她的太多了，"富兰克林对他的儿子詹姆斯说，"她为我服务了那么长时间，对我那么好，得到的回报却那么少。"

1941年6月22日，战争出现了决定性的变化。在毫无征兆的情况下，希特勒对前不久刚刚结成同盟的苏联发动了巴巴罗萨之战。凌晨3点30分，德国军队在波罗的海到黑海一线大举进攻苏联边境。德军共投入了180个师3800万人，在成千上万的飞机、坦克和火炮的支持下兵分三路扑向德苏边境。在北部，陆军元帅里特·冯·勒布直逼列宁格勒；在中部，冯·博克元帅向斯摩棱斯克和莫斯科发起进攻；在南部，冯·伦德斯泰德元帅率大军穿越乌克兰进入基辅。苏联的防御土崩瓦解。四天之后，德国的装甲部队已经深入苏联境内200英里。两个军的苏联军队被彻底歼灭，还有三个军损失惨重，60万人成了德国的俘虏。在空战中，苏联第一天就损失了1800架飞机，第二天又损失了800架，第三天损失了557架，第四天损失了351架。

丘吉尔立即表态支持苏联。"在过去二十五年中，没有人比我更加反对共产主义，"他在6月22日晚发表广播讲话时说道，"我所说过的话，我不会收回一个字。但是，在现在的情况下，这一切都不重要了……任何与纳粹政权斗争的人或国家都将会得到我们的帮助。因此，我们将竭尽所能帮助苏联和苏联人民。"

罗斯福也像丘吉尔那样做了，最开始极为谨慎，但后来步伐迈得越来越大。6月23日，总统指示国务院发表了一份措辞严谨的声明，宣称希特勒为国家的头号敌人，美国将支持"因为各种原因"反对希特勒的人。声明中并未直接提到苏联。罗斯福可能还在试探公众的反应，或者国务院可能不愿意再进一步表态。不过，在接下来那天的记者招待会上，罗斯福总统明确表示："我们肯定将尽力援助苏联。"罗斯福说他不知道苏联需要什么，也没有收到来自莫斯科的任何请求。

> 问：美国会先支援飞机给苏联吗？
> 富兰克林·罗斯福：我不知道。
> 问：我们的援助将遵循"租借法案"吗？
> 富兰克林·罗斯福：我不知道……到时候再说吧。

对罗斯福来说，援助苏联是没有问题的。他一生奉行的政治原则就是：敌人的敌人就是朋友。按照这个标准，他觉得没有理由不对斯大林施以援手。自二十世纪20年代中期以来，苏联其实很少煽动世界革命。即使曾经有过，共产主义也远远比不上纳粹种族灭绝的威胁。虽然苏联侵略过芬兰并吞并了波罗的海沿岸国家，它的所作所为也与德国和意大利的扩张主义侵略行径有很大不同。但是美国政府内部存在分歧。职业外交官对苏联仍存有敌意；军方告诉白宫，德军将在一个月内就能完全占领苏联，最多只要三个月；史汀生和诺克斯担心运往苏联的援助物品最终可能落到希特勒手中。他们与伊克斯一道，敦促总统利用希特勒注意力东移之际赢得在大西洋战场上的胜利。

为了绕过对苏联心怀敌意的职业外交官，罗斯福派霍普金斯拜访斯大林，直接观察局势。1933年，主导对苏关系的实际上是总统办公室。外交人员只是做一些将翻译员和书记员的边缘性工作。苏联人的决心给霍普金斯留下了深刻的印象。当他返回华盛顿后，罗斯福已经不再看战争部提供的军事态势评估了；拒绝了诺克斯、史汀生和伊克斯提出的关于将注意力集中到大西洋的建议；接见了苏联驻美大使康斯坦丁·奥尔曼斯基，让他列出需要美国提供给苏联红军的物品明细表。一个星期之内，苏联递交了详细的清单，总价值约18亿美元。

当苏联的抵抗进入僵持阶段时，罗斯福命令军方加快运送（援助物资）。他对内阁的拖沓大发雷霆："我不想再听你们说苏联将要得到这个，得到那个。"他希望立即向苏联提供一百架战斗机或者更多。"把飞机马上都调过去，"他告诉史汀生说，即使需要从美国的现役飞机中抽调。七月的一次盖洛普民意调查显示，72%的美国人希望苏联获胜，仅有 4% 的人反对。当年秋天，富兰克林·罗斯福指示马歇尔将军优先运送援苏物资。不久之后，他正式宣布苏联的安全"对美国的安全至关重要"。这一表态使得苏联正式有资格按照租借法案得到援助。

在希特勒入侵苏联三个星期之后，罗斯福派遣 4400 名海军陆战队去援救被围困在冰岛的英国守军。这次行动实际上已经计划了几个月，但白宫一直在期望会出现奇迹。海军上将斯塔克写信给霍普金斯说，海军所做的是"实际上的战争行动"，希望得到总统明确的同意。"同意，罗斯福。"罗斯福在斯塔克的请示件下面潦草地写道。之所以最开始部署海军陆战队（实行募兵制），是因为不清楚冰岛是否属于西半球。如果它不是的话，按照"义务兵役法"就不能动用实行义务兵役制的陆军。在海军陆战队部署到位之后，国务院重新定义了西半球，冰岛包括在了其范围之内。随后，罗斯福要求将美国的巡逻区域向东扩展一个经度。

8 月初，在富兰克林·罗斯福的提议下，他和丘吉尔在纽芬兰岛会面。总统告诉摩根索："我要亲自和丘吉尔会面，向他解释一些事情。"会议的安排工作托付给了霍普金斯。保密是十分重要的，因为丘吉尔必须穿过满是潜艇的大西洋。而且罗斯福也不想在会议之前惊动国内的孤立主义者。最开始，富兰克林·罗斯福希望他俩进行一次一对一的私人会面，但是丘吉尔要求资深军事参谋也参加会议。罗斯福同意了他的要求。

8 月 4 日，丘吉尔在斯卡珀湾搭乘英国皇家海军威尔士亲王号军舰出发了。在他离开时，战争内阁的副首相、工党领袖克莱门特·艾德礼代替丘吉尔出席了下议院的会议。艾德礼奉命拒绝回答关于首相行踪的问题。第二天，汹涌的海浪让为威尔士亲王号护航的驱逐舰难以跟上。跟随丘吉尔出访的英国首任海军大臣、海军上将达德利·庞德爵士乘驱逐舰返航。巨大的战舰只能够独自前进，途中还不时变换航线规避潜艇，同时还保持无线电静默以防被德军发现。在这几天，英国首相、帝国参谋长、首位海军大臣、空军副参谋长——国家的最高政治和军事领袖——都在北大西洋的同一艘战列舰上，还要小心德国潜艇的威胁。现在回想起来还让人心惊肉跳。两天后，一支加拿大驱逐舰舰队进入监视位置，一路护航，直到这艘战舰与停泊在加拿大普拉森舍湾阿金夏海军基地（美国在"驱逐舰换基地"的交易中得到的港口之一）的美国舰队会合。

在罗斯福这方面，为了到达阿金夏，他策划了一次复杂的旅行路线。8 月 3 日，星期天的晚上，他在康涅狄格州的新伦敦登上了"波托马克"号总统游艇，对外宣布要休假十天到新英格兰沿海钓鱼。第二天，他在游艇上款待了丹麦和挪威王室的成员。当天晚上，在夜色的掩护下，他与大西洋舰队会合，偷偷离开了美国。在返回马萨诸塞州的"波托马克"号上，总统的旗帜仍然在飘扬。在接下来的一个星期中，它绕着鳕鱼角悠闲地航行，制造出罗斯福仍然在船上的假象。

此时，罗斯福已经乘坐大西洋舰队的旗舰"奥古斯塔"号重型巡洋舰驶往纽芬兰。在船上等待总统的有马歇尔将军、斯塔克海军上将和亨利·阿诺德将军，他们都是经过了不同的迂回路线到达汇合地点的。和"奥古斯塔"号一起的是它的姐妹舰"土斯卡鲁沙"号和其他五艘驱逐舰。这支小舰队以 21 节的速度匀速航行，8月 17 日抵达目的地阿金夏。在那里，它们与大西洋巡逻舰队的"阿肯色"号以及其他军舰会合。8 月 9 日上午 9 点"威尔士亲王"号及其加拿大护卫舰队一起慢慢驶入港中。当巨大的战舰驶过美国军舰身旁时，所有人都身着白色礼服站在船舷上列队欢迎——在明媚晴朗的天气中，这是一个耀眼的景象。

十一点的时候，丘吉尔身穿着类似海军的白色制服，来到了"奥古斯塔"号上。罗斯福则在舰桥下的甲板上迎接他。他扶着他儿子埃利奥特的胳膊笔直地站着。"总统坚持要站着，"总统随卫迈克·雷利回忆说，"他讨厌矫形架。这是一个具有历史意义的场合，他会尽力站着。即使奥古斯塔号轻微的倾斜给他带来了巨大的痛苦，而且还可能会使他面临摔倒的尴尬。"

"我们终于聚在了一起。"罗斯福说。

"是的，我们做到了。"当他们握手的时候，丘吉尔回答说。

到午饭结束时，他们开始互称"富兰克林"和"温斯顿"。"我喜欢他，"富兰克林·罗斯福在给他的表兄黛西·萨克利的信中写道，"单独的午餐打破了很多隔膜。他是一个至关重要的人物。在许多方面他就是英国的拉瓜迪亚市长。"丘吉尔则在回忆录中写道："我喜欢他，这种感情随着我们多年的友谊渐渐增长。我们除了工作什么也没谈，我们在许多方面达成了共识。"霍普金斯认为他们的友谊是早已注定的。"他们都是心怀全球的政治军事领袖。他们很少有人可以谈得来，他们很少有机会同其他人交流经验、分享心得。他们建立了一种简单的亲密关系，即那种可以互相开玩笑的非正式关系。同时互相之间也非常坦诚。"

丘吉尔和罗斯福的工作习惯差别很大。罗斯福总是在宁静的、没有干扰的环境中工作。而丘吉尔"总是好像在指挥所里，在一个枪声不断的滩头阵地工作"。罗斯福休息得早；丘吉尔则直到晚上十点才开始精力充沛，经常熬夜到三四点。丘吉尔睡得晚，而且总是在午餐之后要小睡一会儿。罗斯福则是从早晨到晚上不间断地工作，经常在书桌旁吃午饭。丘吉尔对香槟酒、上等白兰地酒和苏格兰威士忌情有独钟，在他工作的时候，他隔一段时间就要喝一点这些东西补充精力。罗斯福喜欢马提尼酒，在晚上七点和孩子待在一起的时候，他要么喝到两瓶，要么滴酒不沾。

阿金夏会谈的感情高潮是星期天在威尔士亲王号上举行的礼拜。罗斯福和丘吉尔并排坐在炮塔之下，他们的军事参谋长持枪站立在他们的后面。美国海军和英国海军站在一起，两个国家的国旗放在祭坛上，来自英国和美国的牧师共同祷告和诵读。作为仪式的主持，丘吉尔首相选择了朗读赞美诗"啊，上帝，我们曾经岁月的福音"，"向前进，基督的士兵们"和海军赞美诗"为海上冒险的往事"。丘吉尔后来写道："每一个字都激动人心，参与其中的每个人都不会忘记这个景象，这是个永生难忘的伟大时刻。"坚持自己走到座位上的罗斯福，把这次礼拜活动称为此次会议的"主题发言"。他对埃利奥特说："那些使我们团结的话，'向前进，基督的士兵们'，让我们团结在这里，我们将在上帝的帮助下前进。"

在会议中，丘吉尔几次敦促罗斯福宣战。他说："我宁愿您现在宣战而我们六个月得不到援助，也不愿意得到加倍的援助而您不宣战。"罗斯福回答说，国会方面还没有决定，他们需要三个月讨论是否宣战。丘吉尔后来对战争内阁解释说："罗斯福总统说他将采取更主动的措施。如果德军不喜欢，他们可以攻击美国的部队。"罗斯福同意为远至冰岛的英国舰队提供武装护卫；加快运送飞机和坦克；并增加 50 亿美元的租借物资。同时，他们共同对斯大林表示将继续援助苏联。在太平洋方面，美国同意采取"希特勒优先"的战略。

此次会议的最具影响力的成果是《大西洋宪章》：这是在 8 月 12 日丘吉尔和罗斯福采取的为世界和平的原则性的振奋人心的宣言。宪章放弃了领土扩张，支持自决权，崇尚贸易限制放松，再一次确认从恐惧和渴求中寻找自由世界的愿望，宣布在公海上的自由航行权。宪章用语小心谨慎，它拥护国际安全的永久制度，主张削减军队，并放弃使用武装暴力。"联合宣言的深远意义和所能涉及的重要性很明显，"丘吉尔写道，"事实是，美国仍然按规定保持中立，与好战国制定这样的宣言是令人惊讶的。"

当罗斯福和丘吉尔在纽芬兰会谈时，国会正在因为扩大征兵规模而争论。1940年的"义务兵役法案"要求所有应征入伍者服役十二个月。他们当中许多人的服役期将满，如果他们复员回家，那么基本上所有军种的战斗力都会大为削弱。这次危机与美国内战期间联邦军队指挥官所面临的危机非常相像。在 7 月 21 日，罗斯福向国会提出这个问题。但他并没有提出什么特别要求，只是把问题留给国会，让他们寻找一个解决方案。"因为时间有限，请国会独自承担着这项责任"。

马歇尔和史汀生挑起了辩论。他们敦促参众两院的军事委员会将服役期增加到十八个月。这将为军方提供足够的人力基础，给部队留下很大的缓冲余地，有利于在保持战斗力的前提下进行人员的正常流动。在参议院，该议案以 45 票同意，30票反对的结果轻松过关。但是众议院中的反对意见非常激烈。因为众议院的许多成员都将面临 1942 年的中期改选，他们都不愿意得罪多数选民来支持这项议案。8 月 6 日的盖洛普民意调查显示，45% 的美国人反对延长服役期。在阿巴拉契亚山脉和落基山脉之间的广大地区，有 54% 的人反对。

议长雷伯恩和多数党领袖麦科马克私下不断游说，但仍然收效甚微。六十多位民主党议员表明将投票反对该法案。那意味着需要至少 20 名共和党人的支持才能通过该法案。当众议院开始投票时，紧张的气氛油然而生。最后结果显示，203 人支持，202 人反对，有 21 名共和党人和 182 名民主党人支持该法案。法案获得了通过！雷伯恩"砰"的一声敲响小木槌，宣布了投票结果。有人提出复核，雷伯恩同意了。但复核的结果表明计票完全正确。"投票结果没有问题，"他宣布，"投票结果成立，法案通过。"尽管有共和党人要求重新投票，但雷伯恩还是利用他的权威宣布法案通过，没有理由再次进行审议。该法案的通过使得美国军队免于在战争到来之前就先行瓦解。雷伯恩把议长的权力运用到了极限并取得了成功。

离开阿金夏之后，罗斯福立即着手保护英国舰船。九月初，当德国潜艇对美国海军的一艘驱逐舰发射鱼雷之后，他抓住时机请求实施"看见就打"的政策。"当你看到一条响尾蛇悬起身子准备袭击时，你不能一直等到它袭击你才去打它，"总统说，"从今往后，如果德国和意大利的战舰进入了事关美国安全的特定水域，如果出了什么问题，他们将自负其责。"这月底，在纽芬兰附近水域，加拿大海军将50 艘船组成的船队带出哈利法斯克港交给五艘美国驱逐舰。美国军舰一路护送它们穿越北大西洋并把它们交到位于冰岛南部的英国皇家海军手中。

富兰克林·罗斯福非常看重天主教会的政治态度。他担心他们可能会反对援助俄罗斯。九月三日，在两位支持联邦政府的美国高级神职人员的建议下，总统直接向教皇庇护十二世发起呼吁："我相信俄国人比独裁专制的德国人给宗教、教会及全人类造成的危险系数要小。此外，我相信美国所有教会的领袖（包括天主教会）能够认清事实。他们不能对这些显而易见的问题熟视无睹。他们现在的态度实际上是在帮德国人。"考虑到总统是在写信给教皇，他的语气已经尽可能地恳切。但是，庇护十二世是否被他说服我们不得而知。在 9 月 20 日的招待会中，教皇避开了这个话题。但是当年教皇还是红衣主教的时候，曾经在 1936 年美国大选结束后与罗斯福在海德公园共进午餐。9 月底，教皇写信给在华盛顿驻梵蒂冈大使，提醒他注意《赎世主》中关于苏联的共产党政权和俄罗斯人民之间的区别。"对他们，我们将给予如同最温暖的父爱。"这暗示着教宗同意援助俄罗斯人民。

1941 年，罗斯福的私人生活总是受到打击。首先是米西的逝世。然后，9 月 7 日，萨拉在 87 岁生日之前两个星期过世了。在当年夏天，她的健康状况就开始下滑。因此，埃莉诺帮她回到了海德公园。9 月 5 日，埃莉诺打电话到白宫，暗示罗斯福说萨拉的大限将至。罗斯福闻讯立即离开白宫，乘火车于 6 日早晨抵达海德公园。他一整天都和萨拉坐在一起，向她描述他和丘吉尔的海上会晤，跟她讲华盛顿的轶事，和她一起追忆过去。当天晚餐时分，她看起来好多了。然而，到晚上 9 点半的时候，她突然失去了知觉。她肺部的血液凝固了，整个血液循环系统产生了紊乱。在她呼吸停止之前，罗斯福在她的床边守了整整一晚加一上午。在她人生的最后一段旅程中，她的儿子待在她的床边。

萨拉被埋在了丈夫的旁边，就在海德公美国圣公会圣·詹姆斯墓地后面的那一小块墓地里。为她工作时间最长的八个人——包括她的司机和男管家——把她的棺材放进了坟墓里。特勤处的特工在远处守候。"我觉得我们不属于那儿，"特工迈克·雷理说，"即使国会说这是我们的工作。"

罗斯福在海德公园待了一些日子来处理萨拉的事情。他在左臂上戴着黑纱，一直戴了一年多。一天下午，格雷丝·塔利拿给他一个他从来没有见过的盒子。他们将盒子打开，发现有许多用薄皱纸包起来的包裹，每一个有萨拉亲手做下的标记。一个写的是"结婚时戴的手套"，另一个写的是"富兰克林的第一双鞋"。其他的还有"他的儿童玩具""他洗礼仪上穿的衣服""他孩提时的一撮头发"。在这些小包裹的下面是罗斯福年轻时候在格罗顿高中和哈佛大学给她写的信。罗斯福热泪盈眶。他告诉塔利，他想一个人待一会儿。她迅速离开房间，白宫的官员从来没有见过总统流泪。

·第二十三章·

耻辱日

欧洲的战争耗费了罗斯福大量的精力：他和丘吉尔的交往、借贷计划、对俄援助以及对大西洋制海权的争夺都让他应接不暇。由史汀生、诺克斯、马歇尔和斯塔克组成的军事领导团队也和总统一样将注意力集中在欧洲。结果，太平洋地区日益紧张的局势没能得到太多的关注。国务院负责与日方的磋商，而一些下级指挥官们并没有丝毫的紧迫感。太平洋舰队的舰艇每周五都会泊进珍珠港，这样舰上的军官们就可以和他们的家人共度周末；陆军也将飞机一架挨一架地停靠在一起以减少看守警卫的数量；高射炮都被挂在前车上，这样就不会使夏威夷的游客感到惊恐。岛上的雷达每天也只工作三个小时。1940 年 8 月，军事情报部门破译了日本外交密码，但陆军和海军最初给日方情报定的优先权级别很低，使得通常需要两个星期，有时甚至需要两个月才能破译所拦截的信息。马歇尔在 1941 年 4 月对罗斯福保证说："根据瓦胡岛的防御工事、驻军力量以及地理条件，我相信它是世界上最坚固的堡垒。有了这样的军事实力，敌军不可能对它发起大的进攻。"

自格兰特政府之后，美国和日本的关系一直呈螺旋状下滑。格兰特总统在 1879 年周游世界过程中曾在日本待了一个月。这位前总统曾在信中评价说："在日本的游览是整个旅途中最让人愉快的。……在过去的十二年中他们取得了让人难以置信的进步……在外国人对待他们以及所有东方人的态度普遍不太友好的情况下，他们的友善实在让人叹服！"格兰特的心被日本人俘获了，以至于他在 1880 年考虑接受第三次连任的主要原因之一就是想改善与中国和日本的关系。

当年詹姆斯·加菲尔德取代格兰特获得了共和党的总统候选人提名。他的下野使得日美关系开始恶化。在 1898 年使菲律宾成为自己的属国之后，美国不愿承认日本为与其地位相当的合法的亚洲帝国。在常常侵染着种族歧视色彩的美国政坛，政府的对日政策和态度也变得越来越居高临下和傲慢。1905 年，日本在对马海峡战胜俄国。作为和谈仲裁人的西奥多·罗斯福总统拒绝了日本对于战争赔偿的要求以及俄罗斯向日本出让其所占领的中国东北地区的条件。在日本人看来，是美国人阻挠了自己获得战利品。而禁止日本移民留居美国的所谓"1908 年君子协定"，使两国愈发交恶。1913 年美国草率地驳回了日本对加利福尼亚州立法禁止日本公民在美国拥有自己的土地的抗议。1919 年伍德罗·威尔逊拒绝了日本关于在国联盟约中加入种族平等宣言的提议。1924 年，国会又永久性地禁止日本人移民美国。除了上述敌对行为之外，在日本人看来最不可原谅的事是美国拒绝承认日本在 1932 年占有中国东北地区。

日本占领中国东北地区并不让人意外，也不是没有先例。早在 1908 年的鲁特—高平协议中，美国就已经承认日本对东北地区的支配权。当时日本控制了该区域的经济，拥有它最主要的铁路，还经营着该地区的所有海港。国联正式地谴责了日本的侵略行为，致使日本宣布脱离国联。作为回击，美国抛出了《史汀生声明》。该声明由时任胡佛政府国务卿的亨利·史汀生发布。史汀生声明美国将不会承认通过武力强加给中国的领土安排。日本外交官斋藤博悲叹道："西方大国教会了日本玩扑克牌游戏，但在他们赢得了大部分赌注之后，就马上宣称这种游戏不道德并将牌也拿走。"

日本把自己看作殖民者而不是征服者——就像荷兰与东印度群岛，法国与印度，英国与缅甸和马来亚，还有美国与菲律宾的关系一样。他们在中国东北大量投资，扶持中国年幼的皇帝（他于 1912 年宣布逊位）登上皇位，将这个地区重新命名为伪满洲国，还立即向其迁移了 50 万移民，后来又陆续向该地区迁徙了 500 万人。1932 年到 1941 年间，日本在伪满洲国的公共和私人投资总计 33 亿美元（大约相当于现在的 450 亿美元）。

尽管如此，《史汀生声明》与美国式的正义感相吻合。它反映出在中国的数代美国传教士的影响力和美国社会中潜在的对中国独立的支持态度。但它忽视了远东的战略现实。

罗斯福完全支持《史汀生声明》。虽然在 1932 年智囊团成员雷蒙德·莫利和雷克斯福德·特格韦尔曾提醒罗斯福美国和日本利益相关，但富兰克林·罗斯福这位当选总统仍然表示支持史汀生，他说："我是德拉诺家族的后代，不可能做出其他的选择。"罗斯福的解释虽显得不太严肃，但它决定了下一个十年里美国的政策。

正如莫利和特格韦尔所担忧的，《史汀生声明》使美国与日本的关系更加恶化，但对于远东的局势却几乎没有产生任何影响。作为一项政策，它只是言辞上的"一种姿态，而不是具体的计划"，历史学家赫伯特·费斯用这句话评价道。当日本在 1937 年全面侵略中国时，美国并没有采取太多实际措施反对日本。罗斯福只是谴责了东京的行为，提供给蒋介石一些象征性的援助，但对日本的出口并没有任何缩减，这其中还包括战略物资和能够为日本战争武器提供燃料的石油。美国口头上捍卫中国独立，但却不愿给中国提供实用的物资来帮助其抵御日本。

到了 1940 年，日本军队接连取得重大胜利，占领了中国大部分富饶的沿海地区。但是，日本并没能完全镇压中国的反抗。但总的来说，当时的中国已陷入困境。1940 年，急于结束僵持局面的日本军部将当时的日本内阁政府拉下台（这已是两年内第三个倒台的日本政府）。之后，军方建立了军政府，承诺将加速战争进程，并解决日本对物资进口的依赖，尤其是对美国货的依赖。虽然，罗斯福政府并没有直接帮助日本军方推翻日本内阁。但是，如果当时美国政府能够在中国东北地区问题上采取更加安抚性的政策——就如驻日美国使馆所竭力主张的那样——日本的政治家就有更多的资本来对付军部。

直到 1940 年，中日冲突还是一场纯地区的事务。它虽然在亚洲造成了很大的影响，但仍然被限制在地区范围内，与欧洲愈演愈烈的侵略态势并没有直接联系。在东京新政府上台之后，情况很快就发生了根本性的改变。受到希特勒征服法国、荷兰以及屡屡袭击英国得手的鼓舞，日本好战的内阁政府将目光投向西方在东南亚的殖民据点：荷属东印度群岛的油田，英属马来亚的橡胶种植园，法属印度的锡矿和稻田。

在德国攻击英国的同时，日本迫使英国中断缅甸通道长达三个月之久（截断了中国主要供给线），并迫使英军撤离上海。一场针对法国和荷兰亚洲殖民地的战争计划也在紧锣密鼓地展开。世界大战就此拉开了序幕。7 月 26 日，罗斯福做出回应，颁布命令禁止向日本出口高纯度航空汽油和精炼钢铁。这是一种委婉的抗议。华盛顿希望以此来制止日本进一步向东南亚进军。罗斯福告诉国会："我们不想因为把日本逼得太紧而导致我们不得不介入任何战争。"

罗斯福所颁布的有限禁令结果适得其反。它不仅没有抑制住日本的侵略欲望，反而激怒了日本。它使东京认为来自美国的供应线受到了威胁，应该尽快另辟他径。9 月 23 日，在法国维希政府不情愿的默许下，日本占领了毗邻中国云南的印度北部部分地区。罗斯福次日作出回应，颁布了一项更加广泛彻底的禁令，禁止向日本出口各种类型的钢铁。9 月 25 日，美国政府宣布通过进出口银行给中国贷款一亿美元。一场针锋相对的斗争开始了。此时，美国和日本的关系陷入了一种奇特的状态：其中任何一方的行动都不能牵制住另一方，反而会激怒对方并让事态升级。在此后的一年中，美日关系一直处于这种状态。日本不断试探美国的底线，希望能在不与美国发生公开冲突的前提下为所欲为。而罗斯福政府——并没有重视此事——认为可以通过经济手段来对日施压，并不会导致美日开战。

在罗斯福宣布对华贷款两天之后，日本加入了"柏林——罗马"轴心国。这个举动震惊了华盛顿。日本承认了德国和意大利在欧洲的主导地位；而德国和意大利则承认日本在东亚地区的霸权。三国达成一致，在受到第三方攻击的情况下将彼此援助。由于条约中明确表明不针对苏联，因此很明显它针对的是美国。事实上，欧洲和亚洲的事态发展已经合二为一。轴心国希望用双线战争来威胁华盛顿，阻止美国的干涉。

日本加大了对抗赌注。罗斯福开始担心在太平洋出现冲突。1940 年 10 月初，丘吉尔请求美军派一支海军舰队（"越大越好"）造访新加坡——他认为应该用积极而明确的姿态让日本知难而退。而马歇尔将军和海军上将斯塔克认为这样的挑衅行为没有必要，罗斯福也同意了这种观点。在选举结束一个月之后，总统都没有理会丘吉尔的请求，没有做出任何回应。

1940—1941 年冬春交替之际，罗斯福收到了相互矛盾的建议。政府中的鹰派——史汀生、诺克斯、摩根索和亨利·霍普金斯——敦促总统遏制日本，向它禁运亟需的石油（日本 80% 的石油来自美国的进口）。国务卿赫尔和军方则力劝罗斯福放缓脚步。赫尔主张继续协商谈判；马歇尔和斯塔克争论说，如果日本的石油供应被切断，它将被迫寻找其他来源。荷属东印度群岛、缅甸、马来西亚甚至菲律宾都将会受到威胁。不仅美国毫无准备，而且如果在东南亚发生美日军事冲突也会影响大西洋战场上美国对英国的支援。斯塔克说："如果我们能维持和平，并继续支持英国，就能赢得宝贵的时间。"马歇尔也对他的说法表示同意。"现在并不是挑起事端的时候。"参谋长告诉总统。他敦促总统撤回在上海的海军陆战队，避免多生事端。

在大西洋之战仍是第一要务的情况下，对日政策仍然是罗斯福关心的次要问题。但是，他没有因手下的意见分歧而感到失望。总统喜欢让不同的部门相互制衡。当田纳西州的法官詹姆斯·马瑞诺在 1941 年辞去联邦最高法院的职务时，摩根索建议罗斯福任命科德尔·赫尔（也来自田纳西州）接任，并任命史汀生为国务卿。在摩根索看来，这样将除去内阁中主张谈判的主要势力，并让更强硬的史汀生掌权。罗斯福没有被唬住。他告诉摩根索，这不是一个好建议。罗斯福说，现在看来，并不能确信史汀生 1932 年对中国东北地区问题的做法是正确的，赫尔的谈判战略可能更符合美国现在的需要。"总统的话让我大吃一惊。"摩根索在回忆录中写道。

东京的决策者同样出现了意见分歧。长期担任驻日大使的约瑟夫·格鲁（他是罗斯福在格罗顿学校和哈佛的老校友，他有时会以"亲爱的弗兰克"开头写信给罗斯福）认为，天皇、首相、大多数内阁成员以及大部分日本海军将领都主张与美国继续谈判。急于在中国取胜的陆军部和外交部部长松冈洋右主张对美国开战，但是他们都无法说服其他人。

1941 年 4 月 13 日，松冈洋右取得外交上的重要胜利，日本和苏联宣布签订互不侵犯条约。这一次，华盛顿又有些措手不及。该协定规定：苏联承认"伪满洲国"的独立及日本对它的控制权；日本则以承认外蒙古从中国分离并成为苏联的一部分作为回报。这标志着一次重大的外交突破。由于此举缓解了"伪满洲国"边界的紧张局势，两个国家就可以腾出手来把军力用在其他地方。

当松岗洋右策划对美开战的时候，日本政府中的一部分和平派开始修复与华盛顿的关系。1941 年，东京政府派遣野村吉三郎任驻美大使。此人是前外交部长，第一次世界大战期间曾在华盛顿担任海军武官，从那时候起便与罗斯福熟识。作为外交部长，野村曾在改善与美国的关系上表现出极大的兴趣。他不希望美日开战，还鼓动海军部的同事帮忙阻止战争。罗斯福热情地接见了野村。他们在一起共话往昔，罗斯福说他更喜欢称野村为"将军"而不是"大使"，并提议他们可以直率而诚恳地进行谈话。"太平洋很大，每个人都能找到自己的一片空间，"总统说，"如果美日开战，对双方都没有好处。"对此观点，野村毫不迟疑地表示了同意。

罗斯福建议野村和赫尔商量一下如何改善两国关系。接下来的九个月中，野村和赫尔会见过五十多次，通常是在赫尔的家里。赫尔后来在回忆录中极力赞扬了野村。他写道："为了避免他的国家和我的国家之间爆发战争，他做出了切实的努力。"然而，他们的努力面临着重重的障碍，野村与东京政府的步调并不一致，而赫尔欠佳的健康状况也经常让他无法出席白宫的战略会议。

1941 年 6 月，希特勒入侵苏联。此事震惊了东京。当外交部长松岗洋右从震惊中回过神来的时候，他认为这次入侵给日本提供了绝佳的机会，有利于减少日本一直以来在西伯利亚受到的苏联威胁。"找珍珠的人必须潜到深水里，"他告诉内阁。尽管最近与莫斯科刚刚达成了协议，松岗洋右仍然极力主张遵守先前与德国和意大利签订的三国条约。在他看来，他应该直接敦促天皇立即加入反苏战争。

陆军统帅部也认为希特勒对苏联的进攻为日本提供了绝佳的机会，但他们不想再次在北方冒险。1939 年 5 月，日本关东军跨过诺门坎河，向驻扎在对岸的苏联红军发动进攻。战争在整个夏天不断升级，最终在八月底以日本耻辱性的惨败而告终。日本损失五万多人；苏联损失的人员数量仅为日本的五分之一。到那时为止，还没有证据表明斯大林将减少西伯利亚的兵力来对付德国的入侵。如果没有绝对的优势，日本的陆军将军不会愿意再次进攻苏联。

日军并没有选择北上，而是制定了南下战略。德军的进攻牵制了俄国人的兵力；由于北部无忧，日军就可以放心南进，进攻缅甸、马来半岛以及荷属东印度群岛。占领东南亚就可以进一步孤立中国，蒋介石军队最终的战败也将指日可待。但最重要的是，侵占东南亚将能够为日军提供源源不断的重要原材料。东印度群岛丰富的油田将使日本最终完全脱离对美国的依赖。

"日本人已经是强弩之末了，只能发起最后进攻，以决定走哪条路，"罗斯福

（他通过 MAGIC① 截获的日方情报而了解了东京政府的辩论内容）在 7 月 1 日的时候对哈罗德·伊克斯说道："没人知道他们会做出什么样的决定，但控制大西洋以保证太平洋的风平浪静对我们来说非常重要。我可没有这么多海军来回折腾。"

在 7 月 2 日日本天皇出席的一个枢密院会议上，日本政府决定向南进发。如果俄军能被快速击溃的话，关东军就能得到增援，以利用眼前的大好形势，但日军主要的矛头还是指向南方。"天皇政府将继续致力于解决与中国的军事冲突，并寻求建立国家安全的巩固基础。这将包括向南部地区进发，并依据未来形势的发展寻求苏联问题的解决。"日本天皇及日本海军都希望南部战略能够和平地进行，但也不抱任何幻想。"天皇政府无论遇到什么阻碍都将实施上述计划……以防万一外交谈判破裂，我们还将做好对英国和美国开战的准备。"

7 月 23 日，已经驻防中南半岛北部的日军开始向越南的南部地区进发。根据同维希签署的一份新协议，日本获得了包括岘港和边和在内的 8 座机场的使用权、在西贡（今胡志明市）和金兰湾的海军基地的使用权以及在南部地区部署不确定数量部队的权利。这为日军提供了很大优势，不仅有利于阻断通往中国的剩余补给路线，还对马来半岛、新加坡、荷属东印度群岛以及菲律宾构成了威胁。

美国驻维希大使威廉姆·莱希的电报以及 MAGIC 截获的情报早在 7 月 14 日的时候就让罗斯福警觉到日本人计划进犯中南半岛。在 18 号举行的内阁会议上，摩根索向总统施加了压力："如果日本真的这样做的话，您将如何在经济战线上对抗日本？"

摩根索在回忆录中写道："嗯，让我感到惊奇的是总统要求我们不要采取任何行动，因为一旦我们采取行动，停止供应所有石油，那只会把日本人逼向荷属东印度群岛，而这就意味着太平洋上将爆发战争。"

罗斯福的警告与军队的看法不谋而合。1941 年 7 月 21 日，斯塔克海军上将向总统递交了一份海军部的备忘录，强调了大西洋战役的重要性，并指出除非美国完全切断其石油供应，否则日本人不太可能越过中南半岛。"禁运将很可能导致日本提前对马来半岛及荷属东印度群岛发起进攻，并可能把美国卷入这场提前到来的太平洋战争。"斯塔克在备忘录后面还加上了自己手写的附言，表明他对备忘录观点的认同。马歇尔对史汀生的观点也基本一样。"大西洋战场的溃败将是致命的；远东战场的溃败虽然后果严重，但还不至于致命。"

当罗斯福于日军侵占中南半岛南部的第二天，即 7 月 24 日同他的内阁见面时，

---

① "MAGIC"是个美国陆军信号官创立的电码字，他称呼自己的电码破解人员为"magicians"魔术师，他们的成果为"MAGIC"。

他花费了大量时间说服他的下属们从海上向苏联运送援助物资。他被日本人的举动惹恼了，但并没有改变自己的观点，即美国不能反应过激。"虽然日本明目张胆地做出了敌对行动，"伊克斯那晚上写道，"总统仍旧不愿意把套索收紧。他认为最好是神不知鬼不觉地把套索套在日本人的脖子上，时机一到再猛然收紧。"

罗斯福所设想的套索是冻结日本在美国的资产。这样一来，日方在提款支付出口日本的货物之前，必须得到美国政府的特别批示。这样做不会形成贸易禁运，但会增加不方便和不确定性。日本人将不得不在每次船运前申请出口许可。让政府内部主战派大失所望的是，罗斯福表示美国将继续对日出口石油和汽油。当代理财政部部长丹尼尔·贝尔（摩根索那时在休假）问及如何应对日本对石油的需求时，罗斯福表示"只要提出了申请，"他就"倾向于批准船运许可"。

罗斯福在当天晚些时候同来自民防署的志愿者进行即席讲话的时候态度变得更加明确。他在讲话中向听众解释了在源源不断地把汽油运给日本的同时为什么又号召人们储备汽油：

> 如今看来答案十分简单。世界大战正在进行，并且已经持续了一段时间。我们从一开始就一直努力阻止这场战争的战火蔓延到其他地区。而这其中就有一个被称为太平洋的地方。从美国利益出发的防御观点来看，防止战争在南太平洋爆发是十分必要的……
>
> 现在有一个被称为日本的国家。无论它是否抱有向南扩大其帝国版图的侵略意图，它自己是没有任何一点石油的。那么，如果我们切断对它的石油供应，它很可能在一年前就已经进犯荷属东印度群岛，而你们就必须面对战争。因此，将这些石油运给日本的做法背后有一种你们可以称之为"计划"的策略——那就是希望以此保证南太平洋地区没有战事，事实上，这个方法两年来一直很有效。而这对我们、对大不列颠的军事防御以及保障海上自由都是有好处的。

罗斯福在 7 月 26 日宣布冻结日本资产。同时他还冻结了中国资产，并颁布了将菲律宾武装部队归属美军指挥的军事命令。当天下午美国战争部宣布道格拉斯·麦克阿瑟上将被召回现役，指挥驻菲律宾的美军部队。"如果远东地区有麻烦，"罗斯福告诉他的军事副官帕·沃森说，"我希望让麦克阿瑟来解决。"

在宣布了冻结日本资产的命令后，罗斯福离开华盛顿前往海德公园，四天后到了新伦敦，随后前往纽芬兰同丘吉尔会面。他的意图十分明显。冻结资产旨在让日本人措手不及，但石油供应仍在继续。财政部的丹尼尔·贝尔已经意识到这一点；

作为石油协调员的伊克斯也意识到了；国防部也意识到了。在阿真舍，萨姆纳·韦尔斯对亚历山大·贾德干爵士说："总统目前在太平洋的主要目标是避免同日本开战。"

现在，日本所需要的各类出口许可都由一个跨部门的外资管理委员会所掌握。该委员会是一个非正式顾问团机构，由助理国务卿迪安·艾奇逊任主席。该委员会拥有解冻冻结资金的唯一权限。也许是命运的安排，艾奇逊正是政府内主战派的主要成员之一，长期以来一直提倡对日本实施石油全面禁运。当罗斯福和韦尔斯出国公干，而赫尔又正在西弗吉尼亚州的白硫磺温泉疗养时，艾奇逊宣称冻结命令不够明确，拒绝解冻日本的资金用以任何的购买行为。随着自大情绪的增长，"傲慢"成为这个未来的国务卿的鲜明特点。他坚称自己的行为不可能引发太平洋地区的战争，因为"任何理智的日本人都知道攻击我们只会给他们的国家带来灾难"。虽然国防部远东部和财政部都对此提出抗议，但艾奇逊仍拒绝解冻任何日资——这实际上已经形成了禁运，完全切断了对日本的石油供应。

罗斯福是在 9 月初从纽芬兰回国后才获悉冻结事件的，那时候再推翻现有政策并发布出口许可将会被大众认为是绥靖妥协。8 月初的舆论调查显示有 51% 的美国人认为美国宁可冒着开战的风险，也不该让日本变得越来越强大。到 9 月时这一比例已经上升到了 67%。在这样的情形下罗斯福只能让艾奇逊的决策继续施行。与罗斯福原本的意图相反，美国同日本的所有贸易往来都被切断。在东京，驻东京大使格鲁对此举的影响作了评价："冤冤相报的恶性循环正在上演。要下地狱很容易。除非形势出现大逆转，不然这种日益交恶的趋势恐怕很难停止，也很难预测形势究竟将恶化到何种地步。但最明显的结论就是最终的战争。"

禁运让日本政府十分震惊。日本每天要消耗约 12000 吨石油，手头上拥有的供给不足持续 2 年。除了对石油的担忧外，太平洋地区的海军势力平衡也是日本政府需要考虑的。1941 年的夏天，日本天皇海军的实力还相当于美国、英国及荷兰舰队实力的总和。但美国国会在 1940 年法国沦陷后即授权增加海军军备，到 1942 年日本海军的优势将荡然无存。如果日本想要采取行动，那么留给他的时机和时间都已不多。

1941 年 9 月 6 日，日本政府与天皇举行会议。天皇给了极力反对战争的日本首相近卫文麿公爵一个月时间同美国举行谈判，寻求解决方案。如果取消禁运的协议无法在 10 月 10 日之前达成，那么日本的武装部队将准备向南开进。

9 月 6 日晚休会后，首相近卫文麿邀请美国驻东京大使格鲁参加他的私人晚宴。在日本，按照传统习惯，首相与外交使节是不能私下直接接触的，因此近卫文麿精心筹备，让这次会面能够秘密进行。两人在彼此都认识的伊藤男爵家里用餐；汽车牌照都经过了改装，避免被认出；用人在客人抵达前都被遣散回家，晚餐是伊藤男爵的女儿做的。在进行晚餐的三个小时里，近卫文麿持续向格鲁施压，要求其安排自己同罗斯福在夏威夷进行私人会面。"时间宝贵。"首相说道。他告诉格鲁，他的政府认为此前美国国务卿赫尔提出的四点和解原则为解决两国间的所有分歧提供了令人满意的基础。这四点原则为：保持所有国家的领土完整；不干涉别国的内政事务；贸易开放；保持现状，但不包括通过和平途径进行改变。近卫文麿向格鲁担保，如果他和罗斯福能够在原则上达成一致，细节问题就能逐步解决。"首相意识到某些地方还需要澄清和更加精确地厘定，但他很有信心地认为彼此观点上的分歧最终可以得到令双方都满意的和解。"近卫文麿表示，他和随从人员为了同总统会面而准备乘坐的船只配备了功能强大的无线电设备，让他能够同东京进行直接联系。如果他向天皇报告双方达成了协议，"天皇将立即颁布正式命令，中止所有敌对行动"。

格鲁说道："我参加完那次历史性会议后回到了大使馆，坚信同我们打交道的这个人毫无疑问充满了诚挚之情。考虑到近卫文麿的背景和家族传统，再回溯日本多年来的暗淡历史，这一点已不需要再多加赘述。"

格鲁立即向华盛顿报告了他同近卫文麿的谈话："这是他外交生涯中迄今为止经手过的最为重要的电报。"在后续多如牛毛的信件中包括一封9月22日写给罗斯福的信，在信中他提醒罗斯福说时间已经很紧迫。最为重要的是，他反对国防部在会晤前所坚持的要日本给出具体且不容修改的承诺的态度。这不是日本人的方式。和解进程是不断发展变化的。有着天皇作后台的近卫文麿已经迈出了第一步。格鲁警告说，如果将谈判搞砸了，就会导致近卫文麿政府被军事专政代替，届时战争将不可避免。

华盛顿政府没有理睬格鲁的建议。内阁里的主战派——史汀生、诺克斯、伊克斯和摩根索——对除日本投降以外的解决方案都不感兴趣。"我赞成延长谈判时间，"史汀生告诉摩根索说，但是"不应当允许他们有机会在总统和首相之间促成私人会议。我担心如果真的举行了这样的会议，我们就会作出让步，而这对于我们同中国至关重要的关系是十分危险的"。赫尔以及国务院的远东部也有着和史汀生一样的担忧。发现赫尔正筹划促成罗斯福与近卫文麿的会议后，远东部警告了赫尔这样做的后果，认为这样会显得美国太过于软弱通融。该小组坚持，想要举行峰会，日本就必须首先宣布自己考虑退出与德国和意大利签订的《三国同盟条约》；同意从中国撤军；清楚地表明自己的立场；解决赫尔提出的四点和解原则中的任何分歧。

赫尔不需要这样的提醒。这位国务卿从小就浸淫在阿巴拉契亚南部地区正统派基督教的悲观主义中，他希望在同意与日本首相举行会议前把每一个细节都敲定。他还担心罗斯福与丘吉尔在纽芬兰高调会晤后如此之快便与日本首相举行会议会带来什么样的公众影响。

按照赫尔的想法，国务院应当掌控同日本的谈判，只有在国务院感到满意后罗斯福总统才会同近卫文麿会晤，以签署两国外交官已经同意的文件。赫尔的想法看起来并不太现实。对于像罗斯福这样喜欢临时决定解决方案且善于进行非正式谈判的人来说，很难相信他会"立刻"拒绝这次同近卫文麿举行会议的机会。更加合理的解释似乎是，全神贯注于欧洲战场的罗斯福对远东地区逐渐恶化的形势关注得远远不够。由于在大西洋同德军的 U 形潜艇打得不可开交，又忙于对苏联的远程援助，再加上莫斯科地区更大规模的战役正在逐渐成形，罗斯福已经让同日本的谈判在赫尔手中搁置了太长的时间，因而无法再拒绝他了。因此当赫尔和国务院、史汀生、摩根索以及霍普金斯就是否应该举行这个会议而争得不可开交时，罗斯福默许了赫尔的观点。原定于 1941 年秋天同近卫文麿举行这次会议是否能改变战场形势已不可知，因为这次会议最终没有举行。

如果说赫尔、国务院以及内阁中的主战派成员对罗斯福和近卫文麿举行会晤感到担忧的话，那么东京的极端民族主义者则对举行这样的会议感到十分愤怒。近卫文麿在 1941 年 9 月 18 日险些遭到暗杀。当时 4 名携带骨矛的青年男子在近卫文麿回家的路上袭击了他所乘坐的汽车。他们虽然最终被便衣警察击退，但笼罩在东京城上空的暗杀气氛无疑加重了谈判的紧迫性。

然而接下来却什么事情也没有发生。传统史学认为日本拒绝从中国撤军是关键所在，而在某种程度上也的确是这样。但说美国宁愿日本不从中国撤军也没错。史汀生、摩根索及赫尔担心如果日本真的从中国撤军，那么日本陆军将在西伯利亚地区向俄罗斯发起进攻，而这是华盛顿上下都不愿看到的。因此，最好的战略就是表面上保持同东京政府的谈判，但不达成任何协议。10 月 16 日，由于无力取消禁运以及确保同罗斯福举行峰会，近卫文麿辞去了首相的职务。仍旧希望达成和平解决方案的天皇转而向当时的作战部长东条英机求助，任他为新首相，组建新政府。裕仁天皇史无前例地直接干涉到谈判进程中，明确请求东条英机不要被 9 月 6 日关于战争准备的会议决策束缚手脚，要把所有事情重新审视一遍：一切重新开始。新的职责使东条英机观点有所改变，满口答应了天皇的请求。天皇选择东条英机的举动在某些方面和兴登堡在 1933 年 1 月选择希特勒为魏玛共和国总理的做法如出一辙：两人都希望向最强的选手求助就能够解决国家面临的危机。

在近卫文麿辞职的同一天，罗斯福给丘吉尔和国王乔治六世分别写了亲笔信。他给国王写道："我有点担心日本的形势。"给丘吉尔写道："我想日本天皇是希和平的，但沙文主义者正在逼迫他。日本的形势无疑正在恶化，我认为他们将向北进发——不过尽管如此，你我在远东地区还有两个月的缓和期。"（罗斯福推测日本只有在俄罗斯被击败后才会向南推进）

第二天罗斯福同赫尔及他的军事顾问们会了面。按照总统的指示，斯塔克海军上将迅速向太平洋地区的指挥官们发出了警告，称日本同俄罗斯之间展开敌对行动的可能性非常大。对美国和英国部队发动袭击的可能性也不能排除。"鉴于存在这些可能性，你们必须采取相应的预防措施。"无论斯塔克还是马歇尔都不认为日本的威胁近在眼前。1941 年 10 月 17 日，斯塔克向太平洋舰队司令哈兹本德·金梅尔海军上将担保说他"不认为日本人会向着我们来。实际上，我没怎么重视上头发出的警报信息。也许我错了，但我希望没有。无论如何白宫里面吵了这么长时间，我感到我们应当警惕起来了"。马歇尔将军则告知在夏威夷的沃尔特·肖特将军和在菲律宾的麦克阿瑟说："日本的对外政策近期看来都不会出现突然变化。"

11 月初，在东京，东条英机政府围绕"新政策"的辩论持续了一个星期。格鲁提醒华盛顿达成解决方案的希望正在快速消失。格鲁表示，华盛顿向日本施加的经济压力，特别是石油禁运，是一个错误。在 1941 年 11 月 3 日发出的一封长电报，以及第二天发出的一份稍短些的后续电报中，格鲁警告说如果谈判失败，"日本可能会抱着不成功便成仁的决心竭尽全力让自己不再受制于国外的经济压力，甚至实行全国性质的剖腹自尽。我们当中那些一直同日本直接打交道的人都意识到这不仅有可能发生，而且很有可能会发生。"

格鲁表示，日本关于逻辑的标准"不能用任何西方的标准来衡量。将我们的国家政策基于某些人所认为的'经济压力不会让日本走向战争'的观点之上是很危险的"。格鲁写道："如果战争真的来了，'它也将是以危险而迅猛的方式到来'。"

格鲁比大多数人都更了解当前的形势。1941 年 11 月 5 日下午，日本枢密院再次同天皇举行会议，并决定为战争做好准备。"采取耐心而固执的政策，"首相东条英机说道，"就等同于自我毁灭。与其坐以待毙，不如打破僵局，寻找生存的办法。"在外长东乡茂德的坚持下，同华盛顿的谈判仍在继续。但如果在 11 月 25 日前仍旧达不成任何协议的话，宣战的最终决定将摆到天皇的面前。准备战争的预警命令已经迅速下达到了军方各单位，野村大使也受到指示向赫尔发出了最后通牒。东乡茂德说道："谈判的成败将对日本帝国的命运产生巨大的影响。实际上，我们是把我们国家的命运放在了这个骰子上进行赌博。"

就在日本枢密院在东京举行会议的同时，陆海军联合理事会——参谋长联席会议的前身——也在华盛顿举行会议，对当前形势进行评估。在重申了打败德国为美国政策的首要目标后，理事会明确建议罗斯福："美国同日本的战争应当避免。"马歇尔和斯塔克表示，这样的战争"将大大削弱大西洋地区对抗德国的联合力量"，美国对此并没有足够准备。为了强调太平洋地区维持和平的必要性，参谋长们明确表示日本对中国进一步侵犯，或者对泰国进行侵略，甚至对俄罗斯发动进攻"都不是美国对日本进行干预的正当理由"。

马歇尔和斯塔克的建议对罗斯福起到了影响。当内阁在 11 月 7 日举行会议时，罗斯福要求赫尔概括一下远东地区的形势。赫尔用他的田纳西州方言讲了 15 分钟。（其间，罗斯福对弗朗西斯·伯金斯小声说："如果科德尔再说'噢，伊督（基督）啊'我可受不了了，我无法忍受这种口齿不清的讲话。"）这位国务卿的结论是，远东地区的形势非常危急，日本可能在任何时候发起进攻。罗斯福让内阁的每位成员都发表了自己对此事的看法。所有人都同意如果总统需要，国会就会为总统准备好宣战声明，但公众的支持则取决于具体情况。总统对赫尔严肃地说："不要让同野村的谈判情况恶化。不要再滋生对方的敌意。让我们用不作为的方式来度过危机。"政府内的分歧显而易见：不顾战略后果执意支持中国的赫尔和内阁为战争作好了准备；而决意要避免在远东受到牵制的罗斯福和军方则寻求与日本冲突的最小化。

在同野村的谈判中（11 月 15 日，东京政府派出向谈判发出最后通牒的老练外交官来栖三郎也参与了谈判），赫尔态度强硬，假装虔诚。在赫尔身上，东部田纳西州人那种白色人种的优越感十分强烈，他发现自己很难做到不高傲。当日本人要求给出具体答复的时候，赫尔却拿着道德原则大做文章。正如一名学者所述，这位国务卿太"具有强迫性，太喜欢'说教'，总是揪着这个陈腐的老问题说个不停"。

1941 年 11 月 20 日，野村和来栖向日本政府做出了最后提议——提出了为期 6 个月的冷却期，让双方都有时间重新评估当前形势。从本质上说这又回到了美国禁运前的状况。日本将同意不再扩大领土并从南中南半岛撤军，以此作为美国对其贸易松绑的交换。MAGIC 提供的信息让美国政府了解到这已经是东京政府最后的底线了。外长东乡茂德告知华盛顿的代表们："这一次我们做了最后的讨价还价，我希望我们能够同美国和平解决我们的所有困难。"

日本在提议中对中国问题只字未提。因此赫尔觉得这"完全不能接受"。但罗斯福却看到了一线希望。由于牢记着马歇尔和斯塔克关于避免同日本开战的警告，罗斯福提出了暂时妥协的想法。在得知了日本方面提议的具体细节后，他给赫尔提出了调解原则，作为答复日方的基础：

1. 美国将与日本恢复经济关系——目前恢复一些石油和大米的贸易关系，稍后将恢复更多的贸易关系。

2. 日本不再向中南半岛、中国东北境内以及南亚地区（荷属、英属领土或泰国）增兵。

3. 日本同意即使美国卷入欧洲战争也不援用《三国同盟条约》。

4. 美国为日本和中国进行具体谈判牵线，但美国不参与双方的会谈。

罗斯福表示，美国无意干涉或斡旋日本同中国的事务。他说："我不知道在外交谈判中是否有这么个词，但美国唯一的意愿就是成为一个'介绍人'。"总统放弃了先前让日本从中国撤军的要求。后来他告诉伊克斯说"他并不确定日本袖子里是不是藏着把手枪"。伊克斯认为战争无可避免，但罗斯福并不这么认为。"在我看来，"伊克斯写道，"总统还没有做好跟日本敌对的思想准备。"

罗斯福的调和立场迅速得到了军方的支持。11 月 21 日，陆军作战计划处处长伦纳德·杰罗少将代表正在佛罗里达度过感恩节的马歇尔将军向赫尔写了封信，称陆军认为"同日本达成暂时妥协对于我们在欧洲的胜利至关重要……太平洋地区的暂时和平将让我们能够完成在菲律宾的防御准备，同时确保对英国物资援助的持续性——两者都十分重要。"

时间越来越紧迫了。野村和来栖要求东条英机把 11 月 25 日的最终期限延长一些，东条英机答应他们宽限到 11 月 29 日。"这次我们是认真的。最终期限绝对不会再改变了。到时候一切该发生的都会发生。"MAGIC 将这个信息几乎在野村收到的同一时间就拦截并传递给了罗斯福和赫尔。

由于各种原因，罗斯福关于暂时妥协的提议从未提交给日本方面。修正主义历史学家和一些阴谋论者认为罗斯福政府已经放弃了维持太平洋地区和平的希望，并想要引诱日本人首先发起进攻。传统历史学家则认为暂时妥协没有什么意义，日本无论如何也会发动战争的。威廉姆·兰格教授和埃弗雷特·格里森教授在他们关于战前外交的权威解释中把没有向日本人提交暂时妥协原则的这一事件称之为谜："除非有更多的证据曝光，否则总统和国务卿赫尔在其中所发挥的作用仍旧只能是推测。"

为数不多的证据表明，罗斯福的计划同时遇到了来自盟国和内阁成员的阻挠。中国对总统的提议倍感愤怒，澳大利亚与荷兰认为这是个糟糕的主意，而对待日本立场一贯强硬的丘吉尔则巧妙地打出了中国牌。他在同罗斯福的电话通话中说道："当然，这事应该由您来处理，我们也肯定不希望再出现一场战争。"在内阁，史汀生和诺克斯已经准备好要拖延时间，但对于罗斯福置中国于困境而不顾感到失望；摩根索对当前形势感到胆战心惊；赫尔已有所准备；伊克斯则考虑着辞职。他声称："如果这次同日本的谈判圆满结束的话，我会立刻从内阁辞职，并发表干脆的声明来抨击谈判安排……我相信总统将会因此事而丢掉整个国家，地狱也将敞开大门。"

1941 年 11 月 25 日，罗斯福同他的战争委员会成员（赫尔、史汀生、诺克斯、马歇尔以及斯塔克）举行了会议，与会者一致认为谈判已经没有什么余地了。会议着重讨论了如果日本反对临时停火的话该怎么做。获悉东京政府已经确定了 11 月 29 日（星期六）的最终期限，罗斯福说道："我们有可能在下周一就遭到攻击，因为日本人就是以不警告就进攻而臭名昭著的。问题是如何让他们先发动进攻，同时对我们又不会造成太大危险。"总统并不是在设计圈套，但就像萨姆特要塞之前的林肯，他希望被视作侵略者。政府内部的一致意见是日本人将进犯中南半岛的泰国、马来半岛、新加坡以及荷属东印度群岛，而不是菲律宾。日本人发不发动进攻已经不是问题了，问题是在什么时候和什么地点发动进攻。

距离 1941 年发生的事情已经 60 多年，也就是三代人了，现在已经很难感受到罗斯福在战争逼近的形势下他的顾问们讨论时所流露出的针对日本的隐约的种族敌意。英国著名学者刘易斯·纳米叶爵士曾评述说历史学家倾向于记住现在而忘却过去。如今人们的宽容度要比当时大得多，并且鉴于日本当今的经济和工业实力，我们很容易忘记 1941 年时西方国家对日本军队的实力是多么不信任。大家都认为"日本佬"（罗斯福对他们的称呼）可能在东南亚取得胜利，但不可能对太平洋地区的美军部队造成威胁，更不用说珍珠港了，那里的陆军和海军都固若金汤。这种不把日本视为军事对手的自大态度使得战争委员会并没有认真讨论东南亚地区发生战争的可能性。他们认为即使发生冲突，对美国的牵制也很有限。

赫尔在 11 月 26 日星期三下午晚些时候同野村和来栖举行了会晤。赫尔并没有把罗斯福关于暂时妥协的计划提出来，而是给日本人下了最后通牒，即美国关于太平洋地区解决方案的十点说明。这十点说明与先前双方所讨论的内容相去甚远，不仅对日本方面的停战提议不做回应，还要求日本从中国和中南半岛撤出所有军队、放弃向东南亚进一步扩张并退出《三国同盟条约》。这与其说是一份希望达成协议的严肃尝试，还不如说是一份审判声明。"我已经洗手不干了，"赫尔后来告诉史汀生说，"现在陆军和海军都掌握在你和诺克斯的手中了。"

从暂时妥协突然变成对抗的 180 度大转弯让军方着实吃了一惊。1941 年 11 月 27 日，斯塔克将军指示在夏威夷的金梅尔和指挥亚洲舰队的托马斯·哈特海军上将做好戒备。"这一重要消息将被视为战争爆发的警告。同日本关于稳定太平洋地区形势的谈判已经停止，接下来的几天内他们很有可能发起侵略。日本军队的数量和装备以及他们海军特遣队的编制都表明他们可能针对菲律宾、泰国或者马来半岛或婆罗洲发动两栖远征侵略。"

陆军对太平洋地区指挥官们的警告在措辞上稍微缓和一些，但意思是一样的：

> 同日本的所有实质性谈判看来已经终止。现在只剩下一种可能性，那就是日本政府主动要求谈判继续。日本未来的行动难以预测，任何时候都可能发起敌对行动。如果无法，注意，是无法避免敌对，美国希望由日本首先采取公开行动。但不要把这一政策视为你们在危及自身防御时采取行动的束缚。

直到今天也没有令人满意的解释说明当时赫尔为什么放弃寻求冷却期，或者为什么罗斯福也支持他这么做。罗斯福面对的事情已经够多了，他无疑承受着很大压力。他此前刚刚对海军下达了命令，在大西洋只要有敌军舰船进入视野就进行攻击。他还刚就是否废止《中立法案》与国会进行了激烈的辩论，而此时德军距离莫斯科只有30英里地了。也许在当时那种情况下还支持暂时妥协已经超出了罗斯福的意愿。就像7月份的石油禁运被证明是错误的决策一样，事情的发展又超出了他的控制。至于赫尔，他的官方传记作者朱利叶斯·普拉特表示他也曾感到困惑："总统给了赫尔很大的空间与日本周旋……看起来他'把所有事情都丢到一边'（史汀生记录他所说）的决定就像一个疲倦而愤怒的人在使性子。"无论是什么原因，临时停战计划已经被抛弃，且正如斯坦福大学历史学家戴维·肯尼迪最近所评述的："避免或推迟同日本进行战争的最后一点希望也就此消失。"

野村和来栖被赫尔提出的十点说明弄得目瞪口呆。东京政府对此的反应也是一样。"我们觉得美国明显没有达成和平解决方案的任何意愿和诚意，"政府中态度最为温和的成员之一，日本外长东乡茂德也如是说。12月1日，在天皇出席的枢密院会议上，日本政府选择开战。首相东条英机在会上说："现在很明显，日本的要求通过外交途径已经无法满足。"天皇让枢密院每位成员都发表了自己的看法。所有人的决定都是一致的。裕仁点头表示接受。"在这一刻，"东条英机总结说，"我们的帝国站在了名垂青史或湮没无闻的门槛上。"

12月2日上午，陆军和海军参谋长前往皇宫，正式请求天皇以他的名义批准宣战，并把攻击日定在了1941年12月8日（夏威夷和华盛顿当地时间12月7日）。当日下午，在取得了天皇的同意后，东京功能强大的无线电发射机就把这一信息迅速传达给了日本武装部队：（12月8日攀登新高峰。）

就像当时所有大国那样，日本军部的档案橱柜塞满了各种战争计划以应对各种紧急情况的计划。其中向南亚进攻的计划被演练了多次，但每次都得出了同一个结论：只要美军在菲律宾的亚洲舰队和在夏威夷的太平洋舰队毫发无损，那么对荷属东印度群岛、新加坡或马来半岛发动进攻就存在危险。现在，这一问题直接摆在了自 1939 年以来一直担任日本联合舰队司令的海军上将山本五十六身上。

山本此时正处于他海军生涯的顶峰阶段。他比麦克阿瑟、马歇尔和斯塔克（三人都出生于 1880 年）小四岁，在对马岛的战斗中失去了左手的食指和中指。日本海军中没有谁比山本更了解美国，也没有谁比他更不希望发动战争。山本年轻的时候在哈佛大学主修英语毕业。他搭便车穿越了整个美国，了解这个国家强大的工业和农业实力。1926 到 1928 年间他担任日本驻华盛顿的海军武官。在 30 年代关于外交政策的激烈辩论中，他站在了温和派一边，坚决要求海军反对军事冒险主义，并且对纳粹德国和墨索里尼掌权的意大利结盟抱着怀疑态度。他的生命也因此不断受到民族主义极端分子的威胁。

山本的经验提供了关于现代战争的独特视野。虽然不是飞行员，但他与海军航空部队有着密切联系：他在 20 年代中期曾担任海军航空学校的主任参谋，在 30 年代早期担任过航空母舰第一师的司令官，并在 1935 年到 1936 年间担任海军航空部主任，1936 年到 1939 年间担任海军航空部副部长。他很像美国的威廉姆·米切尔（人称"比利"，是制空权的支持者），但和米切尔不同的是，山本拥有军衔、名望和管理技术，能够为此做出一些实事。在海军中他是一个大胆创新的思想家和一个狂热的赌徒。

山本在 1939 年得到的战争计划设想日军将与美军舰队在本土岛屿附近进行一场决定性的海战，到时候从本土起飞的飞机加上潜艇将首先削减美国舰队的实力，然后大日本帝国的海军再以一种老式的战斗队形同美军展开激烈的战斗。山本意识到现有战略还不足以支持海军针对南面数千英里以外的众多目标击做出全力一击。要想确保日军毫无防备的长侧翼的安全，必须从一开始就把美国海军击败。

山本第一次想到袭击珍珠港的具体时间并不清楚。英国人 1940 年 11 月 12 日在塔兰托的胜利让山本认真地考虑起了这种可能性，当时英国人的 12 架舰载雷击机打了停靠在码头的意大利舰队一个措手不及，三艘战舰被击沉。在他自己的信件中，山本表明计划始于 1940 年 12 月，首先只是一个概念，然后变成计划，最终形成演习，包括针对在日本鹿儿岛湾建立的珍珠港模型不断进行模拟进攻。这期间暴露出了巨大的后勤问题。要聚集必要数量的飞机（山本估计需要 300 架），就需要一支至少由 6 艘航空母舰组成的特遣队，而长达 3500 英里的攻击路线——早已超出了舰队的巡航里程——则令日本舰船需要在海面上进行燃料补充。但最困难的问题是战术性的：首先，要确保完全出其不意；其次，要在珍珠港的浅滩发动鱼雷进攻。意大利舰队当时是停靠在塔兰托湾的深水区的。当时的海军界普遍认为空投鱼雷需要至少 12 英寸（72 英尺）的水深，否则鱼雷将碰到水底，沉到泥里或者过早地爆炸。美国海军深信日军无法发动空投鱼雷进攻，因而拒绝在珍珠港使用反鱼雷网，认为这是没有必要的。1941 年 10 月，日本已经研发出一种能够在水下 6 英寸（36 英尺）爆炸的有翼鱼雷，到 11 月则已经完善了飞行员在时速 100 节（约 115 英里/时）和高度 60 英尺的发射技术，能够保证 83% 的成功率。

根据资料显示，山本的攻击计划有 8 个连锁组成部分，其中攻击珍珠港是核心。剩余编队则分别对抗菲律宾的美国亚洲舰队、新加坡的英国人和婆罗洲附近的荷兰人。这些部队有些由上百艘舰船组成，各自独立向马来半岛、关岛和吕宋岛进发，另外还有一支小规模的中立部队向中途岛进发。山本将联合舰队的主干——6 艘战舰、2 艘轻母舰、2 艘巡洋舰和 13 艘驱逐舰——部署在内海，置于他的个人指挥之下，随时向需要的地方进发。进攻珍珠港的主要任务被下达给新近组建的第一航空舰队，由南云忠一海军中将指挥。山本选择由他来指挥这次进攻时，他还是东京海军参谋学院的校长。被朋友们描述为"日本的'公牛'哈尔西"——意气风发、性格外向、非常自信——南云是适合这一位置的资深官员，山本也决定根据军衔和传统来选人。

1941 年 11 月 29 日，日本各支特遣队都已经下海。每支舰队都被授予指令："如果同美国达成协议，特遣队将立即返回日本。"第一航空舰队也接到指示：如果在攻击日前一天之前被敌军发现的话，就立即返航。

山本关于攻击珍珠港太平洋舰队的决定不仅是相当大胆的，并且也包含了一种对海军制空权革命性的全新利用，是还没有在实战中进行过测试的实验性概念。塔兰托战役包含的是 12 架来自 170 英里外一艘航空母舰上的飞机。第一航空舰队要攻击的则是远隔半个太平洋之外的，被视为世界上最强大的海军基地，那里停泊着海洋上能聚集起来的最大的空军舰队。

当进攻命令于 1941 年 12 月 2 日下达时，第一航空舰队已经行驶到了去往瓦胡岛航程中约一半的地方。南云这支由三十多艘舰船组成的特遣队以楔形阵型，14 节的稳定时速向东行进：6 艘航空母舰的外围是由驱逐舰、巡洋舰和战斗舰组成的保护屏障，潜艇负责观察舰队前方和后方情况，另外还有 8 艘 2 万吨的补给油轮。12 月 4 日，在风浪中第一航空舰队向东南方向前进，距离夏威夷北面约 900 英里。两天后的上午 11 点 30 分，南云完成了最后一次燃料补给，抛弃了行动缓慢的补给油轮，径直向南面的瓦胡岛进发，并将舰队行驶时速增加到 20 节。在升起了曾经在对马岛飘扬过的那面具有历史意义的"Z"字旗后，南云立即将山本的信息传达给了整个舰队："日本帝国的兴亡就取决于这次战斗。每个人都要尽职尽责。"

1941 年 12 月 7 日上午 5 点 50 分，第一航空舰队距离瓦胡岛北面只有 220 英里远了。南云命令向东前进，并把时速增加到 24 节，这是成功发动进攻所必需的速度。航空母舰猛烈倾斜到 12 到 15 度之间，让黎明时间的起飞更加充满了危险。

"我已经成功地把特遣队带到了攻击点上，"南云对他的手下源田实海军中校说道，"从现在开始担子就落到你们肩上了。"

天气条件把起飞时间推迟了20分钟。机群于早晨6点10分起飞：首先是战斗机，然后是水平轰炸机、俯冲轰炸机和雷击机——总共183架。到6点20分时所有飞机已经成战斗编队向瓦胡岛飞去。一个小时后，南云发动了第二波进攻，主要使用了水平轰炸机和俯冲轰炸机。在第一波飞机起飞后的9分钟内，由350架飞机组成的强大攻击队伍依靠导向朝着目标珍珠港、希卡姆和惠勒机场以及卡内奥赫航空站飞去。

尽管盛传着关于太平洋地区政治形势恶化的消息以及来自华盛顿关于战争的明确警告，日本的进攻还是让夏威夷的美军措手不及。从某种意义上说，珍珠港的防御陷入了陆军和海军间的真空地带。陆军以为海军在按照联合防御计划进行岛外远程侦察；而海军方面则认为陆军仍在继续掌管着瓦胡岛的预警雷达，这也是联合防御计划所规定的。结果双方都想错了。陆军和海军都没有让他们的人员保持戒备。也许是他们过于自信，也许是他们过于懒散——檀香山的舒适加上和平时期的懒散，也许仅仅是他们没有认真看待来自华盛顿的战争警告。

马歇尔将军对此次进攻进行了分析。他说道：

> 珍珠港是我们装备最精良合理的基地，所以我们并不担心这个地方。我们都以为那里的指挥官们正处于戒备状态。我们都认为已经没有什么可为他们做的了……我们都认为那里有足够的能力进行自我防御。我们唯一不担心的地方就是夏威夷。

日军的进攻持续了两个多小时一点。当最后一架飞机于上午10点离开时，包括8艘战斗舰在内的18艘美军舰船被击沉或重创。超过175架军机在地面上被摧毁，另有159架失去战斗力。总共有2403人丧生，其中1103人随着"亚利桑那"号战斗舰沉入海底。当时一枚鱼雷在该艘战舰的前部弹药舱爆炸，几乎与此同时战舰便沉入了大海。另外有1200人受伤。日军在第二波攻击中损失了29架飞机，大部分是俯冲式轰炸机。

罗斯福在华盛顿当地时间下午1点40分获悉此次进攻的消息，大约是在第一波零式战机开始低空扫射进攻后的45分钟。当诺克斯从海军部打来电话时，他正在楼上的书房里同哈里·霍普金斯共进午餐。"总统先生，看起来日本人好像对珍珠港发动了进攻。"随后便是一个接一个的电话。到下午2点30分的时候，斯塔克给总统打电话确认了情况。格雷丝·塔利在为斯塔克将军转接罗斯福的时候说道：

"我能听出斯塔克将军声音中的震惊和难以置信。"斯塔克称这是一次非常严重的进攻，舰队受到严重破坏，人员大量伤亡。罗斯福要求斯塔克执行一旦太平洋地区爆发战争就立即生效的常备命令。华盛顿的官员们对日本人会发动进攻并不感到意外，但却没有料到目标会是珍珠港，另外，由此带来的生命财产的巨大损失也让他们感到震惊。

下午3点罗斯福同战争委员会举行了会议。关于珍珠港事件的报告还在不断继续，情况一篇比一篇糟糕。总统亲自接听了每个电话。他命令赫尔通知拉丁美洲各国政府当前的情况并确保取得他们的合作；诺克斯和史汀生接到指示起草必要的命令以使整个国家做好战争准备。罗斯福同马歇尔将军就军队的部署进行了详细探讨，并命令对美国境内的所有日本大使馆和领事馆实施军事保护。他的情绪很稳定，一点都不惊慌。正如萨姆纳·韦尔斯所说，罗斯福是行动的核心，完全掌管着大局。埃莉诺在进入书房时也注意到她丈夫脸上平静的神态。

丘吉尔从首相乡间别墅打来电话："总统先生，关于日本是怎么回事？"

"都是真的，"罗斯福回答说，"他们在珍珠港对我们发动了进攻。我们现在在同一条船上了。"

丘吉尔说："那样的话事情反而变简单了。愿主与你同在。"后来丘吉尔又写道："有美国和我们站一边对于我来说是最大的好事。我想起爱德华·格雷30年多年前曾对我说过的话——美国就像'一个巨大的锅炉。一旦把炉火点燃，他所能产生的力量将永无止境'。精神上的满足让我上床，并为拯救和感恩而睡去。"

将近下午5点时罗斯福把格雷丝·塔利叫到了他的书房。塔利回忆说当时罗斯福是一个人在书房，并刚点燃了一支烟。罗斯福对塔利说："请坐，格雷丝。我明天就要面对国会了。我想口述一下我的发言稿。很短。"

罗斯福用他一贯沉稳的语调开始口述，不过这一次语速要更慢些，措辞也更精确："昨天，逗号，1941年12月7日，破折号，将作为一个耻辱的日子传诸后世，破折号……"整封信不超过500个单词——大约是林肯葛底斯堡演讲稿的两倍长。除了倒数第二句是由霍普金斯所提议以外，每个单词都出自罗斯福之口。总统主要把重点放在了日本的背信弃义上，并罗列了敌方袭击的区域。罗斯福并没有按照史汀生的建议向德国宣战，并且将这次发言写得十分简短。

当天晚上，罗斯福同霍普金斯和格雷丝在楼上书房共进了晚餐。晚上8点30分罗斯福与内阁成员会面。当成员们陆续进来时，罗斯福脸色严峻，成员们也一改常态地保持着静默。罗斯福用一种忧郁的语调开场："这是自1861年以来最为严肃的一次内阁会议。"而碰巧那天他们举行会议的椭圆书房就是林肯内阁在萨姆特堡打响南北战争第一枪之后举行会议的地方。随后罗斯福把珍珠港事件向内阁公布。

弗朗西斯·伯金斯回忆说，对罗斯福来说"这次事件真是难以启齿。他对海军是如此的自豪，要他亲口说出海军被打了一个措手不及实在让他难过"。

其间，罗斯福两次对诺克斯提出要求："看在上帝的份上，一定要搞清楚为什么要把舰船排成直线。"在伯金斯看来，要罗斯福"接受海军可能是在没有戒备的情况下遭到袭击的这一说法真是可怕"。作为海军部的前部长，罗斯福从未原谅金梅尔和斯塔克在珍珠港布防方面的失误。金梅尔被降衔为海军少将，并被勒令退役。斯塔克也被从海军作战部部长职位调离，转赴英国任职，后来在时机合适时也被勒令退役。罗斯福让切斯特·尼米兹顶替金梅尔的职位，并让作风硬朗的大西洋舰队司令欧内斯特·金出任海军作战部部长。

晚上10点，国会领导人也出席了内阁会议。罗斯福另外邀请了一些人前来参加会议，其中包括加州的共和党孤立主义者希拉姆·约翰逊（罗斯福希望把他争取过来），但没有邀请众议院外交关系委员会的高级官员汉密尔顿·费希。罗斯福性格里也有报复心，而费希就是领教过这种报复心的人之一。当罗斯福在叙述珍珠港事件时，每个人都哑然失声了。史汀生写道："会场一片死寂，甚至在罗斯福讲完后他们也没有出声。"最终来自德州的汤姆·康纳利怒吼道："我们在珍珠港的舰船怎么会如此轻易地受到攻击？他们是怎么出其不意地袭击我们的？我们负责巡逻的部队在什么地方？他们全都在睡大觉！"

罗斯福轻轻点了点头，说："我不知道，汤姆。我真的不知道。"

罗斯福询问各个国会领导人什么时候有时间同他会面，大家都同意在第二天中午的12点30分由罗斯福在国会联合会议上发言。罗斯福拒绝提前透露他是否会请求宣战，决意让整个国家来作出这个决定。"共和党员支持民意。"参议院少数派领导人查尔斯·麦克纳利说道。会议在十一点过后结束。

罗斯福在那天晚上举行了当天的最后一个会议——与两名局外人一边喝着啤酒、吃着三明治一边聊天。这两位客人是从伦敦归来的39岁的爱德华·莫罗以及罗斯福在哥伦比亚大学的同窗威廉·多诺万。自7月份起多诺万的公开身份是"情报协调员"，而暗地里他则领导着总统的秘密情报工作。罗斯福希望从莫罗那里知道英国人的反应，从多诺万那里知道目前的情报评估状况。他还希望得知两人各自关于美国民众会如何应对宣战决定的判断。谈话中，罗斯福一拳砸在桌面上，悲愤地说："美国的飞机被摧毁在地面上，天哪，在地面上。"

星期一中午，罗斯福乘车前往位于宾夕法尼亚大街的国会山。他故意乘坐敞篷车以显示他的信心和决心。第二辆车上坐着罗斯福邀请前来参加会议的埃莉诺和伍德罗·威尔逊夫人。当罗斯福进入会议室时，所有国会议员都起立并致以热烈欢迎。在只有25句话的演讲中，总统被热烈的掌声打断了12次。他罗列了日本在太平洋的侵略行为——不仅在珍珠港，还有马来半岛、中国香港、关岛、菲律宾、威克岛和中途岛：

> 昨天和今天的事实都已经证明了这点。无论我们要花多长时间才能击溃这次有预谋的入侵，美国人民都终将凭借正义的力量获得绝对的胜利。
>
> 我请求国会宣布，鉴于日本在 1941 年 12 月 7 日发动的这次无端的和卑鄙的袭击，美国和日本帝国间就此进入战争状态。

这是一次很有分量的演讲，罗斯福以豪迈有力的话语感染了所有人。国会在 33 分钟后得出了结论：参议院一致通过，众议院以 388 票比 1 票通过了向日本宣战的决定。只有来自蒙大拿州的众议院议员珍妮特·兰金投了反对票——她在 1917 年也投了反对宣战的票。

至此，美国加入了战争。

● 第二十四章 ●
总司令

　　和大多数美国人一样，罗斯福政府的成员都大大低估了日本的军事实力。在美国的漫画里，日本人都是长着龅牙、戴着塑料眼镜的形象。而且，美国人还认为日本人都是斗鸡眼，判断不了飞机升降的距离，因而肯定不擅长开飞机。而另一方面，日本人对美国人的认识也同样很离谱，特别是在政府高层和军方。日本人不仅没有认识到美国巨大的工业潜力和美国人民团结一致的精神力量，而且还对美国社会有着极大的误解。由于在日本社会中女人没有什么地位，所以日本的决策者不知道女人能够对国家政策产生什么样的影响。诚如日本海军上将井上成美所说，日本的领导人有一种"幼稚的观念"，认为由于女人在美国政治中有很大的发言权，所以美国的女人"在战争开始后不久就会反对战争、要求停战"。他们没有看到的是，"珍珠港事件"已经把美国人民紧紧团结在了一起。如果日本袭击的是新加坡、印度尼西亚，或者甚至是菲律宾，美国国内都不会如此团结，人们会争论该如何回应。但是珍珠港受到袭击是人们没有想到的，这让人们非常震惊。于是乎，美国上下立即团结在了总统的周围。孤立主义者不说话了，国内的争论消失了，辩论也停止了。在12月9日星期二的"炉边谈话"中，富兰克林·罗斯福对全国人民说："我们现在已经身处战争之中。我们要全力以赴。包括老弱妇孺在内，所有人都是这个美国历史上重大事件的参与者。在战争跌宕起伏的进程中，我们必须共同承担所有的胜利和失败。"

　　在战争的开始阶段，传来的一直都是失败的消息。12月10日，日本战斗机击沉了英国战列舰"反击"号和"威尔士亲王"号（其中，"威尔士亲王"号就是罗斯福和丘吉尔共同签署《大西洋宪章》的地方）。在"珍珠港事件"之后的数周之内，中国香港、关岛、威克岛、新不列颠、吉尔伯特群岛和所罗门群岛全部落入日军之手。在菲律宾，美国军队和菲律宾军队全部撤退到了巴坦半岛和克里基多岛的阵地。在缅甸，日本军队势如破竹。在马来西亚，英国和印度军队相对日军占有数量优势，有时候是二比一，有时甚至能达到三比一。但是事实证明，这些部队的战斗力比不上山下奉文将军所率领的人数虽少但训练更有素、指挥更有序的部队。1942年2月15日，被称作"太平洋直布罗陀"的驻有8万5千人的新加坡陷落了，这是英国军队最可耻的失败。如果说珍珠港代表了美国海军的最低点，新加坡的陷落对英军来说就是一个灾难。12天后，在爪哇海的海战中，由五艘巡洋舰和九艘驱逐舰组成的日本海军与实力相同的美、英、荷、澳盟国海军遭遇，击沉了盟国的全部五艘巡洋舰（包括美国海军"休斯敦"号）和九艘驱逐舰中的七艘。3月12日，战斗最终在荷属东印度群岛结束。此时，又有9万3千人被日军俘虏。此外，尽管盟军做了一些宣传工作，但在缅甸、马来西亚以及东印度群岛，战争刚开始的时候，仍然有很多人欢迎日本人来把他们"从欧洲帝国主义的统治下解放出来"。

罗斯福没有向国会要求对德国和意大利宣战。因为12月11日希特勒已经在德国国会宣布：美国和第三帝国已处于战争状态。这使得美国没有向德国宣战的必要了。两小时后，意大利也宣布向美国宣战。其实，无论是希特勒（当时正在东线战场）还是墨索里尼，事先都不知道日本会袭击珍珠港。他们三方的秘密契约也没有要求他们一定要跟着日本对美国宣战。但是，德、意两国都非常急于对美宣战。墨索里尼希望美国能够明确身份，而希特勒则认为日本的袭击是胜利的先兆。希特勒对他的将军们说："我们现在不可能输掉战争了，我们的联盟非常强大，三千年内都不会瓦解。"

希特勒和墨索里尼非常自信，因此他们并没有催促日本同样也对俄国宣战。希特勒想自己解决苏联，而让日本解决太平洋地区的英国和美国势力。德国对美宣战加剧了大西洋地区的潜艇战。希特勒取消了德国潜艇部队的禁令后，美国沿海的舰船成为主要攻击对象。到1942年1月底的时候，已经有超过20艘德国潜艇在美国水域活动。1月28日，在12小时之内，一艘在纽约港附近潜伏的德国潜艇就击沉了8艘舰船，其中包括3艘油罐船。

罗斯福没有在国会对希特勒宣战。12月11日下午，他致信国会两院，要求国会承认美国和德国已经处于战争状态。众议院首先立即回复表示同意，很快参议院也同意了。此回复在两院都是一致通过。

在日本袭击珍珠港后，丘吉尔就决心要见一见罗斯福。他在给英王的信中写道："我觉得我应该立刻赶往华盛顿，我们必须协调英美两国的攻防计划。我们也需要尽力保证我们现在从美国得到的军火和其他援助不会因此袭击而受到太大的影响。"

富兰克林·罗斯福最开始的时候有些犹豫。他想和丘吉尔会面，但是更倾向于在珍珠港事件告一段落之后再与之见面。他在12月10日写道："我想晚些时候再见，希望在我们的早期动员结束、太平洋局势更加明朗之后再见。我一开始认为过几周再详细的讨论可能更有作用。"那天晚上，罗斯福直接给丘吉尔打电话，对首相长途海上旅行的安全表示了担心。特别是担心他返回英国时的安全，因为届时他在美国的行踪已经暴露，很容易成为德国潜艇的攻击目标。但丘吉尔无所畏惧。他表示说："我们不认为回程途中会有什么危险，而且，即使有些危险也是微不足道。如果我们不能在最高层面上认真讨论海军部署问题及其他相关的生产和分配问题，那样会更加危险。我现在对取得最终的胜利非常有信心，但是只有我们协调行动才能取得最终的胜利。"罗斯福让步了，他在电话里表示："很高兴您能来白宫，我们现在遇到了点麻烦，但一切都会好起来。"

三天以后，丘吉尔从苏格兰出发，坐上了"约克公爵"号巡洋舰（"威尔士亲王"号的姊妹舰）。陪同他的有英国军方领导人和在加拿大出生的供应部部长比弗布鲁克勋爵。这艘军舰起程时，正赶上大西洋风雨如磐、惊涛骇浪。而且，这艘军舰在第二天就没有了驱逐舰的护航，全凭它 28 节的速度规避德国潜艇。在危机四伏的大西洋上，英国的战争领导人再一次提心吊胆地坐在了同一艘船上。丘吉尔原本希望能够乘船穿过切塞皮克湾直抵波托马克，然后再坐汽车到华盛顿。但是，恶劣的天气耽误了他的行程。12 月 22 日，"约克公爵"号抵达美国东海岸弗吉尼亚的美国海军基地，丘吉尔首相在那里下船，登上了美国海军"洛克希德·北极星"式飞机，于 45 分钟后在华盛顿降落。他曾经对罗斯福说："千万不要出来迎接我。"但是，当他的飞机抵达的时候，罗斯福正靠着一辆白宫的大轿车在机场等他。

丘吉尔旋即展开了他在白宫的旋风之旅。埃莉诺不仅为他的工作人员在白宫安排了住宿，并且还模仿丘吉尔在伦敦的作战室把白宫第二层的"门罗厅"收拾出来供丘吉尔使用。按照埃莉诺的安排，丘吉尔应该在"林肯厅"就寝。但是丘吉尔说："这个房间不行，床不舒服。"于是，丘吉尔亲自到白宫的二楼走了一圈，逐个房间查看那里的床和储物间，最终选择了"玫瑰厅"——萨拉来华盛顿的时候也住这间房，伊丽莎白女王 1939 年访问华盛顿的时候也住这里。

丘吉尔对罗斯福的管家阿隆索·菲尔茨说："菲尔茨，我们想要和睦相处对不对？那么我想你应该听我交代一下。首先，我不喜欢有人在我的房间外面讲话。第二，我不喜欢有人在走廊吹哨。第三，我必须在吃早餐之前在房间里喝上一杯雪利酒，午饭之前要喝一杯加苏打水的苏格兰威士忌酒，在晚上睡觉之前，要喝点法国香槟和年份很好的白兰地酒。"白宫从来还没有见过像丘吉尔要求这么多的人。白宫特勤处处长迈克·赖利说："他吃得非常多，也非常享受，一般两到三个外交官都吃不掉这么多；而且他还酷爱喝白兰地和苏格兰威士忌，让我们都吃惊得合不拢嘴。但最让我们吃惊的还不是他喝得多，而是他在一杯接一杯地喝下那么多酒之后还能保持绝对的清醒。"当埃莉诺担心丘吉尔的嗜酒可能给她的丈夫带来坏影响的时候，富兰克林·罗斯福打断了她，提醒她说有家族嗜酒史的可不是他们家，而是埃莉诺的家族。

对于丘吉尔来说，他在白宫非常地自在：他 11 点才起床，每天洗两次热水澡，下午还要睡上一会儿，到凌晨 2 点半或 3 点才睡觉。他在给副首相克莱门特·阿特利打电话时说："我们这儿就像一个大家庭，非常亲密无间，无拘无束。我对总统的印象非常好，我也很尊敬他。他的眼界很开阔，而且性格坚定，勇于承担，这些都是非常了不起的品质。"

在抵达华盛顿后，丘吉尔和罗斯福一起在椭圆形办公厅出席了例行的每周两次的记者招待会。这种安排以及非正式的形式是丘吉尔以前很少遇到的，但是由于丘吉尔有着多年在下议院参加辩论的经验，他应对得游刃有余。丘吉尔与罗斯福在总统办公桌后面并肩而坐，他回答问题的时候显得非常机警。

问：首相先生，新加坡（当时还没有陷落）是整个太平洋局势的关键吗？

丘吉尔：整个局势的关键是我们是否有坚定的决心，英国和美国这些民主国家需要义无反顾地投入到斗争中去。

问：首相先生，您认为我们什么时候将打败他们？

丘吉尔：如果我们应对得好，将提前一半的时间获得胜利。（满堂大笑）

在丘吉尔漫不经心地打趣的时候，罗斯福在一旁面带微笑。"总统脸上的微笑就像一个老杂技演员在演出大获成功之后所绽放出来的微笑"，《新闻周刊》这样评论道。而报道白宫新闻的伦敦《泰晤士报》也报道说："他们的表现简直太棒了。"

12 月 26 日，丘吉尔在参众两院联席会议上发表了讲话，自 1824 年帮助美国取得胜利的法国人拉斐特在两院发表演讲以来，还是第一次给予外国人如此殊荣。对丘吉尔来说，这是一种荣誉。当他沿着走道走向议会的讲台时，会场上响起了排山倒海般的欢呼声。罗斯福没有去国会，他留在白宫通过收音机收听现场实况。丘吉尔很善于抓住听众的心，他充分展示了他的演讲技巧。他说："我不禁在想，如果我的父亲是美国人而我的母亲是英国人，那么我现在可能也是你们当中的一员了。"闻听此言，议员们都鼓掌欢呼。丘吉尔接着说："如果是那样，这就不会是你们第一次听我发言了。如果是那样，我就用不着什么邀请了。即使受到邀请的话，也不会是大家一致同意的邀请。"（哄堂大笑）"所以，还是现在这样比较好。而且，我还必须承认，在一个说英语的议会里发表演讲我没有觉得有什么不自在。"（笑声更大了，还有雷鸣般的掌声）丘吉尔一共讲了 35 分钟。据《华盛顿邮报》报道，他的表现堪称完美。在丘吉尔离开大厅的时候，他又做出了标志性的"V"手势。这立即引起了全场的热烈反应。有成百上千只手举了起来，大家都张开手指头比出了同样的手势。《华盛顿邮报》甚至把这次演讲和埃德蒙·伯克捍卫美国殖民地的那篇著名演讲相提并论。

本来，丘吉尔只打算在美国待一个星期。但是，他的这次访问却持续了3个半星期，期间他还到渥太华和佛罗里达州的庞帕诺海滨简短停留。在丘吉尔访问期间，一项重要的日程就是丘吉尔所命名的"阿卡迪亚会议"。在这次会议上，英美双方确定了"德国优先"的重要战略，人们一般认为这项战略主要是英国人提出来的。英美双方还达成共识（在美方的让步下），接受了英方提出的计划，决定第二年英美共同出兵北非。此外，在马歇尔将军的坚持下，会议同意所有战区均设立一个战区最高指挥官，负责节制该战区内所有国家、所有军种的部队。任命的第一个战区最高指挥官是英国将军阿奇博尔德·韦弗尔爵士，他将负责西南太平洋战区。为了指导各战区最高指挥官的行动并协调英美两国的军事政策，阿卡迪亚会议成立了"联合参谋部"，这是一个英美联合组成的机构，包括三名英军参谋长（帝国总参谋长艾伦·布鲁克爵士、海军参谋长、海军元帅达德利·庞德爵士以及空军参谋长、空军元帅查尔斯·波特尔爵士）和三名美军参谋长马歇尔、金和阿诺德。在罗斯福的坚持下，联合参谋部的总部设在了华盛顿，具体工作由陆军元帅约翰·迪尔负责（迪尔后来成了英国帝国总参谋长和丘吉尔的私人代表）。1942年7月，美国海军上将威廉·莱希也参加了联合参谋部的工作。莱希被罗斯福从维希调回担任了三军总司令参谋长，实际上也就是参联会主席。

在现在看来，当时建立的战争指挥机制实际上是一个非常了不起的成就，体现了罗斯福和丘吉尔两人所具有的卓越的政治智慧——善于求同存异。罗斯福和林肯不一样，他对陆军和海军的事务有着多年的经验，对于军中诸如莱希、马歇尔、金以及阿诺德这样的杰出人才也非常熟悉，能够做到知人善任。这些人都是军中的杰出将领，他们忠于总统，能够按照罗斯福的要求和英国的同事们精诚合作。

在此次会议上，另一个同样重要的成果就是建立了联合军火划拨委员会，负责盟军补给的分配。在马歇尔将军的坚持下，该委员会被隶属于联合参谋部。就像马歇尔对罗斯福所说的那样，如果另有部门控制作战行动所需的物资分配，他将无法制定和执行战争计划。罗斯福支持了马歇尔的意见，将该委员会设在了华盛顿，由长期以来在罗斯福和丘吉尔之间牵线搭桥的哈里·霍普金斯担任该委员会的主席。同联合参谋部一样，联合军火划拨委员会的工作效率也非常高。一旦出现争执，霍普金斯就会在问题扩大之前把它解决。

从某种意义上说，阿卡迪亚会议也是建立联合国的第一步。1942年元旦，以美、英、苏、中为首的26个国家共同签署了一份由罗斯福起草的文件，宣称各国要团结一致，共同对抗轴心国。在当时，文件中使用的"联合国"一词是罗斯福选定的（而不是"联盟国"），但是这个词在这里仅仅是为了说明战争的目的，与三年后在旧金山所建立的那个维系战后安全的机构没有太大关系。

1942 年 1 月 6 日，罗斯福赶往国会山，发表他的第十次国情咨文。在很短的时间内，国会里先后迎来了两位善于演讲的人物——丘吉尔和富兰克林·罗斯福。他们两人都很善于抓住听众，但是他们彼此的风格却有很大差异。丘吉尔的风格比较接近于戴高乐——就演讲而言，也比较接近于希特勒和墨索里尼，他总能口若悬河地说出大量华丽的辞藻，总能调动大家的民族情绪。罗斯福则长于娓娓道来，通过拉家般的亲切交谈进入每个人的心扉。可以这么说，丘吉尔是在演说，而罗斯福是在与人交流。

罗斯福在那个星期二的表现非常出色。他说："德国和日本的军国主义者发动了战争。但是，得道者多助，被暴行激怒的人们终将赢得这场战争。"他给大家列出了一长串 1942 年的生产目标：6 万架飞机，4 万 5 千辆坦克，2 万门反坦克炮，600 万吨货船。总统对台下激动不已的议员们说："这些数字将让日本人和纳粹好好想想，他们发动的珍珠港事件究竟能给他们带来什么。"

在珍珠港事件后全国的一片黯然之中，罗斯福的生产计划极大地鼓舞了美国民众。史汀生甚至说："这是我听过的他最棒的演讲。"但是，罗斯福所描绘的这个前景多少有点不切实际。在发表演说的前一天晚上，罗斯福对心存疑虑的霍普金斯说："只要他们努力，这个目标是可以达到的。"

对于军方而言，罗斯福在演讲中提到的数字让他们有些喜忧参半。负责军队采购的卢修斯·克莱将军说："每个人都在想着 6 万架飞机和 4 万 5 千辆坦克。但是我们的军力建设必须平衡。我们需要弹药，我们需要机关枪，我们需要山炮和反坦克武器——我们的兵力编成需要这些装备。我们不可能把所有的生产能力都用来满足总统所许诺的数字。这是一场生死攸关的战争。我准备了一张表，上面列出了军方所需要的装备。同时指出如果按照总统的计划进行生产我们还存在哪些问题，特别是在山炮和反坦克炮方面的不足。我把这张表交给了霍普金斯，他很快就明白了其中的道理。霍普金斯随即争取到了总统的同意（他从来没有公开表示过同意），罗斯福总统的目标很快就有所下调。"

1942 年 2 月 19 日，罗斯福签署了美国历史上最不光彩的总统特赦令，在第 9066 号总统令中授权有关当局对太平洋沿岸的日本后裔实施强制遣离。该总统令的适用范围包括了 4 万名被 1924 年的《移民法案》剥夺了公民身份的第一代日本移民和在美国出生的 8 万名第二代日本移民。该总统令在军事上是没有必要的。当时，担任联邦调查局局长长达 17 年之久的埃德加·胡佛认为这种强制撤离"是非常不应该的"；而当时负责西海岸南部地区防御的乔·史迪威认为那些指责日侨进行破坏活动的报告是"疯狂、荒唐和异想天开的东西"；《洛杉矶时报》的社评最开始也反对驱逐日侨；而司法部部长弗朗西斯·比德尔也认为这项措施"过于草率、没有必要。而且，完全漠视日侨和日裔美国人的权利，他们原本在家里或者在自己的小店铺里过着遵纪守法的生活，就这样把他们关在军营里太过于残暴"。

在珍珠港事件刚刚爆发的第一个月里，很少有人关注西岸的日本人。但是，当海军不断遭遇败绩的时候，当日本在南太平洋一路高歌猛进的时候，民众对日本人的敌意开始突然加剧。很多美国人难以理解为什么盟国的海军会遭受如此大的失败，只好把这一切归咎于内部有人破坏。时任西海岸美军总指挥官的约翰·德威特中将（1939 年，当罗斯福提名乔治·马歇尔担任参谋长以后，就将此职务交给了德威特）曾经语无伦次地说过："在加利福尼亚没有发生破坏事件让人深感不安，这预示着以后将要发生此类事件。"

在人们害怕破坏的同时，种族主义的情绪也开始推波助澜。50 多年以来，反日的情绪已经深入到了太平洋沿岸地区的社会各个阶层。"黄金西岸儿女委员会"的主席曾经公然宣称："加利福尼亚是上帝许诺给白人的土地，我们想依靠上帝的力量让它永远都属于白人。"此外，贪婪和经济上的竞争也给这种情绪火上浇油。尽管日本人的农场仅仅占了加利福尼亚州耕地的 1%，但是其产量却占到了该州粮食总产量的 40%。蔬菜生产与运输委员会主席曾经对《星期六晚间邮报》的记者说："人们说我们是因为自私自利才把日本人赶走的。老实说，的确是如此。"

民意在 1942 年 1 月 24 日发生转折，富兰克林·罗斯福委任调查珍珠港事件的罗伯特委员会报告说，南云大将的打击部队得到了夏威夷的日本间谍的协助，其中包括两名日裔美国公民。该委员会的这一指控其实没有任何证据，但这种说法已经足以在美国掀起反日的狂潮。《洛杉矶时报》在 1 月 23 日还建议大家要冷静对待此事，1 月 28 日就开始在报纸上建议说要把该州的日本人强制迁移，无论他们是否具有公民资格。此时，各路政客也开始一窝蜂地迎合民意。到了 1 月底的时候，来自加利福尼亚州的所有议员、来自民主党的州长卡伯特·奥尔森以及来自共和党的司法部部长厄尔·华伦都在叫嚣着要把日本人赶走。

整个美国的媒体也加入了这场反日大合唱。1942 年 2 月 12 日，在采访过德威特少将之后，著名的自由派人士沃尔特·李普曼在《先驱论坛报》的专栏"西海岸第五专栏"中宣称，整个太平洋沿岸都是战区。接着，他表明了自己的态度："在战场上没有人享有宪法所赋予的权利，包括居住权和商业贸易的权利。"保守主义的著名作家韦斯特·布鲁克·佩格勒也得出了相同的论断："加利福尼亚的所有日本人都应该被关押起来，不要理会什么人身自由，要把他们关到战争结束。"在华盛顿，司法部部长比德尔发现他和司法部很难说服人们按照宪法行事。史汀生对于驱逐日本人在宪法体制上造成的问题一清二楚，但是他认为日本非常有可能袭击美国西海岸。战争部负责国内安全的副部长约翰·麦克洛伊同样也很担心这个问题，他说："如果在保护美国的安全和维护美国的宪法之间作一个选择，那么宪法对我而言就是一叠纸。"2月中旬，当德威特将军向战争部请示，希望把日本人迁走时，战争部表达了不同意见。陆军副参谋长马克·克拉克对史汀生和麦克洛伊说，加利福尼亚还没有面临那么严重的威胁，战争部不同意派遣部队执行强制迁移日本人的工作。克拉克在回忆录中写道："我不认同这种大规模迁移的理由，我们不允许为了保护所谓的地面设施不受破坏而让我们的进攻计划遭到破坏。"在这个时候，史汀生原本可以拒绝德威特的要求。但是，他却把这个问题捅到了富兰克林·罗斯福那里。

2月11日下午，史汀生给罗斯福打电话。当时，新加坡正被日军包围（四天后沦陷），总统正忙于前方军报。史汀生在日记中写道："我首先告诉他，这是关于西海岸防御的事情，我给他汇报了当前的局势，他对此非常关心，要我说说我有什么建议。"

富兰克林·罗斯福对是否迁移日本人的问题没有表态，把球又踢回给了史汀生和战争部。这对麦克洛伊来说已经足够了。他指示驻扎在旧金山的第四军司令部说："我们已经拿到了总统的全权授权。他认为届时可能会有反抗行动，这需要动用军队来解决，他对我是这么说的，'尽量保持克制'。"

这件事的来龙去脉已经很清楚了。罗斯福让史汀生做决定，史汀生让麦克洛伊看着办，麦克洛伊打了那个电话。麦克洛伊的传记中写道："罗斯福并不能摆脱关系，但在是否需要动用军队的问题上终究还是麦克洛伊做的决定。"

一周以后，罗斯福签署了由战争部的文职官员起草的总统令。在总统令中，没有直接提到日本人。该总统令授权战争部"划定军事区域……在战争区域内，可以按照命令驱逐任何人"。当时，司法部部长比德尔略微表示有些不满，罗斯福解释说这是军事上的需要。由于珍珠港事件的爆发，罗斯福不愿意对军事上的需要做出限制。比德尔在回忆录中写道："我觉得我不应该再反对了。"

被迫迁移的日本人不得不贱卖了他们的财产。在迁移开始之前，日裔美国人的社区里冰箱甚至卖到了1美元，洗衣机卖到了25美分。美国政府没有维持物价和地价，也没有保护日本商人存放的货物，放任人们趁火打劫。1942年3月5日，富兰克林·罗斯福对摩根索说："我不关心此事。"在这期间，日本人的财产损失估计超过了4亿美元——相当于现在的50亿美元。战争结束以后，国会拨付了3700万美元的赔偿。40年后，国会又通过决议，对每位在世的受害者提供了2万美元的补偿。

尽管罗斯福后来曾表示"对强制迁移带来的负担和对人民采取军事管制所造成

的伤害感到遗憾",但是他在 2 月 19 日签署总统令时根本没有关心这些。比德尔在回忆录中写道:"我觉得他并不关心这些措施可能造成的影响,他很少从理论上系统地考虑事情。他认为,为了保护国家不受侵略,他可以做任何事情。动用军队可能不应该,但是这是战争的需要。而且我觉得他根本不会受宪法条文的限制——宪法对每一位战争期间的总统来说都是一种很大的限制。"

从太平洋传来的消息不太让人乐观,而且还会更糟。罗斯福觉得需要提升美国人民的士气。在珍珠港事件发生之后不久,他就询问阿诺德将军是否可以轰炸东京。于是,战争部的空军作战部门负责人开始策划此事,但是他们发现在飞机的航程范围内没有合适的盟国机场。总统找到了金上将:B-25 这样的中程轰炸机是否能从海军的航空母舰上起飞?这听上去有点天方夜谭,但是金和阿诺德让他们手下的参谋人员认真研究了此事。1 月中旬的时候,他们得出结论说这么做是可行的。

詹姆斯·杜立德中校被挑中执行该任务,其行动小组包括了 16 架 B-25 轰炸机,所有机组人员都是志愿参加。这些 B-25 飞机都被进行了改装,可以装载更多的燃油,飞行员都接受了专门的训练,可以在短距离内起飞。但是,实施起来仍然非常危险——由于危险性太高,无论是海军还是陆军之前都不敢在航空母舰上进行实兵演练。4 月初,这些 B-25 被拖到了"大黄蜂"号航空母舰的起飞甲板上,该航空母舰按照计划将与在中途岛以北数十英里之外、距火奴鲁鲁 1100 英里的威廉·哈尔西中将的第 16 特遣队汇合。第 16 特遣队规模非常庞大,由"企业"号航空母舰、4 艘巡洋舰、8 艘驱逐舰以及 2 艘补给舰组成,正一路西行直逼东京以东800 英里的海域。在此区域内,企业号航母的雷达发现了一艘远离日本本土的日本巡逻舰。虽然杜立德把起飞的最远距离设定在 650 英里,但是再继续航行就有被发现的危险。于是,他下令立即起飞。当飞机起飞时,大黄蜂号的航速为四十节,起飞甲板只有 467 英尺,但在杜立德的带领下,所有的飞机都安全起飞。在中午时分,机群到达东京上空,投下了炸弹,然后飞往事前在中国准备好的着陆机场。由于飞机起飞过早,所有的飞机都没有抵达预定降落地点。很多飞行员都是在燃料耗尽之后跳伞降落在中国境内。这些人当中,有些不幸被日本人抓住了。其中一个人庾毙狱中,另外三人被指控攻击平民目标,在经过象征性的审判之后被处决。但是,在所有志愿参加此次行动的 80 人当中,有 71 人得以幸存。

东京所受的损失其实非常小。但此次轰炸所造成的精神上的效果是巨大的。当收到来自华盛顿的紧急电话时,富兰克林·罗斯福正在海德公园准备 4 月 18 日的下一次"炉边谈话"。在截获的日本电台节目中,主持人正用近乎歇斯底里的声音报告说东京遭到了美国的轰炸。此时,罗斯福的嘴角闪出一丝笑容。他打电话给白宫新闻秘书史蒂夫·厄尔蒂。由于料到媒体会问轰炸东京的相关问题,为了营造神秘气氛，罗斯福指示厄尔蒂，就说"飞机起飞的秘密基地在香格里拉"——这是詹姆斯·希尔顿在畅销小说《消失的地平线》中描绘的世外桃源。

这是从太平洋战区传来的第一条好消息。祝捷的电报潮水般涌入白宫。曾经私下反对总统计划的史汀生部长也不得不认为，此次空袭"在国内外均取得了良好的心理效果"。杜立德上校也因此荣获荣誉勋章。

在东京，此次空袭导致山本五十六和日本统帅部在未来战略上发生了分歧。统帅部希望巩固日本的战争成果，希望建立从俾斯麦群岛到美属萨摩亚群岛的基地链，借此阻断从加利福尼亚和巴拿马运河开往澳大利亚和新西兰的航线。山本五十六和联合舰队的其他海军将领则醉心于已经取得的胜利，希望继续完成珍珠港袭击中没有完成的任务。他们主张寻找美军太平洋舰队的残部，意图通过决战将其全歼。"决战"是海军的一项重要原则，当时日本的海军将领们认为自己的胜算很大。

对山本五十六来说，中途岛是关键。谁能控制中途岛，谁就能控制太平洋。如果中途岛掌握在日本人手中，就有可能威胁到夏威夷，从而让日本人掌握讨价还价的筹码，逼迫美国人签订停战协定。如果美国人占领了中途岛，就有可能威胁到日本本岛的安全。杜立德空袭已经证明了这一点。山本五十六认为，如果日本联合舰队朝中途岛开进，美国海军将不得不迎战。那么，取得最后的胜利就指日可待了。

日本当选内阁没有选择这两种主张中的任何一种，而是选择了在南进的同时袭击中途岛。如此一来，由于战线的拉长，日本海军所获得的资源就相对减少了。5月初，井上成美海军中将率领派遣军向新几内亚南部沿海的莫尔兹比港进发——这一举措对于日军封锁澳大利亚海域的目标至关重要。为了能保证一举成功，统帅部从联合舰队中调遣了两艘航空母舰。值得庆幸的是，在此关键时刻，美国情报机构破译了日本海军的密码，掌握了井上的行踪。尼米兹海军上将派出了两支航母编队（列克星敦号和约克敦号）拦截日军。1942 年 5 月 4 日，两军交战。

在接下来的四天中，美日两国的海军航母进行了有史以来最惊心动魄的一次海上大战。这次史称"珊瑚海大战"的海上战役的一个最特别之处在于，接战双方相距 175 英里，海上舰队并没有直接接触，也没有发生炮战，整个战役都由航母所运载的战斗机完成。从战术上讲，双方应该算是在这次战役中打成了平手。日本海军击沉了列克星敦号，重创了约克敦号的飞行甲板；美军则击沉了日本海军的一艘轻型航母，重创了曾参加过空袭珍珠港的航空母舰。最重要的是，美国方面损失了 33 架飞机，而日本的损失则两倍于斯。在失去了制空权优势之后，井上决定放弃进攻莫尔兹比港的计划，掉头返回拉包尔港。从战略上来说，由于成功地阻止了日军的进攻，盟国无疑是取得了珊瑚海海战的胜利。

对日本海军而言，此次战役失利的更大的负面影响在随后体现了出来。1942 年

5月27日，在津岛海峡战役胜利一周年之际，联合舰队趾高气扬地从东南亚海域驶向中途岛。山本五十六率领着南云中将的4艘大型航空母舰、11艘战列舰、16艘巡洋舰以及53艘驱逐舰浩浩荡荡地出发，希望寻找并歼灭美国太平洋舰队的残部。山本五十六亲自指挥了这支舰队，并亲自担任了舰队旗舰——有史以来最大的战列舰、排水量达6万7千吨的"大和"号——的舰长。他的战役计划很简单：由南云中将的航空母舰作为先锋袭击中途岛，美军舰队将试图拦截，届时山本五十六埋伏在后方的战列舰将加入战圈，对美舰大开杀戒。

和珍珠港时的计划一样，山本五十六和南云把赌注放在了出其不意上。但是这一次，好运并不在他们这边。美军已经在战前破译了日本海军的密码，掌握了战场的先机。由于对山本五十六的计划了如指掌，非常清楚山本舰队的强大火力，尼米兹命令他的舰队指挥官寻找南云的航空母舰，同时避开日军强大的战列舰。

6月4日，日军发动了对中途岛的进攻。拂晓时分，南云舰队的第一批飞机升空。南云完全不知道，三艘美军航母——"企业"号，"大黄蜂"号以及刚刚修好的"约克敦"号——正守候在他们的东北方。由于认为自己处于安全位置，为了节省时间，南云下令第二攻击波次的飞机在返回加油的同时在甲板上装弹。就在日军飞机簇拥在甲板上的时候，美军轰炸机和鱼雷轰炸机对日舰发起了进攻。在日军强大的对空炮火和零式战斗机的保护下，美军飞机未能建功。10点24分，南云认为已经躲过了一劫，抵抗住了美军的进攻。他的所有的舰船都完好无损。

在接下来的五分钟里发生的事情改变了历史的进程。当担负南云舰队护卫警戒任务的零式战斗机降落加油的时候，两个中队的美军俯冲式轰炸机抵达日舰上空，一个中队来自"企业"号航母，一个中队来自"约克敦"号航母。由于日军舰队的上空没有保护，美军轰炸机投下的炸弹倾如雨下，对毫无还手之力的日军舰队大加摧残。三艘日军航母被击沉，一艘在严重损伤后被日军自沉。由于没有了制空权，山本五十六不得不取消了计划，悻悻然率领残部返回日本。

中途岛海战是太平洋战场上最具决定性的战役。在损失了四艘航空母舰、数以百计的飞机和飞行员之后，日本元气大伤，再也没有获得过制海权。在中途岛海战后的两年里，日本造出了6艘旗舰航母，而美国则造出了17艘，此外还造出了10艘中型航母和86艘小型护卫航母。正如普林斯顿大学教授马里厄斯·詹森所说的那样："技术和物质实力可能已经决定最终的结局，但是在未来的战斗中，美国需要付出巨大的决心，克服重重的困难，还要经历美国历史上最大的伤亡。"

与此同时，俄国前线的局势仍然严峻。1942年冬，希特勒再次发动了攻势，向东南逼近了南高加索地区的产油区。在克里米亚，曼斯坦因仍然占据优势。在乌克兰，苏军的一次反攻也无果而终，德军两个军的兵力逼近了顿河。俄国人的损失非常触目惊心。截至 5 月底,德军已经又击毙或俘虏了 70 万名红军战士,摧毁了超过 2 千辆坦克和 6000 门大炮。

5 月 29 日,苏联外交部长维亚切斯拉夫·莫洛托夫抵达华盛顿,请求美国援助。同丘吉尔一样,莫洛托夫作为富兰克林·罗斯福的客人住在了白宫。与丘吉尔的访问不同,莫洛托夫此次的访问密不透风,报道白宫动向的新闻记者在史蒂夫·厄尔利的要求下保守了秘密。由于不清楚此行能有什么收获,莫洛托夫带的东西非常简单:黑面包、香肠还有一把上膛的手枪。此外,还有一些号称是随行秘书的人。富兰克林·罗斯福对他的表妹黛西·萨克利说:"我现在很忙,我在接待一位远涉重洋而来的消防员。他来自香格里拉,但只会说蒙古语。我们通过翻译互相交谈:一位英语非常好的俄国人,还有一位在俄国生活过多年的美国人,这就意味着我们一共有四个人在谈。"

莫洛托夫没有浪费时间与罗斯福寒暄。当他在椭圆形办公室与罗斯福见面时,他开门见山地提出了开辟第二战场的问题。莫洛托夫表示,俄罗斯战场上的力量对比有利于希特勒,如果美国和英国能够跨过海峡进攻德国,就有可能分散大约 40 个师的德军兵力。虽然这些被调走的部队可能不是一线部队,但已经可以削弱希特勒的优势地位。莫洛托夫指出,1942 年开辟第二战场可能对英美更有利,因为此时俄军的防线还算稳固,如果拖到 1943 年,俄军的防线可能已经崩溃。"如果您犹豫不决,可能美国最后也会受到德国的侵略,如果希特勒控制了欧洲大陆,明年的局势可能比今年更加被动。"莫洛托夫希望罗斯福直接回答他的问题:美国是否准备在 1942 年开辟第二战场?

罗斯福对此心知肚明。早在莫洛托夫抵达华盛顿之前,罗斯福总统就已向马歇尔和金发出了备忘录,指出:"我们的主要任务之一就是帮助俄罗斯……俄国军队目前已经歼灭的德国人和摧毁的轴心国物资比所有其他 25 个盟国的总和还要多。"罗斯福把莫洛托夫的请求转达给了马歇尔将军:"我们可以向斯大林承诺将开辟第二战场吗?"当马歇尔给出了肯定的答复之后,罗斯福对莫洛托夫说:"我们将在今年内开辟第二战场。"第二天,罗斯福再次向莫洛托夫重申了这一承诺,但加上了一些条件,即为了给开辟第二战场进行物资准备,美国将减少依据"租借法案"租借给苏联的物资。他的这一表态是在马歇尔和金的劝说下做出的,因为这两位将军担心承诺具体时间会使美军的行动处于被动。听到这一表态,莫洛托夫勃然大怒。如果苏联同意减少租借物资供应但第二战场没有开辟该怎么办?罗斯福回答:"没办法两全其美,我们的船只有限,无法两头兼顾。我们派往英国的船越多,第二战场才越有可能开辟。"罗斯福再次重申了在 1942 年开辟第二战场的承诺,莫洛托夫同意回去向莫斯科报告关于减少租借物资的事情。

1942 年 6 月 11 日，当莫洛托夫回到苏联，罗斯福回到海德公园之后，美苏两国发布了联合声明，宣布美苏两国曾经进行过会谈。"就 1942 年开辟第二战场事宜，会谈双方达成了诸多共识。"马歇尔将军曾反对明确规定为 1942 年，但是罗斯福说服了他。罗斯福总统关心的是民众对莫洛托夫访问的反映，希望发出积极的声音。就像他曾经宣布的雄心勃勃的生产计划一样，他希望能够设立一个目标，让全国为之努力。他还希望能够巩固同盟。"我非常希望莫洛托夫能带着点实际成果回去，这样他就可以对斯大林说点美国的好话。"罗斯福在给丘吉尔的信中写道："我对此次访问的成果非常满意。他比我想象的要积极。我相信他对局势已经有了更加深刻的理解。"

华盛顿公开宣布将在 1942 年开辟第二战场让丘吉尔非常不安。英国政府最不希望的就是在时机不成熟的情况下跨海作战。在一战中，英国在 1915 年的加里波底登陆行动中蒙受了巨大损失。丘吉尔是此事件的亲历者，他对此仍然记忆犹新。此外，丘吉尔还非常清楚西线盟军并没有做好准备，特别是美国，根本不可能与德国国防军作战。这些因素使得英国政府在登陆攻击德军的问题上异常小心。

在华盛顿—莫斯科联合公报墨迹未干的时候，丘吉尔就来到了海德公园，他希望说服罗斯福放弃 1942 年开辟第二战场的计划。在飞往华盛顿的途中，飞机非常地颠簸，而在赫肯色小型机场降落的时候则更是异常颠簸，这让丘吉尔有些不安。但是，最让他感到不安的还是当他坐上由罗斯福亲自驾驶的福特专车之后。他在回忆录中写道："我必须承认，有好几次汽车都开到了哈得逊河河堤的边上，我希望这辆车的机械系统没有故障，特别是刹车要足够好。"到了白宫之后，丘吉尔非常放松，赤着脚到处随心所欲地走来走去。富兰克林·罗斯福很喜欢这种非正式的感觉。伊斯梅勋爵多年后在回忆录中写道："他们之间的友谊非常亲密无间，常常自由地出入彼此的房间。他们都是老顽童。"

丘吉尔在海德公园和罗斯福独处了一天半。除了霍普金斯，没有助手或顾问参与到他们的谈话中来。在华盛顿，美方官员们都在焦急地等待会谈的结果。史汀生在回忆录中写道："我不由得有些不安，我不由得担心英国首相会对总统产生什么影响。麻烦在于温斯顿·丘吉尔和富兰克林·罗斯福太像了，他们的优点和缺点都很相似。他们都善于影响别人，却都不善于权衡妥协。但是在战争中，妥协是必要的。"

史汀生的看法是非常有道理的。丘吉尔摆出了一大堆的理由来说明为什么在 1942 年在欧洲开辟第二战场不可行。除了缺乏登陆舰艇——在未来两年里，这个问题还将继续限制盟军的行动——美军还没有做好战斗准备，英军的战线拉得太开。但是准备的时间太短了。丘吉尔说："任何一个负责任的英国军事指挥部门都没有办法制订一个（在 1942 年跨海攻击的）计划，除非德国人军心溃散，但这是不可能的。美国的参谋人员制订好计划了吗？在什么时间点发动攻击？谁是领导此次行动的指挥官？需要英军做什么？"但是，丘吉尔也认识到盟军不能在 1942 年袖手旁观，他再一次提出了进攻法属北非的计划。他对罗斯福说："这个计划与您的想法是一致的。实际上，这就是您的设想。这就是 1942 年开辟的第二战场。我已经向内阁和防务委员会进行了咨询，我们都同意了这个设想。这是我们这个秋天所能进行的最安全、成功的可能性最大的进攻计划。"

罗斯福很快就接受了丘吉尔的说法。他也不愿意冒着风险在条件不成熟的情况下在欧洲贸然发动战争，特别是在 11 月国会选举即将临近之际。早在 6 月 17 日，也就是丘吉尔抵达之前两天，他就曾向战争部表示过自己对跨海作战的担忧。在丘吉尔的劝说下，罗斯福提前结束了在海德公园的休假，于 6 月 21 日星期一返回白宫，并召集马歇尔将军、金海军上将等人到椭圆形办公厅开会。此次会议持续了 4 个小时，一直到午夜过后才结束。在会上，丘吉尔极力陈述在北非登陆的好处，而马歇尔和金则主张继续跨英吉利海峡登陆。马歇尔指出，北非登陆计划说得好听点也只是不必要地分散精力，会延缓盟军在欧洲登陆的计划。金则干脆质疑英国是不是不愿意在欧洲登陆。他们都坚持认为，如果英国坚持反对跨英吉利海峡作战，美国将放弃在阿卡迪亚会议上达成的"德国优先"战略，"转而集中精力在太平洋战场，给日本人致命性的打击"。罗斯福严厉地批评了这两个人。他说，这两位参谋长的做法"有些像撂挑子不干了"。后来，他对马歇尔和金说："打败日本后并不能保证可以打败德国。但是，……打败德国后肯定能打败日本，甚至都不用损失一兵一卒，不发一枪一弹。"

尽管遭到了陆军参谋长和海军参谋长的强烈反对，罗斯福依然下令进行北非登陆战役。之所以选择该战略，一方面是因为英国的不情不愿，更重要的是富兰克林·罗斯福认识到不可能在 1942 年实施跨英吉利海峡作战，而美国地面部队又需要尽快与德军作战。在当时，美国的民意是要报复日本。为了使国家的战略重点不出现偏差，罗斯福希望能够与希特勒正面交战。马歇尔将军在多年以后回忆说："我们当时没有认识到民主国家领导人需要取悦民意。听起来似乎不应该这样说，但是事实就是这样。人民需要我们采取行动。我们不能等到一切都准备好了再动手。"

在罗斯福下定决心要在北非登陆之后（现在叫作"火炬行动"），马歇尔和金仍然对此行动给予了全力以赴的支持。和以往一样，马歇尔认真地完成陆军部分的组织工作，而金也暂时把自己对英国人的厌恶放在了一边。在 1942 年 9 月 17 日的日记中，史汀生写道："我们开始了一项充满危险的行动。但是并非没有希望，总司令已经下定了决心，我们必须全力以赴争取胜利。"出于外交上的考虑，丘吉尔提议由美国人担任北非登陆的总指挥官。马歇尔选择了德怀特·艾森豪威尔将军——此人曾担任过马歇尔的副手，负责战争计划，当时正在英国筹划跨越英吉利海峡登陆的行动。

罗斯福的最大问题是如何把消息告诉斯大林。由于俄国人已经邀请了丘吉尔去莫斯科，富兰克林·罗斯福计划让丘吉尔当面向斯大林解释计划的变动。罗斯福给丘吉尔致电说："我们必须清楚我们这位盟友的性格，我们还应该了解他目前处境的艰难和危险。我觉得我们应该设身处地为他想想，对于任何人来说，如果他的国家正在被侵略，他都很难从全球的角度来考虑这场战争的。"从8月13日到8月16日凌晨，丘吉尔和斯大林在克里姆林宫开了5次长会。苏联人还是采取了一贯的谈判技巧：热情接待、隆重欢送，但在谈判当中却非常坚持。斯大林表示，他很遗憾盟国作出了这种决定，他本人并不赞成这一决定。但令丘吉尔惊讶的是，斯大林很快就看到了北非登陆的优点。"可以让隆美尔腹背受敌。还可以震慑西班牙。可以在德国人和法国人之间制造冲突。可以把战火烧到意大利的门口。"

丘吉尔告诉罗斯福，会谈进行得很顺利。"我相信，我带来的坏消息并不会造成很大的影响，不会导致同盟的分裂。现在他们知道最坏的情况是怎样了，他们的抗议完全是朋友的抗议。而且，斯大林非常了解'火炬行动'的优点所在。"

在计划"火炬行动"的过程中，英美两国的参谋人员之间出现了不少争执，最后常常要闹到丘吉尔和罗斯福那里去。英国人希望在地中海沿岸的非洲北部海岸登陆。因为这样就能够立刻对蒙哥马利在埃及被围的第8军形成支援。但马歇尔将军则认为，由于在地中海登陆必须要通过直布罗陀海峡，危险性太大。丘吉尔认为，马歇尔的担心是过虑了。他告诉罗斯福，西班牙不会因为"火炬行动"参战，而德军如果想穿过西班牙占领直布罗陀至少需要两个月的时间。丘吉尔说："必须在地中海沿岸登陆，否则我会非常麻烦。"

罗斯福非常同情丘吉尔。丘吉尔已经说服了斯大林接受了"火炬计划"，罗斯福不想对丘吉尔撒手不管。于是，罗斯福没有接受马歇尔将军全盘否定地中海沿岸登陆的意见，建议说同时在大西洋沿岸和地中海沿岸登陆。在和丘吉尔通过电报交换过几次意见之后，9月4日，罗斯福对外界表示："我们的立场日益接近，并最终达成了共识。"美国答应减少在卡萨布兰卡登陆的军队规模，并对英军在阿尔及尔附近的登陆提供支援。罗斯福对丘吉尔说："我将下令着手准备，我们应该一劳永逸地解决这件事情。"丘吉尔回答说："我们同意您提出的军事计划。我们现在应该全力以赴，争分夺秒。"艾森豪威尔将军所说的"跨大西洋论战"最后以异常繁忙的电文来往结束。

9 月 5 日，富兰克林·罗斯福发文称："快！"

丘吉尔回复道："好！尽快。"

11 月 8 日，星期天凌晨，美英两国军队在卡萨布兰卡、奥兰和阿尔及尔附近海域集结。登陆部队仅遭遇了很少的抵抗。法国部队在进行了象征性抵抗之后就马上和战场指挥官谈判，战斗宣告结束。在英国和美国国内，有很多人批评盟军指挥当局与维希政府的代表合作，但当时如果不谈判的话盟军的损失将是灾难性的。首先，盟军的伤亡会非常惨重（法国在北非部署了 12 万部队），而且如果英美盟军让法国造成太大的损失的话还会对法国的民意造成影响。到 11 月 12 日，摩洛哥和阿尔及利亚全部被盟军控制。

罗斯福非常支持盟军的行动。他事先录了一盘录音带，当盟军抵达的时候放给法国人和北非人听。他用略带口音但非常优雅的法语向大家发表演讲，他回顾了自己与法国的亲密关系（我了解你们的城市，你们的乡村和你们的农场）以及他对法兰西共和国的敬仰（再次向你们致敬，重申我对于自由、平等和博爱的信仰），回顾了法国和美国的历史渊源（我们两国之间的友谊无与伦比）。他恳请法国人民在德军被打败之后立刻撤军，并力图唤起法国人民心中的民族自豪感。

为了获得当地各国的支持，使他们不至于干预盟军在北非的行动，罗斯福分别给摩洛哥苏丹、突尼斯总督、葡萄牙总统以及西班牙的弗朗哥写了亲笔信。在西班牙内战期间，罗斯福让美国保持了中立，这是违反许多美国人民愿望的，现在他开始要求回报了。他在给弗朗哥的信中写道："美国军队在北非的存在不会给西班牙政府或人民造成任何威胁。"弗朗哥的回信让那些担心西班牙干涉的军方策划者大大地松了一口气。他说："我接受并感谢总统阁下对西班牙政府和人民作出的保证，我可以向您保证，西班牙了解和平的价值，真诚地希望我们西班牙人以及各国人民都能享受和平。"

希特勒对盟军登陆的回应是迅速占领了法国剩余的未占领土。德国的机械化部队迅速开到了法国南部，6 个师的意大利部队也从东部进入法国。在突尼斯，首先是德国空军在那里建立了两个空军基地，接着又有两个德军机械化师开到了那里。当德军试图抢夺法军位于土伦港的舰队时（德军已经事先在港口布雷，防止法舰逃跑），法国海军选择了自沉。盟军将领对此纷纷扼腕叹息，遗憾法海军高级将领未能将舰队驶往北非，但与此同时也带有几分庆幸，因为舰队毕竟未落入德军手中。

1943 年 1 月，罗斯福与丘吉尔再次会晤，这次选择的地点是卡萨布兰卡。此时，战场形势已经有了微妙的变化。当时，盟军和轴心国军队仍在突尼斯激战，但蒙哥马利已经在阿拉曼击败了隆美尔的非洲军团，正一路向西穿过利比亚；在俄罗斯，苏军年轻的元帅朱可夫已经在伏尔加格勒发动了反攻，包围了德军第六军团，消灭了 35 万名德军；在太平洋战场，盟军在攻占所罗门群岛之后已经开始了争夺太平洋岛屿的艰苦战役。

希特勒在非洲的失败已经指日可待。现在摆在丘吉尔和罗斯福面前的是下一步采取什么行动。如同 6 月的争执一样，马歇尔主张越过英吉利海峡发动攻击；金上将则表达了海军力推在太平洋发动攻势的主张；而英国方面则主张在西西里岛登陆。在西西里岛登陆的好处是可以控制地中海航线，威胁意大利而且可以马上实施。所以，英国方面极力主张采取这一方案。甚至连马歇尔将军也知道，在法国成功登陆的条件不是非常成熟：盟军没有赢得大西洋海战的胜利；德国空军仍然掌握着制空权；登陆所需的后勤基地还没有落实；美军还需要积蓄实战经验，增强战斗力。当时，亲自参与了北非登陆的艾森豪威尔将军表示，如果要在欧洲大陆登陆，至少需要等到 1944 年。于是，盟军终于下定了决心，准备在西西里岛登陆。

丘吉尔和罗斯福所达成的另一项卡萨布兰卡会议的重要成果就是正式宣布法国未来的代表权问题——谁将在将来代表法国。在阿尔及利亚和摩洛哥落入盟军之手后，这个问题显得更加急迫。它们都是法国的属国，不能被盟军简单地当作敌军领土占领。而且，这个问题还因为法国社会内部在此问题上的历史分歧而更加复杂。无论是伦敦还是华盛顿都没有认识到法国内部在此问题上的矛盾到底有多大。法国社会中的大多数人，许多军官团成员以及教会中的大部分人从来都没有接受过法国大革命或者共和国。和英国、美国的情况不一样，法国的宪政制度一直都没有达成共识。自 1789 年来，法国经历了 3 个共和国时期，3 个帝国时期，2 段拿破仑帝国时期，2 段过渡政府时期，还经历了一段巴黎公社时期。维希政府不完全是德国人造就的，贝当元帅也代表了法国一部分反对自由、平等和博爱的人。罗斯福的计划是，先把战后法国的安排问题搁在一边，等战争结束了再说。作为过渡性措施，华盛顿支持法国的亨利·吉罗上将。吉罗上将虽然军衔很显赫，但却不是一个重要角色，他当时正隐居在法国的罗亚河畔，是罗伯特·墨菲发现了他。吉罗在法国和北非都没有支持者，也没有什么公众影响力，更缺乏政治远见。其实，他就是美国国务院找到的一个政治傀儡，通过支持他来避免与法国抵抗组织公认的领袖查尔斯·戴高乐准将打交道。

英国人支持戴高乐，大多数法国的反法西斯力量也支持戴高乐。尽管戴高乐被维希政府判了死刑，但他发起的自由法国运动已经成为了解放运动的核心力量。在他的旗下，聚集了法国未来的政治和军事领袖，包括让·莫内、莫里斯·舒曼、勒内·普利文、米歇尔·德布雷、弗朗索瓦·密特朗、安德烈·马尔罗、菲利普·雷格雷克将军、阿尔方斯·朱安将军、皮埃尔·科恩格将军、拉特尔·德·塔西尼将军。自由法国运动超越了政治上的左派和右派，弥合了共和主义者和反共和主义者之间的分歧。戴高乐将军所选择的标志——代表共和主义的三色旗上面印着洛林十字架——代表着（法国历史的一段时期内）天主教主义者与共和主义者之间的团结。尽管从很多方面来看戴高乐处于弱势，但是他最终成了法国独立运动的化身。

罗斯福希望在戴高乐和吉罗之间建立一种分权机制，但是戴高乐对此不感兴趣。他与吉罗一起合了影，但是他把罗伯特·墨菲为他准备的媒体发言放在了一边，自己写了一份讲稿，宣扬了自由法国运动的独立性。后来，戴高乐说："罗斯福希望实现美国主导下的和平，认为他自己应该成为和平架构的决定者，特别是法国应该把他当作救世主和仲裁者……和其他的明星演员一样，他不能允许其他演员抢了他的角色。简单来说，在彬彬有礼的面具下面，他对我从来就没有怀什么好心。"

在与戴高乐和吉罗一起合影之后，罗斯福和丘吉尔在卡萨布兰卡的草坪上共同会见了记者。罗斯福发表的一篇即席演讲很快就成为世界各大报纸的头条。在讲话中，罗斯福先是谈到了格兰特将军，随后他说："击溃德国、日本以及意大利的战争实力意味着德国、日本和意大利需要无条件投降。这样才能保证世界未来的和平。这不是说要消灭德、意大利、日本的所有居民，而是要消灭这些国家里的基于征服和奴役其他人民的哲学思想。"

罗斯福的这番话并不是临时想起来随便说说。1月初在华盛顿的时候他就已经多次组织讨论过"无条件投降原则"的问题。在卡萨布拉卡的非正式谈话中，丘吉尔也对此原则表示了赞同。1月20日，英国的战争内阁知道了这一原则。

"无条件投降"不是罗斯福的即兴创作，而是刻意等到卡萨布拉卡之后再宣布，以此来提升盟军的士气，同时向斯大林保证英美不会与希特勒单独媾和，同时确认一定要彻底击败德国——保证德国不会再次东山再起，建立一个新的第三帝国。而且，"无条件投降"也不会延长战争。因为希特勒拒绝任何形式的失败，而德国国内的反纳粹异议分子也会接受无条件投降。

当会议结束后，丘吉尔到机场为罗斯福送行。他把罗斯福扶上了飞机，然后回到他的轿车里。他对司机说："走吧，我不愿意看他们起飞。这让我有些紧张。如果他们出现什么意外，我可受不了。他是我最真诚的朋友；他是一个非常有远见的人；他是我认识的最伟大的人。"

● 第二十五章 ●

D日[①]

罗斯福乘飞机飞往卡萨布兰卡使他成为美国第一位在职期间乘坐飞机的总统——对此，罗斯福的感觉很复杂。他更喜欢坐船出行，那样可以慢慢地在海浪的摇晃和海风的吹拂中放松自己的心情。在回程时，为了减少在公海上的飞行距离，总统先从马拉喀什飞到冈比亚再飞到利比里亚，然后再跨过南大西洋飞到巴西累西腓，然后再从那里一路向北飞到特立尼达和迈阿密，最后从那里坐火车回到华盛顿。他在路上给埃莉诺发电报说："我可以告诉你的是，我将在星期六晚上返回美国（1943年1月30日——罗斯福的61岁生日）。我们将在周日下午8点之前抵达华盛顿。"

当富兰克林·罗斯福回到白宫的时候，埃莉诺·罗斯福并不在家。她在星期五的时候离开白宫到纽约过周末去了。但是她给罗斯福留了张便条："欢迎回来。周日晚上我不在家。因为我在几个月以前已经答应在柯柏学院做一个系列讲座。但是我周一晚上会回来吃晚饭……星期二我还得出去一趟，星期三下午回来。很抱歉我不能在家等你。我爱你，很高兴你能回来。"

罗斯福已经离开华盛顿3个星期了。新一届国会（第78届国会）已经开始开会，而且已经开始制造麻烦。在1942年的选举中，许多政府的支持者遭遇了败选。自从罗斯福担任美国总统以来，民主党在众议院的优势降到了最低（218∶208）。共和党人在俄亥俄州新拿下了八个席位，康涅狄格州五个，密苏里州三个，伊利诺伊州、宾夕法尼亚州、华盛顿州和西弗吉尼亚州都是三个。这样一来，罗斯福不得不依赖于南部保守主义白人至上主义者的选票。

在国内，罗斯福所创建的一些机构已经陷入困境，急需进一步的调整。罗斯福建立了战时人力委员会，负责军事和民用工业之间的人力资源调配，但是却遇到了选征兵役制和全国战时劳工委员会的挑战，因为这两个部门都有独立的法律授权。负责控制通货膨胀的价格管理署与国家经济稳定办公室的权力有所重叠。战时生产委员会在劳工政策和价格政策方面拥有否定权，但是在唐纳德·纳尔逊怪异的领导下（此人曾经是西尔斯·罗巴克公司的销售主任，不善于顶住压力作决定）其运作

---

① 美国军语，即"进攻发起日"，诺曼底登陆当天是历史上最著名的"D日"。

也显得有些踉踉跄跄。当罗斯福任命纳尔逊担任此职务的时候，大法官费利克斯·法兰克福特给罗斯福写信说："林肯花了三年才发现了格兰特这个人才，你也不可能一次就找到生产管理方面的格兰特式人才。"

当时，军事方面的局势还是最急迫的。"大西洋之战"进入了对峙阶段。1942年10月，德国潜艇击沉了101艘盟军商船。11月，这个数字上升到了134艘。在冬季，盟军仍然持续蒙受着巨大的损失。1月，当罗斯福和丘吉尔在卡萨布兰卡会晤的时候，西非海域的德军潜艇击沉了一艘油罐船，这艘船上运载的是艾森豪威尔将军部队急需的燃油补给。在1943年2月到3月，被击沉的商船总数达到了历史最高点。德国人一共有212艘战术潜艇在大西洋海域巡弋（在此前一年是91艘），平均每个月还增加17艘。在另一方面，盟军的运输总吨位——尽管美国的生产数字十分惊人——却在战争爆发之后减少了差不多100万吨。英国海军部在事后评论道："在1943年3月的前20多天里，德国人差一点切断了欧洲与美国之间的交通运输。"

实质性的进展出现在1942年12月。英国情报机构设在伦敦郊外布莱切利公园的一个部门破译了德国海军的密码，盟军因此对于德国潜艇的电文往来了如指掌。然而，由于德军的破译部门也已经破译了英国的护航舰队密码，所以实际上双方都能够掌握彼此的行踪。

大西洋控制权的关键是制空权。在第二次世界大战期间，潜艇还不能长时间潜行，当它们浮上水面时，极易受到来自空中的打击。1943年初，美国的船坞里已经造出了小型护航航母。这些护航航母最多可以携带20架飞机，在航程范围内为舰队提供护航。但是，在大西洋中间部分的防护空隙区里，德国的潜艇还是如入无人之地。3月18日，丘吉尔给罗斯福发电说："在两天内，有17艘舰船在北大西洋海域被击沉，说明我们的护航力量战线拉得太长了。"丘吉尔建议，立即停止为前往俄罗斯的船队提供护航，将所有的护航飞机和舰船都用于大西洋。罗斯福回电说："对于最近的损失，我们和你们一样感到难过。"但是，他不愿意停止对前往俄罗斯船队的护航。因此，罗斯福总统建议为大西洋战区划拨更多的远程护航飞机。他对丘吉尔说："我们将竭尽所能提供更多的飞机，希望你们也可以增加一些飞机。"

如同不顾联合参谋部的建议下令进行北非登陆时一样，罗斯福主动承担了这一决策的责任。海军拥有很多远程飞机，但是金海军上将把大多数飞机都派遣到了夏威夷让尼米兹使用。罗斯福给金直接下令：立即把60架航程最远的B-24"解放者"式飞机从太平洋战场调拨到大西洋战场。

总统的命令很快就得到了回应。B-24轰炸机装备有雷达、先进的探照灯、机关枪以及深水炸弹，可以连续飞行18个小时。按照军事史专家约翰·基根的话来说"这种飞机就是任何在水面上被发现的德国潜艇的末日"。在 3 月的最后一周，盟军一共击沉了 8 艘德国潜艇；在 4 月，共击沉了 31 艘；在 5 月，共击沉了 43 艘。由于担心潜艇部队最终会全军覆没，卡尔·邓尼茨海军元帅下令停止潜艇进攻。1943 年 5 月 24 日，他下令德国潜艇部队撤出北大西洋海域。在接下来的 4 个月里，有 62 支护航舰队带领着 3546 艘商船越过了大西洋，没有损失一艘。9 月 21 日，丘吉尔把好消息告诉了下议院。"在与潜艇斗争的历史上，这是史无前例的成就。无论在这次大战还是上次大战中都是如此。"

随着前往英国的海上通道的安定，美国工业的生产能力大大提升了盟国的实力。当美国的经济进入战时轨道之后，罗斯福提出的 1942 年生产目标变得非常微不足道。美国的生产数字让人非常吃惊。在 1941 到 1945 年期间，美国一共生产了 30 万架飞机。在 1944 年的最高峰，美国的工厂生产出了 96318 架飞机——超过了当年德国、日本、英国和苏联的生产总和。亨利·福特位于底特律的巨大车间每 63 分钟就生产出一架 B-24 飞机。到战争结束的时候，美国总共生产了 240 万辆卡车，63 万 5 千辆吉普车，8 万 8 千 400 辆坦克，5800 艘舰艇，400 亿发子弹。

数量是战争中所有工作的首要目标。美国工业因为基于生产线的大规模生产得以繁荣。其他工业化国家都没有如此高效地掌握大规模生产的艺术。从某种意义上来说，美国这么做也是不得已为之。在美国的劳动力中，有很多人是没有技术的工人，难以符合传统生产方式的需要。因此，生产线正好符合了美国工业的现状。而这种选择又恰好满足了战争的需要。与之相反，德国和日本拥有大量受过训练的劳动力（至少在战争初期是如此），较之于大规模生产，他们更看重产品的质量，更加希望通过生产工艺出色、性能优异的武器取得胜利。但是，随着战争的逐渐进行，他们难以生产出足够数量的武器。正如卢修斯·克莱将军所说的那样："我们在战争期间并没有开发出最优秀的坦克。我们之所以取得成功是因为我们制造出了足够数量的坦克。这一巨大的数量弥补了质量上的不足。但是我们的坦克一直没有德国人的坦克质量好。"

罗斯福曾经在一战期间负责过海军的项目分包业务，而且他还得到了史汀生的战争部所组织的采购团队的有力支持。战争部副部长罗伯特·帕特森、掌管后勤部门的布里恩·萨默维尔将军以及克莱在不可思议的有限时间内组织起了世界上有史以来最庞大的军事生产能力。从珍珠港事件到欧洲胜利日期间，各军种分包下去的合同超过了 2000 亿美元（相当于现在的 2 万亿），而且这其中没有一起贪污丑闻。克莱说："我们不是不让企业盈利，我们只是要确信他们没有获得暴利。"这是美国历史上的第一次，也是唯一一次，军方在合同谈判中采取了强制性的重新协商。如果供应商的获利过多，或者军方不再需要合同中所采购的产品，战争部就会和供应商重新签订合同，为政府拿回一部分钱。多年以后，克莱回忆说："我觉得这是我们在战争期间做的最了不起的工作。在二战期间从没听说过有哪家企业获得了暴利，在其他战争里面可都有这样的批评声。"

北非战事的持续时间比罗斯福预计得要久。德军和意军在突尼斯负隅顽抗，直到 5 月 13 日还没有结束战斗。盟军一共俘获了 25 万敌军——这一胜利可以和俄军在伏尔加格勒的胜利相提并论了——而且还把轴心国部队赶出了非洲。

在非洲的轴心国军队投降那天，丘吉尔正乘坐"玛丽女王"号前往华盛顿，准备再次与罗斯福会晤。这艘排水量为 8 万吨的巨轮和她的姊妹舰"伊丽莎白女王"号都被改装成了运兵船，每艘船都可以运载 15000 名士兵，差不多是一个师了。由于这两艘船的速度很快，有差不多 30 节，因此非常安全。它们多次横穿大西洋，没有任何德国潜艇能拦截它们。同丘吉尔一道在船上的除了他的参谋人员之外，还有将被运往美国战俘营的德军战俘。

1943 年 5 月在华盛顿举行的会议被丘吉尔命名为三叉戟会议，主要议程就是讨论西西里岛战役之后的战争安排。丘吉尔和英军参谋长主张继续在地中海发起进攻，把意大利彻底击败，从"欧洲柔软的腹部"对德国进行打击。而罗斯福和美军参谋长希望能够迅速渡过英吉利海峡直接打击希特勒，同时将地中海的战争规模控制在最小——他们认为地中海的战争是偏离主要战争目的的战斗。在为期两周的会议期间，双方参谋人员经常出现激烈的争执，但罗斯福和丘吉尔最终还是达成了共识。英国方面同意在 1944 年 5 月 1 日开始法国登陆的计划（代号为"霸王"）。最初阶段的进攻由美国、英国和加拿大的 9 个师来完成，一旦占领滩头阵地，剩下的 20 个师将立即投入战斗。而美国则同意利用已经部署的地中海部队打击意大利。按照计划，英国的军事设施将按照横跨英吉利海峡登陆的要求进行改造，而在攻占西西里岛之后将把 7 个师（4 个美国师和 3 个英国师）从地中海地区撤出，投入到法国战场。

在三叉戟会议期间，罗斯福意识到自己无法兼顾运筹战争与国内动员。在会议结束、丘吉尔返回英国之后，罗斯福就宣布成立战争动员办公室，由大法官詹姆斯·贝尔纳斯领导。贝尔纳斯深谙华盛顿的政治运作。他曾经代表南加利福尼亚州担任过众议员和参议员，是少数坚持不懈地支持新政的南方政治家之一，他接受了罗斯福的安排，辞去了最高法院法官的职务，负责起了国家的战争动员工作。贝尔纳斯的办公室位于白宫东翼，紧邻莱希海军上将的办公室，他是国内动员的最终决策者。罗斯福对贝尔纳斯说："你的决策就是我的决策，不需要请示。从某种意义上说，你就是总统的助手。"

1943 年 7 月 10 日，盟军发动了战争史上到那时为止最大规模的两栖登陆战役，在西西里岛登陆。由于美国在北非的第二军在西西里岛登陆问题上一直有些三心二意，该战役的主要任务交给了蒙哥马利将军麾下久经战阵的第八军来完成，该部队负责在西西里岛的东岸发动了攻击，封锁了该岛通往意大利本土的墨西拿海峡。而巴顿的第七军则负责掩护蒙哥马利的左翼。由于遭到抵抗，当蒙哥马利的部队离墨西拿海峡还有 60 英里的时候，巴顿的部队已经取得主动权，从西部突入了西西里岛并于 7 月 22 日占领了巴勒摩。之后，第七军旋即掉头向东，沿着西西里岛的北岸一路向前，于 8 月 17 日赶在蒙哥马利之前抵达墨西拿。第七军无畏的进攻打消了许多人的疑虑，某些军事决策者之前还一直担心美军的战斗力。不过，他们抵达墨西拿的时间还是有些晚，德国人和意大利人已经撤走了大约 10 万部队以及大部分辎重。

在巴顿占领巴勒摩三天之后，意大利国王维克托·伊曼纽尔三世在罗马发动了政变，撤销了墨索里尼的首相职务并将其监禁。随后，国王任命意大利陆军元帅彼得罗·巴多利奥代理首相职务。他和法国的达尔朗将军一样，是个很灵活的人，只要条件合适，是和是战他都可以接受。巴多利奥一方面安抚希特勒，向他保证意大利将继续站在轴心国一边，另一方面却与盟军在里斯本展开了秘密和谈。

罗斯福在口头上仍然坚持无条件投降。他在 1943 年 7 月 28 日的"炉边谈话"中说道："我们对意大利的条件没有变，我们不会以任何形式和方式与法西斯媾和。"但是，他也曾私下对丘吉尔说："我们要尽量维持无条件投降的先决条件，但同时要善待意大利人。"

和维克托·伊曼纽尔三世以及彼得罗·巴多利奥一样，罗斯福也想做一笔交易。他不仅希望中止与意大利的战争，而且还认识到需要抚慰国内庞大的意大利裔美国人群体。7 月 30 日，当有记者在记者招待会上问他美国是否会同意大利新政府谈判时，他说道："只要不是法西斯，只要放下武器，只要不是混乱的无政府状态，我们都可以谈。我们可以和国王谈，也可以和首相谈，甚至可以和一个地方的市长和村长谈。"

记者问道："总统先生，你认为彼得罗·巴多利奥是法西斯吗？"

罗斯福："我不谈具体的个人。"

丘吉尔也非常希望与意大利谈判。在过去 10 多年里，英国的外交目标之一就是离间意大利和德国，丘吉尔对此没有任何犹豫。他给罗斯福发电说："我愿意与任何能带来好结果的意大利人打交道，我一点都不担心承认维克托·伊曼纽尔三世和彼得罗·巴多利奥，只要他们能让意大利做出符合我们战争目的的行动，我愿意和他们谈判。"实际上，罗斯福与丘吉尔是打算与意大利单独缔结和平条约，但同时坚持无条件投降的原则。

巴多利奥一直在拖延谈判，直到 8 月底，他终于收到了盟军的最后通牒。1943 年 9 月 3 日，意大利投降并站到了同盟国一方对德宣战。希特勒的反应是派出了 16 个师进占意大利，这些都是久经战阵的部队。很快，罗马就陷落了，意大利陆军被解除了武装，墨索里尼再次上台了。9 月初，当美英联军在萨勒诺附近登陆时，他们遇到了以逸待劳、决心与盟军决一死战的德军的阻击。盟军在欧洲"柔软的腹部"的进攻到此为止。

1943 年 8 月 17 日，罗斯福和丘吉尔在魁北克举行了第四次战争会议。这一次，丘吉尔还是乘坐着"玛丽女王"号来的，不过这一次他带上了克莱门蒂娜和他们的女儿玛丽。英国代表团比原定计划提前了一个星期到达哈利法克斯，丘吉尔利用这一段时间与罗斯福在海德公园度过了一段私人时光。他对埃莉诺说："要知道只有时不时休息一下才能更好地工作，俗语说得好，光干不玩是个大蠢蛋。"在这期间，丘吉尔常常戴着一顶遮太阳的大毡帽，啜饮着装在冷罐之中的苏格兰威士忌，大嚼埃莉诺为他准备的热狗。当时也在海德公园过周末的罗斯福家族的表亲戴丝·萨克雷回忆说丘吉尔"很敬佩罗斯福总统，很信任他，也有些依赖他"，和丘吉尔在一起的时候罗斯福"非常放松，即使面临很严重的问题也能保持好心情"。在那个周末，丘吉尔建议由美国人担任横跨英吉利海峡登陆的"霸王"行动总指挥。罗斯福和丘吉尔曾经达成过共识，在一场军事行动中，英美两军中哪一边的力量占优势就由哪一边担任总指挥。现在的情况日益变得明显：美国的军事力量会占据优势。丘吉尔和罗斯福都认为马歇尔将军应该担任此次行动的总指挥。魁北克会议集中讨论诺曼底登陆的问题，特别是横跨英吉利海峡的后勤保障问题——登陆舰、临时港口、输油管道以及成千上万吨等待装卸的物资。罗斯福和丘吉尔一直在关注细节问题。罗斯福总统曾对珀金斯私下说："我都快累死了，我一个晚上都要和丘吉尔首相谈问题，他常常在深夜想到一个好主意，然后就会跑到我的卧室里来找我。这些主意的确很棒，但我也要睡觉啊。"

罗斯福提出了德国投降的问题。军事参谋们准备好了应对希特勒突然崩溃的情况吗？根据马歇尔将军的回忆，罗斯福总统"认识到了占领柏林的政治意义和对人们心理的影响。他认识到，如果要在欧洲战后安排问题上与苏联平起平坐，就需要在战争中积累一定的资历和能力"。英军参谋长艾伦·布鲁克将军向罗斯福保证，一切计划均已就绪，盟军可见机突然进入德控区。

丘吉尔还和罗斯福总统讨论了原子弹问题。在 1939 年 10 月接到阿尔伯特·爱因斯坦的信之后，罗斯福已经下令进行原子弹的初期研究。爱因斯坦和罗斯福的交往由来已久。1933 年，当爱因斯坦来到美国时，罗斯福曾经邀请爱因斯坦和夫人到白宫住过一个晚上。他们与罗斯福共进晚餐，还一起谈了很久的德国问题。爱因斯坦后来回忆说，罗斯福总统谈得很好。罗斯福从来没有如此关注过一个物理学家，而当爱因斯坦提醒罗斯福注意核裂变可能带来的巨大摧毁能力时，罗斯福认真地记在了心里。当爱因斯坦告诉他有证据表明德国人已经在开发核武器的时候，总统立即采取了行动。在罗斯福总统的命令下，有关部门迅速成立了一个铀科技咨询委员会，致力于开发核武器。该委员会隶属于国防研究委员会，1941年与其他部门合并成立了由万尼瓦尔·布什领导的科学研究与开发办公室。然而，该委员会的初期研究却进展甚微。同位素分离所需要的昂贵费用以及可控链式反应能否实现的不确定性几乎使人们放弃了开发原子弹的项目。与此同时，英国科学家也在研究这一问题，他们得出结论：只需要25磅的可裂变材料就可以制造出一枚可以用于实战的炸弹，如果将足够的资源用于开发核武器，到1943年底就可以制造出第一枚核武器。1941年底，丘吉尔下令继续研究，9月3日，英军各军种参谋长同意了这项计划。丘吉尔后来在回忆录中写道："尽管我对现在所使用的炸药性能已经非常满意了，但是我认为我们应该为未来的发展铺路。"

在看了英国方面提供的结论之后，万尼瓦尔·布什建议罗斯福总统加快原子弹的研究，那时是1941年10月9日。布什提醒说，这个项目需要建立一个大型工厂，"所需的耗费远远超过"一个大型炼油厂。于是，罗斯福总统把布什的建议搁置了起来。接下来就发生了珍珠港事件。1942年1月19日，他把备忘录交还给布什，并且还附上了一张用白宫公文纸写下的简短回复：

> 批准——回复——我想你应该好好保留这份文件。
>
> ——富兰克林·罗斯福

罗斯福的"批准"激励了美国人的核研究。战争部长史汀生前往国会山请求拨款——但萨姆·雷伯恩却说："我不想知道理由。"并和众议院拨款委员会主席克拉伦斯·坎农一起削减了战争部的财政预算。加利福尼亚大学教授罗伯特·奥本海默和其他物理学家一起致力于原子弹的设计；工程兵部队的莱斯利·格罗夫斯将军担任了"曼哈顿计划"的负责人——该计划是以聚集了众多杰出工程奇才的曼哈顿区命名；1942年12月，意大利诺贝尔奖获得者恩里科·弗米在其位于芝加哥的实验室里成功进行了可持续的链式反应（弗米在意大利实施法西斯式的种族歧视法之后，带着犹太妻子逃亡到了美国），将到那时为止仍然只是在理论上可行的设想变成了现实。但奇怪的是，正当美国和英国在加快核研究的时候，德国却停止了在这方面与盟国的竞争。1942年8月，第三帝国的军工部长阿尔伯特·施佩尔在与科学家奥托·汉以及维尔纳·海森贝格商议之后认为，制造原子弹把握性太小，而且耗费太大，"如果要继续进行这项工程，就必须放弃其他工程"。因此，施佩尔很快就决定放弃核计划。其实，希特勒本来就对核武器不感兴趣，将核科学斥之为"犹太物理学"。1943年，日本也放弃了核计划，因为科学家告诉政府，无论是德国还是美国都造不出能够在这场战争中使用的原子弹。

从一开始，丘吉尔和罗斯福就同意加强合作。1941年10月，就在他们会面后不久，罗斯福就给丘吉尔写信，建议美英两国加强核武器研究方面的合作或者"干脆共同研究"。丘吉尔在1942年6月访问海德公园期间也提到了这个问题。依照丘吉尔首相的建议，英美双方同意共同开发核计划，而且未来的核武器研究和开发都在美国进行。丘吉尔认为，由于德国一直在轰炸英国，将开发核武器所需的工厂设在英国是不明智的。这一具有历史意义的共同核开发协定是由罗斯福和丘吉尔当场决定的。他们都没有带科学顾问——尽管当时霍布金斯坐在了角落里——也没有任何书面形式的协议。罗斯福总统和丘吉尔首相其实都认为自己需要加紧努力。

在原子弹研究取得进展的时候，负责原子弹开发的美方官员越来越不愿意将秘密与英国人分享。在1943年的三叉戟会议上，丘吉尔对罗斯福提出了这个问题，罗斯福再次重申，核研究是英美共同参与的项目，"双方都必须尽最大努力"。罗斯福总统指示万尼瓦尔·布什，希望他能与英国人精诚合作，但是很明显有人并不愿意如此。英国人还是一直怀疑美国人对他们有所保留。为了解决这个问题，丘吉尔希望与罗斯福签署一个书面协定，罗斯福总统很快就答应了。在协定中，双方答应共享"曼哈顿计划"的成果，但不得对第三方透露，并且不得使用核武器针对对方，也不得在没有取得对方同意的情况下针对第三方使用核武器。

在签署核武器协定的当天，罗斯福和丘吉尔共同致电斯大林，一同邀请他稍后在阿拉斯加会面，以便在"这个战争中的关键时刻共同从大局出发讨论战局"。罗斯福从未见过斯大林，而且他还非常希望同斯大林一同讨论战后安排问题，最好是单独商谈，如果必要的话再加上丘吉尔也可以。斯大林对这一邀请不置可否——既不接受也不拒绝——并建议三国外长会面商谈相关事务。

罗斯福和丘吉尔接受了这个建议，1943年9月4日——在意大利投降后的第一天——罗斯福总统给斯大林写信，希望能在开罗会面。四天后，大量的美英部队在意大利登陆，这一天，斯大林同意了罗斯福的请求。斯大林说，由于战区的职责所在，他不能到北非那么远的地方去，他建议在11月或12月在德黑兰会晤。斯大林还建议，作为准备，可由各国外长于10月在莫斯科会晤。罗斯福同意了。他对斯大林说："我认为我们三个正在取得进展。"丘吉尔也很高兴："在这次会议上，我们所讨论的不仅是寻找最佳最迅速地结束战争的方式，而且也要讨论今后的世界安排，让英美苏三国能长久地为全人类服务。"

魁北克会议期间，科德尔·赫尔与萨姆纳·韦尔斯在国务院内的矛盾达到了顶点。多年以来，赫尔都对罗斯福绕过他直接和韦尔斯打交道心怀不忿；同时对总统每逢大事不与他商量的做法极为不满。与丘吉尔一起出席战争会议的是韦尔斯，身怀总统重托为总统传信的也是韦尔斯，就连外国驻美大使到国务院进行了礼节性拜会之后也更愿意与韦尔斯交往。但是，赫尔也知道韦尔斯存在致命的弱点。1940年，当众人在亚拉巴马为众议院议长威廉·班克黑德举行葬礼的时候，韦尔斯的同性恋丑闻曾经让众人哗然。罗斯福当时没把这当一回事，认为这是韦尔斯酒后失德，相信人们很快就会忘记这个小插曲。但是，赫尔却没有放过这件事，多年来一直在搜集韦尔斯在这方面的证据。当小埃德加·胡佛和司法部同意赫尔察看韦尔斯的档案后，他找到了罗斯福的前密友、白宫消息的主要来源威廉·布利特。在布利特的帮助下，赫尔把这件事情告诉了缅因州共和党新进参议员欧文·布鲁斯特。闻听此事，布鲁斯特表示要组织参议员进行调查，这正是赫尔想要的。1943年8月15日，赫尔在与罗斯福总统共进午餐的时候提出希望将韦尔斯撤职。赫尔说，要么韦尔斯走人，要么他自己辞职。

罗斯福别无选择。参议院已经开始调查此事，特别关注为什么在事发三年之后罗斯福总统仍然让韦尔斯担任要职。这很有可能影响到民主党在1944年的选情。出于权宜之计，罗斯福需要让赫尔留任以保证获得众议院的支持——在众议院，罗斯福的优势微不足道。很多南部的民主党人都很崇拜赫尔，罗斯福必须把赫尔拉住。

在与赫尔会面后不久，8月15日罗斯福把韦尔斯叫来，希望他能辞职。为了安慰韦尔斯，他让韦尔斯担任了负责拉丁美洲事务的无任所大使①，但韦尔斯没有接受。之后，罗斯福可能一直在设法保住韦尔斯。直到9月25日，罗斯福才宣布韦尔斯的辞职。媒体认为，韦尔斯与赫尔的纷争才是其离职的真正原因，没有人谈到韦尔斯的性取向问题。

失去韦尔斯之后，罗斯福非常痛苦。不久，布利特打电话到白宫希望接替韦尔斯的副国务卿职务。总统终于爆发了。埃莉诺回忆说："我记得一天下午，当我回到白宫的时候，发现富兰克林气得发抖，脸都白了。"根据埃莉诺的回忆，总统对布利特说："比尔，如果我是圣彼得，你和萨姆纳·韦尔斯走到我面前，我会对萨姆纳说'无论你做了什么，你所伤害的不是别人，而是你自己。我承认人性的弱

---

① 无任所大使是外交使节的一种，他不是常驻某国的使节，而是政府中的一种专职，当然也有临时委派的。无任所大使的任务是代表国家元首与有关国政府商谈某一重要问题、递交国家元首亲署信件或者视察驻外使领馆的工作等。

点。进来吧，天堂欢迎你'。但我会对你说'你不仅伤害了别人，而且还让你的国家损失了一位优秀的人才，因此你将进入地狱'。"

罗斯福的怒火不仅是针对布利特。在韦尔斯离职之后，国务院发现自己彻底被边缘化了。当年10月，在赫尔参加完莫斯科的外长会议之后，国务院就靠边站了。除了提供翻译和书记员之外，赫尔所领导的国务院完全被排斥在了所有的重要战争会议之外，而且国务院也很少能看到罗斯福和丘吉尔、斯大林等人的通信记录。

随着战局的发展日益有利于盟军。罗斯福开始得空关注国内局势。战争动员给美国带来了史无前例的繁荣，罗斯福开始考虑未来的发展。在夏末的一次炉边谈话中，罗斯福谈到了战后转型的问题。罗斯福说："我们一方面要致力于取得军事上的胜利，另一方面不能忽视为将来打算，特别是要准备让我们勇敢的战士们回到和平时期的社会生活中。他们不能在一个充斥着通货膨胀和失业的环境中复员回家，不能让他们领救济粮，也不能让他们沦落到要靠卖苹果来谋生。"

那年秋天，罗斯福做出了美国历史上闻所未闻的惊人之举，罗斯福要求国会批准一个针对退伍军人的大规模教育和训练计划——也就是我们后来所说的《退伍军人权利法案》。早在20世纪20年代，当罗斯福在沃姆斯普林斯的时候，罗斯福就对美国很多地方落后的教育而感到深深的忧虑。正如萨姆·罗森曼所说："他经常在私底下表示，他觉得我们的国家应该给孩子们良好的学校教育，这样他们将来才能和拥有良好学校教育的其他国家的孩子们竞争。"罗斯福认为老兵的回国是一个机会——可以借此机会实施联邦教育补助，没有人会反对这个为战争英雄谋福利的提案。罗斯福总统对国会表示，他需要对每个回国的退伍老兵提供最多四年的大学教育补助和业余培训补助，对于那些已婚或者有负担的人还将增加补助金额。罗斯福表示："不能让有意愿学习的退伍老兵因为缺少经费而丧失受教育的机会……我认为国家有责任为他们提供这种教育和培训，有必要采取一切必要的财政补助来帮助他们。"

在接下来的几个月里，罗斯福一直致力于补助退伍老兵的问题，逐渐扩展了对归国军人的补助措施：数额不菲的失业保险，就业咨询，更优厚的医疗保障以及低息购房、购地以及创业贷款。尽管在78届国会中有很多人怀有反新政情结，但参众两院还是一致通过了《退伍军人权利法案》。1944年6月22日，罗斯福签署了该法案，法案正式生效。

《退伍军人权利法案》改变了美国的面貌。它不仅让许多人有了上大学的机会，而且还一举打破了长久以来美国人在教育资助方面的禁忌。在二战以前，美国只有5%的适龄人口有机会进大学学习。大学一年的学费差不多相当于一年的平均工资，而且很少有大学提供奖学金。在当时，大学教育是少数殷实人家子弟的特权。在

《退伍军人权利法案》实施之后，战争结束当年，在联邦政府的资助下，有超过100万的退伍男女军人进入了大学学习。在1947年的最高峰，退伍老兵占到大学入学总人数的49%。在第二次世界大战期间服役的1500万军人当中，有超过一半人利用了《退伍军人权利法案》提供的机会。整个美国的教育水平获得了极大的提高。

与此同时，美国的自信心也获得了极大的提高。正如斯坦福大学历史学家戴维·肯尼迪所说，罗斯福的老兵法案的"目的并不是重建经济，而是为了提升个人素质。这一变革之所以在1945年之后出现，是因为战争期间巨大的社会变革和社会动员所带来的持续影响激励了整整一代人，他们所取得的成就和影响是他们的父辈做梦也没有想到的"。

1943年11月11日，星期六，这一天是一战停战纪念日。罗斯福和他最亲密的白宫助手——霍普金斯、莱希上将、麦金太尔、沃森等人——驱车来到了弗吉尼亚州的海军陆战队基地。在那里，他们登上了总统的游艇"波托马克"号，开始了他们的德黑兰之旅。他们的行程看上去非常正常——只不过是又一次周末的垂钓之旅。但是，星期日一早，在波托马克河注入切萨皮克湾的入海口，他们一行人登上了美国海军最新级别的战列舰"爱荷华"号，开始了他们的越洋旅程。

除了霍普金斯和总统的工作人员之外，"爱荷华"号上还有马歇尔将军、金上将、阿诺德将军以及很多军方高级参谋人员。但引人注意的是，舰上没有国务院的人。在横跨大西洋的漫长旅程中，罗斯福和军方要员们在与丘吉尔和斯大林会面前仔细讨论了重大的战略问题。特别是讨论了欧洲的战后安排问题。

当马歇尔将军问到占领区的问题时，罗斯福找出了一份国家地理协会的德国地图，用铅笔标出了分界线。总统说："我们肯定要抢占柏林，美国一定要占领柏林。"在罗斯福的草图上，美国和俄国的占领区在柏林交界。美国的占领区在德国北部，包括汉堡、不来梅、吕贝克和罗斯托克的港口；俄国人将占领东部较小一些的地区，而英国则将占领巴伐利亚和黑森林。罗斯福总统告诉马歇尔将军，届时驻扎在德国的美军可能有100万，"至少要待一年，可能还需要两年。"马歇尔将军把占领德国当作一个军事问题。在马歇尔看来，由于各战区总指挥已经接到了明确的规定，他认为这个问题已经结束了。因此，他并没有重视罗斯福给他的地图，他们两人在此问题上的商谈也没有再继续。

"爱荷华"号战列舰以25节的速度及三级战备的状态（即随时都有三分之一的船员处于战斗位置）航行，于11月20日抵达了法属阿尔及利亚的奥兰港，此时距离从切萨皮克湾出发刚刚过去三天。在罗斯福登岸的时候，迎接他的是艾森豪威尔将军和罗斯福总统的两个儿子埃利奥特和小富兰克林，他们正好驻扎在附近。埃利奥特回忆说："海上的航行对他非常有好处，他看上去很健康，对接下来的时光充满了期待。"在登岸后，罗斯福总统参观了迦太基的遗址，晚上在艾森豪威尔俯瞰突尼斯湾的别墅里与艾森豪威尔、凯·萨默斯比、莱希海军上将、阿瑟·特德空军上将、埃利奥特以及小富兰克林诸人共进了晚餐。

随后，罗斯福从突尼斯飞往了开罗，在那里他与丘吉尔和蒋介石举行了会晤。丘吉尔坚持希望在与斯大林会面之前与罗斯福总统先行会晤，但是罗斯福不愿让外界觉得他们之间形成了小圈子。

罗斯福非常重视中国战后在太平洋地区的作用。他在回忆录中写道："我觉得能让中国人站在盟国一边是非常重要的。这样会对未来 20 到 25 年都产生重要的影响。"然而，丘吉尔却对中国怀有偏见，他后来写道："很不幸，因为中国的关系，我们的谈话偏离了主题，关于中国的问题由来已久，盘根错节而且意义甚微。"为期四天的开罗会议的高潮是罗斯福于 11 月 25 日感恩节当天在其下榻处举办的晚宴。当罗斯福为到场 17 位英美宾客切火鸡的时候，他说："让我们就像一家人一样。"丘吉尔后来回忆说："他切火鸡花了很长时间。当我们这些最先拿到火鸡的人已经吃完了的时候，总统自己还没拿到。当我看到总统分给人们的那些盘子的时候，我开始担心他自己可能吃不到。但是他掌握得恰到好处，最后刚好给自己留下了两根肋骨。"

1943 年 11 月 27 日，星期六。这天下午，罗斯福从开罗出发，经过了六个半小时、1300 英里的飞行之后抵达德黑兰。最初，罗斯福总统打算在美国使馆下榻。然而，考虑到美国使馆与英国使馆和苏联使馆的距离太远，于是在过了一晚之后罗斯福总统就接受了斯大林元帅的邀请住到了苏联使馆的客房。德黑兰狭窄拥挤的街道给"三巨头"出行的安保工作带来了很大的困难。因此，他们住在一起可以减少这方面的风险。

罗斯福非常期待能与斯大林会面。在来德黑兰之前，罗斯福总统就决心要与苏联领导人建立良好的关系。正如霍普金斯对莫兰爵士所说的那样："他不允许有任何事情干扰他的这一目的。他一辈子都在和各种各样的人打交道，斯大林无疑与其他人很不一样。"罗斯福常把斯大林叫作"乔大叔"（在他发给丘吉尔的电报里称呼他为"乔大叔"），他自信即使不能说服斯大林成为一个民主主义者，也能和他建立良好的私人关系。

但是，罗斯福不知道具体该怎么做。丘吉尔告诉罗斯福，斯大林是一个非常精明的人，而且非常善于"迅速了解他接触到的新问题"。美国驻苏联大使埃夫里尔·哈里曼认为斯大林是"我所认识的最深不可测、最矛盾的人——他是一个很难琢磨的人，非常聪明、善于抓住细节"。后来，哈里曼在回忆录中写道："斯大林比罗斯福更有知识，比丘吉尔更现实，在某些方面来说是最有效率的战时领导人。但另一方面，他是一个残忍的暴君。"霍普金斯提醒罗斯福，斯大林是一个非常就事论事的人。"他从不多说一句话。没有什么客套话。他非常实际。他的手很大，手劲也很大。他的声音有些刺耳，但是他控制得很好。他所说的都是他所希望表达的内容。"

罗斯福在德黑兰用不着再看那些汇报材料和局势图了。他要与斯大林商谈的是政治问题，罗斯福按照他自己的想法开始了会谈。当时担任罗斯福总统翻译的查尔斯·波伦回忆说："他不愿意受任何陈规旧矩的约束，他更希望即席地谈话而不愿意事先准备好发言稿。"

在罗斯福总统还没有在苏联使馆安顿好的时候，斯大林就来拜访他了。特勤处的特工马克·赖利回忆说："斯大林慢慢走了过来，面带着微笑。他穿了一身简单的卡其色长袍，胸口别着列宁的像章。当罗斯福与斯大林握手的时候，总统说：'很高兴能见到你。我一直期待着能与你见面。'斯大林在表达了自己的欣慰之情之后表示，非常遗憾因为'军务缠身'而未能早日相会。这两位领导人在一起攀谈了差不多一个小时——实际上是说了半个小时，因为翻译占去了一部分时间。当罗斯福讲话的时候，由波伦担任翻译；当斯大林讲话的时候，由弗拉基米尔·帕夫洛夫担任翻译。为了方便翻译，他俩说话都很简短。波伦说，罗斯福和斯大林在这方面做得很好，而丘吉尔太喜欢展示自己的口才，不怎么顾及翻译。"这三巨头都用自己的口译进行翻译。可能是因为觉得他们更了解自己的领导人到底想说什么，而且更清楚各自国家的俚语。

三巨头之间的第一次正式会议于星期日下午4点在苏联大使馆的会议室举行。会议当天，在会议室里已经精心放置了一张圆桌，这样就可以避免涉及排序的问题了。在会场，每个国家有四个席位，哈里曼大使坐在罗斯福的右边，波伦坐在他的左边，而霍普金斯则坐在波伦的旁边。和斯大林坐在一起的是莫洛托夫、帕夫洛夫以及斯大林自革命时期以来的老朋友弗罗希洛夫元帅。而丘吉尔则带上了安东尼·伊登、伊斯梅爵士以及他的翻译阿瑟·比尔塞少校。在现场，苏联的秘密警察负责警卫。作为到场的唯一一位国家元首，罗斯福应邀主持了第一次会议，在罗斯福的坚持下会议没有设定正式日程。实际上，后来的会议也都没有设定正式日程。

会议中充满了非正式的轻松气氛。波伦回忆说："所有的一切都显得非常非正式，完全看不出来这三个世界上最有权势的人将要决定数百万人的福祉。"罗斯福的开场白奠定了轻松的基调：作为三个人当中最年轻的与会者，他对年长者的出席表示欢迎。丘吉尔则在发言中指出，他们将决定人类的未来。而斯大林作为主人则对客人们的到来表示了欢迎。他说："历史赋予我们一个伟大的机会。现在让我们来谈具体的事情吧。"

在漫无边际地谈论了一番之后，会议开始讨论有关德国的问题。在接下来的会议和晚宴期间，谈论的焦点集中在了战后安排上。罗斯福数次表示，希特勒是疯了，德国人民是在他的带领下走上了歧途。但斯大林却对此观点表示异议。他认为，希特勒虽然是一个强人，"他不够聪明，缺少文化，处理政治问题的方法简单粗暴，但是却非常善于利用我们所能想到的一切办法团结德国人。"

斯大林认为应该肢解德国。他说，德国人非常聪明，完全能够在 15 到 20 年内复苏。仅仅解除武装是不够的。制造家具和手表的工厂也能制造飞机和装甲车。他主张肢解德国——"就像黎塞留三百年前做过的那样。"丘吉尔表示，他倾向于将普鲁士——"德国军国主义的核心"——与德国其他部分分离开来。

罗斯福建议，将德国分成五个部分加上汉堡和鲁尔两个地区，由国际共管。斯大林表示，他更倾向于罗斯福总统的计划，不太接受丘吉尔的方案，但是"如果要肢解德国，就应该真正地将其肢解"。

罗斯福回答说："如果德国被分解成了 107 个省，它对人类文明的威胁还会更小一些。"

丘吉尔说："我希望不要分得这么小。"

第一晚的晚宴由罗斯福主持。如同平时在白宫时的"娱乐时间"一样，罗斯福亲自为他的客人们调制鸡尾酒。斯大林接过了罗斯福给调制的酒，但没有任何评论。后来，罗斯福问他感觉如何，他才说："嗯，还不错，就是喝着有些凉。"波伦注意到，斯大林并不是很爱喝酒。他不是很爱喝伏特加酒，更喜欢喝他家乡格鲁吉亚的红酒。

罗斯福对此印象十分深刻。斯大林是一个非常有意思的人，他对弗朗西丝·珀金斯说："人们都说他是俄国最穷的地方来的农民。但是我要告诉你们，他是一个非常有风度的人。"

在晚宴过后，丘吉尔提到了关于波兰的问题。"如果我们三国政府能在德黑兰达成某种关于波兰边界的协议，那就再好不过了。"斯大林说，他认为现在没有必要讨论波兰问题，但是他很想知道丘吉尔首相想说些什么。英国首相丘吉尔说，英国之所以与德国在 1939 年开战是因为波兰受到了侵略，英国政府有责任帮助波兰重建一个强大的国家——"这是欧洲和谐所需要的"——但是并不坚持某一特定的边界。他建议把波兰的东部边界向西移。苏联将保留它在 1939 年之后获得的土地，而波兰也将在其西部边境获得补偿，将其边界西移至奥德河，获得德国的东普鲁士省、西里西亚和波美拉尼亚。为了阐明其观点，丘吉尔摆了三根火柴棒，分别代表德国、波兰和苏联，就像士兵操练一样中的"左跨两步走"那样把它们从东边移到了西边。

罗斯福没有参加这个讨论，他早早地就离开了。后来，他又同斯大林单独会面，讨论了波兰问题。他说，他并不反对将波兰的东部边界西移到奥德河的计划，但是出于政治上的考虑，他不会公开表示支持该计划。1944 年的选举马上要开始了，尽管他不打算争取连任，但是如果战争还没有结束，他就不得不争取连任。"在战争中，从波兰撤到美国的波兰裔美国人大约有 600 万到 700 万，作为一个现实主义者，我不希望失去这些选票。"在因为 1940 年的讲话激怒了意大利裔美国人之后，罗斯福总统可不想这一次又得罪了波兰裔美国人。

斯大林回答说，他很清楚罗斯福总统的难处，不会给他再找麻烦。后来，斯大林对丘吉尔说，他真心地希望罗斯福能够连任成功，认为这样对全世界会有好处。罗斯福在德黑兰对斯大林所说的那番话是他第一次提到他可能会争取第四个任期。

罗斯福还婉转地提到了波罗的海沿岸国家。在美国，有许多人来自立陶宛、拉脱维亚和爱沙尼亚。他打趣说，美国不会因为这三个波罗的海国家的独立而与苏联开战，但是他希望通过某种形式的公投来表达人民的意愿。对大多数美国人来说，自决权是一个关乎政治道德的问题。斯大林表示，按照苏联宪法，波罗的海国家的人们充分享有表达意见的权利。罗斯福说，如果能够发表有关未来公投选举的宣言，他个人将感激不尽。

德黑兰会议的主要议题是开辟第二战场的问题。在三巨头的第一次会议中，斯大林用一种肯定的语气表示，一旦德国被打败，苏联就将对日宣战。届时，苏联就将对西伯利亚增兵，并且发动对日本的攻势。这是俄罗斯人的重要保证。但是，苏联人希望有所交换。盟军什么时候在法国登陆？罗斯福认为，在魁北克会议的时候他已经得到了丘吉尔的保证，盟军将在 1944 年 5 月 1 日之前横跨英吉利海峡登陆。但是，丘吉尔明显有所保留。丘吉尔凭三寸不烂之舌，极力闪烁其词。他花了很长的篇幅介绍在其他地方——土耳其、意大利、希腊以及巴尔干——开辟第二战场的好处以及法国登陆缺少登陆艇的情况。

斯大林的回答非常直率。他说，在俄国人看来，土耳其、希腊、南斯拉夫，甚至占领罗马都不重要。"如果我们要讨论军事方面的问题，俄罗斯只对霸王行动感兴趣。"罗斯福坚定地站在了斯大林的那一边。他说："我们都认为霸王行动是最重要的军事行动，其他任何可能延缓霸王行动的军事计划都不能在此讨论。"罗斯福说，他希望能够坚持在魁北克设定的期限，也就是五月上旬。

最终，出于各种现实的考虑，三方最终在开辟第二战场的问题上达成了一致，根据霍普金斯后来的回忆，斯大林望着丘吉尔，仿佛在说："怎么样？"然后他继续推进这一议题："我不管是 5 月 1 日，5 月 15 日还是 5 月 20 日，但是应该要设定一个具体的时间期限。"然后他转过头问罗斯福:"谁将负责指挥霸王计划?"罗斯福总统显然有些猝不及防。大家都认为马歇尔将军将负责此事,但是罗斯福总统显然另有打算。他告诉斯大林还没有最后决定。斯大林说:"那么就不会有什么好结果。"苏联的经验是,不能有某个委员会来负责军事事务,"必须有人负责,有人决策。"

丘吉尔也采取了一些方法来维护他的主张。不能忽略地中海。他利用一切可能的机会来提出这一问题。斯大林承认在地中海的军事行动可能具有一定的价值,但是可能干扰霸王行动的实施。他反问道:"英国人是真的相信霸王行动会取得成功,还是为了让我们安心说说而已?"

丘吉尔被激怒了,他狠狠地抽了一口雪茄,建议让军事参谋人员讨论地中海计划的必要性。斯大林质疑道:"为什么要让军事参谋人员讨论?我们是政府领导,我们知道我们需要什么。为什么要让下级来告诉我们该怎么做?"

当会议的气氛变得紧张的时候,罗斯福宣布休会吃晚餐。当晚,霍普金斯到英国大使馆拜访了丘吉尔。他的此次拜访是否是罗斯福的授意我们不得而知。但是霍普金斯告诉丘吉尔,不要再在这个问题上争下去了。罗斯福已经决定了要为横跨英吉利海峡的登陆行动设定一个 5 月份的期限,而俄国人的立场也同样很坚定。霍普金斯告诉丘吉尔,他没有办法改变这个局面,他建议丘吉尔体面地让步。

我们不太清楚霍普金斯的拜访起了多大的作用。但翌日英国就宣布接受了霸王计划。联合参谋部将设定 5 月登陆的具体时间,同时决定在法国南部发动登陆行动以配合霸王计划。斯大林保证,苏联将同时在德国的东线发动进攻,使得德国人无暇将任何一个师调往西线。丘吉尔建议说,他们需要制订一个掩护计划来迷惑和欺骗敌人。他说:"真理需要谎言的保护。"在得知德黑兰的讨论过程之后,史汀生感慨地说:"那天多亏了斯大林,他拯救了那天的会议。正是由于他的直言不讳和据理力争,才使得丘吉尔的那些可能让我们分心的计划没有得逞,我非常敬佩他的勇气。"

1943 年 11 月 30 日,德黑兰会议的第三天,这一天是丘吉尔的 69 岁生日。当晚,英国使馆举办了一场盛大的晚宴,大家尽情欢庆。丘吉尔在回忆录中写道:"这是我生命中值得铭记的一刻。在我的右边坐着美国总统,在我的左边坐着俄罗斯的统治者。我们三个人在一起控制了全世界所有的海军力量和差不多四分之三的空军力量,可以指挥将近 200 万军队,可以进行人类历史上最残酷的战争。"

波伦回忆说,整个餐桌的摆设透着一股英国式的优雅。水晶的器皿和银质的餐具在烛光下熠熠生辉。伊斯梅爵士回忆说:"从我们一坐下,人们就开始讲话,一直到我们离席,一直都没有中断。"

丘吉尔赞扬了罗斯福总统，说他的勇气和远见"在 1933 年使美国消弭了一场革命"，然后又向斯大林敬酒，称赞他"是俄罗斯历史上最伟大的英雄之一"。斯大林回应说，他所得到的这些赞誉应该属于俄罗斯人民。"苏联红军进行了艰苦卓绝的战斗，俄罗斯人民做出的贡献也毫不逊色。平常胆子不大甚至有些懦弱的人在战争中都成了俄罗斯的英雄。那些胆小的人都被处决了。在俄罗斯，懦夫是很难生存的。"

整个晚上，大家觥筹交错、宾主尽欢。丘吉尔在回忆录中写道："我感到了一种比以往更加强烈的团结气氛和合作气氛。"丘吉尔首相的秘书约翰·马丁说："乔大叔和大家一样高兴。"

在席间，丘吉尔说："英国正在变成粉色。"

斯大林回答说："这说明她很健康。"

丘吉尔说："为了无产阶级干杯。"

斯大林说："为保守党干杯。"

丘吉尔说："我相信上帝是站在我们这一边的。至少已经尽力让他成为我们的忠实盟友。"

斯大林则回答说："那么魔鬼就是站在我们这边的。所有人都说共产党人是魔鬼——而上帝毫无疑问是一个坚定的保守党人。"

当丘吉尔举起酒杯致结束词的时候，斯大林希望能再多增加一个致辞——献给美国总统和人民的致辞：

> 我想告诉你们，在俄罗斯人看来罗斯福总统和合众国在争取这场战争的胜利之中做出了什么贡献。这场战争中最重要的东西就是机器。合众国证明自己能够一个月生产 1 万架飞机，而俄罗斯最多只能生产 3000 架。合众国是一个机器的国度。如果不是借助租借法案获得了这些机器，我们将输掉这场战争。

斯大林让人始料未及地将毫不吝啬的赞誉之词献给了美国的援助。这让罗斯福深受感动，他也要求最后说几句话。在讲话中，他把反法西斯大同盟比作了许多颜色组成的彩虹："都有自己的特点，但共同组成了一个美妙的整体。因此，我们几国虽然有着不同的习俗、哲学和生活方式，但是我们在德黑兰证明了各国不同的思想能够形成一个和谐的整体，团结一致地致力于我们各国以及全世界的美好未来。"

在德黑兰，罗斯福总统一直想与斯大林建立良好的关系。"在会议的前三天，我没有取得任何进展，"他对珀金斯说，"在最后一天，我开始拿丘吉尔的英国作品打趣（事先已经与丘吉尔通过气），这样我才开始拉近了与斯大林的距离。丘吉尔有些不安，有时会绷着脸。但他越是这样斯大林越高兴。最后，他终于忍不住开怀大笑了出来。这是我三天以来第一次看到希望。我一直这么做，直到斯大林开始和我一起笑，从那时起我开始叫他'乔大叔'。在此前一天，他可能觉得我还有些陌生，这一天他开始和我一起开玩笑，还走过来和我握手。我们之间隔着的那层冰被打破了，我们开始像朋友和兄弟那样交谈。"

其实，罗斯福总统用不着这么费劲。斯大林早已在罗斯福的房间里安了窃听器，知道总统每一次谈话的细节。这一窃听行动被安排给了苏联秘密警察头子拉夫连季·贝利亚 19 岁的儿子谢尔戈·贝利亚来执行（谢尔戈和斯大林的女儿同龄，常常在一起）。斯大林在会议前夕对谢尔戈说："我要交付给你一项重要而艰巨的任务，由你负责监听罗斯福和丘吉尔以及他同其他英国人的谈话，还有他同其他美国人之间的内部谈话。我要知道所有的细节，要注意所有的弦外之意。"

谢尔戈坦陈："我从来没有如此热情地做过一件事。"他每天早上八点去向斯大林报告。"真奇怪"，苏联领导人说道，"他们把每一件事情都说得很详细。你觉得他们知道我们正在监听他们吗？"贝利亚表示美国人可能不知道。因为监听的麦克风隐藏得十分隐蔽，就连苏联监听小组中的其他人也找不到位置。贝利亚说："从我的监听中，我发现罗斯福非常尊敬和同情斯大林。莱希上将曾经数次建议罗斯福对苏联领导人更强硬些。但每次罗斯福都说：'不要紧。你觉得你比我看得更远吗？我这么做是因为我觉得这样更有利于我们。我们不能为英国人火中取栗。'"

1943 年 12 月 2 日一早，罗斯福离开德黑兰飞往开罗。在会议期间，罗斯福总统曾经向斯大林和丘吉尔保证，他将在一周以内任命霸王行动的总指挥官，但他到那时还没有拿定主意。一开始，罗斯福想任命马歇尔。他在突尼斯对艾森豪威尔说："我希望乔治来指挥这个庞大的司令部，他理应在历史中留下他作为一个伟大将领的名字。"霍普金斯和史汀生也非常支持任命马歇尔，而且连丘吉尔和斯大林也认为非马歇尔莫属。马歇尔自己可能也是这么认为的。尽管马歇尔本人曾多次拒绝对此事发表意见，马歇尔的太太却私底下已经开始把他们在迈尔斯堡的东西搬往弗吉尼亚的莱克星顿。据说，马歇尔已经把他的那张谢尔登将军曾经用过的办公桌装船运往了伦敦。

但是，罗斯福仍然有理由犹豫。熟识马歇尔和艾森豪威尔的约翰·潘兴将军在沃尔特·里德医院的病榻上写信给罗斯福总统，提醒他不要把马歇尔派往欧洲。潘兴说，华盛顿的司令部机制和欧洲的司令部机制都运转得非常好，"如果我们改变这种运作关系，将会是一个军事政策上非常严重的根本性错误。"

马歇尔在参联会的同事们也发出了同样的声音。莱希、金以及阿诺德都认为非常有必要将马歇尔留在联合司令部中，这样他就可以在盟军战略中继续为美国据理力争。莱希后来说："我们其他人，包括我在内，并不是不想让马歇尔得到他梦寐以求的机会。但是，在另一方面，他是罗斯福和最高指挥当局所需要的主心骨。"

罗斯福还担心美国吹毛求疵的媒体，他们当中有些人揣测将马歇尔调往欧洲是左派的一个阴谋，是为了提升布里恩·萨默维尔将军或艾森豪威尔将军担任参谋长。这样，当罗斯福寻求第四任期的连任时，他们就可以担任罗斯福的竞选伙伴。萨默维尔曾经在霍普金斯的领导下担任过纽约公共事业振兴署的领导人，被认为是坚定的新政支持者，而艾森豪威尔则被认为是一个秘密的民主党党员。而且，更为重要的是如何处理第78届国会的挑剔。在大多数国会议员看来，马歇尔将军是值得信任的人，罗斯福担心如果换了一个新的参谋长还会不会拥有这么高的支持度。

在另一方面，在突尼斯停留的两天里罗斯福观察了艾森豪威尔的工作。他非常满意艾森豪威尔的表现。艾森豪威尔已经证明了自己有能力在战场上指挥一支庞大的多国联军，而且在北非和西西里岛的战役中也曾多次击败德国人，在工作中同蒙哥马利、布莱德利、巴顿等可能在法国指挥地面部队作战的诸位将军的关系也不错。而且，他还与英国最高指挥当局合作得非常好——哈罗德·亚历山大上将、特德空军上将、坎宁安海军上将都对他交口称赞。在工作中，他能够为了共同的事业而克制住美国利益——这一点非常重要，也是马歇尔将军可能难以做到的；或者说由于马歇尔将军两年来一直在联合参谋部为美国争取更多的发言权，他已经不习惯这么做了。换句话说，罗斯福觉得艾森豪威尔更适合领导横跨英吉利海峡的军事行动，但如果马歇尔想担任此任务，就会把这个任务交给马歇尔。在开罗，罗斯福派霍普金斯去征求马歇尔的意见。马歇尔说："我会接受总统的任何决定。"

马歇尔知道罗斯福总统正在摇摆不定。第二天，也就是12月5日星期日，罗斯福在午餐后把马歇尔叫过来聊天。马歇尔后来说："我已经决定不要让总统为难，他应该没有任何负担，按照最符合美国利益的方式来决定最佳人选。"根据马歇尔的回忆，罗斯福先是拐弯抹角地说了一些其他的事情"然后问我打算做什么工作。很明显，他是想让我自己决定"。马歇尔再一次回答道，他服从总统的任何决定，他个人的感觉无足轻重。"我会心甘情愿地完成他让我做的任何工作，我不会以任何方式表达我的个人意愿。"

罗斯福说："那就让艾森豪威尔去好了，如果你不在华盛顿，我会睡不着的。"随后，罗斯福口述了一封写给斯大林的电报，让马歇尔记录。

> 已决定由艾森豪威尔将军担任霸王行动指挥官。
>
> ——罗斯福

让艾森豪威尔担任欧洲战区总指挥官是罗斯福在战争期间作出的最后一项重大

的军事决定。罗斯福从来是用人不疑。与之前的美国总统不一样，他总是善于选择一位优秀的军事领导人，然后放手让他们去履行职责。莱希、马歇尔、金以及阿诺德组成了一个非常团结而有战斗力的最高指挥当局，他们出色地履行了他们所代表的各军种的职责。在太平洋战区，罗斯福总统不顾战争部的反对选择了麦克阿瑟，同时力排众议选择了尼米兹担任太平洋舰队司令。当马歇尔选择艾森豪威尔担任北非登陆部队总指挥官时，艾森豪威尔在美国陆军的名册上的排名还在第 252 位，即使当罗斯福点名让他担任欧洲战区总指挥官的时候，他的排名也还不是非常靠前。罗斯福对待国内事务的态度与他对待军事事务的态度非常不同。他在任命军方要职的时候所考虑的主要是个人才干和成绩，而任用文官系统中的要职时考虑得更多的是政治上的需要。赫尔、伊克斯、华莱士以及弗朗西丝·珀金斯分别代表了一部分选民，罗斯福总统需要得到这些选民的支持。他们这些人象征着罗斯福所建立的政治联盟，但他们并不能在自己的权责范围内自行其是。罗斯福总是会直接干预各个部门的事务，同时还会建立平行的权力部门，让各部门互相牵制，而且还经常干预下属部门的决策。也就是说，他对内阁成员管得很紧，而军事部门则可以放手去干。

同罗斯福其他的军事任命一样，艾森豪威尔对他的新工作应对得非常自如。他所制定的进攻计划——包括各国盟军之间的合作分工以及后勤保障计划——都完美无缺。在关键的时刻，艾森豪威尔抓住了天气转好的短暂间隙，毅然决定在 1944 年 6 月 6 日登陆，而且没有请示任何人。他通知了华盛顿和伦敦的有关部门，但是并没有征求他们的意见。登陆部队英勇善战、灵活多变，同时纪律严明，很快就击败了德军的顽抗。盟军的登陆部队一共投入了 300 万人 39 个师——20 个美国师、14 个英国师、3 个加拿大师、1 个波兰师以及 1 个法国师。一共有 1 万 2 千架飞机投入了这场战役，而且还集合了有史以来最庞大的一支舰队。在最后时刻，丘吉尔决定亲自参与到这场战役中来。连艾森豪威尔都没能说服他放弃。然而，此时英国国王乔治六世也想亲自参战。国王认为，如果他的首相可以参与这场战役，他也要参加。乔治国王说，自从日德兰海战以来，除了德国空袭伦敦以外，他已经多年没有经历过战火了，他很想重新体验一次年轻时期所经历过的战争场面。此时，丘吉尔看到了问题的所在：英国不能让国王和首相冒险。他终于接受了艾森豪威尔的建议，没有亲自上战场。

● 第二十六章 ●
最后一班岗

在德黑兰期间，罗斯福的健康状况一直不错。波伦回忆说："他（罗斯福）无疑是会议的核心人物。他从未显露出一丝疲倦，总是威严地高昂着头。"伊丝梅爵士也认为"罗斯福看起来很健康，正处于巅峰状态……充满智慧，性格随和亲切"。1943 年 12 月 17 日，史汀生拜望了即将回国的罗斯福，他觉得罗斯福看起来精神很好。他说："他精力充沛，愉快而幽默地和我们每个人寒暄。"回国后，富兰克林和埃莉诺在老家海德公园度过了那年的圣诞节。这是自 1932 年在斯普林伍德聚会后的第一次全家聚会。安娜从西雅图回到了海德公园，两个小儿子——约翰和小富兰克林也各自请假回到父母身边。安娜的丈夫当时正在美国陆军驻北非的新闻分遣队服役，所以这次家庭聚会对她来说意义不同寻常。罗斯福当时很寂寞。陪伴他左右长达 20 年的米西正经受中风的折磨，在马萨诸塞州的姐姐家休养；路易斯·霍韦也已于 10 年前故去；他长期的生活秘书马文·麦金太尔在罗斯福于德黑兰出席会议期间也逝世了；而霍普金斯也已于当年 12 月 21 日搬出了白宫。安娜的到来对罗斯福来说是极大的慰藉。她会像米西那样和罗斯福闲聊，和他一起吃早餐，在他工作时坐在他旁边，在傍晚参加他的鸡尾酒聚会。

安娜本打算在圣诞节后回到西雅图，继续她在《西雅图邮报》的工作，但罗斯福要求她留下来。他问安娜是否愿意留下来为他工作。埃里奥特回忆说："爸爸和安娜在一起时比和妈妈在一起时更放松。他能轻松地享用鸡尾酒而不必怀有负罪感。"安娜马上就答应了父亲的要求，没有丝毫犹豫。她回忆说："我想帮爸爸分担一些，让他从长期的工作压力中稍稍解脱一点。"罗斯福并没有给安娜任何正式职务，甚至也没有给她开工资，但她取代米西成为罗斯福工作、生活中的一部分。安娜说："对我来说，做什么工作并不重要。不论是帮忙筹划 1944 年大选还是为戴高乐将军倒茶，或是给爸爸的烟匣里装烟，我都愿意做。"安娜退掉了她在西雅图所租的房子，和孩子们一起搬进了白宫的林肯套房。在整个二战期间她们一直住在白宫。

1943 年 12 月，罗斯福召开了执政以来的第 929 次记者招待会。记者们问了一些有关新政的问题，例如：新政这个词是否仍代表了他的政府的特点？罗斯福认为不是。他说："新政是因何而生的？是因为当时的美国几乎病入膏肓，正经受混乱的国内秩序的折磨，所以人们正苦求良医。"

罗斯福接着说："这位叫'新政'的老医生开出了一系列的药方。他首先挽救了美国的银行并建立起一个健康的银行系统。他的另一个良方是'联邦储蓄保险'，这种保险使银行存款有了安全保障。第三个药方是通过建立业主贷款公司保护业主免失房屋抵押赎回权，通过建立农业信贷管理局使农场免于被银行没收。第四个药方是建立农业调整署和水土保护部门指导农业生产。他的第五个药方是建立美国证券交易委员会保护证券投资者。"此外，罗斯福还简略地列举了包括社会保障体系、失业保险金、残障人士救助、最低工资以及最高工时立法、禁止使用童工法案、农村电气化、洪水防治、公共工程计划、田纳西河谷管理局、公共资源保护组织、公共事业振兴署、全国青年总署等新政为美国开出的一系列处方。他最后说："我刚刚所列举的处方还不到新政措施的一半。"

罗斯福还说："两年前，在美国刚刚从病痛中解脱出来后，他又遭遇了一场严重的事故。两年前的 12 月 7 日，他摔坏了自己的屁股、摔断了一个手腕和一条胳膊，还摔断了几根肋骨，腿上也有几处伤口。一时间，人们都认为这一次他可能缓不过来了。'新政'医生对腿和胳膊的伤势毫无办法，他精通内科却对外科手术一无所知。所以他请来了搭档，一位精通矫形手术的医生——'赢得战争'。这位医生负责治疗身负多处外伤的病人——美国。现在，美国已经重新站了起来，丢掉了拐杖。但他还没有痊愈，直到完全赢得战争他才会痊愈。"

记者问："这是不是您的第四任连任竞选的补充声明呢？"

罗斯福回答："噢，现在我们不是在讨论这件事。"

罗斯福的健康状况在当年冬天到 1944 年春天期间开始明显恶化。多年来，罗斯福总统的血压总是在升高，从 1940 年起他还放弃了一直以来坚持的游泳锻炼。格雷丝·塔利注意到总统明显出现了老态：他的眼袋越来越深，肩也开始塌了，点烟的时候他的手抖得也更厉害了。一年前，他还预定了一个大一号的咖啡杯，这样他端着的时候就不会因为手抖而将咖啡洒出来。塔利想，这些都是衰老的表现，高强度的工作进一步摧毁了罗斯福的身体。

在 1944 年 2 月到 3 月间，罗斯福的这些衰老迹象突然加剧了。他常常显得非常疲惫，甚至在早上都会觉得累，有时候还会在看信的时候打盹，还有好几次在口述电报的时候都睡着了。塔利回忆说："他每次发现自己睡着了的时候都会尴尬地笑一笑。"有一次，罗斯福还在签名的时候发呆，在纸上留下了一团乱七八糟的划痕。

安娜对于他父亲日趋恶化的健康状况非常震惊。她把这些告诉了埃莉诺，但埃莉诺却没有当一回事。安娜后来对作家伯纳德·阿斯贝尔说："我觉得她肯定没有明白是怎么一回事。她根本就缺少健康方面的知识。"在三月的最后一周，罗斯福的体温升高到了 40 摄氏度。他取消了所有的会见卧床休息。安娜一直在床边陪伴着他，她开始愈加担心罗斯福的身体状况。在同塔利商量之后，安娜找到了总统的私人医生罗斯·麦金太尔海军上将（麦金太尔还有一个头衔是海军总医务官，后来看来不应该让他担任这么多职务）。"父亲到底是怎么了？"安娜问道。麦金太尔原来是一个耳鼻喉方面的专家，他对罗斯福的状况并不是很担心。他说，总统正在从冬天的发病期里恢复，他染上了点流感。晒上一两周太阳他就会没事的。安娜后来说："我觉得他是在胡说。"

"你量过他的血压了吗？"她问道。

麦金太尔试探性地回答："在我觉得必要的时候我会量的。"

在安娜的坚持下，麦金太尔不太情愿地为罗斯福在贝塞斯达海军医院安排了一次身体检查，时间定在 1944 年 3 月 27 日。那天，罗斯福上车的时候对他的助手威廉·哈西特说："感觉糟透了！"安娜一路陪着罗斯福来到贝塞斯达。当他们抵达医院的停车场时，总统指着院子里最高的塔自豪地说："这个是我设计的。"事实的确如此。在 1936 年的选举期间，罗斯福曾经偷闲设计了内布拉斯加的州议会大厦——一栋在平地上拔地而起的 22 层摩天大楼。同多年前的格兰特总统一样，罗斯福不喜欢简单单调的联邦建筑。他在给叔叔弗里德里克·德拉诺的信中写道："因此，我自己设计了海军医院，设计了这个高塔，让它成为这个医院里最和谐、最有趣的一部分，而且也带有一些新意。"1940 年，他亲自为该医院奠基，1942 年正式运营的时候也曾亲临讲话。

在医院里等着罗斯福总统的是海军预备役部队的军医霍华德·布林，他是一位来自纽约哥伦比亚长老会医学中心的心脏病专家。麦金太尔指示布林为罗斯福做检查，然后向自己汇报检查结果，还嘱咐他不要对罗斯福泄露任何情况。布林回忆说："当我看到总统的时候，我就怀疑他的身体出现了严重的问题。他的脸色很苍白，他的皮肤、嘴唇和甲床都发暗。在正常的情况下，如果当血红蛋白充分携氧时，它们应该是红色的。当未能充分携氧时，它呈现出一种蓝色，意味着人体的组织未能得到充分的氧气供应。"

布林还注意到，罗斯福的呼吸非常困难。他利用听诊器检查了罗斯福的心脏。布林说："它比我想象的还要糟。"X 光和心电图显示心脏的尖顶有点偏左，表明心脏有些增大。通过心房到左心室的血液流得不是很顺畅。布林听到了心脏的杂音，表示心脏的二尖瓣不能很好地关闭。当他请总统做深呼吸并憋气的时候，罗斯福只坚持了 35 秒。罗斯福的血压是 186/108。布林不知道麦金太尔为什么没有早一点把罗斯福送来检查。检查的结论很清楚：罗斯福患有充血性心力衰竭。他的心脏已经不能够很好地泵血了。如果不接受治疗，总统很可能活不过一年。

在检查过程中，罗斯福一直随意地与布林博士聊天，但是没有询问他的病情，布林也没有透露任何病情（按照麦金太尔的要求）。但是，这位年轻的心脏病专家知道罗斯福的情况非常危急。他在检查后立即将罗斯福的身体状况报告给了麦金太尔，同时还提出了自己的治疗建议：卧床休息 1 到 2 周，加强护理；使用毛地黄强心剂；减少钠摄入量，控制饮食；用可待因治疗咳嗽；夜里不要受任何刺激，保证良好睡眠。麦金太尔震惊了。他怀疑罗斯福是不是真的患上了心脏病，而且他也不想让总统为自己的健康状况感到沮丧或担忧。"总统没有时间卧床静养"，他对布林说，"你不能直接对他说该这么做或那么做。他是美国的总统。"

由于罗斯福的身体状况迟迟没有好转，麦金太尔组织了一个专家小组来会诊，共同讨论布林的检查结果。这些人都一致反对布林的诊断意见。有人说，麦金太尔一直都担任总统的私人医生，总统不可能一夜之间身体就变得这么差。

布林回忆说："我只是一个少校，而麦金太尔是海军上将。但我知道我是正确的，所以我坚持了我的观点。"最终，麦金太尔同意让两个外部专家加入，一个是来自亚特兰大的詹姆斯·波林博士，一个是来自波士顿的弗兰克·莱希博士。他们给总统再次做了体检。最后，这两位专家都赞同布林的诊断。莱希认为，罗斯福总统的健康状况非常差，应该"告诉他真实的状况，以获得他的全力配合"。麦金太尔拒绝了这个建议。他不想把检查结果告诉罗斯福总统。最后，会诊决定降低布林所建议方法的治疗强度。小剂量地使用洋地黄；利用中午或晚餐的时候接待访客，将会客时间控制到最短；让罗斯福少抽烟，限制他饮酒，设法让他获得每天十个小时的睡眠。

不仅罗斯福不知道自己真实的健康状况，连公众也被麦金太尔误导了。4 月 3 日，他对媒体表示，罗斯福的体检结果显示他的身体非常健康。"看到体检结果后，我们觉得对于一个 62 岁的老人来说已经算很不错了，唯一有些问题的就是后来出现的流感和呼吸系统综合征。"麦金太尔没有提到总统的心脏状况和各专家在此问题上的讨论。

在采用了新的作息时间之后，罗斯福的心脏状况迅速好转。接受治疗两周之后的 X 光检查显示，罗斯福的心脏肥大程度已经明显缓解，肺部的情况也有了很大的进展。他血液中的化学物质均正常，而心电图也显示他心脏的跳动节奏也有了明显改善。布林博士被调到了白宫，负责每天为罗斯福总统检查身体。"罗斯福总统从来就没有对如此频繁的检查发表过什么意见，"布林说，"也没有问过我为什么要一次又一次地进行心电图及其他实验室检查，他也没有问过我们给他吃的什么药。"

4 月 19 日，罗斯福在布林、麦金太尔、沃森以及莱希海军上将的陪同下，离开华盛顿前往伯纳德·巴鲁克在南卡罗来纳州僻静的农场中度假，原来的计划是在那里休息两个星期，但最后竟然延长到了一个月。布林回忆说："那段时间真是太好了，规律的作息让总统很快就恢复了活力。我从未见过这么有魅力的人。在午餐和晚餐的席间，他总是挑起话题的人。他给大家讲有趣的故事，与巴鲁克一起回忆往事，与大家一起讨论当下的时局，从不会冷落任何人。他真是一个健谈的人。"根据布林的判断，在那期间罗斯福没有表现出任何心脏病的症状，只是血压还是有些高，早餐后是 240/130，晚上是 194/96。

5 月初，罗斯福回到华盛顿。当时，霍普金斯也在刚刚接受完腹部手术之后从温泉疗养回来。罗斯福给霍普金斯写信说："你的排污系统能够重新正常运作是一件大好事，你可以不用再过以前那种日子了，你终于可以像常人那样正常地生活了。我自己也一样。我比你要老 100 多岁，我也已经意识到了健康的重要，我现在每天晚上只喝一杯半鸡尾酒，而且绝不贪杯——不论是祝贺的畅饮还是睡前的小酌都已经取消了。此外，我的烟也抽得少了，原来是每天 20 到 30 支，现在是每天 5 到 6 支，幸好它们的味道还不错。按照布林安排的作息时间，我每天要保证 12 个小时的睡眠，还要晒太阳，不能发脾气，暂时把世界大事放在一边。有意思的是，世界虽然并没有因为我在休息而消停下来，我的书桌上也仍然堆满了成堆的文件，但是大多数事情都不需要我插手而自己解决了。"

一件亟待罗斯福回来解决的事情就是欧洲犹太人的危机。当时，希特勒的种族灭绝运动已经全面展开。虽然尚未掌握在某个死亡集中营正在进行什么样的大规模灭绝行动，但华盛顿越来越清楚美国要面对的肯定不仅仅是要为数十万难民提供庇护，而是要挽救被卷入纳粹死亡机器的整个犹太民族。

从担任总统之初起，罗斯福就一直同情犹太人的悲惨遭遇。但当时他面临着许多绕不过去的难题。1924 年的《移民法》仍然有效，第 78 届国会也无意修改该法案。公众对于这件事情有些漠不关心。教会领袖在此问题上也一直保持沉默，大多数知识分子的态度也无人关注。国务院（尤其是负责移民事务的部门）本身就有一种反犹情绪。战争部——从史汀生到麦克洛伊到马歇尔到艾森豪威尔——都反对将宝贵的军事资源移作他用，偏离击败德国的中心任务。在那个时候，美国的犹太人团体本身也处于分裂之中。传统派犹太人主要来自德国，他们当中的成员与罗斯福的关系比较亲密，比如说菲利克斯·法兰克福特、萨姆·罗森曼、赫伯特·莱曼以及《纽约时报》的出版商。这些人在解救东欧犹太人的问题上都表现得有些不冷不热，因为他们担心东欧犹太人的到来会稀释他们在犹太人团体中的权力。

1942 年 1 月 20 日，在柏林郊区举行的一次被历史学家称为"万塞会议"的政府高层会议上，希特勒发布了"最终解决"犹太人的绝密命令。到 1942 年夏，在西方世界开始出现了关于德国死亡集中营的报道，但我们不知道罗斯福对此事了解多少。国务院的最初反应是压制该信息。职业外交官们对于一战期间媒体编造出来的那些残暴的故事还记忆犹新，不愿意向上报告这些消息。

1942 年 9 月，当美国犹太人委员会的领袖史蒂芬·怀斯把确凿的证据交给萨姆纳·韦勒斯的时候，韦勒斯声称国务院官方得到的消息是德国人把犹太人运到东边是为了修建德俄前线的道路和工事。在 1942 年的秋天，关于德国正在对犹太人进行种族灭绝的证据不断增加，其中包括驻梵蒂冈的总统私人代表迈伦·泰勒所提交的一份报告。韦勒斯很快就证实了这份报告——"没有夸张"。他对怀斯说明了一切。12 月 2 日，怀斯直接给罗斯福写信：

> 亲爱的老板：我不想给已经非常操劳的您增加任何负担……但是，您知道希特勒正在对犹太人进行大屠杀，犹太人正面临着历史上最悲惨的灾难。

怀斯请求罗斯福尽快与他以及其他犹太领袖见面讨论应该采取何种行动。"作为您的老朋友，我希望您无论如何也要安排一次与我们的会面。"

罗斯福很快就有所反应。12 月 8 日，他邀请了怀斯和四大犹太人组织的领袖到白宫与他会面。罗斯福热情地接待了他们一行人。怀斯首先简单汇报了犹太人遭到屠杀的情况，然后向总统递交了一份希特勒种族灭绝行动的详细资料。他请求罗斯福，"务必警告纳粹，他们的罪行必将受到严惩。"罗斯福立即答应了怀斯的请求，并让怀斯和其他几位犹太领袖为他起草谴责纳粹暴行的文稿。罗斯福说，政府已经认识到怀斯的信息是准确的了。"我们已经从很多渠道印证了这一消息。"总统还询问他们，他们在具体措施上有什么样的建议。但这些人有些猝不及防，除了发表公开讲话，他们提不出什么具体建议。罗斯福总统说，他认为："我们正在和一个疯子打交道。希特勒和他周围的一群人代表了一种全国性的精神失常。我们不能用普通的办法来对付他们。这就是这个问题之所以会非常棘手的原因。"在会见结束的时候，罗斯福向他们保证："我们将尽力帮助你们渡过难关。"

在与怀斯会面 9 天之后，罗斯福邀请丘吉尔和斯大林共同发表了关于犹太大屠杀的声明，谴责了"德国政府试图在欧洲灭绝犹太人"的冷血做法；声称要把那些对此事有责任的人作为战争罪犯进行审判——这是后来在纽伦堡进行战争罪犯审判的起源。这篇声明还成为美英联军在欧洲登陆的檄文，受到了美英各大媒体的交口称赞，战争结束后还促使美英苏各国对纳粹针对欧洲犹太人犯下的战争罪行进行审判。

但是，实际情况是盟军当时无法采取任何具体措施。1943 年，英美共同在百慕大举行会议，讨论难民问题。但是由于英国拒绝讨论将巴勒斯坦作为从希特勒手中解放出来的犹太人的安置地的问题，该会议不得不宣告失败。6 月，罗斯福与犹太复国主义领袖哈伊姆·魏茨曼会面。魏茨曼继续要求将巴勒斯坦作为犹太人的家园。魏茨曼在回忆录中写道："罗斯福总统的态度非常积极。"总统说，阿拉伯人在战争中的帮助并不大，而且也没有开发利用好他们广袤的领土。因此，他认为可以从阿拉伯人那里争取一些土地。罗斯福总统建议魏茨曼去找沙特阿拉伯领袖伊本·沙特。后来，罗斯福还授权怀斯和阿巴·西尔弗发表声明，声称"那些致力于寻找犹太人家园的活动完全合法"，声明还引用罗斯福的话说，美国从来没有同意过英国在 1939 年颁布的限制犹太人移民巴勒斯坦的人数的白皮书。按照怀斯和西尔弗的说法："罗斯福总统很高兴巴勒斯坦的大门能向犹太难民打开。"

1943 年，美国财政部计划斥资 17 万美元从罗马尼亚赎回 7 万名犹太人。这些钱将被存在瑞士银行里，罗马尼亚官员可以在战后取出。罗斯福批准了这一计划，但是由于国务院的拖沓，该计划未能成功实施。同样，当怀斯拿着一份营救躲藏在法国的犹太儿童的计划找到罗斯福的时候，罗斯福立即就批准了这个计划。总统说："史蒂芬，立刻执行吧。"当怀斯说财政部和摩根索可能会不配合的时候，罗斯福总统拿起了电话，他对摩根索说："亨利，史蒂芬这里有一份很好的营救犹太人的计划。"于是，财政部立即批准了这个计划，但是，国务院的外交官再一次把这个计划搁置了。

到了 1943 年底，大家都明显看出国务院欧洲司是打定了主意要阻挠所有的营救计划。于是，财政部的官员们（大部分都不是犹太人）出离愤怒了。在财政部首席法律顾问伦道夫·保罗和外国资金管理署署长约翰·佩勒的牵头下，财政部官员为摩根索准备了一份绝密文件，报告了国务院的阻挠行为，该文件题为"政府中默许杀戮犹太人的行为"。该文件指责国务院"不仅拖延行动，消极怠工，甚至刻意采取行动阻止我们把犹太人从希特勒手中营救出来"。摩根索在收到该文件后将文件改名为"总统私人报告"备忘录，并在 1944 年 1 月 16 日将该文件递交给了总统。当时陪同摩根索去见总统的是保罗和佩勒，摩根索首先阐述了该报告的主要观点，然后请求总统建立一个内阁级的营救委员会，以该委员会代替国务院负责难民事务。罗斯福毫不犹豫就同意了这个计划。1944 年 1 月 22 日，他签署了 9417 号总统令，建立了"战争难民委员会"，成员包括摩根索、赫尔和史汀生，并由财政部的约翰·佩勒担任该委员会秘书长。该总统令声称："美国政府将竭尽所能营救那些处于敌人压迫下并面临死亡威胁的受难者，在争取战争胜利的同时将竭尽所能为他们提供救济和帮助。"在战争难民委员会成立三天之后，纽约州众议员伊曼纽尔·塞勒致信罗斯福说："你的举措清除了阴霾，就像是驱走了风暴的闪电。"

在约翰·佩勒的积极领导下，战争难民委员会迅速行动起来为难民们提供所有可能的帮助。摩根索后来回忆说："该委员会由具有责任感的人组成，一直在争分夺秒地工作。"1944年，当希特勒占领匈牙利，下令将70万名犹太人——欧洲最大的犹太人团体——驱逐出境的时候，战争难民委员会派遣瑞典外交官拉乌尔·瓦伦贝里以外交身份来到布达佩斯。瓦伦贝里软硬兼施，利用战争难民委员会提供的资金，营救了成千上万名犹太人。

1944年3月24日，罗斯福在讲话中再次提到了这个问题。由于摩根索的报告中所提到的国务院的所作所为让他震惊，他再次重申了政府为犹太人提供救助的立场。罗斯福总统说："如此大规模地屠杀欧洲犹太人是人类所犯下的最残酷的罪行。匈牙利的犹太人正面临着生命危险。这些无辜的人在希特勒的淫威下已经苟且偷生了十几年，如果在胜利到来之前他们被屠杀了，就将是莫大的悲剧。"罗斯福总统承诺要为被迫害的无辜平民报仇。他说："不仅要追究领导者的责任，而且还要追究那些走狗和为虎作伥者的责任。那些参与了屠杀犹太人的人，都将被视为犯下罪行。所有参与犯罪的人都将被追究责任。"罗斯福还承诺要继续营救那些受到纳粹刽子手威胁的人们。"只要军事上允许，美国政府就将利用所有的手段去帮助人们摆脱纳粹和日本人的铁蹄……我们将为他们建立避难地，我们竭尽所能为他们提供衣食住行，直到他们的祖国结束暴政后他们重返家园。"

各大媒体都争先恐后地报道了总统的这篇演讲。《纽约时报》以大标题报道"罗斯福警告德国人不要迫害犹太人"。BBC在欧洲以多种语言播报了这篇演讲，还将演讲稿空投到了敌占区。这是美国政府最为清楚的表态。

在战后，常常有人讨论当时美国是否应该轰炸德国的集中营或者是通往集中营的铁路。但是，没有证据表明罗斯福曾经思考过这个问题。1944年夏，当约翰·佩勒向战争部提出这个问题的时候，约翰·麦克洛伊认为这不可行，否决了这个建议。欧洲的美国战略空军也同意麦克洛伊的看法。马歇尔将军坚持反对任何针对非军事目标的行动，艾森豪威尔则正集中精力策划如何突破德军的齐格菲防线，对于所有偏离这一主题的事情都无暇旁顾。如果征求罗斯福的意见，他肯定也会支持军方的决定。一方面，他从来不在战术问题上指手画脚，另一方面他也认为挽救犹太人的最佳方式就是尽快击败德国。

对于罗斯福来说，另一个迫在眉睫的问题就是戴高乐将军以及他所领导的自由法国运动的地位问题。随着D日计划紧锣密鼓地展开，这个问题变得日益突出。那些被解放的法国领土是应该由艾森豪威尔和欧洲盟军参谋总部作为占领区管理呢，还是让戴高乐的临时政权——法国民族解放委员会——来接受？艾森豪威尔曾经在巴黎生活过两年，非常了解法国。他非常明确地支持戴高乐，并希望得到法国民族解放委员会所领导的法国地下抵抗组织的配合。他更希望由文官部门来管理法国，从而让他的司令部不必背上沉重的地方管理负担。丘吉尔也明确支持戴高乐。1944年5月26日，他告诉罗斯福："很难让法国人不参加法国的解放。"但是，罗斯福并不接受戴高乐。一方面，国务院的官僚们一直执着于利用维希政府吸引第三共和国剩余的社会资源，他们不断地向罗斯福灌输这一观点；另一方面，前驻贝当政府大使莱希海军上将是个坚定的反戴高乐主义者，他每天都在罗斯福面前说戴高乐的坏话。因此，罗斯福总统拒绝承认法国民族解放委员会为法国的合法政府，甚至不承认它为法国的临时政府。

从积极的方面来理解，罗斯福一直拒绝承认戴高乐是希望让法国人民在战后通过自由选举决定自己的领导人。1944年5月13日，他对艾森豪威尔说："我们没有权力来影响他们的观点，也不能给某个团体代表法国人民的权利。"然而，实际情况是，到1944年的时候戴高乐已经成功地将他的流亡政府打造成了第三共和国的合法继承者。他已经在众多的山头中拔得了头筹，只剩下维希政府可以与之竞争——而维希政府是盟国绝不会接受的。为了寻找戴高乐的替代者，罗斯福徒劳无功地做了很多事情。正如戴高乐所说，罗斯福总统的态度就像"《爱丽丝漫游奇境记》一样虚无缥缈"。

在罗斯福的坚持之下，戴高乐（当时正在阿尔及利亚）直到D日计划实施前两天才知道详情。在艾森豪威尔的敦促下，戴高乐被接到了英国的欧洲盟军司令部中，艾森豪威尔向他详细介绍了法国登陆的计划。接着，艾森豪威尔扭扭捏捏地给了他一份演讲稿，欧洲盟军司令部希望戴高乐在部队在法国登陆后向法国人民发表一次演讲。戴高乐拒绝了。除了认为这篇演讲没有气势之外，戴高乐认为自己作为法国临时政府的首脑不能接受由盟军代为起草的演讲。后来，丘吉尔从中斡旋，最终决定让戴高乐自己来写演讲。英国外交部副常秘亚历山大·卡多根爵士形容说："就像是一群争着出风头的小姑娘，罗斯福，丘吉尔首相以及戴高乐，都像是进入青春期的小姑娘。"

后来，谁应该负责管理解放后的法国这一问题迎刃而解了。6月14日，在艾森豪威尔的默许下，戴高乐带领着临时政府的数名成员在法国贝叶登陆。他所受到的隆重欢迎超过了所有人的预期。维希政府任命的地方官员纷纷对戴高乐宣誓效忠，戴高乐的临时政府很快就取得了控制权。另一方面，艾森豪威尔在军事上也做出了有利于戴高乐的安排，他声称保护后方至关重要。而军队里的民事军官也都配合戴高乐的调遣。戴高乐已经成为法国解放领土上的实际政府首脑。面对军事上的实际情况，罗斯福很快就调整了自己的态度。他邀请戴高乐访问华盛顿，但坚持这不是国事访问，没有给予戴高乐国家元首的礼遇。从7月6日到7月9日，戴高乐在华盛顿停留了 3 天，随后又短暂访问了纽约和加拿大，并在加拿大议会发表了演讲。他所到之处都受到了民众的热烈欢迎。罗斯福可能在接受戴高乐的问题上有些不情不愿，但这丝毫不影响民众对戴高乐的热情。

　　除了例行的晚餐和午餐之外，罗斯福和戴高乐还曾经私下会晤了两次。戴高乐还会见了赫尔、摩根索、马歇尔和莱希。罗斯福与戴高乐的会谈主要讨论全球政治问题。罗斯福提出了四大国——英国、中国、俄国和美国——主导战后政治的设想。戴高乐后来回忆说："他用理想主义来掩饰他的权力欲。而且，罗斯福总统也没有像一个教授那样去阐述，没有像政治家那样去煽动。他只是偶尔不经意地流露出他的意图，他掌握的技巧是如此地高明，让你无法找到机会去反驳他。"作为反击，戴高乐强调了西欧的重要地位。"我们要恢复西欧的秩序，如果西欧重新实现了均势，世界上的其他地方就会以此为榜样。如果西欧不能恢复秩序，野蛮主义的行为将会卷土重来。"他们两人之间的讨论彬彬有礼，但却没有找到共同语言，也感受不到彼此的热情。戴高乐对罗斯福不愿意承认他的政府耿耿于怀，而罗斯福也没有隐藏他对法国未来的怀疑态度。戴高乐在回忆录中写道："美国总统的话最终让我相信，在外交事务中，逻辑和理性都不如现实的权力重要。为了重新确立法国的位置，法国只能依靠自己。"

　　他们两人的会面仍然产生了一个具有实际意义的结果：7 月 11 日，当戴高乐在渥太华对加拿大议会发表演讲的时候，罗斯福宣布事实上承认法国民族解放委员会，他说"该组织有能力管理法国"。不过，美国正式承认法国民族解放委员会还是几个月之后的事情。

　　8 月中旬，盟军在法国南部登陆，得到了法国第一军所辖 7 个师的支援。然而，此时戴高乐也还没有得到美国的正式承认。8 月 25 日，戴高乐进入巴黎，得到了巴黎市民的热烈欢迎，但他仍然没有获得正式承认。9 月 17 日，已经站在戴高乐阵营的赫尔向罗斯福建议正式承认戴高乐，但罗斯福再一次拒绝了。他告诉赫尔："临时政府没有获得人民的直接授权。最好的做法就是维持现状。"到 10 月中旬的时候，艾森豪威尔、参联会、国务院以及丘吉尔都在敦促总统承认戴高乐。罗斯福意识到他在这个问题上已经是孤家寡人了。10 月 23 日，他终于做出了让步。英国、苏联和美国共同正式承认法国民族解放委员会是法国的临时政府。戴高乐诙谐地说："法国政府很高兴能够实至名归。"外交上的承认是总统特权。罗斯福意气用事反对承认戴高乐损害了法美关系，其影响至今仍在继续。

　　在戴高乐访问华盛顿的同时，民主党全国代表大会也在加紧筹备。6 月，共和党全国代表大会在芝加哥举行，在第一轮投票中就推举托马斯·杜威为共和党总统候选人。俄亥俄州风度翩翩的州长约翰·布里克被确认为副总统候选人。与 1940

年的情况不一样，这两个人也许并不是很有力的竞争对手。但是，由于民主党已经连续执政了 12 年，他们仍然有可能胜选。尽管战争仍然在继续，但是 1942 年的中期选举说明美国人民可能在渴望变化——而且罗斯福日益严重的健康问题也难以掩饰。

在 1940 年，直到民主党全国代表大会开始投票前夕，罗斯福才宣布竞选第四任期。这一次他早早地就亮了底牌。在各州代表团组成前的一个星期，罗斯福在给民主党主席、密苏里州参议员罗伯特·汉尼根的信中表示，尽管他本人无意恋战，但他的职责所在使他不得不争取连任。"作为一名战士，如果美国人民需要我留任，我将不得不勉为其难地继续担任总统。"

毫无疑问，罗斯福顺理成章地获得了民主党的再次提名。尽管有三个南部代表团——路易斯安那州、密西西比州以及弗吉尼亚州——把票投给了哈里·伯德，但是罗斯福总统还是在第一轮投票中就以 1086：89 轻易胜出。争论焦点是副总统候选人的提名。华莱士虽然在民主党政客中颇有人缘，但他在选民中却不太受欢迎。伊克斯就说，如果让他做副总统候选人，民主党会损失至少 300 万张选票。而且，罗斯福的健康状况也是个需要考虑的因素。摩根索在民主党全国代表大会前两周对罗斯福说："如果您有什么不测，我可不希望华莱士成为总统。"

罗斯福认识到了华莱士的问题。6 月，他邀请布隆克斯公司老板爱德华·弗林和他的夫人到白宫共度周末。罗斯福从心底里很喜欢与弗林在一起。1940 年，弗林作为民主党全国委员会主席曾经组织了罗斯福第三任期的竞选工作。在法利走后，没有人更善于选举机制了，罗斯福非常重视弗林的意见。

对于罗斯福健康状况的恶化，弗林夫妇非常震惊。"对于他的身体状况，我们都很担心，我们在一起讨论了两个多小时。"当他们谈到第四任期的问题时，弗林力劝罗斯福总统放弃。他还找到罗斯福夫人，希望她能够想办法不要让罗斯福再次参加竞选。"我觉得他撑不下去。"

罗斯福和埃莉诺都没有听从弗林的劝告。罗斯福认为参加竞选是他的职责，而埃莉诺则认为罗斯福的胜利当选是这个国家的福祉所在。她在给儿子詹姆斯的信中写道："如果他当选，他会很好地领导美国。我觉得他能够应付得来。"罗斯福希望弗林能够再次出马，为民主党的选举组织工作出谋划策。团结的南方诸州不会有什么问题，但拿下纽约、宾夕法尼亚、伊利诺伊、新泽西和加利福尼亚是至关重要的。如果华莱士成为副总统候选人，是会有利于拿下这些地区的选票还是会扯后腿呢？从个人感情上来说，弗林非常喜欢华莱士。但是，在仔细分析各方面的情况之后，弗林告诉罗斯福，尽管华莱士有助于争取工会的选票，但是他会让民主党把独立选民和中间路线选民的选票拱手让给杜威。如果华莱士作为副总统参选，那么民主党肯定不可能拿下上述关键选区。罗斯福认同了弗林的分析，于是他和弗林开始讨论替代华莱士的人选。罗斯福提出詹姆斯·贝尔纳斯是一个有力的人选，但弗林并不赞同。他指出，贝尔纳斯出生于天主教家庭，但却在结婚后放弃了天主教信仰；他担任战争动员署署长时的一些决策让他成为劳工组织的众矢之的；而且他还是一个态度鲜明的种族隔离主义者。在北部的三个州，天主教徒、劳工组织以及非洲裔美国人的选票是民主党不能丧失的。除了贝尔纳斯外，萨姆·雷伯恩也难堪此任。因为雷伯恩也是南方人，既然贝尔纳斯不能行，罗斯福也没有必要再找一个南方人做搭档了。依此类推，阿尔本·巴克利也不符合条件。弗林后来回忆说："我们仔细讨论了参议院中的每一个人，杜鲁门是唯一符合要求的人。"杜鲁门在担任参议院国防计划调查委员会主席期间的工作表现堪称杰出，在参议院中也是获得劳工选票比较多的人；另一方面，他也代表了民主党内的保守派。他来自一个边疆州，从来没有发表过什么"极端"的言论。就这样，杜鲁门成为最合适的人选。按照弗林的话来说，"杜鲁门是对罗斯福造成的负面影响最小的人。"

罗斯福希望由弗林来运作提名杜鲁门的事情。他对 1940 年力排众议将华莱士推举为副总统候选人所造成的党内反弹还记忆犹新，不想历史重演。因此，罗斯福一再对外表示自己还没有具体意向。这让华莱士和贝尔纳斯都认为自己还有机会。7 月 13 日，罗斯福在一次私人午餐后对华莱士说："虽然我不能公开表示，但我心底里希望能够维持原来的工作班子。"他又曾对贝尔纳斯说："你是最有资格的人选，怎么也不能把你给落下。如果你继续争取，你肯定能选上。"弗林觉得罗斯福总统不是在搞两面派。"我觉得罗斯福已经没有以前那样的体力和精力了。他衰老得很厉害。我认为他是为了避免争论，他让所有想争取提名的候选人都认为自己还有机会。"

在前往芝加哥的时候，华莱士和贝尔纳斯都认为自己能得到罗斯福总统的支持。在投票前一天，有人将总统的决定告诉了贝尔纳斯。于是，"由于同总统的意愿不符"，他宣布退出了竞争。然而，华莱士还是继续参加了提名竞争。7 月 21 日，星期五，民主党全国代表大会的最后一次全体会议召开，此次会议历时 9 个小时。民主党全国委员会主席汉尼根拿着提名票走进了会场，芝加哥市长凯利派遣警察维持现场秩序，防止华莱士的支持者冲进会场。由于支持华莱士的力量太大。弗林的首要任务就是防止华莱士在第一轮投票中就胜出，进而使得杜鲁门的支持者倒戈。在第一轮投票过后，华莱士得到了 429 票，远远低于通过提名所需的 589 票；杜鲁门得到了 319 票；其余 428 票被分散到了其他人身上。于是，大会立即进行了第二轮投票。

按照事前的安排，亚拉巴马州参议员约翰·班克黑德宣布退出竞争，并表示支持杜鲁门。这一举动引发了骨牌效应。一个接一个的州代表团转而支持杜鲁门。最后的投票结果是杜鲁门得到 1031 张票，华莱士得到 105 张票。杜鲁门的接受提名演讲是美国政治史上最短的演讲，总共还不到一分钟。正如戴维·麦卡洛所说，杜鲁门实际上什么也没有做就获得了提名。弗林等民主党领袖非常清楚他们实际上是在选一位总统，而不是副总统。因此，他们早已决心将华莱士踢出局，而杜鲁门则是合适的人选。

罗斯福并没有参加 1944 年的民主党全国代表大会。当提名公布的时候，他正在圣地亚哥准备登上美国海军的军舰前往珍珠港。他计划到那里与尼米兹和麦克阿瑟讨论太平洋战区的战略问题。他的儿子詹姆斯说："他满脑子都是战争，第四任期的选举似乎只是一件等待他去完成的工作，他对待即将到来的选战的态度是'随它去吧'。"

当芝加哥的投票进行得如火如荼的时候，罗斯福正在检阅海军陆战队第五师的两栖登陆演习，这是该师为将要进行的太平洋战区军事行动举行的实装演习。就在前往观看演习的途中，他突然发病。他的脸色突然变得惨白，脸上出现了痛苦的表情。罗斯福挣扎着说："吉米，我不知道我挺不挺得过来——我非常难受。"詹姆斯想打电话叫医生，但是罗斯福拒绝了。"我们都以为他是出现了某种消化系统的问题，没有想到与心脏有关。"詹姆斯扶着罗斯福平躺了下来，在胆战心惊地过了十分钟后，罗斯福终于缓了过来。"在我一生中，我都没有如此无助过。"慢慢地，罗斯福的脸上恢复了颜色，他睁开眼睛说："把我扶起来吧，吉米，我感觉好多了。"在坐起来呼吸了一会儿新鲜空气之后，他又面带笑容地对火车窗外的民众微笑挥手致意。

1944 年 7 月 21 日，罗斯福乘船前往珍珠港。同船陪同前往的有莱希、萨姆·罗森曼以及他的狗"法拉"。在整个旅途中，可谓波澜不惊。唯一的意外就是一些年轻的海员都想从这条著名的狗身上拔一撮毛当作纪念品。"这条可怜的狗差点都被拔光了。"以至于罗森曼不得不出面来干预。7 月 26 日，星期三，下午三点，这艘军舰在火奴鲁鲁港靠岸。得知总统来访的消息，夏威夷人都聚到了码头准备迎接罗斯福总统的到来。尼米兹和其他四十多位高级军官也在舷梯旁列队欢迎。在这其中，有一位高级指挥官的缺席非常引人注目。罗斯福问尼米兹："道格拉斯·麦克阿瑟到哪里去了？"尼米兹没有说话。就在总统一行准备下舰之际，警车的警报声打破了现场的沉寂。在码头上，停着罗森曼所说的"我见过的最长的敞篷车"，后面还跟着一队火奴鲁鲁最棒的摩托车。车的前排坐着身穿卡其布军装的司机，麦克阿瑟坐在后排。罗斯福总统问道："你好，道格拉斯。天都这么热了，你怎么还穿着皮夹克啊？"

"哦，我刚从澳大利亚回来，"麦克阿瑟回答说，"那里还很冷呢。"

在开会讨论战略问题的间隙，罗斯福参观了岛上的军事设施。他坐着一辆敞篷车，在火奴鲁鲁的大街上穿梭。在他的座驾两边护卫的是麦克阿瑟和尼米兹的车，而莱希则坐在副驾驶的位置上，抱着一挺机关枪。在视察一所军队医院的时候，罗斯福要特勤处的特工用轮椅推着他走过外科病房，那里都是被截了肢的伤员。总统挨个问候了那些人，和他们简单攀谈。他想让那些人看到他残疾的双腿，鼓起他们生活的勇气。罗森曼回忆说："我从来没有见过罗斯福流泪，但那天离开医院时他差点哭了。"

在太平洋战场，罗斯福要考虑的战略问题非常简单。参联会——金海军上将、阿诺德将军，可能还包括马歇尔将军——希望绕过菲律宾直接在台湾岛登陆，最后直插日本本岛。在7月初，马歇尔将军提醒麦克阿瑟说："绕过菲律宾并不是要放弃它。"因为麦克阿瑟坚持要首先解放菲律宾。他觉得是一个士气问题，不能考虑军事上的得失。菲律宾人把美国看作他们的"母国"。麦克阿瑟认为，如果听凭日本人在菲律宾为所欲为，"将有损于美国的尊严。"

麦克阿瑟的陈述做得非常好，他完全脱稿，侃侃而谈，而且他还以一个军事分析作为结束陈词：吕宋岛比台湾岛更加重要，控制了吕宋岛就能控制中国南海，并可以借此掐断日本与南部的交通线；与台湾人不一样，菲律宾人会组织起强大的游击队配合美军部队；绕过吕宋岛会让驻扎在该岛上的日本轰炸机趁机袭扰美军部队。尼米兹支持金的观点，但是他的陈述不如麦克阿瑟雄辩。尼米兹指出，应该先打台湾，但是他并没有正面反对麦克阿瑟。在罗斯福的逼问之下，尼米兹表示，无论采取何种战略，他都将全力配合。罗斯福本来以为他来到夏威夷就是要在陆军和海军之间由来已久的争执中充当裁判。不过，并没有出现这种局面，他们很快就达成了共识。

麦克阿瑟和尼米兹达成共识，可以利用西太平洋地区的兵力解放菲律宾，如此一来，日本本土就会不战而降了。莱希说："很值得高兴、也很不寻常的是，这两位指挥官都没有要求增援。"

麦克阿瑟已经做好最坏的打算，对于这个结果喜出望外。他说，总统一直在充当会议主席的角色，始终保持"绝对中立"，而尼米兹则是一个很好的对手，很懂得公平竞争。在莱希看来，罗斯福"很有技巧地掌握了讨论的节奏，总是能够尽量减少麦克阿瑟和尼米兹的分歧"。其间，唯一不和谐的音符就是罗斯福的健康问题。麦克阿瑟对他的妻子琼说："他和我以前认识的那个人已经完全不同了。我估计他活不过6个月了。"

从珍珠港出发，罗斯福又坐船前往阿拉斯加。7月31日，正当他在途中的时候，他收到了一份白宫发来的电报，说米西·莱汉德因脑栓塞于当天早些时候病故。她一直都没有从三年前的中风中完全康复。埃莉诺和詹姆斯·法利、约瑟夫·肯尼迪一起到剑桥参加了她的葬礼。她的葬礼是由理查德·库欣主教主持的。罗斯福也亲自起草一份催人泪下的悼词。《纽约时报》记者阿瑟·克罗克撰文说，罗斯福现在已经失去了两个最信任的助手——路易斯·霍韦和米西·莱汉德。罗森曼说："她是罗斯福时代最重要的人物之一，是罗斯福最直言不讳的助手，从来就不怯于在罗斯福面前说出可能令他不快的真话。我想，如果不是因为她这么早就离世了的话，她就可以分担总统的重担，罗斯福总统后来也可能会多活一段时间。"

罗斯福默默地沉浸在失去米西的悲痛之中，米西的离世给他的打击非常大。8月3日，罗斯福在阿拉斯加埃达克岛对部队发表了非正式讲话。一周之后，他在华盛顿向布雷默顿基地的码头工人讲话时突发心绞痛。罗斯福的这次航行一共出国29天，乘船航行了1万英里。在以前，这种旅行会让他更加精力充沛。罗斯福在布雷默顿的讲话震惊了整个美国。罗斯福利用这次讲话的机会向美国人民非正式地通告了他此次旅行的情况，并且还向人民说明了太平洋战区的进展情况。他在两天之前就写好了讲稿，但是没有做任何修改——这是非常让人惊讶的，因为这篇演讲将要向全国广播，而且还是他在民主党全国代表大会召开之后的第一次公开演讲。罗斯福在军舰的舰尾迎风而立，但是却用上了他已经差不多一年没有用过的矫形器。由于军舰剧烈摇晃，罗斯福不得不紧紧地用双手抓住讲台，甚至难以腾出手来翻页。这些因素影响了罗斯福的演讲效果，使得它听上去有些不知所云、拖沓冗长。在演讲进行了十分钟后，罗斯福感到从双肩到胸口的一阵剧痛。罗斯福痛得汗流浃背，一直坚持了15分钟痛感才渐渐消退。演讲结束回到军舰舰长休息室后，他一下子瘫倒在了椅子上。布林医生把无关的人员都请了出去，给罗斯福总统做了心电图，又给他量了血压，还查了白血球，但是检查结果没有任何异常。

罗森曼通过广播收听了罗斯福的演讲，认为"他的表现非常糟糕"。他的这一表现以及他日渐憔悴的外形，让很多人发表文章呼吁罗斯福总统退休。《华盛顿邮报》发表文章说："就像一个失去武功的老师傅，他的选举之路已经走到尽头了。他与年轻力壮的杜威之间的交手将让人惨不忍睹。"

罗斯福于8月15日回到华盛顿，但是不到一个月之后他又前往魁北克，他将在那里会见丘吉尔和盟军联合参谋部。由于战后的金融问题已经被提上了议事日程，因此财政部部长摩根索陪同罗斯福前往。在魁北克，罗斯福和丘吉尔共同批准了针对德国战后安排的"摩根索计划"。最初，丘吉尔被该计划吓了一跳。"我举双手赞成让德国非军事化，但是我们不应该将它赶尽杀绝。所有国家的工人阶级之间都是有联系的，英国人民不会支持你们提出的计划……你不能让整个国家都为战争而赎罪。"然而，在摩根索同意免除英国通过"租借法案"所欠下的债务并且提出向战后的英国经济提供 30 亿美元的贷款之后，丘吉尔的立场立刻软化了。"如果要我在英国人民和德国人民的利益之间选择，我会选择维护英国人民的利益。"他后来对质疑他的艾登说。

但是，"摩根索计划"却很短命。回到华盛顿之后，很多相关部门的内阁成员都对该计划提出了批评。史汀生说："这是急于报复德国人的犹太主义行为，这样做会为下一代人又埋下战争的种子。"在史汀生看来，鲁尔和萨尔地区的工业能力对于整个欧洲的经济恢复来说都是至关重要的。赫尔告诉罗斯福，这一计划的出炉只会让德国人负隅顽抗，可能会让美国人多牺牲上千条性命。当共和党想要拿摩根索计划做文章的时候，罗斯福让步了。10 月 3 日，他告诉史汀生"亨利·摩根索犯了一个愚蠢的错误"。罗斯福说，该计划中试图把德国变成一个农牧业国家的想法让他吃了一惊，"我不知道他居然会这么干。"

罗斯福的健忘可能是他推诿的方式。但是也可能是他的健康日益恶化的表现。在魁北克期间，丘吉尔找到麦金太尔，询问他罗斯福总统为什么看上去如此虚弱。麦金太尔向他保证总统的身体完全没有问题。丘吉尔说："我当然希望是这样，他可不能出什么问题。"而莫兰爵士则关心罗斯福的健康问题对他的决策能力有多大的影响。"他的脖子和衣领之间甚至都能放进去一个拳头——我那时对自己说，对于他这个年纪的人来说，是绝对不可能这么快就瘦成这样的。"

到白宫来象征性开会的哈里·杜鲁门也和莫兰一样担心。他对他的法律顾问哈里·沃恩说："你知道，我关心总统的健康。我不知道他这么虚弱。在向茶里倒奶油的时候，他倒在碟子上的奶油比倒到杯子里的奶油还要多。他的神智还非常清醒，但是他的身体快垮掉了。我很担心他。"

就如同听到警报声的老救火犬一样，罗斯福振作起精神投入到了选举之中。这是 1864 年以来美国的第一次战时选举。而且，和林肯一样，罗斯福充分强调了自己作为三军总司令的角色。当杜威遍访美国各州，攻击领导政府的"疲倦老人"，并指责政府受到共产主义的影响时（罗斯福赦免了美国共产党的领袖洛德·布劳德），罗斯福一直隐忍不发，直到 9 月 23 日他在华盛顿特区启动民主党竞选活动并对卡车司机工会发表演讲。这是布雷默顿的失败之后罗斯福第一次发表公开演讲，党内的领导人非常担心。安娜小声问萨姆·罗森曼："你觉得爸爸能做好吗？这种演讲完全看演讲时的气势。如果说不好，就会很惨。"

罗斯福不仅做好了，而且这篇演讲还被认为是他政治生涯中最杰出的演讲之一。由于吸取了布雷默顿演讲的前车之鉴，罗斯福总统坐着发表了这个长达十几页的演讲。他首先自嘲了自己的年纪："四年之后，我们又见面了。你们知道，我又老了四岁，这是一个让很多人担心的事情。"听众很喜欢他的这番话。在他们对罗斯福报以热烈的掌声的时候，罗斯福开始娓娓道来，然后又开始厉声批评他的对手不光彩的记录，嘲笑共和党每到选举才故作姿态，摆出一副亲近劳工和工人阶级的样子。"共和党的花言巧语是为了打击对手和自我标榜。他们想说服美国人民相信民主党应该为1929年的冲突和大萧条负责……但如果我是对民众发表演讲的共和党领袖，我肯定不会提大萧条。"

听众爆发出了雷鸣般的掌声和欢呼声。即使在过去的选举过程中目睹过罗斯福的表现的人也被听众的热情所感染。一名纽约的记者报道说："大师的功力尚在，他就像一位身经百战的大师，依然乐此不疲。他不费吹灰之力就可以打动听众，他对时机和语调的掌握炉火纯青，即使是最有天赋的年轻人都无法与之匹敌。"

演讲的高潮是罗斯福以幽默的方式反击共和党对"法拉"的攻击。"共和党的领导人不满足于仅仅攻击我、我的妻子和我的孩子。他们现在开始攻击我的小狗，法拉。当然，我并不会因此而记恨，我的家人也不会记恨，但法拉很讨厌他们。"众人欢呼雀跃，罗斯福却仍然一脸严肃，他继续说："国会里的共和党小说家们编故事说我把他留在了阿留申群岛并派军舰回去找他，以至于花了纳税人200万、300万、800万甚至2千万的钱。你们知道，法拉是一条苏格兰犬。作为一条来自苏格兰的小狗，当他知道这些故事后，他那颗来自苏格兰的心灵非常愤怒。从那天开始，他已经不是原来的那条狗了。我已经听过许多针对我本人的恶毒谣言……但我认为我有权利憎恨或者反对那些针对我的小狗的恶毒谣言。"

在罗斯福的魅力感召下，杜威的选举受到了重创，并且一蹶不振。杜鲁门回忆说："这是我经历过的最轻而易举的选举。共和党候选人简直不堪一击。"

托马斯·杜威这位不苟言笑、自视甚高的年轻检察官很容易就成为民主党人藐视的对象。在通往11月的胜利的道路上，唯一的障碍就是人们对罗斯福总统健康的担忧。罗斯福选择了积极应对这个问题。10月21日，星期六，他开始了一次艰苦的旅行——乘坐敞篷汽车游览纽约的四个大区——鲁克林区，皇后区，布朗士区，曼哈顿区。罗斯福想向人们展示他精力充沛的一面。然而，当天的天气非常糟糕。最开始是高达40摄氏度的酷热，当他对着1万名听众发表演讲时又是大雨倾盆。当罗斯福出发的时候，他的衣服都几乎已经被汗湿透了。在大多数时间里他没有戴帽子，在51英里的路程中他一直顶着烈日向人们挥手，露出他著名的微笑，整个活动的时间长达四个小时。在1944年，有百分之七的美国选民住在纽约，大约有300万人目睹了罗斯福的身姿。当天，纽约的降雨达到2.5英寸，飓风的残余力量在大西洋沿岸徘徊。罗斯福的精彩表演暂时打消了人们关于他的健康状况是否足以应对又一个四年的疑虑。

当晚，罗斯福在埃莉诺位于华盛顿广场的公寓（这是罗斯福第一次来这里）休息了一会儿之后，前往华尔道夫酒店向等候在那里的外交政策协会的 2000 名成员发表演讲。

总统说道："维持和平与赢得战争一样，都需要有决心才能成功，都需要由大国来推动。为了维护和平，联合国安理会必须能够在必要的情况下有能力迅速、坚决地采取行动。"

十月底，麦克阿瑟在菲律宾登陆。美国海军在莱特岛海湾战役中几乎全歼了日本舰队的残余力量，包括 4 艘航母、3 艘战列舰、10 艘巡洋舰和 9 艘驱逐舰。竞选活动霎时间成为 1864 年谢尔曼夺取亚特兰大后的历史重演。10 月 27 日，罗斯福又一次在费城重演了在纽约的好戏，再次乘敞篷车公开巡游了四个小时，完全不顾绵绵的细雨和接近冰冻的低温。在芝加哥，他面对着该市有史以来最庞大的集会人群发表演说，当时有 12 万 5 千人挤进了战士广场，还有 15 万人站在广场外。随后，他又旋风般地访问了新英格兰地区，并在芬威公园发表了最后的演讲。在那里，弗兰克·西纳特拉带头唱起了美国国歌。

期间，他在波士顿发表演讲的时候说道：

> 美国绝不能有宗教狭隘主义、社会狭隘主义和政治狭隘主义。我要说的是，除了纯种的印第安人之外，我们所有人都是这块土地上的移民或者是移民的后代，也包括随着"五月花"号抵达新大陆的那些人。
>
> 虽然美国国土广袤，但是我们不能让种族或宗教狭隘主义有容身之地，这是我们的责任。当然，我们也不能让势利小人有机可乘。

当选举结束后，布林医生给罗斯福做了身体检查，结果出奇的好。他说："罗斯福真的很享受选举造势的过程，他的血压等指标都降下来了。在选举中，尽管他在户外的时间很长，但他的胃口也更好，他没有患任何上呼吸道感染。他的病情好像已经稳定下来了。"

同往常一样，在投票日当晚，罗斯福在位于海德公园的寓所的饭厅里等待着投票结果——美联社的消息不断地从角落里的收报机的滴答声中传出，收音机里也在播报着各个州的开票结果。他不断把开票结果填到表格中，还时不时打电话到民主党位于巴尔的摩的竞选总部了解情况。到晚上 10 点，选举的大势已定。罗斯福总统放下铅笔，打电话给莱希海军上将："都搞定了，比尔。再去算票数没有什么意义了。"最终，罗斯福以 2500 万比 2200 万的优势击败了杜威，拿下了 36 个州的 432 张选举人票。杜威拿下了 12 个州的 99 张选举人票。他赢得了威尔基当年没有拿下的威斯康星州、怀俄明州和俄亥俄州，但是却将密歇根州输给了民主党。在众议院改选中，民主党赢得了 24 个议席，使他们的优势扩大到了 242：190。但是，在参议院改选中民主党却失去了 2 个席位，不过仍然以 56：38 的优势占据主导地位。对于罗斯福而言，锦上添花的是他的邻居兼对手汉密尔顿·菲什在纽约州的第 29 号国会选区中输掉了选举，而且来自北达科他州的孤立主义参议员杰拉尔德·奈也铩羽而归。

在选举结束之后，罗斯福的健康状况急剧恶化。他的胃口变得非常差，体重也急剧减轻。布林医生报告说，尽管心电图检查没有发现什么大的毛病，也没有证据显示他出现了洋地黄中毒的迹象，但他的血压却升到了 260/150。1 月 19 日，在开了两个小时的内阁会议之后，弗朗西丝·珀金斯注意到罗斯福总统有些虚弱，脸上是一副病入膏肓的惨白。"他看上去就像一个首次获准被探视的病人，然而那些探望他的人却待得时间太长了。"

尽管他的健康状况明显恶化，但罗斯福的精神还不错。他在白宫的椭圆形办公厅恢复了每周两次的记者招待会，而且也还是常常与记者们开玩笑。当《芝加哥太阳报》的记者问他回顾当总统的过去几年有什么感慨时，罗斯福回答说："最开始的 12 年是最艰难的岁月。"他的这番表白又让记者梅·克雷格开始追问"最开始"这三个字到底是什么意思。

就职典礼当天是 1945 年 1 月 20 日，星期六。那天天气有些寒冷，一英寸的雪覆盖了整个首都。由于战争，罗斯福取消了传统的巡游（"谁会去游行？"），把就职典礼现场从国会山的台阶搬到了白宫的南草坪。罗斯福再一次在他的儿子詹姆斯的搀扶下站了起来，没有穿大衣，也没有戴帽子，艰难地走向讲台，跟着大法官哈伦·斯通诵读了就职誓词。然后，他又面对着冒雪参加就职典礼的数千名观众发表了一份 500 字的简短演讲。这是自布雷默顿演讲以来罗斯福第一次戴上矫形器站立演讲，也是他站着发表的最后一份演讲。"我们知道，我们并不能独善其身，我们的福祉与千里之外的其他国家的福祉休戚相关。我们已经学会了做世界公民。如同爱默生所说，我们深知'获得朋友的最佳方式就是成为别人的朋友'。"

罗森曼回忆说，当时的场景庄严肃穆。而约翰·冈瑟则将其称作摄人心魄，"衣着鲜明的众人站在寒风呼啸的雪地里，穿深色衣服的人站在台上，台下的听众不时挪动着双脚。"罗斯福被冻坏了，曾经在圣地亚哥发作过一次的那种心绞痛又再次发作。他在儿子詹姆斯的陪同下在白宫的绿厅休息了一会儿，然后就到国宴厅出席事先准备好的招待会。罗斯福说："吉米，快让我大喝一口，不然我就受不了了。快拿一杯来。"于是，他的儿子给他取来半杯苏格兰威士忌，罗斯福拿到手里一饮而尽，喝完之后就到招待会现场去了。布林医生很明显不知道罗斯福突然发病的事情，他在报告中记述说罗斯福的精神很好。《纽约时报》报道说："总统先生精神很好，足以胜任他的工作，他看上去就像几年前一样健康。"而那些很久没有见到罗斯福的人则被他憔悴的面容吓了一跳。冈瑟说他被吓坏了。"我知道他活不了多久了。他的皮肤看上去已经没有了生气。就像是熄灯之后的羊皮纸灯罩一样。"安德鲁·威尔逊夫人小声对弗朗西丝·珀金斯说："他和我丈夫去世之前的样子一模一样。"

就职两天之后，罗斯福出发前往弗吉尼亚州罗福港，他在那里乘船出发，前往地中海小岛马耳他。在那里，他将和丘吉尔会面，然后再一同坐飞机前往苏联在黑海沿岸的重要度假胜地雅尔塔，斯大林正在那里恭候着他们。"三巨头"此次会议的目的是讨论当前的军事局势，同时对战后安排达成共识。罗斯福最关心的不是要让苏联从东欧撤出（红军在那里的存在是既定事实），而是要让俄国人对日宣战。当时，原子弹仍然在研制当中，是否能够在战争中使用还是个未知数。如果要在日本本岛登陆，参联会预计战争将持续到 1946 年底，美军需要付出上百万的伤亡。1945 年 2 月 4 日，著名的克里米亚会议在沙皇的度假地里瓦迪亚宫进行。罗斯福被安排在沙皇的卧室就寝；马歇尔和金则被安排在沙皇皇后的卧室。这一次，谢尔戈·贝利亚再次执行了监听的任务，不过这一次他准备了最新式的设备——可以听见 200 码外的谈话的窃听器。丘吉尔觉得罗斯福看上去十分虚弱。斯大林也对政治局成员说道："希望他不会出什么意外。"莫兰爵士认为总统已经患上了严重的动脉硬化。"我看他只有 6 个月的时间可活了。"

然而，美国代表团却没有发现任何问题。12 月刚刚接替赫尔出任国务卿的爱德华·斯特蒂纽斯甚至认为总统在就职之后的健康情况已经大大好转了，而且看上去"精神抖擞，非常安详"。莱希则认为，总统在会议中的表现非常有技巧。"他的个人魅力影响了会议的讨论进程。在离开会场的时候他看上去很虚弱，但是我们所有人也都觉得很累。"这一次再度担任罗斯福总统翻译的查尔斯·波伦认为总统这次在雅尔塔还是同以前一样思维敏捷："尽管他的身体状况有点问题，他的精神状态和思维丝毫没有受影响。我们的领袖虽然病了，但是仍然非常有效率。"哈里曼也说罗斯福"用他一贯的技巧和洞悉能力"推动了会议的进行。布林医生是最有发言权的人。他告诉安娜，罗斯福总统的"心脏问题比较严重"，但是不必过于担心。布林医生在记录本中记载，在整个会议过程中，除了一次发作之外，总统的血压和心电图指标都没有恶化。"他的情绪很好，胃口也很好，他似乎很喜欢俄式的食物和烹调。"

在与会的八天时间里，"三巨头"在一起开了八次会，每次均持续三到四个小时。按照以前的惯例，会议由罗斯福主持。除此之外，他们还在午餐和晚餐的时候讨论一些事情。会议的第一项议程是讨论军事局势。在东线，苏联红军已经夺取了华沙，包围了布达佩斯，将德国人赶出了南斯拉夫，占领了东普鲁士，目前正陈兵奥德河，离柏林只有区区 50 英里。在西线，盟军已经从"突出部战役"中恢复了过来，而且还已经将纳粹逐出了比利时，并突破了齐格菲防线，正逐渐逼近莱茵河。欧洲的战局正在慢慢落幕。

很快，会议就达成了关于占领德国的协议。德国不会被肢解（就像德黑兰会议中有人建议的那样），但增加法国作为占领国之一。此外，各方就关键的赔偿问题也已经达成了一致，同意以 200 亿美元的赔偿数字作为讨论基础，其中俄国将获得50%，但最后的方案尚需三边委员会定夺。在战争罪犯的审判问题上，会议决定让三国外长具体讨论。会议中的重大突破就是斯大林接受了罗斯福提出的安理会投票机制，即安理会所有成员国都有一票，但重大决策需要常任理事国一致同意。苏联还接受了罗斯福的建议，同意稍后在旧金山举行联合国成立大会。

波兰的战后安排是会上最具争议性的问题。苏联红军已经占领了波兰全境，而且已经在华沙扶植起了一个亲苏联的政府。哈里曼认为："为了从根本上改变这一状况，罗斯福和丘吉尔需要付出更多的努力。"出于安全上的考虑，斯大林希望波兰建立一个共产主义政权，"这是一个生死攸关的问题"。而罗斯福则希望有所作为，以对国内的波兰裔美国人交代。双方最后达成妥协，共同发布了《被解放的欧洲的宣言》，宣称要在被解放的欧洲国家实行自由选举，"代表广泛的民主力量"。莱希向罗斯福抱怨道，这些表述太宽泛了，"俄国人可以在不违反协议的前提下就予取予求。"罗斯福回答说："我知道，但是这是目前我能为波兰争取的最大利益了。"无疑，罗斯福是正确的。当雅尔塔会议召开时，战争已经接近了尾声，政治决策的目的其实不过是为了承认军事上的现实。

在解决了波兰问题之后，罗斯福又私下会晤了斯大林，讨论苏联对日宣战的问题。双方很快达成一致。斯大林答应在德国投降两到三个月内就对日宣战。在美国方面，罗斯福同意承认苏联控制下的外蒙古的现状；同意苏联收回库页岛南部（日本在 1904 年的日俄战争中获取）；同意苏联收回千岛群岛（1875 年让渡给日本）；同意租借亚瑟港给苏联作为海军基地。同时，美国还同意让大连成为自由港，并同意苏联恢复在中国东北地区的铁路租借权。罗斯福在答应苏联的这些条件时都没有征得中国政府的同意，因为他最关心的是要保证苏联能够对日宣战（苏联和日本曾签订了互不侵犯条约）。罗斯福将斯大林的承诺看作一个重大的胜利。莱希回忆说，罗斯福曾表示"这让我不虚此行"。

美国和英国代表团离开雅尔塔的时候都心满意足，因为他们使苏联做出了让步和妥协。斯大林曾试图明确德国的赔偿问题，但却没有如愿。苏联人曾经希望将法国排除在战后德国的占领体制之外，但是法国终于还是参加了进来。苏联人也曾希望将东欧国家的流亡政府排除在战后安排之外，但现在也对它们打开了大门。另外，此次会议还通过了联合国的框架，苏联还同意了对日宣战。即使是在苏联红军控制下的波兰，苏联人也做出了重大让步，同意进行自由选举。丘吉尔给克莱门蒂娜写信说："我们争取了很多权益，我很满意我们达成的共识和决定。"罗斯福也对黛西·萨克利说，这次会议"比我想象的好多了"。后来他又对阿道夫·伯利说："我并不觉得这次会很成功，但这已经是我能争取的最大利益了。"

1945年3月1日，罗斯福在国会联席会议上精彩亮相。当总统坐着轮椅通过走道时，议会大厅里挤得水泄不通。这是罗斯福第一次没有自己走上主席台，众人仍然对他报以热烈的欢呼声。他对大家说："请原谅我这样坐着出现在大家面前，但是我知道你们能理解我。不用戴着10磅重的铁家伙站着，我会轻松很多。"众人又报以长时间的掌声和欢呼。弗朗西丝·珀金斯回忆说："这是他第一次提及他的残疾，他在提起这件事情的时候是如此漫不经心，如此轻松，没有自怨自艾。这段插曲让所有人都觉得很轻松。"珀金斯觉得罗斯福已经逐渐从先前的沮丧情绪中走了出来。"他的表情很灿烂，眼睛也很有神，皮肤又恢复了健康的颜色。他的演讲很棒。他的表现让人觉得他完全是一个健康人。"

罗斯福总统回顾了雅尔塔会议的情形。"这是一次漫长的旅行，但我希望你们都认同这是一次成果丰硕的旅行。当我旅行归来时，我觉得非常精神抖擞。罗斯福家族的人并不讨厌旅行。我们似乎总是因为旅行而更加有活力。"

罗斯福的演讲持续了差不多一个小时。他有时有些走题，但他要传递的信息非常明确：

> 克里米亚会议是三大国为了寻求和平的共同基础而举行的一次成功的会议。此次会议必将终结几个世纪以来人们曾不断尝试却又一再失败的单边主义的体制、排他性同盟体制……均势体制以及其他各种权宜之计。这一次，我们不会等到战争结束再制定和平机制。这一次，就如同我们同心协力赢得战争的最后胜利一样，我们也要同心协力防止战争的再次爆发。

罗斯福在国会的这次讲话是他最后一次重要的公开露面。在圣帕特里克节当天，罗斯福和埃莉诺共同庆祝了他们的结婚四十周年，在国宴厅举办了一个小型的正式宴会。来宾包括荷兰公主朱莉安娜、大法官罗伯特·杰克逊夫妇，还有纳尔逊·洛克菲勒家族的人。白宫助理威廉·哈西特发表讲话说："这对夫妇的婚姻又经历了一个里程碑。"

由于全心地投入到选举、雅尔塔之旅以及对国会联席会议的讲话之中，罗斯福不知不觉地耗费了自己的精力和健康。随后，他又立即开始了紧张的工作。根据布林医生的记录，他每天工作得太辛苦，会见太多的来访者，晚上也加班太晚。布林在记录中写道："他的胃口变得很差。他看上去又瘦了许多，还常常抱怨食物没有味道。"3月24日，星期六，罗斯福总统和埃莉洛出发前往海德公园休息几日。埃莉诺发现，这是罗斯福第一次没有提出来自己开车。他让埃莉诺开车，还让她在睡前为他调制饮料。这在以前都是不可想象的。

3月29日，罗斯福回到白宫，在短暂停留了一会儿之后，于当晚出发前往沃姆斯普林斯。迎接罗斯福的格雷丝·塔利被罗斯福糟糕的气色吓了一跳。他不禁问道："总统先生，您在海德公园休息了吗？"

"是的，孩子，但是没有休息好。所以我很想到南方去。"

罗斯福在白宫的最后一项人事任命是委任卢修斯·克莱为占领德国的行政长官。之前，克莱是战争动员部的副部长。当天，詹姆斯·贝尔纳斯陪同克莱来到椭圆形办公厅。在同克莱谈话的时候，罗斯福回忆了他少年时代在德国度过的那些日子，强调了在中欧进行大型水电开发的必要性（就如同田纳西州水电管理局的模式相似）。在整个谈话过程中，克莱一直都没有插上话。克莱后来在回忆录中说："史蒂夫·厄尔利曾经有两三次想要打断总统的讲话，但是都没有成功。最后当我们离开时，贝尔纳斯先生对我说：'卢修斯，你没有回答问题呢，你什么都没有说。'我说：'我是什么都没有说，总统没有问我问题，不过我很高兴他没有问。因为他的样子太让我震惊了，我想我肯定做不出好的对答。我们刚刚正在和一个快要倒下的人讲话。'"

1945年3月30日下午早些时候，罗斯福抵达沃姆斯普林斯。特勤处的迈克·赖利发现很难把罗斯福抬到车上去。"他太沉了。"但是一旦坐到了驾驶室里，罗斯福就又恢复了活力，他一路从火车站开到了小白宫，还不时与他的表亲劳拉·德拉诺和黛西·萨克利打趣。

威廉·哈西特在日记中写道："他的体重正日益减轻。我听说他已经瘦了25磅，没有精神，没有胃口，也很容易累……他已经垂垂老矣。"当晚，哈西特对布林医生说："他正在慢慢离开我们，没有什么能将他留下。"布林承认总统的状况很不稳定，但是认为还没有到绝望的时候。他告诉哈西特，"如果采取的措施得当，让他不再承受这么大的精神压力，同时保持他情绪的稳定"，那么罗斯福就还有救。哈西特说，他觉得布林所提出的条件肯定达不到，"这让我更加确信总统正在离开我们。"

沃姆斯普林斯的气候非常理想，罗斯福看上去有所好转。

布林记录道："只需要再过一周，总统的气色就会彻底好起来。他现在的胃口不错，睡得也很香，精神相当不错。他现在每天下午都开车出去遛一会儿，他很喜欢这样。他的各项体检指标没有什么大的变化，只是血压有点不正常，变化的幅度太大，从170/88到240/130。"

在一天下午出去遛弯的时候，罗斯福遇到了合众社报道白宫新闻的记者梅里曼·史密斯。当时史密斯正骑着一匹从附近村子里的药房租来的马。史密斯回忆说："当我勒住缰绳的时候，罗斯福总统优雅地向我点点头。他的声音非常悠扬雄厚，似乎在很远处都能听到，一点都不像老人。他朝我喊：'嗨，小伙子！'"

4月9日，露西·拉瑟弗德从南加州来到这里，和她一起来的还有著名的绘画家伊丽莎白·肖马特夫，她邀请这位画家来为总统画像。多丽丝·卡恩斯·古德温报告说，从罗斯福的电话记录来看，在露西抵达之前的一周里，罗斯福几乎每天都给她打电话。那天晚上的晚宴气氛非常热烈。肖马特夫回忆说那天晚上总统讲了"一堆笑话"而且还时不时地与露西倾谈，谈话的内容则是天马行空，从丘吉尔讲到斯大林再讲到食物。

4月11日，罗斯福为民主党的忠实支持者起草了一份杰斐逊日的演讲。他亲笔写下了这篇演讲：在我们通往明天的道路上，唯一的束缚就是对今日的怀疑。让我们信心百倍地前进吧。

那天晚上，亨利·摩根索前来与总统共进晚餐。看到总统的憔悴面容，他大惊失色。"我发现他苍老得非常厉害，看起来形容枯槁。他的手抖得非常厉害，总是不停地敲到玻璃杯上。当他开始倒鸡尾酒的时候，我不得不把玻璃杯扶好。而且，我发现他的记忆力也衰退得很厉害，把人名搞错了好几次。当天从轮椅上挪到椅子上的时候，我发现他非常吃力。看着他这样，我心里十分难受。"

第二天，也就是1945年4月12日星期四，罗斯福坐在小白宫的起居室里，让伊丽莎白·肖马特夫给他画像。总统看上去气色好了很多，这让伊丽莎白非常吃惊。总统"死气沉沉"的脸色一扫而光了，"气色非常不错"。后来，肖马特夫从医生那里知道，罗斯福的脸色红润实际上是脑出血的征兆。

一点刚过，管家进来布置餐桌。罗斯福看了一眼表说："我们还要再画十五分钟的时间。"突然，他把手放到了头上，就像抽筋一样。他说："我的后脑勺很痛。"说着，他向前扑倒，瘫在了地上。

自此，他就再也没有清醒过。下午3点35分，布林医生宣布罗斯福总统已经逝世了。

全世界都陷入了悲痛之中。丘吉尔在回忆录中写道："我感到怅然若失，十分悲痛。"在莫斯科，埃夫里尔·哈里曼驱车前往克里姆林宫，将此噩耗通知了斯大林。斯大林"非常悲痛",抓住哈里曼的手长达三十秒,最后才想起来让他坐下。他告诉哈里曼:"罗斯福总统虽然已经不在了,但我们将继续他的事业。"随后,他表示将派莫洛托夫代表苏联前往旧金山出席将要举行的联合国大会。罗斯福总统长久以来的政敌罗伯特·塔夫脱参议员在这一刻也深有感触。他说:"总统在事业高峰时的逝世让我们这个时代失去了一位伟人,在这个世界上,他的言论和行动比别人更有影响力,他的离世让全世界都感到震惊。他是作为一名战斗英雄牺牲的,因为他实际上是由于为美国人民操劳过度才这么早就离开了我们。"

在敌占区的一条潮湿的乡间小路上,一群美国战俘正在被转往新的战俘营。从德军警卫那里,他们得知了罗斯福总统逝世的消息。中午,其中军衔最高的一位军官带着一把军号登上附近的山顶。他在山顶上转过头对其他的战俘说:"我听说罗斯福总统昨天刚刚逝世了,4 月 12 日。军士一会要吹熄灯号,我们大家一起为总统默哀。"

比尔·利文斯通回忆说:"这是我听过的最悲痛的熄灯号。"他也是在场的战俘之一。1944 年,他在驾驶的 B-17 飞机坠毁后逃出,随后被德军俘虏。利文斯通说:"我泪流满面,其他人也都在流泪。当军士吹完了熄灯号后,我们全都默然肃立,深深地低头致哀。悲恸过后,我们遵照总统的遗训继续前进。"